"Soft Law" der UNESCO und Grundgesetz
Dargestellt am Beispiel der Mediendeklaration

SCHRIFTEN
zum internationalen und zum öffentlichen
RECHT

Herausgegeben von Gilbert Gornig

Band 10

PETER LANG
Frankfurt am Main · Berlin · Bern · New York · Paris · Wien

Holger Kremser

"Soft Law" der UNESCO und Grundgesetz

Dargestellt am Beispiel der Mediendeklaration

PETER LANG
Europäischer Verlag der Wissenschaften

Die Deutsche Bibliothek - CIP-Einheitsaufnahme

Kremser, Holger:

"Soft Law" der UNESCO und Grundgesetz : dargestellt am Beispiel der Mediendeklaration / Holger Kremser. - Frankfurt am Main ; Berlin ; Bern ; New York ; Paris ; Wien : Lang, 1996
(Schriften zum internationalen und zum öffentlichen Recht ; Bd. 10)
ISBN 3-631-49978-7

NE: GT

ISSN 0943-173X
ISBN 3-631-49978-7

Printed in Germany 1 2 4 5 6 7

Vorwort

Die vorliegende Untersuchung ist die überarbeitete und erweiterte Fassung des von der Deutschen Forschungsgemeinschaft geförderten Projekts "UNESCO-Politik und Grundgesetz". Die Arbeit will die Verzahnung des "soft law" der UNESCO mit der deutschen Rechtsordnung im wichtigen Bereich der Medienpolitik erhellen. Hierfür bietet sich die UNESCO-Mediendeklaration an, da sie die Prinzipien für die Schaffung einer neuen Weltkommunikationsordnung enthält, die lange Zeit die UNESCO-Tätigkeit im Kommunikationsbereich beeinflußt haben. Aufgrund dieser umstrittenen UNESCO-Kommunikationspolitik traten die Vereinigten Staaten von Amerika und Großbritannien Mitte der 80er Jahre aus der UNESCO aus, weshalb diese internationale Organisation bis heute nicht universell tätig sein kann. Auch in der Bundesrepublik Deutschland haben bedeutende politische Entscheidungsträger wegen der äußerst umstrittenen UNESCO-Kommunikationspolitik, wie sie u. a. in der Mediendeklaration zum Ausdruck kommt, den Austritt aus dieser Sonderorganisation der Vereinten Nationen verlangt. Anders als in den Vereinigten Staaten von Amerika und in Großbritannien hat sich in Deutschland aber die Ansicht durchgesetzt, in der UNESCO mitzuwirken, um dort den Einfluß einer freiheitlichen Kommunikationspolitik geltend machen zu können. Dieser Sachverhalt gibt Anlaß zu der Frage, welche Vorgaben das Grundgesetz bei der Mitarbeit deutscher Stellen in einer internationalen Organisation bereithält und welche innerstaatliche Relevanz Deklarationen dieser Organisationen erlangen können.

Eine umfangreiche Arbeit wie die vorliegende kann nicht ohne die Unterstützung Dritter entstehen. Der Deutschen Forschungsgemeinschaft danke ich für die finanzielle Förderung. Dem Projektleiter, Herrn Prof. Dr. Hans v. Mangoldt, Tübingen, spreche ich meinen Dank für Hinweise aus, die er in der ihm eigenen Art strengen wissenschaftlichen Denkens gegeben hat. Der UNESCO in Paris, der Deutschen UNESCO-Kommission in Bonn und dem Max-Planck-Institut für ausländisches öffentliches Recht und Völkerrecht in Heidelberg schulde ich Dank für die Bereitstellung von Dokumenten und die Erteilung von Auskünften. Das Auswärtige Amt in Bonn konnte aufgrund von Geheimhaltungsvorschriften keine Auskünfte über die Hintergründe der Entstehungsgeschichte der UNESCO-Mediendeklaration aus offizieller deutscher Sicht geben. Zu besonderem Dank bin ich Frau Dr. Weyl, Konstanz, verpflichtet, die aufgrund ihrer Mitwirkung an der Entstehung der UNESCO-Mediendeklaration sehr wertvolle Hinweise gegeben hat. Herrn Prof. Dr. Gilbert Gornig, Marburg, spreche ich für die Aufnahme der Arbeit in der Reihe "Schriften zum internationalen und öffentlichen Recht" meinen Dank aus. Frau Schafrin und Frau Hösl danke ich für die mühevollen Schreib- und Korrekturarbeiten.

Das Manuskript wurde im wesentlichen Ende 1994 abgeschlossen. Einige Ergänzungen konnten noch Anfang 1995 vorgenommen werden.

Göttingen, November 1995 Holger Kremser

Inhaltsübersicht

Inhaltsverzeichnis

4. TEIL:

8. TEIL:

Abkürzungsverzeichnis

a.A.	anderer Auffassung
a.a.O.	am angegebenen Ort
Abs.	Absatz
a.E.	am Ende
AfP	Archiv für Presserecht
AJIL	American Journal of International Law
Alt.	Alternative
a.M.	anderer Meinung
Anm.	Anmerkung
AöR	Archiv des öffentlichen Rechts
ARD	Arbeitsgemeinschaft der öffentlich-rechtlichen Rundfunkanstalten in der Bundesrepublik Deutschland
Art.	Artikel
Aufl.	Auflage
AVR	Archiv für Völkerrecht
BayVBl.	Bayerische Verwaltungsblätter
Bd.	Band
BGB	Bürgerliches Gesetzbuch
BGBl. I	Bundesgesetzblatt Teil I
BGBl. II	Bundesgesetzblatt Teil II
BGG	Das Bonner Grundgesetz, Grundgesetzkommentar v. Mangoldt/Klein
BGH	Bundesgerichtshof
BGHSt	amtliche Entscheidungssammlung des Bundesgerichtshofs für Strafsachen
BGHZ	amtliche Entscheidungssammlung des Bundesgerichtshofs für Zivilsachen
BK	Bonner Kommentar
BVerfG	Bundesverfassungsgericht
BVerfGE	amtliche Entscheidungssammlung des Bundesverfassungsgerichts
CAME	Conference of Allied Ministers of Education
CDU	Christlich Demokratische Union Deutschlands
CSU	Christlich-Soziale Union
DDR	Deutsche Demokratische Republik
dies.	dieselbe(n) (Verfasser/in,innen)
Diss. iur.	juristische Dissertation
DÖV	Die Öffentliche Verwaltung

DVBl.	Deutsches Verwaltungsblatt
EA	Europa Archiv
ebd.	ebenda
ECOSOC	Economic and Social Council of the United Nations
EG	Europäische Gemeinschaften
EKD	Evangelische Kirche in Deutschland
EMRK	Europäische Menschenrechtskonvention
EU	Europäische Union
EuGRZ	Europäische Zeitschrift
EWGV	Vertrag zur Europäischen Wirtschaftsgemeinschaft
f.	folgende (Seite)
FAO	Food and Agriculture Organization of the United Nations
FAZ	Frankfurter Allgemeine Zeitung
FDP	Freie Demokratische Partei Deutschlands
ff.	folgende (Seiten)
Fn.	Fußnote
FS	Festschrift
GBl. I	Gesetzblatt der DDR Teil I
GG	Grundgesetz
GWB	Gesetz gegen Wettbewerbsbeschränkungen
h.L.	herrschende Lehre
h.M.	herrschende Meinung
Hrsg.	Herausgeber
HS.	Halbsatz
ICJ Reports	International Court of Justice Reports
i.d.F.	in der Fassung
i.S.v.	im Sinne von
i.V.m.	in Verbindung mit
JA	Juristische Arbeitsblätter
JIR	Jahrbuch für Internationales Recht
JöR	Jahrbuch des öffentlichen Rechts der Gegenwart, Neue Folge
JuS	Juristische Schulung
JZ	Juristenzeitung
lit.	litera
m.a.W.	mit anderen Worten
M-D	Maunz-Dürig-Herzog-Scholz, Grundgesetz-Kommentar

MDR	Monatszeitschrift für Deutsches Recht
MRP	Internationaler Pakt über bürgerliche und politische Rechte
m.w.N.	mit weiteren Nachweisen
NJW	Neue Juristische Wochenschrift
Nr.	Nummer
o.V.	ohne Verfasser
Rdnr.	Randnummer
S.	Satz bzw. Seite
s.	siehe
SBZ	Sowjetisch besetzte Zone Deutschlands
SED	Sozialistische Einheitspartei Deutschlands
Sp.	Spalte
SPD	Sozialdemokratische Partei Deutschlands
SVN	Satzung der Vereinten Nationen
SZ	Süddeutsche Zeitung
TV	Television
UNESCO	United Nations Educational, Scientific and Cultural Organization
UNO	United Nations Organization
UPR	Umwelt- und Planungsrecht
VerwArch	Verwaltungsarchiv
VG	Verwaltungsgericht
VN	Vereinte Nationen bzw. Zeitschrift "Vereinte Nationen"
vol.	volume
VVDStRL	Veröffentlichungen der Vereinigung der Deutschen Staatsrechtslehrer
WiR	Wirtschaftsrecht
WRV	Weimarer Reichsverfassung
WVRK	Wiener Vertragsrechtskonvention
ZaöRV	Zeitschrift für ausländisches öffentliches Recht und Völkerrecht
ZDF	Zweites Deutsches Fernsehen
ZevKR	Zeitschrift für evangelisches Kirchenrecht
zit.	zitiert
ZRP	Zeitschrift für Rechtspolitik
ZUM	Zeitschrift für Urheber- und Medienrecht

1. TEIL:

EINFÜHRUNG

Die Untersuchung der bundesdeutschen UNESCO-Politik ist nicht zuletzt deshalb von einem besonderen Interesse, als die Bundesrepublik Deutschland auf eine lange Mitgliedschaft in der UNESCO zurückblicken kann. Der westdeutsche Teilstaat trat am 11. Juli 1951 als 64. Staat der UNESCO bei[1]. Es ist zu konstatieren, daß die UNESCO nach der FAO[2] die zweite Organisation des Systems der VN ist, welche die Bundesrepublik Deutschland in ihrem Mitgliederkreis aufnahm[3]. Da die Aufnahme der Bundesrepublik Deutschland in die Vereinten Nationen durch die Generalversammlung der VN erst am 18. September 1973 beschlossen wurde[4], ist die Geschichte der bundesdeutschen UNESCO-Mitgliedschaft wesentlich länger als die Geschichte der Bundesrepublik in den VN. Dies gilt um so mehr, als die Anfänge der UNESCO-Tätigkeit im Gebiet des früheren westdeutschen Teilstaates in eine Zeit zurückreichen, als die Staatsgewalt in Deutschland noch ausschließlich von den alliierten Siegermächten ausgeübt wurde. Mit Zustimmung der Westalliierten entschied der UNESCO-Verwaltungsrat am 4.4.1948, daß die UNESCO-Tätigkeit in Deutschland folgende Sachgebiete umfaßt:

- Verteilung der UNESCO-Veröffentlichungen,
- Buchaustausch zwischen Deutschland und anderen Ländern,
- Personenaustausch,
- Studium der deutschen Lehrbücher,
- Teilnahme deutscher Beobachter an einigen fachlichen Tagungen der UNESCO[5].

---

1 Hüfner, UNESCO, in: Handbuch Vereinte Nationen, S. 917; Deutsche UNESCO-Kommission, Die Bundesrepublik Deutschland und die UNESCO, Eine Dokumentation 1976, S. 11.

2 Zu dieser Sonderorganisation der VN siehe: Schütz, FAO, in: Handbuch Vereinte Nationen, S. 130 ff.

3 Hüfner, UNESCO, in: Handbuch Vereinte Nationen, S. 917.

4 Vedder, in: Simma, Charta der Vereinten Nationen, Art. 110 SVN Rdnr. 14.

5 Menzel, UNESCO, S. 19.

Außerdem nahm in den drei westlichen Besatzungszonen jeweils eine UNESCO-Stelle ihre Tätigkeit wahr[6].

Hintergrund dieser frühen UNESCO-Tätigkeit in Deutschland sind die Bestrebungen der UNESCO, Deutschland aus der geistigen Isolierung herauszulösen und durch die UNESCO-Arbeit eine demokratische Grundhaltung in Deutschland zu fördern sowie eine Intensivierung der internationalen Verständigung unter Einschluß Deutschlands zu erzielen[7]. Dieser Integrationswunsch wurde bereits auf der ersten Vollversammlung der UNESCO in Paris im Jahre 1946 von der niederländischen und von der amerikanischen Delegation zum Ausdruck gebracht[8]. Bereits die zweite UNESCO-Vollversammlung faßte im Jahre 1947 in Mexiko einen - unverbindlichen - Beschluß, den Generaldirektor der UNESCO anzuweisen, mit den zuständigen Besatzungsbehörden über die Möglichkeit einer UNESCO-Arbeit in Deutschland zu verhandeln[9]. Diesem Anliegen verweigerten sich ausschließlich die sowjetischen Besatzungsbehörden[10]. Dies ist auf dem Hintergrund, daß die UdSSR erst im Jahre 1954 der UNESCO beitrat[11], nicht sehr überraschend. Die DDR hatte im Jahre 1955 einen Antrag auf Aufnahme in die UNESCO gestellt. Sie wurde aber erst Ende 1972 als 130. Mitgliedstaat aufgenommen[12]. Seit dem 03.10.1990 erstreckt sich die UNESO-Mitgliedschaft der (Alt-)Bundesrepublik Deutschland auf den gesamtdeutschen Staat.

---

6 Ebd.

7 Ebd.

8 Ebd.

9 Ebd.

10 Ebd.

11 Hüfner, UNESCO, in: Handbuch Vereinte Nationen, S. 917.

12 Ebd.; zur Mitarbeit der DDR in der UNESCO siehe: Kleinwächter/Raaz, Die Organisation der Vereinten Nationen für Erziehung, Wissenschaft und Kultur, S. 66 f.

2. TEIL:

VORGESCHICHTE DER UNESCO UND DIE ENTWICKLUNG DER ZUSAMMENARBEIT AUF DEN GEBIETEN VON KULTUR UND MEDIEN

A. Internationale geistige Zusammenarbeit vor dem ersten Weltkrieg

Eine internationale kulturelle Zusammenarbeit hat es schon immer gegeben[1]. Ursprünglich stand dabei die Kulturförderung als ein Mittel zur Steigerung des Eigenlebens der Völker im Vordergrund[2]. Die Idee, die geistig-kulturelle Zusammenarbeit durch die Errichtung internationaler Organisationen zu fördern, wurde wegen der Befürchtung einer zu starken Einschränkung der Souveränität auf kulturellem Gebiet bis zum Ende des ersten Weltkrieges verworfen[3]. Die Zusammenarbeit der Staaten auf dem Gebiete der Kultur sollte vielmehr durch den Abschluß bilateraler Verträge geregelt werden[4]. Vorreiter einer internationalen kulturellen Zusammenarbeit waren vornehmlich innerstaatliche und internationale nichtstaatliche Vereinigungen und Stiftungen[5].

Der Gedanke, daß eine internationale Zusammenarbeit im Bereich der Erziehung der Jugend für die Sicherung des Friedens eine herausragende Rolle spielt, bringt bereits folgende Resolution aus dem Jahre 1850 zum Ausdruck, die anläßlich der dritten Friedenskonferenz in der Paulskirche zu Frankfurt am Main angenommen wurde:

---

1 Kraus, Über kulturelle Zusammenarbeit der Völker, S. 7.

2 Ebd.

3 Kipp, UNESCO, S. 24 f.; Kraus, Über kulturelle Zusammenarbeit der Völker, S. 7; Breunig, Kommunikationspolitik der UNESCO, S. 20; Menzel, UNESCO, S. 1.

4 Breunig, Kommunikationspolitik der UNESCO, S. 20.

5 Kraus, Über kulturelle Zusammenarbeit der Völker, S. 10; Menzel, UNESCO, S. 1; Kipp, UNESCO, S. 24; Rothbarth, Geistige Zusammenarbeit im Rahmen des Völkerbundes, S. 4 ff.

> "Der Kongreß empfiehlt deshalb all seinen Mitgliedern in ihren verschiedenen Ländern und Kreisen, durch sorgfältige Erziehung der Jugend, durch Belehrung von der Kanzel wie von der Rednertribüne, durch die öffentliche Presse und durch jedes sonstige geeignete Mittel dahin zu arbeiten, daß jeder erbliche Völkerhaß und alle die politischen und kommerziellen Vorurteile ausgerottet werden, die so häufig zu den traurigsten Kriegen hingeführt haben"[6].

Die Richtigkeit dieser These beweisen die Auswirkungen der Kriege, die in der Folgezeit die ganze Welt mehrmals erschütterten. Die Idee der geistigen Zusammenarbeit der Staaten und ihrer Völker im Wege internationaler Organisationen sollte aber erst nach dem ersten Weltkrieg Auftrieb erhalten.

B. Internationale geistige Zusammenarbeit nach dem ersten Weltkrieg

I. Die Gründung des Völkerbundes

Nach dem ersten Weltkrieg wurde im Rahmen der Friedenskonferenz von Paris im Jahre 1919 der Völkerbund gegründet, der nach dem Willen der öffentlichen Meinung der Austragung von Konflikten mit friedlichen Mitteln zu dienen bestimmt war[7]. Entscheidende Impulse erhielt die Völkerbundbewegung von Kant[8]. Kant[9] vertritt die These, daß Staaten wie einzelne Menschen beurteilt werden können. Sie lädierten sich in ihrem Naturzustand schon durch ihr Nebeneinandersein, "und deren jeder, um seiner Sichereit willen, von dem anderen fordern kann und soll, mit ihm in eine der bürgerlichen ähnliche Verfassung zu treten, wo jedem sein Recht gesichert werden kann. Dies

---

6 Zit. nach Kraus, Über kulturelle Zusammenarbeit der Völker, S. 11.

7 Schreuer, Die Internationalen Organisationen, S. 157; Seidl-Hohenveldern, Völkerrecht, Rdnr. 110.

8 Weber, Hermann, Völkerbund, in: Handbuch Vereinte Nationen, S. 1016.

9 Kant, Zum ewigen Frieden, S. 15.

wäre ein Völkerbund, der aber gleichwohl kein Völkerstaat sein müßte"[10]. Es liegt auf der Hand, daß das Zusammenleben der Völker und damit auch ihr internationaler Zusammenschluß in besonderer Weise durch eine internationale Organisation auf dem Gebiet des geistig-kulturellen Lebens gefördert wird. Es überrascht daher nicht, daß die belgische Delegation anläßlich der Beratungen über die Satzung des Völkerbundes die Schaffung einer internationalen Kommission für geistige Beziehungen anregte[11]. Dieser Vorschlag konnte sich allerdings nicht durchsetzen[12]. Dieses Abstimmungsverhalten zeigt, daß sich die Staaten bei der Mitarbeit in internationalen Organisationen im allgemeinen schwer taten bzw. tun, wenn es sich um Aufgaben handelt, die dem Bereich der Kultur zuzuordnen sind. Dies unterstreicht der Umstand, daß die Anregung, die Möglichkeit der geistigen Zusammenarbeit in der Völkerbundsatzung[13] zu verankern, ebenfalls scheiterte[14]. Allerdings wurde nach Art. 24 der Völkerbundsatzung im Völkerbundsekretariat eine Abteilung für internationale Büros und für geistige Zusammenarbeit geschaffen[15].

II. Die Gründung der Internationalen Kommission für geistige Zusammenarbeit im Rahmen des Völkerbundes

Am 18. Dezember 1920 wurde anläßlich der ersten Völkerbundversammlung auf Anregung des belgischen Senators Henri La Fontaine der Beschluß gefaßt, dem Völkerbundsrat zu empfehlen, "an den Bemühungen um die Verwirklichung einer internationalen Organisation der geistigen Arbeiter im Rahmen des Möglichsten teilzuneh-

---

10 Ebd.

11 Rothbarth, Entstehung und Aufgabe der UNESCO, Die Friedens-Warte 1946, S. 304; dies., Geistige Zusammenarbeit im Rahmen des Völkerbundes, S. 30; Kipp, UNESCO, S. 24 f.; Menzel, UNESCO, S. 1.

12 Ebd.

13 Text: Berber, Völkerrecht, Bd. I, S. 1 ff.

14 Menzel, UNESCO, S. 1; Rothbarth, Geistige Zusammenarbeit im Rahmen des Völkerbundes, S. 29.

15 Rothbarth, Geistige Zusammenarbeit im Rahmen des Völkerbundes, S. 30.

men"[16]. Nach den Empfehlungen von Léon Bourgeois sollte sich der Völkerbund mit pädagogischen Systemen und Methoden sowie wissenschaftlicher und philosophischer Forschung befassen, um eine Verbesserung des Austausches von Gedanken von Nation zu Nation zu erreichen[17]. Der Völkerbund beschloß im September 1921 die Bildung der "Kommission für internationale geistige Zusammenarbeit"[18]. Er folgte damit im wesentlichen dem Vorschlag von Bourgeois[19]. Hervorzuheben ist allerdings, daß die o.g. Kommission keine Zuständigkeiten für Fragen der Erziehungs- und Schulpolitik hatte[20]. Hinsichtlich dieser Aufgabenfelder sollte nach vorherrschender Auffassung keine Einmischung in die Politik der Mitgliedstaaten durch eine internationale Organisation stattfinden[21]. In der Folgezeit nahm sich der Völkerbund allerdings auch der Frage an, wie die Jugend am besten im Geiste des Völkerbundes erzogen werden könne[22].

Die Kommission für geistige Zusammenarbeit wurde als ein in der Völkerbundsatzung nicht vorgesehenes beratendes Organ geschaffen, das zunächst aus zwölf und später aus fünfzehn hervorragenden Wissenschaftlern der verschiedenen Mitgliedstaaten bestand[23]. Aufgrund ihrer unabhängigen Stellung waren die Kommissionsmitglieder keine Staatenvertreter[24]. Sie bildeten in ihrer Gesamtheit ein Bundesorgan[25]. Da die Kommission weder über angemessene finanzielle Mittel noch über die notwendige politische Autorität und schon gar nicht über rechtliche Gestaltungsmöglichkeiten verfügte, setzte sich

16 Zit. nach Menzel, UNESCO, S. 1.

17 Rothbarth, Geistige Zusammenarbeit im Rahmen des Völkerbundes, S. 32.

18 Kipp, UNESCO, S. 25.

19 Rothbarth, Geistige Zusammenarbeit im Rahmen des Völkerbundes, S. 32 f.; Kipp, UNESCO, S. 25.

20 Ebd.

21 Rothbarth, Entstehung und Aufgabe der UNESCO, Die Friedens-Warte 1946, S. 304; dies., Geistige Zusammenarbeit im Rahmen des Völkerbundes, S. 33; Kipp, UNESCO, S. 25.

22 Ebd.

23 Kipp, UNESCO, S. 25; Rothbarth, Geistige Zusammenarbeit im Rahmen des Völkerbundes, S. 33 ff.

24 Menzel, UNESCO, S. 1.

25 Kipp, UNESCO, S. 25.

in der Folgezeit die Erkenntnis durch, daß es einer besseren organisatorischen und finanziellen Absicherung der internationalen geistigen Zusammenarbeit im Rahmen des Völkerbundes bedurfte[26].

III. Die Gründung des Internationalen Instituts für geistige Zusammenarbeit

1. *Entstehungsgeschichte*

Im Jahre 1924 unterbreitete die französische Regierung der Internationalen Kommission für geistige Zusammenarbeit, daß Frankreich dem Völkerbund ein Institut für geistige Zusammenarbeit mit Sitz in Paris zur Verfügung stelle[27]. Die französische Regierung schlug vor, das Geld und die Räume für das o.g. Institut bereitzustellen[28]. Die Ausarbeitung der Pläne für das neue Institut und seine Leitung sollten durch die Internationale Kommission für geistige Zusammenarbeit in Genf erfolgen[29]. Am 9. September 1924 billigte der Völkerbundrat den französischen Vorschlag[30]. Letzte Bedenken gegen das französische Geschenk konnten durch den Hinweis ausgeräumt werden, daß es sich um eine rein internationale Gründung handele, bei der man nicht im geringsten eine französische Beeinflussung zu befürchten habe[31]. Die endgültige Zustimmung des Völkerbundrats zur Gründung des Instituts für geistige Zusammenarbeit erfolgte ein-

---

26 Breunig, Kommunikationspolitik der UNESCO, S. 21.

27 Kipp, UNESCO, S. 26; Richter, Die internationale geistige Zusammenarbeit im Rahmen des Völkerbundes, S. 42 f.; Rothbarth, Geistige Zusammenarbeit im Rahmen des Völkerbundes, S. 37 ff.; der Text des Briefes der französischen Regierung an den Vorsitzenden des Völkerbundrats ist abgedruckt in: Rothbarth, Geistige Zusammenarbeit im Rahmen des Völkerbundes, S. 162 ff.

28 Rothbarth, Geistige Zusammenarbeit im Rahmen des Völkerbundes, S. 37.

29 Ebd.

30 Richter, Die internationale geistige Zusammenarbeit im Rahmen des Völkerbundes, S. 43; Rothbarth, Geistige Zusammenarbeit im Rahmen des Völkerbundes, S. 38.

31 Rothbarth, Geistige Zusammenarbeit im Rahmen des Völkerbundes, S. 38.

stimmig am 13.12.1924[32]. Die Bedenken gegen eine Verlagerung der geistigen Zusammenarbeit von Genf nach Paris[33] fanden mithin im Abstimmungsergebnis keinen Niederschlag. Die Einstimmigkeit der Entscheidung entsprach dem Proprium der Völkerbundtätigkeit[34].

Das Internationale Institut für geistige Zusammenarbeit begann in der zweiten Hälfte des Jahres 1925 seine Tätigkeit und wurde am 16. Januar 1926 in Anwesenheit von Vertretern der französischen Regierung und der Internationalen Kommission für geistige Zusammenarbeit in Paris feierlich eröffnet[35].

2. *Rechtsstatus*

Der Rechtsstatus des Internationalen Instituts für geistige Zusammenarbeit ergibt sich aus seinem Organisationsstatut vom 13. Dezember 1924[36], das allerdings in der Folgezeit Modifikationen erfahren hat. Danach wurde das Internationale Institut für geistige Zusammenarbeit von der französischen Regierung "conformément aux termes de sa lettre[37] au Président du Conseil de la Société des Nations en date du 8 décembre 1925" gegründet[38]. Nach Artikel 3 Absatz 1 Organisationsstatut 1924 war das Internationale Institut für geistige Zusammenarbeit unabhängig von den Behörden des Sitzstaates. Artikel 2 Satz 1 des vom französischen Senats und der französischen Kammer angenommenen Gesetzes über die Gründung des

---

32 Richter, Die internationale geistige Zusammenarbeit im Rahmen des Völkerbundes, S. 44.

33 Siehe hierzu: Rothbarth, Die Friedens-Warte 1946, S. 304, 305; dies., Geistige Zusammenarbeit im Rahmen des Völkerbundes, S. 40.

34 Rothbarth, Geistige Zusammenarbeit im Rahmen des Völkerbundes, S. 40.

35 Ebd., S. 43.

36 Text: Rothbarth, Geistige Zusammenarbeit im Rahmen des Völkerbundes, S. 166 ff.

37 Text: Rothbarth, Geistige Zusammenarbeit im Rahmen des Völkerbundes, S. 162 ff.

38 Artikel 1 des Organisationsstatuts 1924.

Internationalen Instituts für geistige Zusammenarbeit in Paris[39] legt fest, daß das Institut eine autonome Stiftung des Privatrechts ist ("une fondation autonome, investie de la personnalité civile").

Organisationsrechtlich ist zu konstatieren, daß das Internationale Institut für geistige Zusammenarbeit nicht nur eine Unabhängigkeit gegenüber dem französischen Staat beanspruchte, sondern vielmehr auch gegenüber dem Völkerbund eine rechtliche Selbständigkeit aufwies. Dies unterstreicht nachdrücklich Art. 10 Abs. 1 Organisationsstatut 1924, wonach die finanzielle Verwaltung des Instituts unabhängig von der des Völkerbundes war ("La gestion financière de l'Institut sera indépendante de celle de la Société des Nations"). Faktisch und auch rechtlich geriet das Institut damit in eine Abhängigkeit von der französischen Regierung, die die finanzielle Unterstützung des Instituts bewilligen mußte[40] und die dabei auf die Zustimmung des französischen Parlaments angewiesen war[41]. Die finanzielle Abhängigkeit von Frankreich wurde nach 1927 durch wirtschaftliche Unterstützungen einer Reihe anderer Staaten gemildert[42].

Im Jahre 1938 erarbeitete die Kommission für geistige Zusammenarbeit in Genf ein Abkommen, welches das Institut für geistige Zusammenarbeit in Paris in finanzieller Hinsicht stärken wollte[43]. Es erlangte im Jahre 1940 nach der Ratifizierung von acht Staaten Rechtsgültigkeit[44].

Die Internationale Kommission für geistige Zusammenarbeit erhielt insbesondere über Artikel 5 des Organisationsstatuts 1924 eine rechtlich abgesicherte Einflußnahmemöglichkeit auf das Internationale Institut für geistige Zusammenarbeit. Nach der zuletzt genann-

---

39 Text: Journal Officiel de la République Française, Lois et décrets, 57me année, No. 186, 9.8. 1925, abgedruckt in: Rothbarth, Geistige Zusammenarbeit im Rahmen des Völkerbundes, S. 165 f.

40 Art. 10 Abs. 2 Organisationsstatut 1924.

41 Siehe hierzu: Rothbarth, Geistige Zusammenarbeit im Rahmen des Völkerbundes, S. 43 ff.

42 Ebd., S. 45 f.

43 Kipp, UNESCO, S. 27.

44 Ebd.

ten Bestimmung bestand der Verwaltungsrat des Pariser Instituts aus Mitgliedern der Kommission für geistige Zusammenarbeit in Genf.

3. *Ziele und Aufgaben*

Das Hauptziel des Internationalen Instituts für geistige Zusammenarbeit ist in Art. 2 Organisationsstatut 1924[45] festgelegt. Danach hatte das Institut die Beratungen der Kommission für geistige Zusammenarbeit vorzubereiten, die Entscheidungen und Empfehlungen dieser Kommission durchzusetzen sowie unter der Leitung der Kommission mit allen zur Verfügung stehenden Mitteln für die Entwicklung der Organisation für geistige Arbeit durch eine internationale Zusammenarbeit tätig zu sein. Somit ist zu konstatieren, daß die Ziele der bereits erwähnten Kommission für geistige Zusammenarbeit auch die Ziele des Instituts für geistige Zusammenarbeit waren. Zusammenfassend ist festzustellen, daß das Institut für geistige Zusammenarbeit eine Art Sekretariat und Vollzugsorgan der Kommission für internationale Zusammenarbeit war[46].

4. *Organisation*

a) *Abteilungen*

Entsprechend der Untergliederung der Kommission für geistige Zusammenarbeit[47] bildete auch das Institut für geistige Zusammenarbeit Abteilungen[48]. Im einzelnen wurden folgende Abteilungen geschaffen:

---

45 Text: Rothbarth, Geistige Zusammenarbeit im Rahmen des Völkerbundes, S. 166 ff.

46 Richter, Die internationale geistige Zusammenarbeit im Rahmen des Völkerbundes, S. 45; Kipp, UNESCO, S. 26.

47 Siehe hierzu: Richter, Die internationale Zusammenarbeit im Rahmen des Völkerbundes, S. 20 ff.

48 Kipp, UNESCO, S. 26; Kleinwächter/Raaz, Die Organisation der Vereinten Nationen für Erziehung, Wissenschaft und Kultur, S. 13.

- Universitätsabteilung[49]
- Wissenschaftliche Abteilung[50]
- Juristische Abteilung[51]
- Literarische Abteilung[52]
- Künstlerische Abteilung[53]
- Informationsabteilung[54]
- Pädagogische Auskunftsstelle[55].

Die Form der o.g. Institutionalisierung trug zu einer Intensivierung der geistigen Zusammenarbeit bei.

b) Délégués d'Etat

Über die Einrichtung der "Délégués d'Etat" konnten die Regierungen der Mitgliedstaaten des Instituts für geistige Zusammenarbeit mit dem Institut selbst zwei- bis dreimal im Jahr in Verbindung treten[56]. Große Bedeutung hatte diese Staatsdelegiertenversammlung allerdings nicht erlangt[57].

c) Verwaltungsrat

Der Verwaltungsrat des Instituts bestand - wie ausgeführt - aus den Mitgliedern der Kommission für geistige Zusammenarbeit[58]. Dieser

---

49 Richter, Die internationale geistige Zusammenarbeit im Rahmen des Völkerbundes, S. 46 ff.

50 Ebd., S. 49 f.

51 Ebd., S. 50 f.

52 Ebd., S. 51.

53 Ebd., S. 51 f.

54 Ebd., S. 51 f.; siehe auch Rothbarth, Geistige Zusammenarbeit im Rahmen des Völkerbundes, S. 46 f.

55 Kipp, UNESCO, S. 26.

56 Rothbarth, Geistige Zusammenarbeit im Rahmen des Völkerbundes, S. 47.

57 Ebd.

58 Ebd., S. 41; Richter, Die internationale geistige Zusammenarbeit im Rahmen des Völkerbundes, S. 44.

setzte das Arbeitsprogramm des Instituts fest, stellte das Budget auf und ernannte die Hauptfunktionsträger des Instituts[59].

d) *Amtsleitender Ausschuß (Direktionsausschuß)*

Dem amtsleitenden Ausschuß (Direktionsausschuß) oblag die allgemeine technische Leitung des Instituts[60]. Er wurde vom Verwaltungsrat gebildet[61].

e) *Institutsdirektor*

Dem Institut stand ein Direktor vor, der die einheitliche Arbeitsweise sicherstellen sollte[62]. Er stand unter der Kontrolle des amtsleitenden Ausschusses und des Verwaltungsrates; der letztere war praktisch die Kommission in Genf[63].

f) *Zusammenfassung*

Zusammenfassend ist festzustellen, daß die Kommission für internationale geistige Zusammenarbeit in Genf personell - in rechtlich abgesicherter Form - mit dem Institut für geistige Zusammenarbeit in Paris verzahnt war.

IV. Nationale Kommissionen

Im Januar 1924 regte die Internationale Kommission für geistige Zusammenarbeit in Genf die Bildung nationaler Kommissionen für geistige Zusammenarbeit an[64]. Zu diesem Zeitpunkt bestanden bereits

---

59 Richter, Die internationale geistige Zusammenarbeit im Rahmen des Völkerbundes, S. 44.

60 Ebd., S. 45.

61 Ebd., S. 44.

62 Ebd., S. 45.

63 Ebd.

64 Kipp, UNESCO, S. 27; Richter, Die internationale geistige Zusammenarbeit im Rahmen des Völkerbundes, S. 37.

17 nationale Kommissionen[65]. Die Zahl der nationalen Kommissionen nahm in der Folgezeit ein beachtliches Ausmaß an[66]. Sie dienten dazu, die Ziele und Aufgaben der Internationalen Kommission für geistige Zusammenarbeit in den Mitgliedstaaten umzusetzen[67]. Im Jahre 1932 wurde den Nationalkommissionen die Aufgabe der Schulbuchrevision übertragen[68].

V. Tätigkeiten der Internationalen Kommission für geistige Zusammenarbeit einschließlich des Instituts für geistige Zusammenarbeit

Als Tätigkeiten der Internationalen Kommission des Instituts für geistige Zusammenarbeit einschließlich des Instituts in Paris sind zu nennen:

- Befassung mit dem Problem der Filmzensur
- Verwendung des Rundfunks zur Stärkung des internationalen Geistes und der internationalen Verständigung
- Beseitigung der Kriegsfilme
- Förderung der Kulturfilme
- Förderung des Studiums internationaler Beziehungen
- Förderung der internationalen Zusammenarbeit durch Zusammenkünfte und Austausch von Gelehrten
- Schutz der nationalen Geschichte gegen tendenziöse Verfälschung sowie Herabsetzung
- Förderung des Jugendaustausches
- Indienststellung der Presse für Fragen der Völkerverständigung[69].

---

65 Richter, Die internationale geistige Zusammenarbeit im Rahmen des Völkerbundes, S. 37.

66 Ebd.

67 Kipp, UNESCO, S. 27.

68 Ebd., S. 28.

69 Kraus, Über kulturelle Zusammenarbeit der Völker, S. 13 f.

Folgende Abkommen wurden abgeschlossen:
- Das Abkommen vom 11.10.1933 über die Erleichterung des Verkehrs von Filmen erzieherischen Inhalts;
- das Abkommen vom 23.09.1936 über die Verwendung des Rundfunks im Interesse des Friedens[70].

Die Einbeziehung der Massenkommunikationsmittel in den Tätigkeitsbereich des Instituts für geistige Zusammenarbeit bedeutete eine Erweiterung des Arbeitskreises gegenüber der Zielsetzung der Völkerbundkommission[71].

Der Ausbruch des zweiten Weltkrieges führte dazu, daß die Völkerbundkommission im Jahre 1940 ihre Tätigkeit einstellte[72]. Das Institut für geistige Zusammenarbeit verlagerte 1940 einen Teil seines Materials nach Amerika[73]. Auf dem amerikanischen Kontinent wirkte der Einfluß beider Einrichtungen fort[74]. Die Versuche, das Institut für geistige Zusammenarbeit auf dem amerikanischen Kontinent zu etablieren, waren nicht von Erfolg gekrönt[75]. Auf der letzten Sondervollversammlung des Völkerbundes im Jahre 1946 wurde das Internationale Institut für geistige Zusammenarbeit aufgelöst[76].

---

70 Kipp, UNESCO, S. 30; Menzel, UNESCO, S. 1; Breunig, Kommunikationspolitik der UNESCO, S. 21; Kleinwächter/Raaz, Die Organisation der Vereinten Nationen für Erziehung, Wissenschaft und Kultur, S. 13.

71 Menzel, UNESCO, S. 1 f.

72 Kipp, UNESCO, S. 28.

73 Ebd.

74 Ebd.

75 Kleinwächter/Raaz, Die Organisation der Vereinten Nationen für Erziehung, Wissenschaft und Kultur, S. 14; Rothbarth, Entstehung und Aufgabe der UNESCO, S. 304, 305.

76 Kleinwächter/Raaz, Die Organisation der Vereinten Nationen für Erziehung, Wissenschaft und Kultur, S. 14.

3. TEIL:

DIE GRÜNDUNG DER UNESCO UND DIE GRUNDLAGEN FÜR IHRE ARBEIT

1. Abschnitt: Entstehungsgeschichte der UNESCO

A. Die Beratungen im Rahmen der "Konferenz der Alliierten Erziehungsminister" (16.11.1942 - 5.12.1945)

Die Vorarbeiten für die Gründung der UNESCO gehen auf die Beratungen der "Konferenz der Alliierten Erziehungsminister ("Conference of Allied Ministers of Education", CAME) zurück, die in der Zeit vom 16.11.1942 bis zum 5.12.1945 stattfanden[1]. Während dieses Zeitraumes tagte die Konferenz alle zwei Monate[2]. Die Erziehungsminister oder deren Stellvertreter aus Belgien, Frankreich, den Niederlanden, Griechenland, Jugoslawien, Norwegen, Polen und der Tschechoslowakei führten zunächst einen Meinungsaustausch durch, wo es um Fragen der Zusammenarbeit im Erziehungswesen ging[3]. Dabei herrschte unter den Teilnehmern zunächst noch der Eindruck vor, daß Erziehungsfragen zwischen den Staaten aufgrund der nationalen Souveränität durch bilaterale Verträge geregelt werden müßten[4]. Mithin bestand anfangs kein fester Plan, eine internationale Organisation für Fragen der Erziehung zu gründen[5]. Allerdings ist

---

1 Eyl, Das ordentliche Haushalts- und Finanzwesen der UNESCO, S. 17; Breunig, Kommunikationspolitik der UNESCO, S. 23; Kleinwächter/Raaz, Die Organisation der Vereinten Nationen für Erziehung, Wissenschaft und Kultur, S. 14 f.; Hajnal, Guide to UNESCO, S. 3 f.; Kipp, UNESCO, S. 31 ff.; Menzel, UNESCO, S. 2 f.; Rothbarth, Entstehung und Aufgabe der UNESCO, S. 304, 305 f.; Laves/Thomson, UNESCO, S. 18 ff.

2 Krill, Die Gründung der UNESCO, S. 304.

3 Ebd.

4 Ebd., S. 249.

5 Ebd.

festzustellen, daß die Konferenz später dazu neigte, ihre ursprüngliche Zielsetzung im Sinne einer fortgeschrittenen Entwicklung umzudeuten[6]. Da im Laufe der Zeit immer mehr Regierungen in der Konferenz der Erziehungsminister vertreten waren, gewann diese zunehmend einen universellen Charakter[7].

Die Konferenz bildete insgesamt zehn Kommissionen, u.a. auch für den Neuaufbau des Erziehungswesens in verschiedenen Ländern, für kulturelle Abkommen, für die Wissenschaft, für die Anwendung der modernen Kommunikationsmittel wie Film und Radio[8] sowie für das Problem der politischen Säuberung des öffentlichen Lebens vom Geist des Totalitarismus[9]. Im März/April 1944 brachten die Vereinigten Staaten von Amerika den Willen zum Ausdruck, an der Wiederherstellung von Kultur und Erziehungswesen in den vom Krieg zerstörten Ländern mitarbeiten zu wollen[10]. Zu diesem Zweck sollte so rasch wie möglich eine Organisation der Vereinten Nationen für den Wiederaufbau von Kultur und Erziehungswesen gegründet werden[11].

I. Vorläufiger Satzungsentwurf einer Organisation der Vereinten Nationen für Wiederaufbau im Erziehungs- und Kulturbereich (19.4.1944)

Im Rahmen der Alliierten Erziehungsministerkonferenz wurde am 19.4.1944 ein vorläufiger Satzungsentwurf einer Organisation der Vereinten Nationen für Wiederaufbau im Erziehungs- und Kulturbereich unter dem Titel "Tentative Draft Constitution for a United Nations Organisation for Educational and Cultural, Reconstruction" an-

---

6 Ebd., S. 249 u. 252.

7 Ebd.

8 Breunig, Kommunikationspolitik der UNESCO, S. 23; Krill, Die Gründung der UNESCO, S. 250 Fn. 13.

9 Kipp, UNESCO, S. 31.

10 Hajnal, Guide to UNESCO, S. 3 f.; Laves/Thomson, UNESCO, S., 21; Kipp, UNESCO, S. 31 f.

11 Kipp, UNESCO, S. 32; Laves/Thomson, UNESCO, S. 21.

genommen[12]. Es sollte sich um eine Art Interimsorganisation handeln, die sich mit der Bestandsaufnahme und der Beseitigung von Kriegsfolgen im Bereich zerstörter Kultur-, Forschungs- und Unterrichtszentren beschäftigen sollte[13]. In diesem Entwurf hatte sich insbesondere die Konzeption der amerikanischen Delegation niedergeschlagen, die darauf abzielte, die o.g. Absichten durch eine Hilfsprogrammpolitik zu realisieren[14]. Der o.g. Entwurf wurde offiziell allen "Vereinten und Assoziierten Nationen"[15] zugeleitet, und zwar mit der Maßgabe, daß nach Eingang von 20 Zusagen die Gründung der im Entwurf vorgesehenen Organisation eingeleitet werde[16]. Im April 1945 konnte die Konferenz der Erziehungsminister bekanntgeben, daß dem o.g. Entwurf 20 Regierungen zugestimmt hatten, so daß eine Gründungskonferenz für die im o.g. Entwurf vorgesehene Organisation hätte einberufen werden müssen[17]. Mittlerweile war für den 25. April 1945 die Konferenz von San Francisco anberaumt worden, wo die Charta der VN zur Schaffung einer politischen Organisation beraten werden sollte[18]. Dieser Umstand wirkte sich zögernd auf die Bildung einer Erziehungsorganisation der VN aus, da diese im Verbund mit der politischen Weltorganisation und dem Wirtschafts- und Sozialrat der VN[19] gegründet werden sollte[20]. Außerdem änderte sich die amerikanische Außenpolitik insofern, als es die amerikanische Regierung entgegen der ursprünglichen Absicht nunmehr für wirkungsvoller hielt, ein Europäisches Hilfsprogramm zum Wiederaufbau von Kultur- und Erziehungsinstitutionen direkt und bilateral zu

---

12 Krill, Gründung der UNESCO, S. 258 f.; Eyl, Das ordentliche Haushalts- und Finanzwesen der UNESCO, S. 18.

13 Ebd.

14 Krill, Gründung der UNESCO, S. 259.

15 Die assoziierten Staaten sind aufgezählt bei: Krill, Die Gründung der UNESCO, S. 259 Fn. 48.

16 Krill, Gründung der UNESCO, S. 259.

17 Ebd., S. 260.

18 Grewe, Entstehung und Wandlungen der Vereinten Nationen, S. XXXII.

19 Siehe hierzu: Lagoni, ECOSOC-, Wirtschafts- und Sozialrat, in: Handbuch Vereinte Nationen, S. 90 ff.

20 Krill, Die Gründung der UNESCO, S. 259.

entwickeln und zu fördern[21]. Dieser Weg wurde dem der Rehabilitation Fund einer internationalen Organisation vorgezogen[22]. Schließlich zeichnete sich der Wille ab, eine internationale Erziehungsorganisation von unbefristeter Dauer zu gründen[23]. Demgegenüber wäre eine Wiederaufbauorganisation für das Erziehungswesen eine befristete Organisation gewesen, da sie mit der Beendigung der Wiederaufbauphase ihre Daseinsberechtigung verloren hätte. Auf dem Hintergrund dieser Entwicklungen ist die Vorlage eines neuen amerikanischen Verfassungsentwurfs zur Gründung einer internationalen Erziehungsorganisation zu sehen, die der Londoner Erziehungsministerkonferenz im Juli 1945 als Beratungsgrundlage diente[24].

II. Verfassungsentwurf für eine Erziehungs- und Kulturorganisation der Vereinten Nationen (12.7.1945)

Der o.g. amerikanische Verfassungsentwurf (englischer Titel: "International Organisation for Educational and Cultural Cooperation") war unter der Bezeichnung CAME-Entwurf - wie gesagt - Diskussionsgrundlage für die Erziehungsministerkonferenz im April 1945[25]. Er wurde am 12.7.1945 mit einigen Änderungen angenommen[26]. Dieser Entwurf zeichnet sich dadurch aus, daß er im Gegensatz zum ursprünglichen - bereits erwähnten - vorläufigen Satzungsentwurf vom 19.4.1944 die Förderung der Kultur ebenfalls zu einer gleichwertigen Aufgabe der geplanten internationalen Organisation erklärte.

---

21 Ebd.

22 Ebd.

23 Ebd.

24 Ebd., S. 260 u. S. 263; Eyl, Das ordentliche Haushalts- und Finanzwesen der UNESCO, S. 19.

25 Eyl, Das ordentliche Haushalts- und Finanzwesen der UNESCO, S. 19; Hajnal, Guide to UNESCO, S. 4.

26 Hajnal, Guide to UNESCO, S. 4.

Ursprünglich war geplant, lediglich eine "Allied Education Agency" zu gründen[27]. Die intensivere Einbeziehung des Kulturaspekts beruhte auf dem Umstand, daß sich die Erkenntnis durchsetzte, daß die Erziehung nicht von der Kultur zu trennen ist[28].

III. Der französische Gegenvorschlag "Projet français de statut de l'organisation de coopération intellectuelle des Nations unies" (21.8.1945)

Am 21.8.1945 übermittelte die französische Regierung dem englischen Botschafter einen französischen Gegenvorschlag[29] für die Londoner Gründungskonferenz[30]. Der französische Gegenvorschlag respektiert grundsätzlich den anglo-amerikanischen CAME-Entwurf[31]. Er unterscheidet sich vom CAME-Entwurf allerdings in einigen Punkten. Der erste Unterschied besteht darin, daß der französische Gegenvorschlag nicht nur Regierungen als Mitglieder der geplanten Organisation vorsieht, sondern auch nationalen Kommissionen und sonstigen nichtstaatlichen Organisationen die Mitgliedschaft ermöglichen möchte[32]. Diese Tripartition gewährleiste nach der Auffassung der französischen Regierung, daß die Interessen der Staaten, der nationalen Kulturen und der sich allmählich entwickelnden gemeinsamen Zivilisation effektiver repräsentiert seien[33]. Der zweite Hauptunterschied des französischen Gegenvorschlags ist darin zu sehen,

---

27 Kipp, UNESCO, S. 32.

28 Ebd.

29 Text: La Coopération Intellectuelle, N° Spécial (Oktober/November 1945), S. 30 f.

30 Eyl, Das ordentliche Haushalts- und Finanzwesen der UNESCO, S. 25; Text des Briefes der französischen Regierung: Evans, The United States and UNESCO, S. 214 ff.

31 So die amtliche Begründung der französischen Regierung in dem Schreiben vom 21.8.1945 an die englische Regierung, Text: Evans, The United States and UNESCO, S. 215.

32 Hajnal, Guide to UNESCO, S. 6.

33 Amtliche Begründung der französischen Regierung, Text: Evans, The United States and UNESCO, S. 216.

daß eine Unterscheidung zwischen Erziehung und Kultur - wie sie im anglo-amerikanischen Verfassungsentwurf zur Geltung kommt - nicht befürwortet wird[34]. Die französische Regierung begründete dies mit der Befürchtung, daß bei einer Differenzierung von Erziehung einerseits und Kultur andererseits, die Belange der Kultur hinter den Belangen der Erziehungsaufgaben zurückzustehen hätten[35]. Als ein ganz wesentlicher Unterschied ist hervorzuheben, daß der französische Gegenvorschlag die Nutzung des Sekretariats des Instituts für geistige Zusammenarbeit in Paris durch die neu zu gründende Organisation der VN vorsieht[36].

B. Die UNESCO-Gründungskonferenz (1.11.-16.11.1945)

I. Allgemeines

Die o.g. Textvorschläge dienten als Verhandlungsgrundlage für die Konferenz zur Errichtung einer Organisation für Erziehung, Wissenschaft und Kultur der VN, die vom 1. bis 16.11.1945 in London stattfand[37].

Trotz der dargelegten Unterschiede hatten beide Entwürfe ein gemeinsames Ziel, nämlich die Sicherung des Friedens durch Austausch im Bereich von Erziehung, Kultur und Wissenschaft[38]. Die o.g. Londoner Gründungskonferenz hatte die Aufgabe, einen endgültigen Satzungsentwurf für die Gründung einer internationalen Organisation in den Bereichen von Erziehung und Kultur zu verabschie-

---

34 Rothbarth, Entstehung und Aufgabe der UNESCO, Friedens-Warte 1946, S. 304, 307.

35 Amtliche Begründung der französischen Regierung, Text: Evans, The United States and UNESCO, S. 215; Kipp, UNESCO, S. 33.

36 Hajnal, Guide to UNESCO, S. 6; Rothbarth, Entstehung und Aufgabe der UNESCO, Friedens-Warte 1946, S. 304, 307.

37 Kipp, UNESCO, S. 33; Hajnal, Guide to UNESCO, S. 5.

38 Krill, Die Gründung der UNESCO, S. 271.

den[39]. Zu diesem Zweck wurden fünf Kommissionen von der Erziehungsministerkonferenz eingesetzt[40]. In diesem Zusammenhang ist von Bedeutung, daß man bei der Beratung über die Satzung der VN vom 25. April 1945 bis zum 26. Juni 1945[41] bereits die Schaffung einer Organisation für kulturelle Zusammenarbeit im Rahmen des Systems der VN vorgesehen hatte[42]. Anders als bei der Bildung des Völkerbundes wurde nunmehr bei der Gründung der VN auch die geistig-kulturelle Zusammenarbeit als ein Element zur Erhaltung des Weltfriedens angesehen, das nach dem Willen der internationalen Staatengemeinschaft einer satzungsmäßigen Verankerung bedürfe. Es liegt deshalb in der Logik dieser Entwicklung, daß die o.g. Konferenz von San Francisco der Alliierten Erziehungsministerkonferenz die Schaffung einer Organisation für Erziehung, Wissenschaft und Kultur im Rahmen des Systems der VN empfahl[43].

II. Die Entstehung der UNESCO

Die Entstehung der UNESCO ist eng verknüpft mit der Verabschiedung der endgültigen Verfassung der UNESCO am 16. November 1945[44]. Sie stellt einen Kompromiß zwischen dem o.g. anglo-amerikanischen Entwurf einerseits und dem erwähnten französischen Gegenvorschlag andererseits dar[45]. Der französische Vorschlag, nichtstaatlichen Organisationen eine UNESCO-Mitgliedschaft zu ermögli-

39 Eyl, Das ordentliche Haushalts- und Finanzwesen der UNESCO, S. 28 f.

40 Ebd., S. 29.

41 Grewe, Entstehung und Wandlungen der Vereinten Nationen, S. XXXII.

42 Rothbarth, Entstehung und Aufgabe der UNESCO, Die Friedens-Warte 1946, S. 304, 307; siehe auch die Art. 1 Nr. 3, Art. 55 lit. b, Art. 57, Art. 62 Abs. 1 SVN (Text: Sartorius II, Ordnungsnummer 1).

43 Breunig, Kommunikationspolitik der UNESCO, S. 24.

44 Hajnal, Guide to UNESCO, S. 6.

45 Ebd.

chen, konnte sich nicht durchsetzen[46]. Gleichwohl erlangten die Nationalen Ausschüsse eine besondere Regelung[47]. Nationale Kommissionen sollen nach Art. 7 UNESCO-Satzung ein Bindeglied zwischen der Regierung im eigenen Lande und der UNESCO sein. Auf angloamerikanischen Vorschlag geht die Einbeziehung des Fachgebiets "Wissenschaft" zurück[48]. In einer Resolution bestimmte die Erziehungsministerkonferenz, daß Paris - vorbehaltlich einer anderen Regelung durch die Generalkonferenz - der Sitz der UNESCO sein soll[49].

Hinsichtlich der Entstehung der UNESCO ist aus deutscher Sicht von Interesse, daß die Gründung einer internationalen Organisation für Fragen der Erziehung favorisiert wurde, um die nationalsozialistischen Erziehungsmethoden zu bekämpfen[50].

Zur Unterzeichnung der Schlußakte der Gründungskonferenz kam es am 16. November 1945[51]. Von den 44 anwesenden Staaten unterzeichneten 41 die Satzung der UNESCO[52]. Sie sind als die Gründer dieser Organisation anzusehen[53]. Bei der UNESCO-Gründungskonferenz in London waren die Sowjetunion, Abessinien und einige süd-

---

46 Siehe Art. 2 UNESCO-Satzung (Text: Sartorius II, Ordnungsnummer 30); der ursprüngliche Satzungstext in der Fassung vom 16.11.1945 findet sich in der Wiedergabe des französischen Wortlauts und der deutschen Übersetzung in: Die Friedens-Warte 1946, S. 239 ff.

47 Siehe Art. 7 UNESCO-Satzung.

48 Hajnal, Guide to UNESCO, S. 6; Rothbarth, Entstehung und Aufgabe der UNESCO, Die Friedens-Warte 1946, S. 304, 307; Menzel, UNESCO, S. 2.

49 Krill, Die Gründung der UNESCO, S. 274; Kleinwächter/Raaz, Die Organisation der Vereinten Nationen für Erziehung, Wissenschaft und Kultur, S. 15.

50 Rothbarth, Entstehung und Aufgabe der UNESCO, Die Friedens-Warte 1946, S. 304, 307; Vaska, Le problème de l'éducation base de la paix future, Die Friedens-Warte 1944, S. 324, 338 f.

51 Kipp, UNESCO, S. 34; Menzel, UNESCO, S. 3; Hajnal, Guide to UNESCO, S. 6; Breunig, Kommunikationspolitik der UNESCO, S. 24; Krill, Die Gründung der UNESCO, S. 276.

52 Breunig, Kommunikationspolitik der UNESCO, S. 24.

53 Siehe die Aufzählung der UNESCO-Gründerstaaten bei Breunig, Kommunikationspolitik der UNESCO, S. 24 Fn. 8; Menzel, UNESCO, S. 3.

amerikanische Staaten nicht vertreten[54]. Die Delegationen aus El Salvador, Jugoslawien und Liberia waren zwar anwesend; sie gehören aber nicht zu den Unterzeichnern der Schlußakte[55]. Die Verfassung der UNESCO[56] tritt nach Art. 15 Abs. 3 in Kraft, sobald sie 20 Unterzeichnerstaaten genehmigen. Diese Voraussetzung war am 4. November 1946 erfüllt[57].

III. Einsetzung eines vorbereitenden Ausschusses

Die Gründungskonferenz in London setzte einen vorbereitenden Ausschuß ("Provisional Preparatory Commission") ein, der aus je einem Vertreter der Unterzeichnerstaaten der Schlußakte bestand[58]. Der vorbereitende Ausschuß hatte sich folgenden Aufgaben zu widmen:
- Vorbereitung der Tagesordnung der ersten Generalkonferenz
- Vorbereitung von Maßnahmen zur Klärung des Verhältnisses zwischen der UNESCO und den VN
- Vorbereitung der Einsetzung eines UNESCO-Sekretariats mit Generaldirektor
- Studium von Budgetfragen
- Durchführung von Maßnahmen auf erzieherischem, wissenschaftlichem und kulturellem Gebiet, die keinen Aufschub duldeten[59].

Der vorbereitende Ausschuß wählte vierzehn Staaten als Mitglieder eines Exekutivausschusses[60]. Der fünfzehnte Sitz wurde für den Beitritt der Sowjetunion offengehalten[61].

---

54 Rothbarth, Entstehung und Aufgabe der UNESCO, S. 304, 308.

55 Breunig, Kommunikationspolitik der UNESCO, S. 25 Fn. 8.

56 Text: Die Friedens-Warte 1946, S. 239 ff.

57 Kipp, UNESCO, S. 34.

58 Kipp, UNESCO, S. 34; Breunig, Kommunikationspolitik der UNESCO, S. 24; Hajnal, Guide to UNESCO, S. 6.

59 Kipp, UNESCO, S. 34; Hajnal, Guide to UNESCO, S. 6; Krill, Die Gründung der UNESCO, S. 276.

60 Breunig, Kommunikationspolitik der UNESCO, S. 25, wo die Mitgliedstaaten des Exekutivausschusses aufgezählt sind.

61 Breunig, Kommunikationspolitik der UNESCO, S. 25.

In der Folgezeit wurde ein Programm ausgearbeitet und die erste Generalkonferenz der UNESCO vorbereitet, die in Paris vom 19. November bis zum 10. Dezember 1946 stattfand[62]. Auf dieser Eröffnungssitzung waren zunächst 24 Mitgliedstaaten anwesend; später erhöhte sich die Zahl auf 29[63]. Das Fehlen der Sowjetunion wurde sehr bedauert[64]. Während der Konferenz wurde lebhaft um den Beitritt der Sowjetunion geworben[65].

---

62 Ebd.; Rotten, Die erste Generalversammlung der UNESCO, Die Friedens-Warte 1947, S. 39 ff.

63 Rotten, Die erste Generalversammlung der UNESCO, Die Friedens-Warte 1947, S. 39, 40.

64 Ebd.

65 Ebd.

2. Abschnitt: Die Grundlagen für die Arbeit der UNESCO

A. Die Satzung der UNESCO

I. Inkrafttreten der UNESCO-Satzung

Wie bereits ausgeführt wurde, tritt die UNESCO-Satzung[1] nach ihrem Art. 15 Abs. 3 in Kraft, wenn zwanzig Unterzeichnerstaaten sie genehmigt haben. Dies war am 4. November 1946 der Fall[2].

II. Die Bedeutung des Inkrafttretens der UNESCO-Satzung

Die Bedeutung des Inkrafttretens der UNESCO-Satzung liegt nicht nur darin, daß diese am 4.11.1946 eine bindende Wirkung entfaltet hat. Das Inkrafttreten der UNESCO-Satzung ist darüber hinaus für die Völkerrechtsqualität der UNESCO von Relevanz. Die UNESCO ist nämlich kein geborenes Völkerrechtssubjekt. Unter geborenen Volkerrechtssubjekten versteht man in erster Linie Staaten[3]. Keine geborenen Völkerrechtssubjekte sind die internationalen Organisationen[4]. Diese erlangen ihre Völkerrechtsfähigkeit erst in dem Zeitpunkt, wo ihr Gründungsakt rechtswirksam wird[5]. Dies ist der Zeitpunkt der Unterzeichnung des Gründungsabkommens[6]. Handelt es sich hierbei um einen ratifikationsbedürftigen Vertrag, so ist der

---

1 Text der zur Zeit gültigen Fassung: Sartorius II, Ordnungsnummer 30; Text der Ursprungsfassung in deutschem und französischem Wortlaut: Die Friedens-Warte 1946, S. 239 ff.

2 Kipp, UNESCO, S. 35.

3 Seidl-Hohenveldern, Völkerrecht, Rdnr. 617.

4 Seidl-Hohenveldern/Loibl, Das Recht der Internationalen Organisationen einschließlich der Supranationalen Gemeinschaften, Rdnr. 401.

5 Seidl-Hohenveldern/Loibl, Das Recht der Internationalen Organisationen einschließlich der Supranationalen Gemeinschaften, Rdnr. 401.

6 Ebd.

Zeitpunkt der Ratifikation für die Erlangung der Völkerrechtsqualität entscheidend[7]. Abweichend von dieser Regel, kann ein multilateraler Gründungsvertrag vorsehen, daß er erst in Kraft tritt, wenn eine bestimmte Anzahl von Unterzeichnerstaaten den Vertrag ratifiziert hat[8]. Eine solche Regelung wurde hinsichtlich der UNESCO in Art. 15 Abs. 3 der UNESCO-Satzung getroffen.

Aus alledem folgt, daß internationale Organisationen im Gegensatz zu Staaten nicht geborene Völkerrechtssubjekte sind, sondern vielmehr stellen sie gekorene Völkerrechtssubjekte dar. Aus den obigen Ausführungen folgt weiterhin, daß die UNESCO nach Art. 15 Abs. 3 UNESCO-Satzung am 4. November 1946 Völkerrechtsqualität erlangt hat, da - wie ausgeführt - zu diesem Zeitpunkt zwanzig Unterzeichnerstaaten die UNESCO-Verfassung genehmigt hatten.

III. Die für die Kultur- und Medienarbeit relevanten materiellen Bestimmungen der UNESCO-Satzung

1. Die Präambel der UNESCO-Satzung

Die Präambel der UNESCO-Satzung[9] enthält zunächst eine Erklärung der Vertragsstaaten über die Motive, die zur Gründung der UNESCO geführt haben. Darüber hinaus enthält die Präambel eine kurze Zielbeschreibung der UNESCO.

a) Die Bedeutung der Kultur und der Erziehung für die Erhaltung des Friedens

Die Präambel der UNESCO-Verfassung unterstreicht eindringlich die Notwendigkeit der weiten Verbreitung der Kultur und der Erziehung des Menschen zur Freiheit und zum Frieden, indem diese Auf-

---

7 Ebd.

8 Ebd.

9 Text: Sartorius II, Ordnungsnummer 30; Die Friedens-Warte 1946, S. 239 ff. (französischer und deutscher Wortlaut der UNESCO-Satzung in der ursprünglichen Fassung); Laves/Thomson, UNESCO, S. 415 ff.; Hajnal, Guide to UNESCO, S. 419 ff.

gabe in den Rang einer "heilige(n) Verpflichtung" (englischer Satzungstext: "a sacred duty"; französischer Satzungstext: "des devoirs sacrés") gehoben worden ist.

Es wird ferner festgestellt, daß der Krieg im Geist des Menschen entstehe und daß es deshalb darauf ankomme, "Bollwerke des Friedens im Geist der Menschen" zu errichten. Dies soll nach dem Willen der UNESCO durch die Verbreitung von Kultur und eine Erziehung zum Frieden erreicht werden. Folglich gelangt Kraus[10] zu Recht zu der Auffassung, daß die Mobilisierung der Kulturen gegen den Krieg und für individuelle Menschenrechte die raison-d'être und die Mission der UNESCO ist. Die Kultur und die Erziehung sollen also der Erhaltung des Friedens nutzbar gemacht werden. Damit hat neben der internationalen Gerichtsbarkeit, der Schiedsgerichtsbarkeit[11] und dem System der Kriegsverhinderung und -beendigung nach den Bestimmungen der SVN ein neues Mittel der Kriegsverhütung in das internationale Recht Eingang gefunden[12].

b) Die Bedeutung von Kultur und Erziehung für die Würde des Menschen

Für die Würde des Menschen wird es als unerläßlich angesehen, die Kultur zu verbreiten und das Menschengeschlecht zu Gerechtigkeit, Freiheit und Frieden zu erziehen. Auch diese Anliegen von Kultur und Erziehung haben nach der UNESCO-Präambel den Rang einer heiligen Verpflichtung. Diese Sichtweise ist - wie Kraus[13] zu Recht hervorhebt - die Wurzel für den im Jahre 1946 neuartigen Begriff des Verbrechens gegen die Menschlichkeit. Der Krieg wird in der UNESCO-Präambel als kulturwidrig bezeichnet und die Menschenwürde als ein Bestandteil der Kultur angesehen[14].

---

10 Kraus, Über kulturelle Zusammenarbeit der Völker, S. 23.

11 Siehe hierzu: Hans v. Mangoldt, Die Schiedsgerichtsbarkeit als Mittel internationaler Streitschlichtung.

12 Kipp, UNESCO, S. 149.

13 Kraus, Über kulturelle Zusammenarbeit der Völker, S. 23.

14 Ebd.

c) *Das Verhältnis von Kultur und Erziehung zu sozioökonomischen Fragen*

Hinsichtlich des Stellenwertes der Kultur im Sinne der UNESCO-Präambel wird von Kleinwächter/Raaz[15] eingewandt, die Präambel der UNESCO-Verfassung spare "die entscheidenden sozialen Ursachen für die Entstehung von Kriegen zunächst" aus. In der Tat ist festzustellen, daß auch sozial-ökonomische Gründe für gewaltsame Konflikte ursächlich sein können. Dieser Tatbestand wird von der Präambel der UNESCO auch indirekt anerkannt, indem die Förderung des Wohlstandes der Menschheit als ein Ziel der UNESCO genannt wird. Es ist nämlich nicht zu übersehen, daß ein gewisser Lebensstandard des Individuums für die Realisierung der Menschenwürde von Bedeutung ist. Die Zurückhaltung der UNESCO-Satzung hinsichtlich wirtschaftlicher Fragen muß allerdings vor dem Hintergrund gesehen werden, daß es im Rahmen des Systems der Vereinten Nationen andere Sonderorganisationen gibt, die sich der Aufgabe der Hebung des Lebensstandards zu widmen haben[16]. Würde die UNESCO-Satzung wirtschaftliche Kompetenzen in Anspruch nehmen, die durch ihre originären Aufgaben - nämlich Erziehung, Wissenschaft und Kultur - nicht gedeckt sind, käme es zu einer Kompetenzüberschneidung mit jenen Sonderorganisationen der VN, die speziell mit sozialen und wirtschaftlichen Fragen betraut worden sind. Kompetenzüberschneidungen führen erfahrungsgemäß zu Reibungsverlusten, die sich nur bedingt durch Koordinationsorgane[17] vermeiden lassen. Freilich wird man nicht übersehen können, daß zwischen einer guten Ausbildung einerseits und einer sicheren wirtschaftlichen Absicherung des Bürgers andererseits Wechselwirkungen in beiden Richtungen bestehen. Zum einen benötigt derjenige eine wirtschaftliche Unterstützung, der an Bildungsmaßnahmen teilnimmt. Zum

---

15 Kleinwächter/Raaz, Die Organisation der Vereinten Nationen für Erziehung, Wissenschaft und Kultur, S. 16.

16 Siehe hierzu: Meng, Wirtschaftliche Zusammenarbeit unter dem UN-System, Handbuch Vereinte Nationen, S. 1133 ff.

17 Eine solche Koordinationsfunktion hat der Wirtschafts- und Sozialrat der VN (s. Art. 61 ff. SVN) zu erfüllen, siehe hierzu: Lagoni, ECOSOC-Wirtschafts- und Sozialrat, in: Handbuch Vereinte Nationen, S. 90 ff.

anderen trägt der durch seine Aus- und Weiterbildung Befähigte ebenfalls zur Hebung des Lebensstandards bei, was sich günstig für das Steueraufkommen auswirkt. Ein hohes Steueraufkommen ist wiederum für die Bereitstellung von Kultur- und Bildungsleistungen von Bedeutung. Unter Berücksichtigung dieser Wechselwirkungen ist die Verankerung der Förderung des allgemeinen Wohlstandes der Menschen in der Präambel der UNESCO-Verfassung durchaus berechtigt, da sie dem Umstand Rechnung trägt, daß die Förderung von Aus- und Weiterbildung ein wichtiges Fundament für den Wohlstand der Menschheit darstellt.

d) Freier Austausch von Gedanken und Kenntnissen zwischen den Völkern

Für die Beziehungen zwischen den Völkern wird dem freien Austausch von Gedanken und Kenntnissen eine besondere Bedeutung zugemessen. Es gelte, die Beziehungen zwischen den Völkern zu fördern und zu vertiefen und sie zu besserem gegenseitigem Verständnis, zur möglichst vollkommenen und wahrheitsgetreuen gegenseitigen Kenntnis der Lebensweise der Völker zu nutzen. Nach der Auffassung von Kleinwächter/Raaz[18] impliziere das Anliegen, die Beziehungen der Völker zu fördern, zugleich die Einsicht der Mitgliedstaaten der UNESCO, daß die allseitige Entfaltung von Erziehung, Wissenschaft, Kultur und Kommunikation nur unter den Bedingungen eines dauerhaften Friedens und der Beseitigung von Kolonialismus und Rassismus erfolgreich möglich sei. Gegen diese pauschale Interpretation ist einzuwenden, daß die UNESCO allein im Bereich von Erziehung, Wissenschaft und Kultur eine Zuständigkeit für die Beseitigung von Kolonialismus und Rassismus besitzt. Dies wird von Kleinwächter/Raaz[19] insofern selbst eingestanden, als sie ganz allgemein darauf hinweisen, daß die Grundfragen der Menschheit nicht schlechthin durch die UNESCO lösbar seien, da sie kein Weltkultur-, Weltwissenschafts- oder Weltabrüstungsministerium sei und da sie

---

18 Kleinwächter/Raaz, Die Organisation der Vereinten Nationen für Erziehung, Wissenschaft und Kultur, S. 16.

19 Ebd., S. 17.

auch nicht als universelle Weltbehörde die soziale, ökonomische und kulturelle Entwicklung in der Welt bestimmen könne. Auch Kipp[20] weist zu Recht darauf hin, daß die Durchführung der eigentlich politischen Aufgaben eine Angelegenheit der VN ist und nicht der UNESCO.

e) Ziele der UNESCO

Im letzten Abschnitt der Präambel der UNESCO-Satzung findet sich eine kurze Zielbeschreibung. Sie wurde nach dem Willen der Gründungsstaaten geschaffen, um durch die Zusammenarbeit der Völker der Erde auf den Gebieten von Erziehung, Wissenschaft und Kultur den Weltfrieden und den allgemeinen Wohlstand zu fördern. Die so vorgenommene Zielbeschreibung ist nicht zuletzt deshalb von besonderer Bedeutung, als schon in der Präambel der UNESCO-Verfassung deutlich gesagt ist, daß sich die UNESCO nicht allgemein-politischen Fragen der internationalen Beziehungen widmen darf. Vielmehr ist die UNESCO ausschließlich berechtigt, durch Maßnahmen auf den Gebieten der Erziehung, Wissenschaft und Kultur Einfluß auf die internationalen Beziehungen zu nehmen.

2. Ziele und Aufgaben der UNESCO im Bereich von Kultur und Medien nach Art. 1 Abs. 1 UNESCO-Satzung

a) Inhalt der Ziele der UNESCO (Art. 1 Abs. 1 UNESCO-Satzung)

Die eigentlichen normativ und definitiv verankerten Ziele der UNESCO ergeben sich aus Art. 1 Abs. 1 UNESCO-Satzung. Danach ist es das Ziel der UNESCO durch die Förderung der Zusammenarbeit zwischen den Völkern auf den Gebieten der Erziehung, Wissenschaft und Kultur zur Wahrung des Friedens und der Sicherheit beizutragen, um die Achtung vor Recht und Gerechtigkeit, vor den Menschenrechten und Grundfreiheiten zu stärken, die den Völkern der Welt ohne Unterschied der Rasse, des Geschlechts, der Sprache oder Religion durch die Charta der Vereinten Nationen bestätigt worden sind. Genau wie bei der bereits erwähnten Präambel wird

---

20 Kipp, UNESCO, S. 145.

auch in Art. 1 Abs. 1 UNESCO-Verfassung die Aufgabe der Friedenswahrung hervorgehoben. Ferner wird ein Zusammenhang zwischen der Förderung der Kultur, Erziehung und Wissenschaft einerseits und der Menschenwürde andererseits hergestellt, indem die Förderung der Erziehung, Wissenschaft und Kultur in den Dienst der Achtung der Menschenrechte und Grundfreiheiten gestellt wird.

b) Instrumente zur Erreichung der satzungsmäßigen UNESCO-Ziele (Art. 1 Abs. 2 UNESCO-Satzung)

Die Instrumentarien der UNESCO zur Erreichung der ihr satzungsmäßig vorgegebenen Aufgaben enthält Art. 1 Abs. 2 UNESCO-Satzung.

aa) Mitwirkung an den Massennachrichtenmitteln durch internationale Übereinkünfte (Art. 1 Abs. 2 lit. a UNESCO-Satzung)

Zur Erreichung der in Art. 1 Abs. 1 UNESCO-Satzung aufgeführten Ziele nennt der folgende Absatz zunächst die Mitwirkung an den Massennachrichtenmitteln, wodurch die gegenseitige Kenntnis und das gegenseitige Verständnis der Völker gefördert werde. Zur Verwirklichung dieses Zieles kann die UNESCO internationale Übereinkünfte empfehlen, die sie für notwendig hält, um den freien Austausch von Ideen durch Wort und Bild zu erleichtern. Ursprünglich hatte die UNESCO den Plan, ein eigenes Sendenetz bzw. einen eigenen Weltnachrichtenapparat zu leiten; dieser Plan wurde aber wieder aufgegeben[21]. Es ist höchst fraglich, ob die UNESCO für ein solches Vorhaben überhaupt eine satzungsmäßige Kompetenz besitzt, da Art. 1 Abs. 2 lit. a UNESCO-Satzung der Organisation lediglich das Recht zur "Mitwirkung an den Massennachrichtenmitteln" (englischer Text: "collaborate", französischer Text: "en prêtant son concours") einräumt. Schon allein diese bloße Mitwirkungsbefugnis schließt es aus, daß die UNESCO selbständig Massennachrichtenmittel betreibt, da die eigene Unterhaltung von Massennachrichtenmitteln im Verhältnis zum Mitwirken ein Mehr darstellt. Zum Betreiben

---

21 Menzel, UNESCO, S. 10; Weyl, Arbeitsmaterialien zu den Medienbeschlüssen der UNESCO 1946 - 1980, S. 9.

eigener Massennachrichtenmittel benötigt die UNESCO eine über eine bloße Mitwirkungskompetenz hinausgehende Befugnis, wofür nichts ersichtlich ist. Im übrigen stünde dem weltweiten Betreiben von Massennachrichtenmitteln das Interventionsverbot in Art. 1 Abs. 3 UNESCO-Satzung entgegen.

In Ausführung der Aufgabenstellung in Art. 1 Abs. 2 lit. a UNESCO-Satzung sind die - noch zu behandelnden - Bestrebungen der UNESCO zu sehen, die auf die Schaffung einer neuen Weltinformationsordnung abzielen[22] bzw. abzielten[23].

bb) Verbesserung der Volksbildung und der Verbreitung der Kultur (Art. 1 Abs. 2 lit. b UNESCO-Satzung)

Nach Art. 1 Abs. 2 lit. b UNESCO-Satzung soll die Volksbildung und die Verbreitung der Kultur neuen Auftrieb erhalten, und zwar

- durch Mitarbeit am Aufbau des Erziehungswesens derjenigen Mitgliedstaaten, die dies wünschen
- durch Einleitung einer Zusammenarbeit zwischen den Völkern, um das Ideal gleicher Bildungsmöglichkeiten für alle ohne Ansehen der Rasse, des Geschlechts oder wirtschaftlicher oder sozialer Unterschiede zu fördern
- durch Erteilen von Anregungen für Erziehungsmethoden, die am besten geeignet sind, die Jugend der ganzen Welt auf die Verantwortlichkeiten freier Menschen vorzubereiten.

Zur Erfüllung dieser Verpflichtung bemüht sich die UNESCO um eine weltweite Verbesserung des Elementarunterrichts, die Beseitigung des Analphabetentums in der Dritten Welt, die Vereinheitlichung der Blindenschrift, eine weltweite Schulpflicht, die Förderung der Erwachsenenausbildung und um eine Verbesserung der Erziehungssysteme[24]. Dies geschieht durch die Ausbildung von Lehrkräften, durch Informationsaustausche, die Durchführung wissenschaftli-

---

22 Siehe hierzu: Gornig, Äußerungsfreiheit, S. 356 ff.; Witzmann, Völkerrechtliche Aspekte der Bemühungen um eine neue Weltinformationsordnung.

23 Modoux, Neuorientierung der UNESCO in Medienfragen, Süddeutsche Zeitung v. 16.11.1992, S. 11.

24 Ipsen, Völkerrecht, S. 392.

cher Veranstaltungen und die Ausarbeitung internationaler Kodifikationen auf kulturellem Gebiet[25].

cc) Aufrechterhaltung, Vertiefung und Verbreitung von Kenntnissen (Art. 1 Abs. 2 lit. c UNESCO-Satzung)

Schließlich erklärt Art. 1 Abs. 2 lit. c UNESCO-Satzung die Aufrechterhaltung, Vertiefung und Verbreitung von Kenntnissen zu einer Aufgabe der UNESCO. Dies soll durch die Erhaltung und den Schutz des Erbes der Welt an Büchern, Kunstwerken und Denkmälern der Geschichte und Wissenschaft geschehen sowie dadurch, daß die UNESCO den beteiligten Staaten die diesbezüglich erforderlichen internationalen Übereinkünfte empfiehlt. Ferner sollen Kenntnisse aufrechterhalten, vertieft und verbreitet werden, und zwar durch die Förderung der Zusammenarbeit zwischen den Völkern in allen Bereichen des geistigen Lebens einschließlich des internationalen Austausches von Persönlichkeiten, die auf dem Gebiet der Erziehung, Wissenschaft und Kultur tätig sind; ferner soll die Förderung von Veröffentlichungen, Gegenständen künstlerischen und wissenschaftlichen Interesses und sonstigem Informationsmaterial vorangetrieben werden. Auch die Einführung von Methoden internationaler Zusammenarbeit mit dem Ziel, allen Völkern die Veröffentlichungen aller anderen Völker zugänglich zu machen, soll der Aufrechterhaltung, Vertiefung und Verbreitung von Kenntnissen zu dienen bestimmt sein.

In Erfüllung der o.g. Verpflichtungen ist die Haager Konvention zum Schutz von Kulturgut bei bewaffneten Konflikten[26] vom 14. Mai 1954 sowie das Übereinkommen zum Schutz des Kultur- und Naturerbes der Welt[27] vom 16. November 1972 zu sehen.

---

25 Ebd., S. 393.

26 Text: Bundesgesetzblatt 1967, Teil II, S. 1233.

27 Text: Bundesgesetzblatt 1977, Teil II, S. 213.

3. Engagement der UNESCO zum Schutze der Menschenrechte

Besonders in der Anfangsphase hat die UNESCO stärker als heute der philosophischen Grundlegung der Menschenrechte ein besonderes Gewicht beigemessen[28]. Dies äußerte sich durch die Veranstaltung von Ausstellungen zur Allgemeinen Erklärung der Menschenrechte in der ganzen Welt unter der Leitung der UNESCO[29]. Wie bereits ausgeführt wurde, verfügt die UNESCO nicht über eine eigene Kompetenz hinsichtlich der politischen Arbeit im engeren Sinne[30]. Hierunter fällt auch die Menschenrechtsfrage, die auf internationaler Ebene grundsätzlich in den Zuständigkeitsbereich der VN fällt. Für Maßnahmen, die der Einhaltung von Menschenrechten zu dienen bestimmt sind, kann die UNESCO mithin nur eine funktionell begrenzte Zuständigkeit besitzen. Diese liegt immer dann vor, wenn es um die Verhinderung von Menschenrechtsverletzungen im Bereich von Erziehung, Wissenschaft und Kultur geht[31]. Unter Berücksichtigung dieser funktionalen Zuständigkeit der UNESCO für Menschenrechtsfragen bewegt sich das 1978 eingeführte Berichtsverfahren, das eine Individualbeschwerde bei Menschenrechtsverletzungen beim Exekutivrat der UNESCO vorsieht, im Einklang mit der Aufgabenzuweisung in der UNESCO-Satzung[32] [33], sofern die Menschenrechtsverletzungen im Zusammenhang mit den Kompetenzen der UNESCO stehen.

---

28 Düwell, UNESCO: Krise als Dauerzustand?, S. 6, 8.

29 Ebd.

30 Kipp, UNESCO, S. 145.

31 So auch Ipsen, Völkerrecht, S. 393; Verdross/Simma, Universelles Völkerrecht, S. 190.

32 Ebd.

33 Text des Berichtsverfahrens betreffend die Ausübung der Menschenrechte: Deutsche UNESCO-Kommission, Menschenrechte, Internationale Dokumente, S. 216 ff.

4. Interpretation der satzungsmäßigen Aufgaben durch die UNESCO

Hinsichtlich der Interpretation der Aufgabenzuweisungen durch die UNESCO-Satzung lassen sich in der Praxis unterschiedliche Betrachtungsweisen ausmachen.

a) Traditionalistische Betrachtungsweise

aa) Inhalt

Die während der Anfangsphase der UNESCO vertretene traditionalistische Betrachtungsweise sah in der internationalen Kulturarbeit der UNESCO eine Art "Clearing-House" für alle Formen und Fragen der geistig-kulturellen Gemeinschaftstätigkeit[34]. Praktisch lief dies auf die Übernahme des Arbeitsstils des Instituts für geistige Zusammenarbeit hinaus[35]. Dies hatte den Vorteil, daß sich die Arbeit der UNESCO auf unpolitischem Raum bewegte und somit ideologische Spannungen vermieden wurden[36]. Diese Art der Selbstbeschränkung der UNESCO vermochte sich auf die Dauer nicht durchzusetzen[37].

bb) Stellungnahme

Die o.g. Selbstbeschränkung der UNESCO läßt sich nicht mit der Kompetenzregelung vereinbaren, wie sie durch die UNESCO-Satzung vorgenommen wurde. Im Gegensatz zur Tätigkeit der Kommission für geistige Zusammenarbeit im Völkerbund besitzt die UNESCO eine nicht unbedeutende Zuständigkeit für Fragen des Erziehungswesens (s. Art. 1 Abs. 2 lit. b UNESCO-Satzung). Ferner unterscheidet sich die UNESCO gegenüber den Vorgängerorganisationen durch eine satzungsmäßig verankerte Zuständigkeit, nach der sie für die Achtung der Menschenrechte und der grundlegenden Freiheiten im Bereich von Erziehung, Wissenschaft und Kultur eintreten kann[38].

---

34 Menzel, UNESCO, S. 9.

35 Ebd.

36 Ebd.

37 Ebd.

38 Ebd.

Dies schließt, wie Kleinwächter/Raaz[39] hervorheben, die Reduzierung der UNESCO auf einen "intellektuellen Debattierklub" aus. Demgegenüber ist es auf jeden Fall unzulässig, eine Kompetenz der UNESCO für verteidigungspolitische Fragen anzunehmen, wie Kleinwächter/Raaz[40] dies befürworten. Allein der Umstand, daß die Bereitstellung von finanziellen Mitteln für Zwecke der Landesverteidigung dazu führt, daß weniger Mittel für die Aufgaben der UNESCO zur Verfügung stehen, vermag noch keine funktionelle Zuständigkeit der UNESCO für Verteidigungsfragen zu begründen. Eine solche ist vielmehr nur dann gegeben, wenn ein unmittelbarer Zusammenhang zwischen einer Sachfrage und den satzungsmäßigen Aufgaben der UNESCO besteht. Dies bedeutet nicht, einer Entpolitisierung der UNESCO das Wort reden zu wollen[41]. Vielmehr ist festzustellen, daß die UNESCO durchaus politisch tätig werden darf, sofern ein unmittelbarer Bezug zu Fragen der Erziehung, Wissenschaft und Kultur gegeben ist. Ausgeschlossen ist allein ein Tätigwerden der UNESCO im Bereich von Fragen allgemeinpolitischer Natur. Letztere fallen in den Zuständigkeitsbereich der VN. Die Erfahrung zeigt, daß eine Konzentration auf die eigenen Zuständigkeiten unter dem Effektivitätsgesichtspunkt sinnvoll ist.

b) Die Philosophie des ersten UNESCO-Generalsekretärs Huxley

aa) Inhalt

Zu Beginn der UNESCO-Tätigkeit hatte der britische Gelehrte und Generalsekretär der Preparatory Commission[42], Julian Huxley (UNESCO-Generalsekretär von 1946 bis 1948[43]), mit einer philosophischen Schrift[44] Einfluß auf die Tätigkeit der UNESCO nehmen

---

39 Kleinwächter/Raaz, Die Organisation der Vereinten Nationen für Erziehung, Wissenschaft und Kultur, S. 22.

40 Ebd.

41 So aber Kleinwächter/Raaz, a.a.O.

42 Es handelt sich hierbei um den von der Londoner Erziehungskonferenz eingesetzten vorbereitenden Ausschuß.

43 Düwell, UNESCO: Krise als Dauerzustand?, VN 1985, S. 6, 8 (oben).

44 Titel: UNESCO: Its Purpose and Its Philosophy.

wollen. Es handelte sich dabei um einen reinen privaten Versuch, da die Huxley-Philosophie keinen amtlichen Anspruch erheben konnte[45]. Die o.g. Schrift enthält die These, daß das zusammenfassende Band für die UNESCO-Tätigkeit ein Humanismus zu sein habe, der zugleich weltweit, wissenschaftlich, geistig wie praktisch ausgerichtet sein müsse[46]. Mit dieser Philosophie sei jede Art von Dogma unvereinbar[47]. Der Nachfolger von Huxley, Generalsekretär Bodet (Amtszeit: 1953-1958[48]), distanzierte sich von der Philosophie seines Amtsvorgängers im Rahmen einer amtlichen Rede, wo er die Auffassung vertrat, daß die UNESCO auf keinen Fall fordern könne, daß alle Menschen in jedem Teil der Welt über die ihrer Haltung und Führung zugrunde liegenden philosophischen Prinzipien übereinzustimmen haben[49].

Die Humanismus-Philosophie von Huxley stieß sowohl bei den sog. Ostblockstaaten als auch bei den sog. westlichen, liberalen Staaten auf Widerspruch[50]. Von jugoslawischer Seite wurde die Auffassung vertreten, daß die Annahme einer offiziellen Philosophie zur "Versklavung des Denkens" führe und "ein willkürliches Hindernis gegenüber der Verbreitung der Kultur" darstelle[51]. Der jugoslawische Delegierte Wladislaw Ribnikar - der allgemein als Sprachrohr der damals in der UNESCO nicht vertretenen Sowjetunion angesehen wurde - meinte, den Ostblockstaaten würde über den Umweg der UNESCO-Philosophie die Gedankenwelt des Westens aufgezwungen[52].

Die sog. westlichen (liberalen) Staaten lehnten die Huxley-Philosophie ab, da sie zu theoretisch sei[53]. Ferner wurde eingewandt, die

---

45 Kipp, UNESCO, S. 134.

46 Huxley, UNESCO: Its Purpose and Its Philosophy, S. 4 ff.

47 Ebd.

48 Düwell, UNESCO: Krise als Dauerzustand, VN 1985, S. 6, 8 (oben).

49 Kipp, UNESCO, S. 134.

50 Menzel, UNESCO, S. 10.

51 Laves/Thomson, UNESCO, S. 10.

52 Menzel, UNESCO, S. 10.

53 Ebd.

Huxley-Philosophie sei atheistisch und unvereinbar mit einer freiheitlichen, pluralistischen Ordnung[54].

bb) Stellungnahme

Die Humanismus-Philosophie von Huxley ist insofern problematisch, als sie einen Absolutheitsanspruch erhebt, der den Ausschluß gegen andere Denkarten der Wahrheitserforschung zur Folge hat. Ferner ist nicht zu verkennen, daß eine humanistische Philosophie mit Absolutheitsanspruch religionsfeindlich ist. Insbesondere ist zu beachten, daß eine Wahrheitssuche und -verkündung nicht die Aufgabe des Staates sein kann. Dieser muß weltanschaulich neutral ausgerichtet sein, da er andernfalls intolerant und unterdrückerisch gegenüber jenen Weltanschauungsgemeinschaften ist, die nicht in das Konzept der staatlich geförderten Weltanschauungsgemeinschaft passen. All dies hat insbesondere im Lichte des Grundgesetzes zu gelten. Dieses schützt in Art. 5 Abs. 3 Satz 1, 2. Alt.. GG die Freiheit der Wissenschaft. Wissenschaft ist nach der Rechtsprechung des Bundesverfassungsgerichts[55] alles, was nach Inhalt und Form als ernsthafter planmäßiger Versuch zur Ermittlung der Wahrheit anzusehen ist. Artikel 5 Abs. 3 Satz 1, 2. Alt. GG räumt keiner Wissenschaft einen Absolutheitsanspruch ein, da - wie das BVerfG[56] hervorhebt -, keine bestimmte Auffassung von der Wissenschaft oder eine bestimmte Wissenschaftstheorie vom Grundgesetz geschützt werde. Der grundgesetzliche Begriff der Wissenschaftsfreiheit ist mit anderen Worten pluralistisch, offen und wertungsneutral[57]. Der verfassungsrechtliche Wissenschaftsbegriff ist weltanschaulich, ideologisch und politisch neutral oder wertfrei (sog. Voraussetzungslosigkeit des Wissenschaftsbegriffs)[58].

---

54 Laves/Thomson, UNESCO, S. 49 f.; Hajnal, Guide to UNESCO, S. 13; Kipp, UNESCO, S. 134 ff.

55 BVerfGE 35, 79, 113.

56 Ebd.

57 Scholz, M-D, GG-Komm., Art. 5 Abs. 3 Rdnr. 95 m.w.N.

58 Ebd.

Gegen eine mit Absolutheitsanspruch versehene Amtsphilosophie der UNESCO im Bereich der Erziehung spricht aus der Sicht des Grundgesetzes, daß dieses den Eltern eine sehr starke Position in Erziehungsfragen einräumt und damit Rücksicht auf verschiedene Erziehungskonzeptionen nimmt. Nach Art. 7 Abs. 2 GG haben die Erziehungsberechtigten u.a. das Recht, über die Teilnahme des Kindes am Religionsunterricht zu bestimmen. Art. 7 Abs. 2 GG ist insoweit lex specialis zu Art. 4 Abs. 1 und 2 sowie zu Art. 6 Abs. 2 GG[59]. Art. 6 Abs. 2 Satz 1 GG besagt, daß die Erziehung der Kinder das natürliche Recht der Eltern sei. Hierbei handelt es sich um ein subjektives Grundrecht mit Menschenrechtsqualität[60]. Artikel 6 Abs. 2 Satz 1 GG umfaßt auch das Recht der Eltern über Fragen der weltanschaulichen Erziehung zu entscheiden[61]. Das Recht des Staates in Fragen der Kindeserziehung über das in Art. 7 GG vorgesehene Schulwesen Einfluß zu nehmen, tritt lediglich neben dem vorrangigen Elternerziehungsrecht hinzu[62].

Die Eltern haben im Schulbereich das Recht, den Gesamtplan der Erziehung ihrer Kinder aufstellen zu dürfen, den der Staat zu achten hat, soweit es sich mit dem staatlichen Erziehungssystem vereinbaren läßt[63]. Ferner haben die Erziehungsberechtigten kraft ihres grundgesetzlich verbürgten Elternrechts Mitwirkungs- und Mitgestaltungsbefugnisse im schulischen Bereich[64]. Eine Verlagerung der grundsätzlichen Entscheidung über Bildungsziele, Bildungsgang und Bildungsabschluß in die Schule wäre unzulässig[65]. Schließlich haben die Erziehungsberechtigten die Möglichkeit, ihre Kinder auf private Schulen zu schicken, wo sie nach besonderen Erziehungsmethoden unterrichtet werden[66]. Aus all dem folgt, daß unter der Geltung des

---

59 Pieroth, in: Jarass/Pieroth, GG, Art. 7 Rdnr. 10.

60 v. Mangoldt/Klein, BGG, Art. 6 Anm. IV 3.

61 Pieroth, in: Jarass/Pieroth, GG, Art. 6 Rdnr. 26.

62 Eva Marie v. Münch, in: v. Münch/Kunig, GG-Komm., Art. 6 Rdnr. 35.

63 BVerfGE 47, 46, 75.

64 Eva Marie v. Münch, in: v. Münch/Kunig, GG-Komm., Art. 6 Rdnr. 38.

65 Ebd., Rdnr. 37.

66 Ebd.

Grundgesetzes eine Erziehungsmethode mit einem absoluten Wahrheitsanspruch gegen das grundgesetzlich geschützte elterliche Erziehungsrecht verstoßen würde.

Eine UNESCO-Philosophie mit Absolutheitsanspruch im Bereich der Kunst würde ebenfalls gegen den Wertgehalt der in Art. 5 Abs. 3 Satz 1, 1. Alt. GG verankerten Kunstfreiheit verstoßen. Der Staat muß zur Vermeidung eines staatlichen Kunstrichtertums auf alles Qualitativ-Wertende bei der Interpretation des verfassungsrechtlichen Kunstbegriffs verzichten[67]. Eine staatliche Lenkung durch eine Förderung oder Benachteiligung bestimmter Kunstrichtungen würde gegen die grundgesetzliche Garantie der Kunstfreiheit verstoßen[68]. Mithin läßt sich eine UNESCO-Politik, die lediglich die Förderung einer ganz bestimmten Kunstrichtung zum Gegenstand hat, nicht mit dem Grundgesetz in Einklang bringen. Dies bedeutet nicht, daß unter der Geltung des Grundgesetzes eine staatliche Kunstförderung ausgeschlossen ist. Vielmehr folgt aus der objektiven Wertentscheidung des Grundgesetzes zugunsten der Kunstfreiheit der objektiv-rechtliche Auftrag des Staates zur Förderung der Kunst[69]. Die Zuteilung von Leistungen muß unter Beachtung des allgemeinen Gleichheitssatzes erfolgen[70]. Art. 5 Abs. 3 GG enthält hinsichtlich der Auswahl der förderungswürdigen Kunst keine Maßstäbe[71]. Mithin gestattet die staatliche Kunstförderung im Rahmen des allgemeinen Gleichheitssatzes sachliche Auswahldifferenzierungen bis hin zur Willkürgrenze[72]. Dabei ist allerdings das Verbot des staatlichen Kunstdiktats zu beachten, welches bei der Absteckung des förderungspolitischen Rahmens eine staatliche Toleranz verlangt[73].

---

67 Starck/v. Mangoldt, BGG, Art. 5 Abs. 3 Rdnr. 185.

68 Wendt, in: v. Münch/Kunig, GG-Komm., Art. 5 Rdnr. 94.

69 Scholz, in: M-D, GG-Komm., Art. 5 Abs. 3 Rdnr. 79; Starck/v. Mangoldt, BGG, Art. 5 Abs. 3 Rdnr. 198.

70 Starck/v. Mangoldt, BGG, Art. 5 Abs. 3 Rdnr. 198.

71 Ebd.

72 Scholz, in: M-D, GG-Komm., Art. 5 Abs. 3 Rdnr. 79.

73 Ebd.

Im übrigen ist eine mit einem Absolutheitsanspruch auftretende UNESCO-Philosophie im Lichte des Grundgesetzes nicht mit Art. 4 Abs. 1 GG in Einklang zu bringen, der die Glaubensfreiheit (Gedankenfreiheit) schützt. Diese Freiheit schließt auch nichtreligiöse Auffassungen ein[74]. Die Garantie aus Art. 4 Abs. 1 GG verbietet dem Staat, sich mit irgendeinem Bekenntnis zu identifizieren[75]. Mithin folgt aus dem Gebot zur weltanschaulichen Neutralität des Staates die Verpflichtung, die Unterstützung einer bestimmten Philosophie zu unterlassen. Dies muß auch für das Handeln der Bundesrepublik Deutschland im Rahmen internationaler Organisationen gelten. Würde man anders entscheiden, liefe Art. 4 Abs. 1 GG in einem nicht unwichtigen Bereich staatlichen Handelns leer. Normativer Anknüpfungspunkt für die Bindung der auswärtigen Gewalt an die Wertordnung des Grundgesetzes ist Art. 1 Abs. 3 GG[76]. Dem kann nicht entgegengehalten werden, daß Art. 1 Abs. 3 GG keinen Geltungsanspruch über die territorialen Grenzen der Bundesrepublik Deutschland hinaus beanspruchen will. Entscheidend ist vielmehr, daß Wirkungen von staatlichen Handlungen deutscher Stellen im In- und Ausland entstehen können.

Es wird allerdings die Auffassung vertreten, daß eine Grundrechtsbindung erst dann eingreifen würde, wenn Maßnahmen der auswärtigen Gewalt im innerstaatlichen Bereich Wirkungen entfalteten[77]. Gegen diese Argumentation spricht die Tatsache, daß sich nicht von vornherein absehen läßt, ob eine Maßnahme der auswärtigen Gewalt in naher oder ferner Zukunft innerstaatliche Wirkungen erzeugen kann oder nicht. Potentiell kann fast jeder außenpolitische Sachverhalt innerstaatliche Rückwirkungen mit sich bringen. Schon allein dieser soziologische Befund spricht dafür, außenpolitische Maßnahmen generell an die Grundrechte zu binden.

---

74 Starck/v. Mangoldt, BGG, Art. 4 Abs. 1, 2 Rdnr. 3; v. Münch/Kunig, GG-Komm., Art. 4 Rdnr. 20.

75 Herzog, in: M-D, GG-Komm., Art. 4 Rdnr. 71.

76 Starck/v. Mangoldt, BGG, Art. 1 Abs. 3 Rdnr. 147; Kunig, in: v. Münch/Kunig, GG-Komm., Art. 1 Rdnr. 52; Jarass, in: Jarass/Pieroth, GG, Art. 1 Rdnr. 20; Stern, Staatsrecht, III/1, S. 1229 ff.; a.A. Heintzen, Auswärtige Beziehungen privater Verbände, S. 120.

77 Heintzen, Auswärtige Beziehungen privater Verbände, S. 120.

Gegen eine Grundrechtsbindung der auswärtigen Gewalt wird weiterhin eingewandt, daß die auswärtigen Organe der Bundesrepublik Deutschland keine 'staatliche Gewalt' oder 'vollziehende Gewalt' im Sinne des Art. 1 GG ausübten, wenn sie nur auf der völkerrechtlichen oder internationalen Ebene aktiv seien[78]. Dem ist nicht zu folgen. Art. 1 Abs. 1 Satz 2 GG verwendet den "Sammelbegriff" "alle staatliche Gewalt"[79]. Alle staatliche Gewalt meint auch die auswärtige Gewalt der Bundesrepublik Deutschland[80]. Es kann kein Zweifel daran bestehen, daß die auswärtigen Organe der Bundesrepublik Deutschland dem Bereich der staatlichen Gewalt zuzuordnen sind; keineswegs handelt es sich um private Gewalt.

In Art. 1 Abs. 3 GG ist die organisatorisch und funktionell maßgebliche Aufgliederung der Staatengewalt nach ihren Hauptfunktionen genannt[81]. Art. 1 Abs. 1 Satz 2 GG verwendet den kürzer gefaßten und plakativ wirkenden Oberbegriff[82]. Aus der rechtssystematisch engen Verbindung in zwei Absätzen eines Artikels folgt, daß beide Normen hinsichtlich ihrer Verpflichtungswirkung nicht separat gesehen werden dürfen[83].

Aus alledem ergibt sich, daß Art. 1 Abs. 3 GG im Lichte von Art. 1 Abs. 1 Satz 2 GG auszulegen ist[84]. Durch Art. 1 Abs. 1 Satz 2, Abs. 3 GG hat der Verfassungsgeber deutlich zum Ausdruck gebracht, daß sämtliche Betätigungen des Staates lückenlos einer Grundrechtsbindung unterliegen[85]. Nach der Auffassung des Grundgesetzes kann es keine Betätigung der Staatsgewalt geben, die sich nicht der historisch vorgefundenen dreifachen Funktionseinteilung unterordnen

---

78 Ebd.

79 Stern, Staatsrecht III/1, S. 1202.

80 Stern, Staatsrecht II, S. 537.

81 Stern, Staatsrecht III/1, S. 1202.

82 Ebd.

83 Ebd.

84 Ebd.; Dürig, in: M-D, GG-Komm., Art. 1 Abs. 3 Rdnr. 100.

85 Dürig, in: M-D, GG-Komm., Art. 1 Abs. 3 Rdnr. 100.

läßt[86]. Die auswärtige Gewalt ist mithin keine selbständige Größe[87]. Sie steht nicht als "vierte Gewalt" neben Exekutive, Legislative und Judikative[88]. Für die Grundrechtsbindung der auswärtigen Gewalt kommt es ferner nicht darauf an, ob es sich um eine "kombinierte"[89] oder "gemischte"[90] Gewalt handelt, die Parlament und Regierung "gesamthänderisch"[91] übertragen wurde. Auch dann, wenn die Akte der auswärtigen Gewalt einen "Querschnitt durch verschiedene Staatsfunktionen"[92] darstellen, können sie problemlos in die historische Gewaltendreiteilung eingeordnet werden. Selbst dann, wenn man in der auswärtigen Gewalt eine Funktion sui generis[93] sieht, führt dies nicht dazu, daß sich der Träger der auswärtigen Gewalt in einem grundrechtsfreien Raum bewegt. Vielmehr bringt Art. 1 Abs. 3 GG deutlich zum Ausdruck, daß es generell keine Freizeichnung bei irgendwie sich äußernder Staatsgewalt geben soll[94].

Aus den obigen Ausführungen folgt, daß eine Grundrechtsbindung bei Maßnahmen der auswärtigen Gewalt nicht mit dem Argument beiseite geschoben werden kann, Akte der auswärtigen Gewalt seien keine "staatliche Gewalt" oder "vollziehende Gewalt" im Sinne von Art. 1 GG.

Weiterhin wird gegen eine Grundrechtsbindung ins Feld geführt, daß die deutsche Staatsgewalt außerhalb des Geltungsbereichs des

---

86 Ebd.

87 Geiger, Grundgesetz und Völkerrecht, S. 119.

88 Ebd.; Grewe, Auswärtige Gewalt, S. 924; Stern, Staatsrecht II, S. 537.

89 Menzel, Die auswärtige Gewalt der Bundesrepublik, VVDStRL, 12. Bd. (1954), S. 179, 192, 194.

90 Baade, Das Verhältnis von Parlament und Regierung im Bereich der auswärtigen Gewalt der Bundesrepublik Deutschland, S. 7, 115 ff.

91 Friesenhahn, Parlament und Regierung im modernen Staat, VVDStRL, 16. Bd. (1958), S. 9, 37 f., 70.

92 So Fastenrath, Kompetenzverteilung im Bereich der auswärtigen Gewalt, S. 77 ff.

93 So Leisner, La funzione governativa di politica estera e la separazione dei poteri, Rivista Trimestale di diritto pubblico 1960, S. 342, 357

94 Stern, Staatsrecht III/1, S. 1203.

Grundgesetzes keine Regelungszuständigkeit habe[95]. Dem ist entgegenzuhalten, daß die Bundesregierung sehr wohl die Möglichkeit hat, in Verhandlungen mit anderen Staaten und im Rahmen der Mitarbeit in internationalen Organisationen darauf hinzuwirken, daß der in den Grundrechten zum Ausdruck kommende Menschenrechtsstandard weltweit Beachtung findet. Dabei ist allerdings zu bedenken, daß die Bundesregierung kraft ihrer Einschätzungsprärogative einen weiten Gestaltungsspielraum hinsichtlich der internationalen Durchsetzung der Menschenrechte und Grundfreiheiten hat. Auf jeden Fall hat die in den Grundrechten zum Ausdruck kommende objektive Wertordnung des Grundgesetzes eine Leitlinie für die Außenpolitik der Bundesregierung zu sein. Art. 1 Abs. 3 GG verlangt nicht, daß die Bundesregierung die Möglichkeit haben muß, Zustände im Ausland reglen zu können. Die Verfassungsnorm bringt aber sehr wohl zum Ausdruck, daß sich staatliches Handeln deutscher Stellen generell von den in den Grundrechten konkretisierten Wertvorstellungen leiten lassen muß. Dies hat keineswegs zur Folge, daß die Bundesregierung nur mit den Staaten Beziehungen pflegen darf, die in ihrem innerstaatlichen Bereich dem Grundrechtsstandard des Grundgesetzes entsprechen. Vielmehr wird man bei der Anwendung des Art. 1 Abs. 3 GG im Rahmen der auswärtigen Gewalt zu berücksichtigen haben, daß die tatsächlichen Verhältnisse oft so gelagert sind, daß die Bundesregierung keinen Einfluß darauf hat, ob Grundrechte und Grundfreiheiten beachtet werden. Dies kann indes nicht dazu führen, daß die auswärtige Gewalt von vornherein von der Grundrechtsbindung des Art. 1 Abs. 3 GG befreit ist.

Die mangelnde Regelungszuständigkeit der deutschen Staatsgewalt im Ausland führt mithin nicht dazu, daß sich die deutsche auswärtige Gewalt in einem grundrechtsfreien Raum bewegt.

Da es keine grundrechtsfreien Räume beim Handeln deutscher staatlicher Gewalt geben darf, gilt die Grundrechtsbindung nach Art. 1 Abs. 3 GG überall dort, wo sich die deutsche Staatsgewalt auswirkt[96]. Im Hinblick auf die Völkerrechtsfreundlichkeit des

---

95 Heintzen, Auswärtige Beziehungen privater Verbände, S. 120.

96 Stern, Staatsrecht III/1, S. 1230.

Grundgesetzes kann es allenfalls zu einer Modifikation der Grundrechtsbindung hinsichtlich der auswärtigen Gewalt kommen; keinesfalls zulässig ist eine völlige Aufhebung der Grundrechtsbindung der auswärtigen Gewalt[97]. Dabei ist zu berücksichtigen, daß sich die deutsche Staatsgewalt der Grundrechtsgebundenheit weder mißbräuchlich noch unverhältnismäßig entziehen darf[98].

Unter Berücksichtigung der oben dargelegten grundgesetzlichen Vorgaben für die auswärtige Gewalt ist eine bundesdeutsche UNESCO-Politik, die die weltweite Unterstützung einer UNESCO-Philosophie mit Absolutheitsanspruch zum Gegenstand hat, höchst problematisch. Eine solche bundesdeutsche Praxis in einer internationalen Organisation ließe sich nur dann mit der Grundrechtsbindung der auswärtigen Gewalt in Einklang bringen, wenn die Bundesrepublik Deutschland eine volle Grundrechtsdurchsetzung im Hinblick auf das politische Gesamtinteresse gegenüber den anderen Mitgliedern der Völkerrechtsgemeinschaft bzw. in internationalen Organisationen nicht erreichen kann[99].

c) Die Konzeption der Popularisierung der Politik der VN durch die UNESCO

aa) Inhalt

In den 50er Jahren wurde in der Popularisierung der Politik der VN eine nicht unwichtige satzungsmäßige Aufgabe der UNESCO gesehen[100]. In diesem Zusammenhang setzte sich die UNESCO insbesondere für die Anerkennung und für die Einhaltung der Menschenrechte ein[101]. Vor allem unter amerikanischem Einfluß wurden "grundlegende Programme" entwickelt, die eine friedenssichernde Wirkung und auch sozialen Fortschritt bringen sollten[102]. Nach

---

97 Ebd., S. 1231.

98 Ebd.

99 Stern, Staatsrecht, Band III/1, S. 1231.

100 Menzel, UNESCO, S. 10.

101 Kipp, UNESCO, S. 158 f.; Düwell, UNESCO: Krise als Dauerzustand?, VN 1985, S. 6, 8.

102 Düwell, UNESCO: Krise als Dauerzustand?, VN 1985, S. 6, 9; Laves/Thomson, UNESCO, S. 55.

Art. 1 SVN[103] sind die Sicherung des Weltfriedens und die Achtung der Menschenrechte auch Ziele der Vereinten Nationen. Die Doppelzuständigkeit von UNESCO und den Vereinten Nationen für die o.g. Ziele wurde in dem Sinne verstanden, daß die UNESCO die 'Vorhut der Vereinten Nationen' sei[104].

bb) Stellungnahme

Der Konzeption der Popularisierung der Politik der VN durch die UNESCO ist entgegenzuhalten, daß die UNESCO nach ihrer Satzung nicht generell die Ziele der VN propagieren darf. Vielmehr muß sich die UNESCO in Fragen der Friedenssicherung und in Menschenrechtsfragen auf Lebenssachverhalte beschränken, die einen Bezug zu den satzungsmäßigen Kompetenzen der UNESCO haben. Die UNESCO kann mit anderen Worten nur auf den Gebieten der Erziehung, Wissenschaft und Kultur zur Wahrung des Friedens und zur Achtung der Menschenrechte beitragen (s. Art. 1 Abs. 1 UNESCO-Satzung). Eine solche restriktive Interpretation der satzungsmäßigen Aufgaben der UNESCO ist nicht zuletzt auch deshalb geboten, um den VN eine effektive eigenständige Wahrnehmung ihrer Kompetenzen für eine umfassende Regelung der Friedenssicherung und der Achtung der Menschenrechte zu ermöglichen.

d) Die UNESCO als "Weltministerium für Erziehungsfragen"

Besonders ab dem Jahre 1956 nahm die UNESCO ihre satzungsmäßigen Aufgaben in dem Sinne wahr, daß sie eine Vielzahl von Hilfsprogrammen zur Lösung praktischer Fragen ins Leben rief[105]. Bis zur Mitte der 60er Jahre waren die UNESCO-Hilfsprogramme primär technisch orientiert, was dazu führte, daß ein britischer Diplomat die UNESCO als ein "Weltministerium für Erziehungsfragen" bezeichnete[106]. Während des o.g. Zeitraums war bei der UNESCO ein

---

103 Text: Sartorius II, Ordnungsnummer 1.

104 Menzel, UNESCO, S. 10.

105 Düwell, UNESCO: Krise als Dauerzustand?, VN 1985, S. 6, 9.

106 Schöni, UNESCO-Krise der westlichen Hegemonie, S. 35.

dominierender Einfluß der sog. westlichen Staatenwelt vorherrschend[107].

e) Politisierung der UNESCO

Der Dominanz der sog. westlichen Staatenwelt in der UNESCO folgte eine Dominanz der sog. Entwicklungsländer, die seit Anfang der 70er Jahre zu einer Politisierung der UNESCO führte[108]. Diese Politisierung äußerte sich in der Betonung des Nord-Süd-Gegensatzes in der UNESCO, der für die Dauer der sozialistischen Staatengemeinschaft darüber hinaus auch noch durch den Ost-West-Gegensatz überlagert wurde[109]. Inwieweit die veränderte politische Weltlage eine andere Interpretation der satzungsmäßigen Aufgaben der UNESCO zur Folge haben wird, ist derzeit nicht in vollem Umfang ersichtlich. Immerhin ist eine Neuorientierung der UNESCO in Medienfragen seit dem Ende des Ost-West-Gegensatzes zu konstatieren[110]. Nach wie vor sind allerdings die USA und Großbritannien nicht mehr in der UNESCO vertreten. Sie traten Mitte der 80er Jahre wegen der - ihrer Meinung nach - feindseligen Haltung der UNESCO gegenüber privaten Einrichtungen in freien Gesellschaften insbesondere im Kommunikationsbereich aus der UNESCO aus[111], weshalb sich die UNESCO politisch und finanziell in einer schwierigen Situation befindet[112], da sowohl die USA als auch Großbritannien wichtige Geldgeber der UNESCO waren. Ferner ist der Austritt der Weltmacht USA dem universellen Auftrag der UNESCO in besonderer Weise abträglich.

---

107 Hüfner, UNESCO, in: Handbuch Vereinte Nationen, S. 917; Schöni, UNESCO-Krise der westlichen Hegemonie, S. 35.

108 Schöni, UNESCO-Krise der westlichen Hegemonie, S. 35 ff.

109 Ebd., S. 36 ff.; Hüfner, UNESCO, Handbuch Vereinte Nationen, S. 923.

110 Modoux, Neuorientierung der UNESCO in Medienfragen, Süddeutsche Zeitung v. 16.11.1992, S. 11.

111 Hüfner, UNESCO, Handbuch Vereinte Nationen, S. 917.

112 Siehe hierzu: Düwell, UNESCO: Krise als Dauerzustand?, VN 1985, S. 6 ff.; Witte, UNESCO: Dauerkrise oder bessere Zukunft?, Außenpolitik 1986, S. 44 ff.

f) Interventionsverbot (Art. 1 Abs. 3 UNESCO-Satzung)

Bei der Wahrnehmung ihrer Aufgaben hat die UNESCO nach Art. 1 Abs. 3 ihrer Satzung stets zu beachten, daß sie "in dem Bestreben, die Unabhängigkeit, die Unverletzlichkeit und schöpferische Mannigfaltigkeit der Kulturen und Bildungssysteme der Mitgliedstaaten der Organisation zu wahren" hat und daß sich die UNESCO nicht in Angelegenheiten einmischen darf, "die im wesentlichen in die innerstaatliche Zuständigkeit fallen" (englischer Text[113]: "matters which are essentially within their domestic jurisdiction"; französischer Text[114]: "matière relevant essentiellement de leur juridiction intérieure"). Damit enthält die Verfassung der UNESCO eine der Satzung der Vereinten Nationen vergleichbare Interventionsverbotsklausel. Sie besagt, daß in diejenigen Angelegenheiten nicht eingegriffen werden darf, die traditionell ausschließlich dem staatlichen Recht bzw. der staatlichen Zuständigkeit unterfallen, wozu die Verfassungs- und Wirtschaftsordnung eines Staates sowie die sozialen und kulturellen Angelegenheiten zu rechnen sind[115]. Insbesondere im Bildungsbereich achten die Staaten darauf, daß ihre Zuständigkeit zumindest in der Substanz erhalten bleibt. Aus diesem Grunde erlangte die Kommission für geistige Zusammenarbeit im Völkerbund keine Zuständigkeit für Fragen der Schulpolitik[116].

Fraglich ist, ob allein schon aus der Tatsache, daß die UNESCO von ihren Mitgliedstaaten eine Regelungskompetenz in den Bereichen Erziehung, Wissenschaft und Kultur erhielt, die Folgerung zu ziehen ist, daß Art. 1 Abs. 3 UNESCO-Satzung einschränkend dahingehend auszulegen ist, daß die UNESCO in den marginalen Bereichen von Erziehung, Wissenschaft und Kultur in ihrem Handeln nicht durch die Interventionsschranke begrenzt wird. Diese Interpretationsmöglichkeit legt zumindest der Wortlaut des Art. 1 Abs. 3 UNESCO-Satzung nahe, da man unter den wesentlichen innerstaatlichen Zustän-

---

113 Abgedruckt in: Kleinwächter/Raaz, Die Organisation der Vereinten Nationen für Erziehung, Wissenschaft und Kultur, S. 77.

114 Ebd.

115 Ipsen, (Bearbeiter: Horst Fischer), Völkerrecht, S. 898.

116 Rothbarth, Entstehung und Aufgabe der UNESCO, Die Friedens-Warte 1956, S. 304.

digkeiten die Kernbereichskompetenzen verstehen könnte. Die reine am Wortlaut orientierte Betrachtung wird der Systematik und dem Sinn und Zweck der gesamten UNESCO-Satzung nicht gerecht. Die Instrumentarien, die Art. 1 Abs. 2 UNESCO-Satzung zur Verwirklichung der UNESCO-Ziele bereitstellt, haben nur Empfehlungscharakter[117]. Die UNESCO kann nach ihrem eigenen Recht nur ratend, ausgleichend, vorschlagend und planend tätig werden; Hilfe kann sie nur auf Wunsch der Mitgliedstaaten leisten[118]. Wie sehr die Mitgliedstaaten - auch in der heutigen Zeit - auf die Wahrung ihrer kulturellen Identität bedacht sind, beweist insbesondere die UNESCO-Praxis der meisten Entwicklungsländer. Diese sind in besonderer Weise an der Erhaltung ihrer kulturellen Eigenart interessiert[119]. Bei Meinungsverschiedenheiten über die Frage, ob die UNESCO mit ihrer Tätigkeit im wesentlichen in die innerstaatliche Zuständigkeit von Mitgliedstaaten eingreift oder nicht, ist je nach Beschluß der UNESCO-Generalkonferenz die Streitfrage entweder dem Internationalen Gerichtshof oder einem Schiedsgericht zur Entscheidung vorzulegen[120]. Keinesfalls kann also die UNESCO selbst darüber befinden, ob Art. 1 Abs. 3 der UNESCO-Verfassung einschlägig ist oder nicht.

Die UNESCO-Satzung regelt nicht die Frage, ob das Gebot, die Unabhängigkeit, Unverletzlichkeit und schöpferische Mannigfaltigkeit der Kulturen und Bildungssysteme der Mitgliedstaaten zu wahren, auch gegenüber den Gliedstaaten föderaler Staatsordnungen Anwendung findet. Der Wortlaut von Art. 1 Abs. 3 UNESCO-Satzung trifft nur für die Mitgliedstaaten eine Regelung. Die Frage, ob Gliedstaaten als solche Mitgliedstaaten der UNESCO sein können oder nicht, beurteilt sich - auf der völkerrechtlichen Ebene - nach Art. 2 Abs. 1

---

117 Kipp, UNESCO, S. 65.

118 Ebd.

119 Witzmann, Völkerrechtliche Aspekte der Bemühungen um eine neue Weltinformationsordnung, S. 221.

120 Art. 14 Abs. 2 UNESCO-Satzung; zur Bedeutung der Schiedsgerichtsbarkeit im internationalen Recht siehe: Hans v. Mangoldt, Die Schiedsgerichtsbarkeit als Mittel internationaler Streitschlichtung.

UNESCO-Satzung. Danach berechtigt die Mitgliedschaft bei den Vereinten Nationen zugleich auch zur Mitgliedschaft bei der UNESCO. Die Mitgliedschaft bei den VN ist im Kapitel II der SVN[121] geregelt. Diese sieht zwar nicht ausdrücklich vor, daß die Gliedstaaten von Bundesstaaten den Vereinten Nationen beitreten können. In der Praxis sind allerdings Fälle zu verzeichnen, wo Gliedstaaten von Bundesstaaten in den Kreis der VN aufgenommen worden sind[122]. Einen Verstoß gegen die Satzung der VN wird man darin nicht erblicken können. Wenn nach Art. 4 Abs. 1 SVN alle friedliebenden Staaten Mitglied der Vereinten Nationen werden können, muß dies auch für die Gliedstaaten von Bundesstaaten gelten (argumentum a maiore ad minus). Folglich kann die UNESCO - wie die VN auch - Gliedstaaten von Bundesstaaten aufnehmen. Mithin gilt das Interventionsverbot in Art. 1 Abs. 3 UNESCO-Satzung auch zugunsten der Gliedstaaten. Bei der Aufnahme von Gliedstaaten ist die UNESCO nicht zur Prüfung verpflichtet, ob das innerstaatliche Recht dem Gliedstaat Kompetenzen im Bereich von Erziehung, Wissenschaft und Kultur einräumt, da dies dem Grundsatz der "Verfassungsblindheit" des Völkerrechts[123] widersprechen würde. Hieraus folgt weiterhin, daß die UNESCO nicht nachprüfen muß, ob die Bundesverfassung eines beitrittswilligen Gliedstaates eine Öffnungsklausel zugunsten der Bundesglieder enthält.

Mithin ist festzustellen, daß Gliedstaaten von Bundesstaaten nach dem Recht der UNESCO Mitglieder dieser Organisation sein können. Folglich gilt auch für sie das Interventionsverbot in Art. 1 Abs. 3 UNESCO-Satzung.

---

121 Text: Sartorius II, Ordnungsnummer 1.

122 Schütz, Mitgliedschaft, in: Handbuch Vereinte Nationen, S. 609.

123 Delbrück/Wolfrum, Völkerrecht, Bd. I/1, S. 139; a.A.: Kipp, UNESCO, S. 40, der den Gliedstaaten eines Bundesstaates nur dann die Mitgliedschaft in der UNESCO eröffnen möchte, wenn das nationale Bundesverfassungsrecht dem betreffenden Gliedstaat volle kulturelle Autonomie einräumt.

B. UNESCO-Pläne

Als Folge der ausgeprägten Planungsfeudigkeit während der 70er Jahre stellt die UNESCO regelmäßig Pläne auf[124], die ebenfalls als Grundlage der UNESCO-Tätigkeit angesehen werden müssen. Zum einen verabschiedet die UNESCO sechsjährige mittelfristige Pläne (sog. C/4-Dokomente) und zum anderen werden zweijährige Programme mit entsprechenden Haushaltsplänen (sog. C/5-Dokumente) verabschiedet[125]. Derzeitig gilt der dritte Mittelfristige Plan der UNESCO (1990-1995)[126]. Die mittelfristigen Pläne verfolgen das Ziel, einen konzeptionellen Rahmen festzulegen, der mehr Kontinuität und größere Kohärenz zwischen den drei Zweijahres-Programmen und den entsprechenden Haushalten erreichen soll[127]. Der dritte Mittelfristige Plan enthält erstmalig vier Initiativprojekte, die zeitlich begrenzt sind[128].

Der Hauptprogrammbereich III des dritten Mittelfristigen Planes der UNESCO enthält Planvorgaben für den Bereich Kultur[129]. Die Förderung des Kulturaustausches und die Bewahrung und Bereicherung der kulturellen Identitäten werden als Hauptaufgaben der UNESCO angesehen[130]. Die Kunstschaffenden sollen verstärkt gefördert werden[131]. Zur Erhaltung des Kulturgutes ist eine bessere Kenntnis des Kulturerbes geplant[132]. Zum kulturellen Erbe rechnet die UNESCO

---

124 Witte, Neue Chancen für die UNESCO, Außenpolitik 1988, S. 38, 43.

125 Hüfner, UNESCO, Handbuch Vereinte Nationen, S. 918.

126 UNESCO-Dokument 25 C/4; deutscher Text: Dritter Mittelfristiger Plan der UNESCO.

127 Gemeinsam können wir es besser machen. Ein Leitfaden zum dritten mittelfristigen Plan der UNESCO, S. 7.

128 Ebd., S. 11; zu den vier Initiativprojekten siehe: Dritter Mittelfristiger Plan der UNESCO, S. 109 ff.

129 Text: Dritter Mittelfristiger Plan der UNESCO, S. 51 ff.

130 Ebd., S. 53.

131 Ebd., S. 57.

132 Ebd., S. 60.

nunmehr auch das immaterielle Erbe[133]. Darunter werden mündlich überlieferte Symbole und Zeichen, künstlerische und literarische Ausdrucksformen, Sprachen, Lebensformen, Mythen, Glaubensformen und Rituale, Wertvorstellungen, auf Tradition beruhendes Wissen und Können verstanden[134].

Im Hauptprogrammbereich IV des dritten Mittelfristigen Plans der UNESCO sind planerische Vorgaben im Bereich der Kommunikation enthalten. Danach ist es das Ziel der UNESCO, Voraussetzungen für eine weitere und gleichmäßigere Verbreitung von Informationen zu schaffen, und zwar unter der Voraussetzung, daß die Meinungsfreiheit in keiner Weise behindert werde[135]. Dazu sollen die Kommunikationsstrukturen in den Entwicklungsländern gefördert werden[136].

Den o.g. Zielen des dritten Mittelfristigen Plans der UNESCO wird man schon deshalb keine normativ-bindende Wirkung beimessen können, da es sich um reine Programmaussagen handelt. Gleichwohl ist zu konstatieren, daß die Pläne der UNESCO wichtige Arbeitsgrundlagen sind.

---

133 Ebd., S. 59.

134 Ebd.

135 Ebd., S. 65.

136 Ebd., S. 68.

4. TEIL:

DIE ORGANE DER UNESCO ZUR DURCHSETZUNG IHRER AUFGABEN UND ZIELE

Die UNESCO kann als eine internationale Organisation nur durch Organe handeln[1]. Voraussetzung für die Handlungsfähigkeit einer internationalen Organisation ist das Vorhandensein zumindest eines Organs[2]. Die UNESCO verfügt nach Art. 3 ihrer Satzung[3] über drei Organe, nämlich über

- eine Generalkonferenz (engl.: General Conference; franz.: la Conférence générale)
- einen Exekutivrat (engl.: Executive Board; franz.: le Conseil exécutif)
- ein Sekretariat.

A. Die Generalkonferenz

Das wichtigste Organ der UNESCO ist die Generalkonferenz[4]. Sie besteht aus Vertretern der Mitgliedstaaten der UNESCO[5]. Die Regierung eines jeden Mitgliedstaates ernennt höchstens fünf Dele-

---

1 Zum organisatorischen Aufbau internationaler Organisationen ganz allgemein: Seidl-Hohenveldern/Loibl, Das Recht der Internationalen Organisationen einschließlich der Supranationalen Gemeinschaften, S. 101 ff.; Ipsen, (Bearbeiter: Epping), Völkerrecht, S. 354 ff.

2 Ipsen, (Bearbeiter: Epping), Völkerrecht, S. 354; Schreuer, Die Internationalen Organisationen, S. 177.

3 Deutscher Text: Sartorius II, Ordnungsnummer 30; deutsch-französischer Satzungstext: Die Friedens-Warte 1946, S. 239 ff.; englischer Text: Hajnal, Guide to UNESCO, S. 403 ff.; Laves/Thomson, UNESCO, S. 415 ff.

4 Breunig, Kommunikationspolitik der UNESCO, S. 26; Hajnal, Guide to UNESCO, S. 33; Kleinwächter/Raaz, Die Organisation der Vereinten Nationen für Erziehung, Wissenschaft und Kultur, S. 18.

5 Art. 4 Abs. 1 Satz 1 UNESCO-Satzung.

gierte[6]. Jeder Mitgliedstaat hat in der Generalkonferenz nur eine Stimme[7].

Die Generalkonferenz bestimmt die Zielsetzung und die allgemeinen Richtlinien der Arbeit der UNESCO[8]. Aus diesem Grunde ist es berechtigt, in der Generalkonferenz den "main policy-making body" der UNESCO zu sehen[9]. Die Generalkonferenz beruft, wenn sie es für wünschenswert hält, zwischenstaatliche Konferenzen über Erziehungsfragen, über Natur- und Geisteswissenschaften oder über die Verbreitung des allgemeinen Wissens ein[10].

Gemäß Art. 4 Abs. 4 Satz 1 der UNESCO-Satzung entscheidet die Generalkonferenz über die Annahme von Empfehlungen, die an die Mitgliedstaaten zu richten sind sowie über die Annahme von internationalen Übereinkommen, die der Genehmigung der Mitgliedstaaten bedürfen. Die Generalkonferenz hat beim Entwerfen der internationalen Übereinkommen nur Mitwirkungsbefugnisse[11]. Die eigentliche Rechtserzeugung erfolgt durch die multilateralen Abkommen der UNESCO-Mitgliedstaaten[12]. Allerdings kann die Generalkonferenz völkerrechtliche Vereinbarungen entwerfen, die die UNESCO mit den Mitgliedstaaten eingeht[13]. Diese Befugnis ergibt sich nicht aus der UNESCO-Satzung; sie wird aber aus der uneingeschränkten Völkerrechtssubjektivität der UNESCO abgeleitet[14]. Ferner verabschiedet die UNESCO-Generalkonferenz Resolutionen[15].

Nach Art. 13 Abs. 1 Satz 1, 1. HS. UNESCO-Satzung kann die Generalkonferenz die UNESCO-Satzung mit einer Zweidrittelmehrheit

---

6 Art. 4 Abs. 1 Satz 2 UNESCO-Satzung.

7 Art. 4 Abs. 8 lit. a, Satz 1 UNESCO-Satzung.

8 Art. 4 Abs. 2 Satz 1 UNESCO-Satzung.

9 Hajnal, Guide to UNESCO, S. 33.

10 Art. 4 Abs. 3 UNESCO-Satzung.

11 Breunig, Kommunikationspolitik der UNESCO, S. 28; Kipp, UNESCO, S. 81.

12 Kipp, UNESCO, S. 81.

13 Ebd., S. 80.

14 Ebd.

15 Breunig, Kommunikationspolitik der UNESCO, S. 28.

ändern. Bei Satzungsänderungen, die grundlegende Umwandlungen der Ziele der UNESCO oder neue Verpflichtungen der UNESCO zum Gegenstand haben, ist zusätzlich die Zustimmung von zwei Dritteln der Mitgliedstaaten erforderlich[16].

Die Generalkonferenz tritt alle zwei Jahre zu einer ordentlichen Tagung zusammen[17]. Darüber hinaus können auch außerordentliche Tagungen anberaumt werden[18]. Die Generalkonferenz wählt die Mitglieder des Exekutivrats und ernennt auf dessen Empfehlung den UNESCO-Generaldirektor[19], der das UNESCO-Sekretariat anführt.

B. Der Exekutivrat

Der Exekutivrat übt im wesentlichen eine vollziehende Tätigkeit aus[20]. Teilweise wirkt er allerdings auch bei der Rechtserzeugung mit[21].

Nach Art. 5 Abs. 1 Satz 1 UNESCO-Satzung wird der Exekutivrat von der Generalkonferenz gewählt und besteht aus einundfünfzig Mitgliedern. Bei der Wahl der Mitglieder des Exekutivrats hat die Generalkonferenz darauf bedacht zu sein, daß Persönlichkeiten gewählt werden sollen, die auf den Gebieten der Kunst, der Geisteswissenschaft, Naturwissenschaft, Erziehung und Publizistik sachverständig sind und die aufgrund ihrer Erfahrungen und Fähigkeiten in der Lage sind, den Verwaltungs- und Exekutivaufgaben des Rates

---

16 Art. 13 Abs. 1 Satz 1, 2. HS. UNESCO-Satzung.

17 Art. 4 Abs. 9 lit. a Satz 1 UNESCO-Satzung.

18 Art. 4 Abs. 9 lit. a Satz 2 UNESCO-Satzung.

19 Art. 4 Abs. 7 UNESCO-Satzung.

20 Kipp, UNESCO, S. 83.

21 Siehe Art. 11 Abs. 1 Satz 3; Art. 5 Abs. 5 lit. a UNESCO-Satzung.

gerecht zu werden[22]. Ferner hat die Generalkonferenz die Mannigfaltigkeit der Kulturen sowie eine ausgewogene geographische Verteilung zu berücksichtigen[23]. Ursprünglich waren die Mitglieder des Exekutivrates keine Vertreter ihrer Regierungen[24]. Sie waren also mit anderen Worten gegenüber den nationalen Regierungen weisungsunabhängig[25]. Dieser Rechtsstatus der Mitglieder des Exekutivausschusses hat 1954 durch eine Modifizierung der UNESCO-Satzung eine grundlegende Änderung erfahren[26]. Seit dieser Zeit sind die Exekutivratsmitglieder Vertreter ihrer Regierungen und üben die ihnen von der Generalkonferenz übertragenen Befugnisse im Namen der gesamten Konferenz aus[27].

Inwieweit die Mitglieder des Exekutivrats aufgrund der neuen Satzung von Weisungen ihrer Regierungen abhängig sind, wird unterschiedlich beurteilt. Breunig[28] geht von einer doppelten Verantwortlichkeit aus, die einerseits gegenüber der jeweiligen Regierung bestehe und andererseits gegenüber der Generalkonferenz obliege.

Nach anderer - und überzeugender - Auffassung[29] gebietet der normative Gehalt des Art. 5 Abs. 12 UNESCO-Satzung eine differenzierende Auslegung. Es ist zu konstatieren, daß Art. 5 der UNESCO-Satzung zum einen Aufgaben enthält, die der Exekutivrat völlig selbständig wahrnimmt[30] und daß Art. 5 UNESCO-Verfassung zum anderen Kompetenzen des Exekutivrats aufweist, die dieser nur im ausdrücklichen Auftrag der Generalkonferenz wahrnehmen darf[31].

---

22 Art. 5 Abs. 2 Satz 1 UNESCO-Satzung.

23 Art. 5 Abs. 2 Satz 2 UNESCO-Satzung.

24 Siehe Art. 5 Abs. 11 in der bis zum Jahre 1954 gültigen Fassung der UNESCO-Satzung, Text: Die Friedens-Warte 1946, S. 246.

25 Kipp, UNESCO, S. 73.

26 Ebd.

27 Siehe Art. 5 Abs. 12 der UNESCO-Satzung.

28 Breunig, Kommunikationspolitik der UNESCO, S. 30.

29 Kipp, UNESCO, S. 75.

30 Siehe Art. 5 Abs. 5 lit. a, Art. 5 Abs. 6, Art. 5 Abs. 10 UNESCO-Satzung.

31 Siehe Art. 5 Abs. 5 lit. b, Art. 5 Abs. 5 lit. c, Art. 5 Abs. 7 Satz 1 UNESCO-Satzung.

Hinsichtlich der zuerst genannten Befugnisse ist von einer Weisungsgebundenheit der Exekutivratsmitglieder gegenüber der jeweiligen nationalen Regierung auszugehen[32]. Bezüglich der Kompetenzen, die der Exekutivrat im Auftrag der Generalkonferenz ausübt, ist eine Doppelverantwortlichkeit der Exekutivratsmitglieder gegeben[33].

Die in Art. 5 Abs. 12 UNESCO-Satzung getroffene Regelung ist insofern unglücklich, als sie für das einzelne Mitglied des Exekutivrats eine erhebliche Rechtsunsicherheit mit sich bringt[34]. Die nationalen Regierungen haben nicht zuletzt auch deshalb eine starke Position gegenüber dem Exekutivrat, als sie unter Hinweis auf "außerordentliche Umstände" ihre Mitglieder im Rat vor der vierjährigen Amtszeit unabhängig von dessen Zustimmung abberufen und ersetzen lassen können[35].

Der Exekutivrat stellt die Tagesordnung der Generalkonferenz auf[36]. Er prüft das Arbeitsprogramm der Organisation sowie die entsprechenden Haushaltsvorschläge[37]. Im Auftrag der Generalkonferenz ist der Exekutivrat für die Durchführung des von ihr angenommenen Programms verantwortlich[38]. Ferner empfiehlt er der Generalkonferenz die Aufnahme neuer Mitglieder in die Organisation[39]. Der UNESCO-Generaldirektor wird vom Exekutivrat vorgeschlagen[40]. Der Vorsitzende des Exekutivrates legt im Namen des Rats jeder ordentlichen Tagung der Generalkonferenz mit oder ohne Bemerkungen die Berichte über die Tätigkeit der Organisation vor, die der Generaldirektor zu erstatten hat[41].

---

32 Kipp, UNESCO, S. 75.

33 Ebd.

34 Ebd.

35 Hüfner, UNESCO, in: Handbuch Vereinte Nationen, S. 921.

36 Art. 5 Abs. 5 lit. a Satz 1 UNESCO-Satzung.

37 Art. 5 Abs. 5 lit. a Satz 2 UNESCO-Satzung.

38 Art. 5 Abs. 5 lit. b Satz 1 UNESCO-Satzung.

39 Art. 5 Abs. 6 UNESCO-Satzung.

40 Art. 6 Abs. 2 Satz 1, 1 HS. UNESCO-Satzung.

41 Art. 5 Abs. 9 UNESCO-Satzung.

C. Das Sekretariat und der Generaldirektor

Das Sekretariat der UNESCO ist der Verwaltungsapparat dieser Organisation[42]. Das Sekretariat besteht aus dem Generaldirektor und dem erforderlichen Personal[43]. Nach Art. 6 Abs. 2 Satz 2 UNESCO-Satzung ist der Generaldirektor der leitende Verwaltungsbeamte der UNESCO. Er wird vom Exekutivrat vorgeschlagen und von der Generalkonferenz für die Dauer von sechs Jahren ernannt; eine Wiederernennung ist zulässig[44]. Der Generaldirektor verfügt nach der Satzung der UNESCO über umfangreiche Befugnisse. Er oder sein Stellvertreter nimmt ohne Stimmrecht an allen Sitzungen der Generalkonferenz, des Exekutivrats und der Ausschüsse der UNESCO teil[45]. Er arbeitet Vorschläge für die von der Konferenz und dem Exekutivrat zu treffenden Maßnahmen aus und entwirft das Arbeitsprogramm der Organisation mit entsprechenden Haushaltsvorschlägen zur Vorlage an den Rat[46]. Nach Art. 6 Abs. 3 lit. b Satz 1 UNESCO-Satzung erstellt der Generaldirektor regelmäßige Berichte über die Tätigkeit der Organisation und übermittelt sie den Mitgliedstaaten und dem Exekutivrat.

Nach Maßgabe eines von der Generalkonferenz zur Genehmigung vorzulegenden Personalstatuts ernennt der Generaldirektor das Personal des Sekretariats[47]. Gemäß Art. 6 Abs. 4 Satz 2 UNESCO-Satzung muß das Personal der UNESCO zum einen höchsten Anforderungen an Integrität, Leistungsfähigkeit und fachlicher Eignung entsprechen und zum anderen soll bei der Personalauswahl die größtmögliche Verschiedenheit der geographischen Herkunft angestrebt werden.

---

42 Menzel, UNESCO, S. 6.

43 Art. 6 Abs. 1 UNESCO-Satzung.

44 Art. 6 Abs. 2 Satz 1 UNESCO-Satzung.

45 Art. 6 Abs. 3 lit. a Satz 1 UNESCO-Satzung.

46 Art. 6 Abs. 3 lit. a Satz UNESCO-Satzung.

47 Art. 6 Abs. 4 Satz 1 UNESCO-Satzung.

Diese satzungsmäßige Verpflichtung konnte nicht verhindern, daß es bei Personalentscheidungen zur Begünstigung von Bewerbern gekommen ist, die aus dem Kontinent des amtierenden Generaldirektors stammten[48]. Beklagt wird auch eine mangelhafte Transparenz bei der Einstellungspolitik[49]. Die Bundesregierung hat eine Unterstützung hinsichtlich einer Reform der UNESCO zugesagt[50].

Die Vertretung der UNESCO im internationalen Rechtsverkehr und im zivilrechtlichen Bereich obliegt ebenfalls dem Generaldirektor [51]. Ferner verwaltet er das Vermögen der UNESCO[52]. Bei der Wahrnehmung aller Aufgaben ist der Generaldirektor rechtlich völlig unabhängig[53].

Das Sekretariat der UNESCO gliedert sich in mehrere Abteilungen, die folgende Sachbereiche umfassen:
- Erziehung
- Kommunikation
- Statistik
- Urheberrecht
- Bibliotheken/Archive
- Naturwissenschaften
- Sozialwissenschaften
- Geisteswissenschaften
- Kultur[54].

Die Abteilung Kommunikation existiert bereits seit 1948 unter der Bezeichnung "Massenkommunikation"[55]. Anläßlich der 19. Generalkonferenz (1976) in Nairobi wurden die Bereiche Kultur und Kom-

---

48 Breunig, Kommunikationspolitik der UNESCO, S. 33.

49 "Organisation der UNESCO zu kopflastig", FAZ v. 2.3.1992, S. 5.

50 Deutsche UNESCO-Kommission, 40 Jahre Deutsche UNESCO-Kommission für Frieden, Entwicklung und den Schutz der Umwelt, S. 29.

51 Kipp, UNESCO, S. 87.

52 Ebd.

53 Art. 6 Abs. 5 Satz 2 UNESCO-Satzung.

54 Hüfner, UNESCO, Handbuch Vereinte Nationen, S. 921.

55 Breunig, Kommunikationspolitik der UNESCO, S. 32.

munikation zusammengelegt[56]. Seit Dezember 1981 sind beide Sachgebiete wieder selbständig beim Sekretariat angesiedelt[57].

Zusammenfassend kann man das Sekretariat und den Generaldirektor als ein Organ bezeichnen, das die Tätigkeiten aller UNESCO-Organe koordiniert[58].

56 Ebd.

57 Ebd.

58 Ebd., S. 31; Kipp, UNESCO, S. 87.

5. TEIL:

DIE NATIONALEN UNESCO-KOMMISSIONEN

A. Empfehlung der UNESCO-Satzung zur Bildung nationaler UNESCO-Kommissionen

Nach Art. 7 Abs. 1 UNESCO-Satzung ist jeder Mitgliedstaat gehalten, unter Berücksichtigung seiner besonderen Verhältnisse geeignete Maßnahmen zu treffen, um seine mit Fragen der Erziehung, Wissenschaft und Kultur befaßten maßgeblichen Körperschaften mit der Arbeit der UNESCO in Verbindung zu bringen. Dies soll vorzugsweise durch die Bildung einer Nationalkommission geschehen, in der die Regierung und die betreffenden Körperschaften vertreten sind[1]. Die UNESCO-Satzung spricht keine Verpflichtung zur Bildung nationaler UNESCO-Kommissionen aus. Man wird Art. 7 Abs. 1 UNESCO-Satzung vielmehr dahin auszulegen haben, daß die Schaffung von Nationalkommissionen empfohlen wird[2].

Dieser Empfehlung sind die meisten UNESCO-Mitgliedstaaten nachgekommen[3]. Anfang 1986 hatten 151 der 158 Mitgliedstaaten Nationalkommissionen[4].

---

1 Art. 7 Abs. 1 a.E. UNESCO-Satzung.

2 Kipp, UNESCO, S. 111; Menzel, UNESCO, S. 7; Breunig, Kommunikationspolitik der UNESCO, S. 35.

3 Eine Liste der Nationalkommissionen findet sich bei Hajnal, Guide to UNESCO, S. 453 ff.

4 Breunig, Kommunikationspolitik der UNESCO, S. 35.

B. Das Verhältnis der UNESCO zu den in Art. 7 Abs. 1 UNESCO-Satzung vorgesehenen Nationalkommissionen

Die nationalen UNESCO-Kommissionen sind rechtlich von der UNESCO völlig unabhängig[5]. Während die UNESCO eine dem Völkerrecht unterliegende internationale Organisation ist, handelt es sich bei den Nationalkommissionen um Vereinigungen, die ausschließlich dem nationalen Recht unterstehen. Die UNESCO ist nicht berechtigt, gegenüber den Nationalkommissionen Weisungen zu erteilen[6]. Ein solches Weisungsrecht ließe sich nicht mit dem Interventionsverbot vereinbaren, das in der Satzung der UNESCO verankert ist[7]. Ferner läßt sich ein Weisungsrecht der UNESCO gegenüber Nationalkommissionen nicht mit dem Geist des Art. 7 Abs. 1 UNESCO-Satzung in Einklang bringen, der nur eine Empfehlung zur Bildung von Nationalkommissionen enthält. Gleichwohl bestehen nach der UNESCO-Satzung Verbindungslinien zwischen der UNESCO und den Nationalkommissionen. Gemäß Art. 4 Abs. 1 Satz 2, 1. Alt. UNESCO-Satzung haben die Nationalkommissionen die Möglichkeit, Einfluß auf die Auswahl der Delegierten der Mitgliedstaaten für die Generalkonferenz zu nehmen. Weiterhin kann die UNESCO auf Antrag eines Mitgliedstaates ein Mitglied des UNESCO-Sekretariats vorübergehend oder ständig zur Mitarbeit in die Nationalkommission des betreffenden Staates abordnen[8].

---

5 Kipp, UNESCO, S. 111.

6 Ebd.

7 Siehe Art. 1 Abs. 3 UNESCO-Satzung.

8 Art. 7 Abs. 3 UNESCO-Satzung.

C. Die verschiedenen Arten der Nationalkommissionen

I. Allgemeines

Die Nationalkommissionen unterscheiden sich erheblich voneinander[9]. Schon die zweite Kommission der Londoner Konferenz der Erziehungsminister brachte zum Ausdruck, daß es bei der Abfassung des Art. 7 UNESCO-Satzung das Ziel gewesen ist, den Mitgliedstaaten weitesten Spielraum bei der Einrichtung von Nationalkommissionen zu lassen[10]. Im Hinblick auf den Wortlaut und die Enstehungsgeschichte des Art. 7 UNESCO-Satzung kann die 1978 verabschiedete "Charta der Nationalen UNESCO-Kommissionen"[11] mit ihren Festlegungen über Aufgaben und Verantwortlichkeiten der Nationalkommissionen nur empfehlenden Charakter haben. Allein diese Interpretation wird dem Bedeutungsgehalt des in Art. 1 Abs. 3 UNESCO-Satzung verankerten Interventionsverbots gerecht.

II. Unterscheidung der Nationalkommissionen nach der Organisationsstruktur

Laves/Thomson[12] unterscheiden die Nationalkommissionen nach ihrer Organisationsstruktur und gelangen auf diese Weise zu drei Typen, nämlich dem "Demokratischen"[13], dem "Aristokratischen"[14] und dem "Bürokratischen"[15] Typ. Kritisiert wird, daß die Nationalkom-

---

9 Breunig, Kommunikationspolitik der UNESCO, S. 35; Kipp, UNESCO, S. 111; Hajnal, Guide to UNESCO, S. 82 f.; Laves/Thomson, UNESCO, S. 320 ff.

10 Kipp, UNESCO, S. 112.

11 20 C/Resolution 7/42, Vol. 1, Resolutions, S. 116 ff.

12 Laves/Thomson, UNESCO, S. 320 ff.

13 Ebd.

14 Ebd., S. 324.

15 Ebd., S. 325 f.

missionen nicht über ausreichende finanzielle Mittel verfügten und daß sie zu wenig die breite Öffentlichkeit erreichten[16].

III. Unterscheidung der Nationalkommissionen nach dem Grad des staatlichen Einflusses

Hajnal[17] nimmt eine Unterscheidung der Nationalkommission nach dem Grad des Regierungseinflusses vor. Die meisten nationalen UNESCO-Kommissionen unterlägen einem starken Einfluß der Regierung und seien gewöhnlich beim Erziehungsministerium und in einigen Fällen beim Außenministerium organisationsmäßig angesiedelt[18]. Eine Minderheit von Nationalkommissionen sei als semi-gouvernemental zu qualifizieren[19]. Bei diesem Kommissionstyp erfolge die Ernennung einiger Kommissionsmitglieder durch nationale Organisationen, die auf Gebieten tätig seien, welche in den Aufgabenbereich der UNESCO fielen[20]. Die Finanzierung dieser semi-gouvernementalen Nationalkommissionen erfolge sowohl durch den Staat als auch durch nichtstaatliche Organisationen[21]. Auch der dritte Typ der Nationalkommissionen, der sich durch eine nichtstaatliche Organisation auszeichne, sei nicht weit verbreitet[22]. Hauptbeispiel sei die UNESCO-Kommission in der Bundesrepublik Deutschland[23].

Der durch die Qualifizierung von Hajnal[24] eventuell erweckte Eindruck, daß der dritte Typ der Nationalkommissionen keinen Einfluß der Regierung ermögliche, trifft nicht zu. Das Beispiel der deutschen

---

16 Laves/Thomson, UNESCO, S. 326; Hüfner, UNESCO, Handbuch Vereinte Nationen, S. 921.

17 Hajnal, Guide to UNESCO, S. 83.

18 Ebd.

19 Ebd.

20 Ebd.

21 Ebd.

22 Ebd.

23 Ebd.

24 Ebd.

UNESCO-Kommission beweist dies eindeutig. Nach Art. 3 Nr. 3 der Satzung der deutschen UNESCO-Kommission[25] können ihr bis zu je sechs von der Bundesregierung und der ständigen Konferenz der Kultusminister der Länder benannte Vertreter als bestellte Mitglieder der deutschen UNESCO-Kommission angehören. Ferner können der ständige Vertreter der Bundesrepublik Deutschland bei der UNESCO und das Mitglied der Bundesrepublik Deutschland im Exekutivrat der UNESCO bestellte Mitglieder der deutschen UNESCO-Kommission sein[26]. Da die deutsche UNESCO-Kommission insgesamt aus höchstens 100 bestellten und gewählten Mitgliedern besteht[27], ist eine unmittelbare Einflußnahmemöglichkeit durch Vertreter des Staates als gering zu bezeichnen. Allerdings kann die Bundesregierung - mittelbar - durch die Zuweisung von finanziellen Mitteln Einfluß auf die deutsche UNESCO-Kommission nehmen[28]. Im Hinblick darauf, daß die deutsche UNESCO-Kommission keine Beiträge von ihren Mitgliedern verlangen darf[29], ist sie natürlich in besonderer Weise auf staatliche Geldgeber angewiesen[30].

IV. Aufgaben der nationalen UNESCO-Kommissionen nach der UNESCO-Satzung

Nach Art. 7 Abs. 2 UNESCO-Satzung beraten die Nationalkommissionen die Delegation ihres Staates bei der UNESCO-Generalkonferenz sowie ihre eigene Regierung in den die UNESCO betreffenden

---

25 Text: Deutsche UNESCO-Kommission, Satzung, Wahlordnung (Ausgabe 1990).

26 Siehe Art. 3 Nr. 3 a.E. der Satzung der deutschen UNESCO-Kommission.

27 Siehe Art. 3 Nr. 1 der Satzung der deutschen UNESCO-Kommission.

28 Kipp, UNESCO, S. 113 f.

29 Siehe Art. 3 Nr. 4 der Satzung der deutschen UNESCO-Kommission.

30 Hättich, Die deutsche Mitarbeit in der UNESCO, Europa-Archiv 1955, S. 8381, 8384 regt an, daß auch die Länder die deutsche UNESCO-Kommission finanziell unterstützen sollten, da sich diese dann zumindest einmal im Jahr mit der Tatsache der deutschen UNESCO-Mitgliedschaft befassen müßten.

Fragen und sind als Verbindungsstellen in allen Angelegenheiten tätig, die für die UNESCO von Interesse sind. Gemäß Art. 4 Abs. 1 Satz 2 UNESCO-Satzung ist die Regierung eines jeden Mitgliedstaates gehalten, die Delegierten für die UNESCO-Generalkonferenz erst nach Beratung mit der Nationalkommission auszuwählen.

Der tatsächliche Einfluß der Nationalkommissionen auf die Politik ist größer als die Satzung der UNESCO es vermuten läßt. Dies beruht auf dem Umstand, daß der UNESCO-Generalsekretär die Mitgliedstaaten regelmäßig zu Stellungnahmen auffordert[31]. Über die Mitwirkung an der Abgabe der Stellungnahmen der Mitgliedstaaten können die Nationalkommissionen mithin auf die Geschicke der UNESCO Einfluß nehmen[32].

---

31 Breunig, Kommunikationspolitik der UNESCO, S. 35.

32 Ebd.

6. TEIL:

DIE UNESCO-ARBEIT UND DIE BUNDESREPUBLIK DEUTSCHLAND

A. Erstreckung der UNESCO-Tätigkeit auf das Gebiet der Alt-Bundesrepublik Deutschland

I. UNESCO-Sachverständigenausschuß für deutsche Fragen

Schon vor der Reorganisation der deutschen Staatlichkeit nach dem 2. Weltkrieg war die UNESCO in den westlichen Besatzungszonen tätig[1]. Bereits die dritte Generalkonferenz der UNESCO, die im Herbst 1948 stattfand, regte die Durchführung von Untersuchungen deutscher Wissenschaftler über alle Fragen an, die zu einem besseren Verständnis der deutschen Probleme und der Beziehungen zu den anderen Mitgliedern der internationalen Staatengemeinschaft beitragen konnten[2]. Zugleich wurde in Durchführung einer Empfehlung des Exekutivrats die Bildung eines Sachverständigenausschusses für deutsche Fragen angeordnet[3]. Dieser Ausschuß tagte bereits kurz nach der Entstehung der BR Deutschland am 27.5.1949[4]. Die Empfehlungen des Deutschlandausschusses der UNESCO befürworteten eine UNESCO-Tätigkeit in Deutschland[5].

---

1 Deutsche UNESCO-Kommission, Die Bundesrepublik Deutschland und die UNESCO, 25 Jahre Mitarbeit, S. 36; Menzel, UNESCO, S. 19.

2 Menzel, UNESCO, S. 19.

3 Ebd.

4 Ebd.

5 Deutsche UNESCO-Kommission, Die Bundesrepublik Deutschland, 25 Jahre Mitarbeit, S. 37.

II. Deutschland-Resolution der UNESCO

Der Exekutivrat der UNESCO nahm eine Entschließung an, die den Empfehlungen des Deutschlandausschusses hinsichtlich einer UNESCO-Tätigkeit in Deutschland zustimmte[6].
Während der 4. Generalversammlung der UNESCO, die vom 19.9. bis zum 5.10.1949 in Paris tagte[7], zeigte sich, daß nicht alle Mitgliedstaaten mit einer sofortigen UNESCO-Tätigkeit in Deutschland einverstanden waren. Gegen eine Erstreckung der UNESCO-Tätigkeit auf das Gebiet der Alt-Bundesrepublik Deutschland wurden folgende Einwände erhoben:

- Vor dem Abschluß eines Friedensvertrages dürfe die UNESCO nur mit Genehmigung aller vier Besatzungsmächte in Deutschland tätig werden.
- Die UNESCO-Arbeit in Westdeutschland bedeute eine Anerkennung der Spaltung Deutschlands und verstoße gegen die Abkommen von Jalta und Potsdam.
- Das Wiedererstarken des Nazismus in Westdeutschland stehe einer Beteiligung am UNESCO-Programm entgegen[8].

Diese Bedenken vermochten sich nicht durchzusetzen. Vielmehr wurde mit großer Mehrheit die sog. Deutschland-Resolution[9] verabschiedet, die eine Fortsetzung der UNESCO-Tätigkeit im westdeutschen Teilstaat mit Zustimmung der westlichen alliierten Siegermächte bestätigt hat[10]. Nach dieser Resolution war es zum einen die

6 Menzel, UNESCO, S. 20.

7 Deutsche UNESCO-Kommission, Die Bundesrepublik Deutschland und die UNESCO, 25 Jahre Mitarbeit, S. 143.

8 Menzel, UNESCO, S. 20; Hättich, Die deutsche Mitarbeit in der UNESCO, Europa-Archiv 1955, S. 8381, 8382.

9 Text: Deutsche UNESCO-Kommission, Die Bundesrepublik Deutschland und die UNESCO, 25 Jahre Mitarbeit, S. 143 ff.

10 Menzel, UNESCO, S. 20; Hättich, Die deutsche Mitarbeit in der UNESCO, Europa-Archiv 1955, S. 8381, 8382.

Aufgabe der UNESCO, ihre satzungsmäßigen Ziele in Deutschland mit Leben zu erfüllen. Dazu sollten u.a. deutsche Sozialwissenschaftler mit Untersuchungsergebnissen vertraut gemacht werden, "die auf den Gebieten Erziehung, Politische Wissenschaft, Philosophie und Psychologie zur Änderung geistiger Einstellung nach Umständen entwickelt wurden, die die Anwendung bestimmter Methoden begünstigen"[11].

B. Deutsche Aktivitäten im Bereich der UNESCO-Arbeit

I. Teilnahme deutscher Beobachter an der 5. UNESCO-Generalkonferenz

Im Gefolge der Deutschland-Resolution der 4. UNESCO-Generalkonferenz nahmen an der 5. UNESCO-Generalversammlung in Florenz (1950) Vertreter der westlichen Besatzungsmächte teil, die nach Art. 4 Abs. 13 UNESCO-Satzung (alte Fassung[12]) einen Beobachter-Status innehatten[13]. In ihrer Begleitung waren zum ersten Mal drei deutsche Beobachter bei der UNESCO vertreten[14]. Die Sowjetunion war weder selbst noch in ihrer Eigenschaft als alliierte Besatzungsmacht in Deutschland bei der 4. UNESCO-Generalversammlung zugegen[15]. Mithin waren ausschließlich deutsche Beobachter aus den

---

11 Deutsche UNESCO-Kommission, Die Bundesrepublik Deutschland und die UNESCO, 25 Jahre Mitarbeit, S. 147.

12 Text: Die Friedens-Warte, 1946, S. 244; Menzel, UNESCO, S. 31.

13 Hättich, Die deutsche Mitarbeit in der UNESCO, Europa-Archiv 1955, S. 8381, 8382; Menzel, UNESCO, S. 20 f.

14 Menzel, UNESCO, S. 21.

15 Ebd.

westlichen Besatzungszonen Deutschlands bei der 5. UNESCO-Generalversammlung anwesend.

II. Gründung des Deutschen UNESCO-Ausschusses für UNESCO-Arbeit

Vom 19. bis zum 21. Januar 1950 fand sich in Bad Soden/Taunus mit Billigung und im Beisein des ständigen UNESCO-Beauftragten für Deutschland eine Gruppe von deutschen Persönlichkeiten aus allen Bereichen des kulturellen Lebens zusammen[16]. Sie wollten feststellen, ob und wie die UNESCO-Arbeit in Deutschland durch die Gründung eines Dachverbandes effektiver gestaltet werden konnte[17]. Als Ergebnis der Beratungen wurde die Bildung eines "Deutschen Ausschusses für UNESCO-Arbeit" beschlossen[18]. Zugleich wurde ein Gründungsausschuß eingesetzt, der die vorbereitenden Maßnahmen zu treffen hatte, Wahlkörperschaften auswählen und Verhandlungen mit Behördenvertretern durchführen mußte[19]. Die vorläufige konstituierende Versammlung des Deutschen Ausschusses für UNESCO-Arbeit fand am 12. Mai 1950 in Frankfurt am Main statt[20]. Der "Deutsche Ausschuß für UNESCO-Arbeit" konstituierte sich nach einer Reihe von Sitzungen als eingetragener Verein[21] mit Sitz in Köln[22]. Er bekannte sich zur Verfassung der UNESCO und brachte

---

16 Deutsche UNESCO-Kommission, Die Bundesrepublik Deutschland und die UNESCO, 25 Jahre Mitarbeit, S. 63; Menzel, UNESCO, S. 22.

17 Menzel, UNESCO, S. 22.

18 Ebd.

19 Hättich, Die deutsche Mitarbeit in der UNESCO, Europa-Archiv 1955, S. 8381, 8383.

20 Ebd.; Menzel, UNESCO, S. 22.

21 Text der Satzung: Menzel, UNESCO, S. 37 ff.

22 Menzel, UNESCO, S. 22.

den Willen zum Ausdruck, im Geiste der UNESCO-Ziele zu arbeiten[23]. In diesem Sinne begann der Deutsche UNESCO-Ausschuß am 7. November 1950 seine Tätigkeit in Frankfurt am Main[24].

III. Der Beitritt der Alt-Bundesrepublik Deutschland zur UNESCO

Die Bestrebungen der Alt-Bundesrepublik Deutschland hinsichtlich eines Beitritts Deutschlands zur UNESCO liefen parallel zur Gründung des Deutschen Ausschusses für UNESCO-Arbeit[25]. Nachdem sich anläßlich der 5. Generalkonferenz der UNESCO eine positive Grundstimmung für einen Beitritt Deutschlands zur UNESCO abzeichnete, sprach sich die deutsche Bundesregierung für die Aufnahme in die UNESCO aus[26].

Mit Schreiben vom 1.12.1950[27] beantragte die Bundesregierung nach Art. 2 Abs. 2 UNESCO-Satzung die Aufnahme der Alt-Bundesrepublik Deutschland in die UNESCO. Im Hinblick darauf, daß die alte Bundesrepublik Deutschland in internationalen Angelegenheiten noch nicht über eine volle Souveränität verfügte, sandte die Bundesregierung das Beitrittsgesuch mit Schreiben - ebenfalls vom 1.12.1950[28] - zunächst an die Alliierte Hohe Kommission und bat

---

23 Art. 1 Abs. 3 der Satzung des Deutschen Ausschusses für UNESCO-Arbeit; die Satzung ist abgedruckt in: Menzel, UNESCO, S. 37.

24 Deutsche UNESCO-Kommission, Die Bundesrepublik Deutschland und die UNESCO, 25 Jahre Mitarbeit, S. 63.

25 Menzel, UNESCO, S. 23.

26 Ebd.; Deutsche UNESCO-Kommission, Die Bundesrepublik Deutschland und die UNESCO, 25 Jahre Mitarbeit, S. 39.

27 Text: Deutsche UNESCO-Kommission, Die Bundesrepublik Deutschland und die UNESCO, 25 Jahre Mitarbeit, S. 150.

28 Ebd., S. 151 f.

diese um Weiterleitung des Beitrittsgesuchs an den Generaldirektor der UNESCO mit einer entsprechenden Befürwortung der Alliierten Hohen Kommission. Dem Beitrittsgesuch der Bundesrepublik Deutschland wurde anläßlich der 6. UNESCO-Generalkonferenz mit der erforderlichen Zweidrittel-Mehrheit entsprochen[29]. Seit dem 11. Juli 1951 ist die Alt-Bundesrepublik Deutschland als 64. Staat ordentliches Mitglied der UNESCO[30]. Im Gefolge der UNESCO-Mitgliedschaft Deutschlands wurde der Deutsche Ausschuß für UNESCO-Arbeit in Deutsche UNESCO-Kommission umbenannt[31]. Sie ist nach Art. 1 Nr. 3 ihrer Satzung[32] eine Nationalkommission im Sinne von Art. 7 der UNESCO-Satzung. Als solche ist sie nach wie vor ein eingetragener Verein des bürgerlichen Rechts mit Sitz in Bonn[33].

IV. UNESCO-Mitgliedschaft Gesamtdeutschlands

Am 11. Juli 1951 konnte im Hinblick auf die Teilung Deutschlands der von der Bonner Regierung beantragte UNESCO-Beitritt nur im Gebiet der früheren westlichen Besatzungszonen wirksam werden. Am 3.10.1990 ging die DDR durch die Wiedervereinigung Deutschlands innerhalb von einer juristischen Sekunde unter. Damit war der

---

29 Ebd., S. 39; Menzel, UNESCO, S. 23.

30 Breunig, Kommunikationspolitik der UNESCO, S. 167.

31 Hättich, Die deutsche Mitarbeit in der UNESCO, Europa-Archiv 1955, 8381, 8383.

32 Text: Deutsche UNESCO-Kommission, Satzung, Wahlordnung, (Ausgabe 1990), S. 3.

33 Art. 1 Nr. 4 der Satzung der Deutschen UNESCO-Kommission.

Versuch der Sezession vom gesamtdeutschen Staat endgültig gescheitert[34]. Zugleich besteht seit dem 3.10.1990 wieder ein handlungsfähiger gesamtdeutscher Staat[35]. Nach Art. 11 Satz 1 Einigungsvertrag[36] erstreckt sich die UNESCO-Mitgliedschaft mit den sich daraus ergebenden Rechten und Pflichten auf den gesamtdeutschen Staat in seinen Grenzen vom 3.10.1990[37] [38].

---

34 Rauschning, Die Wiedervereinigung vor dem Hintergrund der Rechtslage Deutschlands, JuS 1991, S. 977 ff.

35 Kremser, Der Rechtsstatus der evangelischen Kirchen in der DDR und die neue Einheit der EKD, S. 239 f.

36 Text: Die Verträge zur Einheit Deutschlands, Hrsg.: v. Münch, S. 43 ff.; Bundesgesetzblatt 1990 II, S. 889.

37 Hinsichtlich der Grenzen Deutschlands siehe Art. 1 Abs. 1 Satz 1 des Vertrags über die abschließende Regelung in bezug auf Deutschland, Text: Bundesgesetzblatt 1990 II, S. 1318; siehe zum 2+4-Vertrag: Gornig, Der Zwei-plus-vier-Vertrag unter besonderer Berücksichtigung grenzbezogener Regelungen, ROW 1991, S. 97 ff.; Blumenwitz, Der Vertrag vom 9.12.1990 über die abschließende Regelung in bezug auf Deutschland, NJW 1990, S. 3041 ff.

38 Mit der Wiedervereinigung Deutschlands endete zugleich auch die Mitgliedschaft der DDR in der UNESCO. Diese ging davon aus, daß in der DDR die Ziele der UNESCO von Anfang an verwirklicht waren, obwohl sie zunächst nicht Mitglied der UNESCO war. Gleichwohl hatte die DDR im Jahre 1955 einen Antrag auf Aufnahme in die UNESCO gestellt. Damit folgte die DDR dem Beispiel der UdSSR, die 1954 der UNESCO beitrat. Nach der Auffassung der DDR wurde ihre Mitgliedschaft aufgrund fadenscheiniger Vorwände der sog. kapitalistischen Staaten verhindert. Im Jahre 1972 fand sich dann schließlich doch die notwendige Mehrheit, um die DDR in die UNESCO aufzunehmen; zur Mitarbeit der DDR in der UNESCO siehe: Kleinwächter/Raaz, Die Organisation der Vereinten Nationen für Erziehung, Wissenschaft und Kultur, S. 66 ff.; dies., Dreißig Jahre UNESCO, Deutsche Außenpolitik, Bd. 21, S. 1821, 1833 ff.

7. TEIL:

Die UNESCO-Mediendeklaration 1978

1. Abschnitt: Zuständigkeit der UNESCO für das Sachgebiet Massenkommunikation

A. UNESCO-Satzung

Eine Zuständigkeit der UNESCO für den Bereich der Massenkommunikation ergibt sich aus dem originären Aufgabenbereich dieser Organisation. Art. 1 Abs. 1 UNESCO-Satzung[1] enthält eine allgemeine Aufgabenbeschreibung der UNESCO. Danach hat die UNESCO die Zusammenarbeit zwischen den Völkern auf den Gebieten der Erziehung, Wissenschaft und Kultur zu stärken. Zur Erreichung dieses Zieles wird die UNESCO nach Art. 1 Abs. 2 lit. a UNESCO-Satzung durch die Mitwirkung an den Massennachrichtenmitteln die gegenseitige Kenntnis und das gegenseitige Verständnis der Völker fördern und dafür internationale Übereinkünfte empfehlen, um den freien Austausch von Ideen durch Wort und Bild zu erleichtern. Mit der Verpflichtung der UNESCO, den freien Austausch von Ideen zu erleichtern, wächst ihr die Aufgabe zu, die Informationsfreiheit weltweit zu fördern[2].

B. Satzung der Vereinten Nationen

Nach Art. 1 Abs. 1 der UNESCO-Satzung hat die UNESCO bei der Wahrnehmung ihrer Aufgaben das Recht und die Gerechtigkeit sowie die Menschenrechte und Grundfreiheiten zu stärken, die durch die Charta der Vereinten Nationen bestätigt worden sind.

---

1 Text: Sartorius II, Ordnungsnr. 1.

2 Gornig, Äußerungsfreiheit, S. 232.

Es stellt sich die Frage, ob die Satzung der Vereinten Nationen die Kommunikationsfreiheiten schützt. Art. 1 Nr. 3 SVN sieht die Achtung vor den Menschenrechten und den Grundfreiheiten als ein Ziel der Vereinten Nationen an. Überwiegend wird davon ausgegangen, daß Art. 1 Nr. 3 SVN die Kommunikationsfreiheiten nicht umfaßt[3]. Um eine Konkretisierung des Inhalts der Menschenrechte zu erreichen, wurde nach Art. 68 SVN eine Menschenrechtskommission eingesetzt, die einen Menschenrechtskatalog auszuarbeiten hatte[4]. In der Folgezeit wurde die Allgemeine Erklärung der Menschenrechte in der Generalversammlung der Vereinten Nationen am 10.12.1948 beschlossen[5]. Diese schützt in Art. 19[6] die Kommunikationsfreiheiten. Bei dieser Menschenrechtserklärung handelt es sich um eine Formulierung besonders wichtiger Prinzipien in Form einer Resolution, die im Hinblick auf die abschließende Regelung der Rechtsquellen in Art. 38 Abs. 1 IGH-Statut[7] keine verpflichtende Rechtsbindungen entfalten kann[8]. Verpflichtend ist demgegenüber der Internationale Pakt über bürgerliche und politische Rechte[9], der in Art. 19 die Kommunikationsfreiheiten schützt[10].

---

3 Ebd., S. 232.

4 Ebd.

5 Text: Sartorius II, Ordnungsnr. 19.

6 Siehe hierzu: Gornig, Äußerungsfreiheit, S. 238 ff.

7 Text: Sartorius II, Ordnungsnr. 2.

8 So die h.M., siehe Gornig, Äußerungsfreiheit, S. 234 f. m.w.N.; Seidl-Hohenveldern, Völkerrecht, S. 341; Ipsen, Völkerrecht, S. 640 f.; Hummer, Der internationale Menschenrechtsschutz, Österreichisches Handbuch des Völkerrechts, Bd. 1, S. 236; Verdross/Simma, Universelles Völkerrecht, S. 822.

9 Text: Sartorius II, Ordnungsnr. 20.

10 Gornig, Äußerungsfreiheit, S. 245, 251 ff.

2. Abschnitt: Die Entstehungsgeschichte der UNESCO-Mediendeklaration 1978 und ihre Bewertung durch die UNESCO-Mitgliedstaaten

A. Allgemeines zur Rolle der Medien bei der UNESCO-Tätigkeit

Schon zu Beginn ihrer Tätigkeit gab die UNESCO Studien in Auftrag, die belegen, daß ärmere Teile der Welt von den internationalen Nachrichtenagenturen schlecht oder gar nicht bedient werden, da diese vorzugsweise die reicheren Regionen der Welt mit Informationen versorgen[1].

Nicht zuletzt auch unter dem Eindruck des Mißbrauchs der Massenmedien durch diktatorische Gewaltregime während der Zeit des 2. Weltkriegs wurde der internationalen Sicherung der Informationsfreiheit eine überragende Bedeutung zugemessen[2]. Aus diesem Grunde leistete die UNESCO bis in die 60er Jahre überwiegend technische Hilfe zur Schaffung von Infrastrukturen[3].

Die sozialistischen Staaten des früheren Ostblocks wandten sich gegen die ihrer Meinung nach einseitige und formale Förderung des freien Informationsflusses, ohne gleichzeitig die Frage nach dem Inhalt der Information und dem Ziel der Verbreitung zu stellen[4]. Ferner wurde eine Überbetonung der "formell-technischen" Probleme kritisiert[5].

Aber auch in westlichen Kreisen wurde Kritik an der "Doktrin des freien Informationsflusses" geübt, die einem unkontrollierten Kon-

---

1 Witzmann, Völkerrechtliche Aspekte der Bemühungen um eine neue Weltinformationsordnung, S. 6.

2 Ebd., S. 5 f.

3 Ebd., S. 7.

4 Kleinwächter/Raaz, Die Organisation der Vereinten Nationen für Erziehung, Wissenschaft und Kultur, S. 58.

5 Ebd.

kurrenzkampf im internationalen Nachrichtengeschäft zu dienen bestimmt sei[6].

In den 60er Jahren änderte die UNESCO ihre Kommunikationspolitik, indem sie zunehmend der Rolle der Medien in der Gesellschaft und den Inhalt der verbreiteten Informationen zum Gegenstand ihrer Tätigkeit machte[7]. Die veränderte Kulturpolitik der UNESCO ist auf dem Hintergrund der in die Unabhängigkeit entlassenen Staaten der Dritten Welt zu sehen, die in den 60er und 70er Jahren die Kräfteverhältnisse in der UNESCO grundlegend geändert haben[8].

Die Entwicklungsländer verlangten von der UNESCO eine neue Weltkommunikationsordnung, da die bestehende Struktur des Informationsflusses der westlichen Presse eine Beherrschung des Nachrichtenmarktes und die Ausrichtung von Informationen nach westlichen Maßstäben erlaube[9]. Als Ergebnis der Debatte über die Schaffung einer neuen Weltinformationsordnung kann die UNESCO-Mediendeklaration vom 28.11.1978[10] angesehen werden. Die dort verankerten Prinzipien für eine neue Weltinformationsordnung haben eine kontroverse Diskussion ausgelöst[11].

---

6 Breunig, Kommunikationspolitik der UNESCO, S. 59 m.w.N.

7 Witzmann, Völkerrechtliche Aspekte der Bemühungen um eine neue Weltinformationsordnung, S. 7; Kleinwächter/Raaz, Die Organisation der Vereinten Nationen für Erziehung, Wissenschaft und Kultur, S. 59.

8 Schöni, UNESCO-Krise der westlichen Hegemonie, S. 35.

9 Gornig, Äußerungsfreiheit, S. 227; Siebold, Zur Geschichte und Struktur der Weltnachrichtenordnung, S. 46; Righter, Noch eine "neue Weltordnung"?, EA 1979, S. 211.

10 Text: EA 1979, S. D 188 ff.; Kleinwächter/Raaz, Die Organisation der Vereinten Nationen für Erziehung, Wissenschaft und Kultur, S. 384 ff.; Becker, free flow of information, S. 227 ff.; VN 1979, S. 36 f.; Kirche und Rundfunk, Nr. 94/95 v. 6.12.1978, S. I-V; Die Feder, Monatszeitschrift für Journalisten 1979, S. 21 ff.; Deutsche UNESCO-Kommission, Menschenrechte, Internationale Dokumente, S. 234 ff.

11 Gornig, Äußerungsfreiheit, S. 356 ff.; Witzmann, Völkerrechtliche Aspekte der Bemühungen um eine neue Weltinformationsordnung, S. 32 ff.; Breunig, Kommunikationspolitik der UNESCO, S. 86 ff.; Hajnal, Guide to UNESCO, S. 244 ff.; Modoux, Neuorientierung der UNESCO in Medienfragen, Süddeutsche Zeitung v. 16.11.1992, S. 11.

B. Entstehungsgeschichte zur Mediendeklaration vom 28.11.1978

I. Die UNESCO-Resolution 4.301

Der Beginn der Arbeit an der Mediendeklaration 1978 wird in der Annahme der Resolution 4.301[12] gesehen[13]. Nach dieser Resolution sollen die UNESCO-Mitgliedstaaten die notwendigen gesetzgeberischen Maßnahmen treffen, die den Gebrauch der Informationsmedien gegen eine Propaganda zugunsten des Kriegs, des Rassismus und des Hasses unterstützt. Ursprünglich sah der Text der o.g. Resolution vor, daß der Gebrauch der Informationsmedien für Kriegshetze oder zur Förderung des Rassismus und des Hasses zwischen den Nationen verboten werden sollte[14]. Das Motiv für den weißrussischen Vorstoß war vor allem der Wunsch gewesen, ein Instrument gegen unerwünschte ausländische Radiosendungen - insbesondere der Sender Radio Liberty und Radio Free Europe - zu erhalten[15].

Die Bedenken der westlichen Staaten gegen eine Verbotsformulierung der o.g. Resolution überzeugen. Die Erfahrungen mit totalitären Regimen lehrt, daß bereits eine unerwünschte Anprangerung von Menschenrechtsverletzungen als Kriegshetze interpretiert wird. Folglich hätte eine Verbotsformulierung in der Resolution 4.301 als Legitimationsgrundlage für die Einschränkung der internationalen Kommunikationsfreiheit herangezogen werden können.

---

12 16 C/Resolution 4.301, abgedruckt in: New communication order, Bd. 9, S. 15 f.

13 Weyl, Anmerkungen zur Medienpolitik der UNESCO, S. 414 f.

14 Breunig, Kommunikationspolitik der UNESCO, S. 87 f.; Weyl, Anmerkungen zur Medienpolitik, S. 414 f.

15 Ebd.

II. Der weißrussische Resolutionsentwurf von 1972

Im Jahre 1972 schlug Weißrußland der 17. UNESCO-Generalkonferenz vor, einen Deklarationsentwurf über Grundprinzipien vorzubereiten, der den Gebrauch der Massenmedien zur Stärkung des Friedens und der internationalen Verständigung sowie zur Bekämpfung von Kriegspropaganda, Rassismus und Apartheid zum Gegenstand haben sollte[16].

Der Vorschlag Weißrußlands wurde in der Resolution 4.113[17] angenommen. Damit erhielt der UNESCO-Generalsekretär das Mandat für die Ausarbeitung einer Mediendeklaration[18]. Allerdings entschieden sich nicht alle Mitgliedstaaten der UNESCO für die Annahme der o.g. Resolution. 32 Staaten stimmten für die Resolution, 15 votierten dagegen und 13 Staaten übten sich in der Enthaltung[19]. Für die Resolution stimmten osteuropäische sozialistische Staaten, eine Reihe von Entwicklungsländern und Griechenland[20]. Dagegen stimmten u.a. die USA, die Bundesrepublik Deutschland, die Schweiz, Dänemark, Norwegen und Schweden[21]. Diese Nein-Stimmen können keinesfalls als Votum gegen die Informationsfreiheit ausgelegt werden. Vielmehr muß umgekehrt konstatiert werden, daß der Wortlaut der Resolution 4.113 eine Grundlage für die Einschränkung der Informationsfreiheit enthält, indem sie die Mitgliedstaaten zu einer Steuerung des Informationsangebots bis hin zu einem Verbot von Informationen auffordert, soweit dies zur Stärkung des Friedens

---

16 Weyl, Anmerkungen zur Medienpolitik der UNESCO, S. 415; Breunig, Kommunikationspolitik der UNESCO, S. 88; Kleinwächter/Raaz, Die Organisation der Vereinten Nationen für Wissenschaft und Kultur, S. 61; Witzmann, Völkerrechtliche Aspekte der Bemühungen um eine neue Weltinformationsordnung, S. 10 f.

17 Text: New communication order, Bd. 9, S. 16 ff.; Witzmann, Völkerrechtliche Aspekte der Bemühungen um eine neue Weltinformationsordnung, S. 11, Fn. 38 (Auszug).

18 Breunig, Kommunikationspolitik der UNESCO, S. 88; Weyl, Anmerkungen zur Medienpolitik der UNESCO, S. 415.

19 Breunig, Kommunikationspolitik der UNESCO, S. 88.

20 Ebd.

21 Ebd.

und der internationalen Verständigung sowie zur Bekämpfung von Kriegspropaganda, Rassismus und Apartheid als notwendig angesehen wird. Eine solche Regelung ist unhaltbar, da sie totalitären Regimen als Legitimationsgrundlage für Verbotsgesetze dienen kann, die die Weitergabe kritischer Informationen zum Schutze des "Friedens" unterbinden wollen und die auf diese Weise eine Zensur im Bereich der Massenmedien ausüben.

III. Die Erklärung über die Rolle der Massenmedien der Konferenz der blockfreien Staaten

Im Zusammenhang mit der Ausarbeitung einer UNESCO-Mediendeklaration und der Diskussion um eine neue Weltkommunikationsordnung spielt auch das Verhalten der blockfreien Staaten eine nicht unwichtige Rolle. Anläßlich der vierten Konferenz der Staats- und Regierungschefs der blockfreien Staaten vom 5. bis zum 9. September 1973 in Algier wurde eine Erklärung über die Rolle der Massenmedien abgegeben[22]. In dieser Erklärung kamen die Entwicklungsländer zu dem Ergebnis, daß sie sich untereinander über Fragen der Massenmedien absprechen sollten[23]. Die gegenwärtigen Kommunikationsflüsse seien nach der Auffassung der blockfreien Entwicklungsländer ein Erbe der kolonialen Vergangenheit und hemmten bislang eine freie, direkte und schnelle Kommunikation[24]. Aus diesem Grunde sollten multilaterale Abkommen revidiert werden, um die Preise für Nachrichtendienste zu überprüfen und um eine schnellere und billigere Kommunikation untereinander zu ermöglichen[25]. Man kam überein, mittels Sofortmaßnahmen den gemeinsamen Kauf von Kommunikationssatelliten zu beschleunigen[26]. Ferner wurden die

---

22 Text: Becker, free flow of information, S. 203 f.

23 Punkt 13 Satz 1.

24 Punkt 13 lit. a.

25 Punkt 13 lit. b.

26 Punkt 13 lit. c.

blockfreien Staaten zum gegenseitigen Austausch von Informationen auf allen Gebieten aufgefordert[27].

Auffallend ist, daß die o.g. Erklärung der blockfreien Staaten lediglich die Strukturen der bestehenden Kommunikationsordnung für änderungsbedürftig hält. Mit den Informationsinhalten setzt sich die Erklärung hingegen kaum auseinander. Die Diskussion über die Schaffung einer neuen Informationsordnung bezieht sich allerdings gerade auch auf die Inhalte der Informationen[28].

IV. Die 18. UNESCO-Generalkonferenz (1974)

Anläßlich der 18. UNESCO-Generalkonferenz im Jahre 1974 wurde ein Mediendeklarationsentwurf (Dokument 18 C/35[29]) vorgelegt, der mit zahlreichen Änderungsvorschlägen[30] an den UNESCO-Generalsekretär zurückgewiesen wurde. Kritisiert wurde an dem Entwurf insbesondere die Begründung einer Staatenverantwortlichkeit für Massenmedien, die über die Staatsgrenzen senden[31]. Diese Staatenverantwortung sollte sowohl für staatliche als auch für private Massenmedien hergestellt werden. Die Forderung nach einer umfassenden Verantwortlichkeit der Staaten für die Verbreitung grenzüberschreitender Informationen ist auf dem Hintergrund der marxistisch-leninistischen Staatsauffassung über die Rolle der Informationen zu sehen. Sie sieht die Aufgabe der Meinungsfreiheit einzig und allein

---

27 Punkt 14.

28 Kleinwächter/Raaz, Die Organisation der Vereinten Nationen für Erziehung, Wissenschaft und Kultur, S. 58; Witzmann, Völkerrechtliche Aspekte der Bemühungen um eine neue Weltinformationsordnung, S. 13 f.

29 Text: New communication order, Bd. 9, S. 38 ff.

30 Documents 18 C/COM/DRs 1-11, abgedr. in: New communication order, Bd. 9, S. 43 ff.

31 Gornig, Äußerungsfreiheit, S. 357; Witzmann, Völkerrechtliche Aspekte der Bemühungen um eine neue Weltinformationsordnung, S. 15 f.

darin, die "richtige Meinung" zu verwirklichen[32]. Danach sind Äußerungen, die sich nicht am geschichtlichen Plan der notwendigen Entwicklung zum Kommunismus orientieren, freiheitswidrig[33]. Nach diesem Verständnis dient die Filterung der erkenntnisfördernden Meinungen und Informationen durch eine staatliche Zensur der Verwirklichung der Freiheit des Menschen[34].

Die liberalen Staaten lehnen eine pauschale Verantwortlichkeit für staatsunabhängige Medien ab[35]. Als Schranken der grenzüberschreitenden Informationsvermittlung, für deren Beachtung die Staaten nach dem Völkerrecht zu sorgen haben, sind das Verbot des Aufrufs zu Gewalttaten gegen Hoheitsträger fremder Staaten und zum Völkermord, das Verbot rassistischer Propaganda und die Pflicht zur Achtung der Ehre fremder Staaten zu nennen[36].

Im Hinblick darauf, daß die Meinungsverschiedenheiten hinsichtlich der Formulierungen in der Mediendeklaration nicht überwunden werden konnten, wurde der Generalsekretär der UNESCO dazu ermächtigt, eine Regierungsexpertenkonferenz zur Ausarbeitung eines neuen Textentwurfs einzuberufen[37].

---

32 Simma, Grenzüberschreitender Informationsfluß und domaine réservé der Staaten, S. 53.

33 Ebd.

34 Ebd., S. 5.

35 Verdross/Simma, Universelles Völkerrecht, S. 666; Frowein, Das Problem des grenzüberschreitenden Informationsflusses und des "domaine réservé", S. 27 ff.

36 Verdross/Simma, Universelles Völkerrecht, S. 666; Witzmann, Völkerrechtliche Aspekte der Bemühungen um eine neue Weltinformationsordnung, S. 222.

37 Weyl, Anmerkungen zur Medienpolitik der UNESCO, S. 416; Breunig, Kommunikationspolitik der UNESCO, S. 90.

V. Die UNESCO-Expertenkonferenz im Dezember 1975

Die anläßlich der 18. UNESCO-Generalversammlung beschlossene Einberufung einer Expertenkonferenz zur Ausarbeitung eines neuen Textentwurfes für eine Mediendeklaration tagte im Dezember 1975 unter Beteiligung von Experten aus 85 Staaten und Beobachtern weiterer Staaten und Organisationen[38] [39]. Auch während dieser Konferenz kam es zu Auseinandersetzungen über die Informationsfreiheit und über die Frage, inwieweit eine Staatenverantwortlichkeit für die Medien bestehe[40]. Zu einem Eklat kam es, als Jugoslawien beantragte, in der Präambel der Deklaration auf die VN-Resolution 3.379 Bezug zu nehmen[41]. In dieser VN-Resolution wurden Rassismus und Zionismus gleichgestellt. Der Antrag Jugoslawiens wurde mit 36 gegen 22 Stimmen bei sieben Enthaltungen angenommen[42]. 13 der 22 Delegationen, die gegen den Zusatzantrag der jugoslawischen Delegation gestimmt hatten, verließen vorzeitig die Konferenz; darunter befand sich auch die bundesdeutsche Delegation[43]. Die verbleibenden Delegationen nahmen den Entwurf zur Mediendeklaration (Dokument 19 C/91) mit klarer Mehrheit an[44] [45]. Er diente fast ein Jahr später als Vorlage bei der UNESCO-Generalkonferenz in Nairobi[46].

---

38 Weyl, Anmerkungen zur Medienpolitik der UNESCO, S. 416.

39 Zum Verlauf dieser Konferenz siehe UNESCO-Dokument 19 C/91 Part B, abgedr. in: New communication order, Bd. 9, S. 73 ff.

40 Gornig, Äußerungsfreiheit, S. 357; Weyl, Anmerkungen zur Medienpolitik der UNESCO, S. 416; Witzmann, Völkerrechtliche Aspekte der Bemühungen um eine neue Weltinformationsordnung, S. 20.

41 Breunig, Kommunikationspolitik der UNESCO, S. 90; Witzmann, Völkerrechtliche Aspekte der Bemühungen um eine neue Weltinformationsordnung, S. 20.

42 Breunig, Kommunikationspolitik der UNESCO, S. 90.

43 Ebd.

44 Ebd., S. 91.

45 Der Entwurf ist abgedr. in: New communication order, Bd. 9, S. 65 ff.

46 Breunig, Kommunikationspolitik der UNESCO, S. 91.

VI. Die Aktivitäten der blockfreien Staaten im Hinblick auf die Schaffung einer neuen internationalen Informationsordnung

Im Jahre 1976 unternahmen die blockfreien Staaten eine Reihe von Initiativen zur Veränderung der Weltinformationsordnung. Den Auftakt bildete das Symposium "The Emancipation of the Mass Media in Non-Aligned Countries" vom 25. bis 30. März 1976 in Tunis[47]. In der Schlußresolution[48] verankerten die blockfreien Staaten die Errichtung einer neuen Informationsordnung ("New Informational Order")[49]. Damit fand der Begriff der neuen Informationsordnung erstmalig Eingang in ein internationales Dokument[50]. Vom 8. bis 13. Juli 1976 trafen sich die Informationsminister der blockfreien Staaten in Neu Delhi[51]. Anläßlich dieses Treffens erklärten die blockfreien Staaten in einer Deklaration[52], daß die Errichtung einer neuen Weltinformationsordnung genauso wichtig sei wie die Schaffung einer neuen Weltwirtschaftsordnung[53].

Die 5. Konferenz der Staats- und Regierungschefs blockfreier Länder, die vom 16. bis 19. August 1976 in Colombo tagte, beschäftigte sich mit dem Pool der Nachrichtenagenturen[54] und brachte in diesem Zusammenhang in einer Deklaration[55] erneut zum Ausdruck, daß eine neue internationale Ordnung im Informationswesen und bei den Massenmedien ebenso wichtig sei wie die Schaffung einer neuen Weltwirtschaftsordnung[56]. Weiterhin wurde die möglichst baldige

---

47 Witzmann, Völkerrechtliche Aspekte der Bemühungen um eine neue Weltinformationsordnung, S. 22 ff.

48 Text: Becker, free flow of information, S. 205 ff.

49 Punkt 27.

50 Witzmann, Völkerrechtliche Aspekte der Bemühungen um eine neue Weltinformationsordnung, S. 23.

51 Becker, free flow of information, S. 211.

52 Text: Becker, free flow of information, S. 211 ff.

53 Punkt B (Satz 4).

54 Becker, free flow of information, S. 215.

55 Text: Becker, free flow of information, S. 215 f.

56 Punkt 160.

Anwendung der Beschlüsse der bereits erwähnten Konferenz von Neu Delhi[57] gefordert[58].

VII. Die 19. UNESCO-Generalkonferenz (1976)

Auftragsgemäß legte der UNESCO-Generalsekretär der 19. Generalkonferenz, die vom 26.10. bis 10.11.1976 in Nairobi tagte, den Entwurf für eine "Deklaration grundsätzlicher Prinzipien für die Anwendung von Massenmedien zur Verstärkung des Friedens und der internationalen Verständigung und zur Bekämpfung von Kriegspropaganda, Rassismus und Apartheid"[59] vor. Er wurde - wie bereits ausgeführt - auf der Expertenkonferenz der UNESCO im Dezember 1975 in Paris angenommen. Die bundesdeutsche UNESCO-Delegation hatte im Hinblick auf die UNESCO-Generalkonferenz in Nairobi einen inoffiziellen Gegenentwurf ausgearbeitet[60] [61].

1. *Der offizielle Entwurf für eine Mediendeklaration*

a) *Inhalt*

In seiner Präambel verweist der offizielle Mediendeklarationsentwurf 1976 auf die bereits erwähnte Zionismus-Resolution[62] und auf das Aktionsprogramm zur Einführung einer neuen Weltwirtschaftsord-

---

57 Text: Becker, free flow of information, S. 211 ff.

58 Punkt 164.

59 Text: UNESCO Dokument 19 C/91 abgedr. in: New communication order, Bd. 9, S. 65 ff.; Becker, free flow of information, S. 217 ff. (bis auf die Präambel ungekürzt); Textauszug in: Witzmann, Völkerrechtliche Aspekte der Bemühungen um eine neue Weltinformationsordnung, S. 21 ff.

60 Breunig, Kommunikationspolitik der UNESCO, S. 92.

61 Text des inoffiziellen deutschen Gegenentwurfes: FUNK-Korrespondenz Nr. 38 v. 15.9.1976, S. K 5; Becker, free flow of information, S. 221 ff.

62 VN-Resolution 3379.

nung[63] sowie auf die Charta der wirtschaftlichen Rechte und Pflichten[64].

Art. 1 Abs. 1 des offiziellen Mediendeklarationsentwurfs ruft dazu auf, daß die Staaten die freiere und weitere Verbreitung von Informationen durch die Massenmedien unterstützen sollen. Dabei soll die Informationsverbreitung der Verstärkung des Friedens und der internationalen Verständigung sowie der Bekämpfung von Kriegspropaganda, Rassismus und Apartheid zu dienen bestimmt sein.

Die Staaten sollen den multilateralen Austausch und die Nutzung der Massenmedien in den Bereichen Kultur, Wissenschaft und Erziehung betreffend, auf der Grundlage der Gleichberechtigung, der gegenseitigen Förderung und Nichteinmischung in die Angelegenheiten des anderen Staates fördern und entwickeln, und zwar in Übereinstimmung mit der Verfassung und anderen Gesetzen und Vorschriften, die in jedem Land in Kraft sind sowie unter Berücksichtigung ihrer Gewohnheiten und Traditionen mit dem Ziel, Gefühle von Freundschaft und gegenseitiger Achtung unter Nationen zu entwickeln[65].

Die Bedingungen, unter denen die Journalisten eines Staates arbeiten, sollen nach Art. 2 Abs. 2 des offiziellen Deklarationsentwurfes 1976 auf der Basis der Gegenseitigkeit verbessert werden.

Art. 3 Satz 1 des offiziellen Mediendeklarationsentwurfes 1976 besagt, daß die Staaten und Informationsdienste das Recht haben, Berichte über nationale Ereignisse über ihre Grenzen hinaus zu verbreiten.

Das "bestehende Ungleichgewicht im Informationsumlauf" aus den Entwicklungsländern soll durch die Errichtung und die Förderung von nationalen Massenmedien in den Entwicklungsländern und der Ausbildung von deren Personal verbessert werden[66].

---

63 Resolution 3101 (S-VI) vom 1.5.1974, deutsche Übersetzung in: EA 1974, D 293 ff. sowie Neuhold/Hummer/Schreuer, Österreichisches Handbuch des Völkerrechts, 2. Band, S. 396 ff.

64 Text: Neuhold/Hummer/Schreuer, Österreichisches Handbuch des Völkerrechts, 2. Band, S. 401 ff.

65 Art. 2 Abs. 1 des offiziellen Mediendeklarationsentwurfes 1976.

66 Art. 4 des offiziellen Mediendeklarationsentwurfes 1976.

Art. 6 des offiziellen Mediendeklarationsentwurfes 1976 fordert die Staaten zu Gesetzgebungsmaßnahmen auf, die jede Aufstachelung zur Rassendiskriminierung, zu Drohungen oder Gewaltakten oder zur Ermutigung zu solchen Akten unterbinden sollen.

Die Massenmedien sollen verpflichtet sein, unter den Völkern der Welt die Ziele von Fairneß, Staatengleichheit, Interdependenz, gemeinsames Interesse und Zusammenarbeit zwischen allen Staaten weithin bekanntzumachen[67]. Eine Bekanntmachungspflicht sollen die Massenmedien auch hinsichtlich der von der Generalversammlung der Vereinten Nationen angenommenen Entschließungen über die Grundlagen einer neuen internationalen Wirtschaftsordnung haben[68].

Nach Art. 10 des offiziellen Mediendeklarationsentwurfes 1976 sollen Nachrichtenberichte der Massenmedien berichtigt werden, wenn der Frieden, die internationale Verständigung und die Anstrengung zur Bekämpfung von Kriegspropaganda, Rassismus und Apartheid ernsthaft geschädigt worden sind.

Den Berufsorganisationen soll nach Art. 11 des offiziellen Mediendeklarationsentwurfes 1976 die Pflicht auferlegt werden, im Bereich der Massenkommunikation, Standards von Berufsgrundsätzen auf nationaler und internationaler Ebene festzulegen und zu fördern sowie ihre Mitglieder in der verantwortlichen Ausübung ihres Berufes zu unterstützen.

Äußerst umstritten ist Art. 12 des offiziellen Mediendeklarationsentwurfes 1976, wonach die Staaten für die Aktivitäten auf internationalem Gebiet von allen Massenmedien in ihrem Hoheitsbereich verantwortlich sind.

Art. 13 des offiziellen Mediendeklarationsentwurfs 1976 besagt, daß die Grundsätze des Entwurfes "mit schuldiger Rücksicht auf Menschenrechte und Grundfreiheiten angewandt werden".

---

67 Art. 7 des offiziellen Mediendeklarationsentwurfes 1976.

68 Ebd.

b) Würdigung

In der zuletzt genannten Bestimmung des offiziellen Mediendeklarationsentwurfes 1976 klingt die menschenrechtliche Betonung der Kommunikationsfreiheiten durch die UNESCO an[69]. Bei Lichte betrachtet, muß allerdings konstatiert werden, daß die Kommunikationsfreiheiten durch den hier in Rede stehenden Entwurf mehr eingeschränkt als bestärkt werden sollen.

Zum einen werden die Kommunikationsfreiheiten durch den Entwurf eingeschränkt, indem sie in den Dienst der Verstärkung bestimmter Ziele gestellt werden bzw. indem sie als Kampfinstrument gegen bestimmte Mißstände angesehen werden. Außerdem ist zu bedenken, daß ein Begriff wie Frieden im Sinne eines vorgegebenen politischen Systems deutbar bzw. manipulierbar ist[70]. Das hat auch für die Kommunikationsfreiheiten zu gelten, die in den Dienst des Friedens innerhalb eines politischen Systems gestellt werden. Dies gilt um so mehr, als es der UNESCO nach Art. 1 Abs. 3 ihrer Satzung verwehrt ist, in Angelegenheiten einzugreifen, die im wesentlichen in die innerstaatliche Zuständigkeit fallen.

Auch der Komparativ in Art. 1 Abs. 1 des hier in Rede stehenden Entwurfes ("freiere und weitere Verbreitung von Information") ist in Wahrheit eine Grundlage für die Einschränkung der Informationsfreiheit. Der Komparativ von Adjektiven führt zwangsläufig dazu, daß nicht hinlänglich objektive Inhaltskriterien einbezogen werden[71]. Mit der Steigerungsform tritt also eine subjektive Selbstauslegung an die Stelle objektiver Deutung[72]. Folglich führt die Steigerungsform in Art. 1 Abs. 1 des offiziellen Mediendeklarationsentwurfes 1976 zu einer Reduzierung der Informationsfreiheit.

Art. 3 Satz 1 des Entwurfs verankert ein grenzüberschreitendes Informationsrecht über nationale Ereignisse. Es fehlt hingegen das Recht, über nationale Ereignisse im fremden Staaten informieren zu

---

69 Ausführlich hierzu: Lücke, Ein internationales "Recht auf Kommunikation?", S. 13 ff.

70 Bueckling, Satellitenfernsehen, AfP 1982, S. 85, 88.

71 Ebd.

72 Ebd.

dürfen. Gerade zur Aufdeckung von Mißständen ist es notwendig, daß die Massenmedien auch über nationale Ereignisse in fremden Staaten berichten dürfen. Um dieses Ziel erreichen zu können, ist die Vereinbarung eines multilateralen und bilateralen Austausches von Informationen nicht ausreichend.

Art. 12 des offiziellen Deklarationsentwurfes 1976 geht von einer umfassenden Verantwortlichkeit der Staaten für die Massenmedien aus, die es in einer freiheitlichen Gesellschaftsordnung mit staatsunabhängigen Medien nicht geben kann.

c) Behandlung des Entwurfes durch die UNESCO-Generalkonferenz

Der Deklarationsentwurf wurde durch die 19. UNESCO-Generalkonferenz in Nairobi nach kontroversen Debatten an eine kleine Arbeitsgruppe überwiesen, und zwar in der Hoffnung, diese könne noch während der Konferenz einen allseits akzeptablen Text erarbeiten[73]. Die Delegationen der westlichen Staaten hielten den offiziellen Mediendeklarationsentwurf für unvereinbar mit dem Prinzip des free flow of information[74]. Ferner wurde eine Staatenverantwortung für die Medien abgelehnt[75].

Während der 19. UNESCO-Generalkonferenz kamen die Industriestaaten dem Anliegen der Entwicklungsländer insofern entgegen, als sie übereinstimmend versprachen, beim Aufbau und Ausbau nationaler und regionaler Mediensysteme in den Entwicklungsländern intensiv behilflich zu sein[76].

Die meisten Entwicklungsländer stimmten daraufhin gegen den offiziellen Mediendeklarationsentwurf 1976, der mit 78 zu 15 Stimmen bei sechs Enthaltungen scheiterte[77]. Die Gegenstimmen kamen vor allem aus dem sozialistischen Lager[78]. Zu dem Abstimmungsergebnis

---

73 Weyl, Anmerkungen zur Medienpolitik der UNESCO, S. 417.

74 Breunig, Kommunikationspolitik der UNESCO, S. 91.

75 Ebd.; Gornig, Äußerungsfreiheit, S. 357.

76 Breunig, Kommunikationspolitik der UNESCO, S. 92.

77 Ebd.

78 Ebd.

hatte maßgeblich die bundesdeutsche Delegation beigetragen, die für die Nairobi-Konferenz nach Konsultationen mit den übrigen EG-Staaten und anderen Staaten der westlichen Welt einen inoffiziellen Gegenentwurf zur Mediendeklaration ausgearbeitet hatte[79].

2. *Der bundesdeutsche Gegenentwurf zum UNESCO-Deklarationsentwurf über die Rolle der Massenmedien*

a) *Inhalt*

Art. 1 Satz 1 des vom Bundesinnenministerium und vom Auswärtigen Amt erarbeiteten Gegenentwurfs zur UNESCO-Mediendeklaration stellt klar, daß die Verbreitung von Informationen und Meinungen durch die Massenmedien auf eine Art und Weise erfolgen muß, welche im Einklang mit den Prinzipien der Allgemeinen Erklärung der Menschenrechte "(und Art. 19 der Konvention über bürgerliche und politische Rechte) steht". Die Staaten sollten es sich zum Ziele machen, "für eine freiere und breitere Veröffentlichung von Informationen durch die Massenmedien" zu sorgen, und zwar in Übereinstimmung mit der Charta der VN, der Allgemeinen Erklärung der Menschenrechte und der "Internationalen Konvention über bürgerliche und politische Rechte". Die Öffentlichkeit soll das Recht haben, Tatsachen zu überprüfen, Ereignisse unabhängig zu bewerten, Informationen zu empfangen, zu suchen und zu übermitteln[80]. Hierzu sollten die "weitestmöglichen Einrichtungen" zur Verfügung gestellt werden[81].

Art. 3 des Gegenentwurfes ruft die Massenmedien dazu auf, für eine breite Streuung der Informationen über das Böse im Zusammenhang mit Kriegen, Gewalt, Apartheid und allen Formen von nationalem, rassenbedingtem und religiösem Haß zu sorgen. Diese Bestimmung wird ergänzt durch Art. 8 des Gegenentwurfs, wonach professionelle

---

79 Ebd.; Text des Gegenentwurfs: Becker, free flow of information, S. 221 f.; FUNK-Korrespondenz Nr. 38 v. 15.9.1976, S. K 5.

80 Art. 2 des bundesdeutschen Gegenentwurfes.

81 Ebd.

Organisationen auf dem Gebiet der Massenmedien "hohe ethische Werte fördern" sollen.

Um die Entwicklung von unabhängigen, nationalen Massenmedien weiter zu fördern, sollen die Staaten auf der Grundlage von internationalen Vereinbarungen und nationaler Gesetzgebung die wirtschaftliche und soziale Unabhängigkeit des für die Medien arbeitenden Personals fördern[82].

Nach Art. 6 des deutschen Gegenentwurfes sollen die Industrieländer bemüht sein, den Entwicklungsländern auf der Grundlage von entsprechenden Vereinbarungen besondere Unterstützung zur Einrichtung und zur Förderung von nationalen Massenmedien und zur Ausbildung des Personals mit dem Ziel zuteil werden lassen, einen ausgeglichenen Informationsfluß zu erreichen.

b) Würdigung

Es fällt auf, daß der Gegenentwurf im Gegensatz zum offiziellen Entwurf sowohl die Verbreitung von Informationen als auch von Meinungen schützt. Der offizielle Entwurf spricht demgegenüber nur von der Verbreitung von Informationen.

Bedenklich ist, daß der Gegenentwurf in Art. 1 von einer "freiere(n) Veröffentlichung von Informationen durch die Massenmedien" spricht. Wie bereits ausgeführt wurde, bedeutet die Steigerungsform von frei ein Weniger an Freiheit, da der Komparativ die Einbeziehung von subjektiven Wertungen mit sich bringt[83]. Dieser Mangel soll allerdings geheilt werden, indem Art. 1 des Gegenentwurfes ausdrücklich festlegt, daß "eine freiere und breitere Veröffentlichung von Informationen durch die Massenmedien in Übereinstimmung mit der Charta der Vereinten Nationen, der Allgemeinen Erklärung der Menschenrechte und der Internationalen Konvention über bürgerliche und politische Rechte" zu erfolgen habe. Da die zuletzt genannten Prinzipien und Rechtsquellen zur Meinungsfreiheit einen umfassenden Schutz beinhalten, besteht zwischen der im Gegenentwurf ausformulierten gesteigerten Informationsfreiheit - die ein Weniger im

---

82 Art. 5 des bundesdeutschen Gegenentwurfes.

83 Bueckling, Satellitenfernsehen, AfP 1982, S. 85, 88.

Vergleich zur einfachen Informationsfreiheit bedeutet - und der völkerrechtlich garantierten Informationsfreiheit bereits im Ausgangspunkt ein Gegensatz.

Ebenso wie der offizielle Entwurf hat auch der deutsche Gegenentwurf die Ausübung der Kommunikationsfreiheiten in den Dienst der Verbreitung hoher ethischer Werte gestellt. Gegen die Realisierung hoher ethischer Werte wird man vernünftigerweise nichts einzuwenden haben. Gleichwohl ist eine normative Verpflichtung der Massenmedien zur Förderung hoher ethischer Werte nicht unbedenklich. Zum einen sind hohe ethische Werte nicht feststehend, sondern unterliegen in starkem Maße unterschiedlichen subjektiven Wertungen. Es besteht die Gefahr, daß die Verbreitung von Informationen, die angeblich hohen ethischen Zielen entgegenstehen, bekämpft wird. Dies kann auf eine subtile Form der Zensur hinauslaufen. Zum anderen werden ethische Werte, die nicht auf einer hohen Stufe sind, die aber trotzdem nicht als unbedeutend angesehen werden können, durch die besondere Betonung der hohen ethischen Werte in ihrer Wertigkeit reduziert.

3. Anregung weiterer Expertenberatungen

Im Hinblick auf die tiefgreifenden Meinungsunterschiede über den Stellenwert der Kommunikationsfreiheiten beschloß die Generalkonferenz, die Verabschiedung einer Mediendeklaration zu vertagen[84]. In der Resolution 4.143[85] regte die Generalkonferenz weitere Konsultationen mit Experten an, um zu einem Deklarationsentwurf mit größtmöglichen Konsens zu gelangen.

---

84 Breunig, Kommunikationspolitik der UNESCO, S. 92.

85 Text: New communication order, Bd. 9, S. 114 f.

VIII. Die 20. UNESCO-Generalkonferenz

Die 20. UNESCO-Generalkonferenz fand vom 24.10. bis zum 28.11.1978 in Paris statt[86]. Ihr wurde der neue Entwurf zur Mediendeklaration der UNESCO als Dokument 20 C/20[87] zugeleitet. Dieser Entwurf ist das Ergebnis von intensiven Expertenberatungen[88]. In ihm war erneut eine Staatenverantwortlichkeit der Medien enthalten[89], die zwischenzeitlich fallen gelassen worden war[90].

Die westlichen Staaten wandten sich nicht nur gegen eine Staatenverantwortlichkeit der Medien, sondern auch gegen die Auferlegung bestimmter Pflichten gegenüber den Massenmedien. Kritisiert wurde die Pflicht der Massenmedien, ihre Tätigkeit in Übereinstimmung mit der Deklaration auszuüben sowie die Pflicht, im Rahmen des internationalen Rechts auf Erwiderung die ihnen zugestellte Tatsachenversion bekanntzumachen[91].

In den Novembertagen 1978 zirkulierte etwa ein halbes Dutzend verschiedener Entwürfe - offizielle und andere - in den Konferenzsälen der UNESCO-Generalkonferenz[92]. Daß sich die Generalkonferenz überhaupt noch auf einen konsensfähigen Entwurf hat einigen können, wird maßgeblich auf die Vorlage des bundesdeutschen Ge-

---

86 Witzmann, Völkerrechtliche Aspekte der Bemühungen um eine neue Weltinformationsordnung, S. 32.

87 Text: New communication order, Bd. 9, S. 115 ff.

88 Siehe hierzu: Breunig, Kommunikationspolitik der UNESCO, S. 92 f.; Witzmann, Völkerrechtliche Aspekte der Bemühungen um eine neue Weltinformationsordnung, S. 33 f.

89 Art. 11 Abs. 1.

90 Weyl, Anmerkungen zur Medienpolitik der UNESCO, S. 417; Witzmann, Völkerrechtliche Aspekte der Bemühungen um eine neue Weltinformationsordnung, S. 33.

91 Witzmann, Völkerrechtliche Aspekte der Bemühungen um eine neue Weltinformationsordnung, S. 33 f.

92 Weyl, Anmerkungen zur Medienpolitik der UNESCO, S. 417; die offiziell eingereichten Anträge und Entwürfe tragen die Dokumentennummern 20 C/PRG./IV/DR. 3,6,7,8,9.

genentwurfs[93] zurückgeführt, der noch von 10 weiteren freiheitlichen Staaten unterstützt wurde[94].

Bundesaußenminister Genscher gab am 30.10.1978 vor der 20. Generalkonferenz der UNESCO eine Grundsatzerklärung[95] ab, in der er betonte, daß die deutsche Bundesregierung jede staatliche Einflußnahme auf die Medien ablehne. Aus diesem Grunde würde die Bundesrepublik Deutschland "jeden Entwurf für eine Mediendeklaration ablehnen, der die Forderung nach staatlicher Kontrolle der Informationsmedien oder nach sogenannter staatlicher Verantwortung für diese Medien enthält".

Am 22. November 1978 kam nach langen Diskussionen ein Kompromißentwurf zur Mediendeklaration[96] zustande, der ohne Aussprache im Konsensusverfahren angenommen wurde[97]. Zu der Verabschiedung der Mediendeklaration kam es, da die Dritte Welt auf jede Forderung nach internationaler Kontrolle und Reglementierung der weltweiten Informationsflüsse verzichtete und dafür im Gegenzug von den Industrieländern die teils formlose, teils offizielle Zusage erhielt, man werde beim Aufbau und Ausbau von Informationssystemen in der Dritten Welt Hilfe leisten[98].

---

93 20 C/PRG. IV/DR. 7.

94 Weyl, Anmerkungen zur Medienpolitik der UNESCO, S. 418.

95 Text: Bulletin v. 31.10.1978 Nr. 123, S. 1145 ff., Presse- und Informationsamt der Bundesregierung: abgedr. in: Becker, free flow of information, S. 263 ff.

96 Text: UNESCO Doc. 20 C/20 Rev., abgedr. in: New communication order, Bd. 9, S. 123 ff.; UNESCO, Records of the General Conference, 20th session, Paris, 24th October to 28th November 1978, Bd. 1, Resolutions, Paris, 1979, S. 100 ff.; Becker, free flow of information, S. 227 ff.; EA 1979, S. D 188 ff.; VN 1979, S. 36 f.; Kirche und Rundfunk, Nr. 94/95 v. 6.12.1978, S. I-V; Die Feder, Monatszeitschrift für Journalisten, 2/1979, S. 21 ff.; Film und Recht 1979, S. 138 ff; Kleinwächter/Raaz, Die Organisation der Vereinten Nationen für Erziehung, Wissenschaft und Kultur, S. 384 ff.

97 Witzmann, Völkerrechtliche Aspekte der Bemühungen um eine neue Weltinformationsordnung, S. 34; Gornig, Äußerungsfreiheit, S. 358, Fn. 17; Simma, Grenzüberschreitender Informationsfluß und domaine réservé der Staaten, S. 81, Fn. 139; Breunig, Kommunikationspolitik der UNESCO, S. 94; Weyl, Anmerkungen zur Medienpolitik der UNESCO, S. 418.

98 Gornig, Äußerungsfreiheit, S. 359.

Auf das Konto der Sowjetunion geht die Aussage in Art. 11 Mediendeklaration 1978 zurück, wonach es darauf ankomme, daß die Arbeit der Massenmedien im Einklang mit den Grundsätzen des Paktes über bürgerliche und politische Rechte[99] steht[100]. Dort werden in Art. 19 Abs. 2 die Kommunikationsfreiheiten ohne Rücksicht auf die Staatsgrenzen geschützt. Art. 19 Abs. 3 lit. b des o.g. Paktes erlaubt erhebliche Einschränkungen hinsichtlich der internationalen Informationsfreiheit, sofern diese für den Schutz der nationalen Sicherheit, der öffentlichen Ordnung (ordre public), der Volksgesundheit oder der öffentlichen Sittlichkeit erforderlich sind.

C. Inhalt der Mediendeklaration 1978

I. Die Präambel der Mediendeklaration 1978

Die 17 Absätze umfassende Präambel der Mediendeklaration 1978[101] ist das Ergebnis von Kompromissen, die die Gruppe der Industriestaaten, der sozialistischen Staaten und der Entwicklungsländer untereinander eingegangen sind.

Die ersten beiden Absätze der Präambel nehmen auf die satzungsmäßigen Ziele der UNESCO Bezug.

Hervorzuheben ist Absatz 9 der Präambel, der an die Resolution 59 (I) der Generalversammlung der Vereinten Nationen erinnert, die die Erklärung enthält, daß die "Informationsfreiheit ... ein grundlegendes

---

99 Text: Sartorius II, Ordnungsnummer 20.

100 Gornig, Äußerungsfreiheit, S. 359.

101 Die Mediendeklaration 1978 ist in deutscher, russischer, englischer und französischer Sprache abgedruckt in: Kleinwächter/Raaz, Die Organisation der Vereinten Nationen für Erziehung, Wissenschaft und Kultur, S. 384 ff. (der deutsche Text ist nicht authentisch); eine Übersetzung westdeutscher Herkunft findet sich in: EA 1979, D 188 ff.

Menschenrecht und der Prüfstein für alle Freiheiten" sei, "denen die Vereinten Nationen verpflichtet sind"[102].

Absatz 8 der Präambel stellt einen Zusammenhang zwischen der Kultur und den Kommunikationsfreiheiten her, indem an die Deklaration der UNESCO vom 4.11.1966 über die Prinzipien der internationalen kulturellen Zusammenarbeit[103] erinnert wird.

Ursprünglich war geplant eine Staatenverantwortlichkeit für die Medien in der Mediendeklaration 1978 zu verankern[104]. Wie bereits ausgeführt wurde, konnten sich die Befürworter der Staatenverantwortlichkeit nicht durchsetzen. Einen Teilerfolg erreichten sie allerdings in Absatz 11 der Präambel[105]. Er erinnert an die 1947 von der Generalversammlung der VN angenommene Resolution 127 (II), in der die Mitgliedstaaten aufgefordert werden, im Rahmen der verfassungsrechtlichen Verfahren Maßnahmen zur Bekämpfung der Verbreitung falscher oder entstellter Berichte zu ergreifen, die geeignet sind, die freundschaftlichen Beziehungen zwischen Staaten zu beeinträchtigen.

Absatz 13 der Präambel nimmt Bezug auf die 1970 von der UNESCO-Generalkonferenz angenommene Resolution 4.301[106]. Sie geht auf

---

102 Dieser Absatz läßt die Handschrift der Bundesrepublik Deutschland erkennen, für die Bundesaußenminister Genscher erklärt hat: "Das Recht jedes Menschen, seine Meinung frei zu äußern und Informationen frei zu empfangen, ist ein Grundrecht in unserer Verfassung. Es ist darüber hinaus jedoch auch nach internationalem Verständnis eines der fundamentalen Menschenrechte. Ja, die Erste Generalversammlung der Vereinten Nationen hat die Freiheit der Information zum 'Prüfstein aller Freiheiten' erklärt", Grundsatzerklärung von Außenminister Hans-Dietrich Genscher vor der 20. Generalkonferenz der UNESCO am 30.10.1978 in Paris, Text: Bulletin Nr. 123 v. 31.10.1978, S. 1145 ff., Presse- und Informationsamt der Bundesregierung, abgedr. in: Becker, free fow of information, S. 263 ff.

103 In deutscher, russischer, englischer und französischer Sprache abgedruckt in: Kleinwächter/Raaz, Die Organisation der Vereinten Nationen für Erziehung, Wissenschaft und Kultur, S. 352 ff. (der deutsche Text ist nicht authentisch).

104 Breunig, Kommunikationspolitik der UNESCO, S. 96.

105 Ebd.

106 Text: New communication order, Bd. 9, S. 15 f.

einen Vorschlag Weißrußlands[107] zurück und betont den Beitrag der Informationsmedien zur Förderung der internationalen Verständigung und Zusammenarbeit im Interesse des Friedens und des Wohles der Menschheit und zur Bekämpfung der Kriegspropaganda, des Rassismus, der Apartheid und des Hasses zwischen den Nationen.

Die Belange der Entwicklungsländer haben in den Absätzen 15 und 16 der Präambel zur Mediendeklaration 1978 Eingang gefunden. Im Zusammenhang mit der Diskussion über die Schaffung einer neuen Weltinformationsordnung zeigte sich, daß die Entwicklungsländer durch die bestehenden Kommunikationsstrukturen ihre kulturelle Identität als gefährdet ansahen, da nach ihrer Auffassung ein Großteil der Kultur- und Unterhaltungsinhalte aus einigen wenigen Industriestaaten stammen[108]. Auch der Einfluß von Wirtschafts- und Werbeinteressen sowie der Konformismus der "von Bürokraten autorisierten Kultur" trage die Gefahr der Nivellierung, Verarmung und Aushöhlung des kulturellen Lebens in sich, stellt der Bericht der Internationalen Kommission zum Studium der Kommunikationsprobleme unter dem Vorsitz von Sean MacBride an die UNESCO fest[109]. Absatz 15 der Präambel der Mediendeklaration 1978 stellt ausdrücklich klar, daß die oben beschriebene Gefahr für die kulturelle Identität auch im Bereich der Informationsordnung bestehe. Sodann wird der Wunsch aller Beteiligten nach gebührender Berücksichtigung der kulturellen Identität als ein "berechtigter Wunsch[110] (englischer Text: "legitimate desire"; französischer Text: "légitime souci") angesehen.

Schließlich erinnert Absatz 16 in der Präambel der Mediendeklaration 1978 an das Streben der Entwicklungsländer nach Errichtung

---

107 Breunig, Kommunikationspolitik der UNESCO, S. 87.

108 Witzmann, Völkerrechtliche Aspekte der Bemühungen um eine neue Weltinformationsordnung, S. 221.

109 Viele Stimmen - eine Welt, S. 55; zur Nord-Süd-Problematik im Bereich der Informationsordnung, siehe auch: Viele Stimmen - eine Welt, S. 230 ff.

110 So die deutsche Übersetzung in: Kleinwächter/Raaz, Die Organisation der Vereinten Nationen für Erziehung, Wissenschaft und Kultur, S. 390; in der Übersetzung EA 1979, D 190 ist demgegenüber von einem "rechtmäßigen" Wunsch die Rede.

einer "neuen, gerechteren und leistungsfähigeren Weltinformations- und -kommunikationsordnung". Was damit im einzelnen gemeint ist, bleibt freilich unerwähnt.

II. Art. 1 Mediendeklaration 1978

Art. 1 Mediendeklaration 1978 wiederholt im wesentlichen die im Titel der Mediendeklaration 1978 genannten Ziele (Stärkung des Friedens und der internationalen Verständigung, Förderung der Menschenrechte, Bekämpfung von Rassismus, Apartheid und Kriegshetze). Weiterhin stellt Art. 1 Mediendeklaration 1978 fest, daß die Verwirklichung der o.g. Ziele einen freien Austausch und eine umfassendere und ausgewogenere Verbreitung von Informationen erfordere. Weiter heißt es: "Hierzu haben die Massenmedien einen wichtigen Beitrag zu leisten. Dieser Beitrag ist umso wirksamer, je mehr die Informationen die verschiedenen Aspekte des behandelten Gegenstandes wiedergeben"[111] [112].

Im Gegensatz zu früheren Entwürfen wird aus Gründen der Stärkung des Friedens und des Kampfes gegen Rassismus, Apartheid und Kriegspropaganda eine Einschränkung der Informationsfreiheit nicht mehr für zulässig erklärt[113]. Vielmehr wird nunmehr in einer Intensivierung des Informationsaustausches ein Mittel zur Stärkung der Ziele der Mediendeklaration 1978 gesehen[114].

III. Art. 2 Mediendeklaration 1978

Bei der Abfassung von Art. 2 Mediendeklaration 1978 konnten sich weitgehend die westlichen Staaten durchsetzen[115].

---

111 Zit. nach der deutschen Übersetzung in: EA 1979, D 190.

112 Ähnlich auch Art. 2 Abs. 3; Art. 3 Abs. 1, 2; Art. 7 Mediendeklaration 1978.

113 Gornig, Äußerungsfreiheit, S. 360.

114 Ebd.

115 Breunig, Kommunikationspolitik der UNESCO, S. 99.

In Art. 2 Abs. 1 Mediendeklaration 1978 wird die Ausübung der Meinungs-, Meinungsäußerungs- und Informationsfreiheit als ein wesentlicher Faktor zur Stärkung des Friedens und der internationalen Verständigung bezeichnet. Die Kommunikationsfreiheiten seien als ein Bestandteil der Menschenrechte anzusehen.

Zu Recht sieht Gornig[116] Art. 2 Abs. 2 Mediendeklaration 1978 als ein "Kernstück" an. Er lautet wie folgt:

> "Der Zugang der Allgemeinheit zu Informationen soll durch die Vielfalt der ihr zur Verfügung stehenden Informationsquellen und -mittel gewährleistet werden, um so jedem einzelnen die Überprüfung der Richtigkeit von Tatsachen sowie die objektive Bewertung von Ereignissen zu ermöglichen. Dazu müssen Journalisten das Recht zur freien Berichterstattung und weitestmöglichen Zugang zu Informationen haben. Ebenso ist es wichtig, daß die Massenmedien auf die Anliegen von Völkern und Einzelpersonen eingehen, um so die Allgemeinheit stärker an der Ausarbeitung von Informationen zu beteiligen"[117].

Das Zugangsrecht der Journalisten in Art. 2 Satz 2 Mediendeklaration 1978 war im Entwurf 20 C/20 nicht enthalten[118]. Seine Aufnahme erfolgte im Hinblick auf das westliche Medienverständnis[119].

Art. 2 Abs. 2 Mediendeklaration 1978 wird ergänzt durch Art. 2 Abs. 4 Mediendeklaration 1978, wonach es darauf ankomme, daß Journalisten und andere Mitarbeiter der Massenmedien in ihrem eigenen Land oder im Ausland eines Schutzes sicher sind, der ihnen die besten Bedingungen für die Ausübung ihres Berufes garantiert. Auch diese Passage war ursprünglich im Entwurf 20 C/20 nicht enthalten[120].

---

116 Gornig, Äußerungsfreiheit, S. 360.

117 Zit. nach der deutschen Übersetzung in: EA 1979, D 190.

118 Breunig, Kommunikationspolitik der UNESCO, S. 99.

119 Ebd.

120 Ebd.

IV. Art. 3 Mediendeklaration 1978

Bei der Formulierung von Art. 3 Mediendeklaration 1978 konnten sich die sozialistischen Staaten behaupten[121].

Art. 3 Abs. 1 Mediendeklaration 1978 betont wiederum, daß die Massenmedien einen wichtigen Beitrag zur Verwirklichung der Ziele der Mediendeklaration 1978 zu leisten hätten.

Art. 3 Abs. 2 Mediendeklaration 1978 weist darauf hin, daß die Massenmedien durch die Verbreitung von Informationen Unwissenheit und Mißverständisse zwischen den Völkern beseitigten.

Ferner hätten die Massenmedien "die Aufmerksamkeit auf die großen Plagen[122] der Menschheit wie Armut, Unterernährung[123] und Krankheiten zu lenken"[124]. Dadurch hülfen die Massenmedien mit, "daß die Staaten ihre Politik in einer Weise gestalten, die geeignet ist, die internationale Entspannung und die friedliche und gerechte Beilegung internationaler Streitigkeiten zu fördern"[125].

V. Art. 4 Mediendeklaration 1978

Zwischen der Erziehung einerseits und der Rolle der Massenmedien andererseits stellt Art. 4 Mediendeklaration 1978 einen Zusammenhang her, indem er die wichtige Rolle der Massenmedien bei der Erziehung Jugendlicher im Geiste des Friedens, der Gerechtigkeit, der Freiheit, der gegenseitigen Achtung und des gegenseitigen Verständnisses betont.

---

121 Ebd., S. 101.

122 Übersetzung bei Kleinwächter/Raaz, Die Organisation der Vereinten Nationen für Erziehung, Wissenschaft und Kultur, S. 394: "... die großen Mißstände ...", englischer Text: "the great evils"; französischer Text: "les grands maux".

123 Übersetzung bei Kleinwächter/Raaz, a.a.O., "Unterdrückung"; englischer Text: "malnutrition; französischer Text: "la malnutrition".

124 Zit. nach der deutschen Übersetzung in: EA 1979, D 191.

125 Ebd.

VI. Art. 5 Mediendeklaration 1978

Nach Art. 5 Mediendeklaration 1978 kommt es für die Achtung der Meinungs-, Meinungsäußerungs- und Informationsfreiheit darauf an, daß die Standpunkte derjenigen verbreitet werden, die meinen, daß die über sie veröffentlichten oder verbreiteten Informationen ihren Bemühungen um die Stärkung des Friedens und der internationalen Verständigung, die Förderung der Menschenrechte oder die Bekämpfung von Rassismus, Apartheid und Kriegshetze ernstlich Abbruch getan haben.

Ursprünglich war vorgesehen, in Art. 5 Mediendeklaration 1978 ein internationales staatliches Gegendarstellungsrecht zu verankern[126].

VII. Art. 6 Mediendeklaration 1978

Art. 6 Mediendeklaration 1978 berücksichtigt die Belange der Entwicklungsländer, die im Zusammenhang mit der Diskussion über die Schaffung einer neuen Weltinformationsordnung[127] immer darauf hinwiesen, daß die Belange der Staaten der Dritten Welt durch die Nachrichtenagenturen der Industriestaaten nicht gebührend beachtet würden[128]. Dem trägt Art. 4 Mediendeklaration 1978 wie folgt Rechnung:

> "Zur Schaffung eines neuen Gleichgewichts und größerer Gegenseitigkeit beim Informationsaustausch, die zur Herstellung eines gerechten und dauerhaften Friedens und zur wirtschaftlichen

---

126 Witzmann, Völkerrechtliche Aspekte der Bemühungen um eine neue Weltinformationsordnung, S. 35; Breunig, Kommunikationspolitik der UNESCO, S. 100.

127 Siehe hierzu: Delbrück, Weltinformations- und Kommunikationsordnung, in: Handbuch Vereinte Nationen, S. 1067 ff.; Righter, Noch eine "neue Weltordnung?", EA 1979, S. 211 ff.; Witzmann, Völkerrechtliche Aspekte der Bemühungen um eine neue Weltinformationsordnung, S. 5 ff., 57 ff.; Breunig, Kommunikationspolitik der UNESCO, S. 78 ff., 114 ff.

128 Siehe hierzu: Viele Stimmen - eine Welt, S. 230 ff.

> und politischen Unabhängigkeit der Entwicklungsländer beitragen, ist es erforderlich, die Ungleichheiten im Informationsfluß nach und aus den Entwicklungsländern sowie zwischen diesen Ländern zu berichtigen. Dazu müssen ihre Massenmedien über Bedingungen und Mittel verfügen, die es ihnen ermöglichen, stärker zu werden und sich zu entfalten und sowohl untereinander als auch mit den Massenmedien in den Industriestaaten zusammenzuarbeiten"[129].

Art. 6 Mediendeklaration 1978 enthält mithin zwei zentrale Aussagen. Zum einen wird die Notwendigkeit der Schaffung eines weltweiten Informationsaustausches anerkannt. Zum anderen sollen die Entwicklungsländer befähigt werden, am weltweiten Informationsaustausch mitzuwirken, indem darauf hingewiesen wird, daß die Entwicklungsländer die Mittel erhalten, die zum Aufbau leistungsfähiger Informationssysteme benötigt werden.

VIII. Art. 7 Mediendeklaration 1978

Neben der Schaffung einer neuen Weltinformationsordnung streben die Entwicklungsländer die Einführung einer neuen Weltwirtschaftsordnung[130] an. Diese neue Ordnung beinhaltet u.a. eine einseitige Vorzugsbehandlung der Entwicklungsländer, die Teilhabe an den Erkenntnissen von Wissenschaft und Technik eines jeden Staates, die globale Verfügung über die Meeresbodenschätze und über das techni-

---

129 Zit. nach der deutschen Übersetzung in: EA 1979, D 191.

130 Siehe hierzu: Heinz, Weltwirtschaftsordnung, Handbuch Vereinte Nationen, S. 1080 ff.; Heckel, Die Menschenrechte im Spiegel der reformatorischen Theologie, S. 60; Hailbronner/Klein, Eckart, in: Simma, Charta der Vereinten Nationen, Art. 10 SVN Rdnr. 63; Fleischauer, in: Simma, Charta der Vereinten Nationen, Art. 13 SVN Rdnr. 38; Wolfrum, in: Simma, Charta der Vereinten Nationen, Art. 55 (a,b) SVN Rdnr. 9, 20 ff.; Meng, in: Simma, Charta der Vereinten Nationen, Art. 57 SVN Rdnr. 116; Lagoni, in: Simma, Charta der Vereinten Nationen, Art. 62 SVN Rdnr. 42.

sche Know-how der Industrienationen[131]. Diesen Forderungen der Entwicklungsländer begegnet Art. 7 Mediendeklaration 1978, in dem darauf hingewiesen wird, daß die Massenmedien durch die Verbreitung ihrer Informationen einen wirksamen Beitrag "zur Errichtung einer gerechteren und ausgeglicheneren Weltwirtschaftsordnung"[132] leisten würden.

IX. Art. 2 Abs. 4, Art. 8, 9, 10 Abs. 1 Mediendeklaration 1978

Die Art. 2 Abs. 4, Art. 8, 9, 10 Abs. 1 Mediendeklaration 1978 enthalten Aussagen über die Rolle der Journalisten.

Die Berufsverbände und Personen, die an der beruflichen Ausbildung von Journalisten und anderen Vertretern der Massenmedien beteiligt seien, sollen die Grundsätze der Mediendeklaration 1978 besonders berücksichtigen, wenn sie ihre ethischen Standesregeln festlegen und deren Anwendung sicherstellen[133].

In Art. 9 Satz 1 Mediendeklaration 1978 wird festgestellt, daß die Völkergemeinschaft die Aufgabe habe, zur Schaffung der Voraussetzungen für einen freien Austausch und eine umfassendere und ausgewogenere Verbreitung von Informationen und der Bedingungen für den Schutz der Journalisten und anderer Vertreter der Massenmedien bei der Ausübung ihrer Tätigkeit beizutragen. Die UNESCO sei dafür das geeignete Gremium[134]. Art. 9 Mediendeklaration 1978

---

131 Wolfrum, in: Simma, Charta der Vereinten Nationen, Art. 55 (a,b) SVN Rdnr. 20 ff.; Heinz, Weltwirtschaftsordnung, in: Handbuch Vereinte Nationen, S. 1084; Heckel, Die Menschenrechte im Spiegel der reformatorischen Theologie, S. 60; Witzmann, Völkerrechtliche Aspekte der Bemühungen um eine neue Weltinformationsordnung, S. 119 ff.

132 Zit. nach der deutschen Übersetzung in: EA 1979, D 191; in der Übersetzung bei Kleinwächter/Raaz, Die Organisation der Vereinten Nationen für Erziehung, Wissenschaft und Kultur, S. 398 ist von einer "internationalen Wirtschaftsordnung" die Rede; englischer Text: "international economic order"; französischer Text: "un ordre économique international".

133 Art. 8 Mediendeklaration 1978.

134 Art. 9 Satz 2 Mediendeklaration 1978.

knüpft zum Teil an den bereits erwähnten Art. 2 Abs. 4 Mediendeklaration 1978 an, wo gesagt wird, daß es für die Tätigkeit der Massenmedien wesentlich sei, daß Journalisten und andere Vertreter der Massenmedien im eigenen Land oder im Ausland eines Schutzes sicher seien.

Art. 10 Abs. 1 Mediendeklaration 1978 hebt hervor, daß unter gebührender Beachtung der verfassungsrechtlichen Bestimmungen zur Gewährleistung der Informationsfreiheit und der geltenden internationalen Übereinkünfte und Vereinbarungen in der ganzen Welt die erforderlichen Voraussetzungen zu schaffen und zu erhalten seien, damit die Einrichtungen und Personen, die beruflich mit der Verbreitung von Informationen beschäftigt seien, die Ziele der Mediendeklaration 1978 verwirklichten.

X. Art. 10 Abs. 2 - 4 Mediendeklaration 1978

Das Prinzip des grenzüberschreitenden Informationsflusses ("free flow of informations")[135] als solches hat im Vergleich zu dem sonstigen ausführlichen Regelungsumfang der Mediendeklaration 1978 eine sehr knappe Regelung in Art. 10 Abs. 2 Mediendeklaration 1978 erfahren, der wie folgt lautet:

> "Es ist wichtig, daß ein freier Austausch und eine umfassendere und ausgewogenere Verbreitung von Informationen[136] gefördert werden"[137].

---

135 Siehe hierzu: Gornig, Äußerungsfreiheit, S. 225 ff.; Bueckling, Satellitenfernsehen, AfP 1982, S. 85 ff.; Verdross/Simma, Universelles Völkerrecht, S. 665 ff.

136 Die Übersetzung bei Kleinwächter/Raaz, Die Organisation der Vereinten Nationen für Erziehung, Wissenschaft und Kultur, S. 398 spricht vom "freien Fluß ... der Information; englischer Text: "free flow ... of information"; französischer Text: "une circulation libre ... de l' information".

137 Zit. nach der deutschen Übersetzung, in: EA 1979, D 192.

Nach Art. 10 Abs. 3 Mediendeklaration 1978 ist es für den freien Informationsaustausch erforderlich, "daß die Staaten es den Massenmedien in den Entwicklungsländern erleichtern, sich angemessene Bedingungen und Mittel zu verschaffen, damit sie stärker werden und sich entfalten und daß sie die Zusammenarbeit dieser Medien sowohl untereinander als auch mit den Massenmedien in den Industriestaaten unterstützen"[138].

Schließlich wird im 4. Absatz von Art. 10 Mediendeklaration 1978 darauf hingewiesen, daß es wesentlich sei, die verschiedenen Kulturen zu achten.

XI. Art. 11 Mediendeklaration 1978

Art. 11 Mediendeklaration 1978 enthält Reste der von der sozialistischen Staatengruppe geforderten Staatsaufsicht über die Medien[139]. Danach "ist es notwendig, unter gebührender Beachtung der Rechts- und Verwaltungsvorschriften[140] und der sonstigen Verpflichtungen der Mitgliedstaaten für günstige Voraussetzungen für die Arbeit der Massenmedien zu sorgen im Einklang mit der Allgemeinen Erklärung der Menschenrechte und den entsprechenden Grundsätzen des 1966 von der Generalversammlung der Vereinten Nationen angenommenen Paktes über bürgerliche und politische Rechte"[141].

---

138 Ebd.

139 Gornig, Äußerungsfreiheit, S. 362.

140 Englischer Text: "legislative and administrative provisions"; französischer Text: "des dispositions législatives et administratives".

141 Zit. nach der deutschen Übersetzung, in: EA 1979, D 192.

D. Rechtsnatur der Mediendeklaration 1978

Fraglich ist, welche Rechtsnatur die Mediendeklaration 1978 hat.

I. Allgemeine Richtlinie i.S.v. Art. 4 Abs. 2 Satz 1 UNESCO-Satzung

Die Mediendeklaration 1978 könnte eine allgemeine Richtlinie i.S.v. Art. 4 Abs. 2 Satz 1 UNESCO-Satzung darstellen. Eine solche liegt immer dann vor, wenn die Generalkonferenz Entscheidungen hinsichtlich der Arbeit der UNESCO trifft[142]. Kennzeichnend für eine allgemeine Richtlinie ist also, daß die UNESCO als Adressat anzusehen ist und nicht die Mitgliedstaaten der UNESCO.

Nach der obigen Definition kann in der Mediendeklaration 1978 keine allgemeine Richtlinie i.S.v. Art. 4 Abs. 2 Satz 1 UNESCO-Satzung gesehen werden, da sich die Mediendeklaration 1978 primär an die Mitgliedstaaten der UNESCO[143] richtet; sekundär wendet sich die Deklaration an Berufsverbände und Personen, die sich an der beruflichen Ausbildung von Journalisten und anderen Vertretern der Massenmedien beteiligen[144], sowie an die Völkergemeinschaft[145]. Dieser Adressatenkreis soll die notwendigen Voraussetzungen schaffen, die es den Massenmedien erlauben, die Ziele der Mediendeklaration 1978 zu realisieren.

Lediglich in Art. 9 Satz 2 UNESCO-Satzung könnte man auf den ersten Blick eine Regelung sehen, die sich an die UNESCO richtet und die deshalb als eine allgemeine Richtlinie i.S.v. Art. 4 Abs. 2 Satz 1 UNESCO-Satzung anzusehen wäre. Art. 9 Satz 1 Mediendeklaration 1978 besagt, daß die Völkergemeinschaft die Aufgabe habe, zur Schaffung der Voraussetzungen für einen freien Austausch und eine

---

142 Kipp, UNESCO, S. 82.

143 Siehe insbesondere Art. 2 Abs. 2 Satz 2, Art. 10 Abs. 1,3,4, Art. 11 Mediendeklaration 1978.

144 Art. 8, 2. Alt. Mediendeklaration 1978.

145 Art. 9 Satz 1 Mediendeklaration 1978.

umfassendere und ausgewogenere Verbreitung von Informationen und der Bedingungen für den Schutz der Journalisten und der anderen Vertreter der Massenmedien bei der Ausübung ihrer Tätigkeit beizutragen. Sodann heißt es im nächsten Satz von Art. 9 Mediendeklaration 1978, daß die UNESCO das geeignete Gremium sei, "um in dieser Hinsicht einen wertvollen Beitrag zu leisten"[146]. In dieser Aussage ist lediglich eine allgemeine Feststellung der satzungsmäßigen Aufgaben und Befugnisse der UNESCO zu sehen. Im Hinblick auf diesen bloßen Feststellungscharakter von Art. 9 Satz 2 Mediendeklaration 1978 handelt es sich nicht um eine allgemeine Richtlinie i.S.v. Art. 4 Abs. 2 Satz 1 UNESCO-Satzung.

II. Empfehlungen i.S.v. Art. 4 Abs. 4 Satz 1 UNESCO-Satzung

Bei der Mediendeklaration 1978 könnte es sich um Empfehlungen i.S.v. Art. 4 Abs. 4 Satz 1 UNESCO-Satzung handeln. Nach dieser Vorschrift kann die UNESCO-Generalkonferenz Empfehlungen annehmen, die an die Mitgliedstaaten zu richten sind. Sie kommen nach Art. 4 Abs. 4 Satz 2, 1. Alt. UNESCO-Satzung durch eine einfache Stimmenmehrheit in der UNESCO-Generalkonferenz zustande. Kennzeichnend für die Empfehlungen ist, daß sie sich an die Mitgliedstaaten der internationalen Organisation richten[147]. Ferner sind die Empfehlungen nur moralischer Natur und rechtlich nicht verpflichtend[148].

Ob die Entschließung einer internationalen Organisation eine Empfehlung darstellt, ist durch Auslegung zu ermitteln. Enthält ein Dokument einer internationalen Organisation im operativen Teil flexible Wendungen, die einem strengen Rechtsbefehl nicht angemessen

---

146 Zit. nach der deutschen Übersetzung, in: EA 1979, D 192.

147 Seidl-Hohenveldern/Loibl, Das Recht der Internationalen Organisationen einschließlich der Supranationalen Gemeinschaften, S. 219 f.

148 So ausdrücklich für die in der UNESCO-Satzung vorgesehenen Empfehlungen, Seidl-Hohenveldern/Loibl, Das Recht der Internationalen Organisationen einschließlich der Supranationalen Gemeinschaften, S. 220.

wären, so handelt es sich um unverbindliche Stellungnahmen mit Empfehlungscharakter[149]. So ist es bei der Mediendeklaration 1978. Es handelt sich bei dieser Entschließung um ein Dokument, das sich nicht selten durch zweideutige Kompromißformulierungen auszeichnet, die fundamentale Meinungsverschiedenheiten lediglich dissimulieren[150].

Nach der Auffassung von Witzmann[151] handelt es sich bei der Mediendeklaration 1978 um einen Beschluß "normativer" Natur, der die Bemühungen der Entwicklungsländer um eine neue Weltkommunikationsordnung und die Bestätigung "gewisser Prinzipien" wie die Notwendigkeit eines ausgewogenen Nachrichtenflusses und die gebührende Berücksichtigung der kulturellen Identität zum Ausdruck bringe.

Kleinwächter/Raaz[152] gehen noch einen Schritt weiter, indem sie davon sprechen, daß in der Mediendeklaration 1978 "grundlegende Normen" enthalten seien, die "für die Tätigkeit der Massenmedien vereinbart" worden seien. Gleichzeitig geben sie zu, daß die Mediendeklaration 1978 "eine Reihe von Widersprüchlichkeiten" aufweise[153].

Gravierende Widersprüchlichkeiten finden sich bereits in Art. 1 Satz 1 Mediendeklaration 1978, wo einerseits von einem freien Austausch von Informationen die Rede ist und andererseits eine umfassendere und ausgewogenere Verbreitung von Informationen als ein wichtiger Beitrag für die Ziele der Mediendeklaration 1978 angesehen wird. In ihrer Stellungnahme zum Programmentwurf der UNESCO für das Biennium 1977/78 ging die Bundesrepublik Deutschland davon aus,

---

149 Tomuschat, Die Charta der wirtschaftlichen Rechte und Pflichten, ZaöRV 1976 (Bd. 36), S. 444, 460.

150 Witzmann, Völkerrechtliche Aspekte der Bemühungen um eine neue Weltinformationsordnung, S. 36; Righter, Noch eine "neue Weltordnung?", EA 1979, S. 211, 216.

151 Witzmann, Völkerrechtliche Aspekte der Bemühungen um eine Weltinformationsordnung, S. 125 f., 136.

152 Kleinwächter/Raaz, Die Organisation der Vereinten Nationen für Erziehung, Wissenschaft und Kultur, S. 61.

153 Ebd., S. 62.

daß die Forderung nach einer freien und zugleich ausgewogenen Information sich gegenseitig aufheben würde[154]. Das Begriffspaar "umfassendere und ausgewogenere" in Art. 1 Satz 1 Mediendeklaration 1978 zeichnet sich wegen der jeweiligen Steigerungsform durch einen Widerspruch aus. Der Komparativ hinsichtlich der in Rede stehenden Adjektive führt zu einer subjektiven Selbstauslegung an die Stelle objektiver Deutung[155].

Neben den Widersprüchlichkeiten sprechen die in der Mediendeklaration 1978 sehr allgemein gehaltenen Formulierungen gegen einen verpflichtenden Charakter der Deklaration. Formulierungen wie "wichtiger" bzw. "wirksamer Beitrag"[156], "wesentlicher Faktor"[157], "es ist wichtig"[158], "tragen bei"[159], "es ist wesentlich"[160], "wichtige Rolle"[161], "kommt es darauf an"[162] lassen deutlich erkennen, daß es der Mediendeklaration 1978 an hinreichenden Konkretisierungen fehlt, die für eine Verpflichtung erforderlich sind. Die Forderung hinsichtlich der Errichtung einer neuen Weltkommunikationsordnung weist mangels einer inhaltlichen Konkretisierung - wie Witzmann[163] zu Recht feststellt - kein klares Konzept auf.

Selbst wenn man anderer Auffassung ist und die Inhalte der Mediendeklaration 1978 als hinreichend konkretisierte Verpflichtungen ansieht, binden sie die Staaten in keiner Weise. Nach Art. 4 Abs. 4 Satz 3 UNESCO-Satzung ist jeder UNESCO-Mitgliedstaat lediglich verpflichtet, eine angenommene Empfehlung innerhalb eines Jahres seinen zuständigen Stellen vorzulegen. Daraus ist im Wege des Um-

---

154 Petzsch, Die Bundesrepublik Deutschland in der UNESCO, S. 20.

155 Gornig, Äußerungsfreiheit, S. 363/364; Bueckling, Satellitenfernsehen, AfP 1982, S. 85, 88.

156 Art. 1 Satz 1, Art. 3 Abs. 1, Art. 7 Mediendeklaration 1978.

157 Art. 2 Abs. 1 Mediendeklaration 1978.

158 Art. 2 Abs. 2 Satz 2, Art. 10 Abs. 2 Mediendeklaration 1978.

159 Art. 2 Abs. 3, Art. 3 Abs. 2 Mediendeklaration 1978.

160 Art. 2 Abs. 4, Art. 10 Abs. 4 Mediendeklaration 1978.

161 Art. 4 Mediendeklaration 1978.

162 Art. 5 Mediendeklaration 1978.

163 Witzmann, Völkerrechtliche Aspekte der Bemühungen um eine neue Weltinformationsordnung, S. 37.

kehrschlusses zu folgern, daß Empfehlungen - abgesehen von der o.g. Vorlagepflicht - keine weiteren Verpflichtungen gegenüber den UNESCO-Mitgliedstaaten begründen[164]. Allerdings ist mit der Vorlagepflicht die weitere Verpflichtung der Regierungen der Mitgliedstaaten der UNESCO verbunden, alles nur eben Mögliche zu tun, um die zuständigen nationalen Körperschaften und Organe zur Annahme oder Durchführung der Empfehlungen zu bewegen[165]. Da Art. 4 Abs. 4 UNESCO-Satzung aber nur von Empfehlungen und nicht von bindenden Beschlüssen spricht, ist davon auszugehen, daß der einzelne Mitgliedstaat das Recht haben soll, erwägen zu können, ob er die Empfehlungen durchführen möchte oder nicht[166].

III. Ergebnis

Aus den obigen Ausführungen folgt, daß die Mediendeklaration 1978 eine - rechtlich unverbindliche - Empfehlung i.S.v. Art. 4 Abs. 4 Satz 1 UNESCO-Satzung ist und daß es folglich zu einer rechtlichen Nachprüfung des Verhaltens der Teilnehmerstaaten nicht kommen wird[167]. Dies ergibt sich nicht zuletzt auch aus dem Umstand, daß die Mediendeklaration 1978 im Hinblick auf die allgemeinen und widersprüchlichen Formulierungen - s.o. - einer juristischen Subsumtion nicht bzw. nur schwer zugänglich ist[168] [169].

---

164 Kipp, UNESCO, S. 48.

165 Ebd., S. 49.

166 Kipp, UNESCO, S. 49; Seidl-Hohenveldern/Loibl, Das Recht der Internationalen Organisationen einschließlich der Supranationalen Gemeinschaften, S. 220 u. 222.

167 Gornig, Äußerungsfreiheit, S. 363.

168 Ebd.

169 Ist man allerdings der Auffassung, daß die Mediendeklaration 1978 nicht in den Anwendungsbereich von Art. 4 Abs. 4 Satz 1 UNESCO-Satzung fällt (hierzu neigt die Praxis), besteht hinsichtlich der Mediendeklaration 1978 weder eine Vorlagepflicht an die zuständigen innerstaatlichen Stellen noch eine Berichtspflicht nach Art. 8 UNESCO-Satzung.

E. Die Bewertung der Mediendeklaration 1978 durch die UNESCO-Mitgliedstaaten

I. Die Mitgliedstaaten einer staatsfreien Medienordnung

Die Bundesregierung der Bundesrepublik Deutschland betrachtete den Verlauf der 20. Generalkonferenz der UNESCO als einen Erfolg[170]. Das Grundrecht der Meinungs-, Äußerungs- und Informationsfreiheit habe in der Mediendeklaration 1978 einen 'gebührenden Platz' gefunden[171]. Von den freiheitlichen Staaten wird hervorgehoben, daß eine Verankerung staatlicher Kontrollpflichten oder eine staatliche Verantwortung für den Inhalt von Informationen der Massenmedien abgewendet werden konnte[172] und daß damit keinem Staat eine Handhabe gegeben worden sei, gegen Journalisten vorzugehen, die Unerwünschtes berichteten[173].

II. Die sozialistischen Mitgliedstaaten

In der DDR wurde die Mediendeklaration 1978 im Sinne einer Einschränkung des Prinzips vom "free flow of information" interpretiert[174]. Dies ergäbe sich aus dem Umstand, daß die Massenmedien bei ihren Aktivitäten sowohl innerstaatliche als auch internationale Normen zu berücksichtigen hätten[175]. Somit ist zu konstatieren, daß die DDR eine Staatsverantwortung hinsichtlich der Massenmedien in

---

170 Petzsch, Die Bundesrepublik Deutschland in der UNESCO, S. 22.

171 Gornig, Äußerungsfreiheit, S. 362.

172 Ebd., Hajnal, Guide to UNESCO, S. 245 f.; Weyl, Anmerkungen zur Medienpolitik der UNESCO, S. 420.

173 Ebd.

174 Kleinwächter/Raaz, Die Organisation der Vereinten Nationen für Erziehung, Wissenschaft und Kultur, S. 61.

175 Ebd.

die Mediendeklaration 1978 hineininterpretierte[176]. Nach der Auffassung des DDR-Medienexperten Kleinwächter sollen Informationen die Grenzen nur mit Billigung der Regierungen der Empfängerländer passieren dürfen[177]. Da diese Ansicht von Kleinwächter von einem Institut publiziert wurde, das eng mit dem SED-Zentralkomitee zusammenarbeitete, darf man Kleinwächters Darlegungen im wesentlichen als identisch mit der offiziellen Beurteilung der Mediendeklaration 1978 durch die DDR betrachten[178].

Der sowjetischen Delegation gelang in letzter Minute die Inkorporierung des Internationalen Paktes über bürgerliche und politische Rechte[179] in Art. 11 Mediendeklaration 1978[180]. Art. 19 Abs. 3 Satz 1 des Internationalen Paktes über bürgerliche und politische Rechte verlangt, daß die Ausübung der in Art. 19 Abs. 2 des o.g. Paktes genannten Kommunikationsfreiheiten "mit besonderen Pflichten und einer besonderen Verantwortung verbunden" ist. Die Inkorporation des o.g. Paktes in Art. 11 Mediendeklaration 1978 veranlaßte die sowjetische Delegation zu der Aussage, "daß vielleicht zum ersten Mal in der Geschichte ein maßgebendes internationales Dokument die Notwendigkeit einer Verbindung zwischen Informationsfreiheit und der Verantwortung der Massenmedien bestätigt"[181].

III. Die Mitgliedstaaten der sog. Dritten Welt

Auch die Staaten der sog. Dritten Welt sehen ihre Standpunkte durch die Mediendeklaration 1978 als bestätigt an. Auf diese Staatengruppe gehen die Forderungen nach einer neuen, gerechten und leistungsfähigeren Weltinformations- und -kommunikationsordnung

---

176 Gornig, Äußerungsfreiheit, S. 362; Weyl, Anmerkungen zur Medienpolitik der UNESCO, S. 421.

177 Fundstelle: Weyl, Anmerkungen zur Medienpolitik der UNESCO, S. 421.

178 Weyl, Anmerkungen zur Medienpolitik der UNESCO, S. 421 Fn. 28.

179 Text: Sartorius II, Ordnungsnummer 20.

180 Righter, Noch eine "neue Weltordnung"?, EA 1979, S. 211, 216.

181 Zit. nach Righter, Noch eine "neue Weltordnung?", EA 1979, S. 211, 216.

sowie die Notwendigkeit der Achtung der kulturellen Identität zurück[182]. Für die Verbesserung der Kommunikationsstrukturen in den Entwicklungsländern haben die Industriestaaten die Bereitstellung beträchtlicher Geldsummen versprochen[183].

IV. Ergebnis

Die obigen Ausführungen machen deutlich, daß die Mediendeklaration 1978 von den UNESCO-Mitgliedstaaten höchst unterschiedlich bewertet wird. Die westliche Staatenwelt sieht es als einen großen Erfolg an, daß eine Staatenverantwortlichkeit hinsichtlich der Massenmedien verhindert werden konnte und daß den Journalisten die besten Arbeitsbedingungen garantiert wurden.

Demgegenüber betonten die sozialistischen Staaten eine angebliche Verankerung einer Verantwortlichkeit der Staaten für die Massenmedien. Damit ist festzustellen, daß diejenigen Staaten, die einem freien Informationsfluß ablehnend gegenüberstehen, in der Mediendeklaration 1978 eine Rechtfertigung für die Einschränkung der Kommunikationsfreiheiten sehen können[184].

---

182 Righter, Noch eine "neue Weltordnung?", EA 1979, S. 211, 216; Weyl, Anmerkungen zur Medienpolitik der UNESCO, S. 420.

183 Righter, Noch eine "neue Weltordnung?", EA 1979, S. 211, 216.

184 Gornig, Äußerungsfreiheit, S. 363.

3. Abschnitt: Bindungswirkung von Empfehlungen internationaler Organisationen

Oben wurde dargelegt, daß die Mediendeklaration 1978 aus der Sicht des Völkerrechts als eine Empfehlung zu qualifizieren ist. Ferner wurde bereits ausgeführt, daß die Mediendeklaration 1978 nach der hier vertretenen Auffassung rechtlich unverbindlich ist. Es ist allerdings zu konstatieren, daß die völkerrechtliche Relevanz der Empfehlungen internationaler Organisationen - trotz ihrer Unverbindlichkeit - höchst unterschiedlich eingestuft wird. Dieser Befund ist für die Verzahnung der Mediendeklaration 1978 mit der Ordnung des Grundgesetzes von entscheidender Bedeutung.

A. Allgemeines

Aus der Sicht des Völkerrechts versteht man unter dem Begriff "Empfehlungen" ganz allgemein einseitige Entscheidungen (Beschlüsse) internationaler Organisationen, die normativ formuliert sind und die nicht nur für das Innenverhältnis der Organisation bestimmt sind[1]. Wesentlich ist, daß es sich um eine Entschließung handelt, die dem Adressatenkreis ein mehr oder weniger bestimmtes Handeln förmlich und unmittelbar nahelegen möchte[2]. Keine Empfehlungen sind mit anderen Worten Entschließungen, die bloße Werturteile zum Gegenstand haben[3]. Dies ist in der Regel dann der Fall, wenn ein Verhalten mißbilligt oder begrüßt wird bzw. Hoffnungen und Wünsche zum Ausdruck gebracht werden[4].

---

1 Kunig, Deutsches Verwaltungshandeln und Empfehlungen internationaler Organisationen, S. 532; zu den Begriffen Resolution, Erklärung, Beschluß siehe: Lagoni/Núñez-Müller, Handbuch Vereinte Nationen, S. 693 ff.

2 Dahm, Die völkerrechtliche Verbindlichkeit von Empfehlungen internationaler Organisationen, DÖV 1959, S. 361.

3 Ebd.

4 Ebd.

Empfehlungen, die die Kompetenzen der internationalen Organisation überschreiten oder in den ausschließlichen Zuständigkeitsbereich der Mitgliedstaaten eingreifen, sind nichtig[5] und damit unbeachtlich[6]. Dies gilt auch für den innerstaatlichen Bereich[7]. Die Regel, daß ultra vires Akte und sonstige satzungswidrige Akte nichtig sind, wird durch eine weitgehende Vermutung zugunsten der Rechtmäßigkeit des sekundären Rechts abgemildert[8]. Diese Vermutungsregel wird man hinsichtlich der Empfehlungen internationaler Organisationen entsprechend anzuwenden haben. Demnach ist davon auszugehen, daß die Vermutung dafür spricht, daß die Empfehlungen internationaler Organisationen satzungsgemäß sind. Dies gilt insbesondere dann, wenn eine Empfehlung von allen Mitgliedstaaten der internationalen Organisation angenommen wird. Dies ist hinsichtlich der Mediendeklaration 1978 der Fall. Sie wurde am 22. November 1978 von der UNESCO-Generalversammlung durch Akklamation angenommen[9]. Eine Aussprache fand nicht statt[10]. Aufgrund dieser Umstände ist davon auszugehen, daß die Vermutung dafür spricht, daß sich die Mediendeklaration 1978 im Rahmen der Satzung der UNESCO bewegt. In der Staatenpraxis wurde bisher, soweit ersichtlich ist, nicht behauptet, daß die Mediendeklaration 1978 gegen die Satzung der UNESCO verstößt. Mithin ist die Mediendeklaration 1978 nicht wegen Überschreitung der satzungsmäßigen Kompetenzen als nichtig anzusehen. Inwieweit die Mediendeklaration 1978 als Empfehlung einer internationalen Organisation Bindungswirkung hat, wird unterschiedlich beurteilt.

---

5 Seidl-Hohenveldern/Loibl, Das Recht der Internationalen Organisationen einschließlich der Supranationalen Gemeinschaften, S. 206.

6 Kunig, Deutsches Verwaltungshandeln und Empfehlungen internationaler Organisationen, S. 532.

7 Kraus, Der deutsche Richter und das Völkerrecht, S. 233.

8 Seidl-Hohenveldern/Loibl, Das Recht der Internationalen Organisationen einschließlich der Supranationalen Gemeinschaften, S. 233.

9 Witzmann, Völkerrechtliche Aspekte der Bemühungen um eine Weltinformationsordnung, S. 34.

10 Ebd.

B. Lehre von der Annäherung der Empfehlungen an die Konventionen

Nach der Auffassung des UNESCO-Rechtsberaters Saba[11] sind Empfehlungen der UNESCO Instrumente des Internationalen Rechts, die sich den Konventionen der UNESCO angenähert hätten[12]. Beide Instrumente seien hinsichtlich der Ausarbeitung und der Annahme durch die UNESCO der gleichen Prozedur unterworfen[13]. Ferner würden in beiden Fällen den Mitgliedstaaten eine gewisse Anzahl von Pflichten auferlegt[14]. Der Umstand, daß hinsichtlich der Empfehlung - im Gegensatz zur Konvention - keine Ratifikation erforderlich sei, führe dazu, daß die Empfehlung eine internationale Norm mit moralischem Geltungsanspruch sei[15].

Die oben dargelegte Ansicht führt zu einer Verwischung der Unterscheidung zwischen Konventionen und Empfehlungen[16]. Letztere sind nach Art. 4 Abs. 4 Satz 1, 1. Alt. UNESCO-Satzung an die Mitgliedstaaten zu richten. Konventionen bedürfen demgegenüber nach Art. 4 Abs. 4 Satz 1, 2. Alt. UNESCO-Satzung einer Genehmigung durch die Mitgliedstaaten.

C. Theorie von der sozial-juristischen "force d'applicabilité"

Nach der Meinung von Vellas[17] haben die Empfehlungen der Sonderorganisationen der Vereinten Nationen eine erhebliche sozial-juristi-

---

11 Saba, L'Activité Quasi-Législative des Institutions Spécialisées des Nations Unies, Recueil des Cours de l'Académie de Droit International 1964 I, S. 615, 661.

12 Ebd.

13 Ebd.

14 Ebd.

15 Ebd., S. 662.

16 So zu Recht: Tunkin, Völkerrechtstheorie, S. 210 f.

17 Vellas, Droit International Public. Institutions Internationales, S. 214.

sche "force d'applicabilité". Dem ist entgegenzuhalten, daß die faktische Befolgung von Empfehlungen erst dann eine normative Wirkung erzeugen kann, wenn die Überzeugung vorhanden ist, daß eine Pflicht zur Befolgung einer Regel vorhanden ist[18]. Unter dieser Prämisse kann der Mediendeklaration 1978 keine rechtliche Bindungswirkung beigemessen werden. Sie war - wie ausgeführt - stets sehr umstritten und sie ist - wie ebenfalls schon dargelegt wurde - höchst ambivalent formuliert. Da die USA zum 31.12.1984 den Austritt aus der UNESCO erklärten, kann nicht die Rede davon sein, daß die Mediendeklaration 1978 weltweite Beachtung gefunden hat. Dies gilt um so mehr, als die Vereinigten Staaten von Amerika ihre Austrittsentscheidung damit begründeten, daß die UNESCO gegenüber den privaten Institutionen in freien Gesellschaften eine feindselige Haltung eingenommen habe[19]. Schließlich gab die UNESCO im November 1989 die in der Mediendeklaration 1978 enthaltene Forderung nach Schaffung einer neuen Weltinformationsordnung auf[20]. Gleichwohl arbeitet die UNESCO nach wie vor auf eine Veränderung der internationalen Kommunikationsstrukturen hin.

D. Theorie von der faktischen Wirksamkeit

Nach der Auffassung von Tunkin[21] haben die Empfehlungen internationaler Organisationen eine faktische Wirksamkeit, nicht aber eine Rechtsverbindlichkeit. Jeder Staat könne selbst entscheiden, ob er entsprechend der Empfehlung einer internationalen Organisation handeln wolle oder nicht[22]. Gleichwohl sei davon auszugehen, daß normative Empfehlungen der internationalen Sonderorganisationen "eine immer größere Rolle" spielten[23]. Auf der Basis der o.g. Auffas-

18 Seidl-Hohenveldern, Völkerrecht, S. 122.

19 Hüfner, UNESCO, in: Handbuch Vereinte Nationen, S. 917.

20 Modoux, Neuorientierung der UNESCO in Medienfragen, SZ v. 16.11.1992, S. 11.

21 Tunkin, Völkerrechtstheorie, S. 211.

22 Ebd.

23 Ebd., S. 212.

sung ist davon auszugehen, daß die Mediendeklaration 1978 normative Aussagen enthält, die ihre Effektivität dadurch zeitigen, daß sie befolgt werden. Wie bereits ausgeführt wurde, enthält die Mediendeklaration 1978 die Forderung nach Schaffung einer neuen Weltkommunikationsordnung[24]. Die westlichen Staaten haben anläßlich der Beratungen über die Mediendeklaration 1978 beträchtliche Geldsummen zugesagt, die den Entwicklungsländern den Auf- bzw. Ausbau ihrer Medienordnung ermöglichen sollen[25]. Tatsächlich führte die Verabschiedung der Mediendeklaration 1978 dazu, daß eine Reihe von Aktivitäten ins UNESCO-Programm aufgenommen wurden, die den Beitrag der Medien zur Vertiefung der internationalen Verständigung und Erweiterung des wechselseitigen Wissens zum Thema haben[26]. Nach der Annahme der Mediendeklaration 1978 konzentrierte sich die UNESCO-Tätigkeit im Bereich der Kommunikation auf die Schaffung eines gleichberechtigten Dialogs zwischen den Entwicklungsländern und den Industriestaaten[27]. Zur Verbesserung der Kommunikationssysteme wurden außerordentliche Finanzierungsmöglichkeiten eröffnet[28]. All dies belegt, daß die Mediendeklaration 1978 zumindest teilweise befolgt wurde.

E. Theorie des "New Haven Approach"

Auf die tatsächliche Befolgung des Rechts stellt auch die amerikanische Rechtsschule des "New Haven Approach"[29] ab. Nach der Theorie des "New Haven Approach" ist das Recht nur ein effektiver und auto-

---

24 Kleinwächter/Raaz, Die Organisation der Vereinten Nationen für Erziehung, Wissenschaft und Kultur, S. 62.

25 Righter, Noch eine "neue Weltordnung"?, EA 1979, S. 211, 216.

26 UNESCO-Dokument 25 C/4, Dritter Mittelfristiger Plan der UNESCO (1990-1995), S. 66.

27 Ebd.

28 Ebd.

29 Diese Lehre wird ausführlich behandelt von Myres McDougal, Harold D. Laswell u. C. Miller, in: The Interpretation of Agreements and World Public Order, S. 3 ff..

ritativer Entscheidungsprozeß (process of authoritative and controlling decisions)[30]. Der autoritative Entscheidungsprozeß werde durch ständige Ansprüche der Teilnehmer, auf welche mit Entscheidungen reagiert werde, in Gang gehalten (process of claims and decisions)[31]. Rechtsetzung (prescription) wird als die Festlegung autoritativer allgemeiner Verhaltensregelungen angesehen, die effektiv sind[32]. Teilnehmer des Entscheidungsprozesses im Sinne der Lehre vom "New Haven Approach" sind die Völkerrechtssubjekte (Staaten und internationale Organisationen)[33]. Auch die politischen Parteien und Interessengruppen werden als Akteure des Entscheidungsprozesses angesehen[34]. Eine Forderung des "New Haven Approach" besteht darin, die rechtspolitischen Motive und Präferenzen offenzulegen, die einer Entscheidungsfindung zugrundelägen[35].

Die oben dargelegte Auffassung von Tunkin und die Lehre von "New Haven Approach" überzeugen nicht. Beide Lehrmeinungen führen zu einer Verwischung der Grenzen des Rechts und des Nichtrechts. Gegen die Theorie des "New Haven Approach" spricht ganz entscheidend, daß das Recht mit der Macht praktisch gleichgesetzt wird. Die Aufgabe des Rechts besteht aber auch und gerade darin, den Mißbrauch der Macht zu verhindern bzw. den Mißbrauch der Macht zu sanktionieren. Ferner ist zu konstatieren, daß die Lehre vom "New Haven Approach" einen Bruch mit dem Konzept der traditionellen Gewaltenteilung zur Folge hat[36]. Das Prinzip der Gewaltenteilung ist - zumindest im innerstaatlichen Bereich - zum Schutze des Staates vor Mißbrauch seiner Gewalt und zum Schutze des Volkes vor dem Mißbrauch der Staatsgewalt ein unabdingbares Organisationsprinzip[37].

---

30 Schreuer, New Haven Approach und Völkerrecht, S. 68.

31 Ebd., S. 69.

32 Ebd., S. 70.

33 Ebd., S. 77.

34 Ebd.

35 Ebd., S. 73.

36 Ebd., S. 69.

37 Herzog, Allgemeine Staatslehre, S. 235.

F. Lehre von der zusätzlichen Willensbekundung

Nach der Meinung von Schulz/Hugler[38] sind Empfehlungen internationaler Sonderorganisationen grundsätzlich rechtlich unverbindlich. Eine Umwandlung einer Empfehlung in eine rechtlich verbindliche Norm könne durch eine zusätzliche schriftliche Willensbekundung der Mitglieder der internationalen Organisation erfolgen[39]. Ein solcher Beschluß ist hinsichtlich der Mediendeklaration 1978 nicht ergangen. Folglich ist auf der Grundlage der o.g. Auffassung von einer Unverbindlichkeit der Mediendeklaration 1978 auszugehen.

Hinsichtlich der Auffassung von Schulz/Hugler ist kritisch anzumerken, daß die normativen Inhalte der Empfehlung einer internationalen Organisation durch eine ständige Befolgung in der Staatenpraxis zu Völkergewohnheitsrecht erstarken können, ohne daß es dafür einer entsprechenden schriftlichen Willensbekundung bedarf.

G. Die Auffassung von Dahm

Dahm[40] sieht in einfachen Empfehlungen internationaler Organisationen unverbindliche Handlungsanweisungen. Hinsichtlich der Empfehlungen der UNESCO bestehe die Besonderheit, daß Art. 4 Abs. 4 Satz 3 UNESCO-Satzung eine Vorlagepflicht an die innerstaatlichen Stellen der Mitgliedstaaten statuiere[41]. Zugleich verbinde sich mit der Vorlagepflicht eine Mitteilungspflicht der Mitgliedstaaten gegenüber der UNESCO[42]. Die Regierung sei gehalten, die gesetzgebenden Körperschaften mit den Empfehlungen der UNESCO zu befassen. Allerdings bestehe für die Regierung keine Verpflich-

---

38 Schulz/Hugler, Die Rechtsquellen des Völkerrechts - Völkerrechtlicher Vertrag und Völkergewohnheitsrecht, S. 212.

39 Ebd.

40 Dahm, Die völkerrechtliche Verbindlichkeit von Empfehlungen internationaler Organisationen, DÖV 1959, 361 ff.

41 Ebd., S. 363.

42 Ebd.

tung, sich die Empfehlungen zu eigen zu machen bzw. sie den zuständigen Körperschaften ihrerseits zu empfehlen[43]. Danach ist die Bundesrepublik Deutschland in keiner Weise verpflichtet worden, den Inhalt der Mediendeklaration 1978 innerstaatlich umzusetzen.

Der Auffassung von Dahm ist entgegenzuhalten, daß zumindest die Staatenpraxis davon ausgeht, daß die UNESCO Empfehlungen verabschieden könne, die nicht in dem Anwendungsbereich von Art. 4 Abs. 4 Satz 3 UNSECO-Satzung anzusiedeln seien. Hinsichtlich der UNESCO-Empfehlungen, die sich im Vorfeld von Art. 4 Abs. 4 Satz 3 UNESCO-Satzung befinden, besteht folglich weder eine Vorlage- noch eine Mitteilungspflicht der Mitgliedstaaten[44].

H. Lehre von der Kodifizierung und Weiterbildung des Völkerrechts

Nach einer weit verbreiteten Auffassung im Schrifttum[45] liegt die besondere Bedeutung der Empfehlungen internationaler Organisationen darin, daß sie zu einer Kodifizierung und Weiterbildung des Völkerrechts beitrügen. Der normative Gehalt einer Deklaration könne entweder in das Völkervertragsrecht oder in das Völkergewohnheitsrecht eingehen oder aber durch einen unmittelbaren Konsens als ein Bestandteil der allgemeinen Rechtsgrundsätze Anerkennung finden[46]. Könne eine solche Entwicklung nicht festgestellt werden, seien

---

43 Ebd.

44 Diese Auffassung wird in der Praxis hinsichtlich der Mediendeklaration 1978 vertreten.

45 Frowein, Der Beitrag der internationalen Organisationen zur Entwicklung des Völkerrechts, ZaöRV 1976, S. 147, 150; Steinberger, Bemühungen zur Kodifizierung und Weiterbildung des Völkerrechts im Rahmen der Organisation der Vereinten Nationen ZaöRV 1968, S. 617, 642; Schreuer, Die Beschlüsse Internationaler Organisationen, Österreichisches Handbuch des Völkerrechts, Bd. 1, S. 95; Verdross/Simma, Universelles Völkerrecht, S. 412.

46 Verdross/Simma, Universelles Völkerrecht, S. 412.

Deklarationen rechtlich nicht verbindlich[47]. Die Bedeutung der Deklarationen liege vielmehr im politischen Bereich, wo sie eine erhebliche moralische Autorität entfalten könnten[48]. Ferner seien die Empfehlungen internationaler Organisationen eine wichtige Argumentationshilfe in juristischen und politischen Auseinandersetzungen[49]. Der Internationale Gerichtshof und selbst nationale Gerichte würden ihre Entscheidungen auf Empfehlungen internationaler Organisationen stützen[50] [51].

Auf dem Fundament der oben dargelegten Auffassung ist festzustellen, daß die Mediendeklaration 1978 zwar normative Aussagen enthält. Jedoch kann nicht konstatiert werden, daß die Deklaration einen Beitrag zur Kodifizierung oder Weiterbildung des Völkerrechts geleistet hat. Vielmehr ist es so, daß die in der Mediendeklaration 1978 enthaltene Hauptforderung nach Schaffung einer neuen Weltkommunikationsordnung von der UNESCO im Jahre 1989 aufgegeben wurde[52]. Allenfalls kann man sagen, daß die Mediendeklaration 1978 mittelbar dazu beigetragen hat, daß die UNESCO nach wie vor an dem Ziel arbeitet, die internationalen Kommunikationsstrukturen zu verändern.

---

47 Kunig, Deutsches Verwaltungshandeln und Empfehlungen internationaler Organisationen, S. 530.

48 Schweitzer, Staatsrecht III, S. 79.

49 Schreuer, Die Beschlüsse Internationaler Organisationen, Österreichisches Handbuch des Völkerrechts, S. 95.

50 Ebd.

51 Den Deklarationen, die von der Generalversammlung der Vereinten Nationen mit überwältigender Mehrheit oder einstimmig angenommen wurden, mißt der Internationale Gerichtshof neuerdings eine quasi-legislative Bedeutung bei (ICJ Reports 1986, S. 14 ff. siehe auch die Kritik an dieser Rechtsprechung bei: Wolfrum, Gewohnheitsrecht und Stimmverhalten, VN 1986, S. 93). Dies ist hinsichtlich der UNESCO-Mediendeklaration 1978 schon deshalb nicht möglich, da sie von Anfang an höchst umstritten war. In der Folgezeit kam es sogar zum Austritt der USA und Großbritanniens aus der UNESCO, da diese mit der Kommunikationspolitik nicht einverstanden waren, Hüfner, UNESCO, Handbuch Vereinte Nationen, S. 917.

52 Modoux, Neuorientierung der UNESCO in Medienfragen, Süddeutsche Zeitung v. 15.11.1992, S. 11.

K. "Soft law"

Es fragt sich, ob Empfehlungen internationaler Organisationen als "soft law" angesehen werden können. Hierunter versteht man im Entstehen begriffene Verhaltensmuster, die keiner Rechtsquelle zuzuordnen sind[53]. Die Verhaltensregeln wollen den Adressaten - jedenfalls zunächst - "nur" moralisch verpflichten[54]. Im Hinblick auf die fehlende rechtliche Bindungswirkung wird eingewandt, daß die Bezeichnung "law" als mißverständlich anzusehen sei[55]. Dem ist bei isolierter Betrachtung des Begriffs "law" durchaus zuzustimmen. Durch das Begriffspaar "soft law" wird allerdings hinreichend deutlich zum Ausdruck gebracht, daß es sich um normative Aussagen handelt, die zu verbindlichem Völkerrecht erstarken können[56]. Für das "soft law" ist kennzeichnend, daß dessen Grundsätze - im Gegensatz zu bloßen Akten der Politik oder Moral - Wirkungen entfalten bzw. eine gewisse Rechtsnähe aufweisen können[57]. Gleichwohl ist zu konstatieren, daß die Normen des "soft law" nicht in rechtlicher Geltung stehen[58].

Der besondere Vorteil des "soft law" liegt darin, daß sich die Völkerrechtssubjekte über den Inhalt bestimmter Verhaltensweisen in der Regel eher einigen können, wenn sie zunächst rechtlich unverbindlich sind[59]. Bewähren sich die Verhaltensregeln des "soft law" im internationalen Verkehr, können sie aufgrund ihrer Akzeptanz zu Normen

---

53 Ipsen, (Bearbeiter: Heintschel von Heinegg), Völkerrecht, S. 221.

54 Seidl-Hohenveldern, Völkerrecht, S. 124.

55 Ipsen, (Bearbeiter: Heintschel von Heinegg), Völkerrecht, S. 221.

56 Geiger, Grundgesetz und Völkerrecht, S. 86.

57 Thürer, "Soft law" - eine neue Form von Völkerrecht?, Zeitschrift für Schweizerisches Recht 1985, S. 429, 434.

58 Ebd.

59 So zu Recht Ipsen, (Bearbeiter: Heintschel von Heinegg), Völkerrecht, S. 221; Tammes, Soft Law, S. 187.; Dieckert, Die Bedeutung unverbindlicher Entschließungen internationaler Organisationen für das innerstaatliche Recht der Bundesrepublik Deutschland, S. 16.

des "harten Rechts" werden[60] [61].

Auf der Grundlage der obigen Ausführungen ist die Mediendeklaration 1978 als "soft law" zu qualifizieren. Sie wurde von den Mitgliedstaaten der UNESCO einstimmig durch Akklamation am 22. November 1978 angenommen[62]. Zu diesem Zeitpunkt hatten die USA und Großbritannien ihre Mitgliedschaft in der UNESCO noch nicht aufgegeben[63]. Die USA erklärten Ende 1983 mit Wirkung zum Ablauf des Jahres 1984 ihren Austritt aus der UNESCO[64]. Sie begründeten ihre Entscheidung damit, daß die UNESCO fast alle von ihr behandelten Themen außerordentlich stark politisiert habe und daß die Organisation - insbesondere im Kommunikationsbereich - eine feindselige Haltung gegenüber privaten Institutionen von freien Gesellschaften eingenommen habe[65]. Ein Jahr später erklärte das Vereinigte Königreich mit sehr ähnlichen Argumenten wie die USA seinen Austritt aus der UNESCO mit Ablauf des Jahres 1985[66].

Auf dem Hintergrund der o.g. Folgewirkungen der hier in Rede stehenden Kommunikationspolitik der UNESCO, deren Grundlagen durch die Mediendeklaration 1978 geschaffen wurden, ist für die rechtliche Bewertung dieser Deklaration folgendes festzustellen: Die Mediendeklaration 1978 verankerte Verhaltensmuster, die zunächst einstimmig angenommen wurden und die deshalb als "soft law" zu qualifizieren sind. In der Folgezeit erstarkten die normativen Aussagen der Mediendeklaration 1978 nicht zu "hartem Recht". Vielmehr legten sie einen Grund dafür, daß zwei wichtige Mitgliedstaaten aus der UNESCO austraten. Im Hinblick auf den Austritt der Weltmacht

---

60 Ipsen, (Bearbeiter: Heintschel von Heinegg), Völkerrecht, S. 221; zurückhaltend: Heusel, "Weiches" Völkerrecht, S. 315.

61 Zur Autorität völkerrechtlich nicht verbindlicher Beschlüsse internationaler Institutionen siehe Miehsler, Zur Autorität von Beschlüssen internationaler Institutionen, S. 35, 44 ff. sowie Schreuer, Die Behandlung internationaler Organakte durch staatliche Gerichte, S. 143 ff.

62 Witzmann, Völkerrechtliche Aspekte der Bemühungen um eine neue Weltinformationsordnung, S. 34.

63 Hüfner, UNESCO, Handbuch Vereinte Nationen, S. 917.

64 Ebd.

65 Ebd.

66 Ebd.

USA ist sogar zu konstatieren, daß die UNESCO nicht mehr den Anspruch erheben kann, weltweit ihre satzungsmäßigen Ziele vertreten und durchsetzen zu können.

Schließlich ist festzustellen, daß die UNESCO selbst die in der Mediendeklaration 1978 angestrebte neue Weltinformationsordnung nicht mehr realisieren will[67]. Aufgrund dieser Umstände kann die Mediendeklaration 1978 als obsoletes "soft law" bezeichnet werden[68]. Völlig bedeutungslos ist die Mediendeklaration 1978 allerdings keineswegs, da die UNESCO weiterhin an dem Ziel der Veränderung der internationalen Kommunikationsstrukturen festhält. Es bleibt abzuwarten, inwieweit die Ziele der Mediendeklaration 1978 dabei eine Rolle spielen werden.

L. Stellungnahme

Zustimmung verdient die Auffassung, die Empfehlungen internationaler Organisationen als "soft law" ansieht. Dieses Begriffspaar macht zum einen deutlich, daß es sich bei Empfehlungen nicht um verbindliches Recht, sondern um normative Aussagen handelt, die sich im Stadium der Rechtswerdung befinden. Zum anderen erleichtert das "soft law" die Ausarbeitung von Verhaltensregeln für den internationalen Verkehr der Völkerrechtssubjekte. Diese sind eher bereit, bestimmten Regelungen zuzustimmen, wenn ihre Nichtbefolgung nicht als ein Rechtsverstoß angesehen werden kann. Dem kann nicht entgegengehalten werden, daß die Ausarbeitung von Verhaltensregeln folgenlos ist, wenn sie nicht in die Formen des Rechts

---

67 Modoux, Neuorientierung der UNESCO in Medienfragen, Süddeutsche Zeitung v. 16.11.1992, S. 11.

68 Das Beispiel der Mediendeklaration 1978 beweist, daß sich das "soft law" durch ein besonders hohes Maß an Flexibilität auszeichnet. Gerade dadurch erreicht das "soft law" einen höheren Grad des Konsensualprinzips als das bei festgeschriebenen Normen der Fall ist, so zu Recht: Zieger, Der Verfassungsstaat im Geflecht der internationalen Beziehungen (Aussprache), VVDStRL , 36. Bd., S. 141.

gegossen werden. Dies zeigt die Parallele zu den völkerrechtlichen Regeln der Courtoisie sehr deutlich. Darunter versteht man Konventionalregeln und Normen der Verkehrssitte, die die Völkerrechtssubjekte im Verkehr miteinander aus dem Gefühl der gegenseitigen Achtung und mit dem Willen der Rücksichtnahme aufeinander befolgen[69]. Das Wesen der Courtoisie besteht darin, daß sie nicht aus der Überzeugung vom Bestehen einer rechtlichen Verpflichtung, sondern aus freiem Willen geübt wird[70]. Die Regeln der Courtoisie sind mithin keine Rechtsnormen[71]. Insbesondere handelt es sich nicht um Völkergewohnheitsrecht, da die Regeln der Courtoisie befolgt werden, obwohl eine sie begleitende opinio necessitas fehlt[72]. Die Nichtbefolgung der Regeln der Courtoisie ist folglich keine Völkerrechtsverletzung[73]. Gleichwohl werden sie im allgemeinen befolgt[74].

Werden Verhaltensregeln in die Formen des Völkerrechts gegossen, ist damit noch nicht gesagt, daß sie auch tatsächlich befolgt werden. Vielmehr ist es so, daß die Normen des Völkerrechts nicht selten verletzt werden[75]. Im allgemeinen stehen keine bzw. nur unzureichende Instrumentarien zur Verfügung, die die zwangsweise Durchsetzung des Völkerrechts ermöglichen[76].

Aus alledem folgt, daß der Grad der Befolgung von "soft law" einerseits und "hartem" Recht andererseits faktisch keine großen Unterschiede aufweisen kann.

Da das "soft law" im Hinblick auf den fehlenden Befolgungszwang die Völkerrechtssubjekte im Vergleich zu dem verpflichtenden Völkerrecht rascher zu einer Einigung gelangen läßt, kann das "soft law" einen wichtigen Beitrag für die Weiterentwicklung des Völkerrechts

---

69 Delbrück/Wolfrum, Völkerrecht, Bd. I/1, S. 74.

70 Ebd., S. 75.

71 Ebd.

72 Ebd.

73 Ebd.

74 Ebd.

75 Ebd.

76 Ebd.

leisten, wenn es ihm gelingt, bestimmte Verhaltensregeln zu Völkergewohnheitsrecht, Vertragsrecht oder zu allgemeinen Rechtsgrundsätzen erstarken zu lassen. Ferner ist zu berücksichtigen, daß der flexible Charakter des "soft law" besser geeignet ist, unüberbrückbar erscheinende Interessengegensätze zu dissimulieren. Zwar ist mit dem Zusammenbruch der sog. sozialistischen Staatenwelt der Ost-West-Gegensatz entfallen, so daß man auf den ersten Blick meinen könnte, es bedürfe der Technik der Dissimulation nicht mehr. Dem ist entgegenzuhalten, daß es nach wie vor große Interessengegensätze zwischen den Staaten gibt und daß es sie auch noch in Zukunft aller Voraussicht nach geben wird. Eine rechtliche Relevanz kann das "soft law" vor allen Dingen als Auslegungshilfe des geltenden Rechts erlangen[77]. Ferner kann das "soft law" einen Umsetzungsprozeß im Bereich des innerstaatlichen Rechts bewirken[78]. Die Kritiker des "soft law" sollten bedenken, daß diese Regelungsform auf demselben Grundgedanken beruht wie das Recht, nämlich die Politik auf Prinzipien festzulegen und die Willkür einzuschränken[79].

M. Ergebnis

Nach der hier vertretenen Auffassung ist die Mediendeklaration 1978 als "soft law" zu qualifizieren[80] [81]. Da die UNESCO die in der Mediendeklaration 1978 enthaltenen normativen Aussagen aufgegeben

---

77 Thürer, "Soft Law" - eine neue Form von Völkerrecht, Zeitschrift für Schweizerisches Recht 1985, S. 429, 446 ff.

78 Ebd., S. 480.

79 Ebd., S. 452.

80 So auch Frowein, Das Problem des grenzüberschreitenden Informationsflusses und des "domaine réservé", S. 31.

81 Für die Zuordnung der unverbindlichen Empfehlungen internationaler Organisationen zum "soft law" ist auch Dieckert, Die Bedeutung unverbindlicher Entschließungen internationaler Organisationen für das innerstaatliche Recht der Bundesrepublik Deutschland, S. 16.

hat[82], kann die o.g. Deklaration nicht zu Völkergewohnheitsrecht erstarken. Sie ist nunmehr obsolet. Allerdings ist zu konstatieren, daß die UNESCO nach wie vor auf die Veränderung der internationalen Kommunikationsstrukturen hinarbeitet. Es bleibt daher abzuwarten, inwieweit die UNESCO von den in der Mediendeklaration 1978 propagierten Zielen tatsächlich abweichen wird.

82 Modoux, Neuorientierung der UNESCO in Medienfragen, Süddeutsche Zeitung v. 16.11.1992, S. 11.

4. Abschnitt: Die UNESCO-Mediendeklaration 1978 im Lichte des Grundgesetzes

A. Die Problematik einer verfassungsrechtlichen Prüfung hinsichtlich der Mediendeklaration 1978

I. Die Justitiabilität der Mediendeklaration 1978

Wie bereits ausgeführt wurde, handelt es sich bei der Mediendeklaration 1978 um eine unverbindliche Empfehlung i.S.v. Art. 4 Abs. 4 Satz 1 UNESCO-Satzung[1]. Man hat es folglich bei der Mediendeklaration 1978 nicht mit geltendem Recht zu tun, wie es von der innerstaatlichen Rechtsordnung her bekannt ist. Die Bedeutung der Mediendeklaration 1978 liegt darin, daß sie gewisse Prinzipien enthält, die allerdings - wie bereits ausgeführt wurde - z.T. widersprüchlich sind und sich ansonsten durch sehr vage Formulierungen auszeichnen. Nach Art. 4 Abs. 4 Satz 3 UNESCO-Satzung ist jeder UNESCO-Mitgliedstaat verpflichtet, eine angenommene Empfehlung den zuständigen innerstaatlichen Stellen vorzulegen. Diese sollen die Empfehlungen der UNESCO in innerstaatliches Recht umsetzen; eine Verpflichtung dazu besteht allerdings nicht[2]. Mithin kommt es für eine verfassungsrechtliche Überprüfung der Mediendeklaration 1978 darauf an, daß ihr normativer - rechtlich nicht bindender - Gehalt, soweit dies möglich ist, herausgearbeitet und auf die Vereinbarkeit mit dem Grundgesetz überprüft wird.

Grundsätzlich sind nur solche Normen einer verfassungsgerichtlichen Kontrolle zugänglich, die bereits amtlich verkündet worden sind[3]. Eine solche amtliche Verkündung ist bei einer Annahme von Empfehlungen durch die Bundesrepublik Deutschland im Rahmen der

---

1 Text: Sartorius II, Ordnungsnummer 30.

2 Kipp, UNESCO, S. 49.

3 Wolfgang Meyer, in: v. Münch, GG-Komm., Art. 93 Rdnr. 43; Pieroth, in: Jarass/Pieroth, GG-Komm., Art. 93 Rdnr. 11.

mitgliedschaftlichen Tätigkeit in einer internationalen Organisation nicht vorgesehen[4]. Lediglich völkerrechtliche Verträge, welche die politischen Beziehungen des Bundes regeln oder sich auf Gegenstände der Bundesgesetzgebung beziehen, bedürfen nach Art. 59 Abs. 2 Satz 1 GG der Zustimmung oder der Mitwirkung der jeweils für die Gesetzgebung zuständigen Körperschaften in der Form eines Gesetzes. Allein hinsichtlich völkerrechtlicher Verträge soll nach der ständigen Rechtsprechung des BVerfG[5] eine präventive Normenkontrolle zulässig sein, um ein Auseinanderfallen von völkerrechtlichen Verpflichtungen der Bundesrepublik Deutschland und verfassungsrechtlichen Verpflichtungen nach dem Grundgesetz zu verhindern. Einer solchen präventiven Normenkontrolle durch das BVerfG bedarf es bei Empfehlungen nicht, da diese mangels einer völkerrechtlichen Bindungswirkung nicht die Situation entstehen lassen können, daß die Bundesrepublik eine völkerrechtliche Verpflichtung begründet, die innerstaatlich aus verfassungsrechtlichen Gründen nicht erfüllt werden kann. Empfehlungen internationaler Organisationen sind folglich nur mittelbar einer verfassungsgerichtlichen Kontrolle zugänglich, soweit sie nämlich in das nationale Recht Eingang finden[6].

Gleichwohl müssen auch Empfehlungen bereits im Vorfeld der innerstaatlichen Rechtsumsetzung auf ihre Vereinbarkeit mit dem Grundgesetz überprüft werden. Die Frage der Vereinbarkeit einer Empfehlung mit dem Grundgesetz stellt sich nämlich zu dem Zeitpunkt, wo der Inhalt der Empfehlungen in innerstaatliches Recht umgesetzt werden soll bzw. wo er von innerstaatlichen Stellen zur Konkretisierung des einfachen Rechts herangezogen wird. Dies ergibt sich aus der Bindung staatlicher Stellen an das Grundgesetz nach Art. 1 Abs. 3, 20 Abs. 3 GG. Außerdem sollte bereits bei der Annahme einer Empfehlung durch die Bundesrepublik Deutschland darauf geachtet werden, daß keine Friktionen mit dem Grundgesetz entstehen können, wenn es zur Umsetzung einer Empfehlung in das innerstaatliche Recht kommt.

---

4 Der eindeutige Wortlaut des Art. 82 GG spricht nur von der Verkündung von Gesetzen und Rechtsverordnungen.

5 BVerfGE 1, 396, 411 ff., (s. insbesondere S. 413 f.); 36, 1, 15.

6 Ähnlich auch Bernhardt, Bundesverfassungsgericht und völkerrechtliche Verträge, S. 163.

Es wurde bereits dargelegt, daß die Mediendeklaration 1978 einer exakten juristischen Subsumtion mangels hinreichender Bestimmtheit nicht zugänglich ist[7]. Dies schließt allerdings nicht aus, die in der Mediendeklaration enthaltenen Prinzipien auf die Vereinbarkeit mit dem Grundgesetz zu überprüfen. Freilich begegnet dies im Hinblick auf manche Unklarheiten und Widersprüche in der Mediendeklaration 1978 erheblichen Schwierigkeiten.

II. Grenzüberschreitende Geltung des Grundgesetzes

Wie bereits ausgeführt wurde, kommt eine innerstaatliche Umsetzung der Mediendeklaration 1978 nur nach Maßgabe des Grundgesetzes in Betracht. Innerstaatlich kann die Mediendeklaration 1978 mithin nur im Rahmen der grundrechtlichen Garantien zur Geltung kommen.

Im Hinblick darauf, daß die Mediendeklaration 1978 von sämtlichen Mitgliedstaaten[8] der UNESCO als Empfehlung angenommen worden ist, stellt sich die Frage, ob das Grundgesetz - und zwar insbesondere die Garantien aus Art. 5 Abs. 1 GG - Vorgaben bereithält, die der grenzüberschreitenden Kommunikation zugute kommen. Allgemeiner ausgedrückt, fragt es sich, ob das Grundgesetz eine exterritoriale Wirkung entfaltet.

1. Exterritoriale Geltung der Garantien aus Art. 5 Abs. 1 GG

a) Auffassungen im Schrifttum

Die Wirkung der Grundrechte außerhalb des Geltungsbereichs des Grundgesetzes wurde lange Zeit als Problem nicht erkannt und ist - wie Stern[9] meint - auch heute noch nicht vollständig durchdacht und gelöst.

---

7 Gornig, Äußerungsfreiheit, S. 363.

8 Eine Zusammenstellung der Mitgliedstaaten ist abgedruckt in: Breunig, Kommunikationspolitik der UNESCO, S. 173 ff.

9 Stern, Staatsrecht III/1, S. 1226.

Gegen eine Grundrechtsgeltung im Ausland wird eingewandt, daß das Grundgesetz in seinem Geltungsanspruch räumlich auf das Gebiet der Bundesrepublik Deutschland beschränkt sei[10].

Für eine Beschränkung der Grundrechtsgeltung auf das Territorium der Bundesrepublik Deutschland könnte Art. 23 Satz 1 GG a.F. ins Feld geführt werden[11]. Diese Bestimmung könnte dafür sprechen, daß der räumliche Geltungsbereich auf die Gesamtheit der deutschen Bundesländer beschränkt ist[12]. Die Fragwürdigkeit einer solchen Interpretation des Art. 23 Satz 1 GG a.F. wird besonders deutlich, wenn man die historische Entwicklung Deutschlands seit dem Inkrafttreten des Grundgesetzes berücksichtigt. Im Zusammenhang mit der Wiederherstellung der Einheit Deutschlands am 3.10.1990 wurde Art. 23 GG aufgehoben[13]. Wollte man in Art. 23 Satz 1 GG a.F. eine Regelung gegen eine exterritoriale Geltung des Grundgesetzes sehen, müßte man nunmehr im Wege des Umkehrschlusses zum Ergebnis kommen, daß die Streichung von Art. 23 GG eine weltweite Geltung des Grundgesetzes zur Folge habe. Dieses Auslegungsergebnis wird unterstützt durch die seit dem 3.10.1990 neugefaßte Präambel. Danach "gilt dieses Grundgesetz für das gesamte Deutsche Volk"[14]. Der Wortlaut der neugefaßten Präambel könnte die Interpretation nahelegen, daß das Grundgesetz hinsichtlich des Deutschen Volkes eine weltweite Geltung entfaltet.

---

10 v. Olshausen, Grundrechte und Anwendung ausländischen Rechts, DVBl. 1974, S. 652, 656.

11 Art. 23 Satz 1 GG a.F. lautet: "Dieses Grundgesetz gilt zunächst im Gebiete der Länder Baden, Bayern, Bremen, Groß-Berlin, Hamburg, Hessen, Niedersachsen, Nordrhein-Westfalen, Rheinland-Pfalz, Schleswig-Holstein, Württemberg-Baden und Württemberg-Hohenzollern". Mit dem Beitritt des Saarlandes zum Staatsverband der Bundesrepublik Deutschland am 1.1.1957 gilt das Grundgesetz nach Art. 23 Satz 2 GG a.F. auch dort.

12 Das Denkmodell des Art. 23 Satz 1 GG a.F. wird von Bleckmann, Staatsrecht II, S. 67 diskutiert und verworfen.

13 Siehe Art. 4 Nr. 2 Einigungsvertrag. Text: BGBl. 1990 II, S. 889, abgedruckt in: Die Verträge zur Einheit Deutschlands, (Beck-Texte im dtv.), Ordnungsnummer 4.

14 Satz 3 der Präambel des Grundgesetzes i.d.F. vom 3.10.1990.

Der obige - durch die Streichung des Art. 23 GG a.F. bedingte - Umkehrschluß geht allerdings ins Leere, da Art. 23 Satz 1 GG a.F. lediglich den räumlichen Geltungsbereich des Grundgesetzes festlegen wollte[15]. Keineswegs war beabsichtigt, durch Art. 23 Satz 1 GG a.F. die nach dem Völkerrecht möglichen Wirkungen deutscher Hoheitsakte außerhalb des Gebietes der Bundesrepublik Deutschland einzuschränken[16]. Ferner ist aufgrund der Streichung von Art. 23 GG a.F. ein Umkehrschluß zur Begründung einer weltweiten räumlichen Geltung des Grundgesetzes nicht mit Satz 2 der Präambel des Grundgesetzes[17] in der Fassung vom 3.10.1990 vereinbar, wo der räumliche Geltungsbereich auf das Gebiet der deutschen Bundesländer beschränkt wurde[18]. Die in der Präambel vorgenommene Beschränkung des räumlichen Geltungsbereichs des Grundgesetzes hat nicht zur Folge, daß Akte der deutschen öffentlichen Gewalt, die sich im Ausland auswirken oder dort stattfinden, nicht den Anforderungen des Grundgesetzes entsprechen müssen[19]. Das Grundgesetz ist hinsichtlich des räumlichen Geltungsbereichs auf das Gebiet der Bundesrepublik Deutschland beschränkt. Diese räumliche Begrenzung schließt

---

15 v. Mangoldt/Klein, BGG, Art. 23 Anm. III 1; Bleckmann, Staatsrecht II, S. 68; v. Münch, in: v. Münch, GG-Komm., Art. 23 Rdnr. 4, 23; F. Klein, in: Schmidt-Bleibtreu, Komm. zum GG, Art. 23 Rdnr. 7; Jarass, in: Jarass/Pieroth, GG-Komm. (1. Aufl.), Art. 23 Rdnr. 1.

16 Bleckmann, Staatsrecht II, S. 68; Schröder, Zur Wirkkraft der Grundrechte bei Sachverhalten mit grenzüberschreitenden Elementen, S. 141; Bernhardt, Verfassungsrecht und internationale Lagen, DÖV 1977, S. 457, 462; ders., Bundesverfassungsgericht und völkerrechtliche Verträge, S. 161 f.; Tomuschat, Der Verfassungsstaat im Geflecht der internationalen Beziehungen, VVDStRL, Bd. 36 (1978), S. 7, 20 f.; Kunig, in: v. Münch/Kunig, GG-Komm., Art. 1 Rdnr. 52; Jarass, in: Jarass/Pieroth, GG-Komm., Art. 1 Rdnr. 20; Starck/v. Mangoldt, BGG, Art. 1 Abs. 3 Rdnr. 147.

17 Die Präambel ist Bestandteil des Grundgesetzes und damit auch geltendes Verfassungsrecht, s. Starck/v. Mangoldt, BGG, Präambel, Rdnr. 20; Kunig, in: v. Münch/Kunig, GG-Komm., Präambel, Rdnr. 2.

18 Jarass, in: Jarass/Pieroth, GG-Komm., Präambel Rdnr. 8.

19 Jarass, in: Jarass/Pieroth, GG-Komm., Präambel Rdnr. 9; v. Münch, in: v. Münch, GG-Komm., Art. 23 Rdnr. 22 ff.; F. Klein, in : Schmidt-Bleibtreu, Komm. zum GG, Art. 23 Rdnr. 7; Stern, Staatsrecht III/1, S. 1228 ff.; Bleckmann, Staatsrecht II, S. 70 ff.

allerdings eine exterritoriale Grundgesetzbindung nicht aus. Dies folgt aus Art. 1 Abs. 3 und Art. 20 Abs. 3 GG, wonach das Handeln aller staatlichen Gewalten an das Grundgesetz gebunden ist.

Sofern sich deutsche öffentliche Gewalt im Ausland auswirkt oder dort ausgeübt wird, müssen nach Art. 1 Abs. 3 GG die Bindungen des Grundgesetzes beachtet werden[20]. Art. 1 Abs. 3 GG bringt unmißverständlich die Wertung des Verfassungsgebers zum Ausdruck, daß es ein staatliches Handeln in einem grundrechtsfreien Raum nicht geben kann und darf.

Eine exterritoriale Geltung der Grundrechte kann zu Friktionen mit ausländischen Rechtsordnungen führen, da nicht in jedem Fall eine Identität zwischen der Werteordnung des Grundgesetzes und ausländischen Verfassungen besteht. Kollisionsfälle dieser Art werden drastisch reduziert, indem man eine exterritoriale Geltung des Grundgesetzes hinsichtlich ausländischer Staatsangehöriger nur dann bejaht, wenn ein - nicht nur entfernter - Anknüpfungspunkt zur deutschen Rechtsordnung besteht[21].

Wird ein deutscher Staatsangehöriger außerhalb des räumlichen Geltungsbereichs des Grundgesetzes von einer Maßnahme einer fremden Staatsgewalt betroffen, findet Art. 1 Abs. 3 GG keine Anwendung, da allein die deutsche Staatsgewalt Adressat der Grundrechtsbindung in Art. 1 Abs. 3 GG ist[22]. In Fällen dieser Art reduziert sich der Schutzanspruch des deutschen Staatsangehörigen gegenüber der Bundesrepublik Deutschland darauf, daß diese verpflichtet ist, alles zu tun, was mit deutschen Allgemeininteressen übereinstimmt, um einen Eingriff durch eine ausländische Staatsgewalt gegen Deutsche abzuwehren[23]. Die Schutzmaßnahmen sind beschränkt auf das

---

20 Stern, Staatsrecht III/1, S. 1229 ff.; Bleckmann, Staatsrecht II, S. 68 ff.; Starck/v. Mangoldt, BGG, Art. 1 Abs. 3 Rdnr. 147; Kunig, in: v. Münch/Kunig, GG-Komm., Art. 1 Rdnr. 52; Jarass, in: Jarass/Pieroth, GG-Komm., Art. 1 Rdnr. 20.

21 Stern, Staatsrecht III/1, S. 1246.

22 Bleckmann, Staatsrecht II, S. 70 f.; Stern, Staatsrecht III/1, S. 1246 f.; Jarass, in: Jarass/Pieroth, GG-Komm., Art. 1 Rdnr. 20.

23 Bleckmann, Staatsrecht II, S. 71; Stern, Staatsrecht III/1, S. 1246 f.

völkerrechtlich Mögliche[24]. Die Bundesrepublik Deutschland kann insbesondere nicht ausländische Regierungen daran hindern, Eingriffe in die Rechte deutscher Staatsangehöriger vorzunehmen[25].

Hinsichtlich der Mediendeklaration 1978 ist vor allem die Frage von Bedeutung, inwieweit die Garantieren aus Art. 5 Abs. 1 GG exterritorial zur Geltung kommen können. Wie oben bereits dargelegt wurde, ist eine Grundrechtsbindung der deutschen Staatsgewalt im Ausland nur im Rahmen der ausländischen Rechts- und Werteordnung möglich[26]. Dies nötigt dazu, die exterritoriale Geltung der Grundrechte für jede Grundrechtsidee zu untersuchen. Inwieweit speziell die Grundrechtsgarantien aus Art. 5 Abs. 1 GG exterritorial gelten, ist bisher im Schrifttum kaum behandelt worden.

Tomuschat[27] geht, ohne eine Begründung anzugeben, davon aus, daß Art. 5 Abs. 1 GG "auch den internationalen Meinungsaustausch" schütze. Dem wird man zustimmen können, wenn der Begriff "Meinungsaustausch" in einem weiten Sinne ausgelegt wird. Ein effektiver internationaler Meinungsaustausch setzt z.B. voraus, daß deutsche Journalisten über Ereignisse im Ausland durch eigene Recherchen möglichst umfassend berichten können. Wollte man den internationalen Meinungsaustausch auf eine weltweite Versendung von durch eigene Staatsangehörige verfaßten Berichte beschränken, bestünde die Gefahr, daß ein durch nationale Stellen gefilterter internationaler Meinungsaustausch entstünde. Internationaler Meinungsaustausch beinhaltet auch, daß deutsche Staatsangehörige über Angelegenheiten der Bundesrepublik Deutschland im Ausland berichten können. Gerade hier bestehe - so Tomuschat[28]- eine gewisse Neigung des Gesetzgebers, die Freiheit auf den Generalnenner der Staatsraison zurückzuschrauben. Gegen solche Tendenzen spräche, daß die Freiheitlichkeit des Staatswesens unteilbar sei und daß

---

24 Bleckmann, Staatsrecht II, S. 71.

25 Ebd.

26 Bleckmann, Staatsrecht II, S. 69; Stern, Staatsrecht III/1, S. 1228.

27 Tomuschat, Der Verfassungsstaat im Geflecht der internationalen Beziehungen, VVDStRL, Bd. 36 (1978), S. 7, 19.

28 Ebd., S. 19/20.

auch die transnationalen Beziehungen des Bürgers dem Verfassungsalltag angehörten[29].

Gegen eine Geltung der "Medienfreiheit" zugunsten ausländischer Rundfunksender ist Hoffmann-Riem[30]. Würden Programme von Veranstaltern mit ausländischem Sitz auf die deutsche Bevölkerung ausgerichtet, so seien diese Programme funktional wie 'inländische Programme' zu behandeln und müßten deshalb die deutsche Rundfunkordnung beachten[31]. Schutzmaßnahmen gegen ausländische Rundfunksender seien deshalb - so Hoffmann-Riem[32] - durch Art. 5 Abs. 1 Satz 2 GG gedeckt. Gegen die Zulässigkeit solcher Schutzmaßnahmen ist einzuwenden, daß ausländische Rundfunksender - wie auch ausländische Zeitschriften - allgemein zugängliche Informationsquellen i.S.v. Art. 5 Abs. 1 GG sind[33]. Ferner entspricht eine Beschränkung ausländischer Informationsquellen nicht der völkerrechtsfreundlichen Tendenz des Grundgesetzes[34], denn Staaten, die wie die Bundesrepublik Deutschland auf internationaler Ebene die Informationsfreiheit völkerrechtlich verbindlich anerkannt haben[35], sind verpflichtet, den in ihrem Hoheitsbereich lebenden Menschen das Recht zu garantieren, Informationen aus dem Ausland zu suchen, zu beschaffen und zu empfangen[36]. Völkerrechtlich besteht aufgrund

---

29 Ebd., S. 20.

30 Hoffmann-Riem, AK-GG, (Hrsg.: R. Wassermann), Art. 5 Abs. 1, 2 Rdnr. 189.

31 Ebd.

32 Ebd., wesentlich zurückhaltender ist v. Münch, der im Hinblick auf die Erfahrungen mit der NS-Zeit für eine Zurückhaltung gegen staatliche Einwirkungen auf Informationen aus dem Ausland eintritt und der dafür ist, daß im Zweifel zugunsten der Informationsfreiheit entschieden werde, v. Münch, GG-Komm., (3. Aufl.), Art. 5 Rdnr. 46 b.

33 Löwer, Ausländisches Werbefernsehen und Deutsches Verfassungsrecht, JZ 1981, S. 730, 733; Degenhart, BK, Art. 5 Abs. 1, 2 Rdnr. 251 und 280: Jarass, in: Jarass/Pieroth, Art. 5 Rdnr. 12; Wendt, in: v. Münch/Kunig, Art. 5 Rdnr. 60; Herzog, M-D, GG-Komm., Art. 5 I, II Rdnr. 92.

34 Stern, Staatsrecht III/1, S. 474 ff.; Schweitzer, Staatsrecht III, S. 138; Rojahn, in: v.Münch, Art. 24 Rdnr. 1 ff.; Degenhart, BK, Art. 5 I, II Rdnr. 280.

35 Verdross/Simma, Universelles Völkerrecht, S. 666.

36 Gornig, Äußerungsfreiheit, S. 225/226.

des Prinzips des "free flow of information" die Verpflichtung, den Individuen das Recht zu garantieren, Informationen ins Ausland übermitteln zu können[37] [38].

Da Art. 5 Abs. 1 GG von der Struktur her als ein Inlandsbetätigungsgrundrecht angelegt ist, ist bei Kapazitätsengpässen im technischen Bereich eine Bevorzugung inländischer Sender verfassungsrechtlich nicht zu beanstanden[39]. Allerdings ist zu beachten, daß Art. 5 Abs. 1 GG durch EG-Recht überlagert ist, das den EU-Mitgliedstaaten die Pflicht auferlegt, die Weiterverbreitung von Fernsehsendungen aus anderen Mitgliedstaaten in ihrem Hoheitsbereich grundsätzlich zu dulden (s. Art. 2 Abs. 2 EG-Fernsehrichtlinie[40]).

Heintzen[41] geht einerseits davon aus, daß es für die Inlandsberichterstattung der ausländischen Presse und der ausländischen Rundfunksender keinen Grundrechtsschutz gäbe. Dieses Ergebnis sei im Hinblick auf die Inländerklausel des Art. 19 Abs. 3 GG "unvermeidlich"[42]. Andererseits sei - so Heintzen[43] - nicht ersichtlich, weshalb Art. 5 Abs. 1 Satz 2 GG nicht auch einen umfassenden Schutz für die Auslandsberichterstattung zugunsten der Inländer gewähre[44].

---

37 Ebd., S. 225.

38 Nach der Auffassung von Degenhart, BK, Art. 5 I, II Rdnr. 644 soll bei reinen Auslandsprogrammen von ausländischen Programmveranstaltern eine Beeinträchtigung des verfassungsrechtlichen Geltungsanspruchs aus Art. 5 Abs. 1 GG nicht möglich sein; dem kann in dieser Pauschalität nicht gefolgt werden, da reine Auslandsprogramme ausländischer Veranstalter auch im Bundesgebiet empfangen werden können und - wenn auch nur von einer Minderheit - verfolgt werden.

39 Probst, Rundfunkfreiheit für Ausländer, S. 144 f.; a.A. Heintzen, der davon ausgeht, daß ausländische Rundfunkveranstalter grundrechtlich nicht geschützt seien, Heintzen, Auswärtige Beziehungen privater Verbände, S. 202.

40 Richtlinie (89/552 EWG) des Rates zur Koordinierung bestimmter Rechts- und Verwaltungsvorschriften der Mitgliedstaaten über die Ausübung der Fernsehtätigkeit v. 3.10.1989, Text: Europäisches Medienrecht, Hrsg.: Höfling u.a., S. 28 ff.

41 Heintzen, Auswärtige Beziehungen privater Verbände, S. 200 ff.

42 Ebd., S. 201.

43 Ebd.

44 Ebd., S. 201 f.

Dem ist entgegenzuhalten, daß eine effektive Auslandsberichterstattung für Inländer grundsätzlich voraussetzt, daß die Bundesrepublik Deutschland ihrerseits die rechtlichen Voraussetzungen dafür schafft, die Ausländern eine umfassende Berichterstattung erlaubt. Dieses Auslegungsergebnis beruht auf der Erkenntnis, daß sich das Ausland in der Regel nur dann für eine Berichterstattung zugunsten Deutscher öffnen wird, wenn sich die Bundesrepublik Deutschland ihrerseits nicht gegen eine ausländische Berichterstattung über Deutschland abschottet.

Ferner ist zu berücksichtigen, daß Heintzen[45] eine Grundrechtsbindung der deutschen auswärtigen Gewalt nur dann befürwortet, wenn sie Maßnahmen mit Wirkungen für den innerstaatlichen Bereich entfalte. Würden die auswärtigen Organe der Bundesrepublik Deutschland hingegen nur auf der völkerrechtlichen oder internationalen Ebene aktiv, so übten sie keine staatliche Gewalt aus[46]. Dieser Argumentation kann gerade auch im Hinblick auf die Erzeugung von internationalen Deklarationen nicht gefolgt werden. Ob Prinzipien internationaler Deklarationen von nationalen Stellen herangezogen werden, ist bei ihrer Entstehung in der Regel nicht absehbar. Potentiell kann jede Deklaration oder Resolution im Laufe der Zeit eine derartige Bedeutung erlangen, die dazu führt, daß innerstaatliche Stellen auf sie Bezug nehmen. Schon deshalb kann man nicht sagen, daß die auswärtige Gewalt keine staatliche Gewalt i.S.v. Art. 1 GG darstellt. Im übrigen wurde bereits dargelegt, daß Art. 1 Abs. 3 GG jede staatliche Gewalt im Auge hat, also auch die auswärtige Gewalt der Bundesrepublik Deutschland[47]. Die Tatsache, daß die Bundesrepublik Deutschland bei der mitgliedschaftlichen Tätigkeit in internationalen Organisationen nicht immer in der Lage ist, die maximale Geltungskraft des deutschen Grundrechtsstandards durchzusetzen, kann nicht dazu führen, daß die deutsche auswärtige Gewalt bei der Mitarbeit in internationalen Organisationen von der Grundrechtsbindung völlig ausgenommen ist. Vielmehr folgt aus Art. 1 Abs. 3 GG,

---

45 Ebd., S. 120.

46 Ebd.

47 Dürig, M-D, GG-Komm., Art. 1 Abs. 3 Rdnr. 100; Stern, Staatsrecht III/1, S. 1202.

daß die deutsche auswärtige Gewalt gehalten ist, nach Möglichkeit für eine Beachtung des deutschen Grundrechtsstandards zu sorgen. Damit ist keineswegs gemeint, daß die Bundesregierung verpflichtet ist, einen "Grundrechtsexport" zu betreiben. Hierbei handelt es sich um ein Schlagwort; es verkennt, daß der deutsche Grundrechtsstandard im wesentlichen mit den universal geltenden Menschenrechten im Einklang steht.

Zusammenfassend ist festzustellen, daß die Entstehungsgeschichte des Art. 5 Abs. 1 GG (Erfahrungen aus der NS-Zeit) und die dem Grundgesetz zugrunde liegende Völkerrechtsfreundlichkeit zu dem Ergebnis führen, daß die Freiheiten aus Art. 5 Abs. 1 GG nach überwiegender Auffassung im Schrifttum exterritoriale Geltung genießen.

b) Die Rechtsprechung des Bundesverfassungsgerichts

Nach der ständigen Rechtsprechung des BVerfG[48] ist grundsätzlich von einer exterritorialen Geltung der Grundrechte auszugehen. Allerdings "ist jeweils durch Auslegung der entsprechenden Verfassungsnorm festzustellen, ob sie nach Wortlaut, Sinn und Zweck für jede denkbare Anwendung hoheitlicher Gewalt innerhalb der Bundesrepublik gelten will oder ob sie bei Sachverhalten mit mehr oder weniger intensiver Auslandsbeziehung eine Differenzierung zuläßt oder verlangt"[49]. Die Reichweite der exterritorialen Grundrechtsgeltung sei nach dem BVerfG[50] aus der Verfassung selbst zu entwickeln[51]. Dabei könne auch die Grundhaltung der Verfassung gegenüber anderen Staaten und der Völkergemeinschaft eine Rolle spielen[52]. Soweit außerdeutsche Hoheitsakte vorliegen, verneint das BVerfG[53] eine Nachprüfbarkeit.

---

48 BVerfGE 6, 32, 44; 6, 290, 295; 31, 58, 74 ff.; 33, 52, 65; 40, 141, 177 f.; 45, 83, 96; 55, 349, 364 ff.; 57, 9, 23.

49 BVerfGE 31, 58, 77.

50 BVerfGE 31, 58, 77.

51 BVerfGE 31, 58, 77.

52 BVerfGE 31, 58, 77.

53 BVerfGE 1, 10, 11; 6, 290, 295.

Hinsichtlich der Garantien aus Art. 5 Abs. 1 GG geht das BVerfG[54] von einer exterritorialen Geltung aus. Allerdings läßt es Einschränkungen des Art. 5 Abs. 1 GG zu, sofern die internationale Lage sie erfordert. Das Recht zur Ausreise ins Ausland, um dort seine Meinung zu äußern, könne - so das BVerfG - zum Schutze eines übergeordneten Rechtsguts - wie z.B. der Sicherheit und wesentlicher Belange des Staates - beschränkt sein[55]. Ausländische Informationsquellen, die im Inland erhältlich sind, werden als allgemein zugängliche Quellen i.S.v. Art. 5 Abs. 1, Satz 1 GG angesehen[56]. Im Interesse der ständig in Deutschland lebenden Ausländer ist nach der neuesten Rechtsprechung des Bundesverfassungsgerichts[57] der Vermieter zur Duldung der Anbringung von Antennen verpflichtet, die für den Empfang ausländischer Programme bestimmt sind. Da Art. 5 Abs. 1 GG ein "Jedermann-Grundrecht" ist, wird man auch deutschen Staatsangehörigen das Recht zur Anbringung von Parabolantennen zugestehen müssen.

Werden die Organe der Bundesrepublik Deutschland im außenpolitischen Bereich tätig, so sind diese von Verfassung wegen verpflichtet, deutsche Interessen zu wahren[58]. Werde diese Schutzpflicht verletzt, könne dies nach dem Bundesverfassungsgericht[59] eine objektive Verfassungsverletzung darstellen. Hinsichtlich der Frage, ob und in welcher Weise die Bundesregierung Auslandsschutz gewähre, stehe ihr ein weites politisches Ermessen zu[60]. Namentlich bei internationalen Verhandlungen sei zu berücksichtigen, daß sich der Handlungsspielraum der zu politischem Handeln berufenen Stellen auf das politisch Erreichbare verenge[61]. Dies könne dazu führen, daß die Interessen eines Einzelnen oder einer Gruppe gegenüber dem politischen Ge-

---

54 BVerfGE 6, 32, 44; 33, 52, 65.

55 BVerfGE 6, 32,44.

56 BVerfGE 33, 52,65.

57 BVerfG, NJW 1994, S. 1147.

58 BVerfGE 6, 290, 296 ff.; 40, 141, 177 f.

59 BVerfGE 40, 141, 177.

60 BVerfGE 55, 349, 364 f.; 40, 141, 178 f.

61 BVerfGE 40, 141, 178.

samtinteresse des Staates zurückzutreten hätten[62]. Die politischen Zielsetzungen und Wertungen der zum politischen Handeln berufenen staatlichen Stellen entzögen sich ihrer Natur nach der richterlichen Beurteilung[63].

Eine verfassungsgerichtliche Kontrolle gegenüber den zuständigen Organen der auswärtigen Gewalt komme nur dann in Betracht, wenn diese sich von Auffassungen leiten ließen, die unter keinen - auch außenpolitischen - vernünftigen Gesichtspunkt zu verstehen wären[64]. Die Bindung aus Art. 1 Abs. 3 GG reduziert sich mithin im außenpolitischen Bereich auf eine Willkürschranke.

Das BVerfG[65] sieht die Möglichkeit, daß die Bundesrepublik Deutschland einerseits durch eine völkerrechtliche Verpflichtung gebunden sein kann, die andererseits im Fall der innerstaatlichen Umsetzung einen verfassungswidrigen Zustand herbeiführen würde[66]. In Fällen dieser Art könne der Gesetzgeber gehalten sein, alle Möglichkeiten eines irgendwie gearteten Ausgleichs auszuschöpfen[67].

Da es sich bei der Mediendeklaration 1978 - wie oben ausgeführt - um eine bloße Empfehlung handelt, kann bei eventuellen Unvereinbarkeiten der Mediendeklaration 1978 mit Art. 5 Abs. 1 GG eine verfassungsrechtliche Konfliktsituation nicht entstehen, denn im Hinblick auf die mangelnde Bindungswirkung der Mediendeklaration 1978 braucht ihre innerstaatliche Umsetzung nur im Rahmen des verfassungsrechtlich Zulässigen zu erfolgen. Denkbar ist es allerdings, daß deutsche Stellen Inhalte der Mediendeklaration 1978 in die deutsche Rechtsordnung einfließen lassen und dabei die Bedeutung und die Reichweite von Art. 5 Abs. 1 GG nicht hinreichend würdigen.

---

62 BVerfGE 40, 141, 178.

63 BVerfGE 40, 141, 178 f.

64 BVerfGE 55, 349, 368.

65 BVerfGE 6, 291, 295; 45, 83, 96.

66 BVerfGE 6, 291, 295; 45, 83, 96.

67 BVerfGE 38, 49, 51; 45, 83, 96.

2. *Ergebnis*

Als Ergebnis ist festzuhalten, daß nach ganz überwiegender Auffassung im Schrifttum und nach der ständigen Rechtsprechung des BVerfG grundsätzlich von einer exterritorialen Grundrechtsgeltung nach Art. 1 Abs. 3, 20 Abs. 3 GG auszugehen ist. Die für die Wahrnehmung der auswärtigen Gewalt zuständigen Organe sind von Verfassung wegen gehalten, die Grundrechte zu beachten. Dies gilt auch für die Annahme einer Deklaration durch die Bundesrepublik Deutschland im Rahmen der Mitarbeit in einer internationalen Organisation. Im außenpolitischen Bereich ist zu berücksichtigen, daß namentlich bei internationalen Verhandlungen der Handlungsspielraum der deutschen Organe eingeschränkt sein kann. Deshalb wird man bei der verfassungsgerichtlichen Prüfung, die politischen Zielsetzungen und Wertungen der Organe der auswärtigen Gewalt zu berücksichtigen haben. Diese verfügen über einen breiten Raum politischen Ermessens, das sich auch auf die Einschätzung internationaler Sachverhalte erstreckt. Die verfassungsrechtlichen Grenzen werden erst dann überschritten, wenn die Organe der auswärtigen Gewalt willkürlich handeln, was immer dann der Fall ist, wenn das Handeln unter keinem rechtlichen oder außenpolitischen Gesichtspunkt nachvollziehbar ist.

Hinsichtlich der exterritorialen Geltung von Art. 5 Abs. 1 GG ist festzustellen, daß sich im Ausland Einschränkungsmöglichkeiten im Hinblick auf die Rücksichtnahme ausländischer Rechts- und Werteordnungen ergeben können. Dies darf indes nicht dazu führen, daß die Freiheiten aus Art. 5 Abs. 1 GG gegenüber totalitären Staaten zurückzutreten haben. Im Hinblick auf die NS-Vergangenheit und auf die Erfahrungen mit dem SED-Regime muß Art. 5 Abs. 1 GG auch für ausländische Massenmedien gelten, die eine Aus- und Verbreitung im Gebiet der Bundesrepublik Deutschland vornehmen.

B. Einordnung der Mediendeklaration 1978 in das System des Grundgesetzes und Möglichkeiten der innerstaatlichen Geltungsverschaffung von "soft law"

I. Allgemeines

Zwar wurde oben festgestellt, daß die Mediendeklaration 1978 als solche obsolet ist. Jedoch fragt es sich zumindest aus rechtshistorischer Sicht, wie die Mediendeklaration 1978 in das System des Grundgesetzes einzuordnen ist.

Wie bereits ausgeführt wurde, handelt es sich bei der Mediendeklaration 1978 um eine Empfehlung einer internationalen Organisation mit "soft law"-Charakter. Als das Grundgesetz in Kraft trat, war das Instrument "Empfehlungen internationaler Organisationen" nicht bekannt[1]. Aus diesem Grunde bestand im Jahre 1948/49 kein verfassungsrechtlicher Regelungsbedarf hinsichtlich der Einordnung internationaler Empfehlungen in das System des Grundgesetzes[2]. Auch in der Folgezeit erging keine Grundgesetzvorschrift, die Aussagen über die innerstaatliche Beachtung oder Nichtbeachtung der Empfehlungen internationaler Organisationen trifft. Es ist folglich aufgrund allgemeiner Vorschriften und Grundsätze zu prüfen, ob und inwieweit internationale Empfehlungen mit "soft law"-Charakter unter der Ordnung des Grundgesetzes eine innerstaatliche Geltung erlangen können.

---

1 Kunig, Deutsches Verwaltungshandeln und Empfehlungen internationaler Organisationen, S. 530.

2 Ebd.

II. Art. 20 Abs. 3 GG

1. Allgemeines

Es fragt sich, ob und inwieweit die Bindung an Gesetz und Recht in Art. 20 Abs. 3 GG für internationale Empfehlungen mit "soft law"-Charakter von Relevanz ist. Durch die Formel "Gesetz und Recht" erteilt das Grundgesetz eine Absage an den Rechtsstaat des Typus, in dem bereits das Gesetz genügt, Rechtsstaatlichkeit zu gewährleisten[3]. Die Verknüpfungsformel von Gesetz und Recht in Art. 20 Abs. 3 GG hält nach dem Bundesverfassungsgericht[4] das Bewußtsein aufrecht, daß sich Gesetz und Recht zwar faktisch im allgemeinen, aber nicht notwendig und immer deckten[5]. Diese Rechtsprechung hat im Schrifttum[6] Kritik erfahren. Hesse[7] weist darauf hin, daß ein Primat des Rechts bestünde. Dieser Primat dürfe nicht ausgehöhlt werden, indem man die Möglichkeit eröffne, sich unter Berufung auf das "Recht" über das "Gesetz" hinwegzusetzen[8]. Dies würde zu einer Verschiebung der verfassungsmäßigen Funktionen führen und die lex scripta um die rationalisierende und stabilisierende Wirkung bringen, die ihr nach der Verfassung zukomme[9]. Dem ist entgegenzuhalten, daß die Wahrscheinlichkeit, daß der Gesetzgeber des Grundgesetzes die Grenzen der für ihn unübersteigbaren Barrieren des Rechts überschreitet, so gering ist, daß sie einer praktischen Unmöglichkeit nahezu gleichkommt[10]. Aus diesem Grunde geht von der Unterscheidung des Grundgesetzes zwischen Gesetz und Recht keine

---

3 Stern, Staatsrecht I, S. 798.

4 BVerfGE 34, 269, 286 f.

5 Ebd.

6 Hesse, Grundzüge des Verfassungsrechts der Bundesrepublik Deutschland, S. 81; s. auch Schnapp, in: v. Münch/Kunig, GG-Komm., Art. 20 Rdnr. 36, der davon ausgeht, daß die Formel "Gesetz und Recht" zu einer "Tautologie" tendiere.

7 Hesse, Grundzüge des Verfassungsrechts der Bundesrepublik Deutschland, S. 81.

8 Ebd.

9 Ebd.

10 BVerfGE 3, 225, 233.

destabilisierende Wirkung gegenüber dem Bestand der Bundesrepublik Deutschland aus. Überpositive Gerechtigkeitsvorstellungen verleihen keineswegs einen Anspruch auf Nichtbefolgung des positiven Rechts[11]. Vielmehr ist der Bürger gehalten, mit den Mitteln des Rechtsstaates den seltenen Fall abzuwehren, daß die äußersten Grenzen der materiellen Gerechtigkeit überschritten werden. Über die Maßstäbe, an denen die Gesetze zu messen sind, gibt Art. 20 Abs. 3 GG keine Auskunft[12].

2. *Gesetzesbegriff*

Es ist zu prüfen, ob die Mediendeklaration 1978 im Hinblick auf ihren "soft law"-Charakter als "Gesetz" i.S.v. Art. 20 Abs. 3 GG anzusehen ist oder nicht. Unter den verfassungsrechtlichen Gesetzesbegriff i.S.v. Art. 20 Abs. 3 GG fallen alle gültigen Rechtssätze[13]. Dabei kommt es nicht entscheidend darauf an, ob es sich um geschriebene oder ungeschriebene Normen handelt[14]. "Gesetz" i.S.v. Art. 20 Abs. 3 GG ist also auch das Gewohnheitsrecht[15]. Normgeber sind hier die Rechtsbetroffenen selbst[16]. Gültige Rechtssätze, die unter den Gesetzesbegriff i.S.v. Art. 20 Abs. 3 GG fallen, sind auch allgemeine Rechtsgrundsätze (Rechtsprinzipien)[17]. Sie leiten ihre Rechtsgeltung aus dem Gewohnheitsrecht, den Verfassungsprinzipien bzw. aus geltenden gesetzlichen Regelungen ab[18] [19]. Wie bereits ausgeführt wurde, kann das "soft law" aufgrund seines Probecharakters keine

---

11 Jarass, in: Jarass/Pieroth, GG-Komm., Art. 20 Rdnr. 26.

12 v. Mangoldt/Klein, BGG, Art. 20 Anm. VI 4 f.

13 Schnapp, in: v. Münch/Kunig, GG-Komm., Art. 20 Rdnr. 36.

14 Ebd.,; Hamann/Lenz, Das Grundgesetz für die Bundesrepublik Deutschland, Art. 20, Anm. B 9 a cc; a.A.: Franz Klein, in: Schmidt-Bleibtreu/Klein, Komm. zum GG, Art. 20 Rdnr. 13 a.

15 Schnapp, in: v. Münch/Kunig, GG-Komm., Art. 20 Rdnr. 36.

16 Maurer, Allgemeines Verwaltungsrecht, § 4 III 1 a Rdnr. 19.

17 Schnapp, in: v. Münch/Kunig, GG-Komm., Art. 20 Rdnr. 36.

18 Maurer, Allgemeines Verwaltungsrecht, § 4 IV 1 a-c Rdnr. 24 ff.

19 "Gesetz" i.S.v. Art. 20 Abs. 3 GG ist auch das unmittelbar anwendbare EG-Recht, Jarass, in: Jarass/Pieroth, GG-Komm., Art. 20 Rdnr. 26.

Rechtsgeltung beanspruchen. Mithin ist es nicht als "Gesetz" i.S.v. Art. 20 Abs. 3 GG anzusehen. Ferner ergibt ein Vergleich von Art. 20 Abs. 3 GG und Art. 25 GG, daß internationales Recht - und damit auch erst recht das "soft law" - nicht generell Einlaß in die innerstaatliche Rechtsordnung finden kann. Vielmehr müssen internationale Regelungen allgemeine Regeln des Völkerrechts i.S.v. Art. 25 Satz 1 GG darstellen, damit sie Bestandteil der deutschen Rechtsordnung werden können. Haben sie die Einlaßtür des Art. 25 Satz 1 GG passiert, können sie unter den Gesetzesbegriff des Art. 20 Abs. 3 GG fallen. Selbst wenn "soft law" Rechtsgeltung erlangen sollte - etwa durch die Erstarkung zu Völkergewohnheitsrecht -, kann es mithin nicht unmittelbar über den Gesetzesbegriff in Art. 20 Abs. 3 GG innerstaatliche Geltung beanspruchen. Dieses Auslegungsergebnis wird durch die Regelung in Art. 59 Abs. 2 GG unterstrichen, der die Wertung des Verfassungsgebers zum Ausdruck bringt, daß internationales Recht lediglich durch einen Transformationsakt innerstaatliche Geltung beanspruchen kann, es sei denn, es handelt sich um Regelungen, die bereits kraft der Inkorporationsnorm des Art. 25 Satz 1 GG innerstaatliche Geltung erlangt haben.

3. *Rechtsbegriff*

Weiterhin fragt es sich, ob die Mediendeklaration 1978 als "Recht" i.S.v. Art. 20 Abs. 3 GG anzusehen ist. "Recht" im Sinne dieses Absatzes bezeichnet den Wert, den das Gesetz aufnehmen muß, um rechtsverbindlich zu sein[20] [21]. Der Begriff "Recht" bringt mit anderen Worten zum Ausdruck, daß die aus der Werteordnung des Grundgesetzes abzuleitenden materiellen Gerechtigkeitsvorstellungen beachtet werden müssen, damit ein Gesetz Rechtsverbindlichkeit bean-

---

20 v. Mangoldt/Klein, BGG, Art. 20 Anm. VI 4 f.; Hamann/Lenz, Das Grundgesetz für die Bundesrepublik Deutschland, Art. 20, Anm. B 9 a cc.

21 Daraus kann allerdings nicht der Umkehrschluß gezogen werden, daß der Begriff "Gesetz" Positivität ohne Wertgehalt bedeute, Stern, Staatsrecht I, S. 798.

spruchen kann[22]. Keineswegs kann daraus abgeleitet werden, daß internationale "soft law"-Regelungen innerstaatlich zu beachten sind, da es dafür einer Inkorporation bzw. einer Transformation in das innerstaatliche Recht bedarf (vgl. Art. 25 Satz 1 GG, Art. 59 Abs. 2 GG). Eine innerstaatliche Geltung der Mediendeklaration 1978 kann mithin nicht durch Art. 20 Abs. 3 GG begründet werden.

4. *Folgerungen*

Aus dem zuvor Gesagten folgt nicht, daß innerstaatliche Stellen unverbindliche Entschließungen nicht von sich aus anwenden dürfen, soweit sie die Grundrechte und die aus dem Rechtsstaatsprinzip folgenden Verpflichtungen beachten. Im Ergebnis bedeutet dies, daß nationale Stellen internationale Empfehlungen im nichtgesetzesakzessorischen Bereich heranziehen dürfen[23]. In die Rechte des Bürgers wird insoweit nicht eingegriffen. Der Werteordnung des Grundgesetzes kann nicht entnommen werden, daß sich die deutsche Rechtsordnung im Bereich des gesetzesfreien staatlichen Handelns gegenüber unverbindlichen Entschließungen internationaler Organisationen abschotten muß. Wenn es sich - wie festgestellt - beim "soft law" nicht um Recht handelt, darf dieses innerstaatlich allerdings dann nicht zur Anwendung kommen, wenn es gegen geltendes Recht verstößt[24].

---

22 Aus diesem Grunde kann nicht gesagt werden, daß das "Recht" i.S.v. Art. 20 Abs. 3 GG nur die ungeschriebenen Normen beinhalte, Franz Klein, in: Schmidt-Bleibtreu/Klein, Komm. zum Grundgesetz, Art. 20 Rdnr. 13 a. Vielmehr ist zu betonen, daß das Gewohnheitsrecht aus sich selbst heraus Verbindlichkeit beansprucht, weshalb es unter den Begriff "Gesetz" i.S.v. Art. 20 Abs. 3 GG fällt. Normgeber des Gewohnheitsrechts sind die Rechtsbetroffenen selbst, Maurer, Allgemeines Verwaltungsrecht, § 4 III 1 a Rdnr. 19. Gewohnheitsrecht wird allerdings nur dann Bestand haben können, wenn es den materiellen Gerechtigkeitsvorstellungen der Bevölkerung und der Werteordnung des Grundgesetzes entspricht.

23 Kunig, Deutsches Verwaltungshandeln und Empfehlungen internationaler Organisationen, S. 547.

24 Dieckert, Die Bedeutung unverbindlicher Entschließungen internationaler Organisationen für das innerstaatliche Recht der Bundesrepublik Deutschland, S. 166.

Dies folgt aus dem Prinzip des Gesetzesvorrangs[25]. Entschließungen, die nicht mit den satzungsmäßigen Kompetenzen der internationalen Organisation im Einklang stehen, sind innerstaatlich unbeachtlich[26]. Zu beachten ist jedoch, daß eine Vermutung für die Satzungskonformität spricht[27].

III. Sittengesetz des Grundgesetzes

Ein Einfließen der Prinzipien der Mediendeklaration 1978 in die deutsche Rechtsordnung könnte sich aus dem in Art. 2 Abs. 1 GG verankerten Sittengesetz ergeben. Hierunter versteht man die allgemein anerkannten Wertvorstellungen der Rechtsgemeinschaft[28]. Das Sittengesetz steht über dem positiven staatlichen Recht[29]. Gegen das Sittengesetz wird eingewandt, daß es zu unbestimmt sei[30]. Dem ist entgegenzuhalten, daß eine Konkretisierung des Sittengesetzes aufgrund seiner Funktion sehr wohl möglich ist. Der Sinn und Zweck des Sittengesetzes besteht darin, Rechtsgüter zu schützen und sozialschädliche Handlungen zu verhindern[31]. Der tradierte Inhalt des Sittengesetzes ergibt sich nicht nur aus den naturrechtlichen Prinzipien, sondern wird am zuverlässigsten nachgewiesen in der Gesetzgebung etwa der letzten 200 Jahre, die sich weitgehend in den Handbüchern der Ethik- oder der Moraltheologie spiegelt[32].

---

25 Ebd.

26 Kunig, Deutsches Verwaltungshandeln und Empfehlungen internationaler Organisationen, S. 548.

27 Ebd.

28 BVerfGE 6, 389, 435; Jarass, in: Jarass/Pieroth, GG-Komm., Art. 2 Rdnr. 16; Dürig, M-D, GG-Komm., Art. 2 Abs. 1 Rdnr. 16.

29 Starck/v. Mangoldt, BGG, Art. 2 Abs. 1 Rdnr. 24.

30 Kunig, in: v. Münch/Kunig, GG-Komm., Art. 20 Rdnr. 26.

31 Starck/v. Mangoldt, BGG, Art. 2 Abs. 1 Rdnr. 26.

32 So zu Recht: Starck/v. Mangoldt, BGG, Art. 2 Abs. 1 Rdnr. 26 unter Hinweis auf BVerfGE 6, 389, 435 f.

Ferner wird darauf hingewiesen, daß das Sittengesetz bedenklich sei, da es an einer demokratischen Legitimation fehle[33]. Dagegen ist zu sagen, daß das Sittengesetz insoweit eine mittelbare demokratische Legitimation aufweist, als es sich zum einen aus der Gesetzgebung ableiten läßt. Zum anderen leitet das Sittengesetz, was entscheidend ist, seine demokratische Legitimation aus einem Plebiszit "tous les jours" ab. Fließen über das Sittengesetz Empfehlungen internationaler Organisationen in die deutsche Rechtsordnung ein, ist zu konstatieren, daß die Mitarbeit Deutschlands in internationalen Organisationen zumindest mittelbar demokratisch legitimiert ist. Folglich ist davon auszugehen, daß die unter Mitarbeit deutscher Stellen zustandegekommenen Empfehlungen von internationalen Organisationen mittelbar demokratisch legitimiert sind. Damit ist allerdings nicht gesagt, daß durch die mittelbare demokratische Legitimation in jedem Fall eine hinreichende parlamentarische Mitwirkungsmöglichkeit gewährleistet ist.

Es ist verfehlt, das in Art. 2 Abs. 1 GG verankerte Sittengesetz als ein allgemeines Einfallstor zur innerstaatlichen Durchsetzung von Empfehlungen anzusehen[34]. Die Qualifizierung des grundgesetzlichen Sittengesetzes als Einlaßtür für Empfehlungen der internationalen Organisationen würde der Schutzfunktion des Gesetzes zuwiderlaufen[35]. Rechtsstaatlich ist dies bedenklich, da unverbindliche Empfehlungen über das Sittengesetz einen Geltungsrang erhalten könnten, der weder von der internationalen Organisation noch von der deutschen auswärtigen Gewalt gewollt ist[36].

Denkbar ist allerdings, daß namentlich bei Sachverhalten mit Auslandsberührung internationale Rechtsprinzipien zur Ausfüllung von

---

33 Kunig, in: v. Münch/Kunig, GG-Komm., Art. 2 Rdnr. 26.

34 Hailbronner, Völkerrechtliche und staatsrechtliche Überlegungen zu Verhaltenskodizes für transnationale Unternehmen, S. 355.

35 Ebd.

36 Ebd.; Schreuer, Die innerstaatliche Anwendung von internationalem "soft law" aus rechtsvergleichender Sicht, Österreichische Zeitschrift für öffentliches Recht und Völkerrecht, S. 253, sieht allerdings keine akute Gefahr für den Rechtsstaat, da die Kontrolle des staatlichen Gesetzgebers im Grenzbereich zum internationalen Recht auch sonst stark eingeschränkt sei.

unbestimmten Rechtsbegriffen und Generalklauseln im bundesdeutschen Recht herangezogen werden. Hiergegen bestehen keine verfassungsrechtlichen Bedenken. Dies beruht auf der Erkenntnis, daß der rechtsstaatliche Gesetzesvorbehalt keine Abschottung der deutschen Rechtsordnung gegenüber ausländischen und internationalen Interessen beinhaltet[37]. Eine Heranziehung der Prinzipien der Mediendeklaration 1978 zur Ausfüllung innerstaatlicher Rechtsvorschriften kann seit dem Jahr 1989 nicht mehr erfolgen, da spätestens seit dieser Zeit die UNESCO an der Mediendeklaration 1978 nicht mehr festhält[38]. Problematisch ist, daß die Empfehlungen internationaler Organisationen nicht in der Form verkündet werden, wie es bei Regelungen in Gestalt eines Gesetzes der Fall ist. Dadurch kann eine erhebliche Rechtsunsicherheit entstehen.

IV. Art. 24 Abs. 1 GG

Es fragt sich, ob aus Art. 24 Abs. 1 GG abzuleiten ist, daß internationales "soft law" in die innerstaatliche Rechtsordnung einfließen kann. Art. 24 Abs. 1 GG enthält das verfassungsrechtliche Gebot der Förderung der internationalen Zusammenarbeit, sei es auf politischem, wirtschaftlichem oder kulturellem Gebiet[39]. Art. 24 Abs. 1 GG beinhaltet ferner eine Verfassungsentscheidung für eine Zusammenarbeit mit anderen Staaten und internationalen Organisationen[40].

Im Hinblick auf die Völkerrechtsfreundlichkeit des Art. 24 Abs. 1 GG wird die Auffassung vertreten, daß dem Völkerrecht bei der Anwendung des innerstaatlichen Rechts ein "hohes Maß an Wirksamkeit"

---

37 Hailbronner, Völkerrechtliche und staatsrechtliche Überlegungen zu Verhaltenskodizes für transnationale Unternehmen, S. 356; Kunig, Deutsches Verwaltungshandeln und Empfehlungen internationaler Organisationen, S. 549.

38 Modoux, Neuorientierung der UNESCO in Medienfragen, SZ v. 16.11.1992, S. 11.

39 Rojahn, in: v. Münch, GG-Komm., Art. 24 Rdnr. 3.

40 Ebd., Rdnr. 2.

zukommen müsse[41]. Diese sehr gewagte These wird man für die Mediendeklaration 1978 schon deshalb nicht furchtbar machen können, da die Deklaration kein formelles Völkerrecht ist. Außerdem ist zu berücksichtigen, daß Art. 24 Abs. 1 GG die Schaffung supranationaler Organisationen im Auge hat, die unmittelbar in den staatlichen Rechtsraum hineinwirken[42]. Art. 24 Abs. 1 GG kann mit anderen Worten nicht mit internationalen Organisationen klassischen Typs in Beziehung gesetzt werden[43]. Die UNESCO ist in den Bereich der klassischen internationalen Organisation einzuordnen, da sie aufgrund ihres Verfassungsrechts den Mitgliedstaaten lediglich die Annahme von Empfehlungen oder internationalen Übereinkommen vorschlagen kann[44]. Aufgrund dieses bloßen Vorschlagsrechts gegenüber den Mitgliedstaaten kann nicht davon ausgegangen werden, daß die UNESCO gegenüber den Mitgliedstaaten ein Durchgriffsrecht hat. Daran ändert auch die Pflicht zur Berichterstattung in Art. 4 Abs. 6 i.V.m. Art. 8 UNESCO-Satzung nichts. Danach ist jeder Mitgliedstaat verpflichtet, die UNESCO über die Maßnahmen zu informieren, die er aufgrund der in Art. 4 Abs. 4 UNESCO-Satzung erwähnten Empfehlungen und Übereinkommen getroffen hat. Wie bereits dargelegt wurde, sind die nationalen Gesetzgebungskörperschaften nicht verpflichtet, die Vorschläge der UNESCO innerstaatlich durchzusetzen[45]. Mangels einer Durchgriffsmöglichkeit der UNESCO im innerstaatlichen Bereich der Mitgliedstaaten kann somit keine Rede davon sein, daß die UNESCO eine supranationale Organisation i.S.v. Art. 24 Abs. 1 GG ist. Schon deshalb kann Art. 24 Abs. 1 GG keine Grundlage für das Einwirken von "UNESCO-soft law" auf die deutsche Rechtsordnung sein.

---

41 Ebd., Rdnr. 1.

42 Ebd., Rdnr. 16; Kunig, Deutsches Verwaltungshandeln und Empfehlungen internationaler Organisationen, S. 537.

43 Kunig, Deutsches Verwaltungshandeln und Empfehlungen internationaler Organisationen, S. 537.

44 Art. 4 Abs. 4 UNESCO-Satzung.

45 Kipp, UNESCO, S. 48.

V. Art. 25 GG

Das Völkerrecht kann über die Inkorporationsregel in Art. 25 GG innerstaatliche Geltung erlangen. Adressat des Art. 25 GG sind alle Organe des Bundes, der Länder, die gesetzgebenden Einrichtungen, Regierungen, Verwaltungsbehörden und Gerichte[46]. Voraussetzung dafür ist, daß es sich um allgemeine Regeln des Völkerrechts handelt. Allgemeine Regeln i.S.v. Art. 25 Satz 1 GG sind auch die Regeln des allgemeinen Völkergewohnheitsrechts[47]. Es muß sich dabei um Regeln handeln, die nicht nur eine moralische Geltung beanspruchen, sondern die dem Bereich des Rechts zuzuordnen sind[48]. Dies ist hinsichtlich des "soft law" nicht der Fall. Hierbei handelt es sich, wie ausgeführt, um Verhaltensregeln, die zunächst nur moralisch verpflichten[49]. "Soft law" wird gelegentlich auch als ein Gewohnheitsrecht in statu nascendi bezeichnet[50]. Richtig ist, daß "soft law" die Vorstufe für die Erzeugung von Völkergewohnheitsrecht sein kann. Zwingend ist dies aber nicht, wie das Beispiel der Mediendeklaration 1978 zeigt[51]. Im Hinblick auf das ungewisse Schicksal des "soft law" muß die Anwendbarkeit des Art. 25 GG schon allein aus Gründen der Rechtssicherheit und -klarheit auf das "harte" Völkerrecht beschränkt werden[52]. Eine Inkorporation der Prinzipien der Mediendeklaration 1978 kommt folglich nicht nach Art. 25 GG in Betracht.

---

46 Rojahn, in: v. Münch, GG-Komm., Art. 25 Rdnr. 2.

47 Rojahn, in: v. Münch, GG-Komm., Art. 24 Rdnr. 6; Stern, Staatsrecht I, S. 487 f.

48 Stern, Staatsrecht I, S. 487.

49 Seidl-Hohenveldern, Völkerrecht, S. 124.

50 Geiger, Grundgesetz und Völkerrecht, S. 86; Schreuer, Die innerstaatliche Anwendung von internationalem "soft law" aus rechtsvergleichender Sicht, Österreichische Zeitschrift für öffentliches Recht und Völkerrecht 1983, S. 243, 247.

51 Modoux, Neuorientierung der UNESCO in Medienfragen, Süddeutsche Zeitung v. 16.11.1992, S. 11.

52 So auch Bleckmann, Internationale Beamtenstreitigkeiten vor nationalen Gerichten, S. 58; Schreuer, Die innerstaatliche Anwendung von internationalem "soft law" aus rechtsvergleichender Sicht, Österreichische Zeitschrift für Öffentliches Recht und Völkerrecht 1983, S. 243, 247.

VI. Art. 59 Abs. 2 Satz 1 GG

1. Allgemeines

Es fragt sich, ob "soft law"-Regelungen nach Art. 59 Abs. 2 Satz 1 GG direkt oder analog einer Transformation bedürfen bzw. fähig sind. Der Wortlaut des Art. 59 Abs. 2 Satz 1 GG bezieht sich auf völkerrechtliche Verträge[53]. Wie bereits ausgeführt wurde, handelt es sich beim "soft law" nicht um formelles Völkerrecht, sondern um bloße Empfehlungen[54]. "Soft law"-Regelungen, die durch Entschließungen internationaler Organisationen zustandekommen, sind einseitige Akte und nicht Vereinbarungen, die im Verhandlungswege entstehen[55]. Für diese Akte sind die für die Beschlußfassung berufenen Gremien der handelnden internationalen Organisationen direkt verantwortlich und nicht die an dessen Entstehung beteiligten Regierungsvertreter der Mitgliedstaaten[56]. Dies ist allerdings eine sehr formale Betrachtungsweise, die die konventionsähnliche Entstehungsweise der unverbindlichen Entschließungen internationaler Organisationen außer acht läßt[57]. Ferner ist zu berücksichtigten, daß Akte internationaler Organisationen zugleich auch Akte der Mitgliedstaaten der internationalen Organisationen sein können, wenn ein entsprechender Wille manifestiert wurde. Dies kann insbesondere dann der Fall sein, wenn es sich um Entschließungen internationaler Organisationen handelt, bei denen es fraglich ist, ob sie durch die satzungsmäßigen Kompetenzen der jeweiligen Organisation gedeckt sind.

---

53 Rojahn, in: v. Münch, GG-Komm., Art. 59 Rdnr. 19; Jarass, in: Jarass/Pieroth, GG-Komm., Art. 59 Rdnr. 6.

54 Stern, Staatsrecht I, S. 476.

55 Dieckert, Die Bedeutung unverbindlicher Entschließungen internationaler Organisationen für das innerstaatliche Recht der Bundesrepublik Deutschland, S. 66; Rösgen, Rechtssetzungsakte der Vereinten Nationen und ihrer Sonderorganisationen, S. 255 f., der verbindliche Beschlüsse internationaler Organisationen untersucht.

56 Dieckert, Die Bedeutung unverbindlicher Entschließungen internationaler Organisationen für das innerstaatliche Recht der Bundesrepublik Deutschland, S. 66.

57 Ebd.

2. *Argument der fehlenden wechselseitigen Willenserklärungen*

Ein gewichtiger Einwand gegen die Anwendung von Art. 59 Abs. 2 Satz 1 GG auf Empfehlungen internationaler Organisationen ist das Argument, es fehle bei den unverbindlichen Entschließungen internationaler Organisationen an wechselseitigen Willenserklärungen der beteiligten Staaten, an die postulierten Regelungen rechtlich gebunden zu sein[58]. Es läge bei den unverbindlichen Entschließungen ein "voluntatives Defizit" vor; ein Bindungswille sei aber gerade der entscheidende Gesichtspunkt für den Transformationsakt nach Art. 59 Abs. 2 Satz 1 GG[59]. Dem ist entgegenzuhalten, daß konsentierende Äußerungen im internationalen Verkehr, denen oft lange Verhandlungen vorausgehen, gewisse Ähnlichkeiten zu völkerrechtlichen Verträgen aufweisen können[60].

3. *Keine scharfe Trennung von Rechtlichem und Nichtrechtlichem beim "soft law"?*

Wengler[61] weist auf die Tatsache hin, daß für die Erfüllung von Absprachen Zwänge geschaffen werden könnten. Es stelle sich deshalb die Frage, ob nicht die scharfe Trennung von Rechtlichem und Nichtrechtlichem in einer Geschäftslehre des Völkerrechts in Analogie zum innerstaatlichen Recht überholt oder sogar falsch sei[62]. Diese Frage werde - so Wengler[63] - wichtig für die Entscheidung über die Mitwirkung des Parlaments bei den Äußerungen der Regierung im internationalen Verkehr und für die Frage der Beachtlichkeit von solchen

---

58 Ebd.

59 Ebd.

60 Wengler, Rechtsvertrag, Konsensus und Absichtserklärung im Völkerrecht, JZ 1976, S. 193, 197; Kunig, Deutsches Verwaltungshandeln und Empfehlungen internationaler Organisationen, S. 537; Kokott, Art. 59 Abs. 2 GG und einseitige völkerrechtliche Akte, S. 517.

61 Wengler, Rechtsvertrag, Konsensus und Absichtserklärung im Völkerrecht, JZ 1976, S. 193, 197.

62 Ebd.

63 Ebd.

Regierungsäußerungen bei der Ausübung der Funktionen untergeordneter Organe im Staat. Es fänden sich nämlich Fälle, in denen auf völkerrechtlich nicht verbindliche Äußerungen der Regierung im internationalen Verkehr Bezug genommen werde, um daraus Folgerungen etwa für das Ermessen der Verwaltung oder gar der Gerichte zu ziehen[64]. Nach der Ansicht von Wengler[65] hätten weder die Parlamente noch die Verfassungsgerichte Konzeptionen darüber, wie mit dem fertig zu werden sei, was schlagwortartig als Erosion des völkerrechtlichen Rechtsvertrages bezeichnet werden könne.

4. *Analoge Anwendung von Art. 59 Abs. 2 Satz 1 GG auf "soft law"?*

a) *Argument der langfristigen und grundsätzlich unauflösbaren Bindung*

Aufgrund des oben dargelegten Befundes ist zu untersuchen, ob Art. 59 Abs. 2 Satz 1 GG nicht zumindest analog zur Anwendung kommen muß, wenn die deutsche auswärtige Gewalt "soft law" erzeugt. Voraussetzung dafür ist, daß - neben der bestehenden Regelungslücke für "soft law" - der Sinn und Zweck des Art. 59 Abs. 2 Satz 1 GG es gebietet, diese Norm auch auf die Erzeugung von "soft law" zu erstrecken. Art. 59 Abs. 2 Satz 1 GG begründet eine Zustimmungspflicht, um langfristige grundsätzlich unauflösbare Bindungen völkerrechtlicher Art parlamentarisch abzustützen[66]. Diese Voraussetzung kann beim "soft law" zum Zeitpunkt des Zustimmungsgesetzes nicht vorliegen, da es in diesem Stadium völkerrechtlich unverbindlich ist. Die Besonderheit des "soft law" liegt gerade darin, daß es in der Zukunft möglicherweise zu einem verbindlichen Völkerrecht erstarken kann. Sind völkerrechtliche Verpflichtungen, die ursprünglich "soft law"-Charakter hatten, erst einmal entstanden, können diese durchaus langfristige und grundsätzlich unauflösbare Bindungen völkerrechtlicher Art zum Gegenstand haben. Dieser Aspekt

---

64 Ebd.

65 Ebd.

66 Jarass, in: Jarass/Pieroth, GG-Komm., Art. 59 Rdnr. 4; BVerfGE 68, 1 88.

spricht dafür, daß ein Zustimmungsgesetz zu "soft law" nach Art. 59 Abs. 2 Satz 1 GG analog erlassen wird.

b) Regelung hochpolitischer Fragen

Gegen eine analoge Anwendung des Art. 59 Abs. 2 Satz 1, 1. Alt. GG wird eingewandt, daß unverbindliche Empfehlungen im seltensten Fall die Existenz des Staates, seine territoriale Integrität, seine Unabhängigkeit, seine Stellung oder sein maßgebliches Gewicht in der Staatengemeinschaft berührten, wie es das Bundesverfassungsgericht in seiner Definition des politischen Vertrags i.S.v. Art. 59 Abs. 2 Satz 1, 1. Alt. GG bestimmt habe[67]. Dem ist entgegenzuhalten, daß sehr wohl Fälle dankbar sind, wo internationale Organisationen zu hochpolitischen Fragen im Wege unverbindlicher Empfehlungen Stellung nehmen[68]. Gerade die Mediendeklaration der UNESCO aus dem Jahre 1978 belegt dies augenfällig. Hinsichtlich dieser Deklaration kommt eine analoge Anwendung des Art. 59 Abs. 2 Satz 1, 1. Alt. GG - wie noch zu zeigen sein wird - aus innerstaatlichen Kompetenzgründen nicht in Betracht.

c) Argument der fehlenden gesetzlichen Regelungsmöglichkeit

Gegen eine analoge Anwendung des Art. 59 Abs. 2 Satz 1, 2. Alt GG wird ins Feld geführt, daß viele unverbindliche Entschließungen nicht allein durch den Erlaß von Gesetzen erfüllt werden könnten[69]. Zahlreiche Entschließungen internationaler Organisationen beschränkten sich auf die Regelung administrativer Angelegenheiten oder enthielten Rechtssetzungsabreden, die den Bereich der Rechtsverordnungen nicht überschreiten würden[70]. Dies wird man hinsichtlich der Mediendeklaration 1978 nicht sagen können, da diese

---

67 Dieckert, Die Bedeutung unverbindlicher Entschließungen internationaler Organisationen für das innerstaatliche Recht der Bundesrepublik Deutschland, S. 70 f.

68 So auch BVerfGE 68, 1, 88 f.

69 So Dieckert, Die Bedeutung unverbindlicher Entschließungen internationaler Organisationen für das innerstaatliche Recht der Bundesrepublik Deutschland, S. 71.

70 Ebd.

eine Reihe von Verhaltenspflichten begründen möchte, die die Betätigung der Informationsgrundrechte betreffen. Aufgrund des Prinzips des Gesetzesvorbehalts bedarf es für staatliche Regelungen, die wesentliche Fragen der Grundrechtsausübung betreffen, eines Gesetzes[71]. Mithin ist zu konstatieren, daß für unverbindliche Empfehlungen internationaler Organisationen die ratio des Art. 59 Abs. 2 Satz 1 GG durchaus von Bedeutung sein kann.

d) Verfassungsdogmatische Bedenken

Indes werden gegen eine analoge Anwendung von Art. 59 Abs. 2 Satz 1 GG auf das "soft law" gewichtige verfassungsdogmatische Gründe angeführt. Das Vertragsgesetz i.S.v. Art. 59 Abs. 2 GG soll nicht nur eine parlamentarische Kontrolle bewirken[72]. Soweit es um die Zustimmung zu Materien der Gesetzgebung geht, hat das Vertragsgesetz zugleich eine rechtssetzende Wirkung[73].

aa) Vollzugstheorie

Auf welche Weise die Verbindlichmachung nach Art. 59 Abs. 2 Satz 1 GG erfolgt, wird unterschiedlich beurteilt. Nach der Vollzugstheorie[74] ordnet das Vertragsgesetz lediglich an, daß ein völkerrechtlicher Vertrag im innerstaatlichen Bereich zu beachten sei. Dies führt zu dem Ergebnis, daß kraft autonomer deutscher Entscheidung "soft law"-Regelungen innerstaatlich für verbindlich erklärt werden können, obwohl sie völkerrechtlich nicht in Geltung stehen[75]. Im Hinblick auf die fehlende völkerrechtliche Verbindlichkeit von "soft law" wird die Auffassung vertreten, daß auf der Grundlage der Vollzugstheorie "soft law" keine innerstaatliche Geltung beanspruchen könne, da

---

71 Jarass, in: Jarass/Pieroth, GG-Komm., Art. 20 Rdnr. 30.

72 Rojahn, in: v. Münch, GG-Komm., Art. 59 Rdnr. 40.

73 Rojahn, in: v. Münch, GG-Komm., Art. 59 Rdnr. 40 m.w.N.; Dieckert, Die Bedeutung unverbindlicher Entschließungen internationaler Organisationen für das innerstaatliche Recht der Bundesrepublik Deutschland, S. 69.

74 Geiger, Grundgesetz und Völkerrecht, S. 173.

75 Engel, Völkerrecht als Tatbestandsmerkmal deutscher Normen, S. 247.

nach der o.g. Theorie die innerstaatliche Geltung unverändert internationalen Regeln unterstünde[76]. Dem wird entgegengehalten, daß das Zustimmungsgesetz den deutschen Rechtsraum für die Regeln des "soft law" öffne und ihnen zugleich einen bestimmten Platz im deutschen Recht zuweise[77]. Für die zuletzt genannte Auffassung spricht, daß es allein Sache des deutschen Gesetzgebers ist, ob er unverbindliche Entschließungen internationaler Organisationen innerstaatlich für verbindlich erklärt oder nicht. Die Vollzugslehre muß es hinnehmen, daß die innerstaatliche Geltung von "soft law" auf autonomer landesrechtlicher Entscheidung beruht. Wollte man die Vollzugstheorie anders interpretieren, kann sie nicht mit der Ordnung des Grundgesetzes in Einklang gebracht werden; diese läßt es zumindest im Wege einer Verfassungsänderung zu, daß deutsche Stellen "soft law" innerstaatlich für verbindlich erklären können. Auch der Grundsatz der Völkerrechtsfreundlichkeit gebietet es nicht zwingend, daß hinsichtlich der innerstaatlichen Geltung einerseits und der völkerrechtlichen Geltung andererseits eine Kongruenz bestehen muß. Vielmehr ist es so, daß sich die Bundesrepublik Deutschland außerordentlich völkerrechtsfreundlich verhält, wenn sie von sich aus eine international allseits unterstützte Empfehlung für den nationalen Bereich mit einem Geltungsanspruch versieht.

bb) Transformationstheorie

Nach der Transformationstheorie kann dem "soft law" auf folgende Weise eine innerstaatliche Geltung verschafft werden: Der Vertragsinhalt eines völkerrechtlichen Vertrags wird in innerstaatliches Recht umgegossen[78]. Innerstaatlich gilt der Vertragsinhalt nicht, weil und soweit er als Völkerrecht gilt, sondern wegen des neuen Geltungsgrundes des innerstaatlichen Gesetzes[79]. Der Geltungsgrund

---

76 Dieckert, Die Bedeutung unverbindlicher Entschließungen internationaler Organisationen für das innerstaatliche Recht der Bundesrepublik Deutschland, S. 71.

77 Engel, Völkerrecht als Tatbestandsmerkmal deutscher Normen, S. 247.

78 Bleckmann, Grundgesetz und Völkerrecht, S. 285.

79 Ebd.

des nationalen Gesetzes zerschneidet m.a.W. die Beziehung des Völkerrechtsvertrages zur Geltung auf der Völkerrechtsebene[80]. Die Transformationstheorie wird in der Gerichtspraxis durchweg zugrundegelegt[81]. Überträgt man die oben dargelegten Ausführungen hinsichtlich der innerstaatlichen Geltung eines völkerrechtlichen Vertrags auf das "soft law", kommt man zu dem Ergebnis, daß internationales "soft law" in nationales Recht umgegossen wird und kraft nationalen Rechts Geltung erlangt. Da die innerstaatliche Geltung von "soft law" in keiner Beziehung zu seiner Geltung auf der internationalen Ebene steht, kommt es nach der Transformationstheorie nicht darauf an, daß der deutsche Gesetzgeber internationalen Entscheidungen, die völkerrechtlich unverbindlich sind, innerstaatliche Geltung verschafft.

Auf der Grundlage der Transformationstheorie kann es bei der Implementierung von "soft law" Probleme geben, wenn das Vertragsgesetz im Wege der Rechtsverordnung die Exekutive zum Erlaß entsprechender Regeln ermächtigt[82]. Die verfassungsrechtliche Grundlage für die Implementierung internationaler Vereinbarungen im Verordnungswege ist in Art. 80 Abs. 1 i.V.m. Art. 59 Abs. 2 Satz 1 GG zu sehen[83]. Voraussetzung dafür ist, daß das ermächtigende Gesetz eine gewisse Auslandsbezogenheit aufweist und Inhalt, Zweck und Ausmaß bestimmt[84]. Die zuletzt genannte Voraussetzung ist bei den üblicherweise im Verordnungswege implementierten Verträgen in der Regel erfüllt. Demgegenüber sind unverbindliche Empfehlungen häufig eine Mischung aus Rechtssetzungsquellen, detaillierten Einzelregelungen und organisationsinternen Formalien, die sich von

---

80 Ebd.

81 Rojahn, in: v. Münch, GG-Komm., Art. 59 Rdnr. 40; Geiger, Grundgesetz und Völkerrecht, S. 172 jeweils mit Nachweisen.

82 Dieckert, Die Bedeutung unverbindlicher Entschließungen internationaler Organisationen für das innerstaatliche Recht der Bundesrepublik Deutschland, S. 72.

83 Treviranus, Inkraftsetzen völkerrechtlicher Vereinbarungen durch Rechtsverordnungen, NJW 1983, S. 1948, 1949; Rojahn, in: v. Münch, GG-Komm., Art. 59 Rdnr. 48.

84 Treviranus, Inkraftsetzen völkerrechtlicher Vereinbarungen durch Rechtsverordnungen, NJW 1983, S. 1948, 1949.

einer abstrakten Verordnungsermächtigung nicht oder nur schwer erfassen lassen[85]. In der Praxis wurden, soweit ersichtlich, noch keine unverbindlichen Empfehlungen im Verordnungswege in Geltung gesetzt[86].

e) Verfassungssystematische Bedenken

Neben den o.g. verfassungsdogmatischen Bedenken sprechen verfassungssystematische Gründe dagegen, Art. 59 Abs. 2 Satz 1 GG auf unverbindliche Entschließungen internationaler Organisationen zu erstrecken.

aa) Art. 20 Abs. 2 GG

Art. 59 Abs. 2 Satz 1 GG ist - wie das Bundesverfassungsgericht[87] betont - im Lichte des Art. 20 Abs. 2 GG auszulegen. Die dort als Grundsatz normierte organisatorische und funktionelle Unterscheidung der Gewalten dient zum einen der Verteilung von politischer Macht und Verantwortung sowie der Kontrolle der Machtträger[88]. Zum anderen soll Art. 20 Abs. 2 GG gewährleisten, daß staatliche Entscheidungen möglichst richtig, d.h. von den Organen getroffen werden, die dafür nach ihrer Organisation, Zusammensetzung, Funktion und Verfahrensweise über die besten Voraussetzungen verfügen[89]. Art. 59 Abs. 2 Satz 1 i.V.m. Art. 20 Abs. 2 GG kann die Wertung des Verfassungsgebers entnommen werden, daß der Bundestag in auswärtigen Angelegenheiten über die ihm im Grundgesetz zugeordneten Befugnisse hinaus keine zentralen Entscheidungsbefugnisse exekutivischer Natur erhalten soll[90].

---

85 Dieckert, Die Bedeutung unverbindlicher Entschließungen internationaler Organisationen für das innerstaatliche Recht der Bundesrepublik Deutschland, S. 72 Fn. 68.

86 Ebd., S. 76.

87 BVerfGE 68, 1, 86.

88 BVerfGE 68, 1, 86.

89 BVerfGE 68, 1, 86.

90 BVerfGE 68, 1, 86; Grewe, Auswärtige Gewalt, S. 940 f.; Hienstorfer, Die auswärtige Gewalt des Deutschen Bundestags, S. 150; Geiger, Grundgesetz und Völkerrecht, S. 130.

Es ist zu konstatieren, daß das "soft law" zu einem wichtigen Instrument der Gestaltung der internationalen Beziehungen geworden ist, weshalb die Auffassung vertreten wird, daß ein Bedürfnis bestehe, den Einfluß der Legislative bei der Erzeugung von "soft law" zu stärken[91]. Dem liegt die Erwägung zugrunde, daß auf der Bundesebene nur die Mitglieder des Bundestags über eine unmittelbar vom Wahlvolk abgeleitete demokratische Legitimation verfügen. Dieses Höchstmaß an demokratischer Legitimation darf indes nicht dazu führen, daß die Gewaltenteilung des Grundgesetzes in Form eines allumfassenden Parlamentsvorbehalts unterlaufen wird[92]. Der Grundsatz der parlamentarischen Verantwortung der Regierung setzt notwendigerweise einen Kernbereich exekutivischer Eigenverantwortung voraus[93]. Das Bundesverfassungsgericht[94] weist zu Recht darauf hin, daß der Außenpolitik heutzutage eine überragende Bedeutung für den Bestand der Bundesrepublik Deutschland zukommt. Angesichts dieser Tatsache würde eine Ausdehnung des sachlichen Anwendungsbereichs des Art. 59 Abs. 2 Satz 1 GG auf nichtvertragliche Akte der Bundesregierung gegenüber fremden Völkerrechtssubjekten einen Einbruch in zentrale Gestaltungsbereiche der Exekutive darstellen[95]. Eine entsprechende Anwendung des Art. 59 Abs. 2 Satz 1 GG auf "soft law" würde in einem weiten Umfang politische Macht zu Lasten der Exekutive auf den Bundestag verlagern, und zwar in einem Handlungsbereich, der funktionell betrachtet nicht Gesetzgebung i.S.v. Art. 20 Abs. 2 Satz 2 GG ist[96]. Die grundsätzliche Zuordnung der Akte des auswärtigen Verkehrs zum Kompetenzbereich der Exekutive beruhe auf der Annahme, daß institutionell und auf Dauer typischerweise allein die Regierung in

---

91 So Engel, Völkerrecht als Tatbestandsmerkmal deutscher Normen, S. 247; demgegenüber ist Grewe der Auffassung, daß es keine stichhaltigen Argumente gebe, von der Grundkonzeption der auswärtigen Gewalt, wie sie derzeit im Grundgesetz verankert ist, abzuweichen, Grewe, Auswärtige Gewalt, S. 940 f.

92 BVerfGE 68, 1, 86.

93 BVerfGE 67, 100, 139; 68, 1, 86.

94 BVerfGE 68, 1, 86.

95 BVerfGE 68, 1, 87.

96 BVerfGE 68, 1, 87.

hinreichendem Maße über die personellen, sachlichen und organisatorischen Möglichkeiten verfüge, auf wechselnde äußere Lagen zügig und sachgerecht zu reagieren und so die staatliche Aufgabe, die auswärtigen Angelegenheiten verantwortlich wahrzunehmen, bestmöglich zu erfüllen[97]. Wollte man jede Entschließung einer internationalen Organisation, die die Bundesrepublik Deutschland mittragen möchte, einem innerstaatlichen Ratifikationsverfahren unterwerfen, könnte die Bundesregierung angesichts der Langwierigkeit eines solchen Verfahrens nicht mehr schnell und flexibel bei der Mitarbeit in internationalen Organisationen reagieren[98]. Der Tendenz zur verstärkten Parlamentarisierung der auswärtigen Gewalt läuft es nicht zuwider, nichtvertragliche Akte der auswärtigen Gewalt zuzuordnen[99]. Dies beruht auf der Erkenntnis, daß auch die Organe der vollziehenden Gewalt ihre institutionelle und funktionelle demokratische Legitimation aus der in Art. 20 Abs. 2 GG getroffenen Grundentscheidung des Verfassungsgebers beziehen[100]. Sie besitzen auch die personelle demokratische Legitimation, die über eine Kette individueller, auf die Aktiv-Bürgerschaft zurückzuführende Berufungs- oder Abberufungsakte, und zwar insbesondere gemäß Art. 38, 63, 64 und 67 GG, vermittelt wird[101]. Die o.g. Gesichtspunkte führen dazu, daß das Zustimmungserfordernis des Art. 59 Abs. 2 Satz 1 GG - so zu Recht das BVerfG[102] - nicht unter Berufung auf das Demokratieprinzip des Grundgesetzes auf nichtvertragliche Akte der auswärtigen Gewalt erstreckt werden darf[103]. Daran ändert auch nichts der Umstand, daß über derartige Akte der Exekutive im Einzelfall möglicherweise eine völkerrechtliche Bindung der Bundesrepublik Deutschland herbeigeführt wird, die schwer oder überhaupt nicht gelöst werden kann oder die sonstige Wirkungen erzeugt, die nicht

---

97 BVerfGE 68, 1, 87.

98 Dieckert, Die Bedeutung unverbindlicher Entschließungen internationaler Organisationen für das innerstaatliche Recht der Bundesrepublik Deutschland, S. 163.

99 BVerfGE 68, 1, 87 f.

100 BVerfGE 49, 89, 125; 68, 1, 88.

101 BVerfGE 68, 1, 88.

102 BVerfGE 68, 1, 88.

103 BVerfGE 68, 1, 88; Grewe, Auswärtige Gewalt, S. 941.

oder nur schwer beseitigt werden können, wie das Bundesverfassungsgericht[104] betont. Auch die Exekutive, und innerhalb ihrer besonders die Regierung, ist als "politische" Gewalt ausgestaltet und nicht etwa von vornherein auf politisch weniger bedeutsame Entscheidungen beschränkt[105]. Die Staatsgewalt ist in allen ihren Funktionen nach dem Grundgesetz, wenn auch in unterschiedlicher Weise, demokratisch konstituiert und legitimiert und auf dieser Grundlage gewaltenteilig organisiert[106]. Aus diesem Grunde ist es nach der Rechtsprechung des Bundesverfassungsgerichts[107] kein demokratisches Defizit, wenn die Exekutive im Bereich der auswärtigen Angelegenheiten auch ausschließliche Befugnisse zu weittragenden, möglicherweise existentiellen Entscheidungen besitze[108]. Deshalb sind mit der oben dargelegten Kompetenzverteilung allfällig verbundene politische Risiken von Verfassungs wegen hinzunehmen[109].

Dem Bundestag, der solche Entscheidungen mißbilligt, verbleiben - auch in auswärtigen Angelegenheiten - seine parlamentarischen Kontrollbefugnisse; er kann ggf. einen neuen Bundeskanzler wählen und damit den Sturz der bisherigen Regierung bewirken; er kann ferner von seinen Haushaltskompetenzen Gebrauch machen[110].

bb) Das Verhältnis von Art. 59 Abs. 2 Satz 1 GG zu Art. 67 GG

Die Kompetenz des Bundeskanzlers und seiner Regierung für die operative Außenpolitik folgt aus Art. 65 GG[111]. Die in Art. 65 GG den Bundesministern - und damit auch dem Bundesaußenminister - eingeräumte Befugnis zur selbständigen und eigenverantwortlichen Leitung ihres Geschäftsbereichs entspricht dem Organisationsprinzip

---

104 BVerfGE 68, 1, 88.

105 BVerfGE 68, 1, 89.

106 BVerfGE 68, 1, 89.

107 BVerfGE 68, 1, 89.

108 BVerfGE 68, 1, 89.

109 BVerfGE 68, 1, 89.

110 BVerfGE 68, 1, 89.

111 Bayer, Die Aufhebung völkerrechtlicher Verträge im deutschen parlamentarischen Regierungssystem, S. 158 ff.; Grewe, Auswärtige Gewalt, S. 944; Hienstorfer, Die auswärtige Gewalt des Deutschen Bundestags, S. 150.

des Grundgesetzes[112]. Im Schrifttum[113] wird die Ansicht vertreten, daß Art. 59 Abs. 2 Satz 1 GG - rechtssystematisch betrachtet - eine Ausnahmebestimmung zu Art. 67 GG sei. Begründet wird diese Auffassung damit, daß aus der Gesamtheit all derjenigen Regierungsakte, wegen deren das Parlament dem Bundeskanzler sein Mißtrauen aussprechen könne, die auf den völkerrechtlichen Vertragsabschluß gerichteten Willenserklärungen herausgehoben seien[114]. Dies folge aus der Erkenntnis, daß durch die Abgabe von Willenserklärungen dieser Art eine völkerrechtliche Bindung herbeigeführt werde, an deren Existenz auch ein Wechsel in der Regierung nichts ändern könne[115]. Aus diesem Grunde hätte es wenig Sinn, ihre Kontrolle den Regeln über das Mißtrauensvotum zu unterwerfen[116]. Umgekehrt sei es folgerichtig, die Vertragskontrolle so zu regeln, daß das Parlament sein Veto einlegen könne, noch bevor auf der Ebene des Völkerrechts ein fait accompli entstanden sei[117]. Wenn man die Richtigkeit der oben dargelegten systematischen Stellung des Art. 59 Abs. 2 Satz 1 GG einmal unterstellt, wird man hinsichtlich des "soft law" feststellen müssen, daß es mangels einer völkerrechtlichen Bindungswirkung zum Entstehungszeitpunkt kein fait accompli erzeugen kann, so daß unter diesem Gesichtspunkt keine Notwendigkeit besteht, die Entstehung von "soft law" einer Kontrolle i.S.v. Art. 59 Abs. 2 Satz 1 GG zu unterstellen.

Es ist allerdings fraglich, ob Art. 59 Abs. 2 Satz 1 GG tatsächlich eine Ausnahmeregelung zu Art. 67 GG darstellt. Sowohl nach dem Wortlaut als auch nach dem Sinn und Zweck des Art. 67 GG ist die Regierung in jeder Hinsicht für ihr Handeln dem Parlament verantwortlich. Dem Wortlaut des Art. 67 Abs. 1 GG kann nicht entnommen

---

112 Grewe, Auswärtige Gewalt, S. 945.

113 Bayer, Die Aufhebung völkerrechtlicher Verträge im deutschen parlamentarischen Regierungssystem, S. 161 ff., Rojahn, in: v. Münch, GG-Komm., Art. 59 Rdnr. 38.

114 Bayer, Die Aufhebung völkerrechtlicher Verträge im deutschen parlamentarischen Regierungssystem, S. 161 f.

115 Ebd.

116 Ebd.

117 Ebd.

werden, daß der Bundestag im Hinblick auf eine früher erteilte Zustimmung nach Art. 59 Abs. 2 Satz 1 GG daran gehindert ist, der Regierung das Mißtrauen auszusprechen. Diese muß vielmehr für die gesamte Legislaturperiode das Vertrauen des Parlaments genießen. Ferner ist zu bedenken, daß der Bundestag nach der Zustimmung i.S.v. Art. 59 Abs. 2 Satz 1 GG neue Erkenntnisse erlangen kann, die ihn dazu veranlassen können, der Bundesregierung das Mißtrauen auszusprechen. Schon allein aus diesen Umständen muß die Möglichkeit bestehen, daß sämtliche außenpolitische Handlungen der Bundesregierung einem Mißtrauensvotum i.S.v. Art. 67 Abs. 1 GG unterworfen werden können. Zwar ist es richtig, daß Zustimmungsakte i.S.v. Art. 59 Abs. 2 Satz 1 GG eine herausragende Stellung im Völkerrechtsverkehr einnehmen. Dieser Umstand darf indes nicht dazu führen, daß sich die Regierung aufgrund des Zustimmungsgesetzes nach Art. 59 Abs. 2 Satz 1 GG in der Folgezeit von ihrer parlamentarischen Verantwortung für die außenpolitischen Akte, die in den Anwendungsbereich von Art. 59 Abs. 2 Satz 1 GG (direkt oder analog) fallen, völlig freizeichnen kann. Dies würde gegen das Wesen der parlamentarischen Verantwortung der Regierung, wie sie dem Grundgesetz zugrundeliegt, verstoßen. Auch das Völkerrecht gebietet es nicht, Art. 59 Abs. 2 Satz 1 GG als eine Ausnahmevorschrift zu Art. 67 GG anzusehen. Selbstverständlich hat die Bundesregierung jederzeit die Möglichkeit, mit den Völkerrechtssubjekten in Verhandlungen zu treten, wenn völkerrechtliche Akte i.S.v. Art. 59 Abs. 2 Satz 1 GG revidiert werden sollen.

f) *Zwischenergebnis*

Aus den obigen Ausführungen folgt somit, daß Art. 59 Abs. 2 Satz 1 GG - rechtssystematisch betrachtet - nicht als eine Ausnahmevorschrift zu Art. 67 GG anzusehen ist.

Der Ausnahmecharakter des Art. 59 Abs. 2 Satz 1 GG liegt vielmehr darin, daß diese Vorschrift dem Bundestag ausnahmsweise eine Zuständigkeit im Bereich der Exekutive zuweist[118]. Dies beruht auf der

118 BVerfGE 1, 372, 394.

Erkenntnis, daß Art. 59 Abs. 2 Satz 1 GG - wie dargelegt - einen zentralen Gestaltungsbereich der Exekutive zum Inhalt hat, der funktionell betrachtet nicht Gesetzgebung i.S.v. Art. 20 Abs. 2 Satz 2 GG ist[119]. Die Zustimmung oder die Mitwirkung der gesetzgebenden Körperschaften nach Art. 59 Abs. 2 Satz 1 GG ist nach Wesen und Inhalt ein Regierungsakt in der Form eines Gesetzes[120]. Durch Art. 59 Abs. 2 Satz 1 GG erhält der Bundestag ein Vetorecht, das über die normalen parlamentarischen Kontrollrechte hinausgeht[121]. Aufgrund dieser Ausnahmesituation ist Art. 59 Abs. 2 Satz 1 GG hinsichtlich weiterer Tatbestände, die nicht ausdrücklich in Art. 59 Abs. 2 Satz 1 GG genannt sind, nicht analogiefähig[122].

5. *Zustimmungsgesetz zu "soft law" auf Antrag der Bundesregierung?*

Es fragt sich allerdings, ob die Bundesregierung nicht von sich aus die Möglichkeit hat, bei "soft law"-Regelungen für eine Zustimmung des Parlaments i.S.v. Art. 59 Abs. 2 Satz 1 GG zu werben. Im Schrifttum[123] wird in der Tat die Auffassung vertreten, daß die Bundesregierung kraft eigener Entscheidung das Recht habe, auf die Verabschiedung eines Zustimmungsgesetzes zu "soft law" hinzuwirken. Verfassungspolitisch mag dies als ein wünschenswertes Ergebnis angesehen werden. Ein solches Entscheidungsrecht der Bundesregierung würde der Tendenz zur verstärkten Parlamentarisierung der Willensbildung im Bereich der auswärtigen Gewalt Rechnung tragen. Ein Entscheidungsrecht der Bundesregierung, sämtliche Akte der auswärtigen Gewalt einer Zustimmung i.S.v. Art. 59 Abs. 2 Satz 1 GG zu unterwerfen, würde allerdings im Ergebnis darauf hinauslaufen, daß die Bundesregierung die vom Verfassungsgeber vorgenommene Kompetenzverteilung in einem zentralen Gestaltungsbereich

---

119 BVerfGE 68, 1, 87.

120 BVerfGE 1, 372, 395.

121 Grewe, Auswärtige Gewalt, S. 945.

122 Ebd.; Maunz, M-D, GG-Komm., Art. 59 Rdnr. 44.

123 So Engel, Völkerrecht als Tatbestandsmerkmal deutscher Normen, S. 247.

der Politik verändern könnte. Es ist nicht ersichtlich, daß der Verfassungsgeber der Bundesregierung das Recht eingeräumt hat, die vom Grundgesetz vorgenommene Kompetenzverteilung zu verändern. Könnte die Bundesregierung nach Belieben darüber entscheiden, ob sie für die Erzeugung von "soft law" eine Zustimmung des Parlaments nach Art. 59 Abs. 2 Satz 1 GG einholt oder nicht, hätte sie die Möglichkeit, die Verantwortung für ihre Außenpolitik dem Bundestag immer dann zuzuschieben, wenn die Bundesregierung handlungsunfähig oder handlungsunwillig ist. Dies dürfte namentlich bei außenpolitischen Akten der Fall sein, die eine gewisse Brisanz aufweisen.

All dies ist nicht zuletzt auch deshalb problematisch, als allein die Regierung institutionell und auf Dauer in hinreichendem Maße über die personellen, sachlichen und organisatorischen Möglichkeiten verfügt, auf wechselnde äußere Lagen zügig und sachgerecht zu reagieren, wie das Bundesverfassungsgericht[124] zu Recht betont. Würde man der Bundesregierung das Recht einräumen, über den sachlichen Anwendungsbereich des Art. 59 Abs. 2 Satz 1 GG hinaus im Einzelfall ein parlamentarisches Zustimmungserfordernis zu schaffen, hätte es die Regierung in der Hand, sich nach Belieben der Verantwortung in einem wesentlichen Bereich der Politikgestaltung zu entziehen, indem sie ihre Tätigkeit von einer im Grundgesetz nicht vorgesehenen Entscheidung der Legislative abhängig macht.

6. *Art. 68 Abs. 1 Satz 1 GG*

Möchte die Bundesregierung hinsichtlich außenpolitischer Akte, die nicht in den sachlichen Anwendungsbereich des Art. 59 Abs. 2 Satz 1 GG fallen, eine parlamentarische Absicherung erhalten, ist nach der Konzeption des Grundgesetzes der Weg der Vertrauensfrage i.S.v. Art. 68 Abs. 1 Satz 1 GG zu wählen. Die Vertrauensfrage nach Art. 68 Abs. 1 Satz 1 GG ist ein Werkzeug der Regierung, um sich der Unterstützung einer parlamentarischen Mehrheit zu versichern oder um durch einen besonderen Akt des Parlaments das Vorhandensein einer hinreichenden parlamentarischen Unterstützung zu bekräfti-

124 BVerfGE 68, 1, 87.

gen[125]. Art. 68 Abs. 1 Satz 1 GG geht nach seinem Wortlaut davon aus, daß der Bundeskanzler die Vertrauensfrage abstrakt, d.h. ohne Koppelung mit einem politischen Sachantrag zu stellen hat[126]. In der Praxis kommt es gleichwohl vor, daß die Vertrauensfrage mit Sachanträgen (außerhalb des Gesetzgebungsverfahrens) verbunden wird; in der Ablehnung der betreffenden Sachvorlage durch das Parlament wird gleichzeitig auch eine Mißtrauensbekundung gegen den Regierungschef gesehen[127]. Die Koppelungsmöglichkeit der Vertrauensfrage mit einer Gesetzesvorlage folgt unmittelbar aus Art. 81 Abs. 1 Satz 2 GG. Art. 81 Abs. 1 Satz 2 GG will nicht die Verbindung anderer politischer Entscheidungen des Bundestages mit der Vertrauensfrage ausschließen[128]. Die gesonderte Regelung der Vertrauensfrage in Verbindung mit einer Gesetzesvorlage in Art. 81 Abs. 1 Satz 2 GG beruht darauf, daß nur im Zusammenhang mit einem Gesetzgebungsverfahren die Mobilisierung der in Art. 81 normierten politischen Legalitätsreserve des Bundesrats in Betracht kommt[129]. Daß Art. 81 Abs. 1 Satz 2 GG nicht von anderen Vorlagen spricht, hängt schließlich auch damit zusammen, daß der ganze Art. 81 GG nur den Gesetzgebungsnotstand regelt[130].

Aus den o.g. Gründen ist davon auszugehen, daß der Bundeskanzler außenpolitische Regelungen mit "soft law"-Charakter zum Gegenstand einer Vertrauensfrage i.S.v. Art. 68 Abs. 1 GG machen kann. Allein über diese Grundgesetznorm kann er eine ausdrücklich gewünschte parlamentarische Unterstützung bei der Erzeugung von "soft law", das der ratio des Art. 59 Abs. 2 Satz 1 GG an sich

---

125 Badura, Staatsrecht, S. 351.

126 Herzog, M-D, GG-Komm., Art. 68 Rdnr. 25.

127 Ebd.

128 Schenke, BK, Art. 68 Rdnr. 121.

129 Ebd.; a.A. Henkel, der der Meinung ist, daß eine selbständige Funktion für eine Verbindung von Vertrauensfrage und Gesetzesvorlage außerhalb des Art. 81 Abs. 1 Satz 2 GG nicht ersichtlich sei; die Verbindung von Vertrauensfrage und Gesetzesvorlage habe nur dort Platz, wo sie das Grundgesetz ausdrücklich nenne und dies sei das Verfahren nach Art. 81 Abs. 1 Satz 2 GG, Henkel, Zur Verbindung von Vertrauensfrage und Gesetzesvorlage, S. 13.

130 Herzog, M-D, GG-Komm., Art. 68 Rdnr. 27.

entspricht, erlangen und nicht durch ein freiwillig auferlegtes Zustimmungsverfahren nach Art. 59 Abs. 2 Satz 1 GG[131]. Das zuletzt genannte Verfahren wird die Bundesregierung - seine Zulässigkeit für das "soft law" unterstellt - jederzeit zur parlamentarischen Absicherung in Anspruch nehmen können. Demgegenüber wird man dies hinsichtlich der Vertrauensfrage i.S.v. Art. 68 Abs. 1 GG nicht sagen können. Dieses Instrument wird die Bundesregierung in der Regel nur dann benutzen, wenn Spannungen zwischen der Regierung und dem Bundestag bestehen[132]. Das Mittel der Vertrauensfrage wird die Bundesregierung ferner nur sehr zurückhaltend zum Einsatz bringen, um die Wirkung dieses Instruments nicht verbrauchen zu lassen.

7. *Ergebnis*

Es ist festzuhalten, daß "soft law" nicht über Art. 59 Abs. 2 Satz 1 GG direkt bzw. analog eine parlamentarische Absicherung erlangen kann[133]. Die Bundesregierung kann auch nicht kraft eigener Entscheidung ein Zustimmungsverfahren nach Art. 59 Abs. 2 Satz 1 GG direkt oder analog zu "soft law" in Gang setzen. "Soft law", das dem Bedeutungsrang eines Vertrages i.S.v. Art. 59 Abs. 2 Satz 1 GG entspricht, kann somit nicht mittels der o.g. Grundgesetznorm in innerstaatliches Recht transformiert werden. Internationale "soft law"-Regelungen können Gegenstand einer Vertrauensfrage sein.

---

131 A.A. Engel, Völkerrecht als Tatbestandsmerkmal deutscher Normen, S. 247.

132 Liesegang, in: v. Münch, GG-Komm., Art. 68 Rdnr. 1.

133 A.A. Kokott, die eine analoge Anwendung des Art. 59 Abs. 2 Satz 1 GG bei unverbindlichen Entschließungen internationaler Organisationen befürwortet, wenn diese völkerrechtliche Sanktionen oder eine Haftung begründen würden und wenn die Entschließungen zugleich eine "politische" oder gesetzesinhaltliche Entscheidung zum Gegenstand hätten, Kokott, Art. 59 Abs. 2 GG und einseitige völkerrechtliche Akte, S. 517. Dies dürfte praktisch allerdings kaum vorkommen. Zum Zeitpunkt der Entstehung von "soft law" wird man nicht absehen können, ob es Sanktionen oder eine Haftung nach sich ziehen kann.

VII. Art. 59 Abs. 2 Satz 2 GG

Wenn dem "soft law" nicht über Art. 59 Abs. 2 Satz 1 GG (direkt bzw. analog) innerstaatliche Geltung verschafft werden kann, stellt sich zwangsläufig die Frage, ob dieses Ziel nicht über Art. 59 Abs. 2 Satz 2 GG erreicht werden kann.

1. Allgemeines

Dann müßte das "soft law" zumindest sinngemäß die Qualität von Verwaltungsabkommen i.S.v. Art. 59 Abs. 2 Satz 2 GG haben. Hierunter versteht man zum einen Vereinbarungen mit Völkerrechtssubjekten, die keine Verträge i.S.v. Art. 59 Abs. 2 Satz 1 GG darstellen[134]. Ferner fallen unter Art. 59 Abs. 2 Satz 2 GG Vereinbarungen mit Völkerrechtssubjekten, die für ihre innerstaatliche Durchführung keinen gesetzgeberischen Akt zur Voraussetzung haben[135]. Verwaltungsabkommen können m.a.W. nur Gegenstände behandeln, die durch Verwaltungsvorschriften, Verwaltungsakte oder Rechtsverordnungen, zu deren Erlaß die Bundesregierung nach Art. 80 Abs. 1 GG ermächtigt werden muß, zu regeln sind[136].

Gegen eine Inkraftsetzung unverbindlicher Entschließungen internationaler Organisationen nach Art. 59 Abs. 2 Satz 2 GG spricht folgender Gesichtspunkt:

Auch die Verwaltungsabkommen i.S.v. Art. 59 Abs. 2 Satz 2 GG sind Vereinbarungen im Sinne völkerrechtlicher Verträge und keine unverbindlichen Abmachungen[137]. Dieser Einwand läßt sich insofern entkräften, als die Bundesrepublik Deutschland kraft autonomer

---

134 Rojahn, in: v. Münch, GG-Komm., Art. 59 Rdnr. 55; Jarass, in: Jarass/Pieroth, GG-Komm., Art. 59 Rdnr. 11.

135 Rojahn, in: v. Münch, GG-Komm., Art. 59 Rdnr. 55.

136 Ebd.; Geiger, Grundgesetz und Völkerrecht, S. 138.

137 Dieckert, Die Bedeutung unverbindlicher Entschließungen internationaler Organisationen für das innerstaatliche Recht der Bundesrepublik Deutschland, S. 71; v. Mangoldt/Klein, BGG, Art. 59 Anm. V 3 a.

Entscheidung das Recht hat, dem Inhalt internationaler Empfehlungen innerstaatliche Geltung zu verschaffen. Da dies durch eine Verwaltungsverordnung, einen Verwaltungsakt oder durch eine innerdienstliche Anweisung geschieht, findet nicht - wie im Falle des Art. 59 Abs. 2 Satz 1 GG - eine im Grundgesetz nicht vorgesehene Kompetenzverlagerung auf die Legislative statt.

2. *Transformationstheorie*

Auf der Grundlage der Transformationstheorie kann "soft law" nach Art. 59 Abs. 2 Satz 2 GG innerstaatliche Geltung erlangen, da der Geltungsgrund für das "soft law" auf Landesrecht zurückzuführen ist. Sofern der Inhalt von "soft law" nicht durch Rechtsverordnung, sondern im Wege einer bloßen Verwaltungsverordnung innerstaatliche Geltung erlangt, ist die Verwaltungsverordnung der Transformator[138]. Das transformierte Recht hat dann auch den Rang einer Verwaltungsverordnung[139]. Beruht die innerstaatliche Geltung von "soft law" auf innerdienstlichen Anweisungen, erlangt der Inhalt des transformierten "soft law" den Rang innerdienstlicher Anweisungen[140].

3. *Vollzugstheorie*

Folgt man im Zusammenhang mit Art. 59 Abs. 2 GG der Vollzugstheorie, stellt sich das Problem, daß sich der Geltungsgrund für den Inhalt des "soft law" nach internationalen Regeln richtet[141]. Unter dieser Prämisse kann im Hinblick auf die völkerrechtliche Unverbindlichkeit von "soft law" im Grunde genommen eine innerstaatliche Verbindlichkeit der "soft law"-Regelungen nicht eintreten. Allerdings

---

138 Schweitzer, Staatsrecht III, S. 133.

139 Ebd.

140 Ebd., S. 134.

141 Dieckert, Die Bedeutung unverbindlicher Entschließungen internationaler Organisationen für das innerstaatliche Recht der Bundesrepublik Deutschland, S. 71.

wird man hinsichtlich des "soft law" zu verlangen haben, daß die Vollzugstheorie es hinnehmen muß, daß ein Staat kraft autonomer Entscheidung dem Inhalt internationaler Empfehlungen eine innerstaatliche Geltung verschafft. Eine Inkongruenz hinsichtlich der Verbindlichkeit von "soft law" im Bereich von Landesrecht einerseits und Völkerrecht andererseits liegt im Wesen des "soft law" begründet. Wollte man auf der Basis der Vollzugstheorie zu dem Ergebnis gelangen, daß "soft law" innerstaatlich nicht in Geltung gesetzt werden kann, wäre dies mit Art. 59 Abs. 2 Satz 2 GG nicht in Einklang zu bringen. Zumindest im Lichte von Art. 59 Abs. 2 Satz 2 GG ist deshalb die Vollzugstheorie so auszulegen, daß "soft law" kraft Landesrecht für den innerstaatlichen Bereich eine Rechtsverbindlichkeit erlangen kann[142].

4. *Art. 59 Abs. 2 Satz 2 i.V.m. Art. 80 Abs. 1 GG*

Soll der Inhalt von "soft law"-Regeln nach Art. 59 Abs. 2 Satz 2 GG i.V.m. Art. 80 Abs. 1 GG in Kraft gesetzt werden, ist - wie schon bei Art. 59 Abs. 2 Satz 1 i.V.m. Art. 80 Abs. 1 GG - das Problem zu beachten, daß es im Hinblick auf die unübersehbare Zahl und die große inhaltliche Bandbreite der unverbindlichen Empfehlungen internationaler Organisationen kaum möglich sein dürfte, einschlägige Verordnungsermächtigungen so zu formulieren, daß die Exekutive zur Inkraftsetzung des jeweiligen Entschließungstextes ermächtigt werden kann[143]. Dies gilt umso mehr, als sich in einer einzigen Empfehlung häufig eine Mischung aus Rechtssetzungsappellen, detaillierten Einzelregelungen und organisationsinternen Formalia findet; all dies läßt sich in dieser Zusammensetzung unmöglich mit abstrakten Verordnungsermächtigungen erfassen[144]. Eine Verordnungsermächtigung für "soft law" setzt voraus, daß ganz konkrete Vorgaben über

---

142 Im Ergebnis so auch Engel, Völkerrecht als Tatbestandsmerkmal deutscher Normen, S. 247.

143 Dieckert, Die Bedeutung unverbindlicher Entschließungen internationaler Organisationen für das innerstaatliche Recht der Bundesrepublik Deutschland, S. 72.

144 Ebd., S. 72 Fn. 68.

Inhalt und Zweck der im Verordnungswege umzusetzenden Empfehlungen gemacht werden[145]. Der Grundsatz der Gewaltenteilung wäre jedenfalls dann verletzt, wenn die Exekutive aufgrund einer pauschalen Rechtsverordnungsermächtigung jegliche Entschließung am Parlament vorbei in innerstaatliches Recht umsetzen könnte[146]. Gelingt es indes im Einzelfall hinreichend bestimmte Verordnungsermächtigungen zu schaffen, können "soft law"-Regelungen im Verordnungswege nach Art. 59 Abs. 2 Satz 2 GG eine innerstaatliche Geltung erlangen. Eine Implementierung von "soft law" in innerstaatliches Recht kommt schließlich auch auf administrativem Wege, also über Verwaltungsvorschriften, innerdienstliche Anweisungen oder Verwaltungsakte in Betracht. Innerstaatliche Rechtsakte, die in die Rechte Dritter eingreifen, bedürfen aufgrund des Prinzips vom Gesetzesvorbehalt einer Ermächtigungsgrundlage. Hierfür reicht die Existenz von "soft law" nicht aus.

VIII. Innerstaatliche Geltung von Völkerrechtsprinzipien zur Befriedigung grundlegender Gemeinschaftsinteressen

Nach der Auffassung von Hailbronner[147] sei es verfassungsrechtlich unbedenklich, innerstaatliche Stellen zur Beachtung völkerrechtlicher Prinzipien zu verpflichten, soweit diese der Befriedigung grundlegender Gemeinschaftsinteressen der Völkerrechtsordnung zu dienen bestimmt seien[148]. Dem ist zum einen entgegenzuhalten, daß die Eingliederung von "soft law" in die deutsche Rechtsordnung durch

---

145 Ebd., S. 76.

146 Ebd.

147 Hailbronner, Völkerrechtliche und staatsrechtliche Überlegungen zu Verhaltenskodizes für transnationale Unternehmen, S. 359 f.

148 Pentzlin sieht ebenfalls im internationalen ordre public einen innerstaatlichen Geltungsgrund, dies., Der universelle ordre public im Wirtschaftsrecht als ein Ordnungsprinzip des innerstaatlichen Rechts, S. 38. Der universelle ordre public solle die Berücksichtigung universeller Gemeinschaftsinteressen überall dort gewährleisten, wo dies aus der Sicht des Ziels einer weitestgehenden Beachtung von internationalen Gemeinschaftsinteressen sinnvoll erscheine, Pentzlin, a.a.O., S. 7.

eine ungeschriebene verfassungsrechtliche Inkorporationsnorm hinsichtlich wichtiger Gemeinschaftsinteressen die Rechte des Parlaments beschneidet[149]. Zwar kann dem Art. 25 GG die Wertung entnommen werden, daß Regeln des Völkerrechts ohne Beteiligung des Parlaments eine innerstaatliche Geltung erlangen können[150]. Jedoch ist Art. 25 GG nach der Konzeption des Grundgesetzes eine Ausnahmevorschrift, die als solche restriktiv auszulegen ist. Zum anderen spricht gegen eine ungeschriebene Inkorporationsnorm hinsichtlich von "soft law"-Prinzipien im Bereich grundlegender Gemeinschaftsinteressen das Wesen des "soft law". Dieses ist aufgrund seines Probe- und Empfehlungscharakters nicht so verfestigt, daß es ein Bestandteil eines zwingenden ordre public sein kann[151].

IX. Heranziehung von "soft law" bei der Auslegung von innerstaatlichen Rechtsvorschriften

Es fragt sich, ob und inwieweit das "soft law" über die Generalklauseln des einfachen Rechts (z.B. § 7 Abs. 1 AWG, § 134 BGB, § 138 BGB, § 823 BGB, § 826 BGB), die offenen Tatbestandsmerkmale und das internationale Allgemeininteresse (internationaler ordre public) Beachtung finden kann und ob dies gegebenenfalls verfassungsrechtlich unbeanstandet hingenommen werden kann.

---

149 Engel, Völkerrecht als Tatbestandsmerkmal deutscher Normen, S. 246; Dieckert weist zu Recht darauf hin, daß die nationalen staatlichen Stellen mangels innerstaatlicher gesetzlicher Verankerung Entschließungen internationaler Organisationen niemals zum Tatbestand mit Rechtsfolge für einen zu beurteilenden Lebenssachverhalt erheben dürfen. Gleichwohl spräche grundsätzlich nichts dagegen, Entschließungen zur Auslegung und Konkretisierung nationaler Tatbestände heranzuziehen, ders., Die Bedeutung unverbindlicher Entschließungen internationaler Organisationen für das innerstaatliche Recht der Bundesrepublik Deutschland, S. 229.

150 Dieckert, Die Bedeutung unverbindlicher Entschließungen internationaler Organisationen für das innerstaatliche Recht der Bundesrepublik Deutschland, S. 228.

151 So zu Recht: Hailbronner, Völkerrechtliche und staatsrechtliche Überlegungen für transnationale Unternehmen, S. 360.

1. *Auffassungen des Schrifttums*

a) *Meessen*

Nach der Ansicht von Meessen[152] ist die Berücksichtigung internationaler Empfehlungen bei der Auslegung und Anwendung des einfachen Rechts verfassungsrechtlich problematisch. Internationale Empfehlungen fänden auf diese Weise ohne eine demokratische Kontrolle durch Bundestag und Bundesrat Eingang in die deutsche Rechtsordnung[153]. Die Entscheidung über die innerstaatliche Beachtung internationaler Empfehlungen läge ausschließlich bei den Gerichten[154]. Das Defizit an demokratischer und rechtsstaatlicher Kontrolle trete zwar auch sonst bei der Berücksichtigung außerrechtlicher Faktoren im Rahmen der Anwendung von Generalklauseln im Bereich der Sittenwidrigkeit auf[155] [156]. Anders als sonst komme aber der Erlaß von "soft law" einem systematischen Versuch zur Beeinflussung innerstaatlicher Rechtsordnungen gleich[157]. Zudem sei zu berücksichtigen, daß die Beeinflussung nicht von gesellschaftlichen Kräften, sondern von staatlichen Instanzen ausgehe[158]. Dem ist entgegenzuhalten, daß die Beeinflussung der innerstaatlichen Rechtsordnung durch internationale Empfehlungen rechtsverbindlich nur so weit reichen kann, wie die Gerichte ein Eindringen der Empfehlungen der internationalen Organisationen über die Generalklauseln des innerstaatlichen Rechts sanktionieren. Die Verwaltung darf "soft law" nur insoweit zur Konkretisierung offener Tatbestände heranziehen, als dies mit den normativen Vorgaben der einschlägigen Normen vereinbar ist. Der nationale Gesetzgeber, der - wie ausgeführt - nicht durch das "soft law" verpflichtet wird, kann durch den Erlaß von nationalen Ge-

---

152 Meessen, Internationale Verhaltenskodizes und Sittenwidrigkeitsklauseln, NJW 1981, S. 1131, 1132.

153 Ebd.

154 Ebd.

155 Ebd.

156 Zu den Theorien der guten Sitten siehe: Teubner, Standards und Direktiven in Generalklauseln, S. 13 ff.

157 Meessen, Internationale Verhaltenskodizes und Sittenwidrigkeitsklauseln, NJW 1981, S. 1131, 1132.

158 Ebd.

setzen darauf hinwirken, daß eine Inkorporation internationaler Empfehlungen durch die Auslegung und Anwendung der Generalklauseln des innerstaatlichen Rechts unterbleibt. Oft wird es dem nationalen Gesetzgeber allerdings gar nicht möglich sein, alle innerstaatlichen Lebensbereiche gegen den Einfluß von internationalen Empfehlungen so rasch abzuschotten, wie die Verwaltung bzw. die Gerichte zu entscheiden haben. In der Praxis sind jedenfalls Fallkonstellationen möglich, die die nationalen Stellen vor die Frage stellen, ob sie Empfehlungen mit "soft law"-Charakter anwenden sollen oder nicht. Häufig wird den innerstaatlichen Stellen gar nicht bekannt sein, ob und inwieweit der Träger der deutschen auswärtigen Gewalt die Anwendung von "soft law"-Regeln wünscht. Es würde sowohl die Verwaltung als auch die Gerichtsbarkeit - insbesondere im Bereich der unteren Instanzen - überfordern, wollte man von ihnen verlangen, daß sie die Motive und das Abstimmungsverhalten der Mitgliedstaaten bei der Annahme von internationalen Empfehlungen mit "soft law"-Charakter zu eruieren haben. Dies wird häufig schon deshalb auf große Schwierigkeiten stoßen, da die internationalen Empfehlungen im Hinblick auf ihre Rechtsunverbindlichkeit nicht in Gesetzesblättern abgedruckt sind. Die Erforschung der Entstehungsgeschichte von "soft law"-Empfehlungen wird aufgrund von rigiden Geheimhaltungsvorschriften im Bereich der auswärtigen Gewalt erschwert. Die nationalen Rechtsanwender, die über jeden vorgelegten Fall zu entscheiden haben, könnten aufgrund der oben dargelegten Umstände internationale Empfehlungen ganz anders auslegen, als sie ursprünglich gewollt waren. Steuert der Gesetzgeber dem Einfließen von internationalen Empfehlungen bei der Konkretisierung offener Tatbestände des autonomen Rechts im Rahmen der Rechtsanwendung nicht entgegen, haben die Rechtsunterworfenen nur die Möglichkeit, ihre Grundrechte auf gerichtlichem Wege zu verteidigen. Es wird noch zu prüfen sein, ob und inwieweit die Verfassungsgerichtsbarkeit die Möglichkeit hat, über kollektive Wertvorstellungen zu judizieren oder ob internationale Empfehlungen dem Grundgesetz vorgegeben und damit auch dem Einfluß der Verfassungsgerichtsbarkeit entzogen sind[159].

---

159 Siehe hierzu: Engel, Völkerrecht als Tatbestandsmerkmal deutscher Normen, S. 255 m.w.N.

Hinsichtlich des Einwandes, daß das Einfließen internationaler Empfehlungen über Generalklauseln des deutschen Rechts der demokratischen Kontrolle ermangele[160], ist aus völkerrechtlicher Sicht festzustellen, daß dies dem Wesen des Völkerrechts nicht widerspricht. Infolge der horizontalen Struktur des Völkerrechts entfällt die im staatsrechtlichen Legalitätsprinzip zum Ausdruck kommende Schutzfunktion des Rechts, die auf die Begrenzung hoheitlicher Macht gegenüber den unterworfenen Rechtssubjekten abzielt[161].

b) Engel

aa) Art. 59 Abs. 2 Satz 1/Art. 25 GG

Gegen eine großzügige Heranziehung von "soft law" im Rahmen der Auslegung und Anwendung von Generalklauseln des autonomen deutschen Rechts ist dezidiert Engel[162]. Eine Befolgung von "soft law"-Regeln bei der Auslegung von Generalklauseln des autonomen innerstaatlichen Rechts laufe auf eine Umgehung von Art. 59 Abs. 2 Satz 1 GG und Art. 25 GG hinaus[163]. Außerhalb von Art. 25 GG sei es Sache des Parlaments darüber zu entscheiden, ob der deutsche Rechtsraum internationalen Sachregeln geöffnet werde[164]. Wollte man eine mittelbare Befolgung des "soft law" über die Generalklauseln des deutschen Rechts hinnehmen, käme völkerrechtlich nicht bindenden Regeln im deutschen Rechtsraum einfacher eine innerstaatliche Bindungswirkung zu als Normen, die Deutschland völkerrechtlich binden würden[165]. Die Teilnahme an der Ausarbeitung von "soft law" gehöre nicht zum klassischen Kernbereich parlamentsfreier Gestaltung der Beziehungen zu ausländischen Staaten[166]. Vielmehr ziele das "soft-law" genauso unmittelbar auf die Beachtung in der

---

160 Meessen, Internationale Verhaltenskodizes und Sittenwidrigkeitsklauseln, NJW 1981, S. 1131, 1132.

161 Thürer, "Soft Law" - eine neue Form von Völkerrecht, Zeitschrift für Schweizerisches Recht 1985, S. 429, 440.

162 Engel, Völkerrecht als Tatbestandsmerkmal deutscher Normen, S. 251 ff.

163 Ebd., S. 251.

164 Ebd., S. 252.

165 Ebd.

166 Ebd.

Rechtsordnung der betroffenen Staaten wie völkerrechtliche Verträge mit unmittelbar anwendbaren Normen[167].

Dem kann nicht gefolgt werden. "Soft law" steht nicht in rechtlicher Geltung[168]. Die in das "soft law" gegossenen Verhaltensregeln bedürfen im Hinblick auf eine innerstaatliche Anwendung und Durchsetzung in der Regel einer gesetzlichen Anordnung, so daß eine Mitwirkung des Parlaments grundsätzlich sehr wohl gewährleistet ist. Soweit "soft law" zur Ausfüllung wertungsbedürftiger, offener Gesetzesbestimmungen herangezogen wird, ist dies verfassungsrechtlich nicht zu beanstanden, da der Gesetzgeber die Verweisung auf außergesetzliche Standards ausdrücklich angeordnet hat[169].

Richtig ist, daß in dem Maße, in dem auf internationaler Ebene "soft law" an die Stelle von Verträgen tritt, das naturgemäß ohnehin bestehende Übergewicht der Regierung weiter verstärkt wird[170]. Dieser Befund ist eine Folge der Entscheidung des Grundgesetzes zur internationalen Zusammenarbeit[171]. Die völkerrechtsfreundliche Tendenz des Grundgesetzes beinhaltet eine Abkehr von nationaler Rechtsautarkie[172]. Die tatsächliche politische Bedeutung des Art. 59 Abs. 2 GG darf nicht überschätzt werden[173]. Das Parlament hat im allgemeinen nur wenig Möglichkeiten, die Ergebnisse internationaler multilateraler oder gar universaler Verhandlungsprozesse zu beeinflussen oder sogar in Frage zu stellen[174]. Dies gilt auch und gerade für die Ausarbeitung von Verhaltensregeln im "soft law"-Bereich.

---

167 Ebd.

168 Thürer, "Soft Law" - eine neue Form von Völkerrecht?, Zeitschrift für Schweizerisches Recht 1985, S. 429, 434.

169 Bryde, Internationale Verhaltensregeln für Private, S. 38; Dieckert, Die Bedeutung unverbindlicher Entschließungen für das innerstaatliche Recht der Bundesrepublik Deutschland, S. 174 ff., 201 ff.; Kunig, Deutsches Verwaltungshandeln und Empfehlungen internationaler Organisationen, S. 547.

170 Bryde, Internationale Verhaltensregeln für Private, S. 36.

171 Ebd.

172 Stern, Staatsrecht I, S. 475 f.

173 So zu Recht: Bryde, Internationale Verhaltensregeln für Private, S. 36.

174 Ebd., Rojahn, in: v. Münch, GG-Komm., Art. 59 Rdnr. 31 u. 63.

Im Hinblick auf den flexiblen Charakter des "soft law" sind auf der parlamentarischen Ebene vergleichbare flexible Kontrollmittel notwendig[175]. Der nicht zustimmungsbedürftige Bereich auswärtiger Politik ist keinesfalls völlig der parlamentarischen Kontrolle und Mitwirkung entzogen[176]. Zum einen kann das Parlament das Budgetbewilligungsrecht gezielt als eine Waffe zur Durchsetzung eines außenpolitischen Mitspracherechts benutzen[177]. Zum anderen kann insbesondere der Bundestag durch das Frage- und Untersuchungsrecht auf den nicht zustimmungsbedürftigen Bereich der auswärtigen Politik Einfluß nehmen[178]. Durch schlichte Parlamentsbeschlüsse hat das Parlament die Möglichkeit zu einer internationalen Frage oder zu außenpolitischen Aktivitäten Stellung zu nehmen[179]. Rechtlich verbindlich sind schlichte Parlamentsbeschlüsse nach h.M.[180] freilich nicht, da es sich lediglich um politische Aussagen handelt. Im Rahmen des parlamentarischen Regierungssystems wird sich allerdings ein Staatsorgan schwerlich über einen schlichten Parlamentsbeschluß hinwegsetzen können, da der Bundestag durch Gesetz oder

---

175 Bryde, Internationale Verhaltensregeln für Private, S. 37.

176 Ebd.; Tomuschat, Der Verfassungsstaat im Geflecht der internationalen Beziehungen, VVDStRL, 36. Bd., S. 34 ff.

177 Tomuschat, Der Verfassungsstaat im Geflecht der internationalen Beziehungen, VVDStRL, 36. Bd., S. 34; nach der Auffassung von Treviranus ist die Leistungskontrolle angesichts der Uneinsichtigkeit der Außenpolitik und der mangelnden Sachkenntnis der Kontrolleure ein schwaches Kontrollinstrument, Treviranus, Außenpolitik im demokratischen Rechtsstaat, S. 88; ähnlich auch: Weiß, Auswärtige Gewalt und Gewaltenteilung, S. 112.

178 Tomuschat, Der Verfassungsstaat im Geflecht der internationalen Beziehungen, VVDStRL, 36. Bd., S. 34 ff.; Bryde, Internationale Verhaltensregeln für Private, S. 37; Treviranus, Außenpolitik im demokratischen Rechtsstaat, S. 96; Grewe, Auswärtige Gewalt, S. 945; zu dem Entscheidungsspielraum von Bundestag und Bundesrat im Bereich der Außenpolitik siehe: Weiß, Auswärtige Gewalt und Gewaltenteilung, S. 137 ff.

179 Stern, Staatsrecht II, S. 48.

180 Ebd., S. 49; Bleckmann, Grundgesetz und Völkerrecht, S. 224; Mosler, Die auswärtige Gewalt im Verfassungssystem der Bundesrepublik Deutschland, S. 292 f.; Treviranus, Außenpolitik im demokratischen Rechtsstaat, S. 96; Tomuschat, Der Verfassungsstaat im Geflecht der internationalen Beziehungen, VVDStRL, 36. Bd., S. 36 f.; a.A.: Sellmann, Schlichter Parlamentsbeschluß, S. 104.

Mißtrauensvotum seine Beschlüsse durchsetzen kann[181] [182]. Unbefriedigend ist freilich, daß das Parlament im wesentlichen lediglich die Möglichkeit hat, außenpolitische Maßnahmen zu verhindern. Die aktive Gestaltungsmöglichkeit der Legislative ist im Bereich der auswärtigen Gewalt im allgemeinen und ganz besonders bei der Ausarbeitung von "soft law" durch internationale Organisationen sehr begrenzt. Eine Stärkung der Mitwirkung von Bundestag und Bundesrat im Bereich der Außenpolitik ist im Hinblick auf die wachsende "Internationalisierung" der innerstaatlichen Rechtsmaterien wünschenswert[183]. Dazu bedarf es jedoch einer Änderung von Art. 59 GG sowie einer Parlamentsreform[184].

Aus den obigen Ausführungen folgt, daß de lege lata das Einfließen von "soft law" über die Generalklauseln des originären deutschen Rechts die Mitwirkungsbefugnisse des Parlaments nicht verletzt.

bb) Versteckte dynamische Verweisung

Nach der Ansicht von Engel[185] ist die Beachtung von "soft law" bei der Auslegung von Generalklauseln des autonomen deutschen Rechts nicht nur im Hinblick auf eine Umgehung von Art. 59 Abs. 2 Satz 1 GG verfassungsrechtlich bedenklich. Verfassungsrechtlich problematisch sei das Einwirken von "soft law" in den deutschen Rechtsraum mittels Generalklauseln des autonomen deutschen Rechts auch insofern, als darin eine versteckte dynamische Verweisung auf normähnliche Gebilde aus einer fremden Rechtsordnung zu sehen sei[186]. Zu einer dynamischen Verweisung gelangt Engel[187] insofern, als er davon ausgeht, daß die Generalklauseln des deutschen autonomen

---

181 Stern, Staatsrecht II, S. 49.

182 Aus diesem Grunde nimmt Butzer eine faktische Bindungswirkung bei schlichten Parlamentsbeschlüssen an, ders., Der Bereich des schlichten Parlamentsbeschlusses, AöR 1994, S. 61, 93.

183 Rojahn, in: v. Münch, GG-Komm., Art. 59 Rdnr. 63.

184 Ebd., Weiß, Auswärtige Gewalt und Gewaltenteilung, S. 215 ff.

185 Engel, Völkerrecht als Tatbestandsmerkmal deutscher Normen, S. 252 f.

186 Ebd.

187 Ebd., S. 253 Fn. 303 u. S. 38.

Rechts auf Verhaltensregeln verweisen, die sich aufgrund des flexiblen "soft law"-Charakters in einem ständigen Entwicklungsprozeß befänden. Gegen diese dynamische Verweisung spräche vor allem das Demokratieprinzip[188]. Es reiche nicht aus, daß "soft law" nur deshalb im deutschen Rechtsraum zu beachten sei, weil der deutsche Gesetzgeber oder ein anderer deutscher Normgeber dies angeordnet habe[189]. Das Grundgesetz verlange nicht nur eine formale, sondern auch eine materielle sachliche Legitimation[190].

cc) Mangelnde Vorhersehbarkeit staatlichen Handelns

Das Einfließen von "soft law"-Regeln durch die Generalklauseln des autonomen deutschen Rechts in den deutschen Rechtsraum sei weiterhin im Hinblick auf das Rechtsstaatsprinzip verfassungsrechtlich bedenklich[191]. Dieses Prinzip verlange, daß die Rechtsunterworfenen immer in der Lage sein müßten, die Rechte und Pflichten der gesamten Rechtsordnung ermitteln zu können[192]. Auch das Prinzip des Gesetzesvorbehalts werde verletzt, wenn "soft law"-Regeln über die Generalklauseln des einfachen deutschen Rechts in die deutsche Rechtsordnung Eingang fänden[193]. Eine Regelung, die in die Freiheit oder das Eigentum Privater eingreife, bedürfe nach dem Grundgesetz eines Gesetzes[194]. Dieser Grundsatz habe auch für das "soft law" zu gelten, da es über die Generalklauseln des autonomen deutschen Rechts eine mittelbare innerstaatliche Bindungswirkung erhalte[195].

---

188 Ebd., S. 253 Fn. 303 u. S. 41 ff.

189 Ebd., S. 253 Fn. 303 u. S. 42.

190 Ebd.

191 Ebd., S. 253 Fn. 303 u. S. 43 f.

192 Ebd.

193 Ebd., S. 253 Fn. 303 u. S. 44.

194 Ebd.

195 Ebd., S. 253.

dd) Verletzung der grundgesetzlichen Zuständigkeitsordnung

Die Mißachtung des Gesetzesvorbehalts verletzte zugleich die deutsche Zuständigkeitsordnung und damit die vom Grundgesetz festgelegte Gewalten(ver)teilung; eine Materie, die zur Zuständigkeit des Parlaments gehöre, werde ihm genommen[196]. Aus Art. 38 Abs. 1 GG folge, daß sich die Abgeordneten des Bundestages an dem orientierten, was in der deutschen Gesellschaft konsensfähig sei, dies sei ein notwendiger Bestandteil der Willensbildung[197]. Der Einfluß der Gesellschaft auf den parlamentarischen Willensbildungsprozeß sei nicht mehr gesichert, wenn ausländische Stellen auf deutsche Normen Einfluß nähmen[198].

ee) Verminderter Anwendungswille des Grundgesetzes bei auslandsbezogenen Sachverhalten

Allenfalls der verminderte Anwendungswille des Grundgesetzes bei Sachverhalten mit Auslandsberührung könne die "soft-law-konforme" Auslegung von Generalklauseln in einzelnen Fällen rechtfertigen[199]. Allerdings reiche dafür eine Auslandsberührung, die unter Mitwirkung der Bundesregierung erst geschaffen wurde, nicht aus[200]. Vielmehr sei ein Einfließen von "soft law"-Regeln über Generalklauseln des autonomen Rechts nur dann zu rechtfertigen, wenn sie Ausdruck kollektiver Wertvorstellungen und von Standards der Völkerrechtsgemeinschaft seien[201]. Nur dann handele es sich um Gegebenheiten, die der Rechtsordnung des Grundgesetzes vorgegeben und ihrem gezielten Einfluß entzogen seien[202].

---

196 Ebd., S. 253 Fn. 303 u. S. 45.

197 Ebd., S. 253 Fn. 303 u. S. 48.

198 Ebd.

199 Ebd., S. 254.

200 Ebd.

201 Ebd., S. 254 f.

202 Ebd., S. 255.

ff) Stellungnahme

(1) Verweisung auf außerrechtliche Standards

Die von Engel genannten verfassungsrechtlichen Bedenken gegen die Einwirkung von "soft law" über Generalklauseln des originären deutschen Rechts stellen sich insofern nicht, als die Ausfüllung wertungsbedürftiger, offener Gesetzesbestimmungen durch internationale Verhaltensregeln selbst dann unbedenklich ist, wenn dadurch für den Bürger gerichtliche oder administrative Sanktionen begründet werden[203]. Dies beruht auf der Erkenntnis, daß die o.g. Rechtsfolgen durch die Verweisung eines deutschen Gesetzes auf außerrechtliche Standards gerechtfertigt sind[204].

Die nationalen Rechtsanwender sind allerdings aufgrund des Gesetzesvorbehalts gehindert, die Entschließung einer internationalen Organisation als solche zur Entscheidungsgrundlage zu machen[205]. Dies würde im Ergebnis darauf hinauslaufen, daß eine internationale Empfehlung den Rang eines Tatbestandsmerkmals einer innerstaatlichen Norm erhielte[206]. Die Rechtsfolge des zu entscheidenden Lebenssachverhalts würde dann nicht mehr auf der ausfüllungsbedürftigen innerstaatlichen Norm beruhen, sondern auf einer Entschließung einer internationalen Organisation, die dem Bereich des Nicht-Rechts zuzuordnen ist. Es liegt auf der Hand, daß ein solches Vorgehen rechtsstaatswidrig ist. Vielmehr muß die Rechtsfolge auf einer innerstaatlichen gesetzlichen Anordnung beruhen. Dies schließt indes nicht aus, daß Entschließungen internationaler Organisationen zur Konkretisierung offener Tatbestandsmerkmale nationaler Normen herangezogen werden können. Selbstverständlich muß der nationale Rechtsanwender bei Ausfüllung innerstaatlicher Normen mittels "soft law"-Regelungen stets darauf achten, daß das Verfassungsrecht (Grundrechte, Rechtsstaatsprinzip etc.) beachtet wird[207].

---

203 Bryde, Internationale Verhaltensregeln für Private, S. 38.

204 Ebd.

205 Dieckert, Die Bedeutung unverbindlicher Entschließungen internationaler Organisationen für das innerstaatliche Recht der Bundesrepublik Deutschland, S. 229.

206 Ebd.

207 Ebd.

Ob und inwieweit außerrechtliche Normen bei wertungsbedürftigen, offenen Gesetzestatbestandsmerkmalen herangezogen werden, ist der deutschen Rechtsordnung nicht mit zwingender Notwendigkeit vorgegeben. Dies folgt aus dem Umstand, daß die Verhaltensnormen des "soft law" allenfalls moralisch verpflichten[208]. Rechtssoziologisch ist allerdings zu konstatieren, daß moralische Verpflichtungen zuweilen außerordentlich effektiv sein können, obwohl sie sich nicht für eine förmliche zwangsweise Durchsetzung eignen[209]. Dies beruht auf der Tatsache, daß die Nichtbefolgung von moralischen Verpflichtungen als ein unfreundlicher Akt empfunden werden kann, der im Bereich der internationalen Beziehungen zu einer Isolierung derjenigen Staaten führen kann, die nicht bereit sind, "soft law"-Verhaltensregeln zu beachten. Gleichwohl ist zu konstatieren, daß auf der innerstaatlichen Ebene das "soft law" aufgrund seiner Unverbindlichkeit nur dann wirksam Rechte und Pflichten begründen kann, wenn durch autonomes deutsches Recht die Beachtung und Anwendung von "soft law"-Regeln entweder ausdrücklich oder in Form von Generalklauseln bzw. offenen Gesetzesbestimmungen angeordnet wird. Gegen diese Anordnung kann nicht mit Erfolg eingewandt werden, daß es sich insoweit um eine versteckte dynamische Verweisung handele, die verfassungsrechtlich unzulässig sei. Soweit "soft law"-Regelungen zur Ausfüllung innerstaatlicher Normen herangezogen werden, kommt "soft law" lediglich als Ausdruck kollektiver Wertvorstellungen und nicht als verbindliches Gesetz zur Anwendung. Das Institut der dynamischen Verweisung bezieht sich aber nur auf rechtsverbindliche Normen und nicht auf außerrechtliche Kategorien, die dem Recht aufgrund tatsächlicher Handlungsweisen vorgegeben sind. "Soft law" ist - wie ausgeführt - dem Bereich des Nicht-Rechts zuzuordnen. Es ist dem Recht als etwas Gesolltes vorgegeben. Ob es zu verbindlichem Recht erstarkt oder nicht, liegt nicht allein in der Macht des nationalen Gesetzgebers. Vielmehr entscheidet eine Vielzahl von Umständen darüber, ob "soft law" Rechtsverbindlichkeit erlangen kann. Diese Umstände sind nur partiell staatlich beeinflußbar.

---

208 Seidl-Hohenveldern, Völkerrecht, S. 122.

209 Tammes, Soft Law, S. 195.

(2) Unmittelbare Inkorporation

Anders verhält es sich, wenn der Landesgesetzgeber "soft law" unmittelbar inkorporiert, indem er auf den Empfehlungstext einer internationalen Organisation ausdrücklich verweist. Nach der Rechtsprechung des Bundesverfassungsgerichts[210] ist der Gesetzgeber nicht gehindert, auf fremde, nicht von ihm formulierte Normen zu verweisen. Dies gilt namentlich bei der statischen Verweisung[211]. Nur eine solche kommt aus Gründen der Normenklarheit bei "soft law"-Regelungen in Betracht. Im Hinblick auf den Kompromißcharakter des "soft law" wird eine unmittelbare Inkorporation in der Regel aus Gründen der Rechtssicherheit und -klarheit nicht in Frage kommen. Im Hinblick auf das Gebot der Meßbarkeit staatlichen Verhaltens ist bei einer unmittelbaren Inkorporation von "soft law" eine Publikation der "soft law"-Regelungen unerläßlich[212]. Dies folgt aus dem Umstand, daß bei einer Verweisung auf internationale Empfehlungen diese unmittelbar zur Entscheidungsgrundlage gemacht werden. Demgegenüber sind bei der Heranziehung von Entschließungen zur Ausfüllung offener Gesetzestatbestände die unverbindlichen Empfehlungen der innerstaatlichen Norm vorgelagert. Ihr Einfließen in die innerstaatliche Rechtsordnung ist nur insoweit möglich, als dies mit dem Zweck der nationalen Norm, die die Rechtsanwendung unmittelbar trägt, vereinbar ist.

(3) Ermessensausübung

Immerhin geht auch Engel[213] davon aus, daß "soft law" bei der Ermessensausübung von der Exekutive herangezogen werden könne. Dieses Ergebnis sei mit seiner Position zur Nichtheranziehung von "soft law" bei der Konkretisierung von Generalklauseln des autonomen Rechts vereinbar[214]. Anders als dort führe eine auf "soft law"

---

210 BVerfGE 47, 285, 311 f.

211 Ebd.

212 So zu Recht: Engel, Völkerrecht als Tatbestandsmerkmal deutscher Normen, S. 253.

213 Engel, Völkerrecht als Tatbestandsmerkmal deutscher Normen, S. 255 ff.

214 Ebd., S. 256 f.

gestützte Ermessensentscheidung weder unmittelbar noch mittelbar zur Inkorporation von "soft law" in das deutsche Recht[215]. Die Exekutive nutze vielmehr nur den ihr eingeräumten Gestaltungsspielraum, um die Inhalte von "soft law" zu verwirklichen, zu denen sie sich im zwischenstaatlichen Verkehr bekannt habe[216].

Die unterschiedliche Behandlung bei der Heranziehung von "soft law" im Rahmen wertungsbedürftiger Vorschriften einerseits und von Ermessensvorschriften andererseits vermag indes nicht zu überzeugen. In beiden Fällen geht es um die Frage, ob außerrechtliche Normen, die nicht in das deutsche Recht transformiert oder inkorporiert worden sind, zur Konkretisierung autonomen deutschen Rechts herangezogen werden können. Es ist kein sachlicher Grund ersichtlich, warum die o.g. Fallgruppen unterschiedlich behandelt werden müssen. Sowohl bei Rechtsnormen mit offenen Tatbeständen als auch bei Ermessensvorschriften wird dem nationalen Rechtsanwender ein Gestaltungsspielraum eingeräumt, der zumindest die Möglichkeit eröffnet, Empfehlungen internationaler Organisationen zur Konkretisierung autonomer deutscher Vorschriften heranzuziehen. Es ist allerdings zu betonen, daß deutsche Stellen keineswegs gehalten sind, internationalen Empfehlungen bei der Anwendung innerstaatlicher Rechtsvorschriften Geltung zu verschaffen.

Die Parallelität beim Einfließen von "soft law" im Rahmen von offenen Tatbeständen autonomer deutscher Rechtsvorschriften einerseits und von nationalen Ermessensvorschriften andererseits zeigt sich schließlich auch auf der Rechtsfolgenseite. In beiden Fällen muß die Rechtsfolge auf der nationalen Rechtsvorschrift beruhen. Keinesfalls darf die Rechtsfolge unmittelbar auf "soft law" gestützt werden. Hierin läge ein Verstoß gegen das Prinzip des Gesetzesvorbehalts. Auf jeden Fall müssen bei der Heranziehung von "soft law" im Rahmen der offenen Tatbestände bzw. der Ermessensvorschriften die vom Normgeber gesetzten Zwecke beachtet werden bzw. dürfen bei der Ermessensausübung keine Ermessensfehler begangen werden.

---

215 Ebd., S. 257.

216 Ebd.

Da internationales "soft law" dem Bereich des Nicht-Rechts zuzuordnen ist, das darüber hinaus kein Bestandteil der deutschen Rechtsordnung ist, überschreitet die Exekutive keine Ermessensgrenze, wenn sie eine Entscheidung fällt, die nicht mit dem internationalen "soft law" in Einklang steht[217].

c) Hailbronner

Hailbronner[218] ist der Auffassung, daß es einer gesetzlichen Inkorporation von internationalen Verhaltensregeln in das nationale Recht dort nicht bedürfe, wo es um die internationale Bestimmung der guten Sitten gehe. Die Unverbindlichkeit von Verhaltensgrundsätzen bedeute bei verfassungskonformer Auslegung ein innerstaatliches Verbot ihrer mittelbaren Durchsetzung mit Hilfe von Nichtigkeitserklärungen, solange dafür keine gesetzliche Grundlage vorhanden sei[219]. In Konfliktfällen könne bei der Ausfüllung von Generalklauseln hinsichtlich der Sachverhalte mit Auslandsberührung auf internationale Verhaltensgrundsätze zurückgegriffen werden[220]. Die Offenhaltung des Grundgesetzes für das Völkerrecht und seine Entscheidung für eine internationale Zusammenarbeit ließen es zu, internationalen oder ausländischen Interessen auch vor einem deutschen Gericht Geltung zu verschaffen[221]. Dabei müsse es sich allerdings um Regeln handeln, deren Beachtung zur Durchsetzung von Gemeinschaftsinteressen unabdingbar sei[222]. Soweit Rechtsgrundsätze und Normen der Befriedigung grundlegender Gemeinschaftsinteressen der Völkerrechtsordnung zu dienen bestimmt seien oder zum völkerrechtlichen ius cogens gehörten, bestünden keine verfassungsrechtlichen Bedenken, den nationalen Richter auch ohne innerstaatliches Transformationsgesetz auf die Beachtung der o.g. Prinzi-

---

217 So zu Recht: Engel, Völkerrecht als Tatbestandsmerkmal deutscher Normen, S. 257.

218 Hailbronner, Völkerrechtliche und staatsrechtliche Überlegungen zu Verhaltenskodizes für transnationale Unternehmen, S. 360.

219 Ebd., S. 361 f.

220 Ebd., S. 356.

221 Ebd., S. 356 f.

222 Ebd., S. 359 f.

pien zu verpflichten[223]. Internationale Verhaltensgrundsätze böten allerdings nur Ansätze zur Herausbildung einer Gemeinschaftsordnung[224]. Sie könnten im Hinblick auf den Probecharakter und der ausdrücklich erklärten Unverbindlichkeit noch nicht als Bestandteil eines zwingenden internationalen ordre public angesehen werden[225]. Eine Beachtung internationaler Verhaltensregeln durch den nationalen Richter kommt somit nach der Ansicht von Hailbronner[226] nur dann in Betracht, wenn sie Ausdruck der internationalen guten Sitten seien. Dies kann hinsichtlich der Mediendeklaration 1978 nicht angenommen werden, da diese sich nicht hinreichend verfestigen konnte. Vielmehr ist die UNESCO selbst vom Inhalt der o.g. Deklaration abgerückt[227].

Für die zurückhaltende Heranziehung internationaler Verhaltensregeln im Rahmen der nationalen Rechtsanwendung spricht, daß diese eher nur Wunschvorstellungen als allgemein anerkannte Einsichten formulieren[228]. Oft hat bei Entschließungen internationaler Organisationen das politische Taktieren Priorität und nicht das Interesse an sachgerechten und realisierbaren Lösungen[229]. Folglich besteht in der Tat die Notwendigkeit, diejenigen Entschließungen herauszufiltern, die von nationalen Gerichten angewandt werden können[230].

---

223 Ebd.

224 Ebd., S. 360.

225 Ebd.

226 Ebd.

227 Modoux, Neuorientierung der UNESCO in Medienfragen, Süddeutsche Zeitung v. 16.11.1992, S. 11.

228 Dieckert, Die Bedeutung unverbindlicher Entschließungen internationaler Organisationen für das innerstaatliche Recht der Bundesrepublik Deutschland, S. 227.

229 Ebd.

230 Ebd.

d) Schreuer

Schreuer[231] hat grundsätzlich keine Bedenken, Verhaltensregeln als Ausdruck international anerkannter Standards im Rahmen von Generalklauseln des nationalen Rechts heranzuziehen. Allerdings sei bei dieser Vorgehensweise eine gewisse Vorsicht geboten[232]. Nicht jede internationale Verhaltensregel sei notwendigerweise Ausdruck eines allgemein akzeptierten Standards im Sinne eines internationalen ordre public[233]. Im Einzelfall müsse daher überprüft werden, ob es sich tatsächlich um unabdingbare Forderungen der "internationalen Anständigkeit" handele[234]. Ferner wird man zu untersuchen haben, ob es sich bei "soft law"-Regelungen nicht nur um Formelkompromisse handelt, die einen Dissens der internationalen Staatengemeinschaft lediglich kaschieren.

e) Teubner

aa) Funktion kollektiver Wertvorstellungen

Nach der Ansicht von Teubner[235] ist es die Aufgabe des Richters, kollektive Wertvorstellungen in rechtliche Verhaltensnormen zu transformieren. Kollektive Wertvorstellungen hätten beim richterlichen Normschöpfungsprozeß eine dreifache Funktion[236]. Sie seien u.a. informativer und limitativer Faktor bei der Normbildung und kontrollierender Faktor bei der langfristigen Normdurchsetzung[237]. Informativ seien sie insofern als sie das Ausgangsmaterial zur Transformation bereitstellten, limitativ, als sie einen Anerkennungsrahmen für die richterliche Verhaltensregel bildeten und kontrollierend,

---

231 Schreuer, Die innerstaatliche Anwendung von internationalem "soft law" aus rechtsvergleichender Sicht, Österreichische Zeitschrift für öffentliches Recht und Völkerrecht 1983, S. 243, 258.

232 Ebd.

233 Ebd.

234 Ebd.

235 Teubner, Standards und Direktiven in Generalklauseln, S. 99.

236 Ebd., S. 105.

237 Ebd.

als sie die Durchsetzung einer solchen Regel verhinderten, wenn die "Konsensvermutung" widerlegt sei[238].

Gegen die These von der richterlichen Aufgabe, kollektive Wertvorstellungen in rechtliche Verhaltensnormen zu transformieren, wird eingewandt, daß in einer wertpluralistischen Gesellschaft in unserer Zeit kein Konsens zu erwarten sei[239]. Richtig ist, daß in einer Gesellschaft, die sich durch einen zunehmenden Pluralismus und Individualismus auszeichnet, ein Konsens in grundlegenden Fragen immer schwieriger zu finden ist. Die pauschale Behauptung, daß gar kein Konsens in einer pluralistischen Gesellschaft zu erzielen sei, läuft - worauf Teubner[240] zu Recht hinweist - darauf hinaus, daß der Weg zu einer wertungebundenen Rechtsschöpfung durch den Richter eröffnet wird[241]. Legitim sei es, die Inhomogenität der sozialen Wertungen konkret nachzuweisen und erst dann den Richter als 'arbiter' entscheiden zu lassen[242].

bb) Rationalität und demokratische Legitimation

Die Konkretisierung von Generalklauseln durch den nationalen Richter genüge - so Teubner[243] - den Anforderungen an Rationalität und demokratische Legitimation. Garantien der Rationalität folgten aus dem Argumentierungszwang des öffentlichen Prozesses, dem richterlichen Begründungszwang, der Kontrolle durch die Gerichtshierarchie, der Auseinandersetzung mit der rechtswissenschaftlichen Dogmatik, der Befolgung rechtsmethodischer Regeln und aus der Diskussion in der juristischen Öffentlichkeit[244]. Eine mittelbare demokratische Legitimation des nationalen Richters sei ebenfalls vorhanden[245]. Sie ergäbe sich aus der Bindung des 'freien' Richterrechts an einen

---

238 Ebd.

239 Esser, Werte als Grundlage der Rechtsanwendung, S. 22 ff.

240 Teubner, Standards und Direktiven in Generalklauseln, S. 99.

241 Ebd.

242 Ebd.

243 Ebd., S. 107.

244 Ebd.

245 Ebd.

gesetzlichen Rahmen, der Ausrichtung an verfassungsrechtlichen Wertmaßstäben, der richterlichen Unabhängigkeit, der Wahl der höheren Gerichte durch demokratisch legitimierte Gremien und aus der Kontrolle durch die Diskussion in der Öffentlichkeit[246]. Die politische Meinungsforschung könne zwar nicht die Hoffnung auf eine demokratische Legitimierung des Richterrechts erfüllen[247]. Jedoch könnten empirische Unterlagen der Bewältigung sozialer Konflikte, die unter dem Stichwort "Sittenwidrigkeit" durch richterliche Normsetzung gelöst würden, wichtige Entscheidungshilfen liefern[248].

Will der nationale Richter "soft law"-Regelungen zur Konkretisierung von Generalklauseln heranziehen, wird er in der Regel große Schwierigkeiten bei der Untersuchung der Frage haben, ob die für den konkreten Fall in Frage kommenden "soft law"-Regeln Ausdruck kollektiver Wertvorstellungen sind oder nicht. Dies festzustellen, bereitet bereits auf nationaler Ebene erhebliche Probleme. Um so schwieriger ist es, international anerkannte kollektive Wertvorstellungen festzustellen. Der nationale Richter wird in der Regel die Angaben der nationalen Behörden, namentlich die des Auswärtigen Amtes, zur Grundlage seiner Entscheidung machen. Nach Art. 35 Abs. 1 GG ist das Auswärtige Amt gehalten, die notwendigen Informationen für die Entscheidungsfindung zur Verfügung zu stellen.

cc) Folgerungen für das "soft law"

Auf der Grundlage der oben dargelegten Thesen wird die Mediendeklaration 1978 schon deshalb nicht über die Generalklauseln des deutschen Rechts eine innerstaatliche Geltung entfalten können, da "soft law"-Regelungen aufgrund ihres Probecharakters schwerlich international anerkannte kollektive Wertvorstellungen zum Ausdruck bringen können.

---

246 Ebd.

247 Ebd., S. 113.

248 Ebd.

f) Rudolf Geiger

Nach der Auffassung von Rudolf Geiger[249] ist die Auslegung des nationalen Rechts durch innerstaatliche Gerichte eine Einbruchstelle für das "soft law". Bei der Konkretisierung des Begriffs der "guten Sitten" müsse hinsichtlich auslandsbezogener Sachverhalte nicht nur die Völkerrechtslage, sondern auch das internationale Allgemeininteresse berücksichtigt werden[250]. Hinsichtlich der Heranziehung von "soft law" sei allerdings besonders darauf zu achten, daß nicht beliebige Resolutionen internationaler Organisationen ohne weiteres als ein Ausdruck des internationalen Allgemeininteresses gelten könnten[251]. Zu berücksichtigen sei zum einen ihre Entstehungsgeschichte und zum anderen das Abstimmungsverhalten der Staaten[252].

Nach diesen Grundsätzen ist unklar, ob die Mediendeklaration 1978 jemals über die Generalklauseln des innerstaatlichen Rechts Geltung erlangen konnte. Einerseits ist zu konstatieren, daß der Text der Mediendeklaration 1978 durch Akklamation angenommen wurde[253]. Dieser Umstand könnte dafür sprechen, daß die Mediendeklaration 1978 - ursprünglich zumindest - ein internationales Allgemeininteresse zum Ausdruck brachte. Andererseits ist hinsichtlich der Entstehungsgeschichte der Mediendeklaration 1978 ist zu berücksichtigen, daß diese einen starken Kompromißcharakter aufweist. Die in der Deklaration enthaltenen Kompromisse waren notwendig, um eine Spaltung der UNESCO-Organisation abzuwenden[254]. Aufgrund dieser Entstehungsgeschichte ist davon auszugehen, daß die Mediendeklaration 1978 zu keiner Zeit Ausdruck eines internationalen Allgemeininteresses war. Vielmehr verkörpert sie entstehungsgeschichtlich lediglich den kleinsten gemeinsamen Nenner einer

---

249 Geiger, Grundgesetz und Völkerrecht, S. 191.

250 Ebd.

251 Ebd., S. 191 f.

252 Ebd., S. 192.

253 Witzmann, Völkerrechtliche Aspekte der Bemühungen um eine neue Weltinformationsordnung, S. 34.

254 Righter, Noch eine "neue Weltordnung"?, EA 1979, S. 211, 216.

Weltinformationsordnung der Staatengemeinschaft. Selbst dieser Minimalkonsens war nicht von Dauer[255].

g) Bleckmann
aa) Nationaler und internationaler ordre public

Auch Bleckmann[256] geht davon aus, daß die Verletzung völkerrechtlich nicht geschützter Kollektivinteressen mit innerstaatlichen Sanktionen geahndet werden könne. Der ordre public international werde so, überspitzt formuliert, zu einer neuen, allerdings nur innerstaatlich sanktionierten Völkerrechtsquelle[257]. Jedoch verlange weder das Völkerrecht noch das nationale Verfassungsrecht, den Verstoß gegen internationale Kollektivinteressen als sittenwidrig anzusehen[258]. Dies schlösse umgekehrt nicht aus, daß das deutsche Recht den nationalen ordre public erweitere, ohne in einem engen oder in einem weiteren Sinne an das Völkerrecht gebunden zu sein[259]. Eine Vermutung des Inhalts, der nationale Gesetzgeber wolle grundsätzlich fremde und internationale Interessen nur soweit schützen, wie das Völkerrecht dies vorschreibe, habe sich nicht verfestigen können[260]. Die deutsche Rechtsprechung zur Verletzung innerstaatlicher Allgemeininteressen sei genügend gefestigt, sie könne auf die Verletzung internationaler Kollektivinteressen, die auch das deutsche Allgemeininteresse umfaßten, ausgedehnt werden[261].

---

255 Hüfner, UNESCO, in: Handbuch Vereinte Nationen, S. 917; Modoux, Neuorientierung der UNESCO in Medienfragen, Süddeutsche Zeitung v. 16.11.1992, S. 11; a.A. Bryde, der von einem konsensfähigen Kompromiß spricht; ders., Internationale Verhaltensregeln für Private, S. 57. Allerdings sieht auch Bryde die Gefahr, daß die UNESCO-Resolutionen hinsichtlich einer neuen Weltinformationsordnung eine Beschränkung der Informationsfreiheit zur Folge haben können, ders., Internationale Verhaltensregeln für Private, S. 58.

256 Bleckmann, Sittenwidrigkeit wegen Verstoßes gegen den ordre public international, ZaöRV 1974, S. 112, 113.

257 Ebd.

258 Ebd., S. 131.

259 Ebd.

260 Ebd.

261 Ebd.

Zieht die nationale Rechtsprechung bei der Konkretisierung von Generalklauseln des originären deutschen Rechts internationale Kollektivinteressen heran, stelle sich die Frage, ob diese Interessen durch die internationale Praxis geschützt sein müssen oder nicht[262]. Die Eigenart der vom nationalen Richter zu entscheidenden Fälle erfordere nicht unbedingt, daß das Unwerturteil aus der Bewertung durch die internationale Gemeinschaft abgeleitet werde[263]. Es müsse dem nationalen Richter freistehen, auch von der internationalen Praxis nicht geschützte Interessen zu berücksichtigen und vor allem die innerstaatliche Sanktion dann abzulehnen, wenn die internationale Praxis nicht auf moralischen Werturteilen, sondern auf politischen Gründen beruhe[264].

bb) Kein Zustimmungserfordernis bei internationalen Entschließungen

Nach der Ansicht von Bleckmann[265] könne der nationale Richter eine internationale Entschließung selbst dann heranziehen, wenn die Bundesrepublik Deutschland ihr nicht zugestimmt habe. Auf die Stellungnahme Deutschlands komme es nicht an[266]. Dies entspreche der Rechtslage bei den innerstaatlichen Wirkungen des Völkergewohnheitsrechts[267]. Richtig ist zwar, daß die Mehrheit des Parlamentarischen Rats einer allgmeinen Regel nach Art. 25 Satz 1 GG auch dann innerstaatliche Geltung verschaffen wollte, wenn sie nicht speziell von der Bundesrepublik Deutschland anerkannt wurde[268]. Zu bedenken ist aber, daß das Völkerrecht auch den allgemeinen Grundsatz kennt, daß kein Staat durch eine Staatenmehrheit an eine seine Interessen unmittelbar berührende Gewohnheitsrechtsnorm gebunden werden kann, sofern er bereits im Entstehungsstadium der Norm

---

262 Ebd.

263 Ebd., S. 131 f.

264 Ebd., S. 132.

265 Ebd., S. 126.

266 Ebd.

267 Ebd.

268 Rojahn, in: v. Münch, GG-Komm., Art. 25 Rdnr. 7; Zuleeg, AK-GG, (Hrsg.: R. Wassermann), Art. 24 Abs. 3/Art. 25 Rdnr. 16 m.w.N.

seinen entgegenstehenden Willen durch Protest geäußert und sein Verhalten danach eingerichtet hat[269]. Die Geltung dieses Völkerrechtssatzes wird durch Art. 25 Satz 1 GG weder beseitigt noch modifiziert[270].

cc) Folgerungen

Folgt man den oben dargelegten Thesen, ist die Mediendeklaration 1978 Bestandteil des nationalen ordre public geworden, soweit die Deklaration als Ausdruck internationaler Kollektivinteressen anzusehen ist. Dies ist im Hinblick auf ihren Probecharakter - wie ausgeführt - nicht der Fall. Allerdings kann die Mediendeklaration 1978 nach der Auffassung von Bleckmann selbst dann Grundlage für eine innerstaatliche Rechtsanwendung sein, wenn die internationale Staatengemeinschaft nicht oder nicht mehr davon ausgeht, daß es sich bei dem Inhalt der Mediendeklaration 1978 um international anerkannte Kollektivinteressen handele.

h) Bryde

Mit der innerstaatlichen Relevanz der Mediendeklaration 1978 hat sich Bryde[271] beschäftigt. Er ist der Auffassung, daß die Verhaltensrichtlinien der Mediendeklaration 1978 weniger einen Beitrag zur Gewohnheitsrechtsbildung zu leisten im Stande seien[272]. Vielmehr könnten die Prinzipien der Mediendeklaration 1978 der Konkretisierung bestehender, aber in ihrem Inhalt umstrittener Rechtssätze dienen[273]. Die Verhaltensregeln der Deklaration könnten als Legitimationsgrundlage für das Staatenverhalten gegen internationale Informationsflüsse herangezogen werden[274]. Durch die Thematisierung von Mediengefahren werde in der Tendenz die Begründung staatli-

---

269 Ebd.

270 Ebd.

271 Bryde, Internationale Verhaltensregeln für Private, S. 53 ff.

272 Ebd., S. 53.

273 Ebd.

274 Ebd., S. 54.

cher Abwehransprüche gegen ausländische Medien erleichtert[275]. Für eine einseitige Konkretisierung der Reichweite internationalrechtlicher Garantien der Informationsfreiheit seien die UNESCO-Dokumente allerdings zu offen und konkretisierungsbedürftig[276].

i) Pentzlin

aa) Universeller ordre public

Pentzlin[277] ist der Ansicht, daß der universelle ordre public die Berücksichtigung universeller Gemeinschaftsinteressen in der innerstaatlichen Rechtsordnung überall dort gewährleiste, wo dies aus der Sicht des Ziels einer weitestgehenden Beachtung von internationalen Gemeinschaftsinteressen sinnvoll erscheine. Hierbei handele es sich nicht um eine Ausnahmeerscheinung[278]. Es sei daher von der Vorstellung Abstand zu nehmen, daß der ordre public nur die Durchsetzung besonders wichtiger und unverzichtbarer öffentlicher Interessen zu gewährleisten habe[279]. Der universelle ordre public sei umfassender als der völkerrechtliche ordre public[280]. Der zuletzt genannte Begriff beziehe sich nur auf universelle Reglen, die rechtlicher Natur seien[281]. Demgegenüber umfasse der universelle ordre public auch die nicht-rechtlichen universellen Regeln[282]. Pentzlin[283] beschränkt den Anwendungsbereich des universellen ordre public auf die Regelung des weltweiten Wirtschaftsgeschehens. Der Vorteil des universellen ordre public läge darin, den das Weltwirtschaftsgeschehen regelnden Ordnungsnormen im Rahmen der staatlichen Rechtsanwendung Geltung zu verschaffen[284]. Nur vor den staatlichen Behörden

---

275 Ebd., S. 55.

276 Ebd., S. 56.

277 Pentzlin, Der universelle ordre public im Wirtschaftsrecht als ein Ordnungsprinzip des innerstaatlichen Rechts, S. 7.

278 Ebd.

279 Ebd.

280 Ebd., S. 24.

281 Ebd.

282 Ebd.

283 Ebd., S. 30 Fn. 72.

284 Ebd., S. 29.

und Gerichten erweise sich letztlich die Durchsetzung universeller Normen als durchschlagend und zweckmäßig[285]. Gerade für das Gebiet des Wirtschaftsrechts könne das Ordnungsprinzip des universellen ordre public dazu beitragen, eine allgemein empfundene Regelungslücke zu schließen[286]. Diese Situation werde im Bereich der internationalen Wirtschaftsbeziehungen als "akut" empfunden, weshalb der universelle ordre public auf das Gebiet des Wirtschaftsrechts zu beschränken sei[287].

Auf der Basis des oben dargelegten Begriffs des universellen ordre public ist hinsichtlich der Mediendeklaration 1978 folgendes festzustellen: Die Deklaration trifft Aussagen hinsichtlich der internationalen Kommunikationsordnung. Hierbei handelt es sich um einen wichtigen Bereich des internationalen Wirtschaftsgeschehens. Es ist nicht zu übersehen, daß starke wirtschaftliche Interessen bei der Ausgestaltung der internationalen Kommunikationsordnung eine Rolle spielen. Dabei ist zu berücksichtigen, daß eine strikte Trennung zwischen der internationalen Kommunikationsordnung einerseits und der nationalen Kommunikationsordnung andererseits nicht möglich ist. Vielmehr hat die Ausgestaltung der internationalen Kommunikationsordnung Auswirkungen auf die Verfassung der nationalen Kommunikationssysteme. Diese wiederum haben Rückwirkungen auf der internationalen Ebene. Mithin ist zu konstatieren, daß auf der Grundlage des oben dargelegten universellen ordre public die Prinzipien der Mediendeklaration 1978 bis Mitte der 80er Jahre bzw. bis zur Ausarbeitung einer 'neuen Strategie' durch die UNESCO-Generalkonferenz im November 1989[288] innerstaatlich weitestgehend beachtet werden mußten.

Mit dem universellen ordre public soll die weitestgehende Berücksichtigung universeller Ordnungsnormen von gewisser Autorität jenseits der verfassungsrechtlichen Bestimmungen zur Transformation von Völkerrecht bei staatlichen Entscheidungen über Rechtsverhält-

---

285 Ebd.

286 Ebd., S. 29 f.

287 Ebd., S. 30 Fn. 72.

288 Modoux, Neuorientierung der UNESCO in Medienfragen, Süddeutsche Zeitung v. 16.11.1992, S. 11.

nisse von Privatpersonen erreicht werden[289]. Hinsichtlich der UNESCO-Mediendeklaration 1978 könnte die Fruchtbarmachung des universellen ordre public allenfalls daran scheitern, daß die UNESCO aufgrund einer von den USA und einigen ihrer Verbündeten beklagten Politisierung[290] an Autorität eingebüßt hat. Ferner ist zu bedenken, daß die USA zum 31.12.1984 und Großbritannien zum Ende des Jahres 1985 ihren Austritt aus der UNESCO erklärten[291]. Beide Staaten begründeten diesen Schritt damit, daß die UNESCO gegenüber privaten Institutionen von freien Gesellschaften - insbesondere im Kommunikationsbereich - eine feindselige Haltung einnähme[292]. Unter Berücksichtigung der oben dargelegten Gesamtumstände ist fraglich, ob man davon ausgehen kann, daß die UNESCO-Mediendeklaration 1978 jemals einen universellen Charakter gehabt hat. Schon deshalb kann man bezweifeln, ob die Prinzipien der Mediendeklaration 1978 universelle Gemeinschaftsinteressen zum Inhalt haben bzw. hatten, die über das Institut des universellen ordre public in die innerstaatliche Rechtsordnung Eingang finden konnten.

bb) Geltungsgrund der Wert- und Ordnungsvorstellungen des ordre public

Es fragt sich, wo der Geltungsgrund für das Einfließen von Rechtsnormen, Wert- und Ordnungsvorstellungen im Rahmen des universellen ordre public zu suchen ist. Pentzlin[293] siedelt den Geltungsgrund für eine direkte Durchschlagskraft von universellen Ordnungs- und Wertvorstellungen im Landesrecht an. Aus der Gesamtschau der Regelungen in Art. 9 Abs. 2, 24 - 26, 59 Abs. 2 GG und der Präambel des Grundgesetzes ergebe sich für die Bundesrepublik Deutschland der Grundsatz, daß dem Völkerrecht generell im innerstaatlichen

---

289 Pentzlin, Der universelle ordre public im Wirtschaftsrecht als ein Ordnungsprinzip des innerstaatlichen Rechts, S. 53.

290 Hüfner, UNESCO, in: Handbuch Vereinte Nationen, S. 923.

291 Ebd., S. 917.

292 Ebd.

293 Pentzlin, Der universelle ordre public im Wirtschaftsrecht als ein Ordnungsprinzip des innerstaatlichen Rechts, S. 55 f.

Recht ein Höchstmaß an Effektivität zu verschaffen sei[294]. Als eine Ausprägung dieses Grundsatzes böte sich der universelle ordre public an[295]. Durch Landesrecht erhielten - so Pentzlin[296] - die Regeln des universellen ordre public eine direkte Geltung in der nationalen Rechtsordnung.

cc) Bedeutungsgehalt des Gebots der Völkerrechtsfreundlichkeit

Dieser Auffassung ist nicht zu folgen. Das grundgesetzliche Gebot der Völkerrechtsfreundlichkeit richtet sich primär an die auswärtige Gewalt[297]. Zwar sind auch die sonstigen staatlichen Organe gehalten, sich völkerrechtsfreundlich zu verhalten. Die Völkerrechtsfreundlichkeit des Grundgesetzes bezieht sich gewiß auf das bindende Völkerrecht. Jedoch geht der Grundsatz der Völkerrechtsfreundlichkeit nicht so weit, daß die Bundesrepublik Deutschland verpflichtet wäre, internationale Ordnungsvorstellungen, die völkerrechtlich unverbindlich sind, innerstaatlich durchzusetzen. Eine solche Interpretation würde den Bedeutungsgehalt des grundgesetzlichen Gebots der Völkerrechtsfreundlichkeit überspannen. Insbesondere geht es nicht an, die Völkerrechtsfreundlichkeit in den Rang eines Verfassungsgrundsatzes zu heben, der auf einer Ebene mit den Grundentscheidungen der Art. 20 und 79 Abs. 3 GG stehen soll[298]. Vielmehr ist das grundgesetzliche Gebot der Völkerrechtsfreundlichkeit als ein Verfassungsleitsatz zu interpretieren[299]. Man wird in dem Gebot der Völkerrechtsfreundlichkeit auch eine Staatszielbestimmung erblicken können[300]. Staatszielbestimmungen sind abstrakter als Staatsaufgaben[301]. Staatszielbestimmungen bringen ein Prinzip zum Ausdruck,

---

294 Ebd., S. 55.

295 Ebd., S. 56.

296 Ebd.

297 Rojahn, in: v. Münch, GG-Komm., Art. 24 Rdnr. 3.

298 So zu Recht: Stern, Staatsrecht I, S. 476.

299 Stern, Staatsrecht I, S. 476.

300 Rojahn, in v. Münch, GG-Komm., Art. 24 Rdnr. 3 m.w.N.

301 Isensee, Gemeinwohl und Staatsaufgaben im Verfassungsstaat, S. 52.

an dem sich die gesetzgeberische Gestaltung auszurichten hat[302]. Ein Gesetz oder eine Rechtsvorschrift, die eine Staatszielbestimmung mißachtet, ist verfassungswidrig[303]. Dies beruht auf der Erkenntnis, daß Staatszielbestimmungen Verfassungsnormen sind, die mit rechtlich bindender Wirkung einen Verfassungsauftrag vorschreiben, der fortwährend beachtet und erfüllt werden muß[304]. Das Staatsziel als solches ist nicht festgelegt auf die Mittel seiner Verwirklichung, auf den Einsatz bestimmter staatlicher Kompetenzen und Befugnisse[305]. Primär ist der Gesetzgeber aufgerufen, ein Staatsziel normativ zu erfüllen[306]. Die Umsetzung von Staatszielbestimmungen unterliegt dem politischen Gestaltungsspielraum des Gesetzgebers[307]. Staatszielbestimmungen richten sich aber auch an die Judikative und die Exekutive. Diese Staatsgewalten können den Inhalt von Staatszielen bei der Auslegung von Gesetzen und sonstigen Rechtsvorschriften heranziehen[308].

Aus den obigen Ausführungen folgt, daß das grundgesetzliche Gebot der Völkerrechtsfreundlichkeit, das nach der hier vertretenen Auffassung eine Staatszielbestimmung ist, internationalen Ordnungs- und Wertvorstellungen über die Rechtsfigur des universellen ordre public eine direkte Geltung in der innerstaatlichen Rechtsordnung - wie Pentzlin[309] dies annimmt - nicht verschaffen kann. Zum einen hat das grundgesetzliche Gebot der Völkerrechtsfreundlichkeit die Beachtung des Völkerrechts zum Gegenstand. Dieses soll nach Möglichkeit im innerstaatlichen Bereich nicht verletzt werden. Internationale Ordnungs- und Wertvorstellungen sind demgegenüber dem Nicht-Recht zuzuordnen. Sie können folglich nicht über das grundgesetzliche Gebot der Völkerrechtsfreundlichkeit einen höheren Grad

---

302 Ebd.

303 Badura, Staatsrecht, S. 202.

304 Ebd.

305 Isensee, Gemeinwohl und Staatsaufgaben im Verfassungsstaat, S. 52.

306 Badura, Staatsrecht, S. 202.

307 Ebd.

308 Ebd.

309 Pentzlin, Der universelle ordre public im Wirtschaftsrecht als ein Ordnungsprinzip des innerstaatlichen Rechts, S. 56.

der Verbindlichkeit erlangen, als ihnen auf der internationalen Ebene zukommt. Soweit universelle Ordnungs- und Wertvorstellungen bei der Konkretisierung von Generalklauseln des einfachen autonomen Rechts sowie als ermessensleitende Gesichtspunkte herangezogen werden, kann das Gebot der Völkerrechtsfreundlichkeit lediglich mittelbar fruchtbar gemacht werden, indem darauf abgestellt wird, daß die innerstaatliche Heranziehung internationaler Ordnungsvorstellungen bei der Anwendung des einfachen autonomen Rechts zu einer Weiterentwicklung des Völkerrechts führen kann. Die innerstaatliche Geltung der internationalen Ordnungsprinzipien im Rahmen eines ordre public beruht in diesem Fall nicht auf dem grundgesetzlichen Gebot der Völkerrechtsfreundlichkeit, sondern vielmehr liegt ihr innerstaatlicher Geltungsgrund in den subkonstitutionellen Gesetzes- oder sonstigen Rechtsvorschriften, die die Heranziehung internationaler Wertvorstellungen ermöglichen[310]. Das Einfließen internationaler Wertvorstellungen im Rahmen der nationalen Rechtsanwendung wird durch das Bekenntnis des Grundgesetzes zur internationalen Zusammenarbeit begünstigt. Das Bekenntnis des Grundgesetzes zur internationalen Zusammenarbeit gebietet es allerdings nicht, rechtlich unverbindliche internationale Wertvorstellungen zur Grundlage der nationalen Rechtsanwendung zu machen. Eine solche Rechtsanwendung gebietet auch das Friedensgebot in der Präambel nicht. Friedenspolitik beinhaltet nicht die Pflicht, Rechtspositionen ohne Gegenleistung aufzugeben, sich unter Druck setzen zu lassen oder Unverfrorenheiten anderer Staaten mit Geld zu besänftigen[311]. Solche Handlungen widersprechen dem durch die Präambel des Grundgesetzes vorgegebenen Ziel, gleichberechtigtes Glied der Staatengemeinschaft zu sein[312].

---

310 Dies räumt Pentzlin an anderer Stelle selbst ein, indem sie einen Verstoß gegen das Demokratie- und Gewaltenteilungsprinzip bei der staatlichen Heranziehung internationaler Wertvorstellungen mit der Begründung ablehnt, daß der universelle ordre public die Berücksichtigung internationaler Gemeinschaftsinteressen nur insoweit erlaube, als diese Interessen auf bereits vorhandene Gesetze gestützt werden könnten, Pentzlin, Der universelle ordre public als ein Ordnungsprinzip des innerstaatlichen Rechts, S. 84.

311 So zu Recht: Starck/v. Mangoldt, BGG, Präambel, Rdnr. 37.

312 Ebd.

dd) Gewaltenteilungsprinzip

Es ist daran zu erinnern, daß die Mediendeklaration 1978 nicht zuletzt auch deshalb zustandegekommen ist, weil die westlichen Regierungen beträchtliche Geldsummen versprochen haben, die dem Ausbau der Medien in der Dritten Welt zugute kommen sollen[313]. Deutschland war aufgrund des zuvor Gesagten von Verfassungs wegen nicht gehalten, die Zustimmung der Entwicklungsländer zur Mediendeklaration 1978 durch finanzielle Versprechungen zu erkaufen. Allerdings kann auch nicht gesagt werden, daß die Bundesrepublik Deutschland von Verfassungs wegen gehindert ist, durch finanzielle Leistungen das Abstimmungsverhalten von Mitgliedstaaten in internationalen Organisationen zu beeinflussen. Ein solches Verhalten ist von der politischen Gestaltungsfreiheit der auswärtigen Gewalt gedeckt. Das Parlament kann allerdings über die Budgetkontrolle Einfluß auf den Umfang der finanziellen Aufwendungen nehmen, die die auswärtige Gewalt zum Einsatz bringen möchte[314]. Die von Pentzlin[315] favorisierte direkte innerstaatliche Geltung des universellen ordre public ist indes unter den Gesichtspunkt des Gewaltenteilungsgrundsatzes bedenklich. Zu Recht weist Pentzlin[316] darauf hin, daß überstaatliche Ordnungsgrundsätze nichtrechtlicher Art lediglich über sog. Einbruchstellen des einfachen Rechts innerstaatliche Geltung erlangen können, was im Widerspruch zu der von ihr aufgestellten These einer direkten Geltung des universellen ordre public in der innerstaatlichem Rechtsordnung steht. Aus diesem Grunde kann man nicht sagen, daß der universelle ordre public in seiner Wirkungsweise monistische Züge im Sinne eines Vorrangs von Völkerrecht habe, wodurch es zu einer Grenzverwischung von Monismus und Dualismus komme[317]. Eine solche Grenzverwischung kann der universelle ordre public schon deshalb nicht vornehmen, da über ihn

---

313 Righter, Noch eine "neue Weltordnung"?, EA 1979, S. 211, 216.

314 Weiß, Auswärtige Gewalt und Gewaltenteilung, S. 112.

315 Pentzlin, Der universelle ordre public im Wirtschaftsrecht als ein Ordnungsprinzip des innerstaatlichen Rechts, S. 56.

316 Ebd., S. 87.

317 So Pentzlin, Der universelle ordre public im Wirtschaftsrecht als ein Ordnungsprinzip des innerstaatlichen Rechts, S. 56.

allenfalls Ordnungsvorstellungen einfließen können, die dem Bereich des Nicht-Rechts zuzuordnen sind. Im übrigen ist zu berücksichtigen, daß internationale Ordnungs- und Wertvorstellungen nicht selten so unbestimmt sind, daß sie für eine unmittelbare innerstaatliche Anwendung nicht geeignet sind. Vielmehr können sie aufgrund ihres sehr allgemeinen Inhalts lediglich eine Auslegungshilfe bei der nationalen Rechtsanwendung sein.

ee) Transformation bei offenen Gesetzestatbeständen

Nach der Auffassung von Pentzlin[318] kommt offenen innerstaatlichen Normen eine Transformationsfunktion für überstaatliche Regeln zu. Dem ist entgegenzuhalten, daß nicht generell festgestellt werden kann, daß wertausfüllungsbedürftige Vorschriften des einfachen Rechts eine Transformationsfunktion für universelle Ordnungsvorstellungen haben. Vielmehr ist es so, daß der nationale Gesetzgeber wertungsbedürftige Vorschriften erläßt, um z.B. soziologische Befunde bei der Lösung von Konflikten besser berücksichtigen zu können. Offene Gesetzestatbestände, Normen mit Beurteilungsspielraum oder Ermessensvorschriften sollen eine größere Einzelfallgerechtigkeit herbeiführen. Außerdem erleichtern sie gesetzgeberische Maßnahmen, indem sie Detailregelungen überflüssig machen. Dem grundgesetzlichen Gebot der Völkerrechtsfreundlichkeit kann jedoch - entgegen der Ansicht von Pentzlin[319] - nicht entnommen werden, daß wertungsbedürftige innerstaatliche Gesetze und Vorschriften so ausgelegt werden müssen, daß internationale Ordnungs- und Wertvorstellungen ein Höchstmaß an Effektivität erlangen können. Zum einen ist zu beachten, daß der Grundsatz der Völkerrechtsfreundlichkeit nicht so weit gehen kann, daß ein Staat gehalten ist, Wertvorstellungen im Namen des Völkerrechts bzw. der Völkerrechtsfreundlichkeit innerstaatlich zum Durchbruch zu verhelfen, die auf der internationalen Ebene dem Bereich des Nicht-Rechts zuzuordnen sind. Zum anderen ist zu bedenken, daß internationale Wertvorstellungen

---

318 Ebd., S. 55.

319 Ebd., S. 55 f.

allenfalls *ein* Kriterium bei der Ausfüllung konkretisierungsbedürftiger nationaler Rechtsvorschriften sein können. Dem Prinzip der grundgesetzlichen Völkerrechtsfreundlichkeit kann nicht entnommen werden, daß rein innerstaatliche Gesichtspunkte bei der Ausfüllung des konkretisierungsbedürftigen autonomen Rechts zurückzutreten hätten. Vielmehr ist der nationale Rechtsanwender dazu verpflichtet, zunächst alle in Frage kommenden tatsächlichen Gesichtspunkte in Erwägung zu ziehen und im Rahmen einer Würdigung der Gesamtumstände zu einer Entscheidungsfindung zu kommen. Dabei muß er sich aufgrund der in Art. 20 Abs. 3 GG verankerten Bindung an die Gesetze ausschließlich vom Zweck der zu konkretisierenden Vorschrift leiten lassen. Nur soweit der vom Gesetzgeber angeordnete Zweck die Berücksichtigung internationaler Wertvorstellungen gestattet, besteht die Möglichkeit, über das Institut des universellen ordre public nichtrechtliche Ordnungs- und Wertvorstellungen zu berücksichtigten. Das Prinzip der grundgesetzlichen Völkerrechtsfreundlichkeit ändert also nichts daran, daß sich internationale Wertvorstellungen bei der Ausfüllung des einfachen autonomen Rechts nur insoweit heranziehen lassen, wie es der nationale Gesetzgeber bei Erlaß der konkretisierungsbedürftigen Vorschriften gestattet hat.

ff) Art. 25 und Art. 59 Abs. 2 GG

Zu Recht geht Pentzlin[320] allerdings davon aus, daß dem Wertgehalt der Art. 25 und 59 Abs. 2 GG nicht entnommen werden kann, daß die Berücksichtigung internationaler Wertvorstellungen in der innerstaatlichen Rechtsordnung verfassungswidrig ist. Dies beruht auf der Erkenntnis, daß die Heranziehung internationaler Wertvorstellungen bei der Ausfüllung wertungsbedürftiger innerstaatlicher Rechtsnormen nicht mit den Tatbeständen der Art. 25, 59 Abs. 2 GG verglichen werden kann. Art. 25 GG regelt die Frage, welche Regeln des Völkerrechts in der innerstaatlichen Rechtsordnung inkorporiert sind und welchen Rang ihnen in der innerstaatlichen Normenhierarchie zukommt. Internationale Wertvorstellungen werden von Art. 25 GG

---

320 Ebd., S. 88.

nicht erfaßt, da diese - wie ausgeführt - völkerrechtlich unverbindlich sind. Art. 25 Satz 1 GG bringt eindeutig zum Ausdruck, daß unverbindliche Vorstellungen aus dem Bereich der internationalen Ebene nicht Gegenstand einer Inkorporation sein können. Art. 25 GG knüpft an völkerrechtliche Gegebenheiten an, die der deutschen Rechtsordnung von seiten der internationalen Rechtsgemeinschaft vorgegeben sind. Liegen die Voraussetzungen für eine Inkorporation i.S.v. Art. 25 Satz 1 GG vor, können völkerrechtliche Normen mit abstrakt-genereller Wirkung eine innerstaatliche Geltung erlangen. Die Rechtsfolge des Art. 25 GG besteht darin, daß die inkorporierten Regeln des Völkerrechts unmittelbare Rechte und Pflichten für die Bewohner des Bundesgebiets erzeugen. Diese Rechtswirkung kann hinsichtlich internationaler Wertvorstellungen bei einer unterstellten Inkorporation schon deshalb nicht eintreten, da sie in der Regel zu allgemein formuliert sind und somit nicht mit Vorschriften verglichen werden können, die Rechte und Pflichten erzeugen. Vielmehr erlangen universelle Wertvorstellungen nichtrechtlicher Art - wenn überhaupt - nur in Verbindung mit *bereits vorhandenen* Vorschriften eine innerstaatliche Rechtsgeltung.

Der nationale Gesetzgeber kann im Rahmen seiner Kompetenzordnung wertungsbedürftige Gesetze erlassen, die eine Heranziehung internationaler Wertvorstellungen ermöglichen. Insbesondere kann nicht gesagt werden, daß der Erlaß von wertungsbedürftigen Vorschriften, die das Einfließen universeller Gemeinschaftsinteressen in den deutschen Rechtsraum gestatten, gegen die Kompetenzen der deutschen auswärtigen Gewalt verstößt. Macht der Gesetzgeber im Rahmen der durch das Rechtsstaatsprinzip vorgesehenen Grenzen von der Möglichkeit Gebrauch, konkretisierungsbedürftige Gesetze und sonstige Rechtsvorschriften zu erlassen, handelt es sich sachlich nicht um eine Aufgabe der auswärtigen Gewalt. Vielmehr liegt in diesem Fall ausschließlich eine innerstaatliche Rechtssetzungsmaßnahme vor, die freilich von internationalen Wertvorstellungen, die namentlich durch Entschließungen internationaler Organisationen erzeugt werden, inspiriert sein kann. Dieser Vorgang ist nicht mit dem Regelungsgehalt in Art. 59 Abs. 2 GG vergleichbar. Bei dieser Grundgesetznorm geht es darum, wie Akte, die unter Mitwirkung der deutschen auswärtigen Gewalt entstanden sind, innerstaatlich vollzogen werden können. Die Frage der innerstaatlichen Vollziehbarkeit stellt sich bei dem autonomen Recht, das das Einfließen internationaler Wertvorstellungen erlaubt, nicht. Wertungsbedürftige Vorschriften des autonomen Rechts sind mit ihrem Wirksamwerden bereits vollziehbar.

Durch Art. 59 Abs. 2 Satz 1 GG sollen die Beteiligungsrechte der gesetzgebenden Körperschaften des Bundes beim Abschluß bestimmter völkerrechtlicher Verträge sichergestellt werden. Diese Beteiligungsrechte der Legislative sind bei der Entstehung von konkretisierungsbedürftigen Gesetzen und sonstigen Rechtsvorschriften des autonomen Rechts aufgrund der allgemeinen Grundgesetzvorschriften gewährleistet, soweit es um Bundesrecht geht. Hinsichtlich länderrechtlicher konkretisierungsbedürftiger Normen des autonomen Rechts ist durch Landesverfassungsrecht eine Mitwirkung der Legislative sichergestellt.

Die Mitwirkungsrechte der Legislative bei der Entstehung des autonomen Rechts sind wesentlich umfangreicher als bei der Zustimmung nach Art. 59 Abs. 2 Satz 1 GG (bzw. nach den entsprechenden Landesverfassungsnormen bei Staatsverträgen der Länder). Während der Gesetzgeber bei der Verabschiedung autonomer konkretisierungsbedürftiger Vorschriften einen breiten Gestaltungsspielraum hat, kann er bei zustimmungsbedürftigen völkerrechtlichen Verträgen lediglich darüber entscheiden, ob er dem Vertragsinhalt zustimmt oder nicht. Keineswegs kann die Legislative über den Inhalt eines völkerrechtlichen Vertrags entscheiden. Vielmehr ist es Sache der auswärtigen Gewalt, den Inhalt eines völkerrechtlichen Vertrags auszuhandeln. Dies folgt aus der Tatsache, daß nach der Kompetenzordnung des Grundgesetzes - wie bereits ausgeführt wurde - davon auszugehen ist, daß die auswärtige Gewalt zum Kernbereich exekutivischer Eigenverantwortung zählt[321]. Dies beruht auf der Annahme, daß institutionell und auf Dauer typischerweise allein die Regierung in hinreichendem Maße über die personellen, sachlichen und organisatorischen Möglichkeiten verfügt, auf wechselnde äußere Lagen zügig und sachgerecht zu reagieren und so die staatliche Aufgabe, die

321 BVerfGE 68, 1, 87.

auswärtigen Angelegenheiten verantwortlich wahrzunehmen, bestmöglich zu erfüllen[322].

Aus dem oben Gesagten folgt, daß die Art. 25, 59 Abs. 2 GG ungeeignet sind, den Beweis dafür zu führen, daß das Grundgesetz das Einfließen internationaler Gemeinschaftsinteressen über autonomes Recht nicht gestatte.

gg) Das Prinzip der Rechtssicherheit

Pentzlin[323] weist ferner darauf hin, daß Gründe der Rechtssicherheit einem Einfließen internationaler Gemeinschaftsinteressen in die deutsche Rechtsordnung grundsätzlich nicht entgegenstünden.

Rechtssicherheit ist ein wesentliches Element des Rechtsstaatsprinzips[324]. Orientierungssicherheit und Realisierungssicherheit sind die Bestandteile der Rechtssicherheit[325]. Orientierungssicherheit bedeutet, daß der Bürger weiß, woran er sich zu halten hat[326]. Die Realisierungsgewißheit ist eine wesentliche Voraussetzung dafür, daß Normen Orientierungsgewißheit schaffen[327]. Orientierungssicherheit bieten Normen erst dann, wenn die sichere Chance besteht, daß sie verwirklicht und durchgesetzt werden[328].

Das Prinzip der Rechtssicherheit gilt für alle Staatsgewalten[329]. Das Gesetz erfüllt seinen Zweck, für Orientierungsgewißheit zu sorgen, nur insoweit, als es eindeutig ist[330]. Rechtsnormen müssen so klar und eindeutig sein, daß insbesondere die ihnen unterfallenden Sach-

---

322 BVerfGE 68, 1, 87; Grewe, Auswärtige Gewalt, S. 941 f.

323 Pentzlin, Der universelle ordre public im Wirtschaftsrecht als ein Ordnungsprinzip des innerstaatlichen Rechts, S. 93 ff.

324 Schmidt-Aßmann, Der Rechtsstaat, S. 1030.

325 Zippelius, Rechtsphilosophie, in: Evangelisches Staatslexikon, Bd. 2, Sp. 2764.

326 Ebd.

327 Ebd.

328 Ebd.

329 Schmidt-Aßmann, Der Rechtsstaat, S. 1031 f.

330 Zippelius, Rechtsphilosophie, in: Evangelisches Staatslexikon, Bd. 2, Sp. 2766.

verhalte exakt umgrenzt werden können[331]. Hierbei handelt es sich um eine Forderung, die immer nur annäherungsweise erfüllbar ist[332]. Soweit Normen textlich nicht ein Mindestmaß an Einfachheit und Klarheit aufweisen, muß dieser Mangel durch Interpretation ausgeglichen werden[333].

Nach der Ansicht von Pentzlin[334] schließe die Forderung nach Rechtssicherheit die Berücksichtigung universeller Interessen nicht generell aus. Vielmehr sei der Rechtsanwender aus Gründen der Rechtssicherheit gehalten, nur solche universellen Ordnungssätze auszuwählen, die einen bestimmten Anwendungsbefehl für den Anwender und dem einzelnen Betroffenen enthielten[335]. Pentzlin[336] macht zu Recht darauf aufmerksam, daß der Forderung nach Vorhersehbarkeit und Berechenbarkeit dadurch nachgekommen wird, daß für internationale Verhaltensrichtlinien z.B. eine Veröffentlichung zu erfolgen hat. Eine solche Verpflichtung existiert derzeit indes nicht.

Das Problem, daß der Beamte oder Richter überfordert sei, wenn er bei der Rechtsanwendung internationale Belange zu berücksichtigen habe, könne gelöst werden[337]. Der universelle ordre public weise einen starken Bezug zum Kollisionsrecht auf[338]. Auch dort müßten die rechtsanwendenden Instanzen fremde Regeln anwenden[339].

Ferner seien - so Pentzlin[340] - Bedenken unhaltbar, daß in Rechtsvorschriften abgesicherte, materielle Errungenschaften mit der Gewährung eines rechtlichen Einflusses internationaler Wertvorstellungen auf die innerstaatliche Rechtsordnung gefährdet wären. Da

---

331 Ebd.

332 Ebd.

333 Isensee, Wer definiert die Freiheitsrechte?, S. 51.

334 Pentzlin, Der universelle ordre public im Wirtschaftsrecht als ein Ordnungsprinzip des innerstaatlichen Rechts, S. 93.

335 Ebd.

336 Ebd., S. 94.

337 Ebd., S. 94 f.

338 Ebd., S. 95.

339 Ebd.

340 Ebd.

der universelle ordre public seinen Geltungsgrund im nationalen Recht habe, gebe es keinen dem nationalen Recht vorrangigen Geltungsgrund[341]. Als absolute Grenze für die Zuweisung universeller Regeln bleibe als ein objektiver rechtlicher Maßstab für die Auslegung binnenstaatlicher Rechtsnormen der nationale ordre public bestehen[342].

Es bleibt kritisch festzustellen, daß das Einfließen internationaler Gemeinschaftsinteressen in den deutschen Rechtsraum bei der Anwendung wertungsbedürftiger Binnenvorschriften zumindest dann nicht mit dem aus Art. 20 Abs. 3 GG abzuleitenden Prinzip der Rechtssicherheit in Einklang zu bringen ist, wenn durch die Heranziehung internationaler Ordnungsvorstellungen ein Auslegungsergebnis erzielt wird, daß bei ausschließlicher Berücksichtigung von Binnenfaktoren nicht erzielt worden wäre. In Fällen dieser Art wird der von der Rechtsanwendung Betroffene völlig überrascht, es sei denn, er hat ausnahmsweise kraft besonderer Sachkunde Kenntnis von internationalen Wertvorstellungen, die - aus seiner Sicht - möglicherweise den Entscheidungsfindungsprozeß beeinflussen können. Kann der nationale Rechtsanwender nicht davon ausgehen, daß der von der Entscheidung Betroffene von - an sich heranziehbaren - internationalen Wertvorstellungen Kenntnis gehabt hat, wird aus Gründen der Rechtssicherheit und -klarheit eine Berücksichtigung internationaler Gemeinschaftsinteressen nur dann in Betracht kommen können, wenn die internationalen Wertvorstellungen mit den nationalen Wertvorstellungen auf einer Linie liegen, da von den Bewohnern des Bundesgebietes erwartet werden kann, daß sie die Wertvorstellungen kennen, die die nationale Rechtsordnung prägen.

j) Dieckert

Mit dem Verhältnis von unverbindlichen Entschließungen internationaler Organisationen und dem nationalen Recht sowie der Möglichkeit der Implementierung des Inhalts unverbindlicher Entschließungen in das innerstaatliche Recht hat sich am ausführlichsten

341 Ebd.

342 Ebd., S. 95 f.

Dieckert[343] beschäftigt. Hinsichtlich der Frage, ob unverbindliche Entschließungen internationaler Organisationen bei der innerstaatlichen Rechtsanwendungspraxis berücksichtigt werden können, differenziert er nach der Tätigkeit der Verwaltung[344] und der Judikative[345].

aa) Heranziehung von "soft law" durch die Exekutive

(1) Gesetzesfreie Verwaltung

Dieckert[346] gelangt zu dem Ergebnis, daß bei der Rechtsanwendung der Exekutive Entschließungen internationaler Organisationen in gesetzesfreien Räumen eine Rolle spielen könnten. Ein gesetzesfreier Raum sei - so Dieckert[347] - insbesondere hinsichtlich der Überwachung multinationaler Konzerne gegeben. Der Gesetzgeber habe sich bisher mit der Regelung über die Auslandstätigkeiten multinationaler Konzerne zurückgehalten[348]. Diese Zurückhaltung entspringe zum einen dem liberalen Wirtschaftsverständnis der Politik, die mehr auf Formen freiwilliger Selbstbeschränkung setze[349]. Zum anderen stehe vor einer Durchnormierung dieses Bereichs immer noch die Doktrin von der extraterritorialen Wirkungslosigkeit nationalen öffentlichen Rechts[350].

(a) Informales Verwaltungs- und Regierungshandeln

Gleichwohl konstatiert Dieckert[351], daß die Verwaltung im Bereich des internationalen Wirtschaftsverkehrs erstaunlich aktiv sei. Dies

---

343 Dieckert, Die Bedeutung unverbindlicher Entschließungen internationaler Organisationen für das innerstaatliche Recht der Bundesrepublik Deutschland, Diss. iur. Hamburg (Fachbereich Rechtswissenschaft I), Hamburg 1993.

344 Ebd., S. 166 ff.

345 Ebd., S. 210 ff.

346 Ebd., S. 169.

347 Ebd.

348 Ebd.

349 Ebd.

350 Ebd., S. 170 f.

351 Ebd., S. 170.

geschehe über die unterschiedlichen Formen informalen Verwaltungs- und Regierungshandelns zur Geltungsverschaffung von Empfehlungen[352]. Darunter seien wechselseitige Konsultationen, Vorabstimmungen, Selbstbeschränkungen und normvertretende Absprachen zu verstehen[353]. Hierbei handele es sich um rechtlich nicht geregelte Tathandlungen[354]. Statt durch Rechtssetzung sollen die innerstaatlichen Adressaten - die Verwaltung, die Justiz sowie direkt angesprochene Private - durch faktische Maßnahmen zur Befolgung unverbindlicher Empfehlungen angehalten werden[355]. Informale Verhaltensweisen werden von den Akteuren oft bewußt gewählt, um dem Rechtsregime formaler Handlungsformen und den Kontrollen der Gerichte zu entgehen, weil die rechtliche Regelung im konkreten Fall als zu starr, zu umständlich, zu zeit- und kostenaufwendig, zu konfliktbeladen oder sonstwie unzweckmäßig erscheint[356]. Faktisch werden die informal getroffenen Vereinbarungen, Absprachen und Arrangements von den Beteiligten regelmäßig beachtet, befolgt und eingehalten; rechtlich werden sie von den Akteuren aber meistens als unverbindlich angesehen[357] [358]. Informale Absprachen haben somit nur eine politische Bindungswirkung[359]. Sie sind insofern dem internationalen "soft law" vergleichbar. Aufgrund dieser phänotypischen Parallelität spricht - zumindest auf den ersten Blick - einiges dafür, das Institut der informalen Absprache als ein geeignetes Instrument für die Implementierung von internationalem "soft law" in das innerstaatliche Recht anzusehen.

---

352 Ebd.

353 Ebd., S. 124.

354 Ebd.

355 Ebd.

356 Bohne, Informales Verwaltungs- und Regierungshandeln als Instrument des Umweltschutzes, VerwArch 1984, S. 343, 346.

357 Bauer, Informelles Verwaltungshandeln im öffentlichen Wirtschaftsrecht, VerwArch 1987, S. 241, 253.

358 Im Einzelfall können informale Absprachen zwischen dem Staat und Privaten durchaus zu verbindlichen Erklärungen führen, Becker, Informales Verwaltungshandeln zur Steuerung wirtschaftlicher Prozesse im Zeichen der Deregulierung, DÖV 1985, S. 1003, 1007.

359 Schulze-Fielitz, Der informale Verfassungsstaat, S. 128 m.w.N.

(b) *Folgerungen hinsichtlich der Mediendeklaration 1978*

Überträgt man die obigen Ausführungen auf den Inhalt der Mediendeklaration 1978, so ergibt sich folgendes: Die Deklaration zielt darauf ab, die internationale Kommunikationsordnung grundlegend zu ändern. Angestrebt wird eine Informationsordnung, in der die Belange der Entwicklungsländer besser zur Geltung kommen sollen. Um der Gefahr einer dirigistischen internationalen Kommunikationsordnung vorzubeugen, könnte man in der Tat daran denken, daß die Bundesregierung durch informale Absprachen auf die deutschen Medienkonzerne darauf hinwirkt, daß diese die Belange und die Interessen der Entwicklungsländer intensiver berücksichtigen.

(c) *Verfassungsrechtliche Bewertung*

An diesem Beispiel wird zugleich deutlich, wo die rechtlichen Bedenken informaler Absprachen zwischen dem Staat und Privaten anzusiedeln sind. Der Staat könnte geneigt sein, durch informale Vereinbarungen faktische Regelungen herbeizuführen, die er formal - also auf rechtlich geregeltem Wege - nicht erreichen kann. Es liegt auf der Hand, daß der deutsche Gesetzgeber nicht die Befugnis hat, auf die Art und Weise der Berichterstattung über die Ereignisse in den Entwicklungsländern durch gesetzliche Regelungen Einfluß zu nehmen. Eine dirigistische Informationsordnung - auch im internationalen Bereich - läßt sich mit der Werteordnung des Grundgesetzes nicht in Einklang bringen. Wenn dies für formale Rechtshandlungen Gültigkeit hat, ist es höchst problematisch, die Grundrechtsträger durch Selbstbeschränkungsabsprachen dahin zu bewegen, von bestimmten Freiheitsrechten nur einen eingeschränkten Gebrauch zu machen. Zu Recht wird darauf hingewiesen, daß das Rechtsstaatsprinzip es nicht gestattet, daß der Staat bei informalen Verfahrensabsprachen Kompetenzen und Befugnisse beansprucht, die ihm die Verfassung für entsprechende formale Maßnahmen nicht zur Verfügung stellt[360]. Da formlose Absprachen in der Regel rechtlich unverbindlich sind, liegt in ihnen - rechtlich betrachtet - kein Grundrechtsverzicht. Allenfalls

360 Kirchhof, Mittel staatlichen Handelns, S. 187.

kann man sagen, daß sich informale Vereinbarungen auf die Grundrechtsausübung auswirken können. Rechtlich ist dieser soziologische Befund indes nur schwierig zu fassen, da die Grundrechtsträger durch informale Abreden nicht dazu verpflichtet werden, von ihren Grundrechten in einer bestimmten Weise Gebrauch zu machen. Der Bruch einer formlosen Absprache bleibt generell ohne rechtliche Wirkung[361].

Rechtsstaatlich bedenklich sind gesetzessubstituierende Absprachen zwischen der Exekutive und Privaten auch dann, wenn der Staat über eine Kompetenz und Befugnis hinsichtlich entsprechender formaler Regelungen verfügt. Kommt es zu gesetzesvertretenden Absprachen, tritt eine Verschiebung im Gewaltenteilungssystem des Grundgesetzes ein. Die Exekutive übernimmt Ordnungsfunktionen, die herkömmlicherweise zum Aufgabenbereich der Legislative gehören[362]. Regierung und Verwaltung ist es deshalb verwehrt, durch Absprachen mit der Wirtschaft Initiativrechte der Legislative auszuschalten[363]. Zusagen von seiten der Exekutive, z.B. auf den Erlaß eines Gesetzes zu verzichten, binden den Gesetzgeber nicht[364]. Eine solche durch die Exekutive begründete rechtliche Verpflichtung würde gegen das grundgesetzliche Gewaltenteilungsprinzip verstoßen.

Ferner ist es unter dem Gesichtspunkt des Rechtsstaatsprinzips bedenklich, wenn durch subtile Dialogformen, den gezielten Einsatz von Informationen und öffentliche Überredungsstrategien ("administrative guidance") Druck gegenüber den Rechtsunterworfenen erzeugt wird, gegen den man sich mit den Mitteln des Rechtsstaats in der Regel nicht wehren kann, da das oben geschilderte Verwaltungshandeln rechtlich kaum zu fassen ist[365]. Dieckert[366] hat nachgewiesen,

---

361 Becker, Informales Verwaltungshandeln zur Steuerung wirtschaftlicher Prozesse im Zeichen der Deregulierung, DÖV 1985, S. 1003, 1010.

362 Ebd.

363 Ebd.

364 Ebd.

365 Ebd.

366 Dieckert, Die Bedeutung unverbindlicher Entschließungen internationaler Organisationen für das innerstaatliche Recht der Bundesrepublik Deutschland, S. 171.

daß es der Bundesregierung durchaus gelingt, internationale Empfehlungen in Einzelfällen gegen Wirtschaftsunternehmen durchzusetzen. Welche Druckmittel sie bei der "Überzeugungsarbeit" anwendet, wird nicht immer bekannt[367]. Daß es zuweilen zu versteckten Drohungen kommt, beweist ein Schreiben[368] des Bundeswirtschaftsministers an die Wirtschaftsverbände aus dem Jahre 1979, in dem mit folgendem Hinweis einer unverbindlichen Empfehlung Geltung verschafft werden sollte:

"Nur wenn letzteres überzeugend geschieht, kann die Bundesregierung immer wieder erhobener Kritik und den Forderungen nach weltwirtschaftlich abträglichen Regeln glaubwürdig entgegentreten, auch der Forderung nach einem verbindlichen UN-Verhaltenskodex".

In der Regel sind formlose Absprachen durch Vertraulichkeit geprägt und in den Akten nicht oder nur punktuell dokumentiert[369]. Die wahren Hintergründe des informalen Verwaltungshandelns sind für Außenstehende häufig nicht bekannt[370]. Die Konsequenz ist, daß der Rechtsschutz in gerichtlichen Verfahren erheblich eingeschränkt ist[371]. Dies beruht auf der Tatsache, daß staatliches Handeln verfahrensmäßige Vorkehrungen bedingt, damit der Bürger in der Lage ist, wirksam von der grundgesetzlich verbürgten Rechtsschutzgarantie Gebrauch machen zu können[372]. Formlose Absprachen zeichnen sich aber gerade dadurch aus, daß sie nicht innerhalb vorgegebener Verfahrensordnungen zustandekommen. Der oben dargelegte Befund bringt eine massive Beeinträchtigung von Interessen und Rechtspositionen Dritter mit sich, deren Rechtsschutz aufgrund der durch die formlosen Absprachen geschaffenen Weichenstellungen und Filte-

---

367 Ebd.

368 Abgedruckt in: Dieckert, Die Bedeutung unverbindlicher Entschließungen internationaler Organisationen für das innerstaatliche Recht der Bundesrepublik Deutschland, S. 171.

369 Bauer, Informelles Verwaltungshandeln im öffentlichen Wirtschaftsrecht, VerwArch 1987, S. 241, 255.

370 Ebd.

371 Ebd.

372 Bohne, Der informale Rechtsstaat, S. 210.

rungen faktisch gegen Null tendiert[373]. Würde die Bundesregierung erfolgreich darauf hinwirken, daß beispielsweise eine kritische Berichterstattung über Menschenrechtsverletzungen in den Entwicklungsländern aus außenpolitischen Gründen zu unterbleiben habe, könnten weder die Betroffenen in den Entwicklungsstaaten noch die deutsche Öffentlichkeit dagegen etwas unternehmen, da es in einer freien Medienordnung keinen Anspruch darauf gibt, daß über bestimmte Ereignisse informiert wird.

(d) Subventionen

Ein weiteres Mittel für die innerstaatliche Durchsetzung von internationalen Empfehlungen ist die Vergabe von Subventionen oder sonstiger staatlicher Vergünstigungen an die Unternehmen, die freiwillig bereit sind, dem Inhalt internationaler Empfehlungen Folge zu leisten[374]. Für den Bereich von Presse, Rundfunk und Film kann indes eine selektive staatliche Förderung, die ein politisch gewünschtes Verhalten prämiert, nicht in Betracht kommen. Eine solche Subventionsvergabe würde die Kommunikationsfreiheiten massiv gefährden. Sie liefe auf eine subtile staatliche Steuerung der Betätigung der Rechte aus Art. 5 Abs. 1 GG hinaus. Es würden diejenigen Informations- und Meinungsanbieter wirtschaftlich benachteiligt, die sich nicht an die Empfehlungen der Regierung halten wollen. Durch eine staatliche Lenkung kann es zu gefährlichen Monopolisierungstendenzen im Kommunikationsbereich kommen, die die freiheitliche Ordnung des Grundgesetzes ernsthaft gefährden könnten.

(e) Zwischenergebnis

Trotz der oben dargelegten Bedenken ist Dieckert[375] der Auffassung, daß die Exekutive auch in gesetzesfreien Bereichen Entschließungen internationaler Organisationen zum Maßstab ihres Handelns machen

---

373 Hoffmann-Riem, Selbstbindungen der Verwaltung, VVDStRL, Bd. 40, S. 187, 212.

374 Dieckert, Die Bedeutung unverbindlicher Entschließungen internationaler Organisationen für das innerstaatliche Recht der Bundesrepublik Deutschland, S. 171.

375 Ebd., S. 174.

dürfe. Wichtig sei lediglich, daß die Grundrechte und die grundlegenden Verfassungsprinzipien Beachtung fänden[376].

(2) Gesetzesakzessorische Verwaltung

Auch im Bereich der gesetzesakzessorischen Verwaltung könne die Exekutive - so Dieckert[377] - bei unbestimmten Rechtsbegriffen "nützliche und sachbezogene Entschließungen internationaler Organisationen" in den Prozeß der Auslegung und Entscheidungsfindung miteinbeziehen. Zu Recht macht Dieckert das Einfließen internationaler Empfehlungen von Anforderungen an den nationalen Tatbestand[378] und an die Einschließung[379] abhängig.

(a) Anforderungen an den nationalen Tatbestand

Zuallererst bedürfe es eines konkretisierungs- und auslegungsbedürftigen nationalen Tatbestandes[380]. Aufgrund der Streitentscheidungskompetenz der Justiz müsse es sich die Verwaltung gefallen lassen, daß eine Entscheidung kassiert werde, wenn sie zur Ausfüllung nationaler Tatbestände unverbindliche Entschließungen heranziehe[381]. Habe sich zu einem unbestimmten Rechtsbegriff durch die Rechtsprechungspraxis und das Schrifttum bereits eine allgemein anerkannte und festgelegte Auslegung herauskristallisiert, könne die Verwaltung nicht ohne weiteres auf internationale Empfehlungen Bezug nehmen[382]. Dies gelte namentlich dann, wenn die Auslegungsfähigkeit des Begriffes durch eine entsprechende nationale Übung von vornherein beschränkt sei[383]. Dies sei beispielsweise bei der polizeilichen Generalklausel der Fall, deren Schutzgüter angesichts der

---

376 Ebd.

377 Ebd., S. 175.

378 Ebd., S. 196 ff.

379 Ebd., S. 199 ff.

380 Ebd., S. 196.

381 Ebd., S. 196 f.

382 Ebd., S. 197.

383 Ebd.

Weite der verwendeten Begriffe einer besonders restriktiven Auslegung bedürfen[384].

Sei die Klippe hinsichtlich der Konkretisierungsbedürftigkeit und -fähigkeit des nationalen Tatbestandes übersprungen, sei damit - so Dieckert[385] - noch nicht über die Rezeptionsfähigkeit der konkretisierungsbedürftigen Norm für Auslegungshilfen internationalen Ursprungs entschieden. Hinzukommen müsse ein gewisser 'internationaler Bezug', der die Norm auch für Entschließungen internationaler Organisationen empfänglich mache[386]. So müsse sich der nationale Tatbestand begrifflich oder jedenfalls dem Sinne nach normativen Vorgaben öffnen, die außerhalb des deutschen Rechtsraums entstanden seien[387]. Dies sei beispielsweise durch die Nennung der 'auswärtigen Beziehungen' in § 7 Außenwirtschaftsgesetz der Fall[388]. Allerdings müsse der nationale Tatbestand nicht immer ausdrücklich auf internationale Sachverhalte Bezug nehmen, um sich internationalen Empfehlungen für Konkretisierungen öffnen zu können[389]. Es reiche aus, wenn sich der internationale Bezug durch Ermittlung des objektiven Sinns einer Norm ergebe[390]. Bei zu entscheidenden Sachverhalten, die Auswirkungen über die nationalen Grenzen hinaus hätten, liege es nahe, daß sich der Gesetzgeber der Dynamik dieses Sujets nicht verschlossen habe, sondern internationale Regeln selbst dann berücksichtigt sehen wolle, wenn dies der Wortlaut der nationalen Vorschriften nicht auf den ersten Blick erkennen lasse[391].

---

384 Ebd.

385 Ebd.

386 Ebd., S. 197 f.

387 Ebd., S. 198.

388 Ebd.

389 Ebd.

390 Ebd.

391 Ebd., S. 199.

(b) Anforderungen an die internationalen Entschließungen

Sind die o.g. Anforderungen an den nationalen Tatbestand erfüllt, müssen nach der Ansicht von Dieckert[392] die internationalen Entschließungen - kumulativ - bestimmte Voraussetzungen erfüllen, um als internationale Konkretisierungshilfe dienen zu können. Unabdingbar sei zunächst ein enger sachlicher Bezug zur auslegungsbedürftigen nationalen Norm[393]. In der Tat wird man verlangen müssen, daß die herangezogene internationale Entschließung dem Sinn und Zweck des nationalen Gesetzes nicht zuwiderlaufen darf, wenn sich der nationale Rechtsanwender aus dem reichhaltigen Angebot internationaler Resolutionen bedienen möchte.

(aa) Fachliche Qualität

Allein der sachliche Bezug zur auslegungsbedürftigen nationalen Norm mache - so Dieckert[394] - eine Entschließung einer internationalen Organisation noch nicht zu einem tauglichen Auslegungswerkzeug. Vielmehr müsse eine gewisse, dem nationalen Standard entsprechende Qualität hinzukommen, um auch vom innerstaatlichen Rechtsanwender als Auslegungsmaßstab anerkannt zu werden[395]. Die Verwaltung dürfe nicht jede beliebige internationale Entschließung heranziehen, sondern nur solche, die von internationalen Experten ausgearbeitet worden seien[396]. Zwar sei der in internationalen Gremien versammelte Sachverstand nicht zu unterschätzen, doch seien die Experten durch politische Gründe und wegen des unterschiedlichen Entwicklungsstandes in den einzelnen Ländern oft dazu gezwungen, Kompromißlösungen zu akzeptieren, die dem Stand von Technik und Gesetzgebung in der hochentwickelten Bundesrepublik Deutschland nicht entsprächen[397]. Die Verwendung solcher Standards würde der aus rechts- und sozialstaatlichen Grundsätzen

---

392 Ebd., S. 199 ff.

393 Ebd., S. 200.

394 Ebd.

395 Ebd.

396 Ebd., S. 201.

397 Ebd.

erwachsenden Verpflichtung der Verwaltung widersprechen, die Gegebenheiten im Rahmen der Daseinsvorsorge stetig zu verbessern[398]. Hieraus folge für die Verwaltung die Pflicht, bei all den ihr vorliegenden Auslegungsmaßstäben die 'Spreu vom Weizen zu trennen' und somit nur solche Entschließungen zu akzeptieren, die den Verhältnissen der Bundesrepublik entsprächen[399].

(bb) Internationale und nationale Akzeptanz

Neben der fachlichen Qualität einer internationalen Entschließung komme es für ihre innerstaatliche Berücksichtigung entscheidend darauf an, daß die internationalen Regeln auf eine hinreichende Akzeptanz auf internationaler und nationaler Ebene stoßen würden[400]. Da es in erster Linie darauf ankomme, ob eine internationale Empfehlung dem innerstaatlichen Standard entspreche, reiche es aus, wenn die Entschließung die Zustimmung von Staaten mit vergleichbarer gesellschaftlicher und wirtschaftlicher Struktur gefunden habe[401]. Unerläßlich sei indes die Zustimmung der Bundesrepublik Deutschland selbst[402]. Es würde massiv gegen die innerstaatliche Kompetenzordnung verstoßen, wenn Verwaltungseinheiten Entschließungen in ihre Entscheidungsfindung miteinbezögen, die durch die Bundesregierung auf internationaler Ebene abgelehnt würden[403]. Dies gelte jedenfalls für die Anwendung und Auslegung von Bundesgesetzen, die nach Art. 83 ff. GG der Aufsicht der Bundesregierung unterlägen[404]. Hier sei der außenpolitische Gestaltungswille der Bundesregierung für alle nachgeordneten Verwaltungseinheiten bindend[405]. Nach der Meinung von Dieckert[406] deute das Zustimmungserfordernis in Art. 32 Abs. 3 GG darauf hin, daß die Landesverwal-

---

398 Ebd.

399 Ebd., S. 202.

400 Ebd.

401 Ebd.

402 Ebd.

403 Ebd.

404 Ebd.

405 Ebd.

406 Ebd., S. 202 f.

tung bei der Ausführung von Landesgesetzen nicht gegen den erklärten außenpolitischen Willen der Bundesregierung handeln dürfe.

Indes bestehe aber auch keine *Pflicht* der Verwaltung, eine von der Bundesregierung akzeptierte Entschließung bei der Gesetzesauslegung zu berücksichtigen, es sei denn, die Entschließung würde in eine Verwaltungsvorschrift gemäß Art. 84 Abs. 2 bzw. Art. 85 Abs. 2 GG eingearbeitet[407].

(cc) Kenntnis internationaler Entschließungen

Eine Heranziehung von Entschließungen zur Ausfüllung nationaler Rechtsvorschriften setzt voraus, daß der zuständige Rechtsanwender diese überhaupt kennt. Dies sei nach der Ansicht von Dieckert[408] angesichts der partiell vernachlässigten Publizierung internationaler Entschließungen nicht immer der Fall. Komme es jedoch zu einer Einbeziehung, so verlange das Prinzip der Meßbarkeit und Vorausschaubarkeit staatlichen Handelns, daß die Verwaltung dem betroffenen Bürger sämtliche für die Entscheidungsfindung relevanten Faktoren offenbaren könne und auch müsse[409]. Diese Offenbarungspflicht beginne mit der Veröffentlichung der entsprechenden Entscheidungsgrundlagen und ende bei der Dokumentierung des eigentlichen Entscheidungsvorgangs[410]. Hierzu gehöre auch der Text der internationalen Entschließung, die zur Konkretisierung unbestimmter Rechtsbegriffe mit herangezogen worden sei[411].

(c) Folgerungen für die Mediendeklaration 1978

Überträgt man die oben dargelegten Kriterien Dieckerts hinsichtlich der Heranziehung von internationalen Entschließungen bei der Ausfüllung wertungsbedürftiger nationaler Rechtsvorschriften durch die Verwaltung, ergibt sich im Hinblick auf die Mediendeklaration 1978 folgendes:

---

407 Ebd., S. 203.

408 Ebd.

409 Ebd.

410 Ebd.

411 Ebd.

Zunächst muß es konkretisierungs- und auslegungsbedürftige Tatbestände in nationalen Vorschriften geben, über die die Inhalte der Mediendeklaration 1978 Eingang finden können. Davon ist auszugehen, da der Gesetzgeber - gerade auch im Wirtschaftsrecht, wozu partiell auch das Medienrecht gehört - häufig von der Möglichkeit Gebrauch macht, Gesetze und sonstige Rechtsvorschriften mit offenen Tatbeständen zu erlassen.

Ein internationaler Bezug ergibt sich im Bereich der Kommunikationsrechte relativ häufig, da in einer Zeit zunehmender wirtschaftlicher und politischer Verflechtungen internationaler Art ein Informationsbedürfnis hinsichtlich wichtiger Ereignisse und Entwicklungen in allen Teilen der Welt besteht.

Weiterhin ist davon auszugehen, daß sich zwischen den Inhalten der Mediendeklaration 1978 und konkretisierungsbedürftigen innerstaatlichen Gesetzen sowie sonstigen Rechtsvorschriften ein enger sachlicher Bezug herstellen läßt.

Fraglich ist, ob unter Zugrundelegung der von Dieckert entwickelten Anforderungen an die Qualität einer internationalen Entschließung angenommen werden kann, daß es sich bei der Mediendeklaration 1978 um ein taugliches Auslegungswerkzeug handelt. Bedenken tun sich hier insofern auf, als die Mediendeklaration 1978 ein Kompromiß der UNESCO-Mitgliedstaaten ist, der eine Spaltung der UNESCO-Organisation abwenden sollte[412]. Immerhin ist jedoch zu konstatieren, daß der endgültige Text der Mediendeklaration 1978 von allen UNESCO-Mitgliedstaaten angenommen wurde[413]. Nach Ansicht von offizieller bundesdeutscher Seite habe das Grundrecht der Meinungs-, Äußerungs- und Informationsfreiheit in der Mediendeklaration 1978 einen gebührenden Platz gefunden[414]. Folglich ist - zumindest offiziell - davon auszugehen, daß es sich bei der Deklaration um eine Entschließung handelt, die Auslegungsmaßstäbe enthält, die - ursprünglich zumindest - von der Bundesrepublik

412 Righter, Noch eine "neue Weltordnung"?, EA 1979, S. 211, 216.

413 Witzmann, Völkerrechtliche Aspekte der Bemühungen um eine neue Weltinformationsordnung, S. 34.

414 Gornig, Äußerungsfreiheit und Informationsfreiheit als Menschenrechte, S. 362.

Deutschland akzeptiert wurden. Ferner ist festzustellen, daß auch andere westliche Staaten die Mediendeklaration 1978 als einen tragbaren Kompromiß angesehen haben[415]. Somit kommt es für die von Dieckert entwickelten Auslegungskriterien nicht darauf an, daß die USA zum 31.12.1984 ihren Austritt aus der UNESCO erklärten, da diese Organisationen nach der Ansicht der US-Regierung eine feindselige Haltung gegenüber den privaten Institutionen von freien Gesellschaften insbesondere im Kommunikationsbereich eingenommen habe[416]. Ein Jahr später erklärte Großbritannien mit sehr ähnlichen Argumenten wie die USA den Austritt aus der UNESCO zum Ende des Jahres 1985[417]. All dies änderte aber nichts an der Tatsache, daß die UNESCO bis zum Ende des Jahres 1989 auf eine neue Weltkommunikationsordnung hingearbeitet hat[418], wie sie in der Mediendeklaration 1978 zum Ausdruck kommt. Im übrigen ist zu konstatieren, daß die UNESCO nach wie vor auf eine Veränderung der internationalen Kommunikationsstrukturen hinarbeitet. Lediglich die Strategie, die zu diesem Ziel führen soll, hat sich verändert[419]. Aus dem zuvor Gesagten folgt, daß die Mediendeklaration 1978 unter den UNESCO-Mitgliedstaaten bis zum Ende des Jahres 1989 eine hinreichende nationale und internationale Akzeptanz fand. Allerdings büßte sie mit dem Austritt der USA und Großbritanniens aus der UNESCO ihre universelle Akzeptanz ein.

Gegen eine Heranziehung der Prinzipien der Mediendeklaration 1978 durch die Verwaltung zur Ausfüllung offener Tatbestände des innerstaatlichen Rechts aufgrund der von Dieckert genannten Maßstäbe spricht nicht der Kompromißcharakter der Deklaration. Sie läßt sehr wohl deutlich erkennen, welche Ziele bei der Betätigung der Kommunikationsrechte gefördert werden sollen. Insofern ist zu konstatieren, daß auf der Grundlage der o.g. Kriterien Dieckerts die Mediendeklaration 1978 durchaus bis zum Jahr 1989 als Auslegungshilfe in

---

415 Righter, Noch eine "neue Weltordnung"?, EA 1979, S. 211, 216.

416 Hüfner, UNESCO, in: Handbuch Vereinte Nationen, S. 917.

417 Ebd.

418 Modoux, Neuorientierung der UNESCO in Medienfragen, Süddeutsche Zeitung v. 16.11.1992, S. 11.

419 Ebd.

Betracht kam. Zwar wurde die Mediendeklaration 1978 - soweit ersichtlich ist - in keinem offiziellen Publikationsorgan der Bundesrepublik abgedruckt. Sie ist allerdings in einer Reihe von Zeitschriften[420] veröffentlicht worden. Außerdem war die Entstehung der Mediendeklaration 1978 von äußerst kontroversen Diskussionen begleitet. Ihr wurde in den Medien außerordentlich große Aufmerksamkeit geschenkt. Unter diesen Umständen ist davon auszugehen, daß zumindest die Angehörigen in den Kommunikationsunternehmen, die in verantwortlichen Positionen tätig waren, von der Mediendeklaration 1978 Kenntnis hatten.

(d) Internationale Entschließungen als Maßstäbe für nationale Ermessensnormen

Bei der Ermessensausübung der Verwaltung können nach Dieckert[421] Entschließungen internationaler Organisationen durchaus eine Rolle spielen. Die Verwaltung sei gehalten, im Rahmen ihrer Entscheidungsfindung alle auf dem Spiel stehenden Interessen und Gesichtspunkte abzuwägen, da sie ansonsten eine Ermessensunterschreitung begehe[422]. Ferner müsse sich die Exekutive bei der Entscheidungsfindung, wolle sie einen Ermessensfehlgebrauch vermeiden, von sachlichen und zweckgerechten Erwägungen leiten lassen[423]. Es spreche grundsätzlich nichts dagegen, internationale Entschließungen als *zusätzliche* 'sachgerechte Erwägungen' in den Abwägungsprozeß miteinfließen zu lassen[424]. Was die Zulässigkeit einer

---

420 Die Mediendeklaration 1978 ist enthalten in: EA 1979, D 188 ff.; VN 1979, S. 36 f.; Kirche und Rundfunk, Nr. 94/95 v. 6.12.1978, S. I-V; Die Feder, Monatszeitschrift für Journalisten, 2/1979, S. 21 ff.; Film und Recht 1979, S. 138 ff.

421 Dieckert, Die Bedeutung unverbindlicher Entschließungen internationaler Organisationen für das innerstaatliche Recht der Bundesrepublik Deutschland, S. 204.

422 Ebd.

423 Ebd.

424 Dieckert, Die Bedeutung unverbindlicher Entschließungen internationaler Organisationen für das innerstaatliche Recht der Bundesrepublik Deutschland, S. 204.

solchen Ermessenspraxis angehe, so seien keine wesentlichen Unterschiede zum Falle der entschließungsunterstützenden Tatbestandskonkretisierung festzustellen[425]. So müsse auch hier der Tatbestand einen gewissen internationalen Bezug aufweisen, um die Berücksichtigung 'externer' Ermessensmaßstäbe zu rechtfertigen[426]. Dabei reiche es aus, wenn Grund zu der Annahme bestehe, daß der Gesetzgeber das innerstaatliche Normenverständnis von internationalen Sachverhalten und Entwicklungen nicht isolieren wollte[427]. Die herangezogene internationale Entschließung müsse eine gewisse sachliche Nähe zur Entscheidungsgrundlage aufweisen, da ansonsten eine sachgerechte Erwägung nicht möglich sei[428]. Diese Forderung setze ferner eine bestimmte Qualität des externen Ermessensmaßstabes voraus, da eine sach- und zweckbezogene Abwägung nur stattfinden könne, wenn der aktuelle Stand der Lebensverhältnisse in der Bundesrepublik Deutschland Berücksichtigung finde[429]. Schließlich können internationale Entschließungen nach Dieckert[430] nur dann als ermessensleitende Gesichtspunkte in Betracht kommen, wenn sie international und national akzeptiert würden.

bb) Heranziehung von "soft law" durch die Judikative

Sodann geht Dieckert[431] auf die Frage ein, ob und inwieweit die Judikative internationale Entschließungen bei der Rechtsanwendung berücksichtigen dürfe.

(1) Allgemeines

Im Streitfall hätten die Gerichte über Sachverhalte zu entscheiden, in denen die Verwaltung Entschließungen internationaler Organisationen zur Konkretisierung nationaler Tatbestände herangezogen

---

425 Ebd., S. 207.
426 Ebd.
427 Ebd.
428 Ebd.
429 Ebd., S. 207 f.
430 Ebd., S. 208.
431 Ebd., S. 210 ff.

habe[432]. Dabei hätten die Gerichte die bereits für die Verwaltung formulierten Maßstäbe einer Heranziehung von Entschließungen internationaler Organisationen zu berücksichtigen[433]. Bei der gebundenen Verwaltung komme den Gerichten eine weitgehende Kontrollbefugnis zu[434]. Bei Ermessensentscheidungen sei der Entscheidungsspielraum der Gerichte geringer, da sie lediglich Ermessensfehler feststellen könnten[435].

Im Bereich des Strafrechts verhindere der Grundsatz 'nulla poena sine lege', daß Verstöße gegen internationale Empfehlungen strafrechtlich sanktioniert werden könnten[436]. Dies entspreche im übrigen dem im Strafrecht herrschenden strengen 'Territorialitätsprinzip'[437]. Tatbestände des sog. 'Weltrechtsprinzips' bedürften stets der Übernahme in einen nationalen Straftatbestand, um innerstaatlich angewendet werden zu können[438].

Bei der Ausfüllung privatrechtlicher Generalklauseln durch die Gerichte können nach der Ansicht von Dieckert[439] unverbindliche Entschließungen internationaler Organisationen herangezogen werden. Ein Anwendungsfeld seien die Sittenwidrigkeitsklauseln, die Verstöße gegen internationale Wertvorstellungen und Kollektivinteressen ahnden könnten[440].

(2) Verfassungsrechtliche Bewertung

(a) Konsensprinzip

Eine Heranziehung unverbindlicher Entschließungen bei Entscheidungen nationaler Gerichte sei - so Dieckert[441] - verfassungsrechtlich

---

432 Ebd., S. 210.

433 Ebd., S. 210 f.

434 Ebd., S. 210.

435 Ebd., S. 211.

436 Ebd.

437 Ebd.

438 Ebd., S. 211 f.

439 Ebd., S. 218 ff.

440 Ebd., S. 219.

441 Ebd., S. 227 ff.

nicht zu beanstanden. So sei den Transformationsvorschriften des Grundgesetzes nicht zu entnehmen, daß sie ein 'Exklusivrecht' für die Umsetzung internationaler Normen beanspruchten[442]. Die Grundlage für die Beachtung und mittelbare Durchsetzung internationaler Wertvorstellungen liege im Konsens der Beteiligten, namentlich von Staaten und transnationalen Unternehmen[443].

(b) Art. 25 GG

Dem Vorwurf der Umgehung des Parlaments lasse sich entgegnen, daß das Grundgesetz selbst in Art. 25 GG die Möglichkeit eröffne, Normen internationalen Ursprungs auch ohne Beteiligung des Gesetzgebers innerstaatlich wirksam werden zu lassen[444].

Dem ist allerdings entgegenzuhalten, daß Art. 25 GG eine Ausnahmevorschrift ist und als solche eng ausgelegt werden muß. Sie gilt gerade nicht für internationale Entschließungen mit "soft law"-Charakter. Folglich spricht der objektive Wertgehalt des Art. 25 GG dagegen, Entschließungen internationaler Organisationen eine innerstaatliche Geltung zu verschaffen. Im Hinblick auf den Ausnahmecharakter von Art. 25 GG kann auch nicht festgestellt werden, daß diese Grundgesetznorm Ausdruck eines allgemeinen Rechtsgedankens ist.

(c) Fehlen einer unmittelbaren Rechtsfolge

Soweit die Gerichte internationale Entschließungen bei der Konkretisierung nationaler Rechtsvorschriften heranziehen, haben sie darauf zu achten, daß die unmittelbare Rechtsfolge auf dem innerstaatlichen Recht beruht. Internationale Entschließungen können demgegenüber nicht Grundlage der Entscheidung sein, wie Dieckert[445] zu Recht hervorhebt. Als Auslegungsinstrument können sie lediglich ein Mittel der Entscheidungsfindung sein.

---

442 Ebd., S. 227 f.

443 Ebd., S. 228.

444 Ebd.

445 Ebd., S. 229.

(d) Ausfüllung von Grundrechtsnormen durch internationale Empfehlungen

Weiterhin ist Dieckert[446] der Ansicht, daß auch die Grundrechtsbestimmungen und noch mehr die aus einer Zusammenschau verschiedener Normen zu ermittelnden Verfassungsprinzipien den Richter zur Heranziehung von Werturteilen zwingen würden, die sich durch eine gewisse Allgemeingültigkeit auszeichneten. Dabei komme es in Sachverhalten mit Auslandsberührung darauf an, über den nationalen Konsens hinaus auch allgemeingültige Wertvorstellungen auf internationaler Ebene festzustellen und in die Auslegung bzw. Konkretisierung des sich insoweit öffnenden Tatbestandes miteinzubeziehen[447].

Dem ist entgegenzuhalten, daß das Grundgesetz - insbesondere seine Grundrechte - die Freiheitssphären des Bürgers gegen staatliche Eingriffe sichern soll. Diese Aufgabe kann eine Verfassung nicht leisten, wenn der Staat, der durch die Grundrechte verpflichtet wird, bei der Mitarbeit in internationalen Organisationen Wertvorstellungen erzeugen kann, die den Inhalt der Grundrechte verändern können.

Dies belegt das Beispiel der Mediendeklaration 1978 sehr eindringlich. Geht man davon aus, daß sie - ursprünglich zumindest - einen internationalen und nationalen Konsens zum Ausdruck gebracht hat, ergibt sich auf der Grundlage der o.g. Thesen Dieckerts folgendes:

Bei Sachverhalten mit Auslandsberührung müßten die Wertvorstellungen der Mediendeklaration 1978 zur Bestimmung der inhaltlichen Reichweite des Art. 5 GG herangezogen werden, soweit man davon ausgeht, daß die Deklaration allgemein akzeptierte Wertvorstellungen zum Ausdruck bringt, was nach offizieller Lesart bis 1989 der Fall war. Dies würde im Ergebnis darauf hinauslaufen, daß die deutschen Medienkonzerne verpflichtet (gewesen) wären, auf die Belange und Empfindlichkeiten mancher Entwicklungsländer - z.B. bei Fragen der Menschenrechtsverletzungen - Rücksicht zu nehmen. Zumindest bestünde die Gefahr, daß durch einen internationalen Dirigis-

---

446 Ebd., S. 229 f.

447 Ebd., S. 230.

mus im Bereich der internationalen Medienordnung die ursprüngliche Freiheitsbedeutung des Art. 5 GG reduziert werden könnte. Eine Abschwächung der Geltungskraft der Grundrechte und der Prinzipien des Grundgesetzes läßt sich nicht durch eine Auslandsberührung rechtfertigen. Vielmehr läßt eine Auslandsberührung die Geltungs- und Wirkungsweise des Grundgesetzes unberührt. Die Besonderheit bei Fällen mit Auslandsbezügen liegt lediglich darin, daß deutsches Recht nicht in jedem Fall voll durchsetzbar ist. Eine nur partielle Durchsetzbarkeit des deutschen Rechts hat aber nicht zur Folge, daß die Geltung der deutschen Gesetze eingeschränkt wird. Dies gilt auch dann, wenn internationale Empfehlungen eine Geltungsrücknahme des nationalen Rechts nahelegen.

Die Frage, ob die inhaltliche Geltung der deutschen Grundrechte bei Lebenssachverhalten mit Auslandsberührung durch internationale Empfehlungen eingeschränkt werden kann oder nicht, ist für die Bürger im Bundesgebiet insofern von eminenter Bedeutung, als diese natürlich ein berechtigtes Interesse daran haben, über Ereignisse im Ausland umfassend und objektiv informiert zu werden. Aus Art. 5 GG erwächst die objektiv-rechtliche Verpflichtung der deutschen Bundesregierung im Rahmen der Mitarbeit in internationalen Organisationen darauf hinzuwirken, daß nur solche Entschließungen zustandekommen, die mit dem materialen Gehalt des Art. 5 GG in Einklang zu bringen sind. Zugleich folgt aus Art. 5 GG, daß die deutsche Bundesregierung einer Entschließung entgegentreten muß, die nicht der Bedeutung des Art. 5 GG gerecht wird. Diesen erklärten Willen der Bundesregierung dürfen die nationalen Rechtsanwender nicht dadurch in das Gegenteil verkehren, indem sie bei der Ausfüllung innerstaatlicher Normen auf internationale Empfehlungen Rekurs nehmen, denen die Bundesrepublik Deutschland nicht zugestimmt hat.

Aber selbst dann, wenn die Bundesrepublik Deutschland aus taktischen oder sonstigen Erwägungen (z.B. um eine schlimmere Deklaration zu verhindern) einer internationalen Entschließung zustimmt, die sich nicht mit der Werteordnung des Grundgesetzes in Einklang bringen läßt, bleiben die nationalen Rechtsanwender selbstverständlich an das geltende Recht voll gebunden und können auch nicht durch Auslegung dem innerstaatlichen Recht eine andere Bedeutung zukommen lassen.

Wäre die auswärtige Gewalt in der Lage, durch die Erzeugung internationaler Wertvorstellungen die innerstaatlichen Gesetze - insbesondere das Grundgesetz - einem Wandel zu unterwerfen, hätte dies zur Folge, daß die Exekutive über die auswärtige Gewalt faktisch die Verfassung ändern könnte, was mit dem Sinn und Zweck des Art. 79 GG nicht in Einklang zu bringen ist. Hieraus folgt, daß lediglich die gesellschaftlichen Anschauungen in der Bundesrepublik Deutschland die Auslegung des autonomen deutschen Rechts beeinflussen können, wobei der Wortlaut und der Sinn und Zweck der Vorschrift aufgrund der Bindung an Gesetz und Recht bei der staatlichen Rechtsanwendung eine limitierende Wirkung haben. Aufgrund des Territorialprinzips können Wertvorstellungen außerhalb des Geltungsbereichs deutscher Vorschriften keinen Bedeutungswandel autonomer deutscher Normen herbeiführen. Vielmehr lassen sich internationale Wertvorstellungen lediglich insoweit als Auslegungshilfe heranziehen, als der Bedeutungsgehalt der innerstaatlichen Rechtsvorschrift nicht verändert wird.

(3) Anforderungen an die internationalen Entschließungen

Letztlich schränkt auch Dieckert[448] aufgrund der von ihm aufgestellten Anforderungen an die Qualität internationaler Entschließungen ihre Heranziehungsmöglichkeit bei der Rechtsanwendung durch die nationalen Gerichte stark ein. So sei bei der Feststellung des internationalen Wertekonsenses darauf zu achten, daß die zu berücksichtigende Entschließung nicht bloß Partikularmeinungen oder Wunschvorstellungen der entschließenden Organisation wiedergebe[449]. Die entschließende Organisation müsse zum einen aufgrund ihrer Mitgliederzahl eine gewisse repräsentative Größe aufweisen[450]. Globalität sei nicht unbedingt Voraussetzung, da auch regionale Organisationen übertragungsfähige Wertvorstellungen bündelten, wenn es

448 Ebd., S. 230 ff.

449 Ebd., S. 230.

450 Ebd., S. 231.

sich um einen homogenen Kreis handele, dem die Bundesrepublik Deutschland angehöre[451]. Zum anderen sollte es sich bei der heranzuziehenden Entschließung um Aussagen handeln, die im Rahmen der Sachkompetenz und der satzungsmäßigen Befugnis der jeweiligen Organisation abgegeben wurden[452]. Nicht zu beachten seien demnach Entschließungen, die von politisierten Organisationen wie z.Zt. der UNESCO zu allen möglichen Gegenwartsfragen abgegeben würden[453]. Offen bleibt allerdings, ob nach der Meinung von Dieckert die UNESCO-Mediendeklaration aus dem Jahre 1978 zumindest insoweit herangezogen werden kann, als sie sich inhaltlich mit der Betätigung der Kommunikationsfreiheiten beschäftigt. Dies ist überwiegend der Fall. Lediglich partiell schießt die Mediendeklaration 1978 über die satzungsmäßigen Ziele der UNESCO hinaus[454].

Ferner weist Dieckert[455] darauf hin, daß die sachliche Qualifikation der beschlußfassenden Organisation noch nicht die Formulierung allgemeingültiger Erkenntnisse garantiere. Der jeweiligen Entschließung müsse auch zu entnehmen sein, daß sie auf einen ernsthaften Wertekonsens der beteiligten Staaten und nicht auf bloßen Wunschvorstellungen beruhe[456]. Darüber hinaus müsse auch eine konkrete Regelungsabsicht der Organisation zu erkennen sein[457]. Dem nationalen Richter, der internationale Entschließungen beim Entscheidungsfindungsprozeß heranziehen möchte, sei eine 'Motivforschung' anzuraten[458]. Gerade in ethnisch, wirtschaftlich und gesellschaftlich inhomogen zusammengesetzten Organisationen der Vereinten Nationen komme es häufig vor, daß 'Übereinstimmungen' formuliert würden, die angesichts der unterschiedlichen Interessen der beteiligten

---

451 Ebd.

452 Ebd.

453 Ebd., S. 231 f.

454 Siehe z.B. Art. 3 Abs. 2 der Mediendeklaration 1978, wo sich die UNESCO der "großen Plagen der Menschheit" angenommen hat.

455 Dieckert, Die Bedeutung unverbindlicher Entschließungen internationaler Organisationen für das innerstaatliche Recht der Bundesrepublik Deutschland, S. 232.

456 Ebd.

457 Ebd.

458 Ebd.

Staaten allenfalls vorbehaltsbehaftete 'Kompromisse' darstellten[459]. Ferner würden von bestimmten Staatengruppen Erklärungen durchgesetzt, denen andere Staaten nur aus Gründen der politischen Räson, nicht aber aus Überzeugung zustimmten[460]. Dies sei bei einigen Resolutionen betreffend die "Neue Weltwirtschaftsordnung" sowie bei der Mediendeklaration 1978 der Fall gewesen[461].

Der zuvor dargelegten Argumentation ist indes entgegenzuhalten, daß im Schrifttum[462] die Auffassung vertreten wird, daß die Mediendeklaration 1978 bei der Konkretisierung bestehender, aber in ihrem Inhalt umstrittener Rechtssätze, eine Rolle spielen könnte. Für eine *einseitige* Konkretisierung der Reichweite internationalrechtlicher Garantien der Informationsfreiheit sind die Aussagen der UNESCO-Dokumente ihrerseits zu offen und zu konkretisierungsbedürftig[463]. Dies liegt zum einen daran, daß internationale Deklarationen häufig Interessengegensätze lediglich dissimulieren. Zum anderen führt ihre Unverbindlichkeit dazu, daß sie keine konkreten Regelungen enthalten müssen. Der nationale Richter wird in der Regel überfordert sein, eine Motivforschung hinsichtlich der Entstehungsgeschichte einer internationalen Entschließungen zu betreiben[464]. Aus den o.g. Gründen ist der Ansicht von Dieckert[465] zuzustimmen, daß der nationale Richter von der Berücksichtigung solcher Entschließungen im Zweifel Abstand nehmen sollte, denen die Staaten nur aus Gründen der politischen Räson, nicht aber aus Überzeugung zugestimmt hätten.

---

459 Ebd., S. 232 f.

460 Ebd., S. 233.

461 Ebd., S. 233 Fn. 81.

462 Bryde, Internationale Verhaltensregeln für Private, S. 53.

463 Ebd., S. 56.

464 Dieckert, Die Bedeutung unverbindlicher Entschließungen internationaler Organisationen für das innerstaatliche Recht der Bundesrepublik Deutschland, S. 235.

465 Ebd., S. 233.

(4) Akzeptanz internationaler Entschließungen

Nach der Auffassung von Dieckert[466] müsse vermieden werden, daß eigentlich unerwünschte internationale Anschauungen und Zielsetzungen zum Maßstab der Entscheidungen der nationalen Gerichte gemacht würden. Aus diesem Grunde sei die Akzeptanz der in Rede stehenden Entschließungen vom nationalen Richter zu prüfen[467]. Dabei sei zwischen der Zustimmung auf internationaler und auf nationaler Ebene zu unterscheiden[468].

(a) Internationale Ebene

Auf der internationalen Ebene könne die Willenserklärung einer internationalen Organisation schwerlich Ausdruck kollektiver Wertvorstellungen sein, wenn ihr nicht auch die überwiegende Anzahl der Mitglieder vorbehaltlos zugestimmt habe[469]. Dabei komme es nicht nur auf die Quantität an[470]. Zweifel müßten auch dann aufkommen, wenn ausgerechnet diejenigen Staaten gegen eine in Rede stehende Entschließung gestimmt hätten, die sich in vergleichbarer Lage mit der Bundesrepublik Deutschland befänden[471]. Stimmenthaltungen schlügen dann zu Buche, wenn von einer an sich gebotenen Ablehnung aus der Sorge heraus abgesehen worden sei, sich politisch zu exponieren[472]. Dem nationalen Rechtsanwender müsse deshalb auch hier "Motivforschung" angeraten werden, bevor er einen vermeintlichen Wertekonsens in seine Entscheidung miteinbeziehe[473].

---

466 Ebd.

467 Ebd.

468 Ebd.

469 Ebd.

470 Ebd.

471 Ebd.

472 Ebd.

473 Ebd.

(b) Nationale Ebene

Von einer nationalen Akzeptanz könne bei internationalen Entschließungen keine Rede sein, wenn diese gegen die Nein-Stimme der Bundesrepublik Deutschland verabschiedet worden seien[474]. Wenn internationale Wertvorstellungen im wesentlichen der erweiternden Bestätigung nationaler Grundsätze dienten, müsse - so Dieckert[475] - ein durch die Gegenstimme der Bundesregierung dokumentierter Widerspruch a priori zur Nichtberücksichtigung entsprechender Entschließungen führen. Eine Ausnahme könne allenfalls dann gemacht werden, wenn ein solcher Widerspruch überhaupt nicht existiere[476]. Dies sei denkbar, wenn das Abstimmungsverhalten der Bundesregierung vorrangig von politisch-strategischen Überlegungen bestimmt gewesen sei und damit nicht auf einem entgegenstehenden nationalen Wertekonsens beruhe[477]. Anders als der Verwaltung müsse man dem Richter eine Berücksichtigung solcher Entschließungen zubilligen, da die grundgesetzlich verbürgte Unabhängigkeit der Judikative (Art. 97 GG) auch vor der außenpolitischen Prärogative der Bundesregierung nicht Halt machen müsse[478].

(5) Forderung nach verfassungsrechtlicher Klarstellung bzw. Ergänzung

Verfassungspolitisch vertritt Dieckert[479] den Standpunkt, daß sich die Forderung nach einer rechtlich eindeutigeren und praktisch besser organisierten Berücksichtigung von Entschließungen stelle. Die erwünschte innerstaatliche Beachtung könne durch eine Erwähnung des Phänomens der internationalen Entschließungen im Verfassungstext befördert werden[480]. Eine ausdrückliche Erwähnung von Entschließungen internationaler Organisationen im Grundgesetz

---

474 Ebd., S. 234.

475 Ebd.

476 Ebd.

477 Ebd., S. 234 f.

478 Ebd., S. 235.

479 Ebd., S. 242.

480 Ebd.

würde der wachsenden rechtspolitischen Bedeutung dieser Instrumente Rechnung tragen[481].

2. *Rechtsprechung*

a) *Allgemeines*

Es fragt sich, ob und inwieweit die deutsche Rechtsprechungspraxis internationale Entschließungen bei der Auslegung des originären innerstaatlichen Rechts heranzieht. Wenn die Gerichte bei der Auslegung des einfachen Rechts internationale Empfehlungen berücksichtigen, ist die Fachgerichtsbarkeit von besonderer Bedeutung, soweit die Beachtung internationaler Verhaltensregeln im Rahmen des einfachen deutschen Rechts keine spezifischen verfassungsrechtlichen Fragestellungen berührt. Dies folgt aus der Erkenntnis, daß die Verfassungsgerichtsbarkeit keine Superrevisionsinstanz ist. Die Auslegung und Anwendung des einfachen Rechts ist mit anderen Worten grundsätzlich Sache der Fachgerichtsbarkeit. Dies gilt selbstverständlich auch für den Fall, daß die Fachgerichte eine Konkretisierung des einfachen Rechts mittels internationaler Entschließungen vornehmen. Die Verfassungsgerichtsbarkeit kann nur dann eingreifen, wenn die Fachgerichtsbarkeit bei der Konkretisierung des einfachen Rechts durch internationale Empfehlungen die Bedeutung und die Reichweite von Verfassungsrecht verkannt hat. Hieraus folgt, daß für das Einfließen internationaler Entschließungen in die originäre deutsche Rechtsordnung sowohl auf die Rechtsprechung der Fachgerichtsbarkeit als auch auf die der Verfassungsgerichtsbarkeit abzustellen ist.

b) *Verwaltungsgericht Frankfurt a.M.*

aa) *Inhalt der Entscheidung vom 19. Juli 1988*

Das Verwaltungsgericht (VG) Frankfurt am Main[482] hatte im Jahre 1988 über die Wiederherstellung der aufschiebenden Wirkung eines Widerspruchs zu entscheiden, der dem Antragsteller eine kommer-

---

481 Ebd., S. 243.

482 VG Frankfurt, NJW 1988, S. 3032 ff.

zielle Vermittlung von Kindern zur Legitimation oder Adoption versagt hat. Die zur Vermittlung angebotenen Kinder sollten aus der 3. Welt stammen[483]. Das Verwaltungsgericht ging davon aus, daß die Verbotsverfügung zu Recht ergangen sei[484]. Die Vermittlung von Kindern zum Zwecke der Legitimation oder Adoption verstoße gegen die öffentliche Sicherheit im Sinne von § 1 Abs. 1 des Hessischen Polizeigesetzes[485]. Die Vermittlung von Kindern an annahmebereite Eltern gegen Zahlung eines nach Herkunftsgebieten gestaffelten Entgelts lasse sich mit der durch Art. 1 Abs. 1 GG als unmittelbar geltendes Recht verbürgten Unantastbarkeit der Würde des Menschen, die zu achten und zu schützen die Verpflichtung aller staatlichen Gewalt sei, nicht vereinbaren[486]. Dem Schutzgut des Art. 1 Abs. 1 GG als tragendes Konstitutionsprinzip und obersten Wert im grundrechtlichen Wertsystem widerspreche es, den Menschen zum bloßen Objekt im Staate bzw. des Staates zu machen oder ihn einer Behandlung auszusetzen, die seine Subjektqualität prinzipiell in Frage stelle[487]. Eine in diesem Sinne mit der Menschenwürde nicht in Einklang zu bringende Vorgehensweise liege auch dann vor, wenn Säuglinge und Kinder vor der Erlangung der Möglichkeit selbstverantwortender Entscheidung durch ihre Eltern oder einen Elternteil bzw. dritte Personen zum Objekt eines kommerziellen, auf Gewinnerzielung gerichteten Handelns gemacht würden[488]. Dementsprechend habe die Generalversammlung der Vereinten Nationen im Grundsatz 9 ihrer am 20.11.1959 beschlossenen Deklaration über die Rechte des Kindes[489] eindeutig festgelegt, daß das Kind vor Vernachlässigung, Grausamkeit und Ausnutzung jeder Art geschützt sei[490]. Es dürfe auf

---

483 VG Frankfurt, NJW 1988, S. 3032.

484 VG Frankfurt, NJW 1988, S. 3032.

485 VG Frankfurt, NJW 1988, S. 3032.

486 VG Frankfurt, NJW 1988, S. 3032.

487 VG Frankfurt, NJW 1988, S. 3032.

488 VG Frankfurt, NJW 1988, S. 3032 f.

489 Resolution 1386 (XIV), abgedruckt in: Krakau/v. Wedel/Göhmann, Resolutionen der Generalversammlung der UNO, S. 246 f.

490 VG Frankfurt, NJW 1988, S. 3032, 3033.

keinen Fall Gegenstand eines Handels sein[491]. Sodann weist das VG Frankfurt[492] darauf hin, daß die o.g. Deklaration nach derzeitigem Verständnis (noch) nicht die Qualität einer eigenständigen formellen und möglicherweise gar über Art. 25 GG unmittelbar geltenden Völkerrechtsquelle habe. Obwohl derlei Beschlüsse somit nicht den Anspruch allgemeiner Verbindlichkeit und Gültigkeit für sich erheben könnten, dienten sie doch als Indiz für mögliche, notwendige oder gar schon eingetretene Änderungen des Völkerrechts und seien daher als sog. "soft law" nicht vollends unbeachtlich und könnten auch ergänzend zur Auslegung nationalen Rechts herangezogen werden[493]. Aus der Verabschiedung der UN-Charta des Kindes ergebe sich - so das VG Frankfurt[494] -, daß auf der internationalen Ebene Konsens über die Verächtlichkeit des Kinderhandels bestehe und daß diese Form gewerblicher Ausnutzung von Kindern den Formen der Sklaverei, Leibeigenschaft und ähnlichen Praktiken, zu deren Bekämpfung sich die Bundesrepublik Deutschland zuletzt durch den Beitritt zu dem Zusatzabkommen vom 7.9.1956 über die Abschaffung der Sklaverei, des Sklavenhandels und sklavereiähnlicher Einrichtungen und Praktiken durch Gesetz vom 4.7.1958 verpflichtet habe (BGBl. 1958 II S. 203, in Kraft getreten am 14.1.1959, BGBl. 1959 II S. 407), gleichzuachten sei.

Ferner kam das VG Frankfurt[495] zu dem Ergebnis, daß die in Rede stehende Kindervermittlung § 5 Abs. 1 Adoptionsvermittlungsgesetz (BGBl. 1976 I S. 1762) verletze, worin zugleich nach § 14 Abs. 1 Nr. 1 Adoptionsvermittlungsgesetz eine Ordnungswidrigkeit zu sehen sei. § 5 Abs. 1 Adoptionsvermittlungsgesetz legt fest, daß die Adoptionsvermittlung nur den autorisierten Jugendämtern und Landesjugendämtern sowie den nach § 2 Abs. 2 Adoptionsvermittlungsgesetz berechtigten Stellen (Diakonisches Werk, Caritasverband, Arbeiterwohlfahrt etc.) gestattet ist.

---

491 Grundsatz 9 (Absatz 1 Satz 2) der VN-Deklaration über die Rechte des Kindes.

492 VG Frankfurt, NJW 1988, S. 3032, 3033.

493 VG Frankfurt, NJW 1988, S. 3032, 3033.

494 VG Frankfurt, NJW 1988, S. 3032, 3033.

495 VG Frankfurt, NJW 1988, S. 3032, 3034.

Schließlich nahm das Gericht einen Verstoß gegen die öffentliche Ordnung i.S.v. § 1 Abs. 1 des Hessischen Polizeigesetzes an[496]. Eine kommerzielle Legitimations- und Adoptionsvermittlung, die auf einem Handel mit wehrlosen Kindern und zumeist auf einem Ausnutzen der ausweglosen Situation hilfloser Mütter beruhe, fände bei der überwiegenden Bevölkerung kein Verständnis, sondern sie stoße vielmehr auf energische Mißbilligung[497].

bb) Bewertung

Die oben dargelegte Entscheidung des VG Frankfurt verdient insofern besondere Aufmerksamkeit, als hier ein deutsches Gericht - soweit ersichtlich ist - zum ersten Mal ausdrücklich hervorgehoben hat, daß internationales "soft law" für die nationale Rechtsanwendung nicht völlig unbedeutend sei, sondern ergänzend zur Auslegung des nationalen Rechts herangezogen werden könne.

Im Schrifttum[498] hat das Urteil des VG Frankfurt nicht nur Zustimmung erfahren. Es wird eingewandt, daß die Heranziehung der Resolution über die Rechte des Kindes dogmatisch nicht zu begründen sei, da es sich im wesentlichen um einen innerstaatlichen Sachverhalt handele[499]. Dem ist entgegenzuhalten, daß der in Rede stehende Fall sehr wohl einen starken Auslandsbezug aufweist, da er einen kommerziellen Handel mit Kindern aus dem Ausland (3. Welt) zum Gegenstand hat. Da in der Bundesrepublik Deutschland ein gesetzliches Verbot des Kinderhandels nicht auf die Resolution 1386 (XIV) der Vereinten Nationen zurückgeführt werden könne, lasse sich - so Heusel[500] - eine polizeiliche Untersagungsverfügung insoweit nicht durch eine Gefährdung der öffentlichen Sicherheit im Sinne des Polizeirechts rechtfertigen. Diese Argumentation übersieht, daß in der

---

496 VG Frankfurt, NJW 1988, S. 3032, 3034.

497 VG Frankfurt, NJW 1988, S. 3032, 3034.

498 Siehe die Anmerkung von Heusel, Resolutionen der Generalversammlung als Auslegungsmaßstab im deutschen Polizeirecht?, NJW 1989, S. 2174 f.

499 Heusel, Resolutionen der Generalversammlung als Auslegungsmaßstab im deutschen Polizeirecht?, NJW 1989, S. 2174.

500 Ebd.

angegriffenen Entscheidung die Verbotsverfügung in erster Linie damit begründet wurde, ein kommerzieller Kinderhandel verstoße gegen Art. 1 Abs. 1 GG und gegen § 5 Abs. 1 Adoptionsvermittlungsgesetz sowie gegen die öffentliche Ordnung. Die VN-Resolution 1386 (XIV) über die Rechte der Kinder diente lediglich als Auslegungshilfe dafür, daß auf der internationalen Ebene ein kommerzieller Kinderhandel mißbilligt wird. Die in Rede stehende Verbotsverfügung hätte auch dann erlassen werden können, wenn die Deklaration über die Rechte des Kindes nicht verabschiedet worden wäre, da sie bereits durch den Verstoß gegen Art. 1 Abs. 1 GG und gegen § 5 Abs. 1 Adoptionsvermittlungsgesetz gerechtfertigt ist.

Schließlich wird die Auffassung vertreten, daß die VN-Resolution über die Rechte der Kinder vom 20.11.1959 schon deshalb nicht als "soft law" herangezogen werden könne, da ihr die Bundesrepublik Deutschland nicht zugestimmt habe[501]. Dies war nicht möglich, da Deutschland im Jahre 1959 nicht Mitglied der Vereinten Nationen war. Keineswegs könne im späteren Beitritt der Bundesrepublik Deutschland zu den Vereinten Nationen eine konkludente Zustimmung zu der o.g. Deklaration gesehen werden[502].

Nach anderer Auffassung durfte das VG Frankfurt die Deklaration der Vereinten Nationen über die Rechte der Kinder heranziehen, um den Grundsatz der Menschenwürde zu konkretisieren[503]. Zugleich wird allerdings darauf hingewiesen, daß sich das Verwaltungsgericht in seiner Begründung nicht ausschließlich auf die Mißachtung der Deklaration über die Rechte der Kinder habe stützen dürfen, um eine Verletzung der öffentlichen Sicherheit zu begründen[504]. Zu Recht weist Dieckert[505] darauf hin, daß die Entscheidung des Gerichts dann fehlerhaft wäre, da die objektive innerstaatliche Rechtsordnung durch die Verletzung einer unverbindlichen Resolution der Vereinten

501 Ebd., S. 2175.

502 Ebd.

503 Dieckert, Die Bedeutung unverbindlicher Entschließungen internationaler Organisationen für das innerstaatliche Recht der Bundesrepublik Deutschland, S. 217.

504 Ebd., S. 178.

505 Ebd.

Nationen nicht tangiert wird. Es bleibt allerdings der Gesichtspunkt, daß das Verwaltungsgericht eine Resolution als Auslegungshilfe herangezogen hat, der die Bundesrepublik Deutschland nicht zustimmen konnte, da sie zum Zeitpunkt der Verabschiedung nicht Mitglied der entschließenden internationalen Organisation war. Kann nicht festgestellt werden, ob sich die deutsche auswärtige Gewalt den Inhalt einer internationalen Entschließung zu eigen gemacht hat, muß dem nationalen Richter eine Zurückhaltung bei der Heranziehung der entsprechenden internationalen Entschließung angeraten werden.

c) Rechtsprechung des BGH

aa) Embargo-Entscheidung

(1) Inhalt

Bereits im Jahre 1960 hat der Bundesgerichtshof[506] zu der Frage Stellung nehmen müssen, ob ein Kaufvertrag deutscher Kaufleute nichtig ist, wenn er unter bewußter Täuschung gegenüber amerikanischen Stellen zustande kam und dadurch eine Umgehung amerikanischer Embargo-Bestimmungen gegenüber den Ländern des früheren Ostblocks einschließlich China, Hongkong, Macao und Tibet bewirkt wurde. Der Bundesgerichtshof konnte keine deutschen Gesetze ermitteln, die die amerikanischen Embargo-Bestimmungen übernehmen[507]. Gleichwohl nahm der BGH einen Sittenverstoß i.S.v. § 138 BGB an. Im konkreten Fall hätten die deutschen Kaufleute gegen "Belange der Gemeinschaft" verstoßen[508]. Die amerikanischen Embargo-Bestimmungen hätten der Aufrechterhaltung des Friedens und der freiheitlichen Ordnung des Westens gedient[509]. Dies sei im Interesse des gesamten freiheitlichen Westens und damit auch im Interesse der Bundesrepublik Deutschland gewesen[510]. Aus diesem Grunde hätten die amerikanischen Embargo-Bestimmungen lebens-

---

506 BGHZ 34, 169 ff.

507 BGHZ 34, 169, 177.

508 BGHZ 34, 169, 177.

509 BGHZ 34, 169, 177.

510 BGHZ 34, 169, 177.

wichtigen Belangen der Allgemeinheit gedient[511]. Wer aus eigensüchtigen Interessen durch Täuschung der zur Sicherung dieser Belange tätig werdenden Stellen die Wahrung dieser Belange vereitele, handele sittenwidrig i.S.v. § 138 BGB[512].

(2) Analyse

Die Analyse der BGH-Entscheidung zeigt, daß durch Generalklauseln des originären deutschen Rechts die Werte einer Gruppe von liberalen Staaten im Bereich der internationalen Beziehungen Privater eine innerstaatliche Verbindlichkeit erlangen können. Zu Recht wird darauf hingewiesen[513], daß das Allgemeininteresse im o.g. Fall nur scheinbar durch die internationale Praxis festgelegt wurde. Hinter dem Allgemeininteresse steht vielmehr die Verteidigung des NATO-Vertrages[514]. Sie erfolgte durch die Heranziehung ausländischer öffentlich-rechtlicher Vorschriften bei einem Sachverhalt mit Auslandswirkung[515]. Aus verfassungsrechtlicher Sicht ergeben sich daraus keine grundsätzlichen Bedenken[516]. Der rechtsstaatliche Gesetzesvorbehalt beinhaltet keine Abschottung der deutschen Rechtsordnung gegenüber ausländischen und internationalen Interessen[517].

Bedenklich ist allerdings, daß nach der oben dargelegten BGH-Rechtsprechung in konkreten Streitfällen ausschließlich die Judikative den Handlungsspielraum privater Rechtssubjekte in außenpolitisch brisanten Fällen festlegen kann. Gerade der o.g. Embargo-Fall zeigt, daß ausschließlich die Fachgerichtsbarkeit über wichtige außenpolitische Belange entscheidet, und zwar auf der Grundlage von öffentlich-rechtlichen Bestimmungen eines auswärtigen Staates. Verfassungsrechtliche Probleme könnten sich bei derartigen Fällen

---

511 BGHZ 34, 169, 177.

512 BGHZ 34, 169, 177.

513 Bleckmann, Sittenwidrigkeit wegen Verstoßes gegen den ordre public international, ZaöRV 1974, S. 112, 119.

514 Ebd.

515 Hailbronner, Völkerrechtliche und staatsrechtliche Überlegungen zu Verhaltenskodizes für transnationale Unternehmen, S. 356.

516 Ebd., S. 356 f.

517 Ebd., S. 356 m.w.N.

insofern ergeben, als die Bewertung außenpolitischer Fragen und die darauf beruhenden außenpolitischen Maßnahmen innerhalb einer freiheitlichen Ordnung nicht immer von allen Staaten homogen erfolgt. Der Handlungsspielraum der Bundesregierung könnte mit anderen Worten durch Entscheidungen der Judikative in konkreten Einzelfällen eingeengt werden, wenn die nationalen Gerichte die Interessen anderer Staaten berücksichtigen, ohne daß die Bundesregierung bei der Entscheidung hinzugezogen wird. Ein Gegensteuern ist hier nur insoweit möglich, als es der Bundesregierung gelingt, die Legislative zum Erlaß von Vorschriften zu bewegen, die die Gerichte aufgrund der Bindung an Recht und Gesetz in zukünftigen Fällen zu einer anderen Entscheidung zwingen.

bb) Nigeria-Kulturgutfall

(1) Inhalt

Eine wichtige Entscheidung des Bundesgerichtshofes über das Einfließen unverbindlicher Empfehlungen internationaler Organisationen in die deutsche Rechtsordnung erging im Jahre 1972[518]. Der BGH hatte darüber zu befinden, ob die Ausfuhr von Kulturgut entgegen einem Verbot des Ursprungslandes im Interesse der Wahrung der Anständigkeit im internationalen Verkehr mit Kunstgegenständen einen bürgerlich-rechtlichen Schutz erlangen kann oder nicht. Im konkreten Fall hatten die Parteien gegen ein nigerianisches Ausfuhrverbot von Kulturgegenständen verstoßen. Das nigerianische Ausfuhrverbot könne - so der BGH - schon deshalb nicht zur Anwendung des § 138 BGB führen, da es weder unmittelbar noch mittelbar dem Schutz deutscher Interessen diene[519]. Sinn und Zweck des obigen Ausfuhrverbots sei die Erhaltung des künstlerischen Erbes im Ursprungsland[520]. Gleichwohl kommt der BGH zu dem Ergebnis, daß eine Verletzung des nigerianischen Ausfuhrverbotes zur Versagung des bürgerlich-rechtlichen Schutzes führe, da das Gericht davon ausgeht, daß in der internationalen Staatengemeinschaft eine grundsätzliche Überzeugung vorhanden sei, das kulturelle Erbe der Völker

---

518 BGHZ 59, 82 ff.

519 BGHZ 59, 82, 85.

520 BGHZ 59, 82, 85.

wirkungsvoll zu schützen[521]. Der BGH[522] leitet diese Überzeugung der Staatengemeinschaft einmal aus einer Empfehlung der UNESCO-Generalkonferenz aus dem Jahre 1964 ab, nach der die Staaten Maßnahmen gegen die Gefahren illegaler Ausfuhren von Kulturgütern[523] erlassen sollen. Ferner nimmt der BGH[524] auf eine von der UNESCO-Generalkonferenz am 14. November 1970 einstimmig angenommene Konvention zum Schutze gegen illegalen Kulturhandel[525] im internationalen Bereich Bezug. Nach Art. 3 der o.g. Konvention verpflichten sich die Staaten, den Import von Kulturgütern als rechtswidrig anzusehen, wenn er entgegen den Verboten der Exportstaaten erfolgte. Der BGH[526] legte das UNESCO-Übereinkommen seiner Entscheidung zugrunde, obwohl er Kenntnis davon hatte, daß es dem Deutschen Bundestag und dem Bundesrat lediglich zugeleitet wurde. Das Gericht stellte sogar ausdrücklich fest, daß das UNESCO-Übereinkommen zum Schutz des ausländischen Kulturguts für die Bundesrepublik Deutschland weder zum Zeitpunkt der Entscheidung (22.6.1972) und schon gar nicht zum Zeitpunkt der angeblichen Verbringung nigerianischer Kulturgegenstände nach Deutschland (12.1.1967) in Kraft war[527].

(2) Analyse

Bleckmann[528] weist zu Recht darauf hin, daß Art. 3 der o.g. Konvention, wie das ganze Übereinkommen, keinen self-executing-Charakter hat. Daraus folgt, daß selbst nach einer Transformation der Konvention durch ein deutsches Zustimmungsgesetz in deutsches Recht kein

---

521 BGHZ 59, 82, 86.

522 BGHZ 59, 82, 85.

523 Records of the General Conference, 20th Session, Paris 1964, Resolutions, S. 148.

524 BGHZ 59, 82, 85 f.; Bleckmann, Sittenwidrigkeit wegen Verstoßes gegen den ordre public international, ZaöRV 1974, S. 112, 122.

525 Text: Records of the General Conference, 16th Session, Bd. 1, Resolutions, S. 135.

526 BGHZ 59, 82, 86.

527 BGHZ 59, 82, 86.

528 Bleckmann, Sittenwidrigkeit wegen Verstoßes gegen den ordre public international, ZaöRV 1974, S. 112, 113.

vom nationalen Richter unmittelbar anwendbares Recht entstanden wäre[529]. Das Importverbot hätte also durch ein spezielles Gesetz eingeführt werden müssen[530]. Der Import und die hierauf bezogenen Rechtsgeschäfte verstoßen dann gegen ein deutsches Gesetzesverbot[531]. Im Gefolge dieses Verbotsgesetzes sind Kauf- und Transportverträge nach § 134 BGB und nicht nach § 138 BGB nichtig[532].

Der BGH[533] wendet die o.g. UNESCO-Dokumente zum Schutze des Besitzers von Kunstgegenständen im Ursprungsland mittelbar an, da sie ein allgemein zu achtendes Interesse aller Völker zum Ausdruck brächten. Dabei stellt der BGH nicht darauf ab, ob die Bundesrepublik Deutschland den Akten der UNESCO zugestimmt hat. Bleckmann[534] folgert hieraus, daß es auf eine Stellungnahme der Bundesrepublik nicht ankomme. Insofern bestehe eine Parallele zu der innerstaatlichen Wirkung von Völkergewohnheitsrecht[535]. Entscheidend sei, daß ein individuelles Rechtsgeschäft gegen das durch die internationale Praxis anerkannte internationale Allgemeininteresse verstieße[536].

Dem ist entgegenzuhalten, daß es hinsichtlich der innerstaatlichen Geltung von Völkergewohnheitsrecht nach Art. 25 Satz 1 GG sehr wohl auf das Verhalten der Bundesrepublik Deutschland ankommt. Zwar setzt die innerstaatliche Geltung von Völkergewohnheitsrecht nach Art. 25 Satz 1 GG nicht voraus, daß die Bundesrepublik Deutschland die betreffende Norm zuvor ausdrücklich als bestehend anerkannt hat oder daß diese Norm bereits einmal von den Gerichten oder Verwaltungsbehörden der Bundesrepublik Deutschland angewandt worden ist[537]. Die Absicht der Mehrheit des Parlamentari-

---

529 Ebd.

530 Ebd.

531 Ebd.

532 Ebd., S. 123 f.

533 BGHZ 59, 82, 85.

534 Bleckmann, Sittenwidrigkeit wegen Verstoßes gegen den ordre public international, ZaöRV 1974, S. 112, 126.

535 Ebd.

536 Ebd., S. 127.

537 Rojahn, in: v. Münch, GG-Komm., Art. 25 Rdnr. 7.

schen Rates war es - wie bereits ausgeführt wurde -, einer allgemeinen Regel des Völkerrechts auch dann innerstaatliche Geltung zu verschaffen, wenn sie nicht speziell von der Bundesrepublik anerkannt wird[538]. Dadurch wurde jedoch nicht der völkerrechtliche Grundsatz außer Kraft gesetzt, daß ein Staat, der sich von Anfang an der Herausbildung und Anwendung einer Norm des allgemeinen Völkergewohnheitsrechts beharrlich widersetzt, zwar nicht ihre Entstehung verhindern, wohl aber erreichen kann, daß er durch sie nicht gebunden wird[539]. Auf der Grundlage der oben dargelegten Ausführungen ergibt sich, daß unverbindliche Empfehlungen internationaler Organisationen gegen den Willen der Bundesrepublik Deutschland selbst dann keine innerstaatliche Geltung erlangen können, wenn sie zu Völkergewohnheitsrecht erstarken.

Die Analyse der BGH-Entscheidung zum Ausfuhrverbot für Kunstgegenstände ist für die Frage der innerstaatlichen Beachtung von "soft law"-Verhaltensregeln insofern von besonderem Interesse, als das BGH-Urteil eine moralische Pflicht zur Achtung des internationalen Allgemeininteresses annimmt, wenn dieses Interesse durch die Praxis aller oder fast aller Staaten festgelegt wird[540]. Über den nationalen ordre public können somit internationale Empfehlungen mit "soft law"-Charakter nach der Rechtsprechung des BGH Eingang in die deutsche Rechtsordnung finden. Im Hinblick auf die Nichtigkeitsrechtsfolge bei der Ausfüllung des Sittenwidrigkeitsbegriffs in § 138 BGB ist zu konstatieren, daß die BGH-Rechtsprechung ein scharfes Schwert gegen die Nichtbefolgung von Verhaltensgrundsätzen ist, die ein allgemein zu achtendes Interesse der Völker zum Ausdruck bringen.

Dogmatisch ist die Entscheidung des BGH insofern problematisch, als ein wichtiges Allgemeininteresse der Völker aufgrund von unverbindlichen Empfehlungen einer internationalen Organisation festgestellt wird. Wenn Empfehlungen Ausdruck eines allgemein zu

---

538 Ebd.

539 Ebd.; Silagi, Die allgemeinen Regeln des Völkerrechts als Bezugsgegenstand in Art. 25 GG und Art. 26 EMRK, EuGRZ 1980, S. 632, 641; Zuleeg, AK-GG, (Hrsg.: R. Wassermann), Art. 24 Abs. 3 / Art. 25 Rdnr. 16 m.w.N.

540 Bleckmann, Sittenwidrigkeit wegen Verstoßes gegen den ordre public international, ZaöRV 1974, S. 112, 126.

achtenden Interesses sind, das durch die Völkerrechtspraxis festgestellt wird, ist zumindest zu fragen, ob nicht verbindliches Völkergewohnheitsrecht in Form einer Empfehlung (Konvention) durch eine internationale Organisation zum Ausdruck gebracht wird. Über Art. 25 Satz 2 GG wäre dann im vorliegenden Fall das Interesse der Völker, im Besitz ihrer Kunstschätze zu bleiben, innerstaatlich zu beachten.

Die oben dargelegte Rechtsprechung des Bundesgerichtshofs führt mithin zu dem Ergebnis, daß nicht bindende "soft law"-Verhaltensregeln in konkreten Einzelfällen der Entscheidungsfindung zugrundegelegt werden können, ohne daß dies die deutsche Bundesregierung als "persistent objector" verhindern kann. Sie wäre allerdings durch beharrlichen Protest in der Lage, eine Bildung von "soft law"-Regeln zum Völkergewohnheitsrecht abzuwehren. Dieses Resultat ist insofern überraschend, als der Handlungsspielraum der Bundesregierung durch die innerstaatliche Rechtsanwendung eingeschränkt werden kann, wenn internationale Verhaltensgrundsätze bewußt auf der Stufe der Unverbindlichkeit begründet werden. Rückwirkungen von "soft law" auf die innerstaatliche Rechtsordnung kann die Bundesregierung zwar insofern abwenden, als sie versuchen kann, die Entstehung von "soft law" von Anfang an zu verhindern. Praktisch wird dies jedoch nicht in jedem Fall möglich sein, da sich Deutschland aus außenpolitischen Gründen nicht isolieren kann und will.

Hailbronner[541] kritisiert die BGH-Entscheidung zum Nigeria-Kulturgut unter dem Gesichtspunkt, daß das Gericht den im Rechtsstaatsprinzip verwurzelten Grundsatz des Gesetzesvorbehalts und die Bestimmungen des Grundgesetzes über das Verhältnis von Völkerrecht und Landesrecht verletzt habe. Der Gesetzesvorbehalt bestimme, daß sich die Einschränkungen der Freiheit des Bürgers einschließlich seiner wirtschaftlichen Betätigungsfreiheit aus dem Gesetz heraus legitimieren müßten[542]. Dem ist entgegenzuhalten, daß die Freiheitsbeschränkung im Nigeria-Kulturgutfall unmittelbar auf § 138 BGB zurückzuführen ist, und damit ist dem grundgesetzlichen

---

541 Hailbronner, Völkerrechtliche und staatsrechtliche Überlegungen zu Verhaltenskodizes für transnationale Unternehmen, S. 355.

542 Ebd.

Gesetzesvorbehalt Genüge geleistet. Die Anknüpfung an internationale Standards bei der Ausfüllung des Sittenwidrigkeitsbegriffs in § 138 BGB ist im Hinblick auf den Auslandsbezug im Nigeria-Kulturgutfall gerechtfertigt. Weiterhin ist zu konstatieren, daß der BGH im o.g. Fall nicht die Vorschriften des Grundgesetzes über das Verhältnis von Völkerrecht und Landesrecht verletzt hat. Dies folgt zum einen aus dem Umstand, daß unverbindliche Empfehlungen nicht dem Bereich des Völkerrechts zuzuordnen sind. Aber selbst dann, wenn man internationale Empfehlungen als eine Völkerrechtsquelle sui generis ansehen wollte, kann ihre Heranziehung im Rahmen offener nationaler Gesetzes- und Rechtsvorschriften nicht als eine Umgehung der Art. 25, 59 Abs. 2 GG angesehen werden. Dies beruht auf der Erkenntnis, daß es bei der hier in Rede stehenden Heranziehung von internationalen Empfehlungen ausschließlich um die Frage geht, ob internationale Normen, die im Vorfeld einer nationalen Vorschrift anzusiedeln sind, vom nationalen Rechtsanwender berücksichtigt werden können oder nicht. Die Rechtsfolge als solche beruht auf einer Entscheidung des nationalen Gesetzgebers. Die Verweisungsnorm, die die Heranziehung nichtrechtlicher Standards erlaubt, trägt sozusagen den Anwendungsbefehl hinsichtlich nichtrechtlicher Standards in sich. Gleichwohl ist es angezeigt, daß der nationale Rechtsanwender Zurückhaltung bei der Anwendung von internationalen Empfehlungen übt, denen die deutsche auswärtige Gewalt nicht zugestimmt hat.

d) Rechtsprechung des BVerfG

Das BVerfG hat bisher, soweit ersichtlich ist, noch nicht ausdrücklich zu der Frage Stellung genommen, ob und inwieweit internationale Empfehlungen, die lediglich internationaler Standard von moralischem Wert sind, nach dem Verfassungsrecht der Bundesrepublik Deutschland Beachtung finden können oder gar müssen.

Der Beschluß des 1. Senats vom 3. Oktober 1969[543] deutet darauf hin, daß internationale Empfehlungen mit "soft law"-Charakter zumindest als Argumentationshilfe herangezogen werden können. In

---

543 BVerfGE 27, 71 ff.

der o.g. Entscheidung nimmt das BVerfG bei der Bestimmung der Reichweite der grundgesetzlichen Informationsfreiheit auf Art. 19 der Allgemeinen Erklärung der Menschenrechte der Generalversammlung der Vereinten Nationen vom 10. Dezember 1948[544] Bezug[545]. Hierbei handelt es sich nach h.M.[546] lediglich um eine unverbindliche Empfehlung, die ein moralisches Postulat zum Ausdruck bringe.

Inwieweit internationale Empfehlungen mit "soft law"-Charakter vom nationalen Richter beachtet werden müssen, kann der o.g. Entscheidung des BVerfG allerdings nicht entnommen werden, da das Gericht lediglich Art. 19 der Allgemeinen Erklärung der Menschenrechte herangezogen hat, um die besondere "Bedeutung ... der Informationsfreiheit auch im internationalen Bereich" zu unterstreichen[547]. Hieraus kann nicht abgeleitet werden, daß Art. 19 der o.g. Menschenrechtserklärung nach der Rechtsprechung des Bundesverfassungsgerichtes eine konstitutive Bedeutung für die innerstaatliche Informationsfreiheit beigemessen wird.

3. *Eigener Lösungsansatz*

a) *Begrenzte mittelbare Einwirkung des internationalen "soft law" auf deutsches Recht*

Bei der Frage, ob und inwieweit die internationalen Empfehlungen mit "soft law"-Charakter bei der Auslegung des innerstaatlichen Rechts herangezogen werden können, wird man zu berücksichtigen haben, daß es eine zunehmende Anzahl von Empfehlungen der inter-

---

544 Text: Sartorius II, Ordnungsnummer 19.

545 BVerfGE 27, 71, 82.

546 Gornig, Äußerungsfreiheit, S. 234 f. m.w.N.; nach der Auffassung von Partsch hätten gewisse grundlegende Bestimmungen der Allgemeinen Erklärung gewohnheitsrechtliche Geltung erlangt, Partsch, in: Simma, Charta der Vereinten Nationen, Komm., Art. 55 (c) Rdnr. 33; nach der Ansicht von Simma könne man annehmen, daß die in der Erklärung formulierten elementaren Menschenrechte durch das ständige Zitieren in der Praxis und andere staatliche Akte unabhängig von vertraglichen Verbürgungen völkerrechtlich verbindlich geworden seien, Simma, in: Verdross/Simma, Universelles Völkerrecht, S. 822 f.

547 BVerfGE 27, 71, 82.

nationalen Organisationen zu verzeichnen gibt. Sie sind die Folge einer ständig voranschreitenden internationalen Verflechtung der Staaten (Stichwort: "Eine Welt"). Diese Verflechtungen bringen die Notwendigkeit mit sich, grenzüberschreitende Verhaltensregeln zu begründen. All dies darf allerdings nicht dazu führen, daß die Ordnung des Grundgesetzes durch äußere Einflußfaktoren aus den Angeln gehoben wird. Da die nationalen Rechtsanwender nach Art. 1 Abs. 3, 20 Abs. 3 GG bei der Entscheidungsfindung an Recht und Gesetz gebunden sind, ist nicht ersichtlich, daß die Heranziehung von "soft law"-Empfehlungen zu einer Aushöhlung des Grundrechtsschutzes führen kann. Vielmehr ist davon auszugehen, daß die innerstaatlichen Rechtsanwender in der Lage sind, "soft law" im Rahmen von Generalklauseln und offenen Tatbeständen grundgesetzkonform zur Geltung kommen zu lassen. Ein Einwirken internationaler Organisationen auf die deutsche Rechtsordnung mittels "soft law"-Regelungen wird also zum einen durch die Schranken der verfassungsrechtlichen Ordnung begrenzt. Zum anderen geht von Generalklauseln und offenen Tatbeständen ebenfalls eine limitierende Wirkung aus. "Soft law" kann m.a.W. nur insoweit berücksichtigt werden, wie es die deutsche Rechtsordnung zuläßt.

b) Grundgesetzliches Gebot der wohlwollenden Kenntnisnahme von internationalem "soft law"

Eine Ignorierung von "soft law"-Regelungen ist aus verfassungsrechtlicher Sicht im Hinblick auf die Völkerrechtsfreundlichkeit des Grundgesetzes nicht geboten. Die völkerrechtsfreundliche Tendenz des Grundgesetzes folgt aus der Präambel (das Gebot dem Frieden der Welt zu dienen) sowie aus den Regelungen in Art. 25, Art. 100 Abs. 2, Art. 1 Abs. 2, 26 Abs. 1, Art. 26 Abs. 2, Art. 9 Abs. 2, 24 Abs. 3 GG[548]. Aus der Gesamtschau der o.g. Verfassungsbestimmungen ergibt sich, daß das Grundgesetz die verfassungsrechtliche Leitlinie enthält, bei der Auslegung der Verfassung auf das Völkerrecht zu achten[549]. Dies hat auch hinsichtlich der "soft law"-Regelungen zu

---

548 Stern, Staatsrecht I, S. 475 f.

549 Ebd., S. 476.

gelten. Zwar handelt es sich hierbei nicht um bindendes Völkerrecht. Gleichwohl kann nicht gesagt werden, daß das "soft law" irrelevant ist. Es enthält Wertungen und Aussagen darüber, welche Problemlösungen wünschenswert und welche Entscheidungen anderen Lösungsmöglichkeiten vorzuziehen sind[550]. "Soft law" kann staatliches Verhalten mit anderen Worten genauso steuern wie verbindliches Völkerrecht[551]. Folglich ist es geboten, den im Grundgesetz verankerten Grundsatz der Völkerrechtsfreundlichkeit für das internationale "soft law" ebenfalls zur Anwendung kommen zu lassen. Im Hinblick auf die rechtliche Unverbindlichkeit des "soft law" wird dem Prinzip der Völkerrechtsfreundlichkeit beim "soft law" schon dann Genüge geleistet, wenn die deutschen Stellen den Inhalt des "soft law" wohlwollend zur Kenntnis nehmen. Dies mag sehr banal klingen. Tatsache ist aber, daß eine Fülle von internationalen Empfehlungen schon deshalb keine Chance auf innerstaatliche Geltungsverschaffung besitzen, da sie sofort "in der Schublade verschwinden".

c) Kompetenzordnung des Grundgesetzes

aa) Allgemeines

Es fragt sich allerdings, ob es mit der Wert- und Kompetenzordnung des Grundgesetzes in Einklang zu bringen ist, daß die nationalen Rechtsanwender das "soft law" in die innerstaatliche Rechtsordnung einfließen lassen, ohne daß der Träger der auswärtigen Gewalt darauf Einfluß nehmen kann. Durch die Ausschaltung der Exekutive als Trägerin der auswärtigen Gewalt werden der Legislative zugleich die ihr zustehenden Kontrollmöglichkeiten genommen. Dies gilt unabhängig von der Streitfrage, ob das Parlament nach der Ordnung des Grundgesetzes als Teilhaber der auswärtigen Gewalt anzusehen ist oder nicht[552].

Beim Einfließen von "soft law" über die Generalklauseln und offenen Tatbestände im Rahmen der Rechtsanwendung durch den nationalen

---

550 Geiger, Grundgesetz und Völkerrecht, S. 92 f..

551 Verdross/Simma, Universelles Völkerrecht, S. 421.

552 Zu der Kompetenzverteilung im Bereich der auswärtigen Gewalt nach den Auffassungen im Schrifttum und nach der Rechtsprechung des BVerfG siehe die gute Darstellung bei Grewe, Auswärtige Gewalt, S. 937 ff.

Rechtsanwender wird die Entscheidung über die Beachtung des internationalen "soft law" ausschließlich auf die innerstaatlichen Stellen (Verwaltung und Gerichte) verlagert. Im konkret zu entscheidenden Fall bleibt die Legislative "außen vor". Im Vorfeld der Entscheidungsfindung durch den nationalen Beamten oder Richter hat die Legislative schon deshalb wenig Einflußmöglichkeiten, da sie den konkreten Fall, der Bezüge zu "soft law" aufweist, in der Regel gar nicht kennt. Allerdings hat die Bundesregierung die Möglichkeit, auf das Parlament dahin einzuwirken, daß dieses ein Gesetz erlassen möge, das eine andere Wertung als das "soft law" enthält. Auf diese Weise wären die innerstaatlichen Rechtsanwender bei zukünftigen, ähnlich gelagerten Fällen gehalten, im Sinne der Bundesregierung, die auch Träger der auswärtigen Gewalt ist, zu entscheiden.

Dieses Verfahren ist für die auswärtige Gewalt unbefriedigend. Zum einen kann sie sich nicht darauf verlassen, daß die zuständigen Entscheidungsträger der ersten Gewalt in ihrem Sinne legislatorisch tätig werden. Zum anderen kann der Träger der auswärtigen Gewalt in der Regel erst dann tätig werden, wenn innerstaatliche Stellen bereits vollendete Tatsachen geschaffen haben. Bei der Vielzahl der Deklarationen und Resolutionen der internationalen Organisationen ist der Träger der auswärtigen Gewalt meistens nicht in der Lage, bereits im voraus zu erkennen, über welche - ebenfalls zahlreiche - Generalklauseln und offenen Tatbestände der gesamten innerstaatlichen Rechtsordnung unerwünschte "soft law"-Regelungen in das nationale Recht Eingang finden können.

bb) Pflicht der Exekutive zur Einholung einer Stellungnahme beim Auswärtigen Amt?

Die Entscheidungsprärogative des Trägers der auswärtigen Gewalt hinsichtlich des Einwirkens von "soft law" auf innerstaatliches Recht könnte im Verwaltungsverfahren dergestalt abgesichert werden, daß der entscheidende Beamte bei der Anwendung von "soft law" durch das Verfahrensrecht verpflichtet wird, eine Stellungnahme beim Auswärtigen Amt einzuholen, ob hinsichtlich des anstehenden Falls "soft law" zur Anwendung kommen soll oder nicht.

(1) *Verbindlichkeitsgrad der Stellungnahme*

Es fragt sich, welchen Verbindlichkeitsgrad die Stellungnahme des Auswärtigen Amtes haben kann.

(a) *Ausführung von Bundesgesetzen*

Hinsichtlich der Anwendung und Auslegung von Bundesgesetzen, die nach Art. 83 ff. GG der Aufsicht der Bundesregierung unterliegen, ist der außenpolitische Gestaltungswille der Bundesregierung für alle nachgeordneten Verwaltungseinheiten bindend[553]. Da eine Verwaltungsentscheidung, in die das "soft law" einfließt, das Auftreten der Bundesrepublik Deutschland im Ausland beeinflußt, schließt ein bei der Erzeugung des "soft law" dokumentierter Dissens der deutschen auswärtigen Gewalt die innerstaatliche Beachtung entsprechender internationaler Empfehlungen aus[554]. Selbst dann, wenn die deutsche auswärtige Gewalt einer internationalen Entschließung zugestimmt hat, kann es sein, daß die Bundesregierung eine innerstaatliche Berücksichtigung bei der nationalen Rechtsanwendung aus außenpolitischen Gründen nicht wünscht. Auch in diesem Fall ist der außenpolitische Gestaltungswille der Bundesregierung bei der Anwendung und Auslegung von Bundesgesetzen für alle nachgeordneten Verwaltungseinheiten bindend.

(b) *Ausführung von Landesgesetzen*

Fraglich ist, ob dies auch bei der Ausführung von Landesgesetzen gilt. Nach der Ansicht von Dieckert[555] spreche die Tatsache, daß die Länder im Bereich ausschließlicher Landeskompetenzen Verträge mit auswärtigen Staaten nach Art. 32 Abs. 3 GG nur mit Zustimmung der Bundesregierung abschließen dürften, dafür, daß eine

---

553 Dieckert, Die Bedeutung unverbindlicher Entschließungen internationaler Organisationen für das innerstaatliche Recht der Bundesrepublik Deutschland, S. 202.

554 Kunig, Deutsches Verwaltungshandeln und Empfehlungen internationaler Organisationen, S. 548.

555 Dieckert, Die Bedeutung unverbindlicher Entschließungen internationaler Organisationen für das innerstaatliche Recht der Bundesrepublik Deutschland, S. 203.

Heranziehung von "soft law" bei der Konkretisierung von landesrechtlichen Vorschriften durch Stellen der Landesverwaltung gegen den erklärten außenpolitischen Willen der Bundesregierung nicht zulässig sein könne. Dies trifft jedenfalls dann zu, wenn man nach Art. 32 Abs. 1 GG ein umfassendes Vertragsabschlußrecht des Bundes annimmt. Dann umfaßt die außenpolitische Prärogative des Bundes auch die Bereiche, die innerstaatlich ausschließlich Sache der Länder sind. Indes kann Art. 32 GG - wie an späterer Stelle noch gezeigt wird - auch so interpretiert werden, daß Art. 32 Abs. 3 GG hinsichtlich ausschließlicher Ländermaterien ein exklusives Vertragsabschlußrecht der Gliedstaaten begründet, in das der Bund nach Art. 32 Abs. 1 GG nicht eindringen darf. Eine solche Interpretation hat zur Folge, daß sich die außenpolitische Prärogative des Bundes nach Art. 32 Abs. 1 GG nicht auf die Sachbereiche bezieht, die ausschließliche Länderangelegenheiten sind. Bund und Länder müßten auf der Grundlage einer föderalistischen Interpretation des Art. 32 GG hinsichtlich ihres außenpolitischen Verhaltens in ihren jeweiligen Kompetenzbereichen den Grundsatz des bundesfreundlichen Verhaltens[556] beachten. Nach der Rechtsprechung des Bundesverfassungsgerichts[557] beinhaltet die Pflicht zum bundesfreundlichen Verhalten, daß die Glieder des Bundes sowohl einander als auch dem größeren Ganzen und der Bund den Gliedern die Treue halten und sich verständigen. Adressat des Prinzips des bundesfreundlichen Verhaltens sind also sowohl der Gesamtstaat (Bund) als auch die Länder[558]. Nach dem geltenden Verfassungsrecht ist der Grundsatz des bundesfreundlichen Verhaltens von Bund und Ländern bei jeder ihrer Maßnahmen, sei es beim Erlaß von Gesetzen, sei es beim Erlaß von Regierungs- und Verwaltungsakten, zu beachten[559].

Der Grundsatz der Bundestreue gilt nach ständiger Rechtsprechung des Bundesverfassungsgerichts[560] auch hinsichtlich der Beachtung völkerrechtlicher Verträge. Diese Rechtsprechung ist auf die Erzeu-

---

556 Zu diesem Prinzip siehe: Herzog, in: M-D, GG-Komm., Art. 20 Rdnr. 61 ff.

557 BVerfGE 1, 299, 315.

558 Herzog, in: M-D, GG-Komm., Art. 20 Rdnr. 64.

559 BVerfGE 8, 122, 131.

560 BVerfGE 6, 309, 328, 361 f.; 32, 199, 219.

gung von "soft law" übertragbar. Auf der Grundlage der föderalistischen Interpretation des Art. 32 Abs. 3 GG, wonach die Länder ein eigenes (exklusives) Vertragsabschlußrecht im Bereich ausschließlicher Länderkompetenzen haben, wird man durch einen Schluß von dem Größeren auf das Kleinere (argumentum a maiore ad minus) zu dem Ergebnis kommen können, daß die Länder in ihrem Kompetenzbereich durch Art. 32 Abs. 3 GG auch ermächtigt werden können, bei der Erzeugung von "soft law" mitzuwirken. Das Zustimmungserfordernis der Bundesregierung hat auf der Grundlage der föderalistischen Sichtweise des Art. 32 Abs. 3 GG allein eine Koordinationsfunktion. Keinesfalls erlangt der Bund - nach der föderalistischen Theorie - durch die Verweigerung seiner Zustimmung ein Eintrittsrecht hinsichtlich ausschließlicher Länderkompetenzen im Bereich der auswärtigen Gewalt. Die Koordinationsfunktion des Art. 32 Abs. 3 GG bleibt nur gewahrt, wenn die Länder vor der endgültigen Abstimmung beim Erlaß von "soft law"-Dokumenten die Zustimmung bei der Bundesregierung einholen, da allein schon durch die Existenz des rechtlich unverbindlichen "soft law" Fakten geschaffen werden können.

(c) Folgerungen

Aus dem zuvor Gesagten folgt, daß dem Zustimmungserfordernis in Art. 32 Abs. 3 GG nicht entnommen werden kann, daß die Landesverwaltungen verpflichtet sind, bei der Anwendung von Landesrecht im Bereich eigener Landeskompetenzen auf eine Heranziehung von "soft law" zur Ausfüllung offener Tatbestandsmerkmale zu verzichten, wenn dies dem erklärten außenpolitischen Willen der Bundesregierung widerspricht[561]. Vielmehr kommt es auf der Grundlage der föderalistischen Theorie zu Art. 32 Abs. 3 GG darauf an, ob es um "soft law" geht, das innerstaatlich Materien des Bundes regelt. Nur in diesem Fall sind die Länder nach den obigen Ausführungen gehalten, den außenpolitischen Willen der Bundesregierung zu respektieren.

---

561 A.A. Dieckert, Die Bedeutung unverbindlicher Entschließungen internationaler Organisationen für das innerstaatliche Recht der Bundesrepublik Deutschland, S. 203.

Diese Verpflichtung folgt indes aus dem Prinzip der Bundestreue und nicht aus Art. 32 Abs. 3 GG.

Fraglich ist indes, ob der Grundsatz der Bundestreue so weit reicht, daß die Länder bei der Anwendung von Landesbestimmungen gehalten sind, internationalen Entschließungen innerstaatlich Geltung zu verschaffen, wenn der Bund dies aus außenpolitischen Erwägungen wünscht. Die Länder könnten dem Gesamtstaat entgegenhalten, daß das Prinzip des bundesfreundlichen Verhaltens nicht dazu führen könne, daß die Gliedstaaten zu einem Verhalten verpflichtet werden, zu dem sich der Gesamtstaat völkerrechtlich auch nicht verpflichtet hat. Die Länder könnten m.a.W. geneigt sein, dahin zu argumentieren, daß die Nichtberücksichtigung von "soft law" außenpolitisch unschädlich sei, da "soft law" völkerrechtlich zu nichts verpflichte. Diese Sichtweise übersieht allerdings, daß die Nichtbeachtung von "soft law" von der internationalen Staatengemeinschaft als ein unfreundlicher Akt empfunden werden könnte. Aus diesem Grunde fällt es in den Bereich der außenpolitischen Prärogative des Bundes, ob "soft law" bei der Anwendung von Bundes- oder Landesvorschriften herangezogen werden soll oder nicht. Freilich ist zu beachten, daß nach der föderalistischen Theorie zu Art. 32 Abs. 3 GG der Bund außenpolitisch nur insoweit tätig werden darf, als er dazu nach der innerstaatlichen Kompetenzordnung ermächtigt worden ist.

(2) Ergebnis

Zusammenfassend ist zu konstatieren, daß ein Einfließen von "soft law" bei der Anwendung und Auslegung offener Gesetzes- und Rechtsvorschriften im Bereich der Verwaltung kanalisiert werden könnte, wenn der nationale Rechtsanwender verfahrensrechtlich dazu angehalten wird, eine für ihn verbindliche Stellungnahme beim Auswärtigen Amt einzuholen. Nach der föderalistischen Theorie zu Art. 32 Abs. 3 GG ist allerdings zu beachten, daß der Bund keine auswärtige Kompetenz für Materien besitzt, die innerstaatlich ausschließlich Ländersache sind. Dies hat zur Konsequenz, daß das Auswärtige Amt im Bereich ausschließlicher Ländersachen an die Länderverwaltungen lediglich den Appell richten kann, daß durch die Heranziehung von "soft law" kein außenpolitischer Schaden entstehen darf, wenn es darum geht, ob "soft law" innerstaatlich herangezogen werden soll oder nicht. Interpretiert man Art. 32 Abs. 1 GG hingegen dahin, daß der Bund eine umfassende auswärtige Kompetenz hat, so hat dies zur Folge, daß die Gliedstaaten nach dem Grundsatz des bundesfreundlichen Verhaltens gehalten sind, auf die Landesverwaltung dahin hinzuwirken, daß diese bei der Heranziehung von "soft law" im Rahmen offener Landesvorschriften darauf achten, daß dem Gesamtstaat kein außenpolitischer Schaden entstehen kann. Eine solche verbindliche Stellungnahme des Auswärtigen Amtes hätte den Vorteil, daß sich die Bundesregierung insoweit gegenüber dem Parlament verantworten müßte. Das Bundesparlament könnte somit eine umfassende Kontrolle im Bereich des "soft law" ausüben.

cc) Pflicht der Judikative zur Einholung einer Stellungnahme?

(1) Art. 97 Abs. 1 GG

Gegen eine für die Gerichte verbindliche Stellungnahme der Exekutive im Bereich des "soft law" könnte die durch Art. 97 Abs. 1 GG geschützte Unabhängigkeit des Richters sprechen. Die sachliche Unabhängigkeit des Richters beinhaltet eine Unzulässigkeit von Einzelweisungen, von Verwaltungsvorschriften und von sonstiger vermeidbarer Einflußnahme[562]. Hinsichtlich der Auslegung völkerrechtlicher Verträge wird im Schrifttum[563] die Auffassung vertreten, daß ein konkludentes gemeinsames Handeln der Vertragspartner bereits eine verbindliche Interpretation darstelle. Eine von beiden Vertragsparteien gemeinsam getragene Interpretation soll demnach für das Bundesverfassungsgericht verbindlich sein[564]. Diese Argumentation läßt sich auf Entschließungen von internationalen Organisationen schon deshalb nicht übertragen, da diese in der Regel so formuliert sind, daß eine verbindliche Interpretation der Mitgliedstaaten nur schwer zu erkennen ist. Im Hinblick auf die große Anzahl der Mitgliedstaaten in den internationalen Organisationen ist es praktisch kaum möglich, durch nachträgliche Stellungnahmen eine Interpretation

---

562 Pieroth, in: Jarass/Pieroth, GG-Komm., Art. 97 Rdnr. 3.

563 Erler, in: Der Konkordatsprozeß, 2. Teilband, S. 726.

564 Ebd.

einer internationalen Empfehlung vorzunehmen, die eine allgemeine Verbindlichkeit in Anspruch nehmen kann.

Aber selbst wenn es so sein sollte, daß die bei der Verabschiedung einer internationalen Organisation beteiligten Mitgliedstaaten eine vom Konsens getragene verbindliche Interpretation vornehmen könnten, wäre zu berücksichtigen, daß eine vom Auswärtigen Amt vorgetragene verbindliche Stellungnahme gegenüber der nationalen Gerichtsbarkeit in die durch Art. 97 Abs. 1 GG geschützte Unabhängigkeit des Richters eingreift[565].

Die richterliche Unabhängigkeit umfaßt nicht nur den Entscheidungsausspruch, sondern auch diesem dienende, vorbereitende und nachfolgende Sach- und Verfahrensentscheidungen wie Terminbestimmung, Fristsetzung, Beweiserhebung und Geschäftsverteilung[566]. Eine verbindliche Stellungnahme des Auswärtigen Amtes zu der Frage, ob "soft law" in das deutsche Recht einfließen soll oder nicht, greift nicht in die oben umschriebene richterliche Unabhängigkeit ein. Insbesondere kann nicht gesagt werden, daß es sich um eine verbotene vorbereitende Sachentscheidung handelt. Dies folgt aus der Erkenntnis, daß sich die richterliche Unabhängigkeit nach dem eindeutigen Wortlaut des Art. 97 Abs. 1 GG nur auf die Anwendung von Gesetzen bezieht. Bei "soft law"-Regelungen handelt es sich aber gerade nicht um "Gesetze", sondern um unverbindliche Verhaltensanweisungen von mehr oder weniger bedeutsamen moralischem Wert. Dem könnte man entgegenhalten, daß Art. 97 Abs. 1 GG insofern verletzt wird, als eine verbindliche Stellungnahme des Auswärtigen Amtes über das Einfließen von "soft law" in die deutsche Rechtsordnung mittelbar die Gesetzesanwendung beeinflußt. Dieser Argumentation ist jedoch entgegenzuhalten, daß Art. 97 Abs. 1 GG den Richter ausschließlich an das Gesetz binden will[567]. Durch die Betonung der Gesetzesbindung in Art. 97 Abs. 1 GG hat der Verfassungsgeber deutlich machen wollen, daß die Unabhängigkeit des Richters im ge-

---

565 So zu Recht Dieckert, Die Bedeutung unverbindlicher Entschließungen internationaler Organisationen für das innerstaatliche Recht der Bundesrepublik Deutschland, S. 235.

566 Ebd.

567 Pieroth, in: Jarass/Pieroth, GG-Komm., Art. 97 Rdnr. 1; Wolfgang Meyer, in: v. Münch, GG-Komm., Art. 97 Rdnr. 9.

waltenhemmenden Verfassungsstaat nicht grenzenlos ist[568]. Mittels einer Stellungnahme des Auswärtigen Amtes hinsichtlich der Frage, ob "soft law"-Regeln in die innerstaatliche Rechtsordnung einfließen sollen oder nicht, wird dem Gesichtspunkt Rechnung getragen, daß die operative Außenpolitik Sache des Bundeskanzlers und seiner Regierung, insbesondere seines Außenministers ist[569].

Die dritte Gewalt hat die Aufgaben der anderen Staatsorgane zu respektieren[570]. Sie darf nicht versuchen, Funktionen auszuüben, die den demokratisch legitimierten Organen - sei es das Parlament oder der Regierung - vorbehalten sind[571]. Hieraus folgt, daß die Bundesregierung, namentlich das Auswärtige Amt, eine Stellungnahme ausschließlich hinsichtlich der Beachtung oder Nichtbeachtung von "soft law" abgeben darf. Dem nationalen Richter stünde es mit anderen Worten frei, eine Entscheidung im Sinne einer "soft law"-Regelung zu treffen, wenn innerstaatliche Verhaltensregeln eine entsprechende Rechtsanwendung rechtfertigen. Die Entscheidung müßte dann allerdings auf innerstaatlichen kollektiven Wertvorstellungen beruhen. Dabei wird der nationale Richter zu beachten haben, daß keine Identität von innerstaatlichen und internationalen Wertvorstellungen vorausgesetzt werden kann.

(2) Theorie von der Gerichtsfreiheit auswärtiger Akte

Im Schrifttum[572] wird allerdings zum Teil die Auffassung vertreten, daß Akte der auswärtigen Gewalt keiner gerichtlichen Kontrolle unterlägen. Akte der auswärtigen Gewalt entzögen sich ihrer Natur nach einer gerichtlichen Kontrolle[573]. Die einheitsstiftende Wirkung der staatsleitenden Akte der Exekutive gehe verloren, die Einheit des

568 Wolfgang Meyer, in: v. Münch, GG-Komm., Art. 97 Rdnr. 14.

569 Grewe, Auswärtige Gewalt, S. 944.

570 Ebd., S. 968.

571 Ebd., S. 968 f.

572 Leisner, Öffentlichkeitsarbeit der Regierung im Rechtsstaat, S. 106 f.; Schneider, Gerichtsfreie Hoheitsakte, S. 32; Treviranus sieht in der Beschränkung der Gerichtskontrolle auf extreme Mißbräuche eine Gerichtsfreiheit, ders., Außenpolitik im demokratischen Rechtsstaat, S. 29.

573 Schneider, Gerichtsfreie Hoheitsakte, S. 28.

Staates drohe zu zerfallen, wenn dieser Bereich zum Gegenstand gerichtlicher Auseinandersetzungen gemacht werde[574]. Wo nationales Interesse und Gemeinwohl die einzigen Maßstäbe seien, könne es keine Norm zur Orientierung des Wollens und Handelns mehr geben[575]. Bei einer justizförmigen Kontrolle der Akte der auswärtigen Gewalt müßten die Gerichte von der Regierung oder dem Außenministerium Aufschluß über die Erwägungen verlangen, die sie der Willensbildung zugrundegelegt hätten[576]. Die Einholung solcher Auskünfte verböte sich praktisch und führe zu Mißlichkeiten[577]. Die Motivation staatsmännischen Handelns eigne sich nicht zur Darlegung vor dem Forum des Gerichts, wie sich auch die Begründung von diplomatischen und konsularischen Akten mit Bezügen zu fremden Staaten nicht ohne Schaden öffentlich geben ließen[578].

(3) Art. 19 Abs. 4 GG

Im Hinblick auf die lückenlose Rechtsschutzgarantie in Art. 19 Abs. 4 GG geht indes die h.L.[579] zu Recht davon aus, daß unter der Geltung des Grundgesetzes für gerichtsfreie Akte der deutschen auswärtigen Gewalt kein Platz ist. Befürwortet wird allerdings eine sehr eingeschränkte gerichtliche Kontrolle. Dies beruht auf der zutreffenden Erkenntnis, daß eine rigorose justizförmige Außenpolitik im zwischenstaatlichen Bereich vollends zur Untätigkeit führt oder zur 'unpolitischen', die eigene Belange nicht genügend berücksichtigenden

---

574 Ebd.

575 Treviranus, Außenpolitik im demokratischen Rechtsstaat, S. 28.

576 Ebd.

577 Ebd.

578 Ebd.

579 Bleckmann, Grundgesetz und Völkerrecht, S. 247; Geiger, Grundgesetz und Völkerrecht, S. 147 f.; Grewe, Auswärtige Gewalt, S. 965 ff.; Fastenrath, Kompetenzverteilung im Bereich der auswärtigen Gewalt, S. 251 ff.; Baade, Das Verhältnis von Parlament und Regierung im Bereich der auswärtigen Gewalt der Bundesrepublik Deutschland, S. 103 ff.; Schmidt-Aßmann, in: M-D, GG-Komm., Art 19 Abs. IV Rdnr. 50; Schuppert, Die verfassungsgerichtliche Kontrolle der Auswärtigen Gewalt, S. 87 ff.; Tomuschat, Der Verfassungsstaat im Geflecht der internationalen Beziehungen, VVDStRL, Bd. 36, S. 7, 55; Bernhardt, Bundesverfassungsgericht und völkerrechtliche Verträge, S. 170 ff.

Tätigkeit[580]. Der Mangel an autonomer Gestaltungsmöglichkeit erlaubt es nicht, bei der Frage nach der Verfassungsmäßigkeit einer außenpolitischen Maßnahme von der politischen Ausgangslage abzusehen[581]. Hieraus folgt, daß die verfassungsgerichtliche Kontrolle der Akte der auswärtigen Gewalt nicht in den Bereich der außenpolitischen Ermessenserwägungen eindringen darf, der im Verfassungssystem des Grundgesetzes den demokratisch legitimierten Organen der 'Staatsleitung', Regierung und Parlament, vorbehalten ist[582].

Dies liegt auch auf der Linie des Bundesverfassungsgerichts[583], das bereits im Saar-Urteil festgestellt hat, daß völkerrechtliche Verträge politische Wertungen enthalten, die lediglich bei einer Evidenz grundgesetzwidrig sind. Auch in dem Grundlagenvertragsurteil hat sich das Bundesverfassungsgericht[584] eine richterliche Selbstbeschränkung, 'judicial self-restraint'[585], auferlegt. Nach der sog. Annäherungs-Rechtsprechung des Bundesverfassungsgerichts[586] sind Akte der auswärtigen Gewalt schon dann verfassungskonform, wenn sie einen Zustand schaffen, der dem Grundgesetz näher steht als der vorher bestehende. Dies beruht auf der zutreffenden Überlegung, daß dem Grundgesetz ein verfassungsrechtlicher Rigorismus des Inhalts, daß das Schlechte dem Besseren nicht weichen darf, weil das Beste nicht erreichbar ist, fremd ist[587].

Ferner betont das BVerfG[588] ausdrücklich, daß bei völkerrechtlichen Verträgen mit vagen und mehrdeutigen Formulierungen diejenige Auslegung zu wählen ist, die das Grundgesetz nicht verletzt. Dies hat

---

580 Baade, Das Verhältnis von Parlament und Regierung im Bereich der auswärtigen Gewalt der Bundesrepublik Deutschland, S. 105.

581 Schuppert, Die verfassungsgerichtliche Kontrolle der Auswärtigen Gewalt, S. 98.

582 Grewe, Auswärtige Gewalt, S. 966.

583 BVerfGE 4, 157, 174.

584 BVerfGE 36, 1, 14.

585 Blumenwitz, Judicial self-restraint und die verfassungsrechtliche Überprüfung von Akten der Auswärtigen Gewalt, DVBl. 1976, S. 464 ff.

586 BVerfGE 4, 157, 170.

587 BVerfGE 4, 157, 170.

588 BVerfGE 4, 157, 170.

auch für das ebenfalls häufig sehr vage formulierte "soft law" zu gelten, das über die Heranziehung bei offenen Tatbestandsmerkmalen des nationalen Rechts eine innerstaatliche Geltung erlangt.

Im Hinblick auf die Lückenlosigkeit der in Art. 19 Abs. 4 GG verankerten Rechtsschutzgarantie ist auch das Abstimmungsverhalten der Vertreter der Bundesrepublik Deutschland in den Entscheidungsgremien internationaler Organisationen als Ausübung von öffentlicher Gewalt i.S.v. Art. 19 Abs. 4 GG anzusehen[589]. Dagegen kann man ins Feld führen, daß es nicht die deutsche Entscheidungsmitwirkung ist, die individuelle Rechte verletzt, sondern erst die Entscheidung der internationalen Organisation. Dies ist jedoch eine recht formale Betrachtung. Sie überzeugt insbesondere dann nicht, wenn es maßgeblich auf das Stimmverhalten der Bundesrepublik Deutschland ankommt. Dies dürfte insbesondere bei internationaler Organisationen mit kleinerem Zuschnitt kein rein theoretisch anzunehmender Fall sein. Bei der Mitarbeit Deutschlands in internationalen Organisationen wird man indes zu berücksichtigen haben, daß der deutsche Einfluß in der Regel nur ein begrenzter ist. Für die Verfassungskonformität des deutschen Abstimmungsverhaltens muß es deshalb ausreichen, wenn es den deutschen Vertretern gelingt - und sei es mit ihrer Ja-Stimme -, schlechtes von seiten der internationalen Organisationen abzuwehren. Dies folgt aus der Annäherungstheorie, wie sie auch das Bundesverfassungsgericht vertritt. Aufgrund dieser Erwägungen ist zu konstatieren, daß Art. 19 Abs. 4 GG zwar auch hinsichtlich des Abstimmungsverhaltens der Vertreter der Bundesrepublik Deutschland in internationalen Organisationen Anwendung findet. Jedoch läuft die Garantie aus Art. 19 Abs. 4 GG insofern weitgehend leer, als die Gerichtskontrolle der auswärtigen Gewalt, wie dargelegt, eine sehr eingeschränkte ist.

(4) Ergebnis

Als Ergebnis ist festzuhalten, daß die Akte der deutschen auswärtigen Gewalt einer gerichtlichen Kontrolle unterliegen, die allerdings

---

589 Schmidt-Aßmann, in: M-D, GG-Komm., Art. 19 Abs. IV Rdnr. 50; Jarass, in: Jarass/Pieroth, GG-Komm., Art. 19 Rdnr. 28.

aus Gründen des politischen Ermessens erheblich eingeschränkt ist. Hieraus folgt, daß es die Ordnung des Grundgesetzes verbietet, daß das Auswärtige Amt für die Auslegung von "soft law" verbindliche Stellungnahmen abgibt, die von der Gerichtsbarkeit befolgt werden müssen. Dieses Ergebnis ist insofern unbefriedigend, als die Situation eintreten kann, daß durch die nationalen Gerichte "soft law" in die innerstaatliche Rechtsordnung einfließt, obwohl dadurch außenpolitischer Schaden entstehen kann. Man wird dem Auswärtigen Amt allerdings nicht untersagen können, daß es unverbindliche Stellungnahmen und Erläuterungen zur Anwendung oder Nichtanwendung von "soft law" abgibt. Unter diesen Umständen kann der Träger der auswärtige Gewalt lediglich darauf vertrauen, daß der nationale Richter die Hinweise des Auswärtigen Amtes bei der Entscheidungsfindung berücksichtigt.

X. Sonstige Möglichkeiten der innerstaatlichen Geltungsverschaffung von internationalen Empfehlungen

1. Informales Regierungs- und Verwaltungshandeln

Internationale Entschließungen, die nach der hier vertretenen Auffassung als internationales "soft law" zu qualifizieren sind, können zuweilen sehr effektiv durch das rechtlich nur schwer faßbare informale Regierungs- und Verwaltungshandeln innerstaatliche Geltung erlangen. Diese Form staatlichen Handelns wurde bereits im Zusammenhang mit der Ausfüllung offener nationaler Tatbestände genannt. Informales Regierungs- und Verwaltungshandeln kann allerdings auch außerhalb der Normkonkretisierung eine nicht unerhebliche Rolle spielen, weshalb diese Form staatlichen Handelns als eine selbständige Möglichkeit der innerstaatlichen Geltungsverschaffung von internationalen Empfehlungen in Betracht kommt.

a) Begriff des informalen Verwaltungs- und Regierungshandelns

Unter informalem Verwaltungs- und Regierungshandeln versteht man nach einer Definition von Bohne[590] alle rechtlich nicht geregelten Tathandlungen, die der Staat anstelle von rechtlich geregelten Verfahrenshandlungen oder Rechtsfolgeentscheidungen wählt, die zur Herbeiführung des beabsichtigten Erfolgs auch in den von der Rechtsordnung bereitgestellten öffentlich-rechtlichen oder privatrechtlichen Handlungsformen hätten erfolgen können. Der Begriff informal wird - entsprechend seiner organisationstheoretischen Herkunft[591] - in einem empirisch-analytischen Sinne verwandt[592]. Sozialempirische Untersuchungen und praktische Erfahrungen belegen, daß informale Handlungen in der Regel Tauschbeziehungen zwischen den Handlungsbeteiligten sind[593]. Folgende allgemeine Merkmale zeichnen informales Verwaltungs- und Regierungshandeln aus:

- Rechtliche Nichtregelung und Unverbindlichkeit,
- Alternativverhältnis zu rechtlichen Handlungsformen,
- Tauschprinzip[594].

Die Abgrenzung zwischen Verwaltungs- und Regierungshandeln erfolgt nach der organisationsrechtlichen Zugehörigkeit der jeweiligen handelnden Stelle[595]. Unter Regierungshandeln fallen alle Akte der Regierungen und Ministerien[596]. Zum Verwaltungshandeln gehören die Akte nachgeordneter Stellen und Kommunen[597].

---

590 Bohne, Informales Verwaltungs- und Regierungshandeln als Instrument des Umweltschutzes, VerwArch 1984, S. 343, 344.

591 Ausführlich hierzu Bohne, Der informale Rechtsstaat, S. 43 ff.

592 Bohne, Informales Verwaltungs- und Regierungshandeln als Instrument des Umweltschutzes, VerwArch 1984, S. 343.

593 Ebd., S. 344.

594 Ebd.

595 Ebd.

596 Ebd.

597 Ebd.

b) Typen informalen Verwaltungs- und Regierungshandelns

Haupttyp des informalen Verwaltungs- und Regierungshandelns ist die normvertretende Absprache[598]. Solche Abreden werden zum einen zur Vermeidung von Rechtssetzungsakten getroffen und zum anderen kann es sich um Absprachen mit normvollziehenden und normvertretenden Elementen handeln, die an die Stelle von Rechtssetzungs- und Vollzugsakten treten[599]. Zuweilen wird die normvertretende Absprache auch als "hoheitlich inspirierte Verhaltensabrede" bezeichnet[600]. Diese Begrifflichkeit hat sich nicht durchsetzen können.

Ein weiterer Typ informalen Handelns sind die normvollziehenden Verfahrenshandlungen und Absprachen, die im Normvollzug rechtlich geregelte Verfahren und Rechtsfolgeentscheidungen ersetzen[601].

Die o.g. Typisierung erhebt keinen Anspruch auf Vollständigkeit, sie kann durch weitere informale Handlungstypen ergänzt werden, z.B. durch planvertretende und planvollziehende Absprachen[602].

c) Rechtliche Bewertung informaler Absprachen

Wie informale Absprachen rechtlich zu bewerten sind, ist nach wie vor umstritten.

---

598 Becker, Informales Verwaltungshandeln zur Steuerung wirtschaftlicher Prozesse im Zeichen der Deregulierung, DÖV 1985, S. 1003, 1007.

599 Bohne, Informales Verwaltungs- und Regierungshandeln als Instrument des Umweltschutzes, VerwArch 1984, S. 343, 345.

600 Kaiser, Industrielle Absprachen im öffentlichen Interesse, NJW 1971, S. 585, 586.

601 Bohne, Informales Verwaltungs- und Regierungshandeln als Instrument des Umweltschutzes, VerwArch 1984, S. 343, 345.

602 Ebd.

aa) Öffentlich-rechtlicher Vertrag / privatrechtsgestaltende Beeinflussung

Nach einer Mindermeinung[603] sind informale Absprachen im Hinblick auf den im Vorfeld ausgeübten staatlichen Druck als rechtlich bindende Vereinbarungen in der Regel in Gestalt eines öffentlich-rechtlichen Vertrags anzusehen.

In Einzelfällen könne der staatliche Druck auch als privatrechtsgestaltende hoheitliche Beeinflussung - vergleichbar dem privatrechtsgestaltenden Verwaltungsakt - zu behandeln sein[604].

bb) Privatrechtlicher Vertrag

Kloepfer[605] sieht in Selbstbeschränkungsabkommen privatrechtliche Verträge, die wettbewerbsbeschränkenden Charakter hätten. Sie gefährdeten oder beseitigten partiell Wettbewerb, weshalb sie im Prinzip durch das Kartellverbot erfaßt würden und nur im Rahmen einer kartellrechtlichen Sondererlaubnis legalisiert werden könnten[606]. Dem könnte man entgegenhalten, daß hoheitlich beeinflußte Selbstbeschränkungen letztlich auf einer freien Selbstentscheidung beruhen und deshalb rechtlich unverbindlich sind, weshalb sie nicht unter § 1 GWB subsumierbar seien. Diese Auffassung wird für den Fall vertreten, daß ein abgestimmtes Verhalten dem öffentlichen Interesse diene[607]. Dem ist entgegenzuhalten, daß der Begriff des öffentlichen Interesses dehnbar ist. Der Zweck heiligt eben nicht immer die Mittel. Vielmehr sind informale Absprachen - aus welchen Gründen sie auch getroffen werden - stets ein Instrument, das den Wettbewerb beeinträchtigt. Dies hat auch Auswirkungen für den Grundrechtsbereich. Kommen die großen Medienkonzerne in Deutschland hoheitlich

---

603 v. Zezschwitz, Wirtschaftsrechtliche Lenkungstechniken, JA 1978, S. 497, 501 f.

604 Ebd., S. 502.

605 Kloepfer, Umweltschutz und Wettbewerb, UPR 1981, S. 41, 45.

606 Ebd.

607 Kaiser, Industrielle Absprachen im öffentlichen Interesse, NJW 1971, S. 585, 588.

inspiriert überein, daß eine Berichterstattung über bestimmte Ereignisse nicht oder nur in abgestimmter Weise zu erfolgen hat, wird der objektive Gehalt des Art. 5 Abs. 1 GG verletzt, da der Bürger sich nicht mehr in umfassender Weise informieren kann.

cc) Theorie von der rechtlichen Unverbindlichkeit

Nach überzeugender und überwiegender Auffassung sind informale Absprachen rechtlich unverbindlich[608]. Damit soll nicht bestritten werden, daß informale Absprachen faktisch in der Regel befolgt werden. Trotz ihrer Unverbindlichkeit bewegen sich informale Absprachen nicht in einem rechtsfreien Raum, sie sind vielmehr - wie bereits ausgeführt wurde - gewissen rechtlichen Bindungen unterworfen[609]. Gleichwohl ist zu betonen, daß informale Verhaltensweisen von den Beteiligten bewußt gewählt werden, um dem Rechtsregime formaler Handlungsformen und den Kontrollen der Gerichte zu entgehen, da rechtliche Regelungen im konkreten Fall als zu starr, zu umständlich, zu zeit- und kostenaufwendig, zu konfliktbeladen oder sonstwie unzweckmäßig erscheinen[610].

d) Verfassungsrechtliche Grenzen

Im Hinblick auf die große faktische Wirksamkeit informalen staatlichen Handelns erhebt sich die Frage, welche verfassungsrechtlichen Grenzen bei informalen Absprachen zu beachten sind.

---

608 Oebbecke, Die staatliche Mitwirkung an gesetzesabwendenen Vereinbarungen, DVBl. 1986, S. 793, 794 f.; Bohne, Informales Verwaltungs- und Regierungshandeln als Instrument des Umweltschutzes, VerwArch 1984, S. 343, 346; Brohm, Rechtsstaatliche Vorgaben für informelles Verwaltungshandeln, DVBl. 1994, S. 133, 134; Dieckert, Die Bedeutung unverbindlicher Entschließungen internationaler Organisationen für das innerstaatliche Recht der Bundesrepublik Deutschland, S. 143.

609 Bauer, Informelles Verwaltungshandeln im öffentlichen Wirtschaftsrecht, VerwArch 1987, S. 241, 260.

610 Bohne, Informales Verwaltungs- und Regierungshandeln als Instrument des Umweltschutzes, VerwArch 1984, S. 343, 346.

aa) Gesetzgebungspflichten

Wie bereits ausgeführt wurde, haben informale Absprachen unter anderem das Ziel, den Erlaß von Gesetzen abzuwenden. Dies verstößt jedenfalls dann gegen das Grundgesetz, wenn eine verfassungsrechtliche Pflicht zum Erlaß von Rechtsvorschriften besteht[611]. Das Grundgesetz enthält eine Reihe von ausdrücklichen Gesetzgebungsaufträgen, die es durch Formulierungen wie "Das Nähere regelt ein Bundesgesetz" erteilt[612]. Im Bereich der Kommunikationsfreiheiten ist ein solcher ausdrücklicher Gesetzgebungsauftrag nicht enthalten.

Art. 5 Abs. 2, 1. Alt. GG spricht von den allgemeinen Schrankengesetzen. Er enthält keine ausdrückliche Verpflichtung zum Erlaß allgemeiner Schrankengesetze. Eine Verpflichtung zum Erlaß von allgemeinen Schrankengesetzen kann sich allerdings aus Art. 2 Abs. 2 Satz 1 i.V.m. Art. 1 Abs. 1 GG ergeben. Ferner verpflichtet Art. 5 Abs. 2, 2. Alt. GG den Gesetzgeber dazu, Bestimmungen zum Schutze der Jugend zu erlassen[613].

Aus dem oben Gesagten folgt, daß informale Absprachen zwischen dem Staat und Kommunikationsunternehmen, die dem Schutz unabdingbarer Persönlichkeitsrechte oder dem Schutze der Jugend zu dienen bestimmt sind, gegen den grundgesetzlichen Auftrag zum Erlaß von Vorschriften verstoßen. Informale Absprachen, die Gesetzgebungspflichten zum Gegenstand haben, sind mithin schon deshalb grundgesetzwidrig, da sie einen Formenmißbrauch darstellen.

bb) Gesetzesvorrang

Nach Art. 20 Abs. 3 GG ist die vollziehende Gewalt an Recht und Gesetz gebunden. Aus dem Grundsatz der Gesetzmäßigkeit leitet sich unter anderem das Prinzip des Gesetzesvorrangs ab[614]. Nach dem Grundsatz des Gesetzesvorrangs dürfen Verwaltungsmaßnahmen

---

611 Oebbecke, Die staatliche Mitwirkung an gesetzesabwendenden Vereinbarungen, DVBl. 1986, S. 793, 796.

612 Ebd.

613 Maunz, Medienfreiheit und Jugendschutz, S. 86; Jarass, in: Jarass/Pieroth, GG-Komm., Art. 5 Rdnr. 50.

614 Schnapp, in: v. Münch/Kunig, GG-Komm., Art. 20 Rdnr. 38.

nicht gegen (höherrangige) Rechtssätze verstoßen[615]. Dies gilt auch für einvernehmliches Regierungshandeln[616]. Informale Verständigungen dürfen nicht zu einer Lockerung der Gesetzesbindung führen[617]. Würde man die informalen Absprachen von der Gesetzesbindung ausnehmen, hätte es die Verwaltung in der Hand, die Gesetzesbindung weitgehend zu umgehen, soweit es ihr gelingt, Maßnahmen durch einvernehmliche Absprachen durchzusetzen. Dem Prinzip des Gesetzesvorrangs widersprechen informale Verständigungen, die gesetzliche Regelungen und normative Vorgaben relativieren[618]. Einvernehmliches Verwaltungshandeln kann mithin lediglich eine mangelnde inhaltliche Dichte staatlicher Bestimmungen nutzen[619]. Sie sind unzulässig, wenn das Gesetz informale Absprachen als Handlungsform der vollziehenden Gewalt ausschließt[620]. Aber selbst dann, wenn die gesetzlichen und sonstigen normativen Vorgaben einvernehmlichen Absprachen der Verwaltung mit dem Bürger nicht entgegenstehen, sind die normativen Vorgaben immer Leitlinie für Kompromisse, aber niemals ihr Gegenstand[621].

Aus dem zuvor Gesagten folgt für einvernehmliche Absprachen der Regierung oder untergeordneter Stellen mit Kommunikationsanbietern, daß sie nach dem Prinzip des Gesetzesvorrangs die Bindungen an Recht und Gesetz nicht aufheben dürfen. Verständigungen dieser Art haben sich an den Leitlinien des Art. 5 GG und den sonstigen einfach-rechtlichen Vorgaben zu orientieren, sofern diese ihrerseits mit

---

615 Ebd.

616 Dieckert, Die Bedeutung unverbindlicher Entschließungen internationaler Organisationen für das innerstaatliche Recht der Bundesrepublik Deutschland, S. 144 f.; Kunig/Rublack, Aushandeln statt Entscheiden?, Jura 1990, S. 1, 7.

617 Kunig/Rublack, Jura 1990, S. 1, 7.

618 Dieckert, Die Bedeutung unverbindlicher Entschließungen internationaler Organisationen für das innerstaatliche Recht der Bundesrepublik Deutschland, S. 145.

619 Kunig/Rublack, Jura 1990, S. 1, 7.

620 Dieckert, Die Bedeutung unverbindlicher Entschließungen internationaler Organisationen für das innerstaatliche Recht der Bundesrepublik Deutschland, S. 145.

621 Ebd.; Kunig/Rublack, Jura 1990, S. 1, 7.

höherrangigem Recht in Einklang stehen. Dies gilt auf jeden Fall für Verständigungen der Exekutive mit Kommunikationsanbietern, die sich auf die Inlandsberichterstattung beziehen. Da die im Geltungsbereich des Grundgesetzes lebende Bevölkerung auch einen Anspruch darauf hat, daß sie über Ereignisse im Ausland umfassend informiert wird, hat die Exekutive die normativen Vorgaben des Grundgesetzes und der sonstigen Vorschriften auch für informale Absprachen im Bereich der Auslandsberichterstattung als Leitlinie zu beachten. Zwar ist der territoriale Geltungsbereich des Grundgesetzes und der sonstigen Vorschriften auf das Gebiet der Bundesrepublik Deutschland beschränkt. Daraus kann indes nicht abgeleitet werden, daß sich die normativen Vorgaben des Art. 5 Abs. 1 GG auf Inlandsereignisse beschränkten. Vielmehr schützt Art. 5 Abs. 1 GG auch den internationalen Meinungsaustausch[622]. Hieraus folgt, daß deutsche Stellen nach Art. 5 Abs. 1 GG grundsätzlich gehalten sind, eine Ausreise in das Ausland zu gestatten, um dort z.B. eine Meinungskundgabe zu ermöglichen[623].

cc) Grundrechte

Eine Schranke für informales Regierungs- und Verwaltungshandeln sind die Grundrechte. Die Grundrechte sind zwar in erster Linie Abwehrrechte des Bürgers gegen den Staat[624]. Sie verkörpern jedoch auch eine objektive Wertordnung, die als verfassungsrechtliche Grundentscheidung für alle Bereiche des Rechts gilt[625]. Hinsichtlich der Garantien in Art. 5 Abs. 1 GG ist festzustellen, daß diese für die freiheitliche demokratische Staatsordnung schlechthin konstituierend sind[626]. Insofern sind informale Absprachen zwischen dem Staat und den Kommunikationsanbietern, die eine - wenn auch freiwillige - Beschränkung der Rechte aus Art. 5 Abs. 1 GG zum Gegenstand haben, verfassungswidrig, da sie dem Wesen eines freiheitlichen demo-

---

622 Tomuschat, Der Verfassungsstaat im Geflecht der internationalen Beziehungen, VVDStRL, Bd. 36, S. 7, 19.

623 BVerfGE 6, 32, 41 f.

624 BVerfGE 7, 198, 204.

625 BVerfGE 7, 198, 205.

626 BVerfGE 74, 297, 338.

kratischen Staatswesens widersprechen. Beispielsweise wäre ein Abkommen zwischen Presseunternehmen und der Bundesregierung, bestimmte politische Themen nicht zu erörtern, mit der Wertentscheidung des Verfassungsgebers in Art. 5 Abs. 1 GG nicht in Einklang zu bringen[627]. Ferner ist es dem Staat verwehrt, durch Förderungsmaßnahmen Einfluß auf die Berichterstattung der Medien zu nehmen, da Art. 5 Abs. 1 GG jede Differenzierung nach Meinungsinhalt verbietet[628]. Erlaubt sind nur meinungsneutrale Förderungsmaßnahmen zugunsten aller Kommunikationsunternehmen[629]. Staatliche Förderungsmaßnahmen im Kommunikationsbereich dürfen mit anderen Worten keinesfalls eine inhaltliche Einflußnahme zum Gegenstand haben.

Zu kurz greift das Argument, daß eine Grundrechtsbeeinträchtigung bei informalen Absprachen zumindest dann nicht vorliege, wenn ein Kommunikationsunternehmen freiwillig eine Einschränkung der Garantien aus Art. 5 Abs. 1 GG hinnehme[630]. Ein Grundrechtsverzicht wirkt sich in der Regel auch auf Dritte aus, also auf Außenstehende, die keine Grundrechtsverzichtserklärung abgegeben haben. Ganz allgemein ist festzustellen, daß eine große Gefahr bei informalen Verständigungen zwischen Privaten und dem Staat darin liegt, daß die Grundrechte der an der Verständigung nicht beteiligten Bürger beeinträchtigt werden können[631]. Diese werden in der Regel vor vollendete Tatsachen gestellt und können kaum auf den Entscheidungsinhalt der informalen Absprachen Einfluß nehmen[632]. Da der Staat nach Art. 1 Abs. 3 GG umfassend an die Grundrechte gebunden ist, muß er beim Abschluß von informalen Absprachen die Grundrechte

---

627 Oldiges, Staatliche inspirierte Selbstbeschränkungsabkommen der Privatwirtschaft, WiR 1973, S. 1, 26.

628 BVerfGE 80, 124, 134.

629 BVerfGE 80, 124, 135.

630 So wohl Becker, Informales Verwaltungshandeln zur Förderung wirtschaftlicher Prozesse im Zeichen der Deregulierung, DÖV 1984, S. 1003, 1010.

631 Bauer, Informelles Verwaltungshandeln im öffentlichen Wirtschaftsrecht, VerwArch 1987, S. 241, 254 f.

632 Ebd., S. 255.

von Drittbetroffenen beachten[633]. Nach Art. 3 Abs. 1 GG ist der Staat verpflichtet, inhaltlich gleiche Entscheidungen bei gleichen Sachverhalten zu treffen[634]. Darüber hinaus gebietet Art. 3 Abs. 1 GG eine Gleichbehandlung der Verfahrensbeteiligten[635]. Dies gilt auch für informale Absprachen zwischen Privaten und dem Staat[636]. Einem Träger der öffentlichen Gewalt ist es mithin nach Art. 3 Abs. 1 GG verwehrt, informale Absprachen nur mit bestimmten Kommunikationsunternehmen abzuschließen und Dritte dabei willkürlich auszuschließen. Aber auch dann, wenn der Staat bei informalen Absprachen alle Betroffenen gleich behandelt, muß er selbstverständlich die anderen Rechtsbindungen beachten. Dies folgt aus der Tatsache, daß sich informale Absprachen trotz ihrer Unverbindlichkeit - wie ausgeführt - nicht in einem rechtsfreien Raum bewegen.

dd) Gesetzesvorbehalt

Eine verfassungsrechtliche Grenze für informale Absprachen könnte sich aus dem Gesetzesvorbehalt ergeben. Über die Reichweite des Gesetzesvorbehalts besteht nach wie vor Uneinigkeit.

(1) Lehre vom Totalvorbehalt

Von einem umfassenden Gesetzesvorbehalt geht die Lehre vom Totalvorbehalt[637] aus. Aus dem Demokratieprinzip folge, daß unter der Geltung des Grundgesetzes das Parlament oberstes Staatsorgan sei[638]. Daraus ergebe sich die Notwendigkeit, daß exekutives Handeln einer parlamentarischen Ermächtigung bedürfe[639].

Auf der Grundlage der zuvor dargelegten Lehre vom Totalvorbehalt sind informale Absprachen wegen Verstoßes gegen das Prinzip des

---

633 Oldiges, Staatliche inspirierte Selbstbeschränkungsabkommen der Privatwirtschaft, WiR 1973, S. 1, 28 f.

634 Bohne, Der informale Rechtsstaat, S. 205.

635 Ebd.

636 Ebd.

637 Jesch, Gesetz und Verwaltung, S. 171 ff.

638 Ebd., S. 171.

639 Ebd., S. 172.

Gesetzesvorbehalts als verfassungswidrig anzusehen. Denn informale Verhaltensweisen werden oft bewußt gewählt, um dem 'Rechtsregime' formaler Handlungsformen und den Kontrollen der Gerichte zu entgehen[640]. Aber selbst dann, wenn eine solche Absicht bei den Akteuren informalen Regierungs- und Verwaltungshandelns nicht vorhanden sein sollte, verstößt informales Handeln nach der Lehre des Totalvorbehalts gegen das Demokratieprinzip. Staatliches Handeln wäre nur noch auf der Grundlage staatlicher Bestimmungen möglich. Informales Handeln des Staates, das ausdrücklich auf Gesetzes- oder Rechtsvorschriften beruht, wäre ein Widerspruch in sich selbst. Mithin sind informale Absprachen nach der Lehre vom Totalvorbehalt undenkbar.

Die Argumente zugunsten eines Totalvorbehalts staatlichen Handelns überzeugen indes nicht. Aus dem Demokratieprinzip kann nicht abgeleitet werden, daß das Parlament oberstes Staatsorgan ist, welches das gesamte exekutive Handeln gesetzlich normieren muß. Eine solche umfassende Normierungspflicht würde die Legislative völlig überfordern[641]. Dies wäre auch dann der Fall, wenn die Legislative in einem großen Umfang Verordnungsermächtigungen nach Art. 80 Abs. 1 GG erlassen würde. Schon allein durch die Existenz des Art. 80 GG wird deutlich, daß das Grundgesetz keineswegs die Exekutive ausschließlich als ein ausführendes Organ ansieht. Es trifft ferner keinesfalls zu, daß ausschließlich das Parlament demokratisch legitimiert ist. Vielmehr beziehen nach dem Grundgesetz auch die Organe der vollziehenden Gewalt ihre institutionelle und funktionelle demokratische Legitimation aus der in Art. 20 Abs. 2 GG getroffenen Grundentscheidung des Verfassungsgebers[642]. Auch die Exekutive ist nach dem Bundesverfassungsgericht[643] - wie ausgeführt - als 'politische' Gewalt ausgestaltet und nicht von vornherein auf politisch weniger bedeutsame Entscheidungen beschränkt. Das Demokratieprinzip begründet keinen Gewaltenmonismus in Form

640 Bohne, Informales Verwaltungs- und Regierungshandeln als Instrument des Umweltschutzes, VerwArch 1984, S. 343, 346.

641 Ossenbühl, Vorrang und Vorbehalt des Gesetzes, S. 347 f.

642 BVerfGE 68, 1, 88.

643 BVerfGE 68, 1, 89.

eines umfassenden Parlamentsvorbehalts[644]. Der Grundsatz der parlamentarischen Verantwortung der Regierung setzt notwendigerweise einen Kernbereich exekutivischer Eigenverantwortung voraus[645]. Das Grundgesetz enthält keine absolute Trennung der Gewalten; es enthält vielmehr zahlreiche Gewaltenverschränkungen und Balancierungen, die eine gegenseitige Kontrolle und Mäßigung der Staatsgewalt bewirken[646].

Ferner hat der Wandel des liberalen Staats in einen Staat der Daseinsvorsorge nicht dazu geführt, daß das Rechtsstaatsprinzip dahin zu interpretieren ist, daß der Staat die gesamte leistende Verwaltung gesetzlich regeln muß. Ein Totalvorbehalt würde den Handlungsspielraum der Exekutive im Bereich der Leistungsverwaltung drastisch einschränken[647] bzw. völlig beseitigen. Die Entfaltungsmöglichkeiten des Bürgers wären bei einem Totalvorbehalt erheblich reduziert, da dieser von der Exekutive keine Leistungen in Bereichen erhalten könnte, in denen der Gesetzgeber nicht aktiv wurde[648]. Nach der Lehre des Totalvorbehalts müßte eine seit Jahrzehnten praktizierte, ausgedehnte Subventionsverwaltung für verfassungswidrig erklärt werden[649]. In unvorhersehbaren Notsituationen - wie z.B. Katastrophenfällen - könnte die Exekutive noch nicht einmal schnelle "unbürokratische" Hilfe leisten, sondern sie müßte sehenden Auges die Not der Bürger abwartend hinnehmen, bis der Gesetzgeber ein Zuwendungsgesetz verabschiedet hat. Aufgrund der o.g. Umstände liegt es auf der Hand, daß die Lehre vom Totalvorbehalt unpraktikabel und keineswegs vom Grundgesetz gewollt ist.

---

644 BVerfGE 68, 1, 87.

645 BVerfGE 68, 1, 87.

646 BVerfGE 34, 52, 59.

647 Ossenbühl, Vorrang und Vorbehalt des Gesetzes, S. 327.

648 Ebd.

649 Ebd.

(2) Belastende Eingriffe

(a) Allgemeines

Unstreitig gilt der Gesetzesvorbehalt für belastende Eingriffe des Staates[650]. Gehen von informalen Absprachen zwischen Kommunikationsunternehmern und dem Staat belastende Eingriffe gegenüber Dritten aus, liegt folglich ein Verstoß gegen den Gesetzesvorbehalt vor. Dies wird bei informalen Absprachen im Kommunikationsbereich in der Regel der Fall sein, da sich die Vereinbarungen in diesem Bereich regelmäßig auf eine Vielzahl von Rezipienten auswirken. Diese haben zwar keinen Anspruch darauf, daß Private bestimmte Informationen anbieten. Indes können sie sehr wohl aufgrund des objektiven Wertgehalts in Art. 5 Abs. 1 GG verlangen, daß der Staat eine Beeinflussung der Meinungsbildung unterläßt. Daß diese objektivrechtliche Verpflichtung nicht verfassungsbeschwerdefähig ist, ändert nichts an der Tatsache, daß sie nach Art. 1 Abs. 3 GG besteht. Es stellt sich allerdings die Frage, ob von belastenden Eingriffen in Gestalt von informalen Absprachen die Rede sein kann, wenn sich die belastenden Wirkungen informaler Abreden auf den Kreis derjenigen beschränken, die an der informalen Abrede mitgewirkt haben. Dies hängt entscheidend von der Frage ab, ob ein Grundrechtsträger auf die Ausübung der Grundrechte verzichten und ob dieser Verzicht in Gestalt informaler Abreden wirksam zustandekommen kann.

(b) Zulässigkeit eines Gundrechtsverzichts

(aa) Herrschende Lehre

Nach der herrschenden Lehre[651] soll es zumindest grundsätzlich möglich sein, daß der Grundrechtsträger auf die Ausübung eines

---

650 Schnapp, in: v. Münch, GG-Komm., Art. 20 Rdnr. 44.

651 Jarass, in: Jarass/Pieroth, GG-Komm., Vorb. vor Art. 1 Rdnr. 27; Schmidt-Aßmann, in: M-D, GG-Komm., Art. 19 Abs. 4 Rdnr. 247; Starck/v. Mangoldt, BGG, Art. 1 Abs. 3 Rdnr. 190; Robbers, Der Grundrechtsverzicht, JuS 1985, S. 925, 928; Lerche, Grundrechtsschranken, S. 801; Oebbecke, Die staatliche Mitwirkung an gesetzesabwendenden Vereinbarungen, DVBl. 1986, S. 793, 799; Oldiges, Staatlich inspirierte Selbstbeschränkungsabkommen der Privatwirtschaft, WiR 1973, S. 1, 25 ff.; Pietzcker, Die Rechtsfigur des Grundrechtsverzichts, Der Staat 1978, S. 527, 546; sehr zurückhaltend Sachs, "Volenti non fit iniuria", VerwArch 1985, S. 398, 418 ff., 426.

Grundrechts verzichten kann. Allerdings wird betont, daß der Grundrechtsträger nicht generell über die Ausübungsmöglichkeit der Grundrechte verfügen könne. Zunächst sei zu verlangen, daß das Grundrecht, auf dessen Ausübung verzichtet werden soll, überhaupt disponibel ist. Dies ist - nach der herrschenden Lehre[652] - lediglich hinsichtlich der subjektiv-rechtlichen Ausprägung der Grundrechte der Fall; nicht disponibel sei demgegenüber die objektiv-rechtliche Seite der Grundrechte. Dem liegt die zutreffende Erkenntnis zugrunde, daß der Verzichtende nur insoweit verfügungsberechtigt ist, als es sich um Grundrechtsverbürgungen handelt, die ausschließlich Individualcharakter haben. Die Verfügungsbefugnis fehlt, wenn eine Grundrechtsposition nicht den Einzelnen, sondern ein überindividuelles Gut zum Bezugspunkt hat[653]. Dies bedeutet, daß ein Verzicht der Garantien aus Art. 5 Abs. 1 GG insoweit nicht möglich ist, als dadurch das demokratiebezogene Element von Art. 5 Abs. 1 GG betroffen ist[654]. Somit ist nach der herrschenden Lehre, die grundsätzlich einen Grundrechtsverzicht für möglich erachtet, im Bereich der Kommunikationsgrundrechte ein Verzicht des Grundrechtsträgers nur insoweit wirksam, als er ausschließlich auf den individuellen Bereich beschränkt bleibt. Dies ist nur sehr selten der Fall. Läßt sich nicht ausschließen, daß ein Grundrechtsverzicht überindividuelle Wirkungen entfaltet, ist von einer Unwirksamkeit des Grundrechtsverzichts auszugehen. Aber selbst dann, wenn sich der Grundrechtsausübungsverzicht im Bereich von Art. 5 Abs. 1 GG in seinen Auswirkungen ausschließlich in der Person des Verzichtenden zeitigt, ist damit nicht ohne weiteres gesagt, daß der Grundrechtsverzicht wirksam ist. Vielmehr steht eine Verzichtserklärung nur dann unter dem Schutz der Rechtsordnung, wenn der Verzichtende die Konsequenzen seiner Erklärung überschauen konnte[655]. Weitere Voraussetzung für eine Einwilligung ist, daß die Grundrechtsverzichtserklärung freiwil-

---

652 Starck/v. Mangoldt, BGG, Art. 1 Abs. 3 Rdnr. 190; Robbers, Der Grundrechtsverzicht, JuS 1985, S. 925, 927; Oebbecke, DVBl. 1986, S. 793, 799.

653 Robbers, JuS 1985, S. 925, 927.

654 Pietzcker, Die Rechtsfigur des Grundrechtsverzicht, Der Staat 1978, S. 527, 546.

655 Schmidt-Aßmann, in: M-D, GG-Komm., Art. 19 IV Rdnr. 247.

lig abgegeben wurde[656]. Davon kann bei informalen Absprachen nicht immer die Rede sein. Der Staat übt hier zum Teil ökonomischen oder psychischen Druck aus[657]. Staatliche wirtschaftliche Anreize, die meinungsneutral sind, stehen der Freiwilligkeit einer Verzichtserklärung allerdings nicht entgegen.

Als Zwischenergebnis ist somit festzuhalten, daß nach der herrschenden Lehre belastende Eingriffe in Gestalt informaler Absprachen nur insoweit mit dem Gesetzesvorbehalt in Einklang zu bringen sind, als sie einen wirksamen Grundrechtsausübungsverzicht zum Inhalt haben. Dies ist im Kommunikationsbereich im Hinblick auf die überragende Bedeutung des Art. 5 Abs. 1 GG für die freiheitliche demokratische Grundordnung und der sonstigen Voraussetzungen für die Wirksamkeit eines Grundrechtsverzichts (Überschaubarkeit, Freiwilligkeit) nur in einem sehr beschränkten Ausmaß möglich.

(bb) Mindermeinung

Nach einer Mindermeinung in der Literatur[658] ist sogar von einer generellen Unzulässigkeit eines Grundrechtsverzichts auszugehen. Begründet wird diese Ansicht damit, daß die Grundrechte nicht nur funktionell der Rechtsstaatlichkeit dienten, sondern vielmehr würden die Gewährleistung individueller Grundrechte und Rechtsstaatlichkeit unteilbar miteinander verbunden sein[659]. Es bestehe ein öffentliches Interesse an der tatsächlichen Ausübung von Grundrechtsbefugnissen[660]. Ein Grundrechtsverzicht, der begrifflich durch die Verbindlichkeit der Einwilligung charakterisiert sei, verböte sich aus der Funktion der Grundrechte[661].

---

656 Starck/v. Mangoldt, BGG, Art. 1 Abs. 3 Rdnr. 190.

657 v. Zezschwitz, Wirtschaftsrechtliche Lenkungstechniken, JA 1978, S. 497, 503.

658 Sturm, Probleme eines Verzichts auf Grundrechte, S. 196 ff.; Horst Bauer, Gerichtsschutz als Verfassungsgarantie, S. 61; Becker, Informales Verwaltungshandeln zur Steuerung wirtschaftlicher Prozesse im Zeichen der Deregulierung, DÖV 1985, S. 1003, 1010.

659 Sturm, Probleme eines Verzichts auf Grundrechte, S. 196.

660 Ebd., S. 197.

661 Ebd., S. 198.

(cc) Stellungnahme

Das zuletzt genannte Argument ist in sich widersprüchlich. Ein Grundrechtsverzicht muß nicht notwendig eine verbindliche Einwilligung zur Grundlage haben. Vielmehr liegt ein Grundrechtsverzicht begrifflich auch dann vor, wenn er durch unverbindliche staatliche Inspirationen zustandegekommen ist, die von wirtschaftlichem oder psychischem Druck begleitet sein können. Im Ergebnis kann es für das Vorliegen einer Grundrechtseinschränkung nicht darauf ankommen, ob ein Grundrechtsträger durch informale Absprachen oder durch verbindliche - oder vermeintlich verbindliche - Vereinbarungen auf die Ausübung eines Grundrechtes verzichtet.

Auch in anderer Hinsicht vermag die Theorie von der generellen Unverzichtbarkeit der Grundrechtsausübung nicht zu überzeugen. Zumindest die freie Verzichtsentscheidung eines Grundrechtsträgers muß als eine zulässige Ausübung der allgemeinen Handlungsfreiheit i.S.v. Art. 2 Abs. 1 GG angesehen werden[662]. Allein der Umstand, daß der Grundrechtsträger aufgrund einer vom Staat initiierten Absprache auf die Ausübung eines Grundrechtes verzichtet, kann nicht dazu führen, daß dieser Verzicht aus dem Anwendungsbereich des Art. 2 Abs. 1 GG auszunehmen ist. Es ist allerdings zu betonen, daß ein Grundrechtsverzicht unwirksam ist, wenn er durch Druck vom Bürger abgerungen wird oder wenn der Bürger die Folgen seiner Verzichtserklärung nicht überschauen konnte.

Selbst dann, wenn eine Verzichtserklärung freiwillig und bei voller Kenntnis der Tragweite der Entscheidung abgegeben wurde, kann der Bürger keinesfalls unter Berufung auf Art. 2 Abs. 1 GG mit dem Staat generell informale Vereinbarungen treffen, die einen Grundrechtsausübungsverzicht zum Gegenstand haben. Vielmehr wird man weiterhin zu prüfen haben, ob der Verzicht auf die Ausübung eines Grundrechtes in den Schutzbereich von Art. 2 Abs. 1 GG fällt. Auf keinen Fall kann der Staat den Schutz der Grundrechte für sich in Anspruch nehmen, da Grundrechte Abwehrrechte des Bürgers gegen den Staat sind[663]. Der Staat wird vielmehr durch die Grundrechte

---

662 Lerche, Grundrechtsschranken, S. 801; Starck/v. Mangoldt, BGG, Art. 1 Rdnr. 190.

663 BVerfGE 7, 198, 204.

verpflichtet, in die Freiheitssphäre des Bürgers nur insoweit einzugreifen, wie dies mit Recht und Gesetz in Einklang gebracht werden kann. Die umfassende Grundrechtsbindung nach Art. 1 Abs. 3 GG verpflichtet die Träger hoheitlicher Gewalt dazu, informale Absprachen nur insoweit abzuschließen, als unbeteiligte Dritte dadurch in ihren Grundrechten nicht betroffen werden. Dies beruht auf der Erkenntnis, daß nur diejenigen Bürger gegenüber dem Staat auf Grundrechte verzichten können, die Partner der informalen Vereinbarung sind. Ein Grundrechtsverzicht kann mit anderen Worten nur im Verhältnis der Beteiligten wirken. Gehen von einer informalen Vereinbarung Wirkungen aus, die sich belastend für Dritte auswirken, handelt es sich um eine Absprache zu Lasten Dritter, die unwirksam ist, da belastende Eingriffe des Staates gegenüber dem Bürger nach dem Prinzip des Gesetzesvorbehaltes einer *gesetzlichen* Grundlage bedürfen[664]. Will der Staat durch informale Absprachen mit Kommunikationsunternehmern die Berichterstattung reglementieren, liegt folglich ein Formenmißbrauch vor, da individuelle Rechtspositionen Dritter nur durch gesetzliche Regeln im Rahmen der grundgesetzlichen Vorgaben einer Regelung durch den Staat zugänglich sind.

(dd) Ergebnis

Als Ergebnis ist zu konstatieren, daß der Gesetzesvorbehalt informale Absprachen verbietet, die belastende Wirkungen gegenüber Dritten entfalten. Erlaubt sind demgegenüber informale Absprachen, die ohne staatlichen Druck zustandekommen, deren Folgen von Grundrechtsträgern überschaut werden können und die in ihren Wirkungen auf die Partner der informalen Absprache beschränkt bleiben.

(3) Begünstigende Maßnahmen

Es ist zu betonen, daß der Gesetzesvorbehalt begünstigende Maßnahmen, die in Form von informalen Absprachen dem Bürger gewährt werden, keineswegs uneingeschränkt zuläßt. Dies gilt insbe-

---

664 Schnapp, in: v. Münch/Kunig, GG-Komm., Art. 20 Rdnr. 44.

sondere für die finanzielle Förderung von Kommunikationsanbietern. Die Staatsfreiheit des gesellschaftlichen Meinungs- und Willensbildungsprozesses verbietet staatliche Fördermaßnahmen, die den Inhalt oder die Tendenz einer Grundrechtsbetätigung nach Art. 5 Abs. 1 GG zum Gegenstand haben[665]. Erlaubt sind mithin nur solche informale Absprachen, die meinungsneutrale Föderungsmaßnahmen des Staates zum Inhalt haben. Dabei kommt es entscheidend darauf an, daß der Staat durch informale Absprachen, die begünstigender Natur sind, keine Steuerung des Meinungsbildungsprozesses vornimmt. Dies setzt voraus, daß informale Vereinbarungen, die Vergünstigungen gewähren, nicht im Verborgenen stattfinden. Vielmehr müssen Vereinbarungen dieser Art transparent und offen für alle sein. Nur unter diesen Voraussetzungen liegt keine staatliche Meinungslenkung vor. Es fragt sich allerdings, welchen Sinn informale Absprachen haben, die wie Gesetze verkündet werden müssen, wenn sie hinsichtlich ihrer Begünstigung eine Drittwirkung entfalten. Dritte haben bei informalen Absprachen mit begünstigendem Inhalt einen Rechtsanspruch auf Einräumung der gleichen Vergünstigung. Durch diesen Rechtsanspruch hinsichtlich der staatlichen Begünstigungen verliert die informale Absprache ihren Charakter als unverbindliche Abmachung. Das Bundesverfassungsgericht[666] hat offen gelassen, ob jede staatliche Leistung im Kommunikationsbereich einer gesetzlichen Grundlage bedarf. Denkbar ist, daß meinungsneutrale staatliche Leistungen im Haushaltsplan als Bestandteil des Haushaltsgesetzes ausgewiesen werden. Im Hinblick auf den Bedeutungsgehalt des Art. 5 Abs. 1 GG für die öffentliche Meinungsbildung wird man allerdings ein formelles Gesetz zu verlangen haben, das die meinungsneutralen Förderungskriterien enthalten muß[667].

665 BVerfGE 80, 124, 134.

666 BVerfGE 80, 124, 131.

667 Starck/v. Mangoldt, BGG, Art. 5 Abs. 1, 2 Rdnr. 56 m.w.N.; Degenhart, BK, Art. 5 Abs. 1, 2 Rdnr. 449; Bullinger, Freiheit von Presse, Rundfunk, Film, S. 686.

ee) Gewaltenteilungsprinzip

Zu untersuchen ist, ob normvertretende einvernehmliche Absprachen mit dem Prinzip der Gewaltenteilung vereinbar sind. Der Gedanke der Gewaltenteilung besteht darin, einerseits eine unerwünschte Machtkonzentration zu verhindern, die der Freiheit des Individuums abträglich ist, andererseits die Teilhabe vieler an der Macht zu ermöglichen[668].

Durch die Aushandlung normvertretender unverbindlicher Abmachungen mit Privaten verfügt die Exekutive über Ordnungsfunktionen, die nach dem herkömmlichen Verständnis vom Gewaltenteilungsgrundsatz dem Aufgabenbereich der Legislative zuzuordnen sind[669]. Daraus kann indes nicht zugleich gefolgert werden, daß normvertretende Absprachen per se gegen den Gewaltenteilungsgrundsatz verstoßen. Vielmehr ist zu bedenken, daß das grundgesetzliche Gewaltenteilungssystem ein Verfahren von "checks and balances" darstellt, das die Verschränkung der staatlichen Gewalten zum Zwecke ihrer gegenseitigen Hemmung gestattet[670]. Die gegenseitigen Verschränkungen dürfen allerdings nicht so weit gehen, daß in die zentralen Gestaltungsbereiche der jeweils anderen Staatsgewalt eingedrungen wird[671].

Aus den obigen Ausführungen folgt, daß die Exekutive im Rahmen der normativen Bindungen normvertretende Absprachen mit Privaten treffen darf, sofern sie nicht in den zentralen Gestaltungsspielraum der Legislative eingreifen. Dies wäre beispielsweise der Fall, wenn die Exekutive mit Kommunikationsanbietern informale Abreden aushandeln würde, die eine Ausschaltung des Initiativrechtes von Bundesrat und Bundestag zum Inhalt hätten[672]. Zusagen der

---

668 Schnapp, in: v. Münch/Kunig, GG-Komm., Art. 20 Rdnr. 32.

669 Becker, DÖV 1985, S. 1003, 1010; Dieckert, Die Bedeutung unverbindlicher Entschließungen internationaler Organisationen für das innerstaatliche Recht der Bundesrepublik Deutschland, S. 149.

670 Schmidt-Aßmann, Der Rechtsstaat, S. 1015.

671 Ebd.

672 Becker, DÖV 1985, S. 1003, 1010; Dieckert, Die Bedeutung unverbindlicher Entschließungen internationaler Organisationen für das innerstaatliche Recht der Bundesrepublik Deutschland, S. 149.

Exekutive z.B. auf den Erlaß eines Gesetzes zu verzichten, binden die Legislative nicht[673]. Echte Normsetzungsvereinbarungen, die auf Erlaß, Änderung oder Aufstellung von Rechtsnormen gerichtet sind, verstoßen gegen den Gewaltenteilungsgrundsatz[674]. Die Exekutive muß sich bei informalen Absprachen nach dem Grundsatz der Gewaltenteilung auf den abgesicherten eigenständigen Gestaltungsspielraum der vollziehenden Gewalt beschränken[675]. Innerhalb dieses Freiraums kann sie durchaus informale Absprachen mit Privaten treffen[676]. Dies gilt insbesondere für Regelungen grenzüberschreitender Sachverhalte, die nur bedingt einer nationalen Gesetzgebung zugänglich sind[677]. Auf der internationalen Ebene ist ein Verstoß gegen das Gewaltenteilungssystem kaum vorstellbar. Nach der Rechtsprechung des Bundesverfassungsgerichtes[678] fallen die auswärtigen Angelegenheiten - wie bereits dargelegt - in den Zuständigkeitsbereich der auswärtigen Gewalt. Droht hier die Bundesregierung die Verbindlichmachung durch Parlamentsgesetz an, verstößt dieses Verhalten nicht gegen den Gewaltenteilungsgrundsatz, da insoweit nur auf das eigene Initiativrecht zur Gesetzgebung verwiesen würde[679]. Allerdings könnte eine so zustandegekommene informale Absprache gegen das Prinzip der Freiwilligkeit verstoßen, wenn der Hinweis auf die Verbindlichmachung durch Parlamentsgesetz vom Verhandlungspartner als Drohung aufgefaßt werden könnte.

Informale Absprachen der Exekutive mit Privaten, die in Einklang mit der Gesetzesbindung und dem Gesetzesvorbehalt stehen, sind somit im Bereich der exekutiven Eigenverantwortlichkeit durchaus denkbar. In einem zunehmend komplexer werdenden System wech-

---

673 Ebd.

674 Ebd.; Bohne, VerwArch 1984, S. 343, 362.

675 Kunig/Rublack, Jura 1990, S. 1, 7.

676 Ebd.

677 Dieckert, Die Bedeutung unverbindlicher Entschließungen internationaler Organisationen für das innerstaatliche Recht der Bundesrepublik Deutschland, S. 150.

678 BVerfGE 68, 1, 87.

679 Dieckert, Die Bedeutung unverbindlicher Entschließungen internationaler Organisationen für das innerstaatliche Recht der Bundesrepublik Deutschland, S. 150.

selseitiger Abhängigkeit staatlichen und privatwirtschaftlichen Verhaltens können informale Absprachen zwischen der Exekutive und Privaten durchaus geboten sein[680]. Sie können über den Gleichbehandlungsgrundsatz eine rechtliche Relevanz für Außenstehende erlangen[681]. Mittelbar erwerben unverbindliche informale Absprachen somit über Art. 3 Abs. 1 GG eine rechtserzeugende Wirkung[682]. Das besondere an dieser Art der Rechtserzeugung ist die Tatsache, daß die öffentliche Gewalt durch Interaktion mit Privaten über den Gleichbehandlungsgrundsatz bindende Verhaltensnormen erzeugen kann[683]. Fraglich ist, ob hierin eine Verlagerung von Entscheidungs- und Gestaltungsbefugnisse auf Private zu sehen ist. Zweifellos ist die Verlagerung staatlicher Aufgaben auf Private, die demokratisch nicht legitimiert sind, nicht mit dem Gewaltenteilungsgrundsatz in Einklang zu bringen. Dem grundgesetzlichen Gewaltenteilungsprinzip ist eine öffentlich-rechtliche Normerzeugung durch Private fremd. Dieser Grundsatz wird durch Art. 140 i.V.m. Art. 137 Abs. 5 WRV bestätigt. Die korporierten Religionsgemeinschaften dürfen sich lediglich kraft ausdrücklicher grundgesetzlicher Anordnung der Formen des öffentlichen Rechts bedienen. Bei der Setzung öffentlich-rechtlicher Vorschriften handelt es sich um eine originär-staatliche Aufgabe. Dies trifft auch für informale normvertretende Absprachen zu. Mithin verstoßen Abreden gegen das Gewaltenteilungsprinzip, wenn dadurch Private entscheiden könnten, ob und inwieweit staatliche Aufgaben mit abstrakt-genereller Wirkung erledigt werden. Davon kann indes bei einvernehmlichen Regelungen im Verhältnis von Exekutive und Privaten keine Rede sein. Informale Absprachen zeichnen sich vielmehr dadurch aus, daß die Exekutive die Initiative für einvernehmliche Lösungen ergreift. Unter diesen Umständen kann nicht gesagt werden, daß die Entscheidung, wie staatliche Aufgaben erledigt werden sollen, in einer dem Gewaltenteilungsprinzip widersprechenden Weise auf Private übertragen wird. Dies gilt selbst dann, wenn die Initiative für informale Abreden nicht von der Exekutive

---

680 Oldiges, WiR 1973, S. 1, 22.

681 Kunig/Rublack, Jura 1990, S. 1, 7.

682 Ebd.

683 Ebd.

ausgeht, sondern von den privaten Verhandlungspartnern selbst. Auch bei dieser Fallkonstellation verbleibt das Letztentscheidungsrecht bei der Exekutive.

Informale Absprachen eignen sich nicht für eine Beschränkung der richterlichen Nachprüfbarkeit[684]. Ein solches Einvernehmen wäre mit Art. 19 Abs. 4 GG unvereinbar[685]. Es würde in den zentralen Gestaltungsbereich der rechtsprechenden Gewalt eingreifen. Allerdings ist kritisch festzustellen, daß informale Absprachen aus faktischen Gründen eine gerichtliche Kontrolle erheblich erschweren. Vereinbarungen zwischen der Exekutive und dem Bürger kommen im Verborgenen zustande und beruhen auf dem Konsens der Beteiligten[686]. Da keine Aufklärungspflichten über den Absprachеinhalt bestehen, läßt die Transparenz erheblich zu wünschen übrig[687]. Es fehlen in der Regel Verlaufsprotokolle, die über den Gang der Verhandlungen Aufschluß geben könnten[688]. Wegen fehlender Hintergrundinformationen sind die Klagemöglichkeiten Außenstehender gegen informale Verhaltensweisen schwach ausgeprägt. Im Hinblick auf das Rechtsstaatsgebot und auf das Prinzip des effektiven Rechtsschutzes wird man zu verlangen haben, daß zumindest der Text informaler Absprachen veröffentlicht wird[689]. Dies hätte zur Folge, daß Rechte Dritter besser geschützt wären. Diese könnten notfalls mit gerichtlicher Hilfe eine Gleichbehandlung durchsetzen. Ferner könnte das Parlament bei einer Veröffentlichungspflicht informaler Absprachen seine Kontrollfunktion besser erfüllen[690].

---

684 Ebd., S. 8.

685 Ebd.

686 Ebd.

687 Ebd.

688 Ebd.

689 Ebd.; Bohne, VerwArch 1984, S. 343, 365; Dieckert, Die Bedeutung unverbindlicher Entschließungen internationaler Organisationen für das innerstaatliche Recht der Bundesrepublik Deutschland, S. 151.

690 Bohne, VerwArch 1984, S. 343, 364 f.

ff) Demokratieprinzip

Eine verfassungsrechtliche Schranke für informale Absprachen zwischen der Exekutive und Privaten ist weiterhin das Demokratieprinzip. Dies könnte bei informalen Absprachen insofern verletzt sein, als die Exekutive ein Verhandlungsergebnis erzielt, das von Privaten mitgestaltet wird[691]. Das Demokratieprinzip verlangt, daß der Prozeß der staatlichen Entscheidungsfindung von Organen ausgehen muß, die ihre demokratische Legitimation vom Willen des Staatsvolkes herleiten[692]. Es wird ferner zu Recht darauf hingewiesen, daß die Staatswillensbildung nach dem grundgesetzlichen Demokratiegebot vom Prinzip der Repräsentation beherrscht wird, welches Durchsichtigkeit und klare Verantwortungsstrukturen erforderlich macht[693]. Dies ist bei der Aushandlung normvertretender Absprachen nicht immer gewährleistet[694]. Ferner wird die Ansicht vertreten, daß konsensuale Mitentscheidungsformen oder sogar reine Aushandlungsmodelle weder demokratisch geboten noch legitimiert seien, weshalb Absicherungen der Letztverantwortung der Verwaltung für das gemeinsam gestaltete Verfahrensergebnis erforderlich seien[695]. Hieraus folge, daß sich Aushandeln und Entscheiden nicht alternativ gegenüberstünden[696]. Vielmehr könne die Verwaltung innerhalb ihrer rechtlichen Bindungen lediglich Rücksicht auf einvernehmlich gewonnene Entscheidungsinhalte nehmen; sie dürfe dazu auch verpflichtet werden, nicht aber könne sich die Exekutive den einvernehmlichen Entscheidungsinhalten unterwerfen[697]. Da sich die Exekutive einvernehmliche Verhandlungslösungen mit Privaten unter Abwägung aller betroffenen Belange zu eigen machen könne, dürfe

---

691 Dieckert, Die Bedeutung unverbindlicher Entschließungen internationaler Organisationen für das innerstaatliche Recht der Bundesrepublik Deutschland, S. 151; Kunig/Rublack, Jura 1990, S. 1, 8.

692 Kunig/Rublack, Jura 1990, S. 1, 8.

693 Ebd.

694 Dieckert, Die Bedeutung unverbindlicher Entschließungen internationaler Organisationen für das innerstaatliche Recht der Bundesrepublik Deutschland, S. 152.

695 Kunig/Rublack, Jura 1990, S. 1, 8.

696 Ebd., S. 9.

697 Ebd.

sie sich bei normvertretenden Absprachen nicht als gleichberechtigter Verhandlungspartner gerieren[698].

Zu den o.g. Thesen ist zu sagen, daß die dort genannten verfassungsrechtlichen Vorgaben in der Tat das Regierungshandeln für informale Absprachen determinieren. Keineswegs schließen die verfassungsrechtlichen Vorgaben des grundgesetzlichen Demokratiegebots einvernehmliche informale Absprachen zwischen der Exekutive und Privaten generell aus.

Das Prinzip der repräsentativen Demokratie wird durch die Einbindung Privater beim Handeln der Exekutive nicht verletzt. Das Wesen der informalen Absprachen liegt darin, daß sie rechtlich unverbindlich sind[699]. Die Verwaltung wird rechtlich mithin keineswegs gebunden, den Inhalt der informalen Absprache zu vollziehen. Somit kann nicht gesagt werden, daß Private über das Institut der informalen Absprache die Entscheidungsbefugnisse von Regierung und Parlament beeinträchtigen können. Allerdings ist nicht zu übersehen, daß informale Absprachen faktisch weitgehend befolgt werden[700]. Dies ändert indes nichts an der Tatsache, daß Regierung und Parlament von Rechts wegen informale Absprachen ignorieren können, ohne daß der an der Absprache beteiligte Bürger die Möglichkeit hätte, den Inhalt der unverbindlichen Vereinbarung gerichtlich durchzusetzen. Auch wenn es so ist, daß informale Absprachen weitgehend befolgt werden, bleiben die demokratisch legitimierten Organe des Staates die "Herren" des Verfahrens, da informale Verhaltensweisen keine Mitspracherechte Privater begründen. Mithin bleibt das Prinzip der repräsentativen Demokratie unangetastet. Soweit die Exekutive den Inhalt informaler Absprachen zur Grundlage des Verwaltungshandelns macht, geschieht dies kraft ihrer Eigenrechtsmacht. Kraft eigenen Entscheidungsrechts ist die Exekutive befugt, sich innerhalb ihres Gestaltungsbereichs Erkenntnisse Dritter - die auch Private sein können - zu eigen zu machen. Durch diese Ent-

---

698 Dieckert, Die Bedeutung unverbindlicher Entschließungen internationaler Organisationen für das innerstaatliche Recht der Bundesrepublik Deutschland, S. 153.

699 Bohne, VerwArch 1984, S. 343, 346.

700 Ebd.

scheidung erlangt der Inhalt einer informalen Absprache eine hinreichende demokratische Legitimation. Das Letztentscheidungsrecht der Legislative bleibt durch unverbindliche Absprachen unberührt.

Wesentlich schwerwiegender ist das Argument, informale Absprachen verstießen wegen ihrer unzureichenden Entscheidungstransparenz gegen das Demokratieprinzip[701]. Das dem Grundgesetz zugrundeliegende Prinzip der repräsentativen Demokratie verlangt eine parlamentarische Verantwortlichkeit der Regierungsmitglieder[702]. Die Regierung muß ihr Handeln vor dem Parlament als dem unmittelbar demokratisch legitimierten Repräsentanten des Volksganzen verantworten[703]. Aus dieser parlamentarischen Verantwortung folgt eine Rechenschafts- und Präsentationspflicht der Regierungsmitglieder[704]. Mithin begründet die aus dem Demokratieprinzip erwachsene parlamentarische Verantwortlichkeit der Regierung die Verpflichtung, daß normvertretende Absprachen zwischen der Regierung und Privaten möglichst transparent zu sein haben[705]. Dies kann und muß zum einen durch eine geschäftsordnungsmäßig verankerte Verpflichtung geschehen, wonach der Bundesregierung der geplante Inhalt einer informalen Absprache zumindest dann zur Beratung vom federführenden Minister vorzulegen ist, wenn es sich um eine politisch wichtige Angelegenheit handelt[706]. Ferner sollten normvertretende Absprachen im Hinblick auf die parlamentarische Verantwortlichkeit der Bundesregierung veröffentlicht werden[707].

---

701 Dieckert, Die Bedeutung unverbindlicher Entschließungen internationaler Organisationen für das innerstaatliche Recht der Bundesrepublik Deutschland, S. 152.

702 Liesegang, in: v. Münch, GG-Komm., Art. 65 Rdnr. 19.

703 Ebd.

704 Ebd., Rdnr. 20.

705 Dieckert, Die Bedeutung unverbindlicher Entschließungen internationaler Organisationen für das innerstaatliche Recht der Bundesrepublik Deutschland, S. 152.

706 Ebd.; Bohne, VewArch 1984, S. 343, 363 f..

707 Bohne, VerwArch 1984, S. 343, 365; Dieckert, Die Bedeutung unverbindlicher Entschließungen internationaler Organisationen für das innerstaatliche Recht der Bundesrepublik Deutschland, S. 153.

2. *Durchführung von internationalem "soft law" durch nationale legislative Maßnahmen*

Als eine sonstige innerstaatliche Geltungsverschaffung des Inhalts von Entschließungen der internationalen Organisationen, die nach der hier vertretenden Auffassung als "soft law" zu qualifizieren sind, kommt die Durchführung durch nationale legislative Maßnahmen in Betracht.

a) *Begriff*

Die innerstaatliche Geltungsverschaffung des internationalen "soft law" durch nationale gesetzgeberische Maßnahmen wird auch als "Parallelgesetzgebung"[708] bzw. als "parallel legislation"[709] qualifiziert. Durch diese Titulierung werde bildhaft zum Ausdruck gebracht, daß gleichlautende - oder zumindest inhaltlich übereinstimmende - Normen auf unterschiedlichen Normebenen lägen, ohne durch einen förmlichen Umsetzungsakt (Zustimmungsgesetz/-verordnung) verbunden zu sein[710]. Vor dieser Begrifflichkeit muß insofern gewarnt werden, als das internationale "soft law" rechtlich unverbindlich ist. Internationales "soft law" kann lediglich moralische oder politische Geltung erlangen und auf diese Weise evtl. zu Völkergewohnheitsrecht erstarken. Ist dies der Fall, handelt es sich allerdings nicht mehr um "soft law". Ob der Inhalt von "soft law" zu Völkergewohnheitsrecht erstarkt oder in Völkervertragsrecht einfließt, ist höchst ungewiß. Aus diesem Grunde leidet der Begriff "Parallelgesetzgebung" für die innerstaatliche Geltungsverschaffung von internationalem "soft law" unter einer Schieflage. Es wird dabei schnell übersehen, daß der nationale Gesetzgeber internationale Sollenssätze umsetzt, die nicht die Stufe der Rechtsverbindlichkeit erlangt haben.

---

708 Dieckert, Die Bedeutung unverbindlicher Entschließungen internationaler Organisationen für das innerstaatliche Recht der Bundesrepublik Deutschland, S. 80.

709 Kunig, The Relevance of Resolutions and Declarations of International Organizations for Municipal Law, S. 65.

710 Dieckert, Die Bedeutung unverbindlicher Entschließungen internationaler Organisationen für das innerstaatliche Recht der Bundesrepublik Deutschland, S. 80.

Insofern sollte besser von der Durchführung des internationalen "soft law" durch nationale Gesetzgebungsmaßnahmen gesprochen werden[711]. Diese Begrifflichkeit hat weiterhin den Vorzug, daß nicht verdeckt wird, daß internationales "soft law" durch höchst unterschiedliche legislative Maßnahmen eine innerstaatliche Geltung erlangen kann. Erstens kann internationales "soft law" als "legistische Vorlage" für das nationale Gesetzgebungsverfahren genutzt werden[712]. Beispielsweise haben eine Reihe von Staaten bei der Ausarbeitung ihrer Verfassung die allgemeine Erklärung der Menschenrechte der Vereinten Nationen herangezogen[713]. Zweitens kann internationales "soft law" dazu führen, daß die Staaten ihr nationales Recht ändern[714]. Z.B. haben die Vereinigten Staaten von Amerika das US-Recht in Übereinstimmung mit den Forderungen der völkerrechtlich unverbindlichen Schlußakte von Helsinki gebracht, indem sie das Einwanderungs- und Visumsrecht änderten[715]. Drittens kann das internationale "soft law" bei der nationalen Gesetzgebung aus Gründen der Rechtfertigung herangezogen werden[716]. Dies ist immer dann der Fall, wenn die Notwendigkeit nationaler Gesetze mit dem Hinweis auf nichtverbindliche internationale Standards begründet wird[717]. Beispielsweise spielte der Legitimierungseffekt im Zusammenhang mit den Verhaltenskodizes für multinationale Unternehmen oder für Technologietransfers eine wesentliche Rolle[718]. Hinsichtlich der Mediendeklaration 1978 war zu befürchten, daß ihr Inhalt dazu benutzt

711 So auch Schreuer, Die innerstaatliche Anwendung von internationalem "soft law" aus rechtsvergleichender Sicht, Österreichische Zeitschrift für Öffentliches Recht und Völkerrecht 1983, S. 243, 248; Rösgen, der diese Begrifflichkeit für die innerstaatliche Geltungsverschaffung von Völkerrechtsakten verwendet, ders., Rechtssetzungsakte der Vereinten Nationen und ihrer Sonderorganisationen, S. 233 f.

712 Schreuer, Die innerstaatliche Anwendung von internationalem "soft law" aus rechtsvergleichender Sicht, Österreichische Zeitschrift für Öffentliches Recht und Völkerrecht 1983, S. 243, 249.

713 Ebd.

714 Ebd., S. 250.

715 Ebd.

716 Ebd., S. 251.

717 Ebd., S. 250 f.

718 Ebd.

werden konnte, um Rechtsvorschriften über die Kontrolle ausländischer Journalisten zu rechtfertigen[719].

b) Zulässigkeit

Hinsichtlich der Frage, ob die innerstaatliche Implementierung von internationalem "soft law" durch legislative Maßnahmen des nationalen Gesetzgebers zulässig ist, muß zwischen der internationalen und der nationalen Ebene unterschieden werden.

aa) Völkerrechtliche Zulässigkeit

Aus völkerrechtlicher Sicht zeichnet sich das internationale "soft law" durch Unverbindlichkeit aus. Es mangelt an einer völkerrechtlichen Verbindlichkeit, da sich die Staaten über die durch das "soft law" geregelte Materie nicht einig wurden. Aus diesem Grunde erhebt sich die Frage, ob es mit dem Geist und den Buchstaben des internationalen "soft law" in Einklang gebracht werden kann, wenn einzelne Staaten den Inhalt des internationalen "soft law" in nationales Recht gießen und damit den "soft law"-Regeln auf der innerstaatlichen Ebene eine Verbindlichkeit verschaffen, die sie auf der internationalen Ebene nicht erlangen konnten. Die Frage ist aus völkerrechtlicher Sicht grundsätzlich zu bejahen. Jeder Staat kann kraft seiner Souveränität im Rahmen des internationalen Rechts den innerstaatlichen Bereich nach seinen eigenen Vorstellungen regeln. Das Völkerrecht kennt keine Regeln des Inhalts, wonach internationales "soft law" nicht in innerstaatliches Recht umgegossen werden darf[720]. Man wird sogar argumentieren können, daß dieser Vorgang dem Probecharakter des internationalen "soft law" in besonderer Weise dienlich ist.

---

719 Ebd.; Gornig, Äußerungsfreiheit und Informationsfreiheit als Menschenrechte, S. 363; Bryde, Internationale Verhaltensregeln für Private, S. 57.

720 Dieckert, Die Bedeutung unverbindlicher Entschließungen internationaler Organisationen für das innerstaatliche Recht der Bundesrepublik Deutschland, S. 92.

bb) Verfassungsrechtliche Zulässigkeit

(1) Keine Verschiebung nationaler Zuständigkeiten

Eine nationale Gesetzgebung, die sich von dem Inhalt des internationalen "soft law" inspirieren läßt oder dieses sogar wörtlich übernimmt, verstößt nach einer Ansicht gegen die außenpolitische Prärogative der Bundesregierung[721]. Dem ist entgegenzuhalten, daß es sich bei der Durchführung von internationalem "soft law" durch nationale legislative Maßnahmen um eine rein innerstaatliche Maßnahme handelt[722]. Sie mag zwar durch internationales "soft law" angeregt worden sein; gleichwohl ist zu betonen, daß die hier in Rede stehenden Maßnahmen rein innerstaatliche Gesetzgebungsmaßnahmen sind, die sich ausschließlich nach der Kompetenzverteilung in Art. 30, 70, 83 GG beurteilen und nicht nach Art. 32, 59 Abs. 2 GG. Allein die Tatsache, daß der nationale Gesetzgeber auf internationale "soft law"-Vorlagen zurückgreift, führt nicht dazu, daß eine außenpolitische Aktivität vorliegt, für die nach der Kompetenzordnung des Grundgesetzes zweifellos die Bundesregierung zuständig ist[723]. Das Parlament ist nur an die Verfassung gebunden und kann innerhalb dieses vorgegebenen Rahmens Gesetze beliebigen Inhalts beschließen[724]. Dem Gesetzgeber ist es folglich überlassen, ob er sich von dem Inhalt internationaler Empfehlungen inspirieren läßt oder sie sogar zum Modell macht[725].

Aufgrund des zuvor Gesagten kann folglich keine Rede davon sein, daß die innerstaatliche Geltungsverschaffung des Inhalts von internationalen "soft law"-Regelungen durch nationale legislative

---

721 Hierauf weist insbesondere Engel hin, der Art. 59 Abs. 2 Satz 1 GG auch auf die wörtliche Übernahme von "soft law" in autonomes deutsches Recht erstrecken will, ders., Völkerrecht als Tatbestandsmerkmal deutscher Normen, S. 249 f.

722 Dieckert, Die Bedeutung unverbindlicher Entschließungen internationaler Organisationen für das innerstaatliche Recht der Bundesrepublik Deutschland, S. 91.

723 Ebd.

724 Rösgen, Rechtssetzungsakte der Vereinten Nationen und ihrer Sonderorganisationen, S. 259.

725 Kunig, Deutsches Verwaltungshandeln und Empfehlungen internationaler Organisationen, S. 533 f.

Maßnahmen die Zuständigkeit der Bundesregierung im Bereich der auswärtigen Gewalt beeinträchtigt. Diese bleibt - insbesondere was die Erzeugung von unverbindlichem "soft law" anbelangt - außenpolitisch voll handlungsfähig. Der Bundesregierung bleibt es unbenommen, bei der Entstehung von neuem internationalem "soft law" mitzuwirken, das den zuvor ergangenen nationalen Vorschriften widerspricht. Im Hinblick auf die völkerrechtliche Unverbindlichkeit des "soft law" entstünde nicht die mißliche Lage, daß sich die Bundesrepublik Deutschland völkerrechtlich zu etwas verpflichten würde, was innerstaatlich gegen geltendes Recht verstößt[726].

Aus alldem folgt, daß der innerstaatliche Gesetzgeber kraft seines Initiativrechts zur Verabschiedung von Gesetzen befugt ist, die von Empfehlungen internationaler Organisationen inspiriert sind, ohne daß die Bundesregierung zustimmen muß[727].

(2) Keine Verschleierung der internationalen Herkunft

Man könnte argumentieren, daß die Übernahme von internationalem "soft law" in autonome deutsche Gesetze die internationale Herkunft der "soft law"-Regeln verdunkelt. Aus verfassungsrechtlicher Sicht könnte dieser Befund problematisch sein, da der Gesetzgeber zur Normenklarheit verpflichtet ist, wozu nach einer Auffassung im Schrifttum[728] auch die Herkunft der Rechtserzeugungsquelle zu rechnen sei. Dieser Gesichtspunkt ist insbesondere bei der Übernahme von verbindlichem Recht supranationaler Organisationen von

---

726 Freilich muß die Bundesregierung bedenken, daß unverbindliches "soft law" zu Völkergewohnheitsrecht erstarken kann. Auf diese Weise kann langfristig eine Völkerrechtslage entstehen, die Verpflichtungen begründet, welche eine Änderung des nationalen Rechts erforderlich machen können. Die Bundesregierung wird folglich darauf achten müssen, daß zumindest diejenigen "soft law"-Regeln nicht zu Völkergewohnheitsrecht erstarken, die gegen die in Art. 79 Abs. 3 GG festgeschriebenen Verfassungsgrundsätze verstoßen.

727 Dieckert, Die Bedeutung unverbindlicher Entschließungen internationaler Organisationen für das innerstaatliche Recht der Bundesrepublik Deutschland, S. 91.

728 Weber, Rechtsfragen der Durchführung des Gemeinschaftsrechts in der Bundesrepublik, S. 15, 20; Engel, Völkerrecht als Tatbestandsmerkmal deutscher Normen, S. 210.

Bedeutung, da diese Institutionen ein Durchgriffsrecht in die Rechtsordnung der Mitgliedstaaten haben. Hier sprechen Gründe des Rechtsschutzes in der Tat dafür, daß der Bürger über die supranationale Herkunft einer Regelung Kenntnis hat, da die Auslegung der nationalen Norm in diesem Fall nach den Grundsätzen der supranationalen Gemeinschaft erfolgt. Auch bei völkerrechtlichen Verpflichtungen ist es für die Rechtsunterworfenen von Bedeutung, daß sie über die Herkunft der Verpflichtungen Kenntnis haben, um sich genaue Vorstellungen über ihre Rechte und Pflichten machen zu können[729].

Die oben dargelegten Gesichtspunkte lassen sich indes aus folgenden Gründen nicht auf die Übernahme von internationalem "soft law" in nationales Recht übertragen: Mangels einer völkerrechtlichen Verbindlichkeit verleiht eine fehlerhafte Anwendung der nationalen Normen, die internationales "soft law" enthalten, den Rechtsunterworfenen keinen Anspruch auf fehlerfreie Anwendung der internationalen Regeln[730]. Wenn es dem nationalen Gesetzgeber freisteht, ob er internationales "soft law" in nationales Recht übernimmt, ist er erst recht frei, darüber zu entscheiden, wie er dem Inhalt des internationalen "soft law" innerstaatliche Geltung verschaffen möchte[731]. Hat sich der deutsche Gesetzgeber für eine vollständige Übernahme einer internationalen "soft law"-Regel in autonomes Recht entschieden, sind ausschließlich die im deutschen Rechtsraum geltenden Anwendungs- und Auslegungsregeln von Bedeutung[732]. Unterstehen die autonomen deutschen Rechtsvorschriften selbst bei voller Übernahme internationaler "soft law"-Regeln ausschließlich dem nationalen Rechtsregime, besteht aus rechtsstaatlichen Gründen keine Notwendigkeit, die internationale Herkunft des "soft law" im autonomen deutschen Recht kenntlich zu machen. Es kann mithin keine Rede davon sein, daß den Rechtsunterworfenen irgend etwas verschleiert wird, wenn der nationale Gesetzgeber darauf verzichtet, die "soft

---

729 Engel, Völkerrecht als Tatbestandsmerkmal deutscher Normen, S. 210.

730 Dieckert, Die Bedeutung unverbindlicher Entschließungen internationaler Organisationen für das innerstaatliche Recht der Bundesrepublik Deutschland, S. 92 f.

731 Ebd., S. 93.

732 Ebd.

law"-Quelle anzugeben. Mitteilungspflichtig sind lediglich solche Umstände, die für die Rechte und Pflichten des Bürgers von Bedeutung sind. Unverbindliches ist mithin irrelevant. Ein Hinweis auf Unverbindliches könnte sogar Verwirrung und Rechtsunsicherheit entstehen lassen, da die Rechtsunterworfenen und -anwender zur Überzeugung gelangen könnten, daß die Anwendung und Auslegung des autonomen deutschen Rechts von unverbindlichen internationalem "soft law" determiniert wird, was zweifellos nicht der Fall ist. Eine solche Irreführung der juristischen Laien ist insofern nicht von der Hand zu weisen, da internationales "soft law" für diesen Personenkreis wie verbindliches Recht aussehen kann.

c) Vor- und Nachteile

Die Durchführung von internationalem "soft law" durch nationale legislative Maßnahmen weist folgende Vor- und Nachteile auf: Vorteilhaft ist, daß eine eventuell bestehende Unsicherheit über den Rechtscharakter internationaler Dokumente für den innerstaatlichen Bereich beseitigt wird[733]. Der Inhalt des internationalen "soft law" wird harmonisch in die innerstaatliche Rechtsordnung eingefügt[734].

Als Nachteil ist festzustellen, daß staatliche Durchführungsmaßnahmen die Verbindung zu dem internationalen Entscheidungsprozeß unterbrechen[735]. Gleichwohl führt dieser Umstand aus den oben dargelegten Gründen nicht dazu, daß die Durchführung von internationalem "soft law" gegen das rechtsstaatliche Gebot der Normenklarheit verstößt. Ein besonders schwer ins Gewicht fallender Nachteil ist die Tatsache, daß eine umfassende und vollständige Anpassung der staatlichen Rechtsordnung hinsichtlich aller internationalen "soft law"-Dokumente praktisch nicht möglich ist[736].

---

733 Schreuer, Die Behandlung internationaler Organakte durch staatliche Gerichte, S. 190.

734 Ebd.

735 Ebd., S. 191.

736 Ebd.

d) Gesetzgeberische Durchführungsmaßnahmen Deutschlands im internationalen Wirtschaftsverkehr

Die Forderungen der hier in Rede stehenden Mediendeklaration 1978 zielen auf erhebliche Eingriffe in die internationale Kommunikationsordnung ab, die einen wichtigen Bereich im internationalen Wirtschaftsverkehr darstellt. Die Bundesrepublik Deutschland hält sich mit gesetzgeberischen Durchführungsmaßnahmen zum Zwecke der innerstaatlichen Geltungsverschaffung internationaler Empfehlungen sehr zurück[737]. Die deutsche Bundesregierung weist in "follow up"-Berichten regelmäßig darauf hin, daß die Gesetzeslage in Deutschland den jeweiligen internationalen Empfehlungen bereits hinreichend Rechnung trage[738]. Nicht selten sieht der Gesetzgeber von Änderungen der nationalen Gesetze ab, da der bereits erreichte hohe deutsche Standard nicht angetastet werden soll[739].

Ein weiterer Grund für die Zurückhaltung bei der Durchführung legislativer Maßnahmen zur Geltungsverschaffung von internationalem "soft law" ist in der grundsätzlichen Weigerung der Bundesrepublik Deutschland zu sehen, Gesetze mit extraterritorialer Geltung zu verabschieden[740]. Solche Gesetze sind indes notwendig, wenn das Verhalten deutscher Kommunikationsanbieter z.B. in den Staaten der Dritten Welt geregelt werden soll. Sie widersprechen dem völkerrechtlichen Territorialprinzip, wonach hoheitliche Akte eines Staates grundsätzlich nur auf dem eigenen Staatsgebiet wirken dürfen[741].

Schließlich erklärt sich die Zurückhaltung des deutschen Gesetzgebers bei der Durchführung internationaler "soft law"-Regeln im internationalen Wirtschaftsverkehr damit, daß die internationalen Empfehlungen mit dem herrschenden Verständnis einer freien Marktwirtschaft, die nur im innerstaatlichen Bereich sozial abgefe-

---

737 Dieckert, Die Bedeutung unverbindlicher Entschließungen internationaler Organisationen für das innerstaatliche Recht der Bundesrepublik Deutschland, S. 86 ff.

738 Ebd., S. 86.

739 Ebd.

740 Ebd., S. 88.

741 Ebd., S. 88 f.

dert ist, nicht in Einklang zu bringen sind[742]. Die Bundesregierung vertraut eher auf freiwillige Selbstbeschränkungen und auf den Interessenausgleich im freien Spiel der Kräfte als auf dirigistische oder gesetzgeberische Maßnahmen[743].

3. *Exekutive Maßnahmen*

Eine innerstaatliche Geltungsverschaffung des Inhalts von internationalem "soft law" kommt auch durch Verordnungen der Exekutive in Betracht[744]. Freilich darf die Bundesregierung Empfehlungen internationaler Organisationen auf dem Verordnungswege nur nach Maßgabe des Art. 80 Abs. 1 Satz 2 GG durchsetzen[745]. Es wird die Ansicht vertreten, daß die Verordnungsermächtigung nicht ausdrücklich auf Entschließungen internationaler Organisationen Bezug nehmen müsse[746]. Auch eine 'Auslandsanknüpfung' dürfe nicht unabdingbare Voraussetzung für eine vom internationalen "soft law" inspirierte Verordnung sein[747].

Richtig ist, daß Art. 80 Abs. 1 Satz 2 GG nicht verlangt, daß Inhalt, Zweck und Ausmaß der Ermächtigung im Text des Gesetzes ausdrücklich bestimmt sein müssen[748]. Es reicht aus, daß sie mit Hilfe der allgemeinen Auslegungsgrundsätze ermittelt werden können[749]. Dies setzt voraus, daß Gesetze zum Erlaß von Rechtsverordnungen die Tendenz und das Programm der Verordnung so weit umreißen,

---

742 Ebd.

743 Ebd.

744 Ebd., S. 94 f.; Schreuer, Die Behandlung internationaler Organakte durch staatliche Gerichte, S. 190.

745 Dieckert, Die Bedeutung unverbindlicher Entschließungen internationaler Organisationen für das innerstaatliche Recht der Bundesrepublik Deutschland, S. 94.

746 Ebd.

747 Ebd.

748 BVerfGE 8, 274, 307.

749 BVerfGE 80, 1, 20 f.; 85, 97, 105.

daß deren Zweck und möglicher Inhalt feststeht[750]. Aufgrund des zuvor Gesagten kann eine Verordnungsermächtigung zur Durchführung des Inhalts von internationalem "soft law" in der Tat darauf verzichten, auf Entschließungen internationaler Organisationen Bezug zu nehmen, wenn Inhalt, Ausmaß und Zweck der Ermächtigung klar feststellbar sind. Fraglich ist, ob auf eine Auslandsverknüpfung in der Ermächtigungsverordnung verzichtet werden kann. Dafür spricht zum einen, daß es bei der durch "soft law" inspirierten Rechtssetzung nicht auf die Herkunft, sondern auf den Inhalt der zu übernehmenden Regel ankommt[751]. Zum anderen ist zu berücksichtigen, daß es sich bei einer entschließungsinspirierten Verordnung um eine nationale Maßnahme zur innerstaatlichen Geltungsverschaffung handelt. Für die Wirksamkeit einer Rechtsverordnung ist es unerheblich, welche Vorlagen der Verordnungsgeber heranzieht. Entscheidend ist vielmehr, daß die Ermächtigungsgrenzen nicht überschritten werden.

4. *Gesetzliche Verweisungen auf internationale Empfehlungen*

Internationale Empfehlungen können durch eine ausdrückliche Verweisung in nationalen Gesetzen eine innerstaatliche Relevanz erlangen[752]. Dieses Verfahren hat den Vorteil, daß die Rechtsanwender und die Rechtsunterworfenen anhand des Gesetzeswortlauts klar erkennen können, welche internationalen "soft law"-Dokumente heranzuziehen sind[753]. Die Verweisung auf internationales "soft law" durch autonomes deutsches Recht führt nicht automatisch dazu, daß der Inhalt des "soft law" eine innerstaatliche Verbindlichkeit erlangt[754]. Dies wird man lediglich dann annehmen können, wenn die nationale Verweisungsnorm ausdrücklich eine innerstaatliche Verbindlichkeit

---

750 BVerfGE, 85, 97, 105.

751 Dieckert, Die Bedeutung unverbindlicher Entschließungen internationaler Organisationen für das innerstaatliche Recht der Bundesrepublik Deutschland, S. 94.

752 Ebd., S. 95 ff.

753 Ebd., S. 95.

754 Ebd., S. 99.

des internationalen "soft law" anordnet. Fehlt es an einer entsprechenden Verbindlichkeitserklärung, bleibt es bei der Unverbindlichkeit des "soft law". Die innerstaatliche Verweisung auf das "soft law" hat lediglich zur Folge, daß die Adressaten dazu ermuntert werden, den Inhalt der "soft law"-Regelungen zu berücksichtigen[755].

Die außenpolitische Entscheidungsprärogative der Bundesregierung wird durch die Verweisung auf internationales "soft law" nicht verletzt, da es sich zum einen nicht um eine außenpolitische Maßnahme handelt. Zum anderen ist zu konstatieren, daß der Gesetzgeber nach der Kompetenzordnung des Grundgesetzes eine umfassende Regelungsbefugnis hat. Kraft dieser Regelungsbefugnis kann auf unverbindliches "soft law" verwiesen werden. Der Hinweis auf außerstaatliche Normen ist weder eine wörtliche Aufnahme in autonomes deutsches Recht, noch kann von einer Transformationswirkung ausgegangen werden, die analog Art. 59 Abs. 2 Satz 1 GG zu behandeln ist[756]. Da das innerstaatliche Gesetz selbst auf das internationale "soft law" verweist, kann auch nicht gesagt werden, daß die internationale Herkunft der "soft law"-Regeln verschleiert wird[757]. Im Hinblick darauf, daß die Verweisung auf internationales "soft law" nicht zur Folge hat, daß sein Inhalt innerstaatlich verbindlich wird, ist nicht sichergestellt, daß der Inhalt des in Bezug genommenen "soft law" tatsächlich beachtet wird. Vielmehr kann der nationale Gesetzgeber lediglich hoffen, daß die in Bezug genommenen internationalen "soft law"-Regelungen befolgt werden. Insofern kann bei der bloßen innerstaatlichen Verweisung auf internationales "soft law" nicht von einer echten innerstaatlichen Geltungsverschaffung gesprochen werden.

Liegt es im Ermessen der Exekutive, ob der Inhalt des in Bezug genommenen "soft law" herangezogen wird oder nicht, stellt sich die Frage, ob das Rechtsstaatsprinzip gegen die Verweisung auf "soft law" spricht. Es ist eine alte rechtsstaatliche Forderung, daß Gesetze hinreichend klar gefaßt sein müssen, damit sich der Bürger ein Bild

---

755 Ebd., S. 100.

756 Ebd.

757 Ebd.

von der Rechtslage machen kann[758]. Das Rechtsstaatsprinzip schließt allerdings nicht aus, daß der Gesetzgeber unbestimmte Rechtsbegriffe oder Generalklauseln verwendet[759]. Dies gilt nach der Rechtsprechung selbst für einschneidende Gesetze auf dem Gebiet des Strafrechts[760] und des Steuerrechts[761]. Das Gebot der Vorhersehbarkeit staatlichen Handelns, das eine Normenklarheit gebietet, gilt nach Art. 20 GG nur als Grundsatz[762]. Wollte man verlangen, daß der Gesetzgeber alle Einzelheiten bis in das letzte Detail zu regeln hat, würde eine kaum überschaubare Normenflut entstehen. Dies hätte zur Folge, daß der Bürger erhebliche Probleme bei der Feststellung der Rechtslage hätte. Außerdem könnte die Verwaltung auf unvorhersehbare Ereignisse, die ein rasches Handeln des Staates erfordern, nicht mit der gebotenen Eile reagieren, wenn der Gesetzgeber von Verfassungs wegen daran gehindert wäre, Gesetze mit Generalklauseln zu erlassen, die von der Exekutive auszufüllen sind. Hieraus folgt, daß der Gesetzgeber unter dem Gesichtspunkt des Rechtsstaatsprinzips sehr wohl Normen erlassen kann, die auf internationales "soft law" verweisen, solange die Verweisungsnorm die gesetzgeberischen Ziele klar zum Ausdruck bringt. Das Gebot der Rechtsklarheit und der Voraussehbarkeit staatlichen Handelns ist m.a.W. erfüllt, wenn der Gesetzgeber der Exekutive die Möglichkeit einräumt, unbestimmte Rechtsbegriffe und Generalklauseln durch in Bezug genommenes internationales "soft law" auszufüllen. Allerdings ist im Hinblick auf das Prinzip vom Gesetzesvorbehalt zu verlangen, daß Eingriffe in Grundrechtspositionen nur aufgrund gesetzlicher Ermächtigungsgrundlagen möglich sind. Da das "soft law" keine Rechtsqualität besitzt, kann es keine Grundlage für Grundrechtseingriffe sein. Dies gilt selbst dann, wenn auf "soft law" verwiesen wird, da die gesetzliche Verweisung nicht zur Folge hat, daß das "soft law" den Rang eines Gesetzes erlangt. Zieht die Exekutive regelmäßig internationale Empfehlungen heran, kann nach Art. 3 Abs. 1 GG eine

---

758 Herzog, M-D, GG-Komm., Art. 20 Rdnr. 63.

759 Ebd.

760 BVerfGE 32, 346, 364.

761 BVerfGE 13, 153, 160 f.

762 Herzog, M-D, GG-Komm., Art. 20 Rdnr. 63.

Selbstbindung eintreten[763]. Wendet die Verwaltung den Inhalt einer internationalen Verhaltensrichtlinie ständig an, ist dies der Sache nach mit der Anwendung von Verwaltungsvorschriften zu vergleichen[764].

Legt die Exekutive ihren Entscheidungen regelmäßig Verwaltungsvorschriften zugrunde, tritt nach ganz überwiegender Auffassung durch eine gleichmäßige Verwaltungspraxis eine Selbstbindung der Verwaltung ein, von der nach Art. 3 Abs. 1 GG ohne rechtfertigenden sachlichen Grund nicht abgewichen werden darf[765]. Geschieht dies gleichwohl, kann der Bürger die Verletzung von Art. 3 Abs. 1 GG rügen, weil die Verwaltung in seinem Fall von der Verwaltungsübung abgewichen ist[766]. Voraussetzung dafür ist allerdings, daß die angemahnte Verwaltungspraxis rechtmäßig ist. Da es keine Gleichheit im Unrecht bzw. keinen Anspruch auf Fehlerwiederholung gibt, kann der Bürger nur bei einer rechtmäßigen Verwaltungspraxis einen Gleichbehandlungsanspruch aus Art. 3 Abs. 1 GG ableiten[767].

Würde der Gesetzgeber beispielsweise eine Vorschrift erlassen, die die Exekutive dazu ermächtigt, unter Heranziehung der Mediendeklaration 1978, auf die das Gesetz verweist, die Kommunikationsordnung zu reglementieren, ist die Verwaltung nach Art. 1 Abs. 3 GG verpflichtet, die Grundrechte zu beachten. Soweit der innerstaatliche Gesetzgeber pauschal auf internationale "soft law"-Dokumente verweist, die Inhalte aufweisen, welche mit der Wertordnung des Grundgesetzes nicht in Einklang gebracht werden können, führt die Grundrechtsbindung aus Art. 1 Abs. 3 GG dazu, daß lediglich diejenigen "soft law"-Regelungen in Bezug genommen werden können, die keine Grundgesetznormen verletzen. Ferner ist zu berücksichtigen, daß die Verweisung auf internationales "soft law" nicht geeignet ist, eine grundrechtliche Schrankenziehung im Sinne von Art. 5 Abs. 2

---

763 Dieckert, Die Bedeutung unverbindlicher Entschließungen internationaler Organisationen für das innerstaatliche Recht der Bundesrepublik Deutschland, S. 100.

764 Ebd., S. 111.

765 Maurer, Allgemeines Verwaltungsrecht, § 24 Rdnr. 21.

766 Ebd.

767 Gubelt, in: v. Münch/Kunig, GG-Komm., Art. 3 Rdnr. 42 m.w.N.

GG vorzunehmen. Vielmehr muß die Schrankenziehung hinsichtlich der Garantien aus Art. 5 Abs. 1 GG durch förmliche Gesetze oder andere Rechtsvorschriften erfolgen. Keineswegs ist unverbindliches "soft law" ein geeignetes Instrument für die Beschränkung der grundgesetzlichen Kommunikationsfreiheiten. Hieraus folgt, daß die innerstaatliche verweisende Norm die zulässige Schrankenziehung i.S.v. Art. 5 Abs. 2 GG selbst vornehmen muß. Auf "soft law" kann somit allenfalls zur Ergänzung oder zur Bestätigung bestehender Bestimmungen verwiesen werden.

5. *Verwaltungvorschriften*

Teilweise rezipiert die Exekutive internationale Empfehlungen in Verwaltungsvorschriften[768].

Verwaltungsvorschriften enthalten zum einen organisatorische Regelungen; sie enthalten aber auch in einem zunehmenden Maße verhaltenslenkende Aussagen[769]. Verhaltenslenkende Verwaltungsvorschriften haben für die Konkretisierung von Generalklauseln und offenen Tatbestandsmerkmalen eine besondere Bedeutung[770]. Soweit die Exekutive internationale Empfehlungen in Verwaltungsvorschriften einarbeitet, hat sie selbstverständlich die verfassungsrechtlichen Vorgaben zu beachten[771].

---

768 Dieckert, Die Bedeutung unverbindlicher Entschließungen internationaler Organisationen für das innerstaatliche Recht der Bundesrepublik Deutschland, S. 101 ff.

769 Ossenbühl, Die Quellen des Verwaltungsrechts, S. 136.

770 Ebd., S. 136 f.

771 Dieckert, Die Bedeutung unverbindlicher Entschließungen internationaler Organisationen für das innerstaatliche Recht der Bundesrepublik Deutschland, S. 123.

C. Die Mediendeklaration 1978 im Lichte der grundgesetzlichen Meinungsfreiheit (Art. 5 Abs. 1 Satz 1, 1. HS. GG)

Nachdem zuvor dargestellt wurde, wie der Inhalt des internationalen "soft law" eine innerstaatliche Relevanz erlangen kann, stellt sich nunmehr die Frage, ob die Mediendeklaration 1978, die nach der hier vertretenen Auffassung als internationales "soft law" zu qualifizieren ist, mit Art. 5 Abs. 1 GG in Einklang steht. Es soll zunächst geprüft werden, ob der Inhalt der in Rede stehenden Deklaration den Vorgaben der grundgesetzlichen Meinungsfreiheit entspricht.

I. Der Begriff der Meinung

1. Der Meinungsbegriff i.S.v. Art. 5 Abs. 1 Satz 1 GG

a) Wertende Stellungnahmen

aa) Restriktive Interpretation

Man könnte unter Meinung i.S.v. Art. 5 Abs. 1 Satz 1 GG nur solche Stellungnahmen, Wertungen, wertende Urteile, Werturteile, Beurteilungen, Einschätzungen, wertende Ansichten, Auffassungen usw. verstehen, die allgemeingültig und von grundsätzlicher Art sind[1]. Für diese Auffassung könnte sprechen, daß eine Meinung das Ergebnis eigener rationaler Denkvorgänge sein muß[2]. Danach ist die bloße Mitteilung und die rein sachliche Wiedergabe von Tatsachen keine Meinungsäußerung[3].

---

1 So v. Mangoldt/Klein, BGG, Art. 5 Anm. III 1; Merten, Zur negativen Meinungsfreiheit, DÖV 1990, S. 761, 762.

2 Ebd.; Ridder, Meinungsfreiheit, S. 248; Krüger, Allgemeine Staatslehre, S. 439 f.

3 v. Mangoldt/Klein, BGG, Art. 5 Anm. III 1.

bb) Extensive Auslegung

Gegen die obige restriktive Auslegung der wertenden Stellungnahme und damit auch des Meinungsbegriffs sprechen schon allein die Abgrenzungsprobleme hinsichtlich der Feststellung, ob eine Stellungnahme von grundsätzlicher Art und von Allgemeingültigkeit gegeben ist oder nicht. Außerdem ist nicht ersichtlich, warum nicht auch in der Wiedergabe fremder Meinungen eine wertende Stellungnahme liegen soll. Schon allein in der Auswahl einer bestimmten Auffassung unter mehreren Meinungen liegt ein wertendes Element. Ferner läßt sich gar nicht immer feststellen, ob jemand gerade ein eigenes oder ein fremdes Werturteil abgibt.

Sieht man von wissenschaftlichen Arbeiten[4] ab, so besteht keine generelle Verpflichtung kenntlich zu machen, daß sich jemand eine fremde Auffassung zu eigen gemacht hat. Es kommt hinzu, daß in nicht seltenen Fällen fremde Meinungen zum Teil übernommen werden und zum Teil mit eigenen Werturteilen versetzt werden. In Fällen dieser Art gerät man auf der Grundlage der o.g. restriktiven Auffassung wiederum in Abgrenzungsschwierigkeiten, da man entscheiden müßte, ob die neuen Gedanken hinreichend substantiiert sind, um vom Vorliegen einer eigenen Meinung ausgehen zu können oder nicht.

Die h.L.[5] und das BVerfG[6] gehen davon aus, daß der Begriff "Meinung" weit auszulegen ist. Es kommt in der Tat für den Meinungsbegriff nicht darauf an, ob öffentliche oder private Angelegenheiten kundgetan werden oder ob es sich um wertvolle bzw. grundsätzliche Meinungen handelt oder nicht[7]. Wollte man allein wertvolle Meinun-

---

4 Sie stehen nach Art. 5 Abs. 3 S. 1 GG unter dem besonderen Schutz der Verfassung.

5 Bleckmann, Staatsrecht II, S. 677; Degenhart, BK, Art. 5 Abs. 1, 2 Rdnr. 137; Hoffmann-Riem, AK-GG, (Hrsg.: R. Wassermann), Art. 5 Abs. 1, 2 Rdnr. 20; Jarass, in: Jarass/Pieroth, Art. 5 Rdnr. 2; Wendt, in: v. Münch/Kunig, GG-Komm., Art. 5 Rdnr. 8; Starck/v. Mangoldt, BGG, Art. 5 Abs. 1, 2 Rdnr. 16; Gornig, Äußerungsfreiheit, S. 545; Herzog, M-D, GG-Komm., Art. 5 I, II Rdnr. 50 ff.; Hamann/Lenz, Das Grundgesetz, Art. 5 B 1.

6 BVerfGE 30, 336, 347; 33, 1, 14 f.

7 Wendt, in: v. Münch/Kunig, GG-Komm., Art. 5 Rdnr. 8; Starck/v. Mangoldt, BGG, Art. 5 Abs. 1, 2 Rdnr. 16.

gen unter den Schutz von Art. 5 Abs. 1 GG fassen, so widerspräche dies einem pluralistisch strukturierten und auf dem Grundsatz einer freiheitlichen Demokratie beruhenden Staatsgefüge[8].

Auch abwertende Stellungnahmen fallen in den Schutzbereich von Art. 5 Abs. 1 GG, und zwar ohne Rücksicht darauf, ob sie richtig oder falsch sind[9]. Die zulässigen Grenzen der Meinungsfreiheit bestimmen sich nach den Schrankenregelungen in Art. 5 Abs. 2 GG. Ganz offensichtlich geht der Regelungsgehalt des Art. 5 GG dahin, daß lediglich durch Art. 5 Abs. 2 GG bestimmt sein soll, welche Äußerungen von der grundgesetzlichen Meinungsfreiheit ausgenommen sind.

Aus Art. 5 Abs. 2 GG läßt sich zusammenfassend nicht die Wertung entnehmen, daß Meinungen von nicht allgemeingültiger oder nicht grundsätzlicher Art nicht in den Schutzbereich von Art. 5 Abs. 1 GG fallen.

b) Tatsachenbehauptungen und -mitteilungen

aa) Lehre von der Beschränkung der Meinungsfreiheit auf Werturteile

Eine Auffassung[10] will die Meinungsfreiheit nicht auf Tatsachen erstrecken, sondern lediglich Wertungen als eine Meinungsäußerung i.S.v. Art. 5 Abs. 1 GG ansehen. Das bloße Wissen einer Tatsache sei nicht als eine Meinung anzusehen[11]. Meinungen seien lediglich Wertungen, die der Meinende als Denkender und Wollender hervorbringe[12]. Für die Lehre von der Beschränkung der Meinungsfreiheit auf Werturteile kann lediglich der Wortlaut von Art. 5 Abs. 1 GG angeführt werden, in dessen erstem Satz von "Meinung" die Rede ist, während dessen zweiter Satz von der "Freiheit der Berichterstattung"

---

8 BVerfGE 33, 1, 15.

9 Gornig, Äußerungsfreiheit, S. 545; Wendt, in: v. Münch/Kunig, GG-Komm., Art. 5 Rdnr. 8: Starck/v. Mangoldt, BGG, Art. 5 Abs. 1, 2 Rdnr. 16.

10 v. Mangoldt/Klein, BGG, Art. 5 Anm. III 1; Ridder, Meinungsfreiheit, S. 264; Hamann/Lenz, Das Grundgesetz, Art. 5 B 1.

11 Ebd.

12 Ebd.

spricht[13]. Indes ist dieser Schluß nicht zwingend. Gegenstand der Berichterstattung kann nämlich auch die Wiedergabe von Meinungen sein.

bb) Lehre von der meinungsbildenden Funktion der Tatsachenbehauptung und -mitteilung

Gegen die Lehre von der Beschränkung der Meinungsfreiheit auf Werturteile spricht ganz entscheidend, daß eine strikte Trennung von Werturteilen und Tatsachen schlechthin nicht möglich ist. Vielmehr enthält bereits die bloße Wiedergabe von Tatsachen eine Auswahlwertung. Ferner ist zu berücksichtigen, daß die Kundgabe von Meinungen in der Form erfolgen kann, daß nur bestimmte Tatsachen wiedergegeben werden. In vielen Fällen ist die Meinungsäußerung gar nicht möglich, ohne daß eine Fülle von Tatsachenwissen besteht[14]. Dies hat auch das BVerfG[15] festgestellt, indem es ausführte, daß Tatsachenmitteilungen die Voraussetzung der Bildung von Meinungen seien.

Eine Reduzierung der Meinungsfreiheit auf bloße Tatsachen würde weiterhin zu erheblichen dogmatischen Schwierigkeiten führen. Die Freiheit der Berichterstattung durch Rundfunk, Presse und Film ist in Art. 5 Abs. 1 Satz 2 GG garantiert. Wollte man aufgrund des Begriffs "Berichterstattung" eine Reduzierung der Freiheiten des Art. 5 Abs. 1 Satz 2 GG auf Tatsachenberichte vornehmen, müßte die Wiedergabe bloßer Meinungen durch die in Art. 5 Abs. 1 Satz 2 GG aufgeführten Medien aus den Schutzbereich von Art. 5 Abs. 1 GG herausfallen. Fälle dieser Art könnten dann nur noch durch den Rückgriff auf Art. 2 Abs. 1 GG verfassungsrechtlich geschützt werden[16]. Dieser Schutz wäre im Hinblick auf die Schrankentrias in Art. 2 Abs. 1 GG schwächer als die in Art. 5 Abs. 1 GG geschützte Meinungsfreiheit. Aus den oben dargelegten Gründen verdient die herr-

---

13 Gornig, Äußerungsfreiheit, S. 546.

14 Starck/v. Mangoldt, BGG, Art. 5 Abs. 1, 2 Rdnr. 19.

15 BVerfGE 61, 1, 8; 65, 1, 41.

16 Herzog, M-D, GG-Komm., Art. 5 I, II Rdnr. 52; Gornig, Äußerungsfreiheit, S. 546.

schende Lehre[17] von der meinungsbildenden Funktion der Tatsachenbehauptung und -mitteilung und die Rechtsprechung des BVerfG[18] den Vorzug. Im Hinblick auf die wichtige Bedeutung der Tatsachenmitteilungen für die Meinungsbildung wird man sogar sagen müssen, daß Tatsachenbehauptungen für die Meinungsbildung - und damit auch für die Meinungsfreiheit - von konstituierender Bedeutung sind.

cc) Unwahre Tatsachenbehauptungen

Werturteile sind auch dann von Art. 5 Abs. 1 GG erfaßt, wenn sie "wertlos" oder "falsch" sind[19]. Dies beruht auf dem Umstand, daß ein Werturteil stets in hohem Maße subjektiv und einer objektiven Wertung nicht zugänglich ist. Anders liegen die Dinge bei Tatsachenbehauptungen. Hier kann durchaus zwischen richtigen und falschen Tatsachenmitteilungen unterschieden werden; allerdings bereitet die Abgrenzung zwischen wahr und falsch zuweilen Schwierigkeiten[20].

(1) Restriktive Interpretation

Eine Auffassung[21] will bewußt unwahre Tatsachenbehauptungen von vornherein nicht in den Schutzbereich des Art. 5 Abs. 1 GG einbezie-

---

17 Jarass, in: Jarass/Pieroth, GG-Komm., Art. 5 Rdnr. 2; Bleckmann, Staatsrecht II, S. 671; Gornig, Äußerungsfreiheit, S. 546; Degenhart, BK, Art. 5 Abs. 1, 2 Rdnr. 138; Hoffmann-Riem (Hrsg.: R. Wassermann), AK-GG, Art. 5 Abs. 1, 2 Rdnr. 21; Wendt, in: v. Münch/Kunig, GG-Komm., Art. 5 Rdnr. 9; Herzog, M-D, GG-Komm., Art. 5 I, II Rdnr. 51 ff.; Starck/v. Mangoldt, BGG, Art. 5 Abs. 1, 2 Rdnr. 19.

18 BVerfGE 61, 1, 8; 65, 1, 41.

19 BVerfGE 30, 336, 347; 33, 1, 14 f.. 30, 336, 347; 61, 1, 7; 66, 116, 151; 71, 162, 180; Jarass, in: Jarass/Pieroth, GG-Komm., Art. 5 Rdnr. 3 f.; Herzog, M-D, GG-Komm., Art. 5 I, II Rdnr. 55a; Starck/v. Mangoldt, BGG, Art. 5 Abs. 1, 2 Rdnr. 20; Tettinger, Neuartige Massenkommunikationsmittel und verfassungsrechtliche Rahmenbedingungen, JZ 1984, S. 400, 403.

20 Starck/v. Mangoldt, BGG, Art. 5 Abs. 1, 2 Rdnr. 20.

21 BVerfGE 61, 1, 8; Degenhart, BK, Art. 5 Abs. 1, 2 Rdnr. 139; Starck/v. Mangoldt, BGG, Art. 5 Abs. 1, 2 Rdnr. 20; Jarass, in: Jarass/Pieroth, GG-Komm., Art. 5 Rdnr. 3 a; Hoffmann-Riem (Hrsg.: R. Wassermann), AK-GG, Art. 5 Abs. 1, 2 Rdnr. 21; nach Ridder, Meinungsfreiheit, S. 265 ist auf die Wahrhaftigkeit der Tatsachenmitteilung abzustellen.

hen. Wer unrichtige Informationen verbreite, obwohl er sich der Unrichtigkeit bewußt sein müsse, könne sich nicht auf Art. 5 Abs. 1 Satz 1 GG berufen, da er sich nicht in schutzwürdiger Weise am Prozeß der freien Meinungsbildung beteilige[22]. Dadurch soll einem leichtfertigen Umgang mit falschen Tatsachen vorgebeugt werden[23]. In den Schutzbereich von Art. 5 Abs. 1 GG fallen demnach auf der Grundlage dieser restriktiven Interpretation der grundgesetzlichen Meinungsfreiheit nur irrtümlich unwahre Tatsachenbehauptungen, die einer zumutbaren Sorgfaltspflicht hinsichtlich der Überprüfung des Wahrheitsgehalts der Tatsachenbehauptung genügen[24].

(2) Extensive Interpretation

Eine neue - im Vordringen befindliche - Auffassung[25] will grundsätzlich alle Tatsachenbehauptungen unter Art. 5 Abs. 1 GG subsumieren, und zwar unabhängig davon, ob sie richtig sind oder nicht. Sanktioniert werden sollen lediglich solche Tatsachenbehauptungen, die gegen die Schrankenregelung in Art. 5 Abs. 2 GG verstoßen[26].

Für diese Interpretation spricht, daß der Wortlaut des Art. 5 Abs. 1 GG keine Unterscheidung zwischen "falschen" und "richtigen" Tatsachen macht. Eine restriktive Interpretation des Art. 5 Abs. 1 GG des Inhalts, daß absichtlich falsche Tatsachenbehauptungen nicht in den Schutzbereich der grundgesetzlichen Meinungsfreiheit fallen, muß vielmehr auf teleologische Gründe zurückgreifen und dahin argumentieren, daß bewußt falsche Tatsachenbehauptungen nicht in den Schutzbereich von Art. 5 Abs. 1 GG fallen können.

In der Tat spricht vieles dafür, Desinformationskampagnen von vornherein aus dem Anwendungsbereich des Art. 5 Abs. 1 GG herauszunehmen. Bewußt falsche Informationen können insbesondere im politischen Bereich für den Bestand und das Funktionieren eines

---

22 Degenhart, BK, Art. 5 Abs. 1, 2 Rdnr. 139.

23 Ebd.; Starck/v. Mangoldt, BGG, Art. 5 Abs. 1, 2 Rdnr. 20.

24 Degenhart, BK, Art. 5 Abs. 1, 2 Rdnr. 139.

25 Gornig, Äußerungsfreiheit, S. 548; Thieme, Über die Wahrheitspflicht der Presse, DÖV 1980, S. 149, 150.

26 Ebd.

freiheitlichen Staatswesens durchaus von Gefahr sein. Zwar können in einem freiheitlichen Rechtsstaat Kampagnen der Desinformation, die von Demokratiegegnern gesteuert sein können, mit objektiver Sachaufklärung bekämpft werden. Dies kann aber nicht verhindern, daß es zu gefährlichen Legendenbildungen kommt, wie die Dolchstoß-Legende in der Weimarer Republik gezeigt hat.

Trotz der negativen Wirkungen bewußt falscher Tatsachenbehauptungen für das Gemeinwesen sollte der Schutzbereich von Art. 5 Abs. 1 GG nicht auf richtige und unbewußt falsche Tatsachenbehauptungen beschränkt werden. Hierfür spricht, daß eine klare Unterscheidung zwischen "wahr" und "falsch" zuweilen nur mit Schwierigkeiten erfolgen kann[27]. Es kommt hinzu, daß die entscheidende Frage, ob eine Tatsache bewußt oder unbewußt falsch wiedergegeben wurde, nur schwierig feststellbar ist, da es sich insoweit um innere Vorgänge handelt, die einer gerichtlichen Überprüfung nur schwer zugänglich sind. Die Notwendigkeit einer restriktiven Auslegung des grundgesetzlichen Meinungsbegriffs auf der Tatbestandsebene ist nicht zuletzt auch deshalb zu verneinen, da die Verletzung anderer Rechtsgüter durch bewußt falsche Tatsachenbehauptungen nach Maßgabe der Schrankenregelungen in Art. 5 Abs. 2 GG sanktioniert werden kann.

c) *Kommerzielle Werbung*

Unterschiedlich wird die Frage beurteilt, ob kommerzielle Äußerungen in den Schutzbereich von Art. 5 Abs. 1 GG fallen oder nicht.

Dies wird man auf der Grundlage der Auffassung verneinen müssen, die lediglich Stellungnahmen grundsätzlicher Art und von allgemeiner Bedeutung unter die grundgesetzliche Meinungsfreiheit subsumieren möchte[28]. Werbebotschaften sind in der Regel einfach und allgemein formuliert und können deshalb nicht als sehr bedeutende Stellungnahmen angesehen werden, die für die Meinungsbildung konstituierend sind. Die ideelle Überhöhung der Meinungsfreiheit

---

27 Starck/v. Mangoldt, BGG, Art. 5 Abs. 1, 2 Rdnr. 20.

28 v. Mangoldt/Klein, BGG, Art. 5 Anm. III 1.

verhindert mithin, daß sie kommerziellen Aussagen zugute kommen kann[29].

Eine - früher als herrschend zu bezeichnende - Auffassung[30] geht davon aus, daß zumindest die reine Wirtschaftswerbung nicht in den Schutzbereich von Art. 5 Abs. 1 GG falle. Begründet wird diese Auffassung damit, daß Werbung nicht als die Äußerung einer bestimmten Ansicht anzusehen sei, sondern als eine bloße Käuferbeeinflussung[31].

Gegen die o.g. Auffassung spricht, daß die Qualifizierung einer Äußerung als eine Meinungskundgabe i.S.v. Art. 5 Abs. 1 GG nicht von der Motivation oder dem Zweck der Äußerung abhängt[32]. Das BVerfG[33] und die nunmehr h.L.[34] gehen deshalb zu Recht davon aus, daß die Kundgabe einer Meinung auch dann eine grundgesetzliche Meinungsäußerung i.S.v. Art. 5 Abs. 1 GG darstellt, wenn sie wirtschaftliche Vorteile bringt. Für die Richtigkeit dieser neuerdings herrschenden Auffassung spricht ferner, daß es sich mit dem Menschenbild des Grundgesetzes nicht vereinbaren läßt, zwischen "wertvollen" und "wertlosen" Meinungen zu differenzieren und nur fundierte Meinungen in den Schutzbereich von Art. 5 Abs. 1 GG einzubeziehen. Dies geht schon deshalb nicht an, da die Qualifizierung einer Auffassung als "wertvoll" oder "wertlos" in hohem Maße von subjektiven

---

29 Degenhart, BK, Art. 5 Abs. 1, 2 Rdnr. 149.

30 BVerwGE 2, 172, 178 f.; BGHSt 8, 360, 379; Franz Schneider, Presse- und Meinungsfreiheit, S. 75 ff.; Leisner, Werbefernsehen und öffentliches Recht, S. 100; weitere Nachweise siehe bei Wacke, Werbeaussagen als Meinungsäußerungen, S. 197.

31 BVerwGE 2, 172, 178 f.

32 Herrmann, Fernsehen und Hörfunk in der Verfassung der Bundesrepublik Deutschland, S. 70; Wacke, Werbeaussagen als Meinungsäußerungen, S. 207.

33 BVerfGE 30, 336, 352; in BVerfGE 74, 297, 341 f. brauchte die hier interessierende Frage nicht entschieden zu werden.

34 Degenhart, BK, Art. 5 Abs. 1, 2 Rdnr. 150; Gornig, Äußerungsfreiheit, S. 548; Jarass, in: Jarass/Pieroth, GG-Komm., Art. 5 Rdnr. 2; Albrecht Hesse, Rundfunkrecht, S. 58; Starck/v. Mangoldt, BGG, Art. 5, Abs. 1, 2 Rdnr. 18; Tettinger, Neuartige Massenkommunikationsmittel und verfassungsrechtliche Rahmenbedingungen, JZ 1984, S. 400, 403; Merten, Zur negativen Meinungsfreiheit, DÖV 1990, S. 761, 764.

Wertungen abhängt. Diese Subjektivität steht dem berechtigten Interesse eines jeden Grundrechtsträgers entgegen, von vornherein klare Kenntnis darüber zu besitzen, ob seine Äußerung in den Schutzbereich von Art. 5 Abs. 1 GG fällt oder nicht.

Aus den o.g. Gründen ist es abzulehnen, der Wirtschaftswerbung den Schutz des Art. 5 Abs. 1 GG mit der Begründung zu versagen, daß es an inhaltlich fundierten Aussagen fehle.

Da Werbung für die wirtschaftliche Überlebensfähigkeit der meisten Massenkommunikationsmittel von entscheidender Bedeutung ist, ist sie ein bedeutender wirtschaftlicher Faktor, der des Schutzes der Wirtschaftsgrundrechte bedarf. Die Wirtschaftswerbung ist mithin hinsichtlich des Grundrechtsschutzes in zwei Elemente aufzuteilen, und zwar in das durch Art. 5 Abs. 1 GG geschützte Meinungsäußerungselement und in das durch die Wirtschaftsgrundrechte (Art. 2 Abs. 1, 12 und 14 GG) geschützte ökonomische Element.

d) Künstlerische Äußerungen

Es fragt sich, ob auch künstlerische Äußerungen vom Schutz des Art. 5 Abs. 1 GG erfaßt sind oder ob sie ausschließlich in den Schutzbereich von Art. 5 Abs. 3 GG fallen. Die Frage wird aktuell, wenn eine in Art. 5 Abs. 1 GG genannte Kommunikationsform dazu benutzt wird, ein durch Art. 5 Abs. 3 GG geschütztes Kunstwerk zu verbreiten.

Zunächst ist festzuhalten, daß auch die Auffassung[35], welche den grundgesetzlichen Meinungsbegriff eng auslegt, künstlerische Äußerungen unter Art. 5 Abs. 1 GG subsumiert.

Eine andere Meinung[36] geht davon aus, daß Art. 5 Abs. 3 GG das im Vergleich zu Art. 5 Abs. 1 GG speziellere Grundrecht sei. Begründet wird das Vorrangverhältnis des Art. 5 Abs. 3 GG damit, daß die Medien des Art. 5 Abs. 1 GG dem Kunstwerk gegenüber nur eine

---

35 v. Mangoldt/Klein, BGG, Art. 5 Anm. III 1.

36 BVerfGE 30, 173, 200; 75, 369, 377; Scholz, M-D, GG-Komm., Art. 5 Abs. 3 Rdnr. 13; Starck/v. Mangoldt, BGG, Art. 5 Abs. 3 Rdnr. 177.

instrumentale Kommunikationsfunktion erfüllten[37]. Diese Sichtweise führt dazu, daß in jedem Einzelfall geprüft werden muß, ob eine größere Sachnähe zu Art. 5 Abs. 1 oder zu Art. 5 Abs. 3 GG besteht[38].

Die Gegenmeinung[39] geht hinsichtlich des Konkurrenzverhältnisses der Absätze 1 und 3 in Art. 5 GG von einer Überlappung der Schutzkreise des Art. 5 Abs. 1 und des Art. 5 Abs. 3 GG aus. Art. 5 Abs. 1 GG schütze in umfassender Weise die Meinungsfreiheit, ohne künstlerische Äußerungen aus seinem Schutzbereich herausdrängen zu wollen[40].

Die zuletzt genannte Auffassung ist vorzugswürdig, da sie hinsichtlich der in Art. 5 Abs. 1 GG genannten Kommunikationsformen das Zensurverbot in Art. 5 Abs. 1 Satz 3 GG zur Geltung kommen läßt[41].

e) Das Verhältnis von Meinungs- und Gedankenfreiheit

Das Verhältnis von Meinungsfreiheit und Gedankenfreiheit wird nicht einheitlich beurteilt.

Nach einer Ansicht[42] umfasse die Meinungsfreiheit traditionell nur den äußeren Kommunikationsvorgang. Diese Auffassung kann sich auf den Wortlaut in Art. 5 Abs. 1 Satz 1 GG stützen, wo lediglich von "äußern" und "verbreiten" die Rede ist. Begrifflich läßt dies den Umkehrschluß zu, daß die innere - also die nicht geäußerte oder nicht verbreitete - Meinung durch Art. 5 Abs. 1 GG nicht geschützt wird[43].

---

37 Scholz, M-D, GG-Komm., Art. 5 Abs. 3 Rdnr. 13.

38 Ebd.

39 Degenhart, BK, Art. 5 Abs. 1, 2 Rdnr. 147; Gornig, Äußerungsfreiheit, S. 549; Herrmann, Fernsehen und Hörfunk in der Verfassung der Bundesrepublik Deutschland, S. 96 f.

40 Gornig, Äußerungsfreiheit, S. 549.

41 Auf diesen Gesichtspunkt weist Herrmann, Fernsehen und Hörfunk in der Verfassung der Bundesrepublik Deutschland, S. 96 hin.

42 Hoffmann-Riem, GG-AK (Hrsg.: R. Wassermann), Art. 5 Abs. 1, 2 Rdnr. 16.

43 Entstehungsgeschichtlich ist es in der Tat so, daß die Meinungsfreiheit zunächst nur als äußere Freiheit garantiert wurde, Ridder, Meinungsfreiheit, S. 245; vgl. Art. 11 der Erklärung der Rechte des Menschen und Bürgers von 1789, Text: Heidelmeyer, Die Menschenrechte, S. 59.

Die Gegenauffassung[44] geht davon aus, daß Art. 5 Abs. 1 GG sowohl die innere als auch die äußere Meinungsfreiheit umfasse. Die zuletzt genannte Ansicht wird dem Sinn und Zweck sowie der besonderen Bedeutung des Art. 5 Abs. 1 GG für das Funktionieren einer freiheitlichen Ordnung gerecht. Eine Meinungsäußerungsfreiheit ist praktisch wertlos, wenn nicht auch das Recht zur Meinungsbildung von Art. 5 Abs. 1 GG geschützt wird. Dem kann nicht entgegengehalten werden, daß die Denkfreiheit bereits durch Art. 1 Abs. 1 GG geschützt werde, so daß für die Anwendung von Art. 5 Abs. 1 GG im Hinblick auf die Gedankenfreiheit kein schutzwürdiges Interesse bestehe[45]. Denn es ist zu berücksichtigen, daß Art. 5 Abs. 1 GG im Verhältnis zu Art. 1 Abs. 1 GG das speziellere Grundrecht ist[46], weshalb das Schutzwürdigkeitsargument keine Rolle spielt. Umgekehrt schützt die Gedankenfreiheit auch die Meinungsfreiheit, soll sie nicht zu einer bloßen Leerformel ohne jede praktische Relevanz verkommen[47]. Allerdings wird man für das Eingreifen des Schutzes aus Art. 5 Abs. 1 GG nicht verlangen können, daß die Gedanken auch tatsächlich geäußert werden. Es gibt gedankliche Überlegungen, die nicht ausgesprochen werden wollen. Auch dieser Vorgang muß von der negativen Meinungsfreiheit[48] geschützt werden.

---

44 BVerfGE 57, 295, 319 f.; 74, 297, 323; 83, 238, 295 f.; Gornig, Äußerungsfreiheit, S. 140 f.; Bleckmann, Staatsrecht II, S. 676; Degenhart, BK, Art. 5 Abs. 1, 2 Rdnr. 4 m.w.N.; Herzog, M-D, GG-Komm., Art. 5 I, II Rdnr. 8.

45 Dieser Gedanke wird bei Bleckmann, Staatsrecht II, S. 676 diskutiert.

46 Kunig, in: v. Münch/Kunig, GG-Komm., Art. 1 Rdnr. 69.

47 Gornig, Äußerungsfreiheit, S. 141.

48 Wendt, in: v. Münch/Kunig, GG-Komm., Art. 5 Rdnr. 18.

2. *Der Meinungsbegriff der Mediendeklaration 1978*

a) *Unterscheidung zwischen Meinungs- und Meinungsäußerungsfreiheit*

Bei der Untersuchung des Meinungsbegriffs der Mediendeklaration 1978[49] fällt auf, daß zwischen der Meinungsfreiheit und der Meinungsäußerungsfreiheit (englischer Text: "The exercise of freedom of opinion, expression ..."; französischer Text: "L'exercice de la liberté d'opinion, de la liberté d'expression ...") unterschieden wird[50]. Diese strikte Unterscheidung macht nur dann einen Sinn, wenn man in der Meinungsfreiheit die Freiheit der nicht geäußerten Meinung und in der Meinungsäußerungsfreiheit die Freiheit der Meinungskundgabe sieht. Meinungsfreiheit im Sinne der Mediendeklaration 1978 beinhaltet mithin die innere Meinungsfreiheit bzw. die Gedankenfreiheit und die äußere Meinungsfreiheit. Innere und äußere Meinungsfreiheit bedingen einander, da der Kundgabe einer Meinung stets ein Meinungsbildungsprozeß als innerer Vorgang vorausgeht. Es kann als ein Verdienst der Mediendeklaration 1978 angesehen werden, daß der Unterschied zwischen der inneren und der äußeren Meinungsfreiheit nicht nur erkannt, sondern auch durch den Wortlaut der Mediendeklaration 1978 kenntlich gemacht wurde[51]. Indem die Mediendeklaration 1978 die Meinungs- und die Meinungsäußerungsfreiheit in einem Atemzug erwähnt, bringt sie den inneren Zusammenhang zwischen beiden Freiheiten zum Ausdruck. Damit hebt sich die Mediendeklaration 1978 von der französischen Erklärung der Rechte des Menschen und Bürgers aus dem Jahre 1789[52] ab, die nur die freie Mitteilung der Gedanken und Meinungen als das kostbarste

---

49 Soweit keine Quelle angegeben ist, wurde die inoffizielle deutsche Übersetzung der Mediendeklaration 1978 in EA 1979, D 188 ff. zugrundegelegt; in Zweifelsfällen wurden die authentischen Texte in englischer und französischer Sprache herangezogen, Texte: Kleinwächter/Raaz, Die Organisation der Vereinten Nationen für Erziehung, Wissenschaft und Kultur, S. 384 ff., wo auch noch die authentische russischsprachige Fassung der Mediendeklaration 1978 abgedruckt ist.

50 Art. 2 Abs. 1, Art. 5 Mediendeklaration 1978.

51 Ebd.

52 Text: Heidelmeyer, Die Menschenrechte, S. 57 ff.

Menschenrecht bezeichnet[53]. Auch die von der o.g. Erklärung beeinflußten Grundrechtskataloge und -bekräftigungen der frühen Verfassungen garantieren nicht die innere Meinungsfreiheit[54]. Der Wortlaut des Grundgesetzes unterscheidet - wie dargelegt - ebenfalls nicht zwischen dem äußeren und inneren Vorgang der Meinungsfreiheit. Obwohl die innere Meinungsfreiheit im Grundgesetz keine ausdrückliche Erwähnung erfahren hat, kommt die teleologische Auslegung zu Art. 5 Abs. 1 GG zu dem Ergebnis, daß sowohl die Meinungsbildungsfreiheit als auch die Meinungsäußerungsfreiheit grundgesetzlich geschützt sind[55]. Mithin ist festzustellen, daß sowohl die Mediendeklaration 1978 als auch das Grundgesetz einheitlich einen Schutz der inneren und der äußeren Meinungsfreiheit vornehmen. Art. 2 Abs. 1 Mediendeklaration 1978 erkennt an, daß die Meinungs- und Meinungsäußerungsfreiheit zusammen mit der Informationsfreiheit ein Bestandteil der Menschenrechte und Grundfreiheiten sind.

b) Wertende Stellungnahmen

Im Zusammenhang mit der Untersuchung des grundgesetzlichen Meinungsbegriffs wurde dargelegt[56], daß eine Auffassung im Schrifttum[57] lediglich wertende Stellungnahmen von allgemeingültiger und grundsätzlicher Art unter den Begriff der Meinungsfreiheit fassen möchte. Eine solche Reduzierung der Meinungsfreiheit durch ihre ideelle Überbetonung insinuiert die Mediendeklaration 1978 in vielfältiger Weise. Dies geschieht in der Form, daß die Mediendeklaration 1978 die Ausübung der Meinungs- und Meinungsäußerungsfreiheit in den Dienst wichtiger politischer Ziele wie die Stärkung des Friedens[58], der internationalen Verständigung[59], der Bekämpfung von Rassismus, Apartheid und Kriegshetze stellt[60]. Durch die In-

---

53 Art. 11 Satz 1 Französische Menschenrechtserklärung 1789.

54 Ridder, Meinungsfreiheit, S. 245.

55 Vgl. 7. Teil, 4. Abschnitt, B. I. 1. e).

56 Vgl. 7. Teil, 4. Abschnitt, B. I. 1. a) aa).

57 v. Mangoldt/Klein, BGG, Art. 5 Anm. III 1.

58 Art. 1 Satz 1; Art. 2 Abs. 1, Abs. 3; Art. 3 Abs. 1 Mediendeklaration 1978.

59 Art. 1 Satz 1; Art. 2 Abs. 1, Abs. 3; Art. 3 Abs. 1 Mediendeklaration 1978.

60 Art. 1 Satz 1; Art. 2 Abs. 3; Art. 3 Abs. 1, Abs. 2 Mediendeklaration 1978.

dienststellung der Meinungs- und Meinungsäußerungsfreiheit zugunsten der o.g. Ziele erhält sie den Charakter einer öffentlichen Aufgabe. Dies liegt durchaus auf der Linie der Rechtsprechung des BVerfG[61], das die Meinungsäußerungsfreiheit als schlechthin konstituierend für eine freiheitliche und demokratische Staatsordnung bezeichnet. Gleichwohl ist festzustellen, daß die Meinungsfreiheit auch für den privaten Bereich eine nicht unwichtige Rolle spielt. Die Sicherung der Meinungsfreiheit liegt auch im Interesse der Persönlichkeitsentfaltung des Einzelnen[62]. Diese Gesichtspunkte haben in der ausführlichen Mediendeklaration 1978 keinen Eingang gefunden. Dieser Befund nötigt aber nicht zu der Annahme, daß die Mediendeklaration 1978 die Bedeutung der Meinungsfreiheit für den privaten Bereich negieren möchte. Eine ausdrückliche Begrenzung der Meinungsfreiheit auf den öffentlichen Bereich läßt sich der Deklaration nicht entnehmen. Gleichwohl ist es wünschenswert, daß zumindest ein einziges Mal die Bedeutung der privaten Meinungsfreiheit für die Persönlichkeitsentwicklung in der - ansonsten sehr ausführlichen - Mediendeklaration 1978 unterstrichen worden wäre.

Es ist mithin zu konstatieren, daß sowohl die Mediendeklaration 1978 als auch Art. 5 Abs. 1 GG öffentliche und private wertende Stellungnahmen im Rahmen der Meinungsfreiheit umfassend schützen.

c) Tatsachenbehauptungen und -mitteilungen

Es fragt sich, ob die Mediendeklaration 1978 neben wertenden Stellungnahmen auch Tatsachenbehauptungen schützt.

Daß eine klare Unterscheidung zwischen Tatsachen und Werturteilen nicht immer möglich ist, wurde bereits gesagt[63]. Ferner wurde darauf hingewiesen, daß die Mitteilung von Tatsachen eine Voraussetzung für die Bildung von Meinungen ist[64].

---

61 BVerfGE 5, 85, 134 f.; 205; 7, 198, 208; 12, 113, 125; 20, 56, 97; 28, 36, 48; 28, 55, 63; 33, 1, 15; 35, 202, 222; 42, 163, 169; 59, 231, 266; 74, 297, 338.

62 BVerfGE 7, 198, 208; 82, 272, 281.

63 Vgl. 7. Teil, 4. Abschnitt, B. I. b) bb).

64 BVerfGE 61, 1, 8; 65, 1, 41; 71, 162, 179.

Die Mediendeklaration 1978 enthält keinen ausdrücklichen Hinweis darauf, daß die Mitteilung von Tatsachen ein wichtiger Bestandteil der Meinungs- und Meinungsäußerungsfreiheit ist. Art. 2 Abs. 2 Satz 1 Mediendeklaration 1978 weist allerdings darauf hin, daß der Allgemeinheit der Zugang zu Informationsquellen gewährleistet werden soll, um so jedem einzelnen die Überprüfung der Richtigkeit von "Tatsachen"[65] zu ermöglichen. Mithin rechnet die Mediendeklaration 1978 Tatsachen ebenfalls der Meinungsfreiheit zu.

Dem kann nicht entgegengehalten werden, daß der Begriff "Tatsachen" in Art. 2 Abs. 2 Satz 1 Mediendeklaration 1978 im Zusammenhang mit dem Begriff "Informationsquellen" verwandt wird, weshalb er sich ausschließlich auf die Informationsfreiheit beschränke. Der Begriff Informationsquelle bezieht sich sowohl auf Meinungen als auch auf Tatsachen[66]. Da der Zugang zu Informationsquellen eine wichtige Voraussetzung für die Meinungsbildungs- und -äußerungsfreiheit ist[67], bezieht sich Art. 2 Abs. 1 Satz 1 Mediendeklaration 1978 mit dem Tatsachenbegriff auch auf die Meinungs- und Meinungsäußerungsfreiheit. Folglich umfaßt der Meinungsfreiheitsbegriff der Mediendeklaration 1978 sowohl Werturteile als auch Tatsachen. Es besteht insoweit eine Identität zwischen der Mediendeklaration 1978 und dem Grundgesetz.

d) Wahrheitspflicht

Im Zusammenhang mit der grundgesetzlichen Meinungsfreiheit wurde festgestellt, daß eine Wahrheitspflicht lediglich hinsichtlich der Tatsachenbehauptungen in Betracht kommen kann und nicht bei Werturteilen, da diese einer objektiven Wertung nicht zugänglich sind[68].

Die Mediendeklaration 1978 nimmt zur Frage der Wahrheitspflicht nicht Stellung. Eine Art Gegendarstellungsrecht enthält Art. 5 der Mediendeklaration 1978, der folgenden Wortlaut hat:

---

65 Englischer Text: "facts"; französischer Text: "des faits".

66 Herzog, M-D, GG-Komm., Art. 5 I, II Rdnr. 87; Degenhart, BK, Art. 5 Abs. 1, 2 Rdnr. 248.

67 Degenhart, BK, Art. 5 Abs. 1, 2 Rdnr. 247.

68 Vgl. 7. Teil, 4. Abschnitt, B. I. 1. b) cc).

"Damit die Meinungs-, Meinungsäußerungs- und Informationsfreiheit geachtet wird und die Informationen alle Standpunkte wiedergeben, kommt es darauf an, daß die Standpunkte derjenigen verbreitet werden, die meinen, daß die über sie veröffentlichten oder verbreiteten Informationen ihren Bemühungen um die Stärkung des Friedens und der internationalen Verständigung, die Förderung der Menschenrechte oder die Bekämpfung von Rassismus, Apartheid und Kriegshetze ernstlich Abbruch getan haben"[69].

Ein ursprünglich beabsichtigtes staatliches Gegendarstellungsrecht konnte durch Art. 5 Mediendeklaration 1978 verhindert werden[70]. In der jetzigen Fassung des Art. 5 Mediendeklaration 1978 wird betont, daß im Rahmen der Meinungs- und Meinungsäußerungsfreiheit alle Gesichtspunkte[71] zum Ausdruck gebracht werden sollen. Dieses Anliegen verdient sicherlich Unterstützung. Allerdings ist insbesondere hinsichtlich der Werturteile zu beachten, daß diese naturgemäß eine subjektive Färbung aufweisen[72]. Diese Subjektivität entsteht in der Regel dadurch, daß eben nicht alle Gesichtspunkte wiedergegeben werden. Dies kann absichtlich so gewollt sein. Möglich ist aber auch, daß der Einzelne gar nicht in der Lage ist, ein objektives Urteil abzugeben, da er nicht alle Gesichtspunkte kennt. Außerdem wird man zu berücksichtigen haben, daß auch subjektive Werturteile eine geistige Wirkung auf die Umwelt erzielen können bzw. sogar erzielen sollen und daß sie deshalb als eine zulässige Meinungsäußerung akzeptiert werden müssen[73].

Selbst "unrichtige" oder "unwertvolle" Werturteile verdienen den Schutz der Meinungsfreiheit, da die Eigenschaften "richtig" - "falsch" und "wertvoll" - "wertlos" in hohem Maße von subjektiven Wertungen abhängen. Vermeintlich unrichtige oder unwertvolle Werturteile können Anlaß für wertvolle Diskussionen sein. Man wird sogar sagen

---

69 Zit. nach der deutschen Übersetzung in EA 1979, D 191.

70 Vgl. 7. Teil, 2. Abschnitt, C. VI.

71 Englischer Text: "all points of view"; französischer Text: "tous les points de vue".

72 So auch BVerfGE 33, 1, 14.

73 So auch BVerfGE 7, 198, 210; 61, 1, 7.

müssen, daß nicht wenige Diskussionen gerade deshalb zustande kommen, weil ein Recht zur Abgabe von subjektiven Standpunkten besteht. Dieser Gesichtspunkt fand in Art. 5 Mediendeklaration 1978 keinen Eingang. Eine Beschränkung der Meinungs- und Meinungsäußerungsfreiheit für den Bereich der Werturteile kann in Art. 5 Mediendeklaration 1978 allerdings nicht gesehen werden, da eine solche ausdrücklich hätte formuliert werden müssen. Daraus folgt, daß nach der Mediendeklaration 1978 auch bewußt unwahre Behauptungen tatsächlicher oder wertender Art grundsätzlich unter dem Schutz der Meinungsfreiheit stehen, soweit andere Rechtsgüter dem nicht entgegenstehen. Letzteres wird insbesondere dann der Fall sein, wenn die in der Mediendeklaration 1978 enthaltenen Ziele (Wahrung des Friedens usw.) verletzt werden. Folglich ist zu konstatieren, daß hinsichtlich der Wahrheitspflicht im Rahmen der Meinungsfreiheit zwischen dem Grundgesetz und der Mediendeklaration 1978 keine Unterschiede bestehen.

e) Kommerzielle Werbung

Zu der Frage, ob auch die kommerzielle Werbung unter den Begriff der Meinungsfreiheit fällt, nimmt die Mediendeklaration 1978 keine Stellung. Schon allein das Schweigen der ansonsten ausführlichen Mediendeklaration 1978 macht deutlich, welchen Stellenwert die kommerzielle Werbung nach dem Willen der Verfasser der Mediendeklaration 1978 haben soll. Dieser Befund ist freilich nicht überraschend. Bereits zu Beginn der Diskussion über völkerrechtliche Probleme bei der Nutzung des Satellitenfernsehens[74] zeigte sich eine ablehnende Haltung zur Einbeziehung der kommerziellen Werbung

---

74 Engelhard, Satellitendirektfernsehen - neue Technologie für einen besseren internationalen Informationsfluß?; Bueckling, Grenzüberschreitendes Direktfernsehen durch Satelliten - rechtlich gesehen, NJW 1981, S. 1113 ff.; ders., Satellitenfernsehen, AfP 1982, S. 85 ff.; Gornig, Satellitenrundfunk und Völkerrecht, ZUM 1992, S. 174 ff.; ders., Äußerungsfreiheit, S. 441 ff.; Thieme, Rundfunksatelliten und internationales Recht; Ricker, Die Freiheit des Fernseh-Direktempfangs und die rechtliche Zulässigkeit ihrer Beschränkung, NJW 1991, S. 602 ff.

in das Prinzip vom free flow of information[75]. Die Gründe dafür waren höchst unterschiedlich. Die Staaten des früheren real existierenden Sozialismus waren gegen eine grenzüberschreitende kommerzielle Werbung, da diese die Mängel der Planwirtschaft hätte deutlich werden lassen[76]. In der Tat ist zu konstatieren, daß die Unzufriedenheit in den früheren sog. Ostblockstaaten dort am größten war, wo sich die Bevölkerung über Fernseh- und Rundfunksender der freiheitlichen Staaten aus erster Hand über die Staaten informieren konnten, die von den Medien in den sog. Ostblockstaaten als "kapitalistische Ausbeutersysteme" bezeichnet wurden[77].

Aber auch Vertreter aus Staaten mit einer freiheitlichen Staatsordnung wandten sich zunächst gegen eine grenzüberschreitende Fremdkommerzialisierung im Wege des Satellitenrundfunks[78]. Die deutsche Bundesregierung erwägte insbesondere die Einwirkung des Satellitenstrahls auf bundesdeutsches Gebiet mit einem kommerziellen Fernsehprogramm eines luxemburgischen Privatsenders zu verhindern[79]. Hintergrund dieser Bemühungen ist die Befürchtung, durch Werbung entstünden kommerzielle Zwänge in den elektronischen Medien, die Minderheitenprogramme verhinderten und negative Einflüsse auf die Struktur der demokratischen Gesellschaft und

---

75 Bueckling, Satellitenfernsehen, AfP 1982, S. 85, 86.

76 Ebd.

77 Gornig, Satellitenrundfunk und Völkerrecht, ZUM 1992, S. 174, 185.

78 Ebd.; Löwer, Ausländisches Werbefernsehen und Deutsches Verfassungsrecht, JZ 1981, S. 730 f.

79 Engelhard, Satellitendirektfernsehen, S. 106 f.; siehe Bundesforschungsminister Hauff (SPD), Sten. Ber., Deutscher Bundestag, 8. Wahlperiode, 182. Sitzung v. 7.11.1979, S. 14334; H.H. Klein (CDU), wie zuvor, S. 14347; Bundespostminister Gscheidle, Sten. Ber., Deutscher Bundestag, 8. Wahlperiode, 175. Sitzung v. 27.9.1979, S. 13820; siehe auch den medienpolitischen Beschluß der Bundesregierung vom 26.9.1979, Bulletin des Presse- und Informationsamtes der Bundesregierung Nr. 121/1979 S. 1125, wo die Prüfung der rechtlichen Möglichkeiten - bis hin zur Grundgesetzänderung - "zur Bewahrung einer humanen demokratischen Gesellschaft gegen schädliche Einflüsse einer Informationsüberflutung und Meinungsmanipulation" erwogen wurde.

auf den Zusammenhalt der Familie ausübten[80]. Dem ist entgegenzuhalten, daß auch die kommerzielle Werbung in einer pluralistisch und marktwirtschaftlich verfaßten Gesellschaftsordnung eine freiheitsdienende Funktion hat[81]. Dies gilt natürlich für sämtliche Kommunikationsbereiche. In einer freiheitlichen und offenen Gesellschaft darf es keine Abwehr gegen eine grenzüberschreitende Werbung mittels eines Unrechtstatbestandes "Fremdkommerzialisierung" geben[82]. Meinungsfreiheit beinhaltet zum einen das Recht auf Zugang zu Informationsquellen sowie das Recht unter dem Angebot aller zur Verfügung stehenden Quellen frei auswählen zu können. Unter Berücksichtigung der freiheitsdienenden Funktion kommerzieller Werbeaussagen ist die Nichtverankerung der Zulässigkeit einer grenzüberschreitenden kommerziellen Werbung in der Mediendeklaration 1978 als ein erheblicher Mangel anzusehen. Dieser Befund ist allerdings keineswegs überraschend, da die von der 19. UNESCO-Generalkonferenz eingesetzte MacBride-Kommission[83] in ihrem Bericht eine klare Ablehnung gegen Werbeinteressen zum Ausdruck bringt, die zu einer Nivellierung, Verarmung und Aushöhlung des kulturellen Lebens führten[84]. Ein Verbot der grenzüberschreitenden kommerziellen Werbung hat in die Mediendeklaration 1978 allerdings keinen Eingang finden können. Insofern ist zu konstatieren, daß die Mediendeklaration 1978 unter dem Gesichtspunkt der kommerziellen Werbung keine Regelung enthält, die dem materiellen Gehalt des Art. 5 Abs. 1 GG zuwiderläuft.

---

80 So der Abgeordnete Dr. Nöbel (SPD), Sten. Ber., Deutscher Bundestag, 8. Wahlperiode, 227. Sitzung v. 27.6.1980, S. 18435 ff., 18439; der Abgeordnete Schäfer (FDP), wie zuvor, S. 18445; Bundesinnenminister Baum (FDP), wie eingangs, S. 18459 f.

81 Bueckling, Grenzüberschreitendes Direktfernsehen durch Satelliten - rechtlich gesehen, NJW 1981, S. 1113, 1117.

82 Gesetzliche Maßnahmen gegen eine (grenzüberschreitende) Fremdkommerzialisierung hat die Bundesregierung ernsthaft erwogen, s. Bundesinnenminister Baum (FDP), Sten. Ber., Deutscher Bundestag, 8. Wahlperiode, 227. Sitzung v. 27.6.1980, S. 18460; siehe auch Bundeswirtschaftsminister Graf Lambsdorff (FDP), wie zuvor, S. 18464.

83 Witzmann, Völkerrechtliche Aspekte der Bemühungen um eine neue Weltinformationsordnung, S. 30.

84 Viele Stimmen - eine Welt, Bericht der MacBride-Kommission, S. 55.

f) Künstlerische Äußerungen

Zu der Frage, ob die Meinungs- und Meinungsäußerungsfreiheit auch künstlerische Aussagen umfaßt, nimmt die Mediendeklaration 1978 nicht ausdrücklich Stellung. Im Hinblick darauf, daß künstlerische Aussagen auch politische Absichten verfolgen können[85], wird man davon ausgehen müssen, daß die Mediendeklaration 1978 zumindest auch solche künstlerischen Aussagen als geschützte Meinungsäußerung ansieht, die die politischen Ziele der Deklaration wie internationale Verständigung, die Förderung der Menschenrechte, die Bekämpfung von Rassismus, Apartheid und Kriegshetze, die Förderung der wirtschaftlichen und politischen Unabhängigkeit der Entwicklungsländer sowie das Ziel der Achtung der Verschiedenartigkeit von Kulturen zum Gegenstand haben. Mithin bestehen auch hinsichtlich künstlerischer Aussagen keine unüberbrückbaren Disparitäten zwischen dem grundgesetzlichen Meinungsbegriff und dem der Mediendeklaration 1978.

II. Kundgabearten der Meinungen

1. Meinungskundgabe i.S.v. Art. 5 Abs. 1 Satz 1 GG

a) "Äußern" i.S.v. Art. 5 Abs. 1 Satz 1 GG

Unter der Kundgabeart "äußern" i.S.v. Art. 5 Abs. 1 Satz 1 GG wird eine Meinungsäußerung im Sinne des Aussprechens eines Berichts oder einer persönlichen Meinung sowie das Absenden einer schriftlich niedergelegten Meinungsäußerung verstanden[86]. Die Kundgabeart "äußern" verbietet staatliche Maßnahmen, durch die der Bürger an Meinungsäußerungen gehindert wird[87].

---

85 BVerfGE 67, 213, 227 f.; Scholz, M-D, GG-Komm., Art. 5 Abs. 3 Rdnr. 32; Jarass, in: Jarass/Pieroth, GG-Komm., Art. 5 Rdnr. 67.

86 Herzog, M-D, GG-Komm., Art. 5 I, II Rdnr. 56.

87 Hamann/Lenz, Das Grundgesetz der Bundesrepublik Deutschland, Art. 5 Anm. B 4; Starck/ v. Mangoldt, BGG, Art. 5 Abs. 1, 2 Rdnr. 22.

b) *"Verbreiten" i.S.v. Art. 5 Abs. 1 Satz 1 GG*

In der Kundgabemodalität "verbreiten" i.S.v. Art. 5 Abs. 1 Satz 1 GG kommt zum Ausdruck, daß die Meinungsfreiheit im Sinne eines gemeinschaftsbezogenen Kommunikationsgrundrechts zu verstehen ist[88]. "Verbreiten" bedeutet mithin, einem größeren, zahlenmäßig nicht bestimmten Personenkreis Meinungen zugänglich zu machen[89]. Im Unterschied zum "Äußern" kommt dem "Verbreiten" mithin eine besondere Breitenwirkung zu[90].

c) *Das Verhältnis der Kundgabemodalitäten "äußern" und "verbreiten"*

Zum Verhältnis der Kundgabemodalitäten in Art. 5 Abs. 1 Satz 1 GG ist zu sagen, daß die "Verbreitung" den Begriff der "Äußerung" mitumfaßt[91]. Dies folgt aus dem Umstand, daß die Verbreitung einer Meinung ihre Äußerung voraussetzt. Im Schrifttum[92] wird die Notwendigkeit einer Unterscheidung der beiden Meinungsmodalitäten in Art. 5 Abs. 1 Satz 1 GG bestritten bzw. eine Unterscheidung wird erst gar nicht vorgenommen[93]. Das BVerfG[94] betont, daß Art. 5 GG nicht nur die Äußerung einer Meinung schütze, sondern auch das geistige Wirken durch die Meinungsäußerung. Mithin geht auch das BVerfG davon aus, daß beide Kundgabemodalitäten in Art. 5 Abs. 1 Satz 1 GG eine eigenständige Bedeutung haben. Gleichwohl nimmt die höchstrichterliche Rechtsprechung eine begriffliche Unterscheidung

---

88 Herzog, M-D, GG-Komm., Art. 5 Abs. 1, 2 Rdnr. 58.

89 Hamann/Lenz, Das Grundgesetz für die Bundesrepublik Deutschland, Art. 5 Anm. B 3.

90 Degenhart, BK, Art. 5 Abs. 1, 2 Rdnr. 10; Ridder, Meinungsfreiheit, S. 274; Hoffmann-Riem, AK-GG (Hrsg.: R. Wassermann), Art. 5 Abs. 1, 2 Rdnr. 24.

91 Ridder, Meinungsfreiheit, S. 274; Bleckmann, Staatsrecht II, S. 677; Starck/v. Mangoldt, BGG, Art. 5 Rdnr. 22.

92 Degenhart, BK, Art. 5 Abs. 1, 2 Rdnr. 11; Starck/v. Mangoldt, BGG, Art. 5 Abs. 1, 2 Rdnr. 22.

93 Jarass, in: Jarass/Pieroth, GG-Komm., Art. 5 Rdnr. 4.

94 BVerfGE 7, 198 (Leitsatz 6).

hinsichtlich der in Art. 5 Abs. 1 Satz 1 GG genannten Kundgabemodalitäten nicht vor, sondern betont stets, daß die Meinungsäußerung im Hinblick auf die 'geistige Wirkung auf die Umwelt' eine besondere Bedeutung für die Meinungsbildung habe[95]. Diese besondere Gemeinschaftsbezogenheit kommt aber in besonderer Weise der Verbreitungsmodalität zu.

Praktische Folgen hat die unklare Unterscheidung hinsichtlich der Kundgabemodalitäten in Art. 5 Abs. 1 Satz 1 GG nicht, da die Schutzwirkung des Grundrechts auf Meinungsfreiheit in jedem Fall dieselbe ist.

d) *Schutzwirkung der Meinungskundgabe*

Hinsichtlich der Schutzwirkung der Meinungskundgabe ist für beide Formen der Kundgabe festzustellen, daß auch der Empfang von Meinungen als Kehrseite der Meinungsentäußerung grundgesetzlich geschützt ist[96]. Dies ergibt sich zwar nicht aus dem Wortlaut des Art. 5 Abs. 1 Satz 1 GG. Jedoch folgt der Schutz des Meinungsempfangs aus einer teleologischen Interpretation der grundgesetzlichen Meinungsfreiheit. Diese kann nämlich ihre volle Geltung nur dann entfalten, wenn nicht nur das aktive Recht der Meinungskundgabe geschützt wird, sondern auch der passive Meinungsempfang in den Schutzbereich von Art. 5 Abs. 1 Satz 1 GG miteinbezogen wird.

Die Äußerungs- und Verbreitungsfreiheit in Art. 5 Abs. 1 Satz 1 GG verleiht keinen Anspruch auf Verschaffung von Zuhörern oder anderen Mitteln der Meinungskundgabe[97]. Ein solcher Verschaffungsanspruch hinsichtlich von Zuhörern ließe sich nicht mit dem Grundrecht auf negative Meinungsfreiheit in Einklang bringen, das ebenfalls durch Art. 5 Abs. 1 Satz 1 GG geschützt ist[98]. Ein Zugangsrecht

---

95 BVerfGE 7, 198, 210; 61, 1, 7.

96 v. Mangoldt/Klein, BGG, Art. 5 Anm. III 2; Ridder, Meinungsfreiheit, S. 248 f.; Herzog, M-D, GG-Komm., Art. 5 I, II Rdnr. 59.

97 Herzog, M-D, GG-Komm., Art. 5 I, II S. 64 ff.; Starck/v. Mangoldt, BGG, Art. 5 Abs. 1, 2 Rdnr. 24.

98 Merten, Zur negativen Meinungsfreiheit, DÖV 1990, S. 761 ff. (zu den Erscheinungsformen der negativen Meinungsfreiheit s. S. 765 ff.).

zu den Massenkommunikationsmitteln zum Zwecke der Meinungskundgabe existiert ebenfalls nicht, da dies ihre Funktionsfähigkeit lahmlegen würde[99]. Allerdings besteht eine verfassungsrechtliche Verpflichtung aus Art. 5 Abs. 1 Satz 1 GG auf öffentlichen Plätzen und Straßen eine Kommunikation zu ermöglichen, soweit dies den eigentlichen Widmungszweck der öffentlichen Sache nicht aufhebt[100].

2. *Meinungskundgabe im Sinne der Mediendeklaration 1978*

Die Mediendeklaration 1978 unterscheidet im Zusammenhang mit der Meinungsfreiheit nicht zwischen den Kundgabemodalitäten "äußern" und "verbreiten". Vielmehr wird lediglich zwischen der Meinungs- und Meinungsäußerungsfreiheit unterschieden[101]. Der Begriff "Verbreitung" (engl. dissemination; franz. diffusion) wird lediglich im Zusammenhang mit der Informationsfreiheit gebraucht[102]. Es ist nicht ersichtlich, daß durch das Weglassen der Kundgabemodalität "Verbreitung" im Zusammenhang mit der Meinungsfreiheit eine Beschränkung derselben beabsichtigt ist. Dies beruht auf dem Umstand, daß im Sprachgebrauch zwischen den verschiedenen Kundgabemodalitäten zum einen nicht stets exakt unterschieden wird[103] und zum anderen darauf, daß die "Verbreitung" den Begriff "Äußerung" mitumfaßt[104]. Ferner ist davon auszugehen, daß die Mediendeklaration 1978 nicht nur die aktive Meinungsäußerungsfreiheit umfaßt; sie hat vielmehr auch ihre passive Komplementärfreiheit zum Inhalt. Mithin ist hinsichtlich der Meinungskundgabe eine inhaltliche Identität von Art. 5 Abs. 1 Satz 1 GG und der Mediendeklaration 1978 festzustellen.

---

99 Herzog, M-D, GG-Komm., Art. 5 I, II Rdnr. 65.

100 Starck/v. Mangoldt, BGG, Art. 5 Abs. 1, 2 Rdnr. 24.

101 Art. 2 Abs. 1, Art. 5 Mediendeklaration 1978.

102 Art. 7, Art. 9 Mediendeklaration 1978.

103 BVerfGE 7, 198 <Leitsatz 6>; 7, 198, 210; 61, 1, 7; Jarass, in: Jarass/Pieroth, GG-Komm., Art. 5 Rdnr. 4.

104 Bleckmann, Staatsrecht II, S. 677; Ridder, Meinungsfreiheit, S. 274; Starck/v. Mangoldt, BGG, Art. 5 Abs. 1, 2 Rdnr. 22.

III. Ausdrucksmittel der Meinungskundgabe

1. *Ausdrucksmittel in Art. 5 Abs. 1 Satz 1 GG*

a) Wort

Die Ausdrucksform "Wort" wird weit ausgelegt[105]. "Wort" i.S.v. Art. 5 Abs. 1 Satz 1 GG ist die akustische Übermittlung von Meinungen durch Schallwellen im weitesten Sinne[106]. Erfaßt wird also jede hörbare Meinungsäußerung[107]. Der Schutzzweck des Art. 5 Abs. 1 Satz 1 GG gebietet es, auch die Übermittlung durch den "geronnenen Schall" unter den Begriff "Wort" zu fassen[108]. Geschützt sind also auch Meinungsäußerungen, die durch Schallplatten, Tonbänder, Kassetten u.ä. übermittelt werden[109]. Dabei kommt es nicht darauf an, ob es sich um das gesprochene Wort handelt[110]. Unerheblich ist ferner, in welcher Sprache die Verbreitung des Worts stattfindet[111]. Auch das durch die digitale Technik der neuen Medien übermittelte Wort wird von Art. 5 Abs. 1 Satz 1 GG geschützt[112].

b) Schrift

Der Begriff "Schrift" i.S.v. Art. 5 Abs. 1 Satz 1 GG ist ebenfalls weit auszulegen[113]. Unter den grundgesetzlichen Schriftbegriff fallen jede Verbindung von Zeichen, deren Bedeutungswert aufgrund einer Konvention über den unmittelbar dargestellten Gegenstand hinaus-

---

105 Bleckmann, Staatsrecht II, S. 677; Herzog, M-D, GG-Komm., Art. 5 I, II Rdnr. 70.

106 Herzog, M-D, GG-Komm., Art. 5 I, II Rdnr. 70.

107 Wendt, in: v. Münch/Kunig, GG-Komm., Art. 5 Rdnr. 15.

108 Herzog, M-D, GG-Komm., Art. 5 I, II Rdnr. 70.

109 Ebd.; Bleckmann, Staatsrecht II, S. 677; Starck/v. Mangoldt, BGG, Art. 5 Abs. 1, 2 Rdnr. 21.

110 Degenhart, BK, Art. 5 Abs. 1, 2 Rdnr. 163; Herzog, M-D, GG-Komm., Art. 5 I, II Rdnr. 70.

111 Degenhart, BK, Art. 5 Abs. 1, 2 Rdnr. 616.

112 Ebd.

113 Herzog, M-D, GG-Komm., Art. 5 I, II Rdnr. 71 v. Mangoldt/Klein, BGG, Art. 5 Anm. III 3; Ridder, Meinungsfreiheit, S. 273.

reicht[114]. Nach dieser Definition umfaßt der Schriftbegriff alle Schriftformen wie die Handschrift, Maschinenschrift, Kurzschrift, Blindenschrift, Lichtwandschrift, Druck, Leuchtschrift[115]. Auch die elektronische Textübertragung durch die neuen Kommunikationsmittel wie Bildschirmtext, Videotext und Kabeltext[116] sind begrifflich schriftliche Ausdrucksmittel[117]. Sie sind ebenfalls im Hinblick auf ihre wichtige Bedeutung für die Meinungsfreiheit unter Art. 5 Abs. 1 Satz 1 GG zu subsumieren[118]. Für die Einbeziehung der elektronischen Schrift in den Schutzbereich der grundgesetzlichen Meinungsfreiheit i.S.v. Art. 5 Abs. 1 Satz 1 GG kommt es nicht darauf an, ob die o.g. neuen Medien der elektronischen Schriftverbreitung unter die grundgesetzliche Presse- oder die Rundfunkfreiheit subsumiert werden müssen[119]. Entscheidend ist vielmehr, daß in allen Fällen der elektronischen Textübertragung Meinungen i.S.v. Art. 5 Abs. 1 Satz 1 GG verbreitet werden[120]. Die Subsumierung der elektronischen Textverbreitung unter den Schriftbegriff muß unterschieden werden von der Einordnung der neuen Medien in den Rundfunk- oder Pressebegriff[121]. Dies beruht auf dem Umstand, daß die Nutzung der in Art. 5 Abs. 1 Satz 2 GG genannten Medien zugleich auch eine Verbreitung von Meinungen i.S.v. Art. 5 Abs. 1 Satz 1 GG darstellt[122]. Mithin fällt auch das gedruckte Wort unter den Schriftbegriff i.S.v. Art. 5 Abs. 1 Satz 1 GG. Dem kann nicht entgegengehalten werden, daß beim gedruckten Wort in der Regel die in Art. 5 Abs. 1 Satz 2 GG aufgeführte Pressefreiheit einschlägig ist[123]. Im Hinblick auf die besondere

---

114 Degenhart, BK, Art. 5 Abs. 1, 2 Rdnr. 164; Herzog, M-D, GG-Komm., Art. 5 I, II Rdnr. 71.

115 Starck/v. Mangoldt, BGG, Art. 5 Abs. 1, 2 Rdnr. 21.

116 Zu diesen neuen Medien siehe Gornig, Äußerungsfreiheit, S. 214 ff.

117 Degenhart, BK, Art. 5 Abs. 1, 2 Rdnr. 164.

118 Ebd.

119 So Starck/v. Mangoldt, BGG, Art. 5 Abs. 1, 2 Rdnr. 21, 63.

120 Degenhart, BK, Art. 5 Abs. 1, 2 Rdnr. 164.

121 Ebd., Rdnr. 163 f.

122 Ebd., Rdnr. 168.

123 Herzog, M-D, GG-Komm., Art. 5 I, II Rdnr. 71.

Bedeutung der Printmedien für die Meinungsfreiheit, die in der besonders großen Breitenwirkung zum Ausdruck kommt, ist vielmehr gerade auch bei Presseerzeugnissen Art. 5 Abs. 1 Satz 1 GG anzuwenden[124].

c) *Bild*

"Bild" i.S.v. Art. 5 Abs. 1 Satz 1 GG ist jede bildliche Darstellung[125]. Eine schutzwürdige bildliche Darstellung liegt auch dann vor, wenn sie ihren Inhalt erst durch Konventionen erlangt[126]. Andernfalls würde der Schutz der Meinungsfreiheit verkürzt.

Das BVerfG[127] geht davon aus, daß Bilder jedenfalls dann Meinungsäußerungen seien, wenn in ihrem Werturteil eine Ansicht oder Anschauung bestimmter Art zum Ausdruck komme. Dem ist entgegenzuhalten, daß sehr wohl auch die bloße Darstellung von Tatsachen in Form von Bildern als eine Meinungsäußerung zu qualifizieren ist und deshalb vom Schutzbereich des Art. 5 Abs. 1 Satz 1 GG erfaßt ist.

Wie bereits dargelegt wurde, fällt auch die schriftliche Übermittlung von Meinungen durch die elektronischen Medien in den Schutzbereich von Art. 5 Abs. 1 Satz 1 GG[128]. Aus den dort bereits genannten Gründen muß die elektronische Übertragung von Bildinformationen ebenfalls unter Art. 5 Abs. 1 Satz 1 GG subsumiert werden[129].

d) *Sonstige Ausdrucksmittel i.S.v. Art. 5 Abs. 1 Satz 1 GG*

Art. 118 Abs. 1 Satz 1 WRV enthielt neben den ausdrücklich genannten Ausdrucksmitteln "Wort, Schrift, Bild" den Zusatz, daß die Meinungsäußerung "in sonstiger Weise" ebenfalls frei sei. Das Schrift-

---

124 Degenhart, BK, Art. 5 Abs. 1, 2 Rdnr. 164.

125 Starck/v. Mangoldt, BGG, Art. 5 Abs. 1, 2 Rdnr. 21.

126 Degenhart, BK, Art. 5 Abs. 1, 2 Rdnr. 165.

127 BVerfGE 30, 336, 352; 71, 162, 180.

128 Vgl. 7. Teil, 4. Abschnitt, B. III. 1. b).

129 Degenhart, BK, Art. 5 Abs. 1, 2 Rdnr. 165.

tum[130] geht allgemein davon aus, daß die Nichtaufnahme der Formel "in sonstiger Weise" in Art. 5 Abs. 1 Satz 1 GG nicht dazu geführt habe, daß die in Art. 5 Abs. 1 Satz 1 GG genannten Kommunikationsmittel als eine abschließende Aufzählung anzusehen seien. Begründet wird diese Auffassung damit, daß die verkürzte Fassung des Art. 5 Abs. 1 Satz 1 GG lediglich auf das Bestreben zu äußerster Konzentration zurückzuführen sei[131]. Dieses Auslegungsergebnis liegt auf der Linie des BVerfG[132], das in ständiger Rechtsprechung davon ausgeht, daß aus der Weimarer Reichsverfassung in das Grundgesetz übernommene Materien in demselben Sinne zu verstehen seien, wie dies in der Weimarer Reichsverfassung der Fall gewesen sei. Im Falle des Art. 118 Abs. 1 Satz 1 WRV/Art. 5 Abs. 1 Satz 1 GG wird die ständige Rechtsprechung des BVerfG durch die teleologische Interpretation unterstützt. Diese gebietet es, Art. 5 Abs. 1 Satz 1 GG dahin auszulegen, daß jede Meinungskundgabe in den Schutzbereich der grundgesetzlichen Meinungsfreiheit fällt, und zwar unabhängig davon, welches Ausdrucksmittel gewählt wird. Eine Beschränkung der Meinungsfreiheit läßt lediglich Art. 5 Abs. 2 GG zu.

Interpretiert man die in Art. 5 Abs. 1 Satz 1 GG genannten Ausdrucksmittel in einem sehr weiten Sinne, kommt man ebenfalls zu dem Ergebnis, daß das Grundgesetz durch die in Art. 5 Abs. 1 Satz 1 GG ausdrücklich genannten Ausdrucksmittel jede Art der Meinungsäußerung schützt[133].

---

130 Degenhart, BK, Art. 5 Abs. 1, 2 Rdnr. 162; Bleckmann, Staatsrecht II, S. 677; Hamann/Lenz, Das Grundgesetz für die Bundesrepublik Deutschland, Art. 5 Anm. B 2; Hoffmann-Riem (Hrsg.: R. Wassermann), AK-GG, Art. 5 Rdnr. 25; Herzog, M-D, GG-Komm., Art. 5 I, II Rdnr. 73; Jarass, in: Jarass/Pieroth, GG-Komm., Art. 5 Rdnr. 5; v. Mangoldt/Klein, BGG, Art. 5 Anm. III 3; Ridder, Meinungsfreiheit, S. 274; Starck/v. Mangoldt, BGG, Art. 5 Abs. 1, 2 Rdnr. 21.

131 v. Mangoldt/Klein, BGG, Art. 5 Anm. III 3; Ridder, Meinungsfreiheit, S. 274.

132 BVerfGE 3, 407, 415; 29, 183, 190; 67, 299, 320; 77, 1, 43, 45.

133 Wendt, in: v. Münch/Kunig, GG-Komm., Art. 5 Rdnr. 16.

e) Auswahlfreiheit der Ausdrucksmittel

Durch Art. 5 Abs. 1 Satz 1 GG wird ebenfalls die Freiheit der Auswahl eines bestimmten Mittels der Meinungskundgabe geschützt[134]. Nicht selten wird es vorkommen, daß die Ausdrucksmittel Wort, Schrift und Bild in kombinierter Form gebraucht werden. Auch diese Form der Meinungsäußerung fällt in den Schutzbereich von Art. 5 Abs. 1 Satz 1 GG, da die Freiheit der Auswahl des Mittels der Meinungskundgabe auch eine Kombinationsmöglichkeit verschiedener Ausdrucksmittel beinhaltet.

2. Ausdrucksmittel der Mediendeklaration 1978

Die Mediendeklaration 1978 geht auf die verschiedenen Ausdrucksmittel der Meinungskundgabe nicht ein. Anhaltspunkte dafür, daß die Nichtnennung der verschiedenen Ausdrucksmittel eine Verkürzung der Meinungs- und Meinungsäußerungsfreiheit bezweckt, sind nicht ersichtlich. Art. 2 Abs. 1 Mediendeklaration 1978 erkennt ausdrücklich an, daß die "Ausübung der Meinungs-, Meinungsäußerungsfreiheit ... als Bestandteil der Menschenrechte und Grundfreiheiten anerkannt ist". Damit ist zugleich gesagt, daß sich der Einzelne aller Mittel bedienen kann, um von der Meinungsäußerungsfreiheit Gebrauch machen zu können.

Unterstützt wird das obige Auslegungsergebnis durch den MacBride-Bericht "Viele Stimmen - eine Welt", den die 19. Generalversammlung der UNESCO in Auftrag gegeben hat, um die Debatte über die Mediendeklaration zu versachlichen[135]. In diesem Bericht wird die Kommunikation als ein allumfassendes Phänomen bezeichnet[136]. Übermittlungsmedium sei die Hand, eine gedruckte Seite, Radio oder Fernsehen, aber auch das Symbol[137]. In vielen Ländern der Welt sei neben der Sprache die Darstellung ein wichtiges Medium[138].

---

134 v. Mangoldt/Klein, BGG, Art. 5 Anm. III 3.

135 Breunig, Kommunikationspolitik der UNESCO, S. 107.

136 Viele Stimmen - eine Welt, S. 75.

137 Ebd.

138 Ebd., S. 76.

Auffallend ist, daß die Mediendeklaration 1978 die Rolle der Massenmedien besonders stark betont[139]. Dies beruht zum einen auf der besonderen Breitenwirkung der Massenmedien und zum anderen ist zu berücksichtigten, daß die Mediendeklaration 1978 gerade dazu bestimmt ist, auf eine neue Weltkommunikationsordnung hinzuwirken[140]. Hinsichtlich der grenzüberschreitenden Kommunikation ist festzustellen, daß auf diesem Gebiet den Massenmedien eine überragende Bedeutung zukommt. Es liegt folglich in der Natur der Sache, daß die Mediendeklaration 1978 den Massenmedien einen besonderen Stellenwert beimißt. Gleichwohl ist kritisch zu bemerken, daß die Mediendeklaration 1978 durch die starke Betonung der Massenmedien als ein Mittel der Meinungsäußerung die ebenfalls nicht unwichtigen anderen Kommunikationsmittel vernachlässigt. Dies gilt um so mehr, als der einzelne Bürger in der Regel keinen direkten Zugang zu den Betreibern der Massenmedien hat und deshalb in besonderer Weise auf die sonstigen Mittel der Meinungskundgabe angewiesen ist.

Zwar erkennt Art. 2 Abs. 1 Mediendeklaration 1978 immerhin an, daß die Meinungs- und Meinungsäußerungsfreiheit Bestandteile der Menschenrechte seien. Jedoch wird in Art. 2 Abs. 1 Mediendeklaration 1978 zugleich betont, daß die Ausübung der Meinungs- und Meinungsäußerungsfreiheit ein wesentlicher Faktor bei der Stärkung des Friedens und der internationalen Verständigung darstelle. Damit wird die Bedeutung der Meinungsfreiheit für den innerstaatlichen Bereich nicht erwähnt. Dies ist nicht zuletzt auch deshalb bedauerlich, als die Freiheit der Meinungsäußerung für eine freiheitliche-demokratische Grundordnung schlechthin konstituierend ist[141].

---

139 Art. 1 Satz 2; Art. 2 Abs. 2 Satz 3, Abs. 3, Abs. 4; Art. 3 Abs. 1, Abs. 2; Art. 4; Art. 6; Art. 7; Art. 8; Art. 9; Art. 10 Abs. 3; Art. 11 Mediendeklaration 1978.

140 Righter, Noch eine "neue Weltordnung?", EA 1979, S. 211 ff.; Kleinwächter/Raaz, Die Organisation der Vereinten Nationen für Erziehung, Wissenschaft und Kultur, S. 62.

141 BVerfGE 5,85, 134 f., 205; 7, 198, 208; 12, 113, 125; 20, 56, 97; 28, 36, 48; 28, 55, 63; 33, 1, 15; 35, 202, 222; 42, 163, 169; 59, 231, 266; 74, 297, 338.

Durch die starke Betonung der Ausübung der Meinungsfreiheit im Hinblick auf politische Ziele im Bereich der internationalen Beziehungen wird in den Hintergrund gedrängt, daß die Meinungsfreiheit auch im privaten Bereich eine wichtige Bedeutung für die Persönlichkeitsentfaltung des Einzelnen hat. Indem die Mediendeklaration 1978 die Ausübung der Meinungsfreiheit stets im Zusammenhang mit wichtigen Zielen im Bereich der internationalen Politik erwähnt, könnte der Eindruck entstehen, daß die Meinungsfreiheit im reinen privaten Bereich weniger Schutz verdiene. Eine solche Interpretation der Meinungsfreiheit kann mit der grundgesetzlichen Meinungsfreiheit nicht in Einklang gebracht werden. Eine Unterscheidung zwischen "wertvollen" und "wertlosen" Meinungen ist davon abgesehen schwierig und oft auch gar nicht möglich[142]. Außerdem würde eine solche Differenzierung im Hinblick auf subjektive Wertungen eine willkürliche Beschneidung der Meinungsfreiheit mit sich bringen.

Man wird die Mediendeklaration 1978 aber auch so interpretieren können, daß die Betonung bestimmter politischer Ziele im Zusammenhang mit der Ausübung der Meinungsfreiheit nicht zur Folge hat, daß der Gebrauch der Meinungsfreiheit auf die in der Mediendeklaration 1978 genannten Ziele reduziert werden soll. Für diese umfassende Interpretation der Meinungsfreiheit spricht, daß Art. 2 Abs. 1 Mediendeklaration 1978 die Menschenrechtsqualität der Meinungsfreiheit ausdrücklich anerkannt hat und damit auch ihre wichtige Bedeutung für alle Lebensbereiche.

Auf der Grundlage der zuletzt genannten Interpretation des Meinungsfreiheitsbegriffs ist eine Übereinstimmung mit dem grundgesetzlichen Meinungsfreiheitsbegriff festzustellen, da Art. 5 Abs. 1 GG als ein Urgrundrecht[143] zugleich auch eine Ausprägung des

---

142 BVerfGE 30, 336, 347; 33, 1, 14 f.; 61, 1, 7; 66, 116, 151.

143 Herzog, M-D, GG-Komm., Art. 5 I, II Rdnr. 1.

Menschenrechts auf Meinungsfreiheit darstellt[144]. Das BVerfG[145] hat folglich zu Recht erkannt, daß die Meinungsfreiheit das vornehmste Menschenrecht überhaupt ist.

IV. Träger der Meinungsfreiheit

1. *Träger der Meinungsfreiheit i.S.v. Art. 5 Abs. 1 Satz 1 GG*

a) *Natürliche Personen*

Die Meinungsfreiheit i.S.v. Art. 5 Abs. 1 Satz 1 GG gilt für alle natürlichen Personen[146]. Als Menschenrecht steht die Meinungsfreiheit aus Art. 5 Abs. 1 Satz 1 GG auch Ausländern zu[147]. Eine Beschränkung der Meinungsfreiheit hinsichtlich der nicht wahlberechtigten Ausländer[148] im Bereich des politischen Willensbildungsprozesses wird in Analogie zu Art. 8 und Art. 9 GG erwogen[149]. Diese Auffassung ist aber abzulehnen, da die Verknüpfung des politischen Wahlrechts mit der deutschen Staatsangehörigkeit nicht zur Folge hat, daß es Ausländern verwehrt ist, mit Stellungnahmen aller Art in den politischen Meinungsbildungsprozeß einzugreifen[150]. Da die Aus-

---

144 Degenhart, BK, Art. 5 Abs. 1, 2 Rdnr. 176; Bleckmann, Staatsrecht II, S. 700; Schmidt-Jortzig, Meinungs- und Informationsfreiheit, S. 641.

145 BVerfGE 7, 198, 208; ähnlich die französische Erklärung der Rechte des Menschen und des Bürgers von 1789, wo in Art. 11 davon die Rede ist, daß die freie Mitteilung der Gedanken und Meinungen eines der kostbarsten Rechte des Menschen sei.

146 Bleckmann, Staatsrecht II, S. 700; Degenhart, BK, Art. 5 Abs. 1, 2 Rdnr. 176; Jarass, in: Jarass/Pieroth, GG-Komm., Art. 5 Rdnr. 6; Hoffmann-Riem (Hrsg.: R. Wassermann), AK-GG, Art. 5 Abs. 1, 2 Rdnr. 28; Ridder, Meinungsfreiheit, S. 267; Starck/v. Mangoldt, BGG, Komm., Art. 5 Abs. 1, 2 Rdnr. 108.

147 Bleckmann, Staatsrecht II, S. 700; Degenhart, BK, Art. 5 Abs. 1, 2 Rdnr. 176; Hoffmann-Riem (Hrsg.: R. Wassermann), AK-GG, Art. 5 Abs. 1, 2 Rdnr. 28; Starck/v. Mangoldt, BGG, Art. 5 Abs. 1, 2 Rdnr. 108.

148 Siehe hierzu: BVerfG EuGRZ 1990, S. 442.

149 Bleckmann, Staatsrecht II, S. 700.

150 Degenhart, BK, Art. 5 Abs. 1, 2 Rdnr. 176; Dolde, Zur Beteiligung von Ausländern am politischen Willensbildungsprozeß, DÖV 1973, S. 370, 372 f.

übung der Meinungsfreiheit nicht von der Geschäftsfähigkeit oder sonstigen Fähigkeiten abhängt, sind auch Minderjährige Träger des Grundrechts aus Art. 5 Abs. 1 Satz 1 GG[151].

Im Verhältnis Kind - Eltern wirkt Art. 5 Abs. 1 Satz 1 GG als objektive Werteordnung, was eine Einschränkung des elterlichen Erziehungsrechts mit sich bringen kann[152]

b) Juristische Personen

aa) Juristische Personen des Privatrechts

(1) Inländische juristische Personen des Privatrechts

Für die Frage, ob Art. 5 Abs. 1 Satz 1 GG auch für die inländischen juristischen Personen gilt, kommt es nach Art. 19 Abs. 3 GG entscheidend darauf an, daß sie ihrem Wesen nach auf juristische Personen des Inlandes anwendbar sind. Dies kann im Falle des Art. 5 Abs. 1 Satz 1 GG nicht mit dem Argument verneint werden, daß juristische Personen ganz allgemein nicht in der Lage seien, eigene Meinungen zu bilden. Entscheidend ist vielmehr, daß juristische Personen durch ihre Organe am Meinungsbildungsprozeß teilnehmen können[153]. In einem freiheitlichen demokratischen Staat wird der einzelne Bürger häufig darauf angewiesen sein, seine Interessen im Rahmen des öffentlichen Meinungsbildungsprozesses durch organisierte Verbände, Interessengruppen oder Vereinigungen zum Ausdruck zu bringen, um auf diese Weise eine größere Aufmerksamkeit zu erzielen. Wollte man diese Form der Meinungskundgabe nicht in den Schutzbereich von Art. 5 Abs. 1 Satz 1 GG einbeziehen, würde die grundgesetzliche Meinungsfreiheit erheblich verkürzt werden.

---

151 Hoffmann-Riem (Hrsg.: R. Wassermann), AK-GG, Art. 5 Abs. 1, 2 Rdnr. 30; Schmidt-Jortzig, Meinungs- und Informationsfreiheit, S. 643; Kästner, Das Grundrecht des Schülers auf freie Meinungsäußerung, DÖV 1977, S. 500, 501.

152 Degenhart, BK, Art. 5 Abs. 1, 2 Rdnr. 177; Kästner, DÖV 1977, S. 500, 502 ff., hält eine Einschränkung der Meinungsfreiheit des Kindes kraft der vorstaatlichen elterlichen Erziehungsgewalt für möglich.

153 Herzog, M-D, GG-Komm, Art. 5 Abs. I, II Rdnr. 17.

Aus diesem Grunde gehen sowohl das BVerfG[154] als auch das Schrifttum[155] von der Anwendbarkeit des Art. 5 Abs. 1 Satz 1 GG auf juristische Personen des Inlands aus. Entscheidend ist mithin, daß eine juristische Person des Zivilrechts vorliegt, die tatsächlich in der Lage ist, eine Meinung zu artikulieren[156].

(2) Inländische nichtrechtsfähige Personenvereinigungen

Es fragt sich, ob Art. 5 Abs. 1 GG auch für inländische nichtrechtsfähige Personenvereinigungen gilt. Zwar legt der Wortlaut des Art. 19 Abs. 3 GG es nahe, nur rechtsfähige Organisationseinheiten als grundrechtsfähig anzusehen[157]. Dem ist jedoch entgegenzuhalten, daß Art. 19 Abs. 3 GG aufgrund einer teleologischen Interpretation auch die nichtrechtsfähigen Personenvereinigungen mitumfassen muß. Wenn schon rechtsfähige juristische Personen grundrechtsfähig sein können, muß dies erst recht für die nichtrechtsfähigen juristischen Personen gelten, denn diese stehen der natürlichen Person wesentlich näher[158]. Auch das BVerfG[159] geht in ständiger Rechtsprechung davon aus, daß Art. 19 Abs. 3 GG klarstelle, daß nicht nur natürliche Personen grundrechtsfähig seien, sondern sogar juristische Personen grundrechtsfähig sein können, obwohl sie nicht notwendig Vereinigungen von natürlichen Personen seien. Nach dem BVerfG[160]

---

154 BVerfGE 21, 271, 277 f.; 50, 234, 239, die Entscheidungen beziehen sich zwar auf die Pressefreiheit, sie können aber auf die Meinungsfreiheit entsprechend angewandt werden, da in der Ausübung der Pressefreiheit zugleich auch eine Wahrnehmung der Meinungsfreiheit zu sehen ist.

155 Degenhart, BK, Art. 5 Abs. 1, 2 Rdnr. 178; Bleckmann, Staatsrecht II, S. 700; Herzog, M-D, GG-Komm, Art. 5 I, II Rdnr. 17; Hoffmann-Riem (Hrsg.: R. Wassermann), AK-GG, Art. 5 Abs. 1, 2 Rdnr. 28; Jarass, in: Jarass/Pieroth, GG-Komm., Art. 5 Rdnr. 23: Starck/v. Mangoldt, BGG, Art. 5 Abs. 1, 2 Rdnr. 111; Schmidt-Jortzig, Meinungs- und Informationsfreiheit, S. 643.

156 Schmidt-Jortzig, Meinungs- und Informationsfreiheit, S. 643.

157 Bethge, Grundrechtsträgerschaft juristischer Personen, AöR 1979, S. 1, 24.

158 Ebd.

159 BVerfGE 3, 383, 391; 6, 273, 277; 83, 341, 351.

160 BVerfGE 3, 383, 391; 6, 273, 277; 83, 341, 351.

kann also mit anderen Worten aus Art. 19 Abs. 3 GG nicht geschlossen werden, daß nur Personengruppen, die eine allgemeine Rechtsfähigkeit besitzen, grundrechtsfähig sein können. Ob eine nichtrechtsfähige Personengruppe als solche Träger eines Grundrechts sei oder ob dieses Grundrecht ihren Mitgliedern nur als Einzelpersonen zustehe, richte sich - so das BVerfG[161] - insbesondere nach der Natur des Grundrechts.

Hinsichtlich Art. 5 Abs. 1 GG hat das BVerfG[162] eine Grundrechtsfähigkeit bei der teilrechtsfähigen Kommanditgesellschaft angenommen. Dies wird das BVerfG auch für nichtrechtsfähige Personenvereinigungen anzunehmen haben, die - anders als die in erster Linie wirtschaftlich handelnde Kommanditgesellschaft - in besonderer Weise dazu bestimmt sein können, der Artikulation von Meinungen zu dienen.

(3) Ausländische juristische Personen des Privatrechts

Ob und inwieweit ausländische juristische Personen Träger von Grundrechten sein können, ist umstritten. Art. 19 Abs. 3 GG sagt zwar, daß die Grundrechte auch für "inländische juristische Personen" Anwendung finden können, soweit sie ihrem Wesen nach auf diese anwendbar sind. Daraus wird indes nicht einheitlich gefolgert, daß Art. 19 Abs. 3 GG eine Grundrechtsträgerschaft hinsichtlich ausländischer juristischer Personen schlechthin ausschließen will.

Nach der Auffassung von Ritter[163] mache Art. 19 Abs. 3 GG über den Grundrechtsstatus ausländischer juristischer Personen keine Aussage. In analoger Anwendung des Art. 19 Abs. 3 GG seien deshalb die Jedermann-Grundrechte auf ausländische juristische Personen anzuwenden[164].

---

161 BVerfGE 6, 273, 277.

162 BVerfGE 20, 162, 171.

163 Ritter, Grundrechtsschutz ausländischer juristischer Personen, NJW 1964, S. 279.

164 Ebd., S. 282.

Auch Hendrichs[165] ist der Ansicht, daß es nach dem deutschen Verfassungsverständnis nicht angehen könne, daß eine ausländische juristische Person im Inland auftreten und handeln könne, ihr aber nicht die Grundrechte zugestanden würden, die vergleichbare inländische juristische Personen erhielten. Für ausländische juristische Personen des Privatrechts müßten mithin die "Jedermann-Grundrechte" Anwendung finden[166].

Das BVerfG[167] und die h.L.[168] kommen demgegenüber zu dem Ergebnis, daß Art. 19 Abs. 3 GG lediglich inländischen juristischen Personen eine Grundrechtsträgereigenschaft verleihen möchte. Zwar fehlt in Art. 19 Abs. 3 GG das Wort "nur". Gleichwohl verböten nach der Rechtsprechung des BVerfG[169] der "Wortlaut und der Sinn des Art. 19 Abs. 3 GG ... eine Ausdehnung auf inländische juristische Personen". Dieses Auslegungsergebnis wird durch die historische Auslegung unterstützt. Der Verfassungsgeber hatte sich bewußt dagegen ausgesprochen, ausländischen juristischen Personen den verfassungsmäßigen Schutz der Grundrechte zu gewähren[170]. Für diese Beschränkung wird der Schutz der deutschen Wirtschaft im In- und Ausland angeführt[171]. Durch internationale Vereinbarungen sollen gegenseitige grundrechtsähnliche Verbürgungen erreicht werden[172]. Hinsichtlich der EU-Mitgliedstaaten ist zu beachten, daß die Art. 52, Art. 59, Art. 61 i.V.m. Art. 66 EWGV jede Ungleichbehandlung von

---

165 Hendrichs, in: v. Münch, GG-Komm.,(3. Aufl.), Art. 19 Rdnr. 33.

166 Ebd.

167 BVerfGE 21, 207, 209.

168 Degenhart, BK, Art. 5 Abs. 1, 2 Rdnr. 179; Bleckmann, Staatsrecht II, S. 143; Heintzen, Auswärtige Beziehungen privater Verbände, S. 200 ff.; Herzog, M-D, GG-Komm., Art. 5 I, II Rdnr. 17; Jarass, in: Jarass/Pieroth, GG-Komm., Art. 19 Rdnr. 15; Ladeur, AK-GG (Hrsg.: R. Wassermann), Art. 19 Abs. 3 Rdnr. 38, Schmidt-Jortzig, Meinungs- und Informationsfreiheit, S. 632; Stern, Staatsrecht III/1, S. 1135 ff.; Starck/v. Mangoldt, BGG, Art. 5 Abs. 1, 2 Rdnr. 112.

169 BVerfGE 21, 207, 209.

170 Parlamentarischer Rat, Ausschuß für Grundsatzfragen, Sten. Ber., 32. Sitzung v. 11.1.1949, S. 78.

171 Hendrichs, in: v. Münch, GG-Komm., (3. Aufl.), Art. 19 Rdnr. 33.

172 Stern, Staatsrecht III/1, S. 1147 f.

EU-Staatsangehörigen verbieten und daß dies auch für juristische Personen gilt[173]. Hierbei handelt es sich allerdings nicht um eine verfassungsrechtliche Verbürgung, sondern um eine Garantie des supranationalen Rechts, die eine grundrechtsgleiche Wirkung entfaltet[174].

Mithin ist festzustellen, daß für ausländische juristische Personen die Grundrechte im Abschnitt I des Grundgesetzes keine Anwendung finden. Ausländische juristische Personen des privaten Rechts können sich folglich nicht auf Art. 5 Abs. 1 GG berufen. Damit ist nicht gesagt, daß die Empfangsfreiheit im Inland hinsichtlich der Meinungskundgabe durch ausländische juristische Personen nicht in den Schutzbereich von Art. 5 Abs. 1 Satz 1 GG fällt. Vielmehr ist die inländische Empfangsfreiheit hinsichtlich ausländischer Meinungsträger von der Frage der Geltung des Art. 5 Abs. 1 Satz 1 GG zugunsten ausländischer juristischer Personen zu trennen[175]. Für diese gelten in der Regel die Grundrechte der Rechtsordnung des jeweiligen anderen Staates, wo die Sendungen ausgestrahlt werden.

Wollen ausländische juristische Personen im Geltungsbereich des Grundgesetzes tätig sein, kann von ihnen verlangt werden, daß sie ihren Sitz in der Bundesrepublik Deutschland haben[176]. Da die Sitzbegründung einer juristischen Person im Inland zur Anwendbarkeit des Art. 19 Abs. 3 GG führt, kommt dann Art. 5 Abs. 1 GG zur Geltung[177]. Voraussetzung ist allerdings, daß der tatsächliche Verwaltungsmittelpunkt - und nicht nur der satzungsrechtliche Sitz - im

---

173 Ebd., S. 1146.

174 Ebd.

175 Starck/v. Mangoldt, BGG, Art. 5 Abs. 1, 2 Rdnr. 112.

176 Ebd.

177 Die Sitztheorie hat sich im Falle des Art. 19 Abs. 3 GG allgemein durchgesetzt; Krebs, in: v. Münch/Kunig, GG-Komm., Art. 19 Rdnr. 32; Stern, Staatsrecht III/1, S. 1139; Bleckmann, Staatsrecht II, S. 143; Ladeur, AK-GG (Hrsg.: R. Wassermann), Art. 19 Rdnr. 38; entgegen der Auffassung von Niessen, Der Schutz der Grundrechte ausländischer juristischer Personen, NJW 1968, S. 1017, 1019 kann die Inlandseigenschaft i.S.v. Art. 19 Abs. 3 GG nicht durch eine völkervertraglich zugesicherte Inländerbehandlung begründet werden, da völkerrechtliche Vereinbarungen die Geltung des deutschen Verfassungsrechts nicht berühren können.

Gebiet der Bundesrepublik Deutschland liegt[178]. Für die Begründung der Inlandseigenschaft i.S.v. Art. 19 Abs. 3 GG ist neben der Sitztheorie auch die Kontroll- oder Einflußtheorie maßgeblich[179]. Danach kommt es für die Begründung der Inlandseigenschaft darauf an, daß die Staatsangehörigen des betreffenden Staates einen entscheidenden bzw. prägenden Einfluß auf die Geschicke der juristischen Person besitzen[180].

Allgemein anerkannt ist, daß juristische Personen des Privatrechts, die nicht die Inlandseigenschaft i.S.v. Art. 19 Abs. 3 GG besitzen, die Prozeßgrundrechte in Anspruch nehmen können[181]. Das BVerfG[182] begründet dies - zu Recht - damit, daß Art. 19 Abs. 3 GG lediglich für die im Abschnitt I des Grundgesetzes verankerten Grundrechte gilt und nicht für die dort nicht verankerten Prozeßgrundrechte.

Ferner ist zu berücksichtigen, daß ein Eingriff in die Belange einer ausländischen juristischen Person mittelbar die Individualgrundrechte ihrer Mitglieder verletzen kann[183]. In Fällen dieser Art können sich die Mitglieder der ausländischen juristischen Person auf Art. 5 Abs. 1 Satz 1 GG berufen[184].

bb) Juristische Personen des öffentlichen Rechts

Es fragt sich, ob auch juristische Personen des öffentlichen Rechts Träger der grundgesetzlichen Meinungsfreiheit sein können. Der

---

178 Bleckmann, Staatsrecht II, S. 143; Krebs, in: v. Münch/Kunig, GG-Komm., Art. 19 Rdnr. 32.

179 Bleckmann, Staatsrecht II, S. 143; Stern, Staatsrecht III/1, S. 1139, 1143 f.

180 Bleckmann, Staatsrecht II, S. 143; Stern, Staatsrecht III/1, S. 1138 f.

181 Bleckmann, Staatsrecht II, S. 146; Stern, Staatsrecht III/1 S. 1147; Jarass, in: Jarass/Pieroth, GG-Komm., Art. 19 Rdnr. 15.

182 BVerfGE 12, 6, 8; 13, 132, 140; 18, 441, 447; 21, 132, 137; 21, 362, 373; 64, 1, 11.

183 Bleckmann, Staatsrecht II, S. 147.

184 A.A. Heintzen, der aufgrund der Inländerklausel des Art. 19 Abs. 3 GG zu dem Ergebnis gelangt, daß die Grundrechtsunfähigkeit des Arbeitgebers auf die im Inland tätigen Berichterstatter einer ausländischen juristischen Person durchschlage, soweit seine berufliche Tätigkeit in Rede stehe, Heintzen, Auswärtige Beziehungen privater Verbände, S. 200 f.

Wortlaut des Art. 19 Abs. 3 GG macht keinen Unterschied zwischen den juristischen Personen des Privatrechts und denen des öffentlichen Rechts. Sofern man davon ausgeht, daß der 2. Halbsatz des Art. 19 Abs. 3 GG lediglich eine Abgrenzung von den Grundrechten vornehmen wolle, die nicht auf juristische Personen anwendbar seien[185], ist zu konstatieren, daß die grammatikalisch-logische Auslegung zu dem Ergebnis gelangt, daß nach Art. 19 Abs. 3 GG juristische Personen des öffentlichen Rechts Grundrechtsträger sein können, sofern dies mit dem Wesen der Grundrechte vereinbar ist.

Hinsichtlich der grundgesetzlichen Meinungsfreiheit wird überwiegend davon ausgegangen, daß sich die juristischen Personen des öffentlichen Rechts grundsätzlich nicht auf Art. 5 Abs. 1 Satz 1 GG berufen können (Ausnahme: die öffentlich-rechtlichen Rundfunkanstalten)[186]. Das BVerfG[187] lehnt eine Grundrechtsgeltung für juristische Personen des öffentlichen Rechts bei der Erfüllung öffentlicher Aufgaben ab, da es sich hierbei in aller Regel nicht um die Wahrnehmung unabgeleiteter, ursprünglicher Freiheiten handele, sondern um ein Tätigwerden aufgrund von Kompetenzen, die vom positiven Recht angeordnet, inhaltlich bemessen und begrenzt seien. Die Regelungen dieser Beziehungen und die Entscheidung daraus resultierender Konflikte seien nicht Gegenstand der Grundrechte, weil der unmittelbare Bezug zum Menschen fehle[188].

Führt eine kommunale Gebietskörperschaft nicht-hoheitliche Tätigkeiten durch, nimmt das BVerfG[189] das Fehlen einer grundrechtstypischen Gefährdungslage an, denn eine öffentlich-rechtliche Gebietskörperschaft werde nicht in gleicher Weise wie eine Privatperson gefährdet und sei nicht Träger der individuellen Rechte der hinter ihr stehenden natürlichen Personen.

---

185 Ebd., S. 111.

186 Degenhart, BK, Art. 5 Abs. 1, 2 Rdnr. 180; Jarass, in: Jarass/Piertoh, GG-Komm., Art. 5 Rdnr. 6; Starck/v. Mangoldt, BGG, Art. 5 Abs. 1, 2 Rdnr. 114.

187 BVerfGE 21, 362, 370 f.; 61, 82, 101; 68, 193, 206; 75, 192, 196.

188 BVerfGE 21, 362, 370 f.; 61, 82, 101; 68, 193, 206; 75, 192, 196.

189 BVerfGE 45, 63, 79; 61, 82, 100 ff.

Eine Grundrechtsträgereigenschaft einer juristischen Person des öffentlichen Rechts kann schließlich auch nicht daraus abgeleitet werden, daß diese Individualinteressen der sie repräsentierenden Personen bündelt[190]. Zum einen scheitert die Anwendbarkeit der Repräsentationstheorie daran, daß diese für die Stellvertretung entwickelt wurde. Ein Fall der Stellvertretung im rechtsgeschäftlichen Sinne liegt im Verhältnis öffentlich-rechtlicher Personen und ihrer Mitglieder aber nicht vor. Es kommt hinzu, daß sich die Individualinteressen gar nicht bündeln lassen, da sie zu unterschiedlich sind und da sie sich nicht selten gegenseitig widersprechen. Aufgabe öffentlich-rechtlicher Körperschaften ist es schließlich nicht, die Interessen ihrer Mitglieder zu bündeln. Vielmehr bringt es die Funktion und die Aufgabe des öffentlichen Rechts mit sich, die unterschiedlichen Interessen Privater zu einem Ausgleich zu bringen. Demgegenüber bedeutet eine Bündelung verschiedener Interessen, daß diese zusammengefaßt werden. Darin ist aber noch nicht ein Ausgleich verschiedener Interessen zu sehen. Vielmehr ist eine Bündelung der Interessen lediglich der Ausgangspunkt für die Vornahme eines Interessenausgleichs.

Das BVerfG hat noch nicht abschließend zu der Frage der Anwendung der Grundrechte auf juristische Personen des öffentlichen Rechts, soweit sie nicht unmittelbar dem durch die Grundrechte geschützten Lebensbereich zuzuordnen sind, Stellung genommen. Ob eine weitergehende Grundrechtserstreckung auf juristische Personen des öffentlichen Rechts geboten ist, läßt sich nicht abstrakt entscheiden. Vielmehr wird man auf einzelne Fallgruppen abstellen müssen.

Soweit juristische Personen des öffentlichen Rechts eine Öffentlichkeitsarbeit betreiben (Amtsblätter, Anzeigen, Broschüren etc.), ist ein Grundrechtsschutz aus Art. 5 Abs. 1 GG abzulehnen, da die Öffentlichkeitsarbeit eine öffentliche Aufgabe ist[191]. Sie dient nicht der Wahrnehmung von Freiheitsrechten und bemißt sich inhaltlich nach den positiv gesetzten Zuständigkeitsnormen[192]. Zwar sind Eingriffe

---

190 BVerfGE 21, 362, 378; 61, 82, 102.

191 Starck/v. Mangoldt, BGG Art. 5 Abs. 1, 2 Rdnr. 114; a.M. Ladeur, AK-GG (Hrsg.: R. Wassermann), Art. 19 Abs. 3 Rdnr. 52.

192 BVerfGE 21, 362, 370 f.; 61, 82, 101; a.A.: Scholler/Broß, Grundrechtsschutz für juristische Personen des öffentlichen Rechts, DÖV 1978, S. 238, 243.

und Übergriffe eines Hoheitsträgers in die Funktion eines anderen Hoheitsträgers durchaus denkbar, es handelt sich dabei aber um Kompetenzkonflikte im weiteren Sinne, bei denen es um die sinnvolle und zweckmäßige Aufteilung der staatlichen Gewalt geht[193]. Die Entscheidung über solche Kompetenzkonflikte hat auf der Grundlage der Kompetenzvorschriften zu erfolgen[194].

Eine weitere wichtige Fallgruppe der Öffentlichkeitsarbeit von Hoheitsträgern sind öffentlich-rechtliche Zwangsverbände (Apothekenkammer, Rechtsanwaltskammer, Handwerkskammer etc.), die durch Stellungnahmen an die Öffentlichkeit treten. Zum Teil[195] wird den o.g. Verbänden die Berufung auf Art. 5 Abs. 1 GG zugestanden, soweit sie die Interessen ihrer Mitglieder vertreten. Diese Zwangsverbände können zwar meinungsbildend für die Interessen ihrer Mitglieder tätig werden. Dieses Recht steht ihnen allerdings nur aufgrund der gesetzlich übertragenen Aufgaben zu[196].

Wollte man den Zwangsverbänden die Berufung auf Art. 5 Abs. 1 Satz 1 GG ermöglichen, entstünde das Problem, daß in den meisten Fällen eine einheitliche Willensbildung nur selten gelingen dürfte. Zumindest müßte die Kammer im Hinblick auf die Zwangsmitgliedschaft und dem objektiven Wertgehalt des Art. 5 Abs. 1 Satz 1 GG auch Minderheitsauffassungen in der Öffentlichkeit vertreten. Diese würden denselben Schutz aus Art. 5 Abs. 1 GG genießen wie die Mehrheitsauffassung in der Kammer, da eine Abgrenzung zwischen "wertvollen" und "wertlosen" Meinungen unzulässig ist[197]. Es liegt auf der Hand, daß eine effektive Interessenvertretung unter diesen Voraussetzungen erheblich behindert bzw. sogar unmöglich gemacht wird.

---

193 BVerfGE 21, 362, 370.

194 BVerfGE 21, 362, 370.

195 Ladeur, AK-GG (Hrsg.: R. Wassermann), Art. 19 Abs. 3 Rdnr. 54; v. Mutius, BK, Art. 19 Abs. 3 Rdnr. 130.

196 Starck/v. Mangoldt, BGG, Art. 5 Abs. 1, 2 Rdnr. 114.

197 BVerfGE 30, 336, 347; 33, 1, 14 f.; 61, 1, 7; 66, 116, 151.

Ausnahmsweise nimmt das BVerfG[198] und ihm folgend die h.L.[199] eine Grundrechtsfähigkeit bei den öffentlich-rechtlichen Rundfunkanstalten an. Begründet wird dies damit, daß die o.g. Anstalten einem unmittelbar durch die Grundrechte geschützten Lebensbereich zuzuordnen seien[200]. Hinsichtlich der öffentlich-rechtlichen Rundfunkanstalten ist zu konstatieren, daß die Rundfunkfreiheit in Art. 5 Abs. 1 Satz 2 GG verankert ist. Aus diesem Grunde sind die öffentlich-rechtlichen Rundfunkanstalten Grundrechtsträger, soweit sie die aus der Rundfunkfreiheit erwachsenen Rechte wahrnehmen. Im Rahmen der Rundfunkfreiheit haben die öffentlich-rechtlichen Rundfunkanstalten auch das Recht zur Verbreitung von Meinungen. Dies folgt aus der Erkenntnis, daß die Rundfunkfreiheit der individuellen und der öffentlichen Meinungsbildung dient[201].

2. *Träger der Meinungsfreiheit nach der Mediendeklaration 1978*

Ausdrücklich nimmt die Mediendeklaration 1978 zur Trägerschaft der Meinungsfreiheit nicht Stellung. Vielmehr wird stillschweigend davon ausgegangen, daß das Individuum Träger der Meinungs- und Meinungsäußerungsfreiheit ist, indem Art. 2 Abs. 1 Mediendeklaration 1978 die Ausübung der o.g. Freiheiten als integrierenden "Bestandteil der Menschenrechte und Grundfreiheiten"[202] anerkennt. Damit ist noch nicht gesagt, daß neben den natürlichen Personen auch den juristischen Personen die Trägereigenschaft hinsichtlich der Meinungsfreiheit zugesprochen werden soll. Aus dem Fehlen einer dem Art. 19 Abs. 3 GG vergleichbaren Regelung wird man folgern

---

198 BVerfGE 31, 314, 322; 39, 302, 314.

199 Degenhart, BK, Art. 5 Abs. 1, 2 Rdnr. 180; Jarass, in: Jarass/Pieroth, GG-Komm., Art. 19 Rdnr. 18; Krebs, in: v. Münch/Kunig, GG-Komm., Art. 19 Rdnr. 44; Bleckmann, Staatsrecht II, S. 119; Ladeur, AK-GG (Hrsg.: R. Wassermann), Art. 19 Rdnr. 51; Hamann/Lenz, Das Grundgesetz für die Bundesrepublik Deutschland, Art. 19 Anm. B 9.

200 BVerfGE 31, 314, 322.

201 BVerfGE 60, 53, 63 f.; 73, 118, 152.

202 Zit. nach Kleinwächter/Raaz, Die Organisation der Vereinten Nationen für Erziehung, Wissenschaft und Kultur, S. 390.

können, daß die Meinungs- und Meinungsäußerungsfreiheit im Sinne der Mediendeklaration 1978 auch zugunsten der juristischen Personen zur Anwendung gelangen soll. Wollte man die juristischen Personen des Privatrechts aus dem Anwendungsbereich der Mediendeklaration 1978 herausnehmen, läge eine erhebliche Verkürzung des Rechts der Meinungsfreiheit vor.

Fraglich ist, ob die Mediendeklaration 1978 auch die juristischen Personen des öffentlichen Rechts als Träger der Meinungsfreiheit im Auge hat. Dafür spricht, daß die Mediendeklaration 1978 ganz besonders die Rolle der Massenmedien betont, die diesen bei der Verwirklichung der Ziele der Mediendeklaration 1978 zukomme[203]. Sie sollen in die Lage versetzt werden, die Grundsätze der Deklaration durch ihre Tätigkeit zu fördern[204]. Die Trägereigenschaft der öffentlich-rechtlichen Massenmedien hinsichtlich der Meinungs- und Meinungsäußerungsfreiheit muß nicht zuletzt auch deshalb der Mediendeklaration 1978 zugrunde gelegt werden, als im Jahre 1978 eine Vielzahl von Staaten existierten, in denen es ausschließlich Massenmedien gab, die sich in der Hand des Staates befanden.

Zusammenfassend ist zu konstatieren, daß hinsichtlich der Trägereigenschaft im Bereich der Meinungsfreiheit keine unüberbrückbaren Gegensätze zwischen der Regelung im Grundgesetz einerseits und in der Mediendeklaration 1978 andererseits bestehen.

V. Die Bedeutung der Meinungsfreiheit für die Persönlichkeitsbildung

1. Die grundgesetzliche Meinungsfreiheit und die Persönlichkeitsbildung

Dem liberalen Grundrechtsverständnis entspricht es, daß die in Art. 5 Abs. 1 Satz 1 GG garantierte Meinungsfreiheit als ein Recht

---

203 Siehe Art. 1 S. 2; Art. 2 Abs. 2 S. 3; Art. 2 Abs. 3; Art. 2 Abs. 4; Art. 3 Abs. 1; Art. 3 Abs. 2; Art. 4 S. 1, Art. 6 S. 2; Art. 7, Art. 8, Art. 9; Art. 10 Abs. 3; Art. 11 Mediendeklaration 1978.

204 Art. 2 Abs. 4 Mediendeklaration 1978.

des einzelnen Bürgers auf Entfaltung seiner Persönlichkeit interpretiert wird[205]. Die freie Meinungsäußerung ist mit anderen Worten unmittelbarer Ausdruck der menschlichen Persönlichkeit, die durch Art. 1 Abs. 1 Satz 1 GG einen ausdrücklichen Grundrechtsschutz erfahren hat[206].

Der grundgesetzlichen Meinungsfreiheit kann nicht entnommen werden, daß Meinungskundgaben im privaten Bereich einen geringeren Schutz genießen als politische Meinungsäußerungen[207]. Freilich kann und muß bei der Schrankenziehung nach Art. 5 Abs. 2 GG berücksichtigt werden, welcher Zweck mit einer Meinungsäußerung verfolgt werden soll. Eine Differenzierung nach öffentlicher und privater Meinungsäußerung hat auf der Ebene der Schrankenziehung nach Art. 5 Abs. 2 GG im Hinblick auf die Abwägung zwischen der Meinungskundgabe einerseits und dem Schrankenschutzgut andererseits zu erfolgen.

Das BVerfG[208] geht in seiner Rechtsprechung ebenfalls davon aus, daß die grundgesetzliche Meinungsfreiheit dem Interesse der Persönlichkeitsentfaltung des Einzelnen zu dienen hat.

2. *Die Meinungsfreiheit und die freie Entfaltung der Persönlichkeit nach der Mediendeklaration 1978*

Die wichtige Bedeutung der Meinungsfreiheit für die Persönlichkeitsbildung und -entfaltung wird in Art. 2 Abs. 1 Mediendeklaration 1978 anerkannt, indem die Meinungs- und Meinungsäußerungsfreiheit als integrale Bestandteile der Menschenrechte und Grundfreiheiten angesehen werden[209]. Ansonsten fällt auf, daß die Mediendeklaration 1978 der individuellen Meinungsfreiheit wenig Aufmerksamkeit schenkt. Relativ breiten Raum nehmen demgegenüber all-

---

205 Degenhart, BK, Art. 5 Abs. 1, 2 Rdnr. 3.

206 Starck/v. Mangoldt, BGG, Art. 5 Rdnr. 1.

207 Schmitt Glaeser, Die Meinungsfreiheit in der Rechtsprechung des BVerfG (1. Teil), AöR 1972, S. 60, 83.

208 BVerfGE 82, 272, 281.

209 Art. 2 Abs. 1 Mediendeklaration 1978.

gemeine politische Ziele ein, die vor allem durch die Massenmedien gefördert werden sollen.

VI. Die Meinungsfreiheit und das Demokratieprinzip

1. Die grundgesetzliche Meinungsfreiheit und das Demokratieprinzip

Die grundgesetzliche Meinungsfreiheit ist nicht nur für die Persönlichkeitsbildung des Bürgers von besonderer Bedeutung. Ihr kommt auch für den Meinungs- und Willensbildungsprozeß in einer freiheitlichen und demokratischen Staatsordnung ein besonderer Rang zu[210]. Ohne die Freiheit der Meinungsäußerung und ohne die Möglichkeit der geistigen Einflußnahme auf andere gibt es, wie Herzog[211] zu Recht hervorhebt, keine Demokratie. Zwischen der Meinungsfreiheit in Art. 5 Abs. 1 GG und dem Demokratieprinzip in Art. 20 Abs. 1 GG besteht mithin ein innerer Zusammenhang[212]. Das BVerfG[213] geht davon aus, daß das Grundrecht auf freie Meinungsäußerung für eine freiheitliche und demokratische Staatsordnung schlechthin konstituierend sei. Diese Interpretation der Meinungsfreiheit beruht auf der zutreffenden Erkenntnis, daß Demokratie im Sinne des Grundgesetzes eine Willensbildung vom Volk zu den Staatsorganen und nicht von den Staatsorganen zum Volk beinhaltet[214]. Dies bedingt, daß der Bürger frei und ungehindert seine Meinung zum Ausdruck bringen kann. Voraussetzung dafür ist, daß die Meinungsäußerung frei von staatlicher Lenkung und Behinderung erfolgen kann[215].

---

210 Degenhart, BK, Art. 5 Abs. 1, 2 Rdnr. 4; Starck/v. Mangoldt, BGG, Art. 5 Abs. 1, 2 Rdnr. 1.

211 Herzog, M-D, GG-Komm., Art. 5 I, II Rdnr. 5.

212 Herzog, M-D, GG-Komm., Art. 5 I, II Rdnr. 6.

213 BVerfGE 7, 198, 208; 62, 230, 247; 69, 315, 344 f.; 71, 206, 219; 76, 196, 202 f.

214 BVerfGE 20, 56, 98 f.

215 Wendt, in: v. Münch/Kunig, GG-Komm., Art. 5 Rdnr. 8.

Die Demokratiefunktion der Meinungsfreiheit ist bei der Auslegung und Anwendung des Art. 5 Abs. 1 GG[216] und bei der Schrankenziehung dieses Grundrechts zu berücksichtigen. Die besondere Betonung der Demokratiekomponente durch das BVerfG bedeutet nicht, daß Art. 5 Abs. 1 GG als ein Grundrecht der individuellen Persönlichkeitsentfaltung geschmälert werden soll[217]. Vielmehr ist in der Anerkennung der objektivrechtlichen Funktion des Art. 5 Abs. 1 GG im Hinblick auf das Demokratieprinzip eine Verstärkung des Grundrechts der Meinungsfreiheit zu sehen[218]. Diese Interpretation des Art. 5 Abs. 1 GG bedeutet keine Abwertung privater Meinungsäußerungen. Da Art. 5 Abs. 1 GG keine Differenzierung zwischen privaten und öffentlichen Meinungsäußerungen vornimmt, sind auch reine private Äußerungen vor staatlichen Eingriffen in gleicher Weise geschützt wie hochpolitische Äußerungen Privater.

2. *Die Meinungsfreiheit und das Demokratieprinzip nach der Mediendeklaration 1978*

Die Mediendeklaration 1978 nimmt zum Verhältnis zwischen der Meinungsfreiheit und dem Demokratieprinzip in keiner Weise Stellung. Dies überrascht insofern, als die Deklaration die Ausübung der Meinungs- und -äußerungsfreiheit als einen wesentlichen Faktor für die "Stärkung" des Friedens und der internationalen Verständigung ansieht[219]. Im Hinblick auf die o.g. Funktionalisierung der Meinungsfreiheit hätte die wichtige Bedeutung dieses Freiheitsrechtes für die Demokratie eine Würdigung durch die Mediendeklaration 1978 verdient. Allerdings bringt die Deklaration zum Ausdruck, daß die Ausübung der Meinungsfreiheit für die Erreichung bestimmter politischer Ziele von wesentlicher Bedeutung ist. Selbst in Art. 2 Abs. 1 Mediendeklaration 1978, wo die Meinungsfreiheit als ein Bestandteil der Menschenrechte und Grundfreiheiten anerkannt ist,

---

216 Herzog, M-D, GG-Komm., Art. 5 I, II Rdnr. 9.

217 Herzog, M-D, GG-Komm., Art. 5 I, II Rdnr. 10a.

218 Schmidt-Jortzig, Meinungs- und Informationsfreiheit, S. 640.

219 Art. 2 Abs. 1 Mediendeklaration 1978.

wird ihre Ausübung ausschließlich im Zusammenhang mit der Stärkung politischer Ziele genannt.

Es ist indes nicht ersichtlich, daß die Meinungsfreiheit im privaten Bereich von der Mediendeklaration 1978 nicht als schutzwürdig angesehen wird. Die Anerkennung der Meinungsfreiheit "als integrierender Bestandteil der Menschenrechte und Grundfreiheiten"[220] in Art. 2 Abs. 1 Mediendeklaration 1978 läßt den Schluß zu, daß die Deklaration die Meinungsfreiheit nicht auf den politischen Bereich beschränken möchte, sondern den privaten Bereich ebenfalls als schutzwürdig ansieht.

Daß die Mediendeklaration 1978 keine Aussage über die Freiheit von staatlicher Lenkung und Behinderung bei der Wahrnehmung der Meinungsfreiheit enthält, überrascht nicht, da zum Zeitpunkt der Verabschiedung der Deklaration eine Vielzahl von Staaten ausschließlich über staatlich gelenkte Medien verfügte.

VII. Das Zensurverbot

1. Das grundgesetzliche Zensurverbot

a) Begriff des Zensurverbots

Welcher Zensurbegriff dem Art. 5 Abs. 1 Satz 3 GG zugrunde liegt, ist umstritten.

aa) Materieller Zensurbegriff

(1) Inhalt

Der materielle Zensurbegriff geht zurück auf Noltenius[221]. Ausgangspunkt dieses Begriffs ist die Erkenntnis, daß die Zensur nicht den Inhalt einer Meinungsäußerung verbieten, wohl aber die Wir-

---

220 Zit. nach Kleinwächter/Raaz, Die Organisation der Vereinten Nationen für Erziehung, Wissenschaft und Kultur, S. 390.

221 Noltenius, Die freiwillige Selbstkontrolle der Filmwirtschaft und das Zensurverbot des Grundgesetzes, S. 106 ff.

kung einer Meinungsäußerung verhindern wolle[222]. Das Verbot einer Meinungsäußerung beruhe auf der ihr innewohnenden Tendenz[223]. Immer ergäbe "sich die Legitimierung der Zensur letztlich aus einem Kodex verbindlicher öffentlicher Ansichten, die den Anspruch auf normative Geltung erheben und mit dem Mittel der Zensur geschützt werden sollen"[224]. Zensur im materiellen Sinne sei mit anderen Worten eine Beeinflussung der öffentlichen Meinung dergestalt, daß ein möglicher Beitrag zum Prozeß der Meinungsbildung der Öffentlichkeit durch eine intervenierende Instanz entzogen oder verändert zugänglich gemacht werde[225]. Für den materiellen Zensurbegriff ist mithin der Zensurerfolg entscheidend, der durch eine staatliche Maßnahme beabsichtigt sein muß.

(2) Stellungnahme

Der materielle Zensurbegriff wird von der h.L.[226] und von der Rechtsprechung des BVerfG[227] zu Recht abgelehnt. Gegen den materiellen Zensurbegriff spricht, daß er nicht die Fälle der Staatskontrolle erfaßt, in denen die Zensur die der Meinungsäußerung innewohnende Tendenz billigt[228]. Ferner ist zu berücksichtigen, daß nach dem materiellen Zensurbegriff der von Kontrollmaßnahmen betroffene Bürger zu der Prüfung gezwungen wird, ob eine behördliche Zensurabsicht vorliegt oder nicht. Dies ist schon deshalb ein schwieriges Unterfangen, da die Absicht einer Zensur ein innerer Vorgang ist, der von Dritten nicht immer erkannt wird. Dies gilt um so mehr,

---

222 Ebd., S. 106 f.

223 Ebd., S. 107.

224 Ebd.

225 Ebd., S. 107 f.

226 Hellge, Die privatrechtlichen Schranken der Pressefreiheit, S. 117; Löffler, Das Zensurverbot der Verfassung, NJW 1969, S. 2225, 2226; Hösl, Die Anordnung einer einstweiligen Verfügung in Pressesachen, S. 53; Scheuner, Pressefreiheit, VVDStRL 22 Bd. (1965), S. 11 Fn. 32; Rieder, Die Zensurbegriffe des Art. 118 Abs. 2 der Weimarer Reichsverfassung und des Art. 5 Abs. 1 Satz 3 des Bonner Grundgesetzes, S. 165.

227 BVerfGE 33, 52, 72; 83, 130, 155.

228 Hellge, Die privatrechtlichen Schranken der Pressefreiheit, S. 117.

als die Behörden in der Regel eine Überwachungsabsicht mit dem Einwand in Abrede stellen, ihre Tätigkeit diene nur der Verhinderung eines Mißbrauchs der Rechte aus Art. 5 Abs. 1 GG[229]. Aus alledem folgt, daß eine effektive Meinungsfreiheit i.S.v. Art. 5 Abs. 1 Satz 1 GG unter Zugrundelegung des materiellen Zensurbegriffs nicht gewährleistet ist.

bb) Formeller Zensurbegriff

Aufgrund der oben dargelegten Schwächen des materiellen Zensurbegriffs bestimmen die h.L.[230] und das BVerfG[231] den Zensurbegriff anhand formaler Kriterien.

Nach dem formellen Zensurbegriff liegt eine Überwachungsmaßnahme i.S.v. Art. 5 Abs. 1 Satz 3 GG immer dann vor, wenn ein Gebrauchmachen von der grundgesetzlichen Meinungsfreiheit von einer behördlichen Überprüfung und Genehmigung abhängig gemacht wird, ohne daß es dabei auf die Motive und Absichten der Behörde ankommt[232]. Schon die Existenz eines derartigen Genehmigungsverfahrens lähmt das Geistesleben[233] und muß deshalb als eine Zensur i.S.v. Art. 5 Abs. 1 Satz 3 GG angesehen werden.

Die Zensur bezieht sich immer auf den Inhalt von Meinungsäußerungen[234]. Der technische Zensurvorgang zeichnet sich durch vier Elemente aus: Verbot der Meinungsäußerung ohne besondere Erlaubnis; Gebot, Meinungsäußerungen vor der Veröffentlichung einer Behörde

---

229 Löffler, Das Zensurverbot der Verfassung, NJW 1969, S. 2225, 2226.

230 Degenhart, BK, Art. 5 Abs. 1, 2 Rdnr. 744; Hellge, Die privatrechtlichen Schranken der Pressefreiheit, S. 116 f.; Hösl, Die Anordnung einer einstweiligen Verfügung in Pressesachen, S. 53; Löffler, Das Zensurverbot der Verfassung, NJW 1969, S. 2225, 2226; Rieder, Die Zensurbegriffe des Art. 118 Abs. 2 der Weimarer Reichsverfassung und des Art. 5 Abs. 1 Satz 3 des Bonner Grundgesetzes, S. 142 ff.; Starck/v. Mangoldt, BGG, Art. 5 Abs. 1, 2 Rdnr. 102.

231 BVerfGE 33, 52, 72; 83, 130, 155.

232 Hösl, Die Anordnung einer einstweiligen Verfügung in Pressesachen, S. 52; Löffler, Das Zensurverbot der Verfassung, NJW 1969, S. 2225, 2226.

233 BVerfGE 33, 52, 72.

234 Starck/v. Mangoldt, BGG, Art. 5 Abs. 1, 2 Rdnr. 102.

vorzulegen; Erlaubnis oder Verbot durch die Behörde; Zwangsmittel der Behörde, Verbote durchzusetzen[235].

b) Adressat des Zensurverbots

Umstritten ist der Adressatenkreis des Zensurverbots.

aa) Theorie von der Staatsgerichtetheit des Zensurverbots

Nach der überwiegenden Auffassung[236] richtet sich das Zensurverbot in Art. 5 Abs. 1 Satz 3 GG ausschließlich gegen staatliche Maßnahmen und gegen Maßnahmen von anderen Trägern der öffentlichen Gewalt. Insbesondere das BVerfG[237] stellt darauf ab, daß ein behördliches Verfahren vorliegen muß.

bb) Theorie von der Drittwirkung des Art. 5 Abs. 1 Satz 3 GG

Nach einer Mindermeinung[238] entfaltet Art. 5 Abs. 1 Satz 3 GG eine Drittwirkung. Begründet wird diese Auffassung damit, daß in der modernen Industriegesellschaft anstelle des Staates oder neben ihn machtvolle, einflußreiche Institutionen getreten seien[239]. Um die freiheitliche Verfassung wäre es schlecht bestellt, wenn einflußreichen nichtstaatlichen Mächten das Recht der Zensur zustünde[240].

cc) Stellungnahme

Gegen eine Drittwirkung des Zensurverbots gegenüber machtvollen, einflußreichen nichtstaatlichen Institutionen spricht, daß sich dieser Adressatenkreis nicht eindeutig bestimmen läßt. Macht und Einfluß sind Faktoren, die in unterschiedlichen Formen auftreten und die

---

235 Ebd.

236 Starck/v. Mangoldt, BGG, Art. 5 Abs. 1, 2 Rdnr. 106; Wendt, in: v. Münch/Kunig, GG-Komm., Art. 5 Rdnr. 64; Badura, Staatsrecht, S. 126.

237 BVerfGE 33, 52, 72; 83, 130, 155.

238 Löffler, Das Zensurverbot der Verfassung, NJW 1969, S. 2225, 2227.

239 Ebd.

240 Ebd.

einer objektiven Überprüfung nur schwer zugänglich sind. Ferner handelt es sich hierbei nicht um konstante Größen. Schon allein Gründe der Rechtssicherheit sprechen folglich gegen eine Drittwirkung des Zensurverbots.

Gegen eine Drittwirkung von Art. 5 Abs. 1 Satz 3 GG spricht auch ganz entscheidend, daß diese auf eine Grundrechtsbeschränkung hinauslaufen würde, da selbstverständlich auch einflußreiche nichtstaatliche Organisationen die Rechte aus Art. 5 Abs. 1 Satz 1 GG sowie andere Grundrechte in Anspruch nehmen können. Sinn und Zweck des grundgesetzlichen Zensurverbots ist es, die Tatbestandsseite der Grundrechte in Art. 5 Abs. 1 Satz 1 GG zu festigen[241]. Dieser Zweck würde bei einer Drittwirkung von Art. 5 Abs. 1 Satz 3 GG vereitelt, da dies, wie oben dargelegt, eine Beschneidung der Rechte aus Art. 5 Abs. 1 Satz 1 GG mit sich bringt.

Machen nichtstaatliche Institutionen - wie z.B. mächtige private Interessengruppen - von der Meinungsfreiheit zur Durchsetzung bestimmter Ziele Gebrauch, liegt im Grunde genommen lediglich eine private Meinungslenkung vor, die freilich aufgrund der Filterfunktion privater Institutionen im Ergebnis auf eine Zensur hinauslaufen kann. Gleichwohl sprechen gewichtige Gründe dagegen, Art. 5 Abs. 1 Satz 3 GG im Verhältnis zu Privaten anzuwenden, und zwar auch dann, wenn es sich um einflußreiche private Organisationen handelt. Es kann nämlich nicht außer acht gelassen werden, daß in der Regel jeder Bürger verschiedenen Interessengruppen angehört, die sich häufig in Verbänden organisieren, um ihren Interessen Gehör zu verschaffen.

Eine freiheitliche und demokratische Gesellschaft ist darauf angewiesen, daß unterschiedliche Interessen kanalisiert und gebündelt werden. Der Bürger ist dadurch einer Meinungslenkung von verschiedenen Seiten ausgesetzt, die sich letztlich aufheben oder die Waage halten[242]. Die Demokratie lebt letztlich auch von der Artikulation von Argument und Gegenargument, die häufig von privaten

---

241 Starck/v. Mangoldt, BGG, Art. 5 Abs. 1, 2 Rdnr. 104.

242 Bord, Demokratie und Meinungslenkung, S. 135.

Interessengruppen in den Meinungsbildungsprozeß eingebracht werden. Insofern ist zu konstatieren, daß die Wahrnehmung der Meinungsfreiheit durch private Vereinigungen ein wesentliches Element einer pluralistischen Gesellschaft ist; ihr kommt eine der Freiheit dienende Funktion zu. Soweit es bei der Wahrnehmung der Rechte aus Art. 5 Abs. 1 Satz 1 GG zu Grundrechtskollisionen mit anderen Grundrechtsträgern kommt, sind diese im Wege einer umfassenden Güter- und Interessenabwägung aufzulösen, wobei die Schrankenziehung in Art. 5 Abs. 2 GG zu berücksichtigen ist.

Aus alldem folgt, daß Art. 5 Abs. 1 Satz 3 GG ausschließlich den Staat zum Adressaten hat. Freilich kann sich die öffentliche Hand der Bindung aus Art. 5 Abs. 1 Satz 1 GG nicht entziehen, indem sie eine Flucht in das Privatrecht antritt, was immer dann der Fall ist, wenn öffentliche Aufgaben mit Mitteln des Privatrechts erledigt werden. Soll Art. 5 Abs. 1 Satz 3 GG nicht leerlaufen, wird man davon auszugehen haben, daß das grundgesetzliche Zensurverbot in die Privatrechtsordnung ausstrahlt, soweit die öffentliche Hand staatliche Aufgaben mit den Mitteln des Privatrechts wahrnimmt[243].

c) Zeitliche Reichweite des Zensurverbots

aa) Verbot der Vorzensur

Hinsichtlich des zeitlichen Moments des grundgesetzlichen Zensurverbots wird allgemein davon ausgegangen, daß Art. 5 Abs. 1 Satz 3 GG ein Verbot der Vorzensur beinhalte[244]. Hierunter versteht man das Aufstellen von Genehmigungserfordernissen für die Äußerung und Verbreitung von Meinungen, wenn sie von vorgehender Genehmigung in bezug auf ihren Inhalt abhängig gemacht werden[245]. Art. 5 Abs. 1 Satz 3 GG beinhaltet folglich den Ausschluß eines Verbots mit

---

243 So auch Scheuner, der die vom Staat abhängigen Stellen als Adressaten des Art. 5 Abs. 1 Satz 3 GG ansieht, ders., Pressefreiheit, VVDStRL 22. Bd. (1965), S. 99.

244 BVerfGE 33, 52, 72; 47, 198, 236; 83, 130, 155; Degenhart, BK, Art. 5 Abs. 1, 2 Rdnr. 29; Herzog, M-D, GG-Komm., Art. 5 I, II Rdnr. 298; Wendt, in: v. Münch/Kunig, GG-Komm., Art. 5 Rdnr. 61; Starck/v. Mangoldt, BGG, Art. 5 Abs. 1, 2 Rdnr. 102; Jarass, in: Jarass/Pieroth, GG-Komm., Art. 5 Rdnr. 52.

245 Degenhart, BK, Art. 5 Abs. 1, 2 Rdnr. 29.

Erlaubnisvorbehalt bei der Wahrnehmung der Rechte aus Art. 5 Abs. 1 Satz 1 GG[246].

bb) Verbot der Nachzensur

Nach einer Auffassung im Schrifttum[247] folge aus Art. 5 Abs. 1 Satz 3 GG auch ein Verbot der Nachzensur. Begründet wird dies damit, daß von einer Nachzensur eine einschüchternde Wirkung ausgehe, die dem Geist eines absoluten Zensurverbots widerspräche[248]. Das Zensurverbot der Verfassung reduziere sich nicht darin, eine Regel für die zeitliche Zulässigkeit oder Unzulässigkeit der Zensur aufzustellen[249].

cc) Stellungnahme

Die entscheidende Bedeutung des Art. 5 Abs. 1 Satz 3 GG liegt darin, daß es dem Staat verwehrt ist, die Betätigung des Grundrechts aus Art. 5 Abs. 1 Satz 1 GG zu versagen, wenn eine Meinung geäußert oder verbreitet werden soll, die nicht genehm ist. Dies ist nur dann gewährleistet, wenn man das Zensurverbot im Sinne eines Verbots der Vorzensur interpretiert. Macht ein Grundrechtsträger von seinen Rechten aus Art. 5 Abs. 1 Satz 1 GG Gebrauch, muß die öffentliche Hand die Möglichkeit haben, eine Prüfung dahin vorzunehmen, ob die Schranken des Art. 5 Abs. 2 GG eingehalten wurden. Begrifflich handelt es sich dabei nicht um eine Nachzensur, sondern um die Anwendung und Durchsetzung der Schrankengesetze im Sinne von

---

246 Herzog, M-D, GG-Komm., Art. 5 I, II Rdnr. 299.

247 Hamann/Lenz, Das GG für die Bundesrepublik Deutschland, Art. 5 Anm. B 8; Hellge, Die privatrechtlichen Schranken der Pressefreiheit, S. 119; Hoffmann-Riem, AK-GG (Hrsg.: R. Wassermann), Art. 5 Abs. 1, 2 Rdnr. 78; Löffler, Das Zensurverbot der Verfassung, NJW 1969, S. 2225, 2227; Noltenius, Die freiwillige Selbstkontrolle der Filmwirtschaft und das Zensurverbot des Grundgesetzes, S. 108 f.

248 Hellge, Die privatrechtlichen Schranken der Pressefreiheit, S. 119; Hoffmann-Riem, AK-GG (Hrsg.: R. Wassermann), Art. 5 Abs. 1, 2 Rdnr. 78.

249 Noltenius, Die freiwillige Selbstkontrolle der Filmwirtschaft und das Zensurverbot des Grundgesetzes, S. 108 f.

Art. 5 Abs. 2 GG[250]. Zu beachten ist, daß das Zensurverbot über Art. 5 Abs. 2 GG nicht ausgehebelt werden darf. Eine Vorzensur darf deshalb selbst dann nicht erfolgen, wenn die durch Art. 5 Abs. 2 GG gesetzten Schranken nicht beachtet wurden[251].

Zuzugeben ist, daß eine Beeinträchtigung der Freiheit des Geisteslebens auch darin liegen kann, daß eine Prüfung anhand der Schrankenregelungen i.S.v. Art. 5 Abs. 2 GG erfolgt. Dies darf nicht dazu führen, daß die Behörden generell eine nachträgliche Kontrolle dahin vornehmen, ob die Schranken des Art. 5 Abs. 2 GG eingehalten wurden[252]. Die Rechte und Belange des Grundrechtsträgers der Meinungsfreiheit werden dadurch ausreichend berücksichtigt, daß die Schrankenziehung nach Art. 5 Abs. 2 GG im Lichte der besonderen Bedeutung des Grundrechts der freien Meinungsäußerung für den freiheitlichen und demokratischen Staat ausgelegt werden müssen[253].

d) Sachliche Reichweite des Verbots der Vorzensur

aa) Behördliche Anzeige- und / oder Vorlagepflicht

Fraglich ist, ob eine behördliche Anzeige- und/oder Vorlagepflicht des Bürgers vom Verbot der Vorzensur erfaßt ist. Dafür spricht, daß es sich um eine Präventivmaßnahme handelt, weil die Anzeige-und/oder Vorlagepflicht bereits vor der Betätigung der Meinungsfreiheit relevant wird. Da die Anzeige- und/oder Vorlagepflicht lediglich Registrierungszwecken dient, ist sie kein Instrument, nicht genehme Äußerungen der Öffentlichkeit vorzuenthalten[254]. Mit Art. 5 Abs. 1 Satz 3 GG unvereinbar wäre eine Anzeige- und/oder Vorlagepflicht, die mit der Möglichkeit eines Verbots gekoppelt ist[255].

---

250 Degenhart, BK, Art. 5 Abs. 1, 2 Rdnr. 743.

251 Wendt, in: v. Münch/Kunig, GG-Komm., Art. 5 Rdnr. 66.

252 Degenhart, BK, Art. 5 Abs. 1, 2 Rdnr. 743.

253 Zu dieser Wechselwirkungslehre siehe BVerfGE 7, 198, 208 f.; 60, 234, 240; 71, 162, 181; 71, 206, 214.

254 BVerfGE 33, 52, 74; Rieder, Die Zensurbegriffe des Art. 118 Abs. 2 der Weimarer Reichsverfassung und des Art. 5 Abs. 1 Satz 3 des Bonner Grundgesetzes, S. 87; Herzog, M-D, GG-Komm., Art. 5 I, II Rdnr. 299.

255 Herzog, M-D, GG-Komm., Art. 5 I, II Rdnr. 299.

bb) Selbstkontrolleinrichtungen

Es fragt sich, ob Selbstkontrolleinrichtungen mit dem Verbot der Vorzensur vereinbar sind.

(1) Selbstkontrolleinrichtungen ohne staatliche Beteiligung

Selbstkontrolleinrichtungen wie der Deutsche Presserat oder die Selbstkontrolle illustrierter Zeitschriften sind nichtstaatliche Stellen, die auf freien vertraglichen Zusammenschlüssen der Beteiligten einzelner Mediensparten beruhen[256]. Diese privatrechtlichen Institutionen werden nur im Einzelfall auf Antrag oder Beschwerde tätig[257]. Folglich liegt bereits rein begrifflich keine Vorzensur vor. Ferner wird der materiale Gehalt des Art. 5 Abs. 1 Satz 3 GG durch die o.g. Institutionen nicht verletzt, da es sich weder um staatliche Stellen noch um Einrichtungen handelt, die vom Staat abhängig sind[258].

(2) Selbstkontrolleinrichtungen mit staatlicher Beteiligung

Neben den o.g. reinen privatrechtlichen Selbstkontrolleinrichtungen ohne eine Beteiligung des Staates sind auch Kontrolleinrichtungen mit staatlicher Beteiligung denkbar.

Soweit die staatliche Seite eine Mehrheit gegenüber privaten Beteiligten hat, liegt bei präventiven Kontrollen ein Verstoß gegen das in Art. 5 Abs. 1 Satz 3 GG verankerte Verbot der Vorzensur vor, da der Staat aufgrund seiner Mehrheitsbeteiligung zumindest die Möglichkeit hat, die Betätigung der Meinungsfreiheit in einem bestimmten Sinne zu beeinflussen bzw. sie ganz zu unterbinden.

Anders sieht es bei Selbstkontrolleinrichtungen mit einer staatlichen Minderheitsbeteiligung aus. Bei dieser Fallkonstellation können die privaten Beteiligten von der staatlichen Seite nicht überstimmt wer-

---

256 Starck/v. Mangoldt, BGG, Art. 5 Abs. 1, 2 Rdnr. 107.

257 Ebd.; Löffler, Das Zensurverbot, NJW 1969, S. 2225, 2228.

258 So auch Starck/v. Mangoldt, BGG, Art. 5 Abs. 1, 2 Rdnr. 107; a.A. Noltenius, die den "Prozeß der öffentlichen Meinungsbildung" durch Art. 5 Abs. 1 Satz 3 GG auch gegen privatrechtliche pluralistische Kontrollinstanzen als geschützt ansieht, dies., Die freiwillige Selbstkontrolle der Filmwirtschaft und das Zensurverbot des Grundgesetzes, S. 131 f.

den. Folglich werden Private unter diesen Umständen vom Staat nicht an der Betätigung der Meinungsfreiheit gehindert. Allein der Umstand, daß die staatlichen Vertreter aufgrund der Minderheitsbeteiligung auf die privaten Grundrechtsträger einen Einfluß ausüben können, stellt keine Verletzung des Zensurverbots dar. Eine Zensur i.S.v. Art. 5 Abs. 1 Satz 3 GG liegt nur dann vor, wenn der Staat die Betätigung der Meinungsfreiheit nach einem präventiven Kontrollverfahren verbieten kann[259]. Davon kann bei Selbstkontrolleinrichtungen mit staatlichen Minderheitsbeteiligungen keine Rede sein, da die staatliche Seite nur im Zusammenwirken mit privaten Beteiligten die Selbstkontrollmechanismen in Gang setzen kann. Eine verbotene Zensur i.S.v. Art. 5 Abs. 1 Satz 3 GG liegt nur dann vor, wenn es *ausschließlich* der Staat in der Hand hat, die Betätigung des Grundrechts der Meinungsfreiheit zu unterbinden.

Fraglich ist, ob es mit dem Verbot der Vorzensur vereinbar ist, wenn der Staat zu 50 % an einer privatrechtlich organisierten Selbstkontrolleinrichtung beteiligt ist[260].

Im Hinblick auf die Pattsituation zwischen den privaten Beteiligten und den Vertretern des Staats kann man nicht sagen, daß eine Staatsabhängigkeit in dem Sinne besteht, daß die Selbstkontrolleinrichtung vom Staat beherrscht werde, da dafür eine staatliche Beteiligung von über 50 % gegeben sein muß. Allerdings wird man konstatieren müssen, daß die privaten Beteiligten auf die Mitwirkung der Vertreter des Staats angewiesen sind, damit es zu einer Mehrheitsentscheidung kommt[261]. Aus diesem Grunde ist eine Beteiligung des Staates an Selbstkontrolleinrichtungen in Höhe von 50 % unter dem Gesichtspunkt von Art. 5 Abs. 1 Satz 3 GG sehr problematisch. Diese Bedenken werden durch die Freiwilligkeit der Selbstkontrolleinrichtungen nicht ausgeräumt, da diese einen nicht unerheblichen faktischen Druck ausüben können[262].

---

259 BVerfGE 33, 52, 72.

260 Dies ist hinsichtlich der freiwilligen Selbstkontrolle Filmwirtschaft (FSK) der Fall, s. Degenhart, BK, Art. 5 Abs. 1, 2 Rdnr. 741.

261 Jarass spricht hier zu Recht von dem Gesichtspunkt der verfahrensmäßigen Determiniertheit, ders., Die Freiheit der Massenmedien, S. 103.

262 Degenhart, BK, Art. 5 Abs. 1, 2 Rdnr. 741; Herzog, M-D, GG-Komm., Art. 5 I, II Rdnr. 207.

Unter dem Gesichtspunkt des Zensurverbots wird man eine Verfassungskonformität freiwilliger Selbstkontrolleinrichtungen mit einer Staatsbeteiligung zu 50 % nur dann annehmen können, wenn die freiwillige Selbstkontrolle nach Maßstäben arbeitet, die die Herausbildung einer objektiven öffentlichen Meinung weder gefährdet noch gar vereitelt[263].

2. *Die Regelung des Zensurverbots in der Mediendeklaration 1978*

Die Mediendeklaration 1978 enthält weder ein dem Art. 5 Abs. 1 Satz 3 GG vergleichbares Zensurverbot noch einen Hinweis darauf, daß das Fehlen einer staatlichen Lenkung und Behinderung eine Grundvoraussetzung für eine optimal gesicherte Meinungsfreiheit ist. Dieser Befund überrascht keineswegs, wenn man bedenkt, daß ursprünglich staatliche Kontrollpflichten in die Mediendeklaration 1978 Eingang finden sollten[264]. Eine Voraussetzung für die Zustimmung der deutschen Bundesregierung zur Mediendeklaration 1978 war die Nichtverankerung staatlicher Kontrollpflichten oder einer staatlichen Verantwortung für die Massenmedien[265].

Gleichwohl wird von amerikanischen Kritikern die Auffassung vertreten, daß die Mediendeklaration 1978 eine "Zensur-Deklaration" sei[266]. Dafür spricht, daß die Mediendeklaration 1978 im früheren Ostblock als ein Dokument angesehen wurde, welches im Hinblick auf Art. 2 Abs. 3 Mediendeklaration 1978 eine Negierung bzw. Einschränkung des Grundsatzes "free flow of information" beinhalte[267].

---

263 Herzog, M-D, GG-Komm., Art. 5 I, II Rdnr. 207; a.A. Noltenius, die generell in der Tätigkeit freiwilliger privater Selbstkontrolleinrichtungen eine Verletzung von Art. 5 Abs. 1 Satz 3 GG sieht, dies., Die freiwillige Selbstkontrolle der Filmwirtschaft und das Zensurverbot des Grundgesetzes, S. 131 f.

264 Gornig, Äußerungsfreiheit, S. 357.

265 Ebd., S. 362 Fn. 33.

266 Bueckling, Satellitenfernsehen, AfP 1982, S. 75, 88.

267 Kleinwächter/Raaz, Die Organisation der Vereinten Nationen für Erziehung, Wissenschaft und Kultur, S. 61.

Nach der sowjetischen Delegation sei durch Art. 11 Mediendeklaration 1978 "vielleicht zum ersten Mal in der Geschichte ein maßgebendes internationales Dokument" entstanden, "welches die Notwendigkeit einer Verbindung zwischen Informationsfreiheit und der Verantwortung der Massenmedien bestätigt"[268].

Da sich die Mediendeklaration 1978 auch auf die Meinungs- und Meinungsäußerungsfreiheit bezieht, hat die o.g. Äußerung der sowjetischen Delegation auch für diese Freiheiten Gültigkeit. Art. 11 Mediendeklaration 1978 enthält aufgrund des Einflusses der Sowjetunion den Hinweis darauf, daß die Arbeit der Massenmedien "in Übereinstimmung mit den Ausführungen der Allgemeinen Erklärung der Menschenrechte und den entsprechenden Prinzipien der Internationalen Konvention über zivile und politische Rechte ... zu garantieren"[269] sei. Art. 19 Abs. 3 des Internationalen Paktes über bürgerliche und politische Rechte vom 19.12.1966[270] besagt, daß das Recht auf eine freie und grenzüberschreitende Meinungsäußerung gesetzlich vorgesehenen Einschränkungen unterworfen werden könne, die für den Schutz der nationalen Sicherheit, der öffentlichen Ordnung (ordre public), der Volksgesundheit oder der öffentlichen Sicherheit erforderlich seien. Die zuerst genannten beiden Rechtsgüter werden von Zensoren häufig herangezogen, um die meisten Berichte zu verhindern, die einer Regierung nicht genehm sind[271].

Demgegenüber haben die Kommunikationsfreiheiten nach offizieller bundesdeutscher Auffassung in der Mediendeklaration 1978 "gebührenden Platz" gefunden[272]. Richtig ist, daß die Mediendeklaration 1978 die Meinungs- und Meinungsäußerungsfreiheit als einen Bestandteil der Menschenrechte und Grundfreiheiten anerkannt hat[273].

---

268 Zit. nach Righter, Noch eine "neue Weltordnung?", EA 1979, S. 211, 216; Gornig, Äußerungsfreiheit, S. 362 f.

269 Zit. nach der Übersetzung in: Kleinwächter/Raaz, Die Organisation der Vereinten Nationen für Erziehung, Wissenschaft und Kultur, S. 398.

270 Text: Sartorius II, Ordnungsnummer 20.

271 Righter, Noch eine "neue Weltordnung?", EA 1979, S. 211, 216.

272 So der Parlamentarische Staatssekretär im Bundesentwicklungsministerium Alwin Brück, Film und Recht 1979, S. 138.

273 Vgl. Art. 2 Abs. 1 Mediendeklaration 1978.

Es darf aber nicht übersehen werden, daß Art. 11 Mediendeklaration 1978 zu massiven Beschränkungen der Meinungsfreiheit berechtigt. Diese Beschränkungen können den Charakter einer Zensur annehmen, da - wie ausgeführt - die Mediendeklaration 1978 kein Verbot der Zensur kennt.

Nach der Ansicht von Kleinwächter/Raaz[274] enthält Art. 6 Mediendeklaration 1978 "expressis verbis" die "Forderung nach Schaffung einer neuen internationalen Informationsordnung". Diese Ordnung soll bzw. sollte sowohl nach der Argumentation der Staaten des früheren Ostblocks als auch der Entwicklungsländer eine inhaltliche Kontrolle des Informationsflusses ermöglichen[275].

Nach der Auffassung der früheren Sowjetunion solle die neue Weltinformationsordnung eine völkerrechtlich verbindliche Regelung herbeiführen, nach der die staatliche Souveränität Vorrang vor einer grenzüberschreitenden Information haben solle[276]. Diese Forderung ist vor dem Hintergrund zu sehen, daß die frühere Sowjetunion ihre Bürger von Anfang an von Informationen und Meinungen aus dem Ausland abschirmte[277].

Auf der Grundlage der o.g. Interpretation des Begriffs der neuen Weltinformationsordnung berechtigt Art. 6 Mediendeklaration 1978 nach der Lesart der früheren östlichen Staatenwelt und der Entwicklungsländer die Schaffung einer dirigistischen Weltkommunikationsordnung, die der Zensur von Meinungsäußerungen Tür und Tor öffnet.

Abschließend ist mithin zu konstatieren, daß die Mediendeklaration 1978 mangels eines Zensurverbots die Meinungsfreiheit im Vergleich zu Art. 5 Abs. 1 GG erheblich schwächer schützt. Das Fehlen eines Zensurverbots hat sogar zur Folge, daß die Meinungsfreiheit durch die Mediendeklaration 1978 nur völlig unzureichend geschützt ist.

---

274 Kleinwächter/Raaz, Die Organisation der Vereinten Nationen für Erziehung, Wissenschaft und Kultur, S. 62.

275 Witzmann, Völkerrechtliche Aspekte der Bemühungen um eine neue Weltinformationsordnung, S. 68.

276 Roth, Das sowjetische Modell einer Neuen Weltinformationsordnung, Publizistik 1984, S. 269, 276.

277 Ebd., S. 269.

VIII. Die Schranken der Meinungsfreiheit

1. Die grundgesetzlichen Schranken der Meinungsfreiheit

a) Die "allgemeinen Gesetze" als Schranken der Meinungsfreiheit

Das Grundgesetz gewährt die Meinungsfreiheit nach Art. 5 Abs. 2 GG im Rahmen "der allgemeinen Gesetze". Es knüpft damit an die Weimarer Reichsverfassung an, die die Meinungsfreiheit in Art. 118 Abs. 1 Satz 1 "innerhalb der Schranken der allgemeinen Gesetze" gewährte. Wie der Begriff der "allgemeinen Gesetze" im Rahmen der Meinungsfreiheit zu interpretieren ist, war bereits unter der Geltung der Weimarer Reichsverfassung umstritten[278]. Er wird auch unter der Geltung des Grundgesetzes nach wie vor unterschiedlich beurteilt[279].

aa) Die Sonderrechtstheorie

Die h.L.[280] geht davon aus, daß ein allgemeines Gesetz vorliegt, wenn es eine Verhaltensweise ohne Rücksicht auf die gerade herrschenden Anschauungen und Erkenntnisse regele. Gesetzliche Beschränkungen der grundgesetzlichen Meinungsfreiheit seien allgemeine Gesetze i.S.v. Art. 5 Abs. 2 GG, wenn sie keine Sonderschranken setzten[281] oder wenn sie - um es mit den berühmten Worten von Häntzschel[282]

---

278 Häntzschel, Das Recht der freien Meinungsäußerung, S. 657 ff.; Rothenbücher, Das Recht der freien Meinungsäußerung, VVDStRL, Bd. 4 (1928), S. 6, 20; Smend, Das Recht der freien Meinungsäußerung, VVDStRL, Bd. 4 (1928), S. 44, 52.

279 Gornig, Die Schrankentrias des Art. 5 II GG, JuS 1988, S. 274, 275 ff.; Bernd Hoppe, Die "allgemeinen Gesetze" als Schranke der Meinungsfreiheit, JuS 1991, S. 734, 736 ff.

280 Bettermann, Die allgemeinen Gesetze als Schranke der Pressefreiheit, JZ 1964, S. 601, 603; Häntzschel, Das Recht der freien Meinungsäußerung, S. 659; Werner Hoppe, Die "allgemeinen Gesetze" als Schranke der Meinungsfreiheit, JuS 1991, S. 734, 738; Rothenbücher, Das Recht der freien Meinungsäußerung, VVDStRL, Bd. 4 (1928), S. 6, 20; Stern, Ehrenschutz und "allgemeine Gesetze", S. 821.

281 Bettermann, Die allgemeinen Gesetze als Schranken der Pressefreiheit, JZ 1964, S. 601, 603.

282 Häntzschel, Das Recht der freien Meinungsäußerung, S. 659.

zu sagen - kein "Sonderrecht gegen die Meinungsfreiheit" zum Gegenstand hätten. Entscheidend sei also, daß alle Bürger von einem Schrankengesetz betroffen sind bzw. betroffen sein können, soll ein allgemeines Gesetz i.S.v. Art. 5 Abs. 2 GG vorliegen. Will man spitz formulieren, ist nach der Sonderrechtstheorie der Gleichheitsgrundsatz in der Schranke der allgemeinen Gesetze enthalten[283].

bb) Die Lehre von der Güterabwägung

Die Sonderrechtstheorie ist von Anfang an auf heftige Kritik gestoßen. Der Hauptvorwurf gegen sie geht dahin, daß diese Lehre die Worte "allgemein" und "besonders" lediglich formalistisch im Sinne einer gegenseitigen leeren Negation auslege[284]. Grundrechte seien aber nicht formalistisch-technisch auszulegen, sondern vielmehr sei die Reichweite der Grundrechte geisteswissenschaftlich und insbesondere geistesgeschichtlich zu bestimmen[285]. Nach der Güterabwägungslehre liegt ein allgemeines Gesetz i.S.v. Art. 5 Abs. 2 GG vor, wenn es dem Schutz eines Gemeinschafts- oder eines Individualrechtsgutes dient, das im Vergleich zur Meinungsfreiheit gleich- oder höherwertige Interessen zum Gegenstand habe[286].

cc) Die Rechtsprechung des BVerfG

Das BVerfG[287] hat zum einen entschieden, daß das Erfordernis der Allgemeinheit Sonderrecht gegen den Prozeß freier Meinungsbildung ausschließen solle, welches die geistige Wirkung von Meinungsäußerungen zu unterbinden suche. Allgemeine Schrankengesetze i.S.v.

---

283 Bettermann, Die allgemeinen Gesetze als Schranken der Pressefreiheit, JZ 1964, S. 601, 603.

284 Smend, Das Recht der freien Meinungsäußerung, VVDStRL, Bd. 4 (1928), S. 44, 51.

285 Ebd.

286 Gornig, Die Schrankentrias des Art. 5 II GG, JuS 1988, S. 274, 276; Schmitt Glaeser, Die Meinungsfreiheit in der Rechtsprechung des Bundesverfassungsgerichts, AöR, Bd. 97 (1972), S. 276, 281; Häberle, Die Wesensgehaltsgarantie des Art. 19 II GG, S. 32; Scheuner, Pressefreiheit, VVDStRL, Bd. 22 (1965), S. 1, 81.

287 BVerfGE 71, 206, 214.

Art. 5 Abs. 2 GG seien Gesetze, die nicht eine Meinung als solche verbieten würden, die sich nicht gegen die Äußerung der Meinung als solche richteten, die vielmehr dem Schutze eines schlechthin, ohne Rücksicht auf eine bestimmte Meinung, zu schützenden Rechtsgutes dienten[288]. Das Recht der Meinungsäußerung habe zurückzutreten, wenn schutzwürdige Interessen eines anderen von höherem Rang durch die Betätigung der Meinungsfreiheit verletzt würden[289]. Das BVerfG begnügt sich allerdings nicht mit der Prüfung der Frage, ob ein allgemeines Gesetz im Sinne der o.g. Definition vorliegt. Es verlangt vielmehr weiterhin, daß die allgemeinen Gesetze in ihrer das Grundrecht beschränkenden Wirkung ihrerseits im Lichte der Bedeutung dieses Grundrechts zu sehen und zu interpretieren seien[290]. Dabei müsse der besondere Wertgehalt des Grundrechts der freien Meinungsäußerung, der in einer freiheitlichen Demokratie zu einer grundsätzlichen Vermutung für die Freiheit der Rede in allen Bereichen, namentlich im öffentlichen Leben führen müsse, auf jeden Fall gewahrt bleiben[291]. Es finde also eine Wechselwirkung in dem Sinne statt, daß die allgemeinen Gesetze dem Wortlaut des Art. 5 Abs. 1 GG Schranken setzten, sie ihrerseits aber aus der Erkenntnis der wertsetzenden Bedeutung von Art. 5 Abs. 1 GG im freiheitlichen demokratischen Staat ausgelegt und in ihrer das Grundrecht begrenzenden Wirkung selbst wieder eingeschränkt werden müßten[292]. Im Rahmen der gebotenen Abwägung sei auch das Gewicht des Rechtsguts zu berücksichtigen, dessen Schutz das einschränkende Gesetz diene[293]. Die Meinungsfreiheit hat mithin keinen absoluten Vorrang gegenüber anderen wichtigen Rechtsgütern. Ferner verlangt das BVerfG[294], daß die Einschränkung der Meinungsfreiheit geeignet, erforderlich und angemessen ist, um den mit dem Verbot erstrebten Schutz zu bewirken.

---

288 BVerfGE 7, 198, 209.

289 BVerfGE 7, 198, 210.

290 BVerfGE 7, 198, 208.

291 BVerfGE 7, 198, 208.

292 BVerfGE 7, 198, 209.

293 BVerfGE 77, 65, 75.

294 BVerfGE 71, 162, 181; 74, 297, 337.

Zusammenfassend ist somit zu konstatieren, daß das BVerfG zunächst nach der Sonderrechtstheorie feststellt, ob ein allgemeines Gesetz i.S.v. Art. 5 Abs. 2 GG vorliegt und anschließend eine Güterabwägung vornimmt. Bei der Gewichtung des Grundrechts auf Meinungsfreiheit und dem durch das allgemeine Gesetz zu schützende Rechtsgut wird zusätzlich auf die Wechselwirkungslehre und auf den Verhältnismäßigkeitsgrundsatz Rückgriff genommen.

dd) Stellungnahme

Gegen die Sonderrechtstheorie spricht, daß sie in der Tat zu formalistisch ist. Sie führte in der Praxis während der Zeit in der Weimarer Republik dazu, daß die Meinungsfreiheit im Konfliktfall jedem anderen, auch noch so unbedeutenden Rechtsgut zu weichen hatte[295]. Bei der Bestimmung des Begriffs "allgemeine Gesetze" ist zu beachten, daß es um die Frage geht, ob dem Grundrecht auf freie Meinungsäußerung gegenüber dem Schutzgut des "allgemeinen Gesetzes" Vorrang einzuräumen ist oder nicht. Diese Prüfung kann nur im Rahmen einer umfassenden Güter- und Interessenabwägung erfolgen. Dabei wird man zu berücksichtigen haben, daß die Meinungsfreiheit in Art. 5 Abs. 1 GG ein Menschenrecht ist, das in seinem Menschenwürdegehalt der Ewigkeitsgarantie des Art. 79 Abs. 3 GG unterliegt[296]. Das Grundrecht auf Meinungsfreiheit dient mit anderen Worten wegen seines Menschenwürdegehalts der Persönlichkeitsbildung des Menschen[297] und hat insofern einen Menschenrechtsgehalt.

Darin erschöpft sich die Bedeutung des Grundrechts auf Meinungsfreiheit aber nicht. Der Meinungsfreiheit kommt darüber hinaus eine ganz wesentliche Bedeutung für die Existenz einer freiheitlichen und demokratischen Staatsordnung zu. Diese Ordnung lebt von der ständigen Auseinandersetzung unterschiedlicher Meinungen[298]. Dieses

---

295 Schmitt Glaeser, Die Meinungsfreiheit in der Rechtsprechung des Bundesverfassungsgerichts, AöR, Bd. 97 (1972), S. 276, 279/280; Herzog, M-D, GG-Komm., Art. 5 I, II Rdnr. 251.

296 Schmidt-Jortzig, Meinungs- und Informationsfreiheit, S. 641/642.

297 Herzog, M-D, GG-Komm., Art. 5 I, II Rdnr. 267.

298 BVerfGE 7, 198, 208.

der Meinungsfreiheit innewohnende demokratische Prinzip muß bei der Bestimmung der allgemeinen Gesetze i.S.v. Art. 5 Abs. 2 GG Berücksichtigung finden[299], was durch die Wechselwirkungslehre und dem Verhältnismäßigkeitsgrundsatz effektiv gewährleistet werden kann. Bei der so vorzunehmenden Abwägung geht es nicht an, die durch die Massenmedien wahrzunehmende Meinungsfreiheit per se als höherrangig gegenüber der individuellen Meinungsfreiheit einzustufen. Ein solcher Geltungsvorrang der Meinungsfreiheit zugunsten der Massenmedien folgt nicht aus der Breitenwirkung der Massenmedien. Zum einen ist zu beachten, daß insbesondere anspruchsvolle Sendungen der Massenmedien verschwindend geringe Einschaltquoten haben; sie können die für die Massenmedien typische Breitenwirkung kaum zur Entfaltung bringen. Zum anderen ist zu berücksichtigen, daß eine Rede oder ein Vortrag vor einem großen Publikum eine hohe Breitenwirkung haben kann, ohne daß es dazu einer Übertragung durch die Massenmedien bedarf. Hieraus folgt, daß das Ansprechen breiter Massen nicht unbedingt das ausschließliche Vorrecht der Massenmedien ist. Mithin ist es sachlich nicht gerechtfertigt, die Massenmedien zu privilegieren.

b) Gesetzliche Bestimmungen zum Schutze der Jugend (Art. 5 Abs. 2, 2. Alt. GG)

Nach Art. 5 Abs. 2, 2. Alt. GG kann die Meinungsfreiheit durch gesetzliche Bestimmungen zum Schutze der Jugend beschränkt werden. Art. 5 Abs. 2, 2. Alt. GG ist kein Unterfall der Schrankenregelung in Art. 5 Abs. 2, 1. Alt. GG. Vielmehr ist der Jugendschutz i.S.v. Art. 5 Abs. 2, 2. Alt. GG als eine selbständige Schranke des Art. 5 Abs. 1 GG zu verstehen[300]. Dies schließt freilich nicht aus, daß Jugendschutzgesetze die Merkmale eines allgemeinen Gesetzes i.S.v. Art. 5 Abs. 2, 1. Alt. GG enthalten können[301]. Die besondere Bedeutung der Schrankenregelung in Art. 5 Abs. 2, 2. Alt. GG liegt aller-

---

299 Herzog, M-D, GG-Komm., Art. 5 I, II Rdnr. 267.

300 BVerfGE 30, 336, 353; Herzog, M-D, GG-Komm., Art. 5, I, II Rdnr. 280; Degenhart, BK, Art. 5 Abs. 1, 2 Rdnr. 131; Gornig, Äußerungsfreiheit, S. 589.

301 So zu Recht: Gornig, Äußerungsfreiheit, S. 590; offengelassen in: BVerfGE 30, 336, 353.

dings darin, daß zum Zwecke des Jugendschutzes "besondere" Gesetze erlassen werden können[302].

Wie das BVerfG[303] zu Recht festgestellt hat, ist der Schutz der Jugend nach der vom Grundgesetz selbst getroffenen Wertung ein wichtiges Gemeinschaftsgut von bedeutsamem Rang. Das Gericht geht davon aus, daß der in Art. 5 Abs. 2 GG erwähnte Jugendschutz vor allem aufgrund des in Art. 6 Abs. 2 Satz 1 GG verbrieften elterlichen Erziehungsrechts Verfassungsrang habe[304] Daneben komme dem Kinder- und Jugendschutz auch aus Art. 1 Abs. 1 i.V.m. Art. 2 Abs. 1 GG Verfassungsrang zu[305].

Demgegenüber wird im Schrifttum[306] zutreffend darauf hingewiesen, daß der Jugendschutz außer in Art. 5 Abs. 2 GG auch in Art. 6 Abs. 3 und 5, Art. 11 Abs. 2 und in Art. 13 Abs. 5 GG Erwähnung gefunden hat und daß der Jugendschutz in Art. 5 Abs. 2, 2. Alt. GG im Zusammenhang mit den sonstigen zuvor genannten Vorschriften auszulegen ist. Man wird davon ausgehen können, daß nach dem Grundgesetz in allen oben genannten Bestimmungen der hohe Stellenwert des Kinder- und Jugendschutzes zum Ausdruck kommt. Dieser besondere Stellenwert ist bei der Abwägung hinsichtlich der Frage, ob die Meinungsfreiheit oder der Jugendschutz Vorrang verdient, zu berücksichtigen.

Gesetzliche Bestimmungen zum Schutze der Jugend können die grundgesetzliche Meinungsfreiheit beschränken, wenn sie der Abwehr drohender Gefahren dienen[307]. Derartige Gefahren drohen nach dem BVerfG[308] auf sittlichem Gebiet von allen Druck-, Ton- und Bilderzeugnissen, die Gewalttätigkeiten oder Verbrechen glorifizieren, Rassenhaß provozieren, den Krieg verherrlichen oder sexuelle Vorgänge in grob schamverletzender Weise darstellen und deswegen zu

---

302 Gornig, Äußerungsfreiheit, S. 590.

303 BVerfGE 83, 130, 139.

304 BVerfGE 83, 130, 139.

305 BVerfGE 83, 130, 140.

306 Gornig, Äußerungsfreiheit, S. 589; ähnlich Herzog, M-D, GG-Komm., Art. 5 I, II Rdnr. 281; v. Mangoldt/Klein, BGG, Art. 5 Anm. IX 3 b.

307 BVerfGE 30, 336, 347.

308 BVerfGE 30, 336, 347.

erheblichen, schwer oder gar nicht korrigierbaren Fehlentwicklungen führen können. Ist wissenschaftlich ungeklärt, ob eine Jugendgefährdung eintreten kann oder nicht, hat der Gesetzgeber - so das BVerfG[309] - die Möglichkeit, die Gefahrenlage und Risiken abzuschätzen und zu entscheiden, ob er Maßnahmen ergreifen will oder nicht. Legislatorische Maßnahmen zum Zwecke des Jugendschutzes brauchen mit anderen Worten nicht von einem wissenschaftlich-empirischen Nachweis abhängig gemacht zu werden, daß ein schädigender Einfluß auf Kinder und Jugendliche von dem gesetzlich geregelten Sachbereich ausgehe[310]. Fehlt es an eindeutigen wissenschaftlichen Erkenntnissen zur Beurteilung einer Gefahrenlage, steht dem Gesetzgeber nach der Auffassung des BVerfG[311] eine Einschätzungsprärogative zu. Dies beruht auf der Erkenntnis, daß es die Aufgabe des Gesetzgebers ist, Gefahrenlagen in der Gesellschaft ausfindig zu machen und sie zu bannen, soweit es mit gesetzgeberischen Maßnahmen möglich ist. Sprechen sachlich einleuchtende Gründe dafür, daß von bestimmten Lebenssachverhalten jugendgefährdende Wirkungen ausgehen, wird man davon auszugehen haben, daß nach Art. 5 Abs. 2, 2. Alt. GG der Gesetzgeber gehalten ist, gesetzliche Bestimmungen zum Schutze der Jugend zu erlassen[312].

Entgegen der Auffassung des BVerfG[313] kann der Gesetzgeber bei wissenschaftlich ungeklärten Situationen hinsichtlich einer jugendgefährdenden Wirkung keineswegs frei darüber entscheiden, ob er Maßnahmen ergreift oder nicht. Gehen gewichtige Stimmen in der Wissenschaft davon aus, daß von bestimmten Sachbereichen jugendgefährdende Wirkungen herrühren, ist der Gesetzgeber nach Art. 5 Abs. 2, 2. Alt. GG gehalten, Jugendschutzmaßnahmen zu ergreifen. Dies ergibt sich aus der Erkenntnis, daß Art. 5 Abs. 2, 2. Alt. GG nicht nur zum Erlaß von Jugendschutzbestimmungen berechtigt, sondern sogar dazu verpflichtet. Art. 5 Abs. 2, 2. Alt. GG enthält mit

---

309 BVerfGE 83, 130, 141 f.

310 BVerfGE 83, 130, 140.

311 BVerfGE 83, 130, 140 f.; a.A.: Degenhart, BK, Art. 5 Abs. 1, 2 Rdnr. 133.

312 Maunz, Medienfreiheit und Jugendschutz, S. 86; Jarass, in: Jarass/Pieroth, GG-Komm., Art. 5 Rdnr. 50.

313 BVerfGE 83, 130, 141 f.

anderen Worten einen Gesetzgebungsauftrag[314]. Will der Gesetzgeber durch Gebote oder Verbote Fehlentwicklungen bei Kindern und Jugendlichen vermeiden, darf er das legitime Regelungsziel nicht dazu benutzen, bestimmte weltanschauliche Wertvorstellungen durchzusetzen[315]. Dies folgt aus der Tatsache, daß sich der 'ethische Standard' des Grundgesetzes durch Offenheit, Pluralismus und weltanschauliche Neutralität auszeichnet[316].

Der Gesetzgeber kann zum Zwecke des Jugendschutzes Maßnahmen mit präventiver Wirkung erlassen[317] Man wird sogar davon auszugehen haben, daß der Jugendschutz in erster Linie wirkungsvoller Präventivmaßnahmen bedarf, um erkannten Gefahrenquellen rechtzeitig zu begegnen[318]. Hierin liegt kein Verstoß gegen das in Art. 5 Abs. 1 Satz 3 GG verankerte Verbot der Vorzensur, das ebenfalls für Schrankengesetze i.S.v. Art. 5 Abs. 2, 2. Alt. GG gilt[319].

Wollte man in Art. 5 Abs. 2, 2. Alt. GG eine Durchbrechung von Art. 5 Abs. 1 Satz 3 GG sehen[320], müßte dies konsequenterweise auch für die Schrankenregelungen in Art. 5 Abs. 2, 1. Alt. und 3. Alt. GG gelten, was eine Beseitigung des Zensurverbots zur Folge hätte[321]. Eine Durchbrechung des Art. 5 Abs. 1 Satz 3 GG durch Art. 5 Abs. 2, 2. Alt. GG liegt aufgrund folgender Erwägungen nicht vor: Maßnahmen zum Zwecke des Jugendschutzes können keine Zensursituation entstehen lassen, da erwachsene Bürger von Jugendschutzmaßnahmen nicht betroffen sind[322]. Sinn und Zweck des Art. 5 Abs. 1 Satz 3

---

314 Maunz, Medienfreiheit und Jugendschutz, S. 86; Jarass, in: Jarass/Pieroth, GG-Komm., Art. 5 Rdnr. 50.

315 Degenhart, BK, Art. 5 Abs. 1, 2 Rdnr. 132.

316 BVerfGE 41, 29, 50.

317 BVerfGE 30, 336, 349; Starck/v. Mangoldt, BGG, Art. 5 Abs. 1, 2 Rdnr. 128.

318 BVerfGE 30, 336, 350.

319 So auch: Herzog, M-D, GG-Komm., Art. 5 I, II Rdnr. 284; Starck/v. Mangoldt, BGG, Art. 5 Abs. 1, 2 Rdnr. 128.

320 So: v. Mangoldt/Klein, BGG, Art. 5 Anm. IX 3 b; Ridder, Meinungsfreiheit, S. 283.

321 Herzog, M-D, GG-Komm., Art. 5 I, II Rdnr. 284.

322 Starck/v. Mangoldt, BGG, Art. 5 Abs. 1, 2 Rdnr. 105; Weides, Der Jugendmedienschutz im Filmbereich, NJW 1987, S. 224, 226; a.A.: Herkströter, Rundfunkfreiheit, Kunstfreiheit und Jugendschutz, AfP 1992 S. 23, 24.

GG ist es, eine Vorzensur zu verbieten, die ein generelles Verbot zum Gegenstand hat[323]. Von einem generellen Verbot kann bei Jugendschutzgesetzen nicht gesprochen werden. Würde sich eine Jugendschutzmaßnahme dahin auswirken, daß auch Erwachsene in ihrem Grundrecht der Meinungsfreiheit beschnitten wären, so läge darin eine Überschreitung des gesetzgeberischen Auftrags nach Art. 5 Abs. 2, 2. Alt. GG[324]. Der Jugendschutz darf mit anderen Worten nicht in einen Erwachsenenschutz umfunktioniert werden.

Die vom BVerfG[325] zu Art. 5 Abs. 2, 1. Alt. GG entwickelte Wechselwirkungslehre muß auch hinsichtlich der Jugendschutzgesetze angewandt werden, um der Bedeutung des Art. 5 Abs. 1 Satz 1 GG gerecht zu werden[326]. Dabei wird man zu berücksichtigen haben, daß der Jugendschutz im Gegensatz zur Meinungsfreiheit nicht schlechthin konstituierend für die freiheitliche demokratische Staatsordnung ist[327]. Ferner ist zu beachten, daß es nach der grundgesetzlichen Meinungsfreiheit nicht angeht, dem Jugendschutz Geltung zu verschaffen, indem angeblich 'wertlose' Meinungen von vornherein aus den Schutzbereich von Art. 5 Abs. 1 Satz 1 GG herausgenommen werden[328]. Eine Differenzierung der Meinungen nach ihrer sittlichen Qualität oder nach ihrer Wirkung ist schlechthin mit der grundlegenden Bedeutung von Art. 5 Abs. 1 GG nicht in Einklang zu bringen[329].

Für die Zulässigkeit von Jugendschutzgesetzen kommt es nach dem zuvor Gesagten ganz entscheidend darauf an, daß sie erforderlich sein müssen, um Einflüsse von Jugendlichen fernzuhalten, die für die

---

323 BVerfGE 33, 52, 72.

324 BVerfGE 30, 336, 348.

325 BVerfGE 7, 198, 208 f.; 71, 162, 181; 71, 206, 214; 74, 297, 337; 82, 43, 50; 82, 272, 280.

326 BVerfGE 30, 336, 347 f.; Bauer, Grundgesetz und "Schmutz- und Schundgesetz", JZ 1965, S. 41, 46; Gornig, Äußerungsfreiheit, S. 590; Herzog, M-D, GG-Komm., Art. 5 I, II Rdnr. 283; Maunz, Medienfreiheit und Jugendschutz, S. 92.

327 Maunz, Medienfreiheit und Jugendschutz, S. 93.

328 BVerfGE 30, 336, 347; 33, 1, 14 f.; 61, 1, 7; 66, 116, 151.

329 BVerfGE 20, 56, 97; 30, 336, 347.

Persönlichkeitsbildung Heranwachsender eine Gefahr sein können[330]. Dabei ist zum einen der Verhältnismäßigkeitsgrundsatz zu beachten[331]. Zum anderen ist darauf Rücksicht zu nehmen, daß jede Zeit die Gefährdungen nach ihren eigenen Wertungen prägt und bewertet[332].

Nach dem Grundsatz der praktischen Konkordanz müssen auch die vorbehaltlos gewährleistete Kunstfreiheit und die ihrer Ausübung widerstreitenden Belange des Kinder- und Jugendschutzes im Einzelfall zum Ausgleich gebracht werden[333]. Das BVerfG[334] geht davon aus, daß auch Kunstwerke schwere jugendgefährdende Wirkungen zur Folge haben können. Da Kinder und Jugendliche in der Regel den vollen Gehalt eines Kunstwerkes nicht ermessen können, sind sie gegen schädigende Einflüsse auch dann zu schützen, wenn diese von künstlerischen Werken ausgehen[335]. Dies darf allerdings nicht dazu führen, dem Jugendschutz stets Vorrang einzuräumen[336]. Vielmehr kann und muß der Kunstfreiheit der Vorrang eingeräumt werden, wenn jugendgefährdende Passagen in ein künstlerisches Konzept eingebunden sind und notfalls durch sachverständig-gutachterliche Ermittlung eine Jugendgefährdung ausgeschlossen werden kann[337]. Wenig überzeugend ist die Auffassung des BVerfG[338], daß der Jugendschutz zu weichen habe, wenn Gewalt und Sexualität in ein künstlerisches Konzept eingebettet seien. Diese Auffassung läßt sich unter dem Gesichtspunkt des Jugendschutzes nur dann halten, wenn die künstlerische Gestaltung eines Subjekts eine Aufhebung der

---

330 BVerfGE 83, 130, 140.

331 BVerfGE 83, 130, 143.

332 Maunz, Medienfreiheit und Jugendschutz, S. 86.

333 BVerfGE 83, 130, 146.

334 BVerfGE 83, 130, 143, 147.

335 BVerfGE 83, 130, 147; die von Herkströter geäußerte Kritik gegenüber den zur Zeit geltenden Jugendschutzbestimmungen geht deshalb zu weit, Herkströter, Rundfunkfreiheit, Kunstfreiheit und Jugendschutz, AfP 1992, S. 23 ff.

336 BVerfGE 83, 130, 147.

337 BVerfGE 83, 130, 147 f.

338 BVerfGE 83, 130, 147 f.

jugendgefährdenden Wirkungen zur Folge hat. Davon geht aber das BVerfG[339] selbst nicht aus, indem es zutreffend feststellt, daß nicht nur labile und gefährdungsgeneigte Kinder und Jugendliche den vollen Gehalt eines Kunstwerkes in der Regel gar nicht ermessen können. Damit ist nicht gesagt, daß der Jugendschutz in jedem Fall Vorrang haben muß. Es muß allerdings gewährleistet sein, daß sein Kernbereich unangetastet bleibt.

c) Die Schranke des rechtlichen Schutzes der persönlichen Ehre (Art. 5 Abs. 2, 3. Alt. GG)

Nach Art. 5 Abs. 2, 3. Alt. GG findet die grundgesetzliche Meinungsfreiheit ihre Schranke "in dem Recht der persönlichen Ehre". Die Bedeutung dieses Schrankenbegriffs hängt ganz entscheidend davon ab, wie die systematische Stellung von Art. 5 Abs. 2, 3. Alt. GG beurteilt wird.

aa) Systematische Stellung des Art. 5 Abs. 2, 3. Alt. GG

(1) Das "Recht der persönlichen Ehre" als ein Unterfall von Art. 5 Abs. 2, 1. Alt. GG

Es wird die Auffassung[340] vertreten, daß die Schranke des Rechts der persönlichen Ehre in Art. 5 Abs. 2, 3. Alt. GG lediglich als ein Unterfall der Schranke der "allgemeinen Gesetze" i.S.v. Art. 5 Abs. 2, 1. Alt. GG anzusehen sei. Begründet wird diese Meinung mit dem besonderen Stellenwert der grundgesetzlichen Meinungsfreiheit, der nur dann gewahrt bleibe, wenn alle Schrankenregelungen des Art. 5 Abs. 2 GG als allgemeine Gesetze ausgelegt würden. Die allgemeinen

---

339 BVerfGE 83, 130, 147.

340 Degenhart, BK, Art. 5 Abs. 1, 2 Rdnr. 118; Ridder, Meinungsfreiheit, S. 283 f.; Reisnecker, Das Grundrecht der Meinungsfreiheit und die Schranken der allgemeinen Gesetze im Sinne des Art. 5 II GG, S. 165; so auch das BVerfG, das zwar die persönliche Ehre als eine eigenständige Schranke ansieht, diesen Standpunkt dann aber wieder letztlich aufgibt, da es die Wechselwirkungslehre auch bei Art. 5 Abs. 2, 2. Alt. GG anwendet (BVerfGE 61, 1, 12) und eine gesetzliche Normierung und Konkretisierung des Ehrschutzes verlangt (BVerfGE 33, 1, 17).

Gesetze hätten lediglich die Funktion, die grundgesetzimmanenten Schranken der Meinungsfreiheit zum Ausdruck zu bringen[341].

(2) Das "Recht der persönlichen Ehre" als eigenständige Schranke

Eine im Schrifttum[342] weit verbreitete und im Vordringen befindliche Meinung sieht das "Recht der persönlichen Ehre" in Art. 5 Abs. 2, 3. Alt. GG als eine eigenständige Schranke an. Durch die Formulierung "Recht der persönlichen Ehre" habe der Verfassungsgeber zum Ausdruck gebracht, daß er nicht lediglich auf das allgemeine subkonstitutionelle Ehrenrecht hat verweisen wollen[343]. Art. 5 Abs. 2, 3. Alt. GG habe eine Doppelfunktion. Zum einen sei in dem "Recht der persönlichen Ehre" eine verfassungsunmittelbare Schranke zu sehen und zum anderen ermächtige sie zum Erlaß von Ehrenschutzbestimmungen[344]. Anders als die allgemeinen Gesetze seien die Ehrenschutzbestimmungen als Sondergesetze zu qualifizieren[345].

---

341 Reisnecker, Das Grundrecht der Meinungsfreiheit und die Schranken der allgemeinen Gesetze im Sinne des Art. 5 Abs. II GG, S. 164.

342 Wendt, in: v. Münch/Kunig, GG-Komm., Art. 5 Rdnr. 83; v. der Decken, Meinungsäußerungsfreiheit und Recht der persönlichen Ehre, NJW 1983, S. 1400, 1401 ff.; ders., Meinungsäußerungsfreiheit und Ehrenschutz in der politischen Auseinandersetzung, S. 154 ff.; Krüger, Wissenschaftsfreiheit und Ehrenschutz, Wissenschaftsrecht 1986, S. 1, 9 ff.; Mackeprang, Ehrenschutz im Verfassungsstaat, S. 129 ff.; Stern, Ehrenschutz und "allgemeine Gesetze", S. 823 f.; Gornig, Die Schrankentrias des Art. 5 II GG, JuS 1988, S. 274, 278; ähnlich auch Herzog, M-D, GG-Komm., Art. 5 I, II Rdnr. 287 und Hellge, Die privatrechtlichen Schranken der Pressefreiheit, S. 244, die von einer Drittwirkung des Art. 5 Abs. 2, 3. Alt. GG ausgehen.

343 v. der Decken, Meinungsäußerungsfreiheit und Recht der persönlichen Ehre, NJW 1983, 1400, 1402; ders., Meinungsäußerungsfreiheit und Ehrenschutz in der politischen Auseinandersetzung, S. 154; Kriele, Ehrenschutz und Meinungsfreiheit, NJW 1994, S. 1897, 1899; Krüger, Wissenschaftsfreiheit und Ehrenschutz, Wissenschaftsrecht 1986, S. 1, 11.

344 v. der Decken, Meinungsäußerungsfreiheit und Recht der persönlichen Ehre, NJW 1983, S. 1400, 1402.

345 Gornig, Äußerungsfreiheit, S. 592; v.d. Decken, Meinungsäußerungsfreiheit und Recht der persönlichen Ehre, NJW 1983, S. 1400, 1402.

Die strikte Trennung des Ehrenschutzes von den allgemeinen Gesetzen sei gerechtfertigt, da dieser auch durch Art. 2 Abs. 1 i.V.m. Art. 1 Abs. 1 GG eine spezielle verfassungsrechtliche Absicherung gefunden habe[346].

(3) Stellungnahme

Die besseren Argumente sprechen für die zuletzt genannte Auffassung, die dem Recht der persönlichen Ehre in Art. 5 Abs. 2, 3. Alt. GG eine eigenständige verfassungsrechtliche Bedeutung zuspricht. Nur unter dieser Prämisse kann der Schutz der persönlichen Ehre im Verhältnis zur Meinungsfreiheit das verfassungsrechtlich gebotene Gewicht erlangen. Zu Recht weist Stern[347] darauf hin, daß die Ehre eines Menschen oberstes Verfassungsprinzip ist und durch Art. 1 Abs. 1 und Art. 2 Abs. 1 GG grundrechtlich abgesichert ist. Dieser besonders hohe verfassungsrechtliche Rang der persönlichen Ehre kann allerdings nicht dazu führen, daß die Meinungsfreiheit grundsätzlich dem Schutz der persönlichen Ehre weichen muß. Vielmehr geht es nur darum, daß bei der Bestimmung des Rangverhältnisses zwischen Meinungsäußerungsfreiheit einerseits und dem Ehrenschutz andererseits, ein Eingriff in den Kernbereich der persönlichen Ehre verhindert werden soll[348]. Ein solcher Eingriff liegt regelmäßig dann vor, wenn eine Meinungsäußerung völlig unsachlich ist und lediglich der Herabsetzung der Person dient. Die Qualifizierung von Art. 5 Abs. 2, 3. Alt. GG als verfassungsunmittelbare Schranke hat nicht zur Folge, daß bestimmte Meinungsinhalte unterbunden werden. Vielmehr geht es ausschließlich darum, daß eine Meinungskundgabe in ehrverletzender Form sanktioniert wird.

---

346 Stern, Ehrenschutz und "allgemeine Gesetze", S. 824.

347 Stern, Ehrenschutz und "allgemeine Gesetze", S. 823.

348 v. der Decken, Meinungsfreiheit und Recht der persönlichen Ehre, NJW 1983, S. 1400, 1403.

bb) Begriff des Rechts der persönlichen Ehre

Die Bedeutung der Ehrschutzschranke hängt nicht nur von der systematischen Stellung des Art. 5 Abs. 2, 3. Alt. GG ab, sondern auch von dem Ehrbegriff.

(1) Extensive Interpretation

Nach einer Auffassung[349] ist der Ehrbegriff in Art. 5 Abs. 2, 3. Alt. GG weit auszulegen. Unter dem Schrankenbegriff des Rechts der persönlichen Ehre fallen danach sowohl die strafgesetzlichen normierten Ehrverletzungstatbestände als auch straflose Ehrminderungen. Ebenso könne Gewohnheitsrecht als "Recht der persönlichen Ehre" i.S.v. Art. 5 Abs. 2, 3. Alt. GG angesehen werden[350].

(2) Restriktive Interpretation

Nach der Gegenauffassung[351] ist der Begriff der "persönlichen Ehre" eng auszulegen. Lediglich die Ehrenschutzvorschriften des Straf- und Zivilrechts seien unter Art. 5 Abs. 2, 3. Alt. GG zu subsumieren[352]. Für strafrechtliche Ehrschutzbestimmungen ergäbe sich bereits aus Art. 103 Abs. 2 GG, daß von einem Gesetzesvorbehalt auszugehen sei[353].

(3) Stellungnahme

Bei der Bestimmung des Ehrbegriffs kommt es ganz entscheidend darauf an, ob man Art. 5 Abs. 2, 3. Alt. GG als eine verfassungsunmittelbare Schranke ansieht oder nicht. Geht man von einer eigenständigen verfassungsrechtlichen Schranke aus, so kann bereits unmittelbar aufgrund des verfassungsrechtlichen Ehrschutzes eine Be-

---

349 Hellge, Die privatrechtlichen Schranken der Pressefreiheit, S. 244; v. Mangoldt/Klein, BGG, Art. 5 Anm. IX 3 c.

350 Ebd.

351 BVerfGE 33, 1, 17; Wendt, in: v. Münch/Kunig, GG-Komm., Art. 5 Rdnr. 82; Starck/v. Mangoldt, BGG, Art. 5 Abs. 1, 2 Rdnr. 132.

352 Ebd.

353 Gornig, Die Schrankentrias des Art. 5 II GG, JuS 1988, S. 274, 278.

schränkung der Meinungsfreiheit erfolgen[354]. Hierbei handelt es sich keineswegs um einen gewohnheitsrechtlichen Ehrenschutz. Vielmehr folgt er aus Art. 1 Abs. 1 und aus Art. 2 Abs. 1 GG, wo die Ehre des Menschen als Ausfluß des allgemeinen Persönlichkeitsrechts eine verfassungsrechtliche Verankerung erfahren hat[355]. Im Hinblick auf den Verfassungsrang der persönlichen Ehre kann weder der straf- noch der zivilrechtliche Ehrschutzbegriff Ausgangspunkt für die Begriffsbestimmung des verfassungsrechtlichen Ehrbegriffs sein. Vielmehr ist dieser mit Hilfe der allgemeinen Auslegungsmethoden zu bestimmen.

Das Wort "Ehre" bedeutet nach v. Ihering[356] Wert der Person. Nach Schopenhauer[357] ist zwischen der objektiven und der subjektiven Ehre zu unterscheiden. Die objektive Ehre sei die Meinung anderer von unserem Wert[358]. Demgegenüber stelle die subjektive Ehre unsere Furcht vor der Meinung der anderen dar[359]. Richtig ist, daß die Ehre sowohl von inneren als auch von äußeren Faktoren bestimmt wird, weshalb beim verfassungsrechtlichen Ehrbegriff zwischen "innerer" und "äußerer" Ehre differenziert werden muß[360]. Die "innere" Ehre steht dem Menschen als Träger geistiger und sittlicher Werte von Geburt an zu[361]. Sie nimmt Teil an der Menschenwürde, die

---

354 v.d. Decken, Meinungsäußerungsfreiheit und Ehrenschutz in der politischen Auseinandersetzung, S. 160 ff.; Stern, Ehrenschutz und "allgemeine Gesetze", S. 823 f.

355 Stern, Ehrenschutz und "allgemeine Gesetze", S. 823.

356 v. Ihering, Zweck im Recht, 2. Bd., S. 393.

357 Schopenhauer, Aphorismen zur Lebensweisheit, S. 68.

358 Ebd.

359 Ebd.

360 Gornig, Die Schrankentrias des Art. 5 II GG, JuS 1988, S. 274, 278; Tettinger, Der Schutz der persönlichen Ehre im freien Meinungskampf, JZ 1983, S. 317, 319; Krüger, Wissenschaftsfreiheit und Ehrenschutz, Wissenschaftsrecht 1986, S. 1, 12; v.d. Decken, Meinungsäußerungsfreiheit und Ehrenschutz in der politischen Auseinandersetzung, S. 19, der zwischen dem "vorgegebenen Menschenwert" und dem "variablen Sozialwert" unterscheidet.

361 Krüger, Wissenschaftsfreiheit und Ehrschutz, Wissenschaftsrecht 1986, S. 1, 12.

durch Art. 1 Abs. 1 GG verfassungsrechtlich abgesichert ist[362]. Die "äußere" Ehre hat die soziale Geltung des Menschen in der Gesellschaft, sein Ansehen und seinen Ruf zum Gegenstand[363]. Sie ist ein Bestandteil des allgemeinen Persönlichkeitsrechts[364], das durch Art. 2 Abs. 1 i.V.m. Art. 1 Abs. 1 GG verfassungsrechtlich gewährleistet ist[365]. Auch der straf- und zivilrechtliche Ehrbegriff knüpft überwiegend an die Unterscheidung zwischen "innerer" und "äußerer" Ehre an[366].

cc) Reichweite der Ehrenschutzschranke

Die Reichweite der Ehrenschutzschranke hängt ganz entscheidend davon ab, ob man Art. 5 Abs. 2, 3. Alt. GG als eine selbständige Schranke ansieht oder ob man davon ausgeht, daß das Recht der persönlichen Ehre ein Unterfall der "allgemeinen Gesetze" in Art. 5 Abs. 2, 1. Alt. GG sei. Auf der Grundlage der zuletzt genannten Auffassung bestimmt sich die Reichweite der Ehrenschutzschranke nach der Wechselwirkungslehre. Danach müssen die Ehrenschutzbestimmungen im Lichte der Bedeutung des Grundrechts der Meinungsfreiheit gesehen werden[367]. Sie sind aus der Erkenntnis der wertsetzenden Bedeutung der Meinungsfreiheit im freiheitlichen-demokratischen Staat auszulegen und so in ihrer das Grundrecht beschränkenden Wirkung selbst wieder einzuschränken[368]. Die Anwendung der Wechselwirkungslehre auf die Schranke des Ehrenschutzes hat zur Folge, daß dem Ehrenschutz im Vergleich zur Meinungsfreiheit eine nur untergeordnete Bedeutung zukommt[369].

---

362 Ebd.; Stern, Ehrenschutz und "allgemeine Gesetze", S. 824.

363 Ebd.

364 Ebd.

365 BVerfGE 54, 148, 153; 60, 329, 339; 65, 1, 41; 72, 155, 170; 79, 256, 268.

366 Tettinger, Der Schutz der persönlichen Ehre im freien Meinungskampf, JZ 1983, S. 317, 319.

367 BVerfGE 7, 198, 209; 42, 163, 169; Starck/v. Mangoldt, BGG, Art. 5 Abs. 1, 2 Rdnr. 133.

368 Ebd.

369 Gornig, Die Schrankentrias des Art. 5 II GG, JuS 1988, S. 274, 278; v.d. Decken, Meinungsäußerungsfreiheit und Recht der persönlichen Ehre, NJW 1983, S. 1400, 1402; Stern, Ehrenschutz und "allgemeine Gesetze", S. 827.

Geht man nach der hier vertretenen Auffassung davon aus, daß Art. 5 Abs. 2, 3. Alt. GG eine eigenständige verfassungsunmittelbare Schranke ist, hat dies zwar nicht zur Folge, daß das Recht der persönlichen Ehre in den Rang eines Grundrechtes gehoben wird[370]. Vielmehr hat die Anerkennung des Verfassungsrangs des Ehrenschutzes in Art. 5 Abs. 2, 3. Alt. GG zur Konsequenz, daß zwischen dem Grundrecht der Meinungsfreiheit einerseits und dem Ehrschutz in Art. 5 Abs. 2, 3. Alt. GG andererseits das von Hesse[371] entwickelte Prinzip "der praktischen Konkordanz" und des schonendsten Ausgleichs zur Anwendung kommen[372]. Das bedeutet, daß Kollisionen zwischen der Meinungsfreiheit und der verfassungsrechtlich geschützten Ehre dergestalt aufzulösen sind, daß beide Verfassungsgüter optimal ihre Wirkung entfalten können. Keinesfalls wird dadurch das Grundrecht der Meinungsfreiheit inhaltlich eingeschränkt. Lediglich die Form der Meinungsäußerung kann im Einzelfall zugunsten des Ehrenschutzes eine Einschränkung erfahren. Dabei darf die Meinungsfreiheit nicht in ihrem Wesensgehalt angetastet werden.

Die Rechtsprechung des BVerfG[373] und ein Teil der Literatur[374] privilegieren die Betätigung der Meinungsfreiheit, die einen Beitrag zum geistigen Meinungskampf in einer die Öffentlichkeit wesentlich berührenden Frage zum Gegenstand hat. Hier spräche die Vermutung für die Zulässigkeit der freien Rede[375], weil sonst die Meinungsfreiheit, die Voraussetzung eines freien und offenen politischen Pro-

---

370 So zu Recht: Gornig, Die Schrankentrias des Art. 5 II GG, JuS 1988, S. 274, 278; v.d. Decken, Meinungsäußerungsfreiheit und Recht der persönlichen Ehre, NJW 1983, S. 1400, 1402.

371 Hesse, Grundzüge des Verfassungsrechts der Bundesrepublik Deutschland, S. 133 ff.

372 Stern, Ehrenschutz und "allgemeine Gesetze", S. 827.

373 BVerfGE 7, 198, 212; 61, 1, 11.

374 Brandner, Das allgemeine Persönlichkeitsrecht in der Entwicklung durch die Rechtsprechung, JZ 1983, S. 689, 692; Heinemann, Die Rechtsordnung des politischen Kampfes, NJW 1962, S. 889, 892 f.; Hoffmann, Beweislast und Rechtfertigung bei ehrverletzenden Behauptungen im politischen Bereich, NJW 1966, S. 1200 ff.; Rasehorn, Zum Persönlichkeitsschutz im Zivilrecht bei politischen Auseinandersetzungen, JZ 1977, S. 672, 675.

375 BVerfGE 7, 198, 212; 61, 1, 11.

zesses sei, in ihrem Kern betroffen wäre[376]. Das BVerfG[377] ist der Auffassung, daß der Schutz von Rechtsgütern - wie z.B. die persönliche Ehre - um so mehr zurücktreten könne, je weniger es sich um eine unmittelbar gegen dieses Rechtsgut gerichtete Äußerung im privaten Bereich handele.

Die These von der Privilegierung der politischen Ausübung der Meinungsfreiheit ist im Schrifttum[378] zu Recht kritisiert worden. Eine Differenzierung nach der Qualität der Meinungen oder ihrer Wirkung auf andere ist diskriminierend und verstößt gegen die grundlegende Bedeutung des Grundrechts der Meinungsfreiheit[379].

Im Ergebnis ist die Bevorzugung der politischen Grundrechtsbetätigung gegenüber der privaten eine inhaltliche Bestimmung des Grundrechtsgebrauchs von Staats wegen[380]. Das dem Grundgesetz zugrundeliegende Prinzip der weltanschaulichen Neutralität verbietet die einseitige Bevorzugung der politischen Betätigung der Meinungsfreiheit auf Kosten des verfassungsrechtlichen Guts der persönlichen Ehre. Die private Motivation der Grundrechtsausübung ist

---

376 BVerfGE 61, 1, 11.

377 BVerfGE 61, 1, 11.

378 Bethge, Die Grundrechtsgewährleistungen des Art. 5 GG in der Kommentierung von Ingo v. Münch, AfP 1984, S. 22, 23; Ossenbühl, Die Interpretation der Grundrechte in der Rechtsprechung des Bundesverfassungsgerichts, NJW 1976, S. 2100, 2103; Böckenförde, Grundrechtstheorie und Grundrechtsinterpretation, NJW 1974, S. 1529, 1534 f.; v.d. Decken, Meinungsäußerungsfreiheit und Ehrenschutz in der politischen Auseinandersetzung, S. 176 ff.; Mackeprang, Ehrenschutz im Verfassungsstaat, S. 144 ff.; H.H. Klein, Zur Auslegung des Grundrechts der Meinungsfreiheit, Der Staat 1971, S. 145, 159 ff.; Stern, Ehrenschutz und "allgemeine Gesetze", S. 817 f.; Krüger, Wissenschaftsfreiheit und Ehrenschutz, Wissenschaftsrecht 1986, S. 1, 8; Starck/v. Mangoldt, BGG, Art. 5 Abs. 1, 2 Rdnr. 138; Schmitt Glaeser, Meinungsfreiheit und Ehrenschutz, JZ 1983, S. 95, 98; Würtenberger, Satire und Karikatur in der Rechtsprechung, NJW 1983, S. 1144, 1146.

379 Bethge, Die Grundrechtsgewährleistungen des Art. 5 GG in der Kommentierung von Ingo v. Münch, AfP 1984, S. 22, 23.

380 Schmitt Glaeser, Die Meinungsfreiheit in der Rechtsprechung des Bundesverfassungsgerichts, AöR, Bd. 113 (1988), S. 52, 55; v.d. Decken, Meinungsäußerungsfreiheit und Ehrenschutz in der politischen Auseinandersetzung, S. 180.

im Vergleich zur Grundrechtsäußerung um der Allgemeinheit willen nicht minder legitim[381]. Vielmehr ist die "Privatheit" ein wesentlicher Kern aller Grundrechte und speziell auch des Grundrechts der Meinungsfreiheit[382]. Auch die Grundrechtsausübung zu privaten Zwecken hat mit anderen Worten öffentliches Gewicht[383]. Wollte man der öffentlichen Grundrechtsbetätigung einen Vorrang einräumen, führt diese Interpretation hinsichtlich der Meinungsfreiheit zu dem grotesken Ergebnis, daß jedem Staatsbürger geraten werden muß, private Anliegen mit möglichst großer Öffentlichkeitswirkung unter ideologischen Gesichtspunkten vorzutragen, um eine optimale Wahrnehmung der grundgesetzlichen Meinungsfreiheit zu erreichen[384].

Ferner ist zu bedenken, daß die einseitige Privilegierung der öffentlichen Meinungsäußerung gegenüber anderen Verfassungsgütern zu einer Verrohung der "politischen Sitten" führt[385]. Stern[386] weist zu Recht darauf hin, daß ein Teilnehmer des öffentlichen Lebens in besonderer Weise gerichtlichen Schutz braucht, um sich gegen böswillige oder gar verleumderische Attacken wehren zu können. Unter diesen Umständen ist zu konstatieren, daß ein effektiver Ehrenschutz *auch* eine konstitutive Bedingung für die demokratische Staatsordnung ist[387].

Auch die Erfahrungen aus der Zeit der Weimarer Republik zeigen, daß es für den dauerhaften Bestand einer freiheitlichen Demokratie darauf ankommt, einer Meinungsbildung entgegenzuwirken, die das

---

381 H.H. Klein, Zur Auslegung des Grundrechts der Meinungsfreiheit, Der Staat 1971, S. 145, 160.

382 Schmitt Glaeser, Meinungsfreiheit und Ehrenschutz, JZ 1983, S. 95, 98.

383 Ebd.

384 Rehbinder, Grenzen der Meinungs- und Pressefreiheit, NJW 1962, S. 2140, 2141.

385 Stern, Ehrenschutz und "allgemeine Gesetze", S. 817; Kriele, Ehrenschutz und Meinungsfreiheit, NJW 1994, S. 1897, 1900; Mackeprang, Ehrenschutz im Verfassungsstaat, S. 148; Gilessen, Verwilderung des Meinungskampfes, FAZ v. 3.5.1994, S. 14.

386 Stern, Ehrenschutz und "allgemeine Gesetze", S. 817.

387 Kriele, Ehrenschutz und Meinungsfreiheit, NJW 1994, S. 1897, 1898.

Ergebnis von Lüge, Hetze und Verleumdung ist[388]. Wird einer solchen öffentlichen Meinungsbildung nicht von Anfang an Einhalt geboten, muß in weiten Teilen der Bevölkerung der Eindruck entstehen, daß sich derjenige, der behauptet, dem öffentlichen Interesse zu dienen, auch bei einem an sich gegebenem Rechtsbruch immer rechtmäßig verhält[389].

d) Beschränkung der Meinungsfreiheit durch sonstige Verfassungsnormen

Eine Einschränkung der grundgesetzlichen Meinungsfreiheit kommt neben den Schranken des Art. 5 Abs. 2 GG auch aus sonstigen Verfassungsnormen in Betracht[390]. Auch Grundrechte, die einen Gesetzesvorbehalt aufweisen, können und müssen Einschränkungen durch andere Verfassungsnormen erfahren[391] Beschränkungen des Art. 5 Abs. 1 GG können sich zum einen aus den Grundrechten anderer Grundrechtsträger ergeben[392]. Zum anderen bringen objektive staatsorganisationsrechtliche Festlegungen und Wirkungsaufträge des Staates Begrenzungen des Art. 5 Abs. 1 GG mit sich[393]. Die widerstreitenden Verfassungsgüter müssen dabei im Wege einer praktischen Konkordanz so zum Ausgleich gebracht werden, daß sie beide ihre optimale Wirkung entfalten können[394]. Danach kommen Eingrenzungen eines Grundrechts nur in Betracht, soweit dies für die Entfaltung eines anderen Verfassungsgutes unerläßlich ist[395].

---

388 Schmitt Glaeser, Meinungsfreiheit und Ehrenschutz, JZ 1983, S. 95, 99.

389 Mackeprang, Ehrenschutz im Verfassungsstaat, S. 148 f.; Wassermann, Ist der Rechtsstaat noch zu retten?, S. 9.

390 Bleckmann, Staatsrecht II, S. 721; Herzog, M-D, GG-Komm., Art. 5 I, II Rdnr. 293; Jarass, in: Jarass/Pieroth, GG-Komm., Art. 5 Rdnr. 53; v. Mangoldt/Klein, BGG, Art. 5 Anm. IX 1; Degenhart, BK, Art. 5 Abs. 1, 2 Rdnr. 135; Schmidt-Jortzig, Meinungs- und Informationsfreiheit, S. 663 f.

391 Herzog, M-D, GG-Komm., Art. 5 I, II Rdnr. 293.

392 Bleckmann, Staatsrecht II, S. 721.

393 BVerfGE 25, 44, 57; Schmidt-Jortzig, Meinungs- und Informationsfreiheit, S. 663.

394 Schmidt-Jortzig, Meinungs- und Informationsfreiheit, S. 663 f.

395 Ebd.

Das strafrechtlich sanktionierte Verbot nationalsozialistischer Propaganda[396] richtet sich gegen eine ganz bestimmte Meinung[397] und kann deshalb nicht als ein allgemeines Gesetz i.S.v. Art. 5 Abs. 2, 1. Alt. GG qualifiziert werden. Die Zulässigkeit des Verbots nationalistischer Propaganda folgt nach der Ansicht von Frowein[398] aus der in Art. 139 GG getroffenen Entscheidung des Verfassungsgebers. Art. 139 GG stellt eine entschiedene Ablehnung des totalen Staates, der Rassendoktrin, des Einparteiensystems, des "Führerprinzips", eines nationalsozialistischen Mythos und der Vorstellung vom Vorrang des Staates vor dem Einzelnen dar[399]. Es ist nicht ersichtlich, daß die o.g. Grundaussage des Art. 139 GG heute keine Gültigkeit mehr hat[400]. Gesetze, die nach dem Inkrafttreten des Grundgesetzes zur Bekämpfung einer nationalsozialistischen Propaganda erlassen werden, müssen mit dem Grundgesetz und den Grundrechten in Einklang stehen[401]. Da das Verbot nationalsozialistischer Propaganda gegen eine bestimmte Meinung gerichtet ist, kann es nicht als ein Schrankengesetz i.S.v. Art. 5 Abs. 2 GG angesehen werden[402]. Die Zulässigkeit des Verbots nationalsozialistischer Propaganda kann sich deshalb seit dem Inkrafttreten des Grundgesetzes allein aus dem Vorrang des Schutzes der freiheitlichen demokratischen Grundordnung und dem Gedanken der Völkerverständigung ergeben[403].

---

396 §§ 86 Abs. 1 Nr. 4, 86 a StGB.

397 Wendt, in: v. Münch/Kunig, GG-Komm., Art. 5 Rdnr. 78.

398 Frowein, Reform durch Meinungsfreiheit, AöR, Bd. 105 (1980), S. 169, 182, Fn. 70.

399 Hamann/Lenz, Das Grundgesetz für die Bundesrepublik Deutschland, Art. 139 Anm. A.

400 Ebd.; Jarass, in: Jarass/Pieroth, GG-Komm., Art. 139 Rdnr. 1; nach a.A. ist Art. 139 GG aufgrund der abgeschlossenen Entnazifizierung nunmehr obsolet, Hecker , in: v. Münch, GG-Komm., Art. 139 Rdnr. 11; Jess, BK, Art. 139, Erläuterung 3 a; Schmidt-Bleibtreu/Klein, Komm. zum GG, Art. 139; Herzog, M-D, GG-Komm., Art. 139 Rdnr. 4.

401 Ebd.

402 Wendt, in: v. Münch/Kunig, GG-Komm, Art. 5 Rdnr. 78.

403 Ebd.

Nach Art. 17 a Abs. 1 GG können Gesetze über Wehrdienst und Ersatzdienst bestimmen, daß für die Angehörigen der Streitkräfte und des Ersatzdienstes während der Dienstzeit das Grundrecht der Meinungsfreiheit eingeschränkt werden kann. Bei den nach Art. 17 a Abs. 1 GG erlassenen Gesetzen handelt es sich lediglich um allgemeine Gesetze i.S.v. Art. 5 Abs. 2, 1. Alt. GG[404].

2. *Die Schranken der Meinungsfreiheit in der Mediendeklaration 1978*

a) *Ausdrückliche Schranken*

Auffallend ist, daß die sehr umfangreiche Mediendeklaration 1978 keine ausdrückliche Schrankenregelung zur Meinungsfreiheit enthält. Eine dem Art. 5 Abs. 2 GG entsprechende Regelung sucht man in der Mediendeklaration 1978 vergebens. Daraus kann allerdings nicht gefolgert werden, daß die Meinungsfreiheit schrankenlos gewährleistet werden soll. Vielmehr ist zu fragen, ob die Mediendeklaration 1978 auf einer anderen Art und Weise eine Beschränkung der Meinungsfreiheit legitimiert.

b) *Immanente Schranken*

aa) *Art. 1 Satz 1 Mediendeklaration 1978*

Eine immanente Schranke der Meinungsfreiheit ist in Art. 1 Satz 1 Mediendeklaration 1978 enthalten, der eine "umfassendere und ausgewogenere Verbreitung von Informationen" verlangt[405]. Da die Informationsfreiheit für die Meinungsbildung von entscheidender

---

404 BVerfG NJW 1992, S. 2750 f.

405 Zit. nach der deutschen Übersetzung in: EA 1978, D 190; englischer Text: "wider and better balanced dissemination of information", französischer Text: "une diffusion plus large et mieux équilibrée de l'information"; zit. nach Kleinwächter/Raaz, Die Organisation der Vereinten Nationen für Erziehung, Wissenschaft und Kultur, S. 391; nach der deutschen Übersetzung von Kleinwächter/Raaz, S. 390 verlangt Art. 1 Satz 1 Mediendeklaration 1978 "eine breitere und ausgewogenere Verbreitung der Information".

Bedeutung ist, enthält Art. 1 Satz 1 Mediendeklaration 1978 auch für die Meinungs- und Meinungsäußerungsfreiheit eine wichtige Aussage. Dies beruht auf der Erkenntnis, daß die Meinungsbildung und -äußerung in der Regel fundierte Informationen voraussetzt. Ferner dient die Meinungsäußerungsfreiheit u.a. der Weitergabe von Informationen. Meinungsfreiheit und Informationsfreiheit stehen also in einem wechselseitigen Verhältnis zueinander und können nicht nur isoliert betrachtet werden. Aus diesem Grunde ist das Postulat einer "umfassenderen" und "ausgewogeneren" Informationsverbreitung auch für die Meinungsfreiheit von Relevanz. Im Schrifttum[406] wird zu Recht darauf hingewiesen, daß in der Steigerungsform von Adjektiven auf der Werteskala der Freiheit ein Weniger im Verhältnis zur adjektiven Grundstufe zu sehen ist. Durch den Komparativ der Adjektive "umfassend" und "ausgewogen" werden an die Stelle objektiver Inhaltskriterien subjektive Selbstauslegungen gestellt und der Willkür Tür und Tor geöffnet[407]. Eine "ausgewogenere" und "umfassendere" Information ist ein begriffliches Ungeheuer, das - einer Hydra ähnlich - fortwährend neue Generalklauseln erzeugt[408]. Insbesondere beim grenzüberschreitenden Informationsaustausch läßt sich mit dem Hinweis auf Ausgewogenheit fast jeder Programminhalt als unausgewogen qualifizieren[409]. Willkürlich kann fast jede politisch, kulturell und/oder wirtschaftlich unliebsame Information vom freien Informationsfluß abgeschnitten werden[410]. Es kommt hinzu, daß die Verwendung des Komparativs eine juristische Subsumtion unmöglich macht[411] bzw. erheblich erschwert.

Gleichwohl kann Art. 1 Satz 1 Mediendeklaration 1978 die Anwendung nationalen Rechts beeinflussen. Außerdem besteht die Gefahr, daß die Adjektive der ersten Steigerungsstufe in Konventionen Eingang finden können und daß sich Gegner eines freien und umfassen-

---

406 Gornig, Äußerungsfreiheit, S. 363; Bueckling, Satellitenfernsehen, AfP 1982, S. 85, 88.

407 Bueckling, Satellitenfernsehen, AfP 1982, S. 85, 88.

408 Ebd.; Gornig, Äußerungsfreiheit, S. 363.

409 Bueckling, Satellitenfernsehen, AfP 1982, S. 85, 88.

410 Ebd.

411 Gornig, Äußerungsfreiheit, S. 363.

den Informationsflusses einer Würdigung ihres Verhaltens nach objektiven Kriterien entziehen[412].

Zwar läßt der Zerfall der früheren Ostblockstaaten in Europa eine solche Entwicklung als unwahrscheinlich erscheinen. Allerdings kann für die Zukunft nicht ausgeschlossen werden, daß eine größere Zahl von totalitären Staaten entsteht, die einen freien Informationsfluß verhindern wollen. Es kommt hinzu, daß sich eine große Anzahl der Staaten der Dritten Welt durch totalitäre Strukturen auszeichnet[413]. Menschenrechte werden dort überwiegend nicht als Individualrechte, sondern nur als Kollektivrechte verstanden[414], was eine Beschneidung der Freiheitsrechte des Individuums mit sich bringt. Beschränkungen der Kommunikationsfreiheiten stehen nach wie vor auf der Tagesordnung[415].

Auf lange Sicht ist davon auszugehen, daß insbesondere die Möglichkeiten der Satellitentechnik dem freien Informationsfluß weltweit zum Durchbruch verhelfen werden[416].

bb) Art. 2 Abs. 1 Mediendeklaration 1978

Als weitere immanente Schranke der Meinungsfreiheit ist Art. 2 Abs. 1 Mediendeklaration 1978 anzusehen, der die Ausübung der Meinungs- und Meinungsäußerungsfreiheit als "Bestandteil der Menschenrechte und Grundfreiheiten"[417] anerkennt. Aus dieser Aussage

---

412 Ebd., S. 363/364.

413 Ebd., S. 228.

414 Kremser, Der Rechtsstatus der evangelischen Kirchen in der DDR und die neue Einheit der EKD, S. 24; Huber/Tödt, Menschenrechte, S. 19; M. Honecker, Das Recht des Menschen, S. 60 f.; Tibi, Entwicklung statt Menschenrechte, FAZ v. 25.6.1993, S. 14.

415 "Das schlimmste Jahr für die Medien", FAZ v. 17.2.1994, S. 6.

416 Gornig, Satellitenrundfunk und Völkerrecht, ZUM 1992, S. 174, 186.

417 Zit. nach der deutschen Übersetzung in: EA 1979, D 190; im authentischen englischen und französischen Text der Mediendeklaration 1978 wird die Ausübung der Meinungs- und Meinungsäußerungsfreiheit als ein integrierender Bestandteil ("integral part", "partie intégrante") der Menschenrechte und Grundfreiheiten bezeichnet, s. Kleinwächter/Raaz, Die Organisation der Vereinten Nationen für Erziehung, Wissenschaft und Kultur, S. 391.

kann man folgern, daß die Meinungs- und Meinungsäußerungsfreiheit nicht in einer Weise gebraucht werden darf, die mit dem Schutz der Menschenrechte nicht in Einklang gebracht werden kann. Menschenrechtsqualität hat auch der Schutz der persönlichen Ehre. Folglich beinhaltet Art. 2 Abs. 1 Mediendeklaration 1978 eine Beschränkungsmöglichkeit der Meinungs- und Meinungsäußerungsfreiheit zugunsten des Schutzes der persönlichen Ehre.

Weiterhin enthält Art. 2 Abs. 1 Mediendeklaration 1978 die Aussage, daß die Ausübung der Meinungs- und Meinungsäußerungsfreiheit ein wesentlicher "Faktor bei der Stärkung des Friedens und der internationalen Verständigung"[418] sei. Eine Beschränkungsmöglichkeit des Gebrauchs der Meinungs- und Meinungsäußerungsfreiheit liegt in der obigen Aussage allerdings nicht, da ihr nicht der objektive Erklärungsgehalt entnommen werden kann, daß die Meinungs- und Meinungsäußerungsfreiheit ausschließlich zur Stärkung des Friedens und der internationalen Verständigung gebraucht werden darf.

Auch Art. 2 Abs. 1 Mediendeklaration 1978 geht mithin davon aus, daß die Meinungsfreiheit privaten Zwecken dienen kann, ohne dies freilich ausdrücklich hervorzuheben. Folglich ist zu konstatieren, daß die Mediendeklaration 1978 in Übereinstimmung mit der Rechtsprechung des BVerfG[419] den Gebrauch der "öffentlichen" Meinungsfreiheit höherrangig einstuft als die Ausübung der "privaten" Meinungsfreiheit.

cc) Art. 6 Mediendeklaration 1978

Wie bereits dargelegt wurde, zielt die Mediendeklaration 1978 auf die Schaffung einer neuen internationalen Informationsordnung ab. Nach der Ansicht von Kleinwächter/Raaz[420] ergäbe sich aus Art. 6 Mediendeklaration 1978 "expressis verbis" die Forderung nach Schaf-

---

418 Zit. nach EA 1979, D 190.

419 BVerfGE 7, 198, 212; 66, 116, 139; 82, 272, 281 f.

420 Kleinwächter/Raaz, Die Organisation der Vereinten Nationen für Erziehung, Wissenschaft und Kultur, S. 62.

fung einer neuen internationalen Informationsordnung[421]. Diese neue Ordnung soll nach dem Willen der Dritten Welt die Herbeiführung eines ausgewogenen internationalen Nachrichtenwesens sowie den Schutz der kulturellen Identität durch internationale und staatliche Intervention zum Gegenstand haben[422]. Die Realisierung der neuen Weltinformationsordnung hat mit anderen Worten eine Beschränkung der grenzüberschreitenden Meinungsfreiheit zur Folge. In dieser Hinsicht besteht bzw. bestand eine Identität der Interessen bei den Ländern des früheren Ostblocks und den Entwicklungsländern[423].

Sieht man mit Kleinwächter/Raaz[424] in Art. 6 Mediendeklaration 1978 eine Grundlage für die Etablierung einer neuen Weltkommunikationsordnung, ist Art. 6 Mediendeklaration 1978 im Hinblick auf die Beschränkungsmöglichkeiten der grenzüberschreitenden Meinungsfreiheit als eine Schrankenregelung anzusehen, die sogar zu einer weitgehenden Aufhebung der Meinungsfreiheit legitimieren könnte, wie noch zu zeigen sein wird.

Zu einem anderen rechtlichen Ergebnis kommt man indes, wenn Art. 6 Mediendeklaration 1978 im Sinne der westlichen Staaten interpretiert wird. Nach der Auffassung der meisten liberalen Staaten habe die Forderung nach internationaler Kontrolle und Reglementierung der weltweiten Informationsflüsse keinen Eingang in die Mediendeklaration 1978 gefunden[425]. Es wird deshalb auch von einem

---

421 Siehe hierzu: Delbrück, Weltinformations- und Kommunikationsordnung, S. 1067 ff.; Witzmann, Völkerrechtliche Aspekte der Bemühungen um eine neue Weltinformationsordnung, S. 57 ff.; Breunig, Kommunikationspolitik der UNESCO, S. 114 ff.; Sur, Vers un Nouvel Ordre Mondial de l'Information et de la Communication, Annuaire Français de Droit International 1981, S. 45 ff.; Gornig, Äußerungsfreiheit, S. 227 ff.

422 Delbrück, Die "Neue Weltinformations- und Kommunikationsordnung", S. 1068.

423 Witzmann, Völkerrechtliche Aspekte der Bemühungen um eine neue Weltinformationsordnung, S. 68.

424 Kleinwächter/Raaz, Die Organisation der Vereinten Nationen für Erziehung, Wissenschaft und Kultur, S. 62.

425 Gornig, Äußerungsfreiheit, S. 359.

"Sieg" der westlichen Staaten gesprochen[426]. Dieser sei dadurch erzielt worden, daß die Industriestaaten die teils formlose, teils offizielle Zusage gemacht hätten, verstärkt beim Aufbau und Ausbau der Informationssysteme in den Entwicklungsländern helfen zu wollen[427]. Durch diese Hilfe soll ein besseres Gleichgewicht beim Informationsaustausch zwischen Nord und Süd geschaffen werden[428]. Im Text der Mediendeklaration 1978 ist der o.g. Kompromiß allerdings nicht festgeschrieben worden[429]. Somit ist zu konstatieren, daß der Text der Mediendeklaration 1978 so formuliert ist, daß darin die Angehörigen der verschiedenen Lager jeweils ihre Auffassung wiederfinden[430].

Im Hinblick auf den unklaren Bedeutungsgehalt des Art. 6 Mediendeklaration 1978 wird man nicht davon ausgehen können, daß es sich dabei um eine Schrankenregelung hinsichtlich der in der Mediendeklaration 1978 verankerten Meinungs- und Meinungsäußerungsfreiheit handelt.

Kritisch ist zu konstatieren, daß die Interpretation des Art. 6 Mediendeklaration 1978 durch die Entwicklungsstaaten letztlich zu einer Aufhebung der Meinungsfreiheit als Individualrecht führen kann und damit den Umfang der Meinungsfreiheit wesentlich schärfer zu begrenzen vermag als eine Schrankenregelung. Dies folgt aus der Erkenntnis, daß mit der Forderung nach der Schaffung einer neuen Weltkommunikationsordnung die Absicht verbunden ist, eine neue Gesellschaftsordnung zu gründen[431]. In ihr sollen die Interessen der Gesellschaft als Ganzes und die Rechte ganzer Völker verteidigt werden[432]. Im Klartext bedeutet dies eine Kollektivierung der

---

426 Righter, Noch eine "neue Weltordnung"?, EA 1979, S. 211, 215.

427 Gornig, Äußerungsfreiheit, S. 359.

428 Ebd.

429 Ebd., S. 359, Fn. 20.

430 Weyl, Anmerkungen zur Medienpolitik der UNESCO unter besonderer Berücksichtigung ihrer Mediendeklaration und deren Geschichte, S. 414.

431 Righter, Noch eine "neue Weltordnung?", EA 1979, S. 211, 213.

432 Ebd.

Menschenrechte[433]. Dies hat für die Meinungsfreiheit zur Konsequenz, daß diese nur noch dann betätigt werden darf, wenn sie den Interessen der gesamten Gesellschaft und dem Recht der Völker dient[434]. Vom Schutzbereich der Meinungsfreiheit sind demnach diejenigen Meinungskundgaben ausgenommen, die eine Sensationshascherei zum Gegenstand haben[435]. Diese individualrechtsfeindliche Interpretation der Meinungsfreiheit wird dadurch unterstützt, daß die Mediendeklaration immer wieder betont, daß die Kommunikation der Verwirklichung von politischen Zielen zu dienen habe.

Auch nach dem Zusammenbruch der sozialistischen Regime in Mittel- und Osteuropa werden die Massenmedien dort nach wie vor als Instrumente zur Beeinflussung der Massen sowie als Mittel zur Gehirnwäsche verstanden[436].

---

433 Ebd.

434 Ebd.

435 Ebd.

436 Gassen, Auch die Neuen haben noch Lenin im Kopf, SZ v. 10.05.1993, S. 16.

D. Die Mediendeklaration 1978 im Lichte der grundgesetzlichen Informationsfreiheit

I. Historische Entwicklung der Informationsfreiheit

1. Deutsches Verfassungsrecht

Im deutschen Verfassungsrecht ist die Informationsfreiheit erst nach dem 2. Weltkrieg als ein eigenständiges Grundrecht anerkannt worden[1]. Die Weimarer Reichsverfassung enthält kein eigenständig ausgeprägtes Recht der Informationsfreiheit[2]. Eine historische Entwicklung, wie sie für die Grundfreiheiten und Menschenrechte zu verzeichnen ist, kann für die Informationsfreiheit nicht festgestellt werden[3]. Nach dem 2. Weltkrieg wurde die Informationsfreiheit zunächst in einigen Landesverfassungen[4] und schließlich in das Grundgesetz[5] aufgenommen. Die Erfahrungen mit den Informationsbeschränkungen, der staatlichen Meinungslenkung, den staatlichen Abhörverboten für ausländische Rundfunksender und den Literatur- und Kunstverboten waren Anlaß für die selbständige verfassungsrechtliche Gewährleistung der Informationsfreiheit im Grundgesetz[6].

---

1 Gerhardt, Zum Begriff der Informationsfreiheit, AfP 1974, S. 689; Gornig, Äußerungsfreiheit, S. 550; Krafczyk, Ausländische Rundfunksendungen als "allgemein zugängliche Quellen" im Sinne des Art. 5 Abs. 1 Grundgesetz, S. 7.

2 Gehrhardt, Zum Begriff der Informationsfreiheit, AfP 1974, S. 689.

3 Krafczyk, Ausländische Rundfunksendungen als "allgemein zugängliche Quellen" im Sinne des Art. 5 Abs. 1 Grundgesetz, S. 7.

4 Vgl. Art. 11 Abs. 2 der Verfassung des ehemaligen Landes Württemberg-Baden vom 28.11.1946; Art. 10 Abs. 2 der Verfassung von Rheinland-Pfalz vom 18.5.1947; Art. 112 der Bayerischen Verfassung vom 2.12.1946; Art. 13 der Hessischen Verfassung vom 11.12.1946; Art. 15 der Verfassung der Freien und Hansestadt Bremen vom 21.10.1947; alle o.g. Landesverfassungen sind abgedruckt in: Wegener, Die neuen deutschen Verfassungen.

5 Zur Entstehungsgeschichte des Art. 5 GG siehe: v. Doemming/Füsslein/Matz, Entstehungsgeschichte der Artikel des Grundgesetzes, JöR, Bd. 1 (1951), S. 79 ff.

6 BVerfGE 27, 171, 80.

2. *Internationales Recht*

Auf internationaler Ebene gibt es seit 1945 Bestrebungen, die Informationsfreiheit als eigenständiges Recht anzuerkennen und zu sichern[7]. In der Resolution 59 I vom 14.12.1946[8] brachte die Generalversammlung der VN den besonders hohen Stellenwert der Informationsfreiheit zum Ausdruck. In ihr heißt es u.a.:

> "Freedom of information is a fundamental human right and is the touchstone of all freedoms to which the United Nations is consecrated;
> Freedom of information implies the right to gather, transmit and publish news anywhere and everywhere without fetters. As such it is an essential factor in any serious effort to promote the peace and progress of the world"[9].

Die Bedeutung der o.g. Resolution liegt zum einen darin, daß sie das Recht auf Informationsfreiheit auf internationaler und nationaler Ebene anerkennt[10]. Zum anderen war die Resolution 59 I der Generalversammlung der Vereinten Nationen der Ausgangspunkt für das Bemühen, die Informationsfreiheit rechtlich zu fixieren und sie in einen völkerrechtlich verbindlichen Rahmen zu bringen[11].

Die von der Generalversammlung der Vereinten Nationen am 10.12.1948 verkündete "Allgemeine Erklärung der Menschenrechte"[12] garantiert in Art. 19 das Recht der Informationsfreiheit, indem festgestellt wird, daß die Meinungsfreiheit auch das Recht umfasse, "Informationen und Ideen mit allen Verständigungsmitteln ohne Rücksicht auf Grenzen zu suchen, zu empfangen"[13]. Nach der

---

7 BVerfGE 27, 71, 82.

8 Text: Djonovich, United Nations Resolutions, Series I, Resolutions Adopted by the General Assembly, Volume I, S. 82.

9 Zit. nach Djonovich, United Nations Resolutions, Series I, Volume I, S. 82.

10 Gornig, Äußerungsfreiheit, S. 265.

11 Engelhard, Satellitendirektfernsehen - neue Technologie für einen besseren internationalen Informationsfluß?, S. 113.

12 Text: Sartorius II, Ordnungsnummer 19; Schweitzer/Rudolf, Friedensvölkerrecht, S. 33 ff.

13 Zit. nach Sartorius II, Ordnungsnummer 19.

h.M.[14] ist die Allgemeine Erklärung der Menschenrechte als Resolution der Generalversammlung allerdings kein verbindliches Recht, sondern allenfalls ein moralisches Postulat. Die h.M. beruht auf der Erkenntnis, daß die Generalversammlung aufgrund ihrer gegenwärtigen Organisationsstruktur nicht als Weltgesetzgeber tätig sein kann und als solcher auch nicht tätig sein darf, da in der Generalversammlung der Vereinten Nationen in der Regel lediglich politische Auffassungen ausgetauscht und taktische Positionen bezogen werden[15].

Der internationale Pakt über bürgerliche und politische Rechte vom 19.12.1966[16] garantiert in Art. 19 Abs. 2 das Recht auf freie Meinungsäußerung. Dieses Recht schließe "die Freiheit ein, ohne Rücksicht auf Staatsgrenzen, Informationen und Gedankengut jeder Art in Wort, Schrift oder Druck, durch Kunstwerke oder andere Mittel eigener Wahl sich zu beschaffen, zu empfangen und weiterzugeben"[17]. Die Informationsquellen des Art. 19 Abs. 2 MRP sind nicht im Sinne einer abschließenden Aufzählung zu verstehen[18]. Art. 19 Abs. 2 MRP gewährleistet also auch die Informationsbeschaffung durch Radio- und Fernsehsender[19]. Nach dem Wortlaut des Art. 19 Abs. 2 MRP ist eine Beschränkung der Informationsfreiheit auf die herkömmlichen Kommunikationsmittel ausgeschlossen[20]. Da die technischen Möglichkeiten der Informationsverbreitung durch Satelliten

---

14 Gornig, Äußerungsfreiheit, S. 237 f.; Blumenwitz, Freedom Of Information In The Light Of International Law, S. 29; Ipsen, Völkerrecht, S. 641; Seidl-Hohenveldern, Völkerrecht, S. 341; a.A.: Verdross/Simma, Universelles Völkerrecht, S. 822 f.; Bleicher, The Legal Significance Of Re-Citation Of General Assembly Resolutions, AJIL, Vol. 63 (1969), S. 444, 449.

15 Gornig, Äußerungsfreiheit, S. 237 f.

16 Text: Sartorius II, Ordnungsnummer 20; Schweitzer/Rudolf, Friedensvölkerrecht, S. 50 ff.

17 Zit. nach Schweitzer/Rudolf, Friedensvölkerrecht, S. 58.

18 Gornig, Äußerungsfreiheit, S. 253.

19 Ebd.

20 Bernhardt, Das Problem des grenzüberschreitenden Informationsflusses und des "domaine réservé", S. 124 (Diskussion); Gornig, Äußerungsfreiheit, S. 253; Mosler, Das Problem des grenzüberschreitenden Informationsflusses und des "domaine réservé", S. 110 f. (Diskussion).

bereits im Jahre 1966 bekannt waren[21], hatten die Staaten von Anfang an die Möglichkeit, im Rahmen der Ratifikation des Menschenrechtspaktes Vorbehalte hinsichtlich der Informationsweitergabe durch Satelliten zu erklären[22]. Dies ist allerdings nicht geschehen[23]. Folglich gilt Art. 19 Abs. 2 MRP nach seinem Wortlaut, seiner Entstehungsgeschichte und aufgrund seines Sinn und Zwecks auch für die Informationen, die durch Satelliten weitergegeben werden[24].

Der Menschenrechtspakt der Vereinten Nationen ist ein mehrseitiger völkerrechtlicher Vertrag[25]. Er ist in der Bundesrepublik Deutschland am 23.3.1976 mit Ausnahme seines Art. 41 in Kraft getreten[26].

Da Art. 19 MRP subjektive öffentliche Rechte garantiert, ist er in den Vertragsstaaten unmittelbar anwendbar[27]. Gegen eine unmittelbare innerstaatliche Anwendbarkeit des Menschenrechtspaktes der Vereinten Nationen wird eingewandt, daß nach Art. 2 Abs. 2 MRP jeder Vertragsstaat verpflichtet sei, "im Einklang mit seinem verfassungsmäßigen Verfahren und mit den Bestimmungen dieses Paktes die erforderlichen Schritte zu unternehmen, um die gesetzgeberischen oder sonstigen Vorkehrungen zu treffen, die notwendig sind, um den in diesem Pakte anerkannten Rechten Wirksamkeit zu verleihen ..."[28] [29]. Aus Art. 2 Abs. 2 MRP sei zu folgern, daß sich die Wirkung des Paktes in der Verpflichtung der Vertragsstaaten zur Gewährleistung

---

21 Engelhard, Satellitendirektfernsehen - neue Technologie für einen besseren internationalen Informationsfluß?, S. 17 ff.; Thieme, Rundfunksatelliten und internationales Recht, S. 13 ff.

22 Gornig, Äußerungsfreiheit, S. 253.

23 Ebd.

24 Ebd.; a.A.: Simma, der von einer informationstechnischen "Geschäftsgrundlage" des Art. 19 MRP ausgeht, die die sog. neuen Medien nicht umfasse, ders., Grenzüberschreitender Informationsfluß und "domaine réservé" der Staaten, S. 76.

25 Gornig, Äußerungsfreiheit, S. 245; Streinz, Meinungs- und Informationsfreiheit zwischen Ost und West, S. 26.

26 Sartorius II, Ordnungsnummer 20, S. 1, Fn. 1.

27 Gornig, Äußerungsfreiheit, S. 246.

28 Zit. nach Schweitzer/Rudolf, Friedensvölkerrecht, S. 51.

29 Goose, Der internationale Pakt über bürgerliche und politische Rechte, NJW 1974, S. 1305, 1306.

der Rechte erschöpfe[30]. Danach verpflichte der Menschenrechtspakt der Vereinten Nationen ausschließlich die Vertragsstaaten. Umgekehrt berechtige er nicht unmittelbar die Bürger der Vertragsstaaten[31]. Gegen eine unmittelbare Anwendbarkeit des Menschenrechtspaktes der Vereinten Nationen im innerstaatlichen Bereich spräche weiterhin Art. 40 Abs. 1 MRP, nach dem die Vertragsstaaten verpflichtet seien, über die Maßnahmen zur Verwirklichung der im Pakt anerkannten Rechte und über die dabei erzielten Fortschritte Berichte vorzulegen[32].

Die gegen die unmittelbare Anwendbarkeit des VN-Menschenrechtspaktes angeführten Argumente überzeugen nicht. Art. 2 Abs. 2 MRP widerspricht nicht dem "self-executing"-Charakter der materiellen Rechte des Paktes, da er lediglich die völlige Selbstverständlichkeit zum Ausdruck bringt, daß die nationalen Gesetze den Bestimmungen des Menschenrechtspaktes nicht widersprechen dürfen[33]. Art. 40 MRP spricht bei Lichte betrachtet für eine unmittelbare Anwendbarkeit des Paktes, da er nach seinem ersten Absatz Berichte über die Maßnahmen zur Verwirklichung der im Pakt anerkannten Rechte verlangt. Zu betonen ist, daß Art. 40 Abs. 1 MRP nur ganz allgemein von Maßnahmen spricht und nicht von gesetzgeberischen Maßnahmen. Art. 40 Abs. 1 MRP enthält folglich den objektiven Erklärungsgehalt, daß die materiellen Rechte des Paktes nicht mit zwingender Notwendigkeit in nationale Gesetze umgesetzt werden müssen[34]. Daraus folgt, daß bereits der Wortlaut des VN-Menschenrechtspaktes davon ausgeht, daß seine materiellen Rechte unmittel-

30 Ebd.

31 Heintze/Mohr, Das Grundprinzip des Selbstbestimmungsrechts der Völker, Menschenrechte und Bevölkerung, S. 138.

32 Goose, Der internationale Pakt über bürgerliche und politische Rechte, NJW 1974, S. 1305, 1306; Streinz, Meinungs- und Informationsfreiheit zwischen Ost und West, S. 37.

33 Gornig, Äußerungsfreiheit, S. 247.

34 Ebd.

bare innerstaatliche Anwendung finden[35]. Da der "self-executing"-Charakter der materiellen Vorschriften des VN-Menschenrechtspaktes durch allgemeine Auslegungsregeln ermittelt werden kann, bedarf es nicht der ergänzenden historischen Auslegung.

3. Europäisches Recht

Auf der europäischen Ebene hat die Informationsfreiheit durch die Europäische Menschenrechtskonvention vom 4.11.1950[36] einen ausdrücklichen Schutz in Art. 10 EMRK erfahren. Er schützt sowohl die aktive als auch die passive Informationsfreiheit[37].

Die aktive Informationsfreiheit ist in Art. 10 Abs. 1 Satz 2 EMRK als die "Mitteilung von Nachrichten[38] oder Ideen" umschrieben. Durch die Begriffe "Nachrichten" (englisch: "informations", französisch: "des informations") und "Ideen" wird der Schutzbereich der aktiven Informationsfreiheit keinesfalls eingeschränkt. Vielmehr geht die in Art. 10 Abs. 1 Satz 2 EMRK verbriefte aktive Informationsfreiheit in der von Art. 10 Abs. 1 Satz 1 EMRK garantierten Meinungsäußerungsfreiheit auf, die sich nicht nur auf "Nachrichten oder Ideen" bezieht[39]. Die aktive Informationsfreiheit des Art. 10 Abs. 1 EMKR um-

---

35 So auch: Gornig, Äußerungsfreiheit, S. 246 f.; Guradze, Die Menschenrechtskonventionen der Vereinten Nationen, Jahrbuch des Internationalen Rechts, 15. Bd. (1971) S. 242, 254; Hacker, Die allgemeinen Menschenrechte in den UN-Menschenrechts-Konventionen und in der KSZE-Schlußakte, S. 77 f.; Zeitler, Die Menschenrechte im geteilten Deutschland, S. 197 f.; Zieger, Die Konvention der UN über die zivilen und politischen Rechte, S. 33 f.; Nowak, UNO-Pakt über bürgerliche und politische Rechte und Fakultativprotokoll, CCPR-Komm., S. 61.

36 Text: Sartorius II, Ordnungsnummer 130; Schweitzer/Rudolf, Friedensvölkerrecht, S. 177 ff.; Frowein/Peukert, EMRK-Kommentar.

37 Gornig, Äußerungsfreiheit, S. 291; Guradze, Die Europäische Menschenrechtskonvention, Art. 10 Anm. 4 f.; Laeuchli Bosshard, Die Meinungsäußerungsfreiheit gemäß Art. 10 EMRK unter Berücksichtigung der neueren Entscheide und der neuen Medien, S. 29 ff.

38 Englischer Text: "informations"; französischer Text: "des informations".

39 Gornig, Äußerungsfreiheit, S. 291; Laeuchli Bosshard, Die Meinungsäußerungsfreiheit gemäß Art. 10 EMRK unter Berücksichtigung der neueren Entscheide und der neuen Medien, S. 29.

faßt mithin alles, was anderen mitgeteilt wird[40]. Sie richtet sich gegen den Staat, der grundsätzlich nichts unternehmen darf, um die Verbreitung von Informationen zu behindern[41]. Die aktive Informationsfreiheit des Art. 10 Abs. 1 EMRK verleiht dem Bürger nicht das Recht, vom Staat Mittel für die Verbreitung von Informationen zu verlangen[42].

Die passive Informationsfreiheit gewährleistet das Recht auf freien Empfang von Informationen oder Ideen[43]. Darunter ist nicht nur die schlichte Wahrnehmung von Informationen und Ideen zu verstehen[44]. Vielmehr beinhaltet die passive Informationsfreiheit auch das Recht, Informationen und Meinungen aus allgemein zugänglichen Quellen zu beschaffen und zu sammeln[45]. Gegen diese Interpretation der passiven Informationsfreiheit wird eingewandt, daß Art. 10 Abs. 1 EMRK im Gegensatz zu Art. 19 Abs. 2 MRP die aktive Unterrichtungsfreiheit nicht erwähne[46]. Daraus folge, daß Art. 10 Abs. 1 EMRK das Recht der freien Unterrichtung aus allgemeinen Informationsquellen nicht schütze[47]. Richtig ist, daß Art. 10 Abs. 1 EMRK im Gegensatz zu Art. 19 Abs. 2 MRP nicht ausdrücklich das Recht zum Beschaffen[48] von Informationen erwähnt. Es ist zu betonen, daß die aktive Unterrichtungsfreiheit bereits aus dem in Art. 10 Abs. 1 Satz 2

---

40 Laeuchli Bosshard, Die Meinungsäußerungsfreiheit gemäß Art. 10 EMRK unter Berücksichtigung der neueren Entscheide und der neuen Medien, S. 29.

41 Ebd.

42 Ebd., S. 30; Gornig, Äußerungsfreiheit, S. 292.

43 Siehe Art. 10 Abs. 1 Satz 2 EMRK.

44 Frowein, in: Frowein/Peukert, EMRK-Komm., Art. 10 Rdnr. 11; Guradze, Die Europäische Menschenrechtskonvention, Komm., Art. 10 Anm. 4; Laeuchli Bosshard, Die Meinungsäußerungsfreiheit gemäß Art. 10 EMRK unter Berücksichtigung der neueren Entscheide und der neuen Medien, S. 31.

45 Ebd.

46 Gornig, Äußerungsfreiheit, S. 291 f.; Partsch, Die Rechte und Freiheiten der europäischen Menschenrechtskonvention, S. 435 f.

47 Ebd.

48 Englischer Text: "freedom to seek ... information and ideas"; französischer Text: "la liberté de rechercher ... des informations".

EMRK enthaltenen Recht zum freien Empfang von Informationen und Meinungen folgt[49].

Sowohl die aktive als auch die passive Informationsfreiheit wird von Art. 10 Abs. 1 EMRK "ohne Rücksicht auf Landesgrenzen" garantiert. Art. 10 Abs. 1 EMRK erfaßt folglich auch Informationen ausländischer Druckerzeugnisse, ausländischer Filme und ausländischer Rundfunk- und Fernsehsendungen[50]. Der Wortlaut und der Sinn und Zweck des Art. 10 Abs. 1 EMRK gebieten es, die neuen Medien in den Schutzbereich dieser Norm einzubeziehen[51]. Art. 10 Abs. 1 EMRK erfaßt daher auch Informationen, die via Satellit in einen Mitgliedstaat der Europäischen Menschenrechtskonvention gelangen[52]. Beschränkungen sind nur unter den Voraussetzungen des Art. 10 Abs. 2 EMRK zulässig[53]. Die Wahrung der innerstaatlichen Rundfunkordnung rechtfertigt keine Beschränkungen nach Art. 10 Abs. 2 EMRK[54].

Die Europäische Menschenrechtskonvention ist nach ihrer rechtlichen Natur ein mehrseitiger völkerrechtlicher Vertrag[55]. In der Bundesrepublik Deutschland wird überwiegend davon ausgegangen, daß die materiellen Bestimmungen der Europäischen Menschenrechts-

49 Frowein, in: Frowein/Peukert, EMRK-Komm., Art. 10 Rdnr. 11.

50 Gornig, Äußerungsfreiheit, S. 292; Laeuchli Bosshard, Die Meinungsäußerungsfreiheit gemäß Art. 10 EMRK unter Berücksichtigung der neueren Entscheide und der neuen Medien, S. 32.

51 Ebd.

52 Ebd.; Degenhart, Grenzüberschreitender Informationsfluß und grundgesetzliche Rundfunkordnung, EuGRZ 1983, S. 205, 212.

53 Degenhart, Grenzüberschreitender Informationsfluß und grundgesetzliche Rundfunkordnung, EuGRZ 1983, S. 205, 212.

54 Ebd.; Frowein, Das Problem des grenzüberschreitenden Informationsflusses und des "domaine réservé", S. 25.

55 Gornig, Äußerungsfreiheit, S. 277; Frowein, in: Frowein/Peukert, EMRK-Komm., S. 2; Guradze, Die Europäische Menschenrechtskonvention, Komm., S. 11; Partsch, Die Rechte und Freiheiten der europäischen Menschenrechtskonvention, S. 261 ff.

konvention "self-executing"-Normen seien[56]. Begründet wird dies mit Art. 1 EMRK, der die in der Konvention niedergelegten Rechte und Freiheiten zusichert, woraus sich ergäbe, daß der Bürger direkt durch die Garantien der Menschenrechtskonvention begünstigt werde[57]. Ferner folge aus dem in Art. 13 EMRK verankerten Beschwerderecht, daß die Rechte und Freiheiten der Europäischen Menschenrechtskonvention als bindendes innerstaatliches Recht anzusehen seien, da ein effektiver Rechtsbehelf nur dann gegeben sei, wenn die nationalen Gerichte die Konvention anwendeten[58].

Gegen die These vom "self-executing"-Charakter der materiellen Bestimmungen der Europäischen Menschenrechtskonvention wird eingewandt, daß die Beschwerdeweggarantie in Art. 13 EMRK nicht zur Folge habe, daß die nationalen Beschwerdeinstanzen verpflichtet seien, das Konventionsrecht zu beachten, da es den Konventionspartnern überlassen sei, wie sie die Beachtung der Konventionspflichten sicherten[59]. Dem ist entgegenzuhalten, daß Art. 1 EMRK allen Personen in den Mitgliedstaaten der Konvention die Rechte und Freiheiten in ihrem Abschnitt I zusichert. Damit wird deutlich zum Ausdruck gebracht, daß es hinsichtlich der o.g. Rechte und Freiheiten nicht auf eine Umsetzung in innerstaatliches Recht ankommt. Vielmehr sollen die Rechte und Freiheiten in Abschnitt I der Konvention auf jeden Fall den Bürgern in den Mitgliedstaaten zugute kommen.

---

56 Huber, Das Zusammentreffen der Europäischen Konvention zum Schutze der Menschenrechte und Grundfreiheiten mit den Grundrechten der Verfassungen, S. 391; Golsong, Die Europäische Menschenrechtskonvention vor den nationalen Gerichten, DVBl. 1958, S. 809 ff.; Gornig, Äußerungsfreiheit, S. 280 f.; Guradze, Die Europäische Menschenrechtskonvention, Komm., S. 12; Wohland, Informationsfreiheit und politische Filmkontrolle, S. 55 f.; Woesner, Die Menschenrechtskonvention in der deutschen Strafrechtspraxis, NJW 1961, S. 1381, 1382.

57 Golsong, Die Europäische Menschenrechtskonvention vor den nationalen Gerichten, DVBl. 1958, S. 809 f.; Gornig, Äußerungsfreiheit, S. 280.

58 Golsong, Die Europäische Menschenrechtskonvention vor den nationalen Gerichten, DVBl. 1958, S. 809, 810; Gornig, Äußerungsfreiheit, S. 280; Woesner, Die Menschenrechtskonvention in der deutschen Strafrechtspraxis, NJW 1961, S. 1381, 1383.

59 Partsch, Die Rechte und Freiheiten der europäischen Menschenrechtskonvention, S. 275.

Dies setzt voraus, daß der Abschnitt I der Europäischen Menschenrechtskonvention hinsichtlich seines materiellen Gehalts unmittelbar innerstaatliche Wirkungen entfaltet. Damit ist keineswegs gesagt, daß der EMRK ein Überfassungsrang zukommt. Vielmehr ist die Frage der unmittelbaren innerstaatlichen Anwendung der EMRK von ihrer innerstaatlichen Rangordnung zu trennen[60].

II. Das Verhältnis zwischen der Informationsfreiheit und den anderen Kommunikationsfreiheiten

1. Das Verhältnis zwischen der grundgesetzlichen Informationsfreiheit und den sonstigen Grundrechten des Art. 5 Abs. 1 GG

Nach der h.L.[61] und nach der ständigen Rechtsprechung des BVerfG[62] ist die in Art. 5 Abs. 1 Satz 1 GG enthaltene Informationsfreiheit ein eigenständiges Grundrecht. Sie steht "gleichwertig" neben der Meinungs- und Pressefreiheit; sie ist insbesondere "kein bloßer Bestandteil" der grundgesetzlichen Meinungsäußerungs- und -verbreitungsfreiheit[63]. Die zuletzt genannte Freiheit hat zwar den

---

60 Zur höchst unterschiedlichen Beurteilung des innerstaatlichen Rangs der EMRK siehe: Frowein, in: Frowein/Peukert, EMRK-Komm., S. 3; Klug, Das Verhältnis zwischen der Europäischen Menschenrechtskonvention und dem Grundgesetz, S. 434 ff.; Guradze, Die Europäische Menschenrechtskonvention, Komm., S. 13 ff.; Stern, Staatsrecht III/1, S. 278; Bleckmann, Staatsrecht II, S. 43 f.; nach h.L. hat die EMRK lediglich den Rang eines einfachen Bundesgesetzes, das wegen seiner völkerrechtlichen Qualität nicht durch späteres Gesetz derogiert werden könne, Stern, Staatsrecht III/1, S. 278.

61 Degenhart, BK, Art. 5 Abs. 1, 2 Rdnr. 59; Gerhardt, Zum Begriff der Informationsfreiheit, AfP 1974, S. 689, 690; Gornig, Äußerungsfreiheit, S. 550 f.; Jarass, in: Jarass/Pieroth, GG-Komm., Art. 5 Rdnr. 11; Schmidt-Jortzig, Meinungs- und Informationsfreiheit, S. 650; Schmitt Glaeser, Das Grundrecht auf Informationsfreiheit, Jura 1987, S. 567; Starck/v. Mangoldt, BGG, Art. 5 Abs. 1, 2 Rdnr. 26; Herzog, M-D, GG-Komm., Art. 5 I, II Rdnr. 82 ff.

62 BVerfGE 27, 71, 81; 27, 104, 108 f.; 33, 52, 65; 57, 250, 270.

63 BVerfGE 27, 71, 81; 27, 104, 108 f.; 33, 52, 65; 57, 250, 270.

Schutz des Empfangs von Meinungen anderer Bürger zum Gegenstand[64]. Dieser Schutz wird aber ausschließlich den Äußernden aus Gründen der Meinungsfreiheit gewährt[65]. Demgegenüber schützt die grundgesetzliche Informationsfreiheit das Recht des Bürgers, sich selbst anhand der allgemein zugänglichen Quellen zu informieren[66]. Allerdings garantiert die Informationsfreiheit, wie das BVerfG[67] zu Recht hervorhebt, nicht nur das aktive Handeln zur Informationsverschaffung, sondern vielmehr ebenso die schlichte Entgegennahme von Informationen. Dies beruht auf der zutreffenden Erkenntnis, daß das Grundgesetz eine möglichst umfassende Unterrichtung des einzelnen Bürgers gewährleisten möchte[68]. Eine Unterrichtung aus Informationsquellen ist auch dann möglich, wenn sie ohne Zutun des Empfängers in seinen Wahrnehmungsbereich gelangen[69]. Für die Informationsfreiheit ist ganz wesentlich, daß der Besitz von Informationen eine selbständige Auswahl erlaubt[70]. Die Auswahlmöglichkeit ist ein "Grundtatbestand" jeder Information[71].

Da Informationen für eine "verantwortliche Meinungsbildung"[72] unerläßlich sind, kommt der Informationsfreiheit für die Betätigung der Meinungsfreiheit eine ganz entscheidende Bedeutung zu[73]. Die Qualifizierung der Informationsfreiheit als eigenständiges Grundrecht schließt nicht aus, daß es zu Überschneidungen mit anderen Kommunikationsgrundrechten kommen kann. Dies ist insbesondere hinsichtlich der Freiheit der Meinungsäußerung und -verbreitung der

---

64 Herzog, M-D, GG-Komm., Art. 5 I, II Rdnr. 82; BVerfGE 27, 71, 81.

65 BVerfGE 27, 71, 81.

66 BVerfGE 27, 71, 81; Starck/v. Mangoldt, BGG, Art. 5 Abs. 1, 2 Rdnr. 27.

67 BVerfGE 27, 71, 82.

68 BVerfGE 27, 71, 82 f.

69 BVerfGE 27, 71, 83.

70 BVerfGE 27, 71, 83.

71 BVerfGE 27, 71, 83.

72 Herzog, M-D, GG-Komm., Art. 5 I, II Rdnr. 82.

73 Nach der Ansicht von Herzog ist der Stellenwert der Informationsfreiheit im Hinblick auf die öffentliche Meinungsbildung im Vergleich zur Meinungsfreiheit "eher noch höher" einzuschätzen, ders., M-D, GG-Komm., Art. 5 I, II Rdnr. 83.

Fall. Dieses Grundrecht reicht von der Informationsbeschaffung bis zur Verbreitung von Nachrichten und Meinungen[74]. Aus der Äußerungsfreiheit folgt mithin die Garantie des Informationsempfangs[75].

Die Selbständigkeit der grundgesetzlichen Informationsfreiheit kommt immer dann zum Tragen, wenn sich der Bürger Informationen lediglich verschafft und sie nicht weitergibt[76]. Insofern ist zu konstatieren, daß die Unterrichtungsfreiheit im Rahmen der Informationsfreiheit wesentlich weiter reicht als bei der Meinungsäußerungsfreiheit, da sich der Bürger nicht selten Informationen verschafft, ohne zu wissen, ob er sie im Rahmen der Meinungsfreiheit anderen zugänglich machen wird.

Im Schrifttum[77] wird die Auffassung vertreten, daß die Informationsfreiheit nicht als ein eigenständiges Grundrecht zu verstehen sei, da eine sachliche Einheit von freier Information und freier Kommunikation bestehe. Richtig ist, daß die in Art. 5 Abs. 1 GG genannten Kommunikationsfreiheiten nicht beziehungslos nebeneinander stehen, wie bereits angedeutet wurde. Vielmehr bestehen Wechselwirkungen zwischen den unterschiedlichen Kommunikationsgrundrechten. Die Informationsfreiheit ist eine wichtige Voraussetzung für die Meinungsbildung. Diese wiederum ist der Ausgangspunkt für die Meinungsäußerung und -verbreitung. Durch die Weitergabe von Informationen und Meinungen wird der Bürger in die Lage versetzt, von seinem Grundrecht der Informationsfreiheit Gebrauch zu machen. Auch das BVerfG[78] geht davon aus, daß sich die freie Meinungsbildung in einem Prozeß der Kommunikation vollziehe. Sie setze auf der einen Seite die Freiheit voraus, Meinungen zu äußern

---

74 Windsheimer, Die "Information" als Interpretationsgrundlage für die subjektiven Rechte des Art. 5 Abs. 1 GG, S. 120; Gerhardt, Zum Begriff der Informationsfreiheit, AfP 1974, S. 689, 690.

75 Windsheimer, Die "Information" als Interpretationsgrundlage für die subjektiven Rechte des Art. 5 Abs. 1 GG, S. 120.

76 Gerhardt, Zum Begriff der Informationsfreiheit, AfP 1974, S. 689, 690; Windsheimer, Die "Information" als Interpretationsgrundlage für die subjektiven öffentlichen Rechte des Art. 5 Abs. 1 GG, S. 122.

77 Lerche, Informationsfreiheit, in: Evangelisches Staatslexikon, Sp. 1314.

78 BVerfGE 57, 295, 319 f.; 83, 238, 295 f.

und zu verbreiten; auf der anderen Seite beinhalte sie die Freiheit, geäußerte Meinungen zur Kenntnis zu nehmen und sich zu informieren[79]. Indem Art. 5 Abs. 1 GG die Meinungsäußerungs-, Meinungsverbreitungs- und Informationsfreiheit als Grundrechte gewährleiste, suche er zugleich diesen Prozeß verfassungsrechtlich zu schützen[80]. Die o.g. Interdependenzen zwischen den verschiedenen in Art. 5 Abs. 1 Satz 1 GG genannten Kommunikationsfreiheiten hindern nicht daran, an dem Grundrecht der Informationsfreiheit als eigenständige Freiheit festzuhalten. Dies rechtfertigt sich zum einen aus der Tatsache, daß der Schutzbereich der Informationsfreiheit, wie oben dargelegt, weiter reicht als die Garantie der Meinungsäußerungs- und -verbreitungsfreiheit. Zum anderen gewährleistet der selbständige Charakter der in Art. 5 Abs. 1 Satz 1 GG enthaltenen Kommunikationsfreiheiten ihre sachgerechtere Begrenzung im Rahmen der Schrankentrias des Art. 5 Abs. 2 GG.

2. *Das Verhältnis zwischen der Informationsfreiheit und den sonstigen Kommunikationsfreiheiten nach der Mediendeklaration 1978*

Auch in der Mediendeklaration 1978 findet die Informationsfreiheit eine ausdrückliche Erwähnung[81]. Sie steht gleichwertig neben der Meinungs- und Meinungsäußerungsfreiheit, da sie in Art. 2 Abs. 1 und in Art. 5 Mediendeklaration 1978 jeweils in einem Atemzug mit der Meinungs- und Meinungsäußerungsfreiheit genannt wird. Indem die Mediendeklaration 1978 in Art. 2 Abs. 1 die Informationsfreiheit als einen Bestandteil der Menschenrechte und Grundfreiheiten[82] ansieht, wird der hohe Stellenwert der Informationsfreiheit deutlich

---

79 BVerfGE 57, 295, 319 f.; 83, 238, 295 f.

80 BVerfGE 57, 295, 319 f.; 83, 238, 295 f.

81 Art. 2 Abs. 1 und Abs. 2, Art. 5, Art. 10 Abs. 1 Mediendeklaration 1978.

82 Englischer Text: "an integral part of human rights and fundamental freedoms"; französischer Text: "partie intégrante des droits de l'homme et des libertés fondamentales", zit. nach Kleinwächter/Raaz, Die Organisation der Vereinten Nationen für Erziehung, Wissenschaft und Kultur, S. 391.

manifestiert. Die eigenständige Bedeutung der Informationsfreiheit für den freien Kommunikationsprozeß bringt Art. 2 Abs. 2 Satz 1 Mediendeklaration 1978 zum Ausdruck. Danach soll der "Zugang der Allgemeinheit[83] zu Informationen ... durch die Vielfalt der ihr zur Verfügung stehenden Informationsquellen und -mittel gewährleistet werden, um so jedem einzelnen die Überprüfung der Richtigkeit von Tatsachen sowie die objektive Bewertung von Ereignissen zu ermöglichen"[84]. Diese Interpretation der Informationsfreiheit durch die Mediendeklaration 1978 ist problematisch. Sie erweckt den Eindruck, als ob die aufgrund der Informationsfreiheit garantierte Unterrichtungsfreiheit durch die bloße Bereitstellung verschiedener Informationsquellen gewährleistet werde. Dagegen spricht zum einen, daß bereits die Meinungs- und Meinungsäußerungsfreiheit ein vielfältiges Informationsangebot voraussetzt, da Informationen eine wichtige Grundlage für die Betätigung der Meinungs- und Meinungsäußerungsfreiheit sind. Zum anderen wird in Art. 2 Abs. 2 Satz 1 Mediendeklaration 1978 nicht zum Ausdruck gebracht, daß die Informationsfreiheit das Recht eines jeden Bürgers beinhaltet, Informationen durch aktives Handeln aus allgemein zugänglichen Quellen zu verschaffen und zu sammeln[85]. Ferner verkennt die Mediendeklaration 1978, daß die Informationsfreiheit das Recht beinhaltet, sich um Informationen zu bemühen[86]. Das Recht zur aktiven Informationsverschaffung gewährt Art. 2 Abs. 2 Satz 2 Mediendeklaration 1978 lediglich den Journalisten. Diese sollen "die größtmöglichen Erleichte-

---

83 Englischer Text: "Access by the public ..."; französischer Text: "L'acces du public ...", zit. nach Kleinwächter/Raaz, Die Organisation der Vereinten Nationen für Erziehung, Wissenschaft und Kultur, S. 391.

84 Zit. nach der deutschen Übersetzung in: EA 1979 D 190.

85 Wohland, Informationsfreiheit und politische Filmkontrolle, S. 122 f.; Laeuchli Bosshard, Die Meinungsäußerungsfreiheit gemäß Art. 10 EMRK unter Berücksichtigung der neueren Entscheide und der neuen Medien, S. 31.

86 Laeuchli Bosshard, Die Meinungsäußerungsfreiheit gemäß Art. 10 EMRK unter Berücksichtigung der neueren Entscheide und der neuen Medien, S. 31.

rungen beim Zugang zur Information haben"[87]. Nach Art. 10 Abs. 1 Mediendeklaration 1978 ist es unerläßlich, "unter gebührender Beachtung der verfassungsrechtlichen Bestimmungen zur Gewährleistung der Informationsfreiheit und der geltenden internationalen Übereinkünfte und Vereinbarungen in der ganzen Welt die erforderlichen Voraussetzungen zu schaffen und zu erhalten, damit die Einrichtungen und Personen, die beruflich mit der Verbreitung von Informationen zu tun haben, die Ziele dieser Erklärung erreichen können"[88]. Aus Art. 2 Abs. 2 Satz 2 und Art. 10 Abs. 1 Mediendeklaration 1978 ergibt sich folglich, daß die mit der Informationsfreiheit verbundene Unterrichtungsfreiheit auf Personen und Einrichtungen zu beschränkten ist, die beruflich mit der Weitergabe von Informationen zu tun haben. Der Allgemeinheit gesteht die Mediendeklaration 1978 mit anderen Worten keinen generellen Zugang zu Informationen zu. Vielmehr soll der Allgemeinheit nach dem Willen der Mediendeklaration 1978 lediglich der Zugang zu einem vielfältigen Informationsangebot gewährleistet werden.

Aus den obigen Ausführungen folgt, daß das Verhältnis von Informationsfreiheit und Meinungsfreiheit in der Mediendeklaration 1978 anders bestimmt ist als im Grundgesetz. Die Mediendeklaration nimmt eine strikte Trennung zwischen der Meinungsfreiheit einerseits und der Informationsfreiheit andererseits vor. Der Empfang und die Verschaffung von Informationen ist nach der Mediendeklaration kein Bestandteil der Meinungsfreiheit. Vielmehr regelt die Mediendeklaration den Empfang und die Verschaffung von Informationen in Art. 2 Abs. 2 in der Weise, daß der Allgemeinheit ein vielfältiges Informationsangebot gesichert und den Journalisten der Zugang zu Informationen erleichert werden soll. Indem die Mediendeklaration

---

87 Zit. nach Kleinwächter/Raaz, Die Organisation der Vereinten Nationen für Erziehung, Wissenschaft und Kultur, S. 392; englischer Text: "journalists must have ... the fullest possible facilities of access to information"; französischer Text: "les journalistes doivent avoir ... les plus grandes facilités possibles d'accеès à l'information", zit. nach Kleinwächter/Raaz, Die Organisation der Vereinten Nationen für Erziehung, Wissenschaft und Kultur, S. 393; demgegenüber ist in der deutschen Übersetzung in EA 1979 D 190 vom "weitestmöglichen Zugang zu Informationen" die Rede.

88 Zit. nach der deutschen Übersetzung in EA 1979, D 192.

1978 keine umfassende Sicherung der Informationsfreiheit vornimmt, schränkt sie zugleich die Meinungsfreiheit ein, da - wie ausgeführt wurde - die Betätigung der Meinungsfreiheit eine umfassende Informationsfreiheit bedingt[89].

III. Der Begriff der Informationsquelle

1. Allgemeines zum Begriff der Informationsquelle

Enthält eine Bestimmung, die die Informationsfreiheit gewährleistet, keine Aufzählung der verschiedenen Informationsquellen, ist davon auszugehen, daß grundsätzlich alle Informationsquellen dem Schutz der Informationsfreiheit unterliegen[90]. Ganz allgemein kann man zwischen individuellen und öffentlichen Informationsquellen unterscheiden[91].

a) Individuelle Informationsquellen

Individuelle Informationsquellen enthalten Informationen, die der Bürger durch einen unmittelbaren Kontakt von Mensch zu Mensch oder durch die Wahrnehmung der auf ihn wirkenden Erscheinungen erlangt[92]. Individuelle Informationsquellen sind der Brief, das Gespräch und die Meinungsumfrage durch Demoskopie[93]. Da die individuellen Informationsquellen keine Massen erreichen, erscheint ihre

---

89 Gornig, Äußerungsfreiheit, S. 159.

90 Ebd., S. 156 f.

91 Ebd.; Windsheimer unterscheidet zwischen den "nichtöffentlichen - 'individuellen' - Informationsquellen" und den "staatsfreien sowie staatlichen öffentlichen Informationsquellen", ders., Die "Information" als Interpretationsgrundlage für die subjektiven öffentlichen Rechte des Art. 5 Abs. 1 GG, S. 134 ff.

92 Gornig, Äußerungsfreiheit, S. 157; Windsheimer, Die "Information" als Interpretationsgrundlage für die subjektiven öffentlichen Rechte des Art. 5 Abs. 1 GG, S. 134.

93 Windsheimer, Die "Information" als Interpretationsgrundlage für die subjektiven öffentlichen Rechte des Art. 5 Abs. 1 GG, S. 65, Fn. 65.

Bedeutung auf den ersten Blick gering. Individuelle Informationsquellen erlangen jedoch höchste Aktualität, wenn die öffentlichen Informationsquellen als unzureichend angesehen werden[94]. Dies ist immer dann der Fall, wenn die öffentlichen Informationsquellen einer staatlichen Kontrolle unterliegen[95]. Windsheimer[96] weist zu Recht darauf hin, daß die nichtöffentlichen Informationen insbesondere in einer politischen Krisensituation gedeihen. Die individuellen Informationsquellen sind durchaus legitim, da sie ein Bestandteil der rechtlich gesicherten Informationsfreiheit sind[97]. Eine optimale Entfaltung der individuellen Informationsfreiheit setzt voraus, daß die individuellen Informationsquellen gegen jede Art von Publizität durch private Dritte oder staatliche Stellen geschützt sind[98]. Insofern ist zu konstatieren, daß das Brief- und Postgeheimnis im Dienste der individuellen Informationsfreiheit steht[99]. Ferner ist die verfassungsrechtliche Garantierung der Versammlungsfreiheit und der Freizügigkeit eine unerläßliche Voraussetzung für die individuellen Informationsquellen[100].

b) Öffentliche Informationsquellen

Öffentliche Informationsquellen sind diejenigen Quellen, die man als allgemein zugängliche Quellen bezeichnet[101]. Es muß sich mit anderen Worten um Quellen handeln, aus denen sich der Bürger üblicherweise unterrichten kann[102]. Dies ist bei Zeitungen, Zeitschriften, Büchern, Filmen, Tonträgern, Hörfunk und Fernsehen der Fall[103].

---

94 Ebd., S. 134; Gornig, Äußerungsfreiheit, S. 157.

95 Ebd.

96 Windsheimer, Die "Information" als Interpretationsgrundlage für die subjektiven öffentlichen Rechte des Art. 5 Abs. 1 GG, S. 134.

97 Ebd.

98 Ebd.

99 Ebd.; Gornig, Äußerungsfreiheit, S. 157.

100 Ebd.

101 Windsheimer, Die "Information" als Interpretationsgrundlage für die subjektiven öffentlichen Rechte des Art. 5 Abs. 1 GG, S. 135.

102 Ebd.; Gornig, Äußerungsfreiheit, S. 157.

103 Ebd.

Inhalt und Herkunft der Informationen ist für die Begriffsbestimmung der öffentlichen Informationsquelle ohne Bedeutung[104]. Ferner kommt es nicht darauf an, ob es sich um eine staatliche oder um eine private Quelle handelt[105].

2. *Der grundgesetzliche Begriff der Informationsquelle*

a) *Quelle i.S.v. Art. 5 Abs. 1 Satz 1 GG*

Der grundgesetzliche Begriff der Quelle i.S.v. Art. 5 Abs. 1 Satz 1 GG ist nach allgemeiner Auffassung weit auszulegen[106]. Er umfaßt alle denkbaren Informationsträger, die dazu geeignet sind, Meinungen oder Tatsachen über öffentliche oder private Angelegenheiten zum Ausdruck zu bringen[107]. Informationsquellen i.S.v. Art. 5 Abs. 1 Satz 1 GG sind danach das geschriebene und das gesprochene Wort, Zeitungen, Rundfunksendungen, Filme, Vorträge, Zeichen, Symbole, Schallplatten, Bilder, Bildplatten, Magnetophonbänder, Notizen, Dokumente usw.[108].

Für das Vorliegen einer Informationsquelle i.S.v. Art. 5 Abs. 1 Satz 1 GG kommt es nicht darauf an, ob sie Informationen vermittelt, die einen nützlichen oder staatswertvollen Zweck verfolgen[109]. Dies beruht auf der Erkenntnis, daß die Informationsfreiheit im Hinblick auf die durch Art. 1 Abs. 1 GG geschützte menschliche Persönlichkeit den "Wissensdurst" ebenfalls schützt[110]. Für den Begriff der Informa-

---

104 Gornig, Äußerungsfreiheit, S. 157.

105 Ebd.

106 Schmitt Glaeser, Das Grundrecht auf Informationsfreiheit, Jura 1987, S. 567, 570.

107 Degenhart, BK, Art. 5 Abs. 1, 2 Rdnr. 247; Herzog, M-D, GG-Komm., Art. 5, I, II Rdnr. 87; Jarass, in: Jarass/Pieroth, GG-Komm., Art. 5 Rdnr. 12; Schmidt-Jortzig, Meinungs- und Informationsfreiheit, S. 651; Wendt, in: v. Münch/Kunig, GG-Komm., Art. 5 Rdnr. 22; Starck/v. Mangoldt, BGG, Art. 5 Abs. 1, 2 Rdnr. 28.

108 Schmidt-Jortzig, Meinungs- und Informationsfreiheit, S. 651; Schmitt Glaeser, Das Grundrecht auf Informationsfreiheit, Jura 1987, S. 567, 570; Starck/v. Mangoldt, BGG, Art. 5 Abs. 1, 2 Rdnr. 28.

109 Herzog, M-D, GG-Komm., Art. 5, I, II Rdnr. 86.

110 Ebd.; Starck/v. Mangoldt, BGG, Art. 5 Abs. 1, 2 Rdnr. 28.

tionsquelle i.S.v. Art. 5 Abs. 1 Satz 1 GG ist es weiterhin ohne Bedeutung, ob sie aus dem In- oder Ausland kommt[111].

b) Allgemeinzugänglichkeit

Art. 5 Abs. 1 Satz 1 GG schützt nach seinem eindeutigen Wortlaut nur die allgemein zugänglichen Quellen. Nach h.L.[112] und nach der Rechtsprechung des BVerfG[113] liegt eine allgemein zugängliche Informationsquelle vor, wenn sie technisch geeignet und bestimmt ist, der Allgemeinheit, d.h. einem individuell nicht bestimmbaren Personenkreis Informationen zu verschaffen. Eine Informationsquelle verliert ihre Eigenschaft als allgemein zugängliche Quelle auch dann nicht, wenn durch staatliche Maßnahmen wie Einziehungen, Importverbote oder -beschränkungen die Möglichkeit des allgemeinen Zugangs beeinträchtigt wird[114]. Vielmehr richtet sich die allgemeine Zugänglichkeit ausschließlich nach tatsächlichen Kriterien[115]. Der Sinn und Zweck der Gewährleistung eines allgemeinen Zugangs zu Informationsquellen besteht darin, dem Bürger eine Auswahl der Informationen ohne staatliche Beeinflussung zu ermöglichen[116]. Dieser Zweck kann nur dann erreicht werden, wenn auch Informationsquellen außerhalb der Bundesrepublik Deutschland als allgemein zugängliche Quellen angesehen werden. Das BVerfG[117] geht daher zu Recht davon aus, daß eine Informationsquelle an irgendeinem Ort in der Welt die Eigenschaft der allgemeinen Zugänglichkeit erfüllt. Nach den o.g. Kriterien handelt es sich bei Ausstellungen, Museen, Plakaten, Dokumentationen, Leuchtschriften, Anschlägen, Flugblättern, Handzetteln, Inschriften sowie bei den grenzüber-

---

111 BVerfGE 27, 71, 84; Wendt, in: v. Münch/Kunig, GG-Komm., Art. 5 Rdnr. 24; Starck/v. Mangoldt, BGG, Art. 5 Abs. 1, 2 Rdnr. 30.

112 Herzog, M-D, GG-Komm., Art. 5, I, II Rdnr. 90; Jarass, in: Jarass/Pieroth, GG-Komm., Art. 5 Rdnr. 13, Wendt, in: v. Münch/Kunig, GG-Komm., Art. 5 Rdnr. 22; Schmidt-Jortzig, Meinungs- und Informationsfreiheit, S. 652.

113 BVerfGE 27, 71, 83 ff.; 33, 52, 65.

114 BVerfGE 27, 71, 83.

115 BVerfGE 27, 71, 83; 33, 52, 65; Herzog, M-D, GG-Komm., Art. 5, I, II Rdnr. 90.

116 BVerfGE 27, 71, 84.

117 BVerfGE 27, 71, 84; 33, 52, 65.

schreitenden Massenkommunikationsmitteln um allgemein zugängliche Quellen i.S.v. Art. 5 Abs. 1 Satz 1 GG[118].

Ob Informationen, die nur an einzelne Bürger gerichtet sind, als allgemein zugängliche Informationsquellen angesehen werden können, ist umstritten. Dagegen spricht, daß es sich um Informationen handelt, die nicht jedem Bürger zugänglich sind[119]. Hiergegen kann eingewandt werden, daß nicht nur das "Öffentliche", "allgemein" zugänglich ist, sondern auch dasjenige, das gerade dem einzelnen Bürger als Individuum "im allgemeinen" zugänglich ist[120].

Streitig ist ferner, ob das in Art. 5 Abs. 1 Satz 1 GG gewährleistete Recht, sich aus allgemein zugänglichen Quellen ungehindert zu unterrichten, ein Auskunftsrecht gegenüber dem Staat begründet. Die Bejahung eines Auskunftsrechts gegenüber dem Staat läuft im Ergebnis auf eine staatliche Auskunftspflicht hinaus. Damit stellt sich die Frage, ob Grundrechte - hier die Informationsfreiheit in Art. 5 Abs. 1 Satz 1 GG - einen Leistungsanspruch gegenüber dem Staat bewirken können[121]. Für eine solche Interpretation des Art. 5 Abs. 1 Satz 1 GG kann ins Feld geführt werden, daß es dem Demokratieprinzip widerspricht, wenn der Staat den Zugang zu den Informationen der Exekutive beliebig festlegen kann[122]. Dem ist entgegenzuhalten, daß das Demokratieprinzip das Grundrecht der Informationsfreiheit nicht zu einem Leistungsrecht umfunktionieren kann. Vielmehr ist das Recht der Informationsfreiheit im wesentlichen ein Abwehrrecht[123]. Der Bürger soll sich nach Art. 5 Abs. 1 Satz 1, 2. Alt. GG gegen staatliche Eingriffe wehren können, die auf eine Beschrän-

---

118 Gornig, Äußerungsfreiheit, S. 553; Herzog, M-D, GG-Komm., Art. 5, I, II Rdnr. 92.

119 Starck/v. Mangoldt, BGG, Art. 5 Abs. 1, 2 Rdnr. 33; Degenhart, BK, Art. 5 Abs. 1, 2 Rdnr. 253; Herzog, M-D, GG-Komm., Art. 5, I, II Rdnr. 92; Schmidt-Jortzig, Meinungs- und Informationsfreiheit, S. 652.

120 So Windsheimer, Die "Information" als Interpretationsgrundlage für die subjektiven öffentlichen Rechte des Art. 5 Abs. 1 GG, S. 133.

121 Siehe hierzu: Hett, Die Öffentlichkeit der Parlamentsverhandlungen, das Grundrecht der Informationsfreiheit und Informationspflichten der Exekutive, S. 208 ff.

122 Bleckmann, Staatsrecht II - Die Grundrechte, S. 684 f.

123 Jarass, in: Jarass/Pieroth, GG-Komm., Art. 5 Rdnr. 17.

kung des vorhandenen Informationsangebots hinauslaufen[124]. Das Grundrecht auf Informationsfreiheit verpflichtet allerdings nicht zur Preisgabe von Informationen. Vielmehr bleibt es der Entscheidung des Informationsbesitzers überlassen, ob er seine Informationsquelle anderen zugänglich machen möchte[125]. Daraus folgt, daß grundsätzlich sowohl Private als auch staatliche Stellen hinsichtlich ihrer Informationsquellen ausschließlich verfügungsberechtigt sind[126]. Art. 5 Abs. 1 Satz 1, 2. Alt. GG verleiht mit anderen Worten dem Bürger keinen Anspruch gegen den Staat auf Information, Akteneinsicht oder auf Auskunft[127]. Man wird allerdings dem objektiven Wertgehalt des Art. 5 Abs. 1 Satz 1, 2. Alt. GG so zu interpretieren haben, daß der Staat nach Möglichkeit umfassend Auskünfte geben soll[128]. Dies gebietet zum einen der Grundsatz des bürgerfreundlichen Verhaltens, der sich aus Art. 1 Abs. 1 GG i.V.m. dem Rechtsstaatsprinzip ableitet. Zum anderen ist eine umfassende Informationsgebung durch den Staat für die politische Willensbildung des Bürgers im demokratischen Prozeß von entscheidender Bedeutung[129].

3. *Informationsquellen im Sinne der Mediendeklaration 1978*

a) *Der Begriff der Informationsquelle nach der Mediendeklaration 1978*

Eine Definition für den Begriff der Informationsquelle ist in der Mediendeklaration 1978 nicht enthalten. Art. 2 Abs. 2 Satz 1 Mediendeklaration 1978 enthält das Begriffspaar "Quellen und Informa-

---

124 BVerfGE 27, 71, 84.

125 Schmidt-Jortzig, Meinungs- und Informationsfreiheit, S. 653.

126 Ebd.

127 Jarass, in: Jarass/Pieroth, GG-Komm., Art. 5 Rdnr. 13; Ridder, Meinungsfreiheit, S. 276; Hamann/Lenz, Das Grundgesetz für die Bundesrepublik Deutschland, Art. 5 Anm. B 5, Starck/v. Mangoldt, BGG, Art. 5 Abs. 1, 2 Rdnr. 33; Schmidt-Jortzig, Meinungs- und Informationsfreiheit, S. 653.

128 So auch Ridder, Meinungsfreiheit, S. 276.

129 Hett, Die Öffentlichkeit der Parlamentsverhandlungen, das Grundrecht der Informationsfreiheit und Informationspflichten der Exekutive, S. 216; Bleckmann, Staatsrecht II - Die Grundrechte, S. 684 f.

tionsmittel"[130] (englischer Text: "the sources and means of information", französischer Text: "des sources et des moyens d'information"[131]). Aus der Kombination der Begriffe "Informationsquellen und -mittel"[132] kann und muß gefolgert werden, daß es sich nach der Mediendeklaration in beiden Fällen um zugängliche Informationen handeln kann.

Fraglich ist, ob die Mediendeklaration 1978 davon ausgeht, daß eine Informationsquelle nur Tatsachen zum Ausdruck bringen kann oder ob sie vielmehr auch Wertungen zum Gegenstand haben kann. Auf den ersten Blick könnte Art. 2 Abs. 2 Satz 1 Mediendeklaration 1978 den Eindruck erwecken, daß eine Informationsquelle im Sinne der Deklaration nur dann vorliegt, wenn Tatsachen zum Ausdruck gebracht werden. Für diese Interpretation spricht, daß Art. 2 Abs. 2 Abs. 1 Satz 1 Mediendeklaration 1978 der Allgemeinheit den Zugang zu Informationen durch die Vielzahl der ihr *zur Verfügung stehenden* Informationsquellen sichern möchte, "um so jedem einzelnen die Überprüfung der Richtigkeit von *Tatsachen*[133] sowie die objektive Bewertung von *Ereignissen*[134] zu ermöglichen"[135].

Dem ist entgegenzuhalten, daß auch Meinungen - wie ausgeführt - Informationen darstellen, die für die Betätigung der Meinungsfreiheit von entscheidender Bedeutung sind. Folglich sind auch Meinungskundgaben unter den Begriff der Informationsquelle zu fassen. Dies gilt um so mehr, als Tatsachen und Meinungen oft nicht strikt voneinander getrennt werden können.

---

130 Zit. nach Kleinwächter/Raaz, Die Organisation der Vereinten Nationen für Erziehung, Wissenschaft und Kultur, S. 390.

131 Zit. nach Kleinwächter/Raaz, a.a.O., S. 391.

132 Zit. nach der deutschen Übersetzung in EA 1979 D 190.

133 Hervorhebung durch den Verfasser.

134 Hervorhebung durch den Verfasser.

135 Zit. nach der deutschen Übersetzung in EA 1979 D 190; englischer Text: "thus enabling each individual to check the accuracy of facts and to appraise events objectively"; französischer Text: "permettant ainsi à chacun de s'assurer de l'exactitude des faits et de fonder objectivement son opinion sur les événements", zit. nach Kleinwächter/Raaz, Die Organisation der Vereinten Nationen für Erziehung, Wissenschaft und Kultur, S. 391/393.

Wie bereits zum grundgesetzlichen Begriff der Informationsquelle ausgeführt wurde, können alle denkbaren Informationsträger Quellen der Information sein. Dies hat auch für die Mediendeklaration 1978 zu gelten. Diese nennt zwar nur die Massenmedien als Träger der Information, jedoch ist nicht ersichtlich, daß durch die ausschließliche Nennung der Massenmedien als Informationsträger eine Verengung des Begriffs der Informationsquelle beabsichtigt ist. Vielmehr will die Mediendeklaration 1978 lediglich zum Ausdruck bringen, daß die Massenmedien besonders wichtige Informationsträger sind. Es ist allerdings zu betonen, daß den individuellen Informationsquellen ebenfalls eine besondere Bedeutung zukommt, wenn die öffentlichen Informationsquellen, dies sind insbesondere die Massenmedien, einer staatlichen Kontrolle unterliegen[136].

b) Allgemeinzugänglichkeit

Die Zugangsmöglichkeit zu Informationsquellen ist in Art. 2 Abs. 2 Satz 1 und 2 Mediendeklaration 1978 geregelt. Der Allgemeinheit soll der Zugang zu Informationen durch die Vielfalt der ihr zur Verfügung stehenden Informationsquellen und -mittel gewährleistet werden[137]. In Übereinstimmung mit der Regelung im Grundgesetz soll die Allgemeinheit lediglich eine Zugangsmöglichkeit hinsichtlich der *vorhandenen* Informationsquellen haben. Auch die Mediendeklaration 1978 geht folglich davon aus, daß die Informationsfreiheit dem Bürger kein Auskunftsrecht gegenüber dem Staat einräumt. Dieser bleibt vielmehr Herr seiner Informationen. Allerdings enthält Art. 2 Abs. 2 Satz 1 Mediendeklaration 1978, wie Art. 5 Abs. 1 Satz 1, 2. Alt. GG auch, die Aufforderung gegenüber dem Staat, seine Bürger möglichst umfassend zu informieren. Anders als Art. 5 Abs. 1 Satz 1, 2. Alt. GG privilegiert Art. 2 Abs. 2 Satz 2 Mediendeklaration 1978 die Journalisten. Diese sollen "die größtmöglichen Erleichterungen beim

---

136 Gornig, Äußerungsfreiheit, S. 157; Windsheimer, Die "Information" als Interpretationsgrundlage für die subjektiven Rechte des Art. 5 Abs. 1 GG, S. 134.

137 Siehe Art. 2 Abs. 2 Satz 1 Mediendeklaration 1978.

Zugang zur Information haben"[138]. Diese unpräzise Formulierung läßt einen großen Raum für willkürliche Zugangsbeschränkungen. Ferner setzt ein allgemeiner Zugang zu Informationen voraus, daß er der Allgemeinheit gewährt wird und nicht nur den Journalisten[139].

IV. Schutzinhalt der Informationsfreiheit

1. Recht der ungehinderten Unterrichtung

a) Art. 5 Abs. 1 Satz 1, 2. Alt. GG

Informationsquellen sind kein Selbstzweck, sondern nur im Hinblick auf ihre Erfahrbarkeit, Aufnahme und geistige Verarbeitung durch den Bürger ein Grundrechtsthema[140]. Aus diesem Grunde gewährleistet Art. 5 Abs. 1 Satz 1, 2. Alt. GG das Recht eines jeden Staatsbürgers, sich aus allgemein zugänglichen Quellen ungehindert zu unterrichten. Mit "sich unterrichten" ist der rein geistige Vorgang der Informationsaufnahme gemeint[141]. Die geistige Aufnahme kann durch Lesen, Hören, Sehen, Fühlen, Schmecken oder Riechen erfolgen; entscheidend ist jeweils die Eigenart der Informationsquelle[142]. Die

---

138 Englischer Text: "journalists must have ... the fullest possible facilities of access to information"; französischer Text: "les journalistes doivent avoir ... les plus grandes facilités possibles d'accès à l'information", zit. nach Kleinwächter/Raaz, Die Organisation der Vereinten Nationen für Erziehung, Wissenschaft und Kultur, S. 392/393.

139 Auch Art. 10 Abs. 1 Mediendeklaration 1978 privilegiert die Journalisten hinsichtlich der Informationsfreiheit gegenüber der Allgemeinheit. Danach sind zur Gewährleistung der Informationsfreiheit überall in der Welt Voraussetzungen zu schaffen und zu erhalten, damit die Einrichtungen und Personen, die beruflich mit der Verbreitung von Informationen zu tun haben, die Ziele der Deklaration verwirklichen können.

140 So zu Recht Schmidt-Jortzig, Meinungs- und Informationsfreiheit, S. 653.

141 BVerfGE 27, 71, 83; Degenhart, BK, Art. 5 Abs. 1, 2 Rdnr. 270; Gornig, Äußerungsfreiheit, S. 552; Jarass, in: Jarass/Piertoh, GG-Komm., Art. 5 Rdnr. 14; Schmidt-Jortzig, Meinungs- und Informationsfreiheit, S. 653; Krafczyk, Ausländische Rundfunksendungen als "allgemein zugängliche Quellen" im Sinne des Art. 5 Abs. 1 Grundgesetz, S. 42; Schmitt Glaeser, Das Grundrecht auf Informationsfreiheit, Jura 1987, S. 567, 571.

142 Schmidt-Jortzig, Meinungs- und Informationsfreiheit, S. 653.

grundgesetzliche Unterrichtungsfreiheit schützt allerdings nicht nur die rein passive Aufnahme von Informationen. Geschützt ist ebenfalls die Informationsverschaffung durch aktives Handeln[143].

Dieses Recht beinhaltet auch den Bezug ausländischer Publikationsorgane[144] sowie den Empfang ausländischer Rundfunksendungen[145]. Für die grundgesetzliche Unterrichtungsfreiheit ist entscheidend, daß der Bürger unter dem vorhandenen Informationsangebot selbständig auswählen kann[146]. Eine Verletzung der Unterrichtungsfreiheit des Bürgers liegt vor, wenn die Entstehung einer Informationsquelle verhindert[147], der Zugang zu Informationen abgeschnitten[148] oder durch staatliche Maßnahmen verzögert wird[149]. Nicht erlaubt sind verwaltungsrechtliche Verbote, Strafandrohungen, Überlagerungen mit Störsendern, behördliche Beobachtungen, Registrierungen und diffamierende Offenlegungen[150]. Das Recht der Unterrichtungsfreiheit begründet allerdings keinen Anspruch auf kostenlose Einrichtung von Informationsmöglichkeiten[151].

Nach der Auffassung Leisner[152] verleiht das Grundrecht auf Informationsfreiheit lediglich "für all das, was Meinung ist", ein Recht auf ungehinderte Unterrichtung. Für rein gewerbliche Äußerungen gelte

---

143 BVerfGE 27, 71, 82; Degenhart, BK, Art. 5 Abs. 1, 2 Rdnr. 270; Gornig, Äußerungsfreiheit, S. 552; Jarass, in: Jarass/Pieroth, GG-Komm., Art. 5 Rdnr. 14; Schmitt Glaeser, Das Grundrecht auf Informationsfreiheit, Jura 1987, S. 567, 571.

144 Degenhart, BK, Art. 5 Abs. 1, 2 Rdnr. 270.

145 Krafczyk, Ausländische Rundfunksendungen als "allgemein zugängliche Quellen" im Sinne des Art. 5 Abs. 1 Grundgesetz, S. 42.

146 BVerfGE 27, 71, 83.

147 BVerfGE 21, 271, 291; Gornig, Äußerungsfreiheit, S. 552; Schmitt Glaeser, Das Grundrecht auf Informationsfreiheit, Jura 1987, S. 567, 572.

148 Schmidt-Jortzig, Meinungs- und Informationsfreiheit, S. 653; Gornig, Äußerungsfreiheit, S. 552.

149 BVerfGE 27, 71, 98; Gornig, Äußerungsfreiheit, S. 552; Schmidt-Jortzig, Meinungs- und Informationsfreiheit, S. 653.

150 Schmidt-Jortzig, Meinungs- und Informationsfreiheit, S. 653 f.

151 Ebd., S. 654; Gornig, Äußerungsfreiheit, S. 552.

152 Leisner, Werbefernsehen und öffentliches Recht, S. 106.

das Recht der ungehinderten Unterrichtungsfreiheit nicht[153]. Dem ist entgegenzuhalten, daß die in Art. 5 Abs. 1 Satz 1, 2. Alt. GG verankerte Informationsfreiheit Informationen aller Art schützt[154]. Aus diesem Grunde erfaßt die im Rahmen der Informationsfreiheit geschützte Unterrichtungsfreiheit Meinungsäußerungen, Tatsachenermittlungen, unterhaltende Äußerungen und auch Werbeaussagen[155].

Abzulehnen ist die Auffassung, daß die Informationsfreiheit in erster Linie eine politische Funktion habe[156]. Das BVerfG[157] geht zu Recht davon aus, daß einer Meinungsäußerung der Schutz aus Art. 5 Abs. 1 Satz 1 GG nicht schon von vornherein aus der Erwägung abgesprochen werden kann, das Grundrecht schütze nur die Äußerung und Verbreitung von 'wertvollen' Meinungen. Selbiges muß auch hinsichtlich der Unterrichtungsfreiheit im Rahmen von Art. 5 Abs. 1 Satz 1, 2. Alt. GG gelten. Dies ergibt sich aus der Erkenntnis, daß eine Grundrechtsausübung nicht nur dann den Schutz des Grundgesetzes genießt, wenn sich der Grundrechtsträger für sie auf einen unmittelbar nützlichen oder gar staatspolitisch wertvollen Zweck berufen kann[158].

b) Mediendeklaration 1978

Anders als in Art. 5 Abs. 1 Satz 1, 2. Alt. GG ist in der Mediendeklaration 1978 das Recht der ungehinderten Unterrichtung nicht ausdrücklich geregelt. Dies ist im Hinblick auf die ansonsten sehr umfassenden Regelungen der Mediendeklaration 1978 ein überraschender Befund. Zwar enthält Art. 2 Abs. 2 Sätze 1 und 2 Aussagen über

153 Ebd.

154 Gornig, Äußerungsfreiheit, S. 552.

155 Ebd.; Krafczyk, Ausländische Rundfunksendungen als "allgemein zugängliche Quellen" im Sinne des Art. 5 Abs. 1 Grundgesetz, S. 26.

156 Wohland, Informationsfreiheit und politische Filmkontrolle, S. 72.

157 BVerfGE 30, 336, 347; 33, 1, 14 f.; 61, 1, 7; 66, 116, 151.

158 Herzog, M-D, GG-Komm., Art. 5, I, II Rdnr. 86; Krafczyk, Ausländische Rundfunksendungen als "allgemein zugängliche Quellen" im Sinne des Art. 5 Abs. 1 Grundgesetz, S. 77 f.; Starck/v. Mangoldt, BGG, Art. 5 Abs. 1, 2 Rdnr. 28.

den Zugang zu Informationen bzw. zu Informationsquellen. Jedoch sind diese Zugangsregelungen, wie ausgeführt, unzureichend. Schon aus diesem Grunde wäre eine ausdrückliche Regelung über das Recht der ungehinderten Unterrichtung in der Mediendeklaration 1978 sinnvoll gewesen. Man wird aber davon auszugehen haben, daß die Mediendeklaration 1978 die Unterrichtungsfreiheit stillschweigend als einen Bestandteil der Informationsfreiheit ansieht. Daraus folgt, daß die Allgemeinheit nach Art. 2 Abs. 2 Satz 1 Mediendeklaration 1978 ein Recht der ungehinderten Unterrichtung hinsichtlich der *zur Verfügung stehenden* Informationsquellen hat.

Da Art. 2 Abs. 2 Satz 1 Mediendeklaration 1978, wie bereits ausgeführt, nur ein verkürztes Zugangsrecht gewährt, ist die durch Art. 2 Abs. 2 Satz 1 Mediendeklaration 1978 garantierte Unterrichtungsfreiheit ebenfalls nur in einem verkürzten Sinne garantiert. Selbiges gilt auch für das Zugangsrecht und die Unterrichtungsfreiheit der Journalisten. Ihr Zugangs- und Unterrichtungsrecht ist nach Art. 2 Abs. 2 Satz 2 Mediendeklaration 1978 auf das größtmögliche Maß[159] beschränkt. Eine Beschränkungsmöglichkeit der Unterrichtungsfreiheit ergibt sich weiterhin aus Art. 1 Abs. 1 Mediendeklaration 1978, wo "eine umfassendere und ausgewogenere Verbreitung von Informationen"[160] verlangt wird. Bueckling[161] macht zu Recht darauf aufmerksam, daß sich mit dem Hinweis auf Unausgewogenheit fast jede Information verdammen lasse. Schließlich ist zu berücksichtigen, daß die Mediendeklaration 1978 von Medienexperten im Sinne der Forderung nach Schaffung einer neuen internationalen Informationsordnung interpretiert wurde[162]. Da die Forderung nach Schaffung einer neuen Weltinformationsordnung eine staatlich gelenkte Informa-

---

159 Englischer Text: "the fullest possible facilities"; französischer Text: "les plus grandes facilités possibles", zit. nach Kleinwächter/Raaz, Die Organisation der Vereinten Nationen für Erziehung, Wissenschaft und Kultur, S. 393.

160 Zit. nach der deutschen Übersetzung in EA 1979 D 190.

161 Bueckling, Satellitenfernsehen, AfP 1982, S. 85, 88.

162 Kleinwächter/Raaz, Die Organisation der Vereinten Nationen für Erziehung, Wissenschaft und Kultur, S. 62.

tionspolitik beinhaltet[163], stellt sie zugleich auch eine Beschränkungsmöglichkeit des Rechtes der ungehinderten Unterrichtung dar.

2. *Der objektive Gehalt der Informationsfreiheit*

a) *Bedarfsgerechte Informationsstrukturen*

aa) *Art. 5 Abs. 1 Satz 1, 2. Alt.; Art. 20 Abs. 1 GG*

Wie bereits dargelegt wurde, gewährt die grundgesetzliche Informationsfreiheit dem Bürger gegenüber dem Staat kein subjektives Recht auf Schaffung von Informationsquellen[164]. Als Abwehrrecht verleiht das Grundrecht der Informationsfreiheit dem Bürger keinen Anspruch auf Erschließung bestimmter Informationsquellen durch den Staat[165]. Der Charakter der Informationsfreiheit als Abwehrrecht gegenüber dem Staat kann und darf allerdings nicht dazu führen, daß den Staat überhaupt keine Verantwortung für die Informationsordnung trifft. Soweit der Staat für die technischen Voraussetzungen der Informationsstrukturen verantwortlich ist und er hierbei eine Monopolstellung begründet hat, ist er verpflichtet, eine bedarfsgerechte Daseinsvorsorge im Kommunikationsbereich zu gewährleisten[166].

Stern[167] weist zu Recht darauf hin, daß die Formel einer bedarfsgerechten Daseinsvorsorge zum einen eine Verneinung eines individuellen Rechtsanspruchs hinsichtlich eines Ausbaus bestimmter Informationstechniken beinhaltet. Zum anderen bedeute die Formel "bedarfsgerechte Daseinsvorsorge" im Kommunikationsbereich, daß

---

163 Gornig, Äußerungsfreiheit, S. 228; Witzmann, Völkerrechtliche Aspekte der Bemühungen um eine neue Weltinformationsordnung, S. 68 ff.

164 Herzog, M-D, GG-Komm., Art. 5, I, II Rdnr. 101.

165 Degenhart, BK, Art. 5 Abs. 1, 2 Rdnr. 276.

166 Degenhart, BK, Art. 5 Abs. 1, 2 Rdnr. 278; Stern, Neue Medien - neue Aufgaben des Rechts?, DVBl. 1982, S. 1109, 1112; Lerche, Das Fernsehmonopol - öffentlich-rechtlich gesehen, S. 145.

167 Stern, Neue Medien - neue Aufgaben des Rechts?, DVBl. 1982, S. 1109, 1112.

der Staat keine Blockade gegenüber neuen Kommunikationstechniken vornehmen dürfe[168].

Die zuletzt genannten Verpflichtungen ergeben sich aus dem objektiven Wertgehalt des Art. 5 Abs. 1 Satz 1, 2. Alt. GG[169]. Zwar ist das Grundrecht auf Informationsfreiheit ein Abwehrrecht[170]. Der Abwehrcharakter der Grundrechte ändert aber nichts daran, daß diese zugleich auch eine objektive Wertordnung sind, die als verfassungsrechtliche Grundentscheidung für alle Bereiche des Rechts gilt[171]. Eine objektiv-rechtliche Verpflichtung des Staates zur Errichtung oder Initiierung von Informationsquellen ergibt sich weiterhin aus dem in Art. 20 Abs. 1 GG verankerten Demokratieprinzip[172]. Dieses Prinzip bringt die Aufgabe des Staates zum Ausdruck, günstige Voraussetzungen dafür zu schaffen, daß sich der Staatsbürger anhand möglichst objektiver Informationen unterrichten kann[173]. Der objektive Wertgehalt von Art. 5 Abs. 1 Satz 1, 2. Alt., Art. 20 Abs. 1 GG kann allerdings nicht so verstanden werden, daß der Staat verpflichtet ist, Informationsangebote Privater durch staatliche Informationsangebote zu ersetzen oder zu ergänzen. Eine solche Interpretation der Art. 5 Abs. 1 Satz 1, 2. Alt., Art. 20 Abs. 1 GG verkennt, daß objektive Informationen von seiten Privater staatliche Stellen kontrollieren sollen. Diese Kontrollfunktion ginge verloren, wenn der Staat in einem größeren Umfange Informationsanbieter sein würde.

bb) Mediendeklaration 1978

Ein Appell zur Schaffung einer bedarfsgerechten Informationsversorgung kann Art. 2 Abs. 1 Satz 1 Mediendeklaration 1978 entnommen werden, wonach eine Vielfalt von Informationsquellen und -mittel bestehen soll, um so jedem Bürger die Überprüfung von Tatsachen sowie eine objektive Bewertung von Ereignissen zu ermöglichen. Auch

---

168 Ebd.

169 Degenhart, BK, Art. 5 Abs. 1, 2 Rdnr. 278.

170 Degenhart, BK, Art. 5 Abs. 1, 2 Rdnr. 276.

171 BVerfGE 7, 198, 204 f.; 21, 362, 371 f.

172 Herzog, M-D, GG-Komm., Art. 5, I, II Rdnr. 101.

173 Ebd.

Art. 1 Satz 1 Mediendeklaration 1978 bringt mithin die Grundintention zum Ausdruck, eine bedarfsgerechte Informationsversorgung zu gewährleisten. Das Begriffsungeheuer "umfassendere und ausgewogenere Verbreitung von Informationen"[174] ist allerdings eine Konkursklausel, da es keine objektiven Inhaltskriterien beinhaltet und somit den wirklich freien Informationsfluß zum Versiegen bringt[175].

Art. 6 Mediendeklaration 1978 bringt die Bedeutung einer bedarfsgerechten Informationsversorgung auf internationaler Ebene zum Ausdruck. Danach sollen die Ungleichheiten im Informationsfluß nach und aus den Entwicklungsländern sowie zwischen diesen Ländern beseitigt werden. Östliche Medienexperten entnehmen dem Art. 6 Mediendeklaration 1978 die Forderung nach Schaffung einer neuen internationalen Informationsordnung[176]. Nach westlicher Auffassung beinhaltet die neue Weltkommunikationsordnung eine staatlich gelenkte Informationspolitik[177].

b) Freier Informationsfluß

aa) Inhalt des Prinzips des "free flow of information"

Es ist das Verdienst von Gornig[178], die aktiven und passiven Komponenten des Prinzips des "free flow of information" deutlich gemacht zu haben. Dieses Prinzip verpflichtet in seiner aktiven Ausprägung den Staat dazu, es zu dulden, daß in seinem Hoheitsgebiet lebende Menschen ungehindert Informationen ins Ausland übermitteln können[179]. Ferner ist der Staat berechtigt, selbst Informationen ins Ausland zu transferieren[180]. Schließlich wird die aktive Seite des Prinzips des "free flow of information" ergänzt durch die Verpflichtung des Staates, aus dem Ausland stammende Informationen priva-

---

174 Zit. nach der deutschen Übersetzung in EA 1979 D 190.

175 Bueckling, Satellitenfernsehen, AfP 1982, S. 85, 88.

176 Kleinwächter/Raaz, Die Organisation der Vereinten Nationen für Erziehung, Wissenschaft und Kultur, S. 62.

177 Gornig, Äußerungsfreiheit, S. 228.

178 Ebd., S. 225.

179 Ebd.

180 Ebd.

ter und staatlicher Herkunft weiterzuleiten[181]. Die passive Ausprägung des Prinzips des "free flow of information" enthält die staatliche Verpflichtung, den Bürgern das Recht zu garantieren, sich ungehindert aus ausländischen Informationsquellen, seien sie privaten oder staatlichen Ursprungs, zu unterrichten[182].

bb) Das Verhältnis des Prinzips des "free flow of information" zur Informationsfreiheit

Soweit Staaten auf internationaler Ebene die Informationsfreiheit verbindlich anerkannt haben, sind sie verpflichtet, den in ihrem Hoheitsgebiet lebenden Menschen das Recht zu garantieren, Informationen ins Ausland zu übermitteln, sowie das Recht, Informationen zu suchen, zu beschaffen und zu empfangen und sich dabei auch ausländischer Informationsquellen zu bedienen[183]. Das durch den Grundsatz des "free flow of information" geschützte Recht der Staaten, selbst Informationen in andere Staaten weiterzuleiten, wird von der Informationsfreiheit nicht erfaßt[184].

Die passive Informationsfreiheit gewährleistet das Recht auf freien Empfang von Informationen ohne Rücksicht auf Staatsgrenzen aus allgemein zugänglichen Quellen[185]. Ferner kann sich der Empfänger um Informationen bemühen[186]. Der die (passive) Informationsfreiheit respektierende Staat ist also nicht verpflichtet, ein bestimmtes Manuskript zu veröffentlichen, eine zahlenmäßig ausreichende Auflage eines bestimmten Druckwerks zur Verfügung zu stellen oder ein bestimmtes Hörfunk- oder Fernsehprogramm auszustrahlen bzw. zu übermitteln[187]. Dies beruht auf der Einsicht, daß die passive Infor-

---

181 Ebd.

182 Ebd.

183 Ebd., S. 225 f.

184 Ebd., S. 226.

185 Laeuchli Bosshard, Die Meinungsäußerungsfreiheit gemäß Art. 10 EMRK unter Berücksichtigung der neueren Entscheide und der neuen Medien, S. 31.

186 Ebd.

187 Gornig, Äußerungsfreiheit, S. 226.

mationsfreiheit nur den Zugang zu Zugänglichem und die Wahrnehmung von Wahrnehmbaren garantieren möchte[188].

Demgegenüber gehen die Gewährleistungen des Prinzips des "free flow of information" über die Verbürgungen der Informationsfreiheit hinaus, soweit der Grundsatz des freien Informationsflusses völkerrechtlich anerkannt wird[189]. Er gebietet nicht nur den Zugang zu Zugänglichem und die Wahrnehmung von Wahrnehmbarem, sondern vielmehr regelt er auch die "Zugänglichmachung" und "Wahrnehmbarmachung" als Voraussetzungen des Zugangs und der Wahrnehmung[190]. Zwar verlangt der Grundsatz des "free flow of information" nicht, daß bestimmte Äußerungsinhalte aus dem Ausland zur Verfügung gestellt werden müssen, er verpflichtet aber bei der "Zugänglichmachung" und der "Wahrnehmbarmachung" großzügig zu verfahren[191].

Schließlich ist zu konstatieren, daß das Prinzip des "free flow of information" und die Informationsfreiheit jeweils unterschiedliche Adressaten haben. Der Grundsatz des "free flow of information" berechtigt und verpflichtet lediglich die Staaten und nicht die in ihm lebenden Bürger[192]. Diese werden durch die Beachtung des o.g. Grundsatzes lediglich reflexartig begünstigt[193]. Demgegenüber ist die Informationsfreiheit ein subjektives öffentliches Recht[194]. Sie steht zum Grundsatz des "free flow of information" in einem Komplementärverhältnis. Dies folgt aus der Erkenntnis, daß dem Grundsatz des

188 Ebd.

189 Ausdrücklich wurde der Grundsatz des "free flow of information" bisher noch nicht in einem weltweit geltenden Vertragswerk garantiert, Gornig, Äußerungsfreiheit, S. 226, Fn. 6; der o.g. Grundsatz ist aber kraft Gewohnheit im Westen als regional geltendes Völkerrecht anerkannt, Bueckling, Satellitenfernsehen, AfP 1982, S. 85. Für den früheren Ostblock kann dies derzeit noch nicht gesagt werden, Gassen, Auch die Neuen haben noch Lenin im Kopf, SZ v. 10.5.1993, S. 16.

190 Gornig, Äußerungsfreiheit, S. 226.

191 Ebd.

192 Ebd.

193 Ebd.; Bueckling, Grenzüberschreitendes Direktfernsehen durch Satelliten - rechtlich gesehen, NJW 1981, S. 1113, 1116.

194 Gornig, Äußerungsfreiheit, S. 227.

freien Informationsflusses nur dann Rechnung getragen werden kann, wenn die Bürger die durch die Informationsfreiheit verbürgten Rechte in Anspruch nehmen können[195].

(1) Freier Informationsfluß und Art. 5 Abs. 1 Satz 1, 2. Alt. GG

Nach der Auffassung von Degenhart[196] ist der Grundsatz des "free flow of information" für den Anwendungsbereich des Art. 5 Abs. 1 Satz 1 GG von Bedeutung, da der völkerrechtliche Grundsatz des freien Informationsflusses eine objektiv-rechtliche Direktive enthalte, die über Art. 25 Satz 1 GG in die innerstaatliche Rechtsordnung hineinwirke. Dem ist entgegenzuhalten, daß der Grundsatz des freien Informationsflusses dem Art. 5 Abs. 1 Satz 1, 2. Alt. GG innewohnt, ohne daß es dafür eines Rückgriffs auf das Prinzip des "free flow of information" bedarf. Der objektiv-rechtliche Gehalt des Art. 5 Abs. 1 Satz 1, 2. Alt. GG verpflichtet den Staat, eine Offenheit der Kommunikationsprozesse anzustreben, einen freien Informationsfluß im Bundesgebiet zu gewährleisten[197] und für eine bedarfsgerechte Informationsversorgung zu sorgen[198]. Diese Verpflichtung zur "Zugänglichmachung" und "Wahrnehmbarmachung" unterscheidet sich nicht von dem materialen Gehalt des Prinzips des "free flow of information", das ebenfalls nur eine allgemeine Pflicht der "Zugänglichmachung" enthält und nicht die Aufgabe zum Gegenstand hat, ganz bestimmte Informationen zur Verfügung zu stellen[199]. Es besteht folglich keine verfassungsrechtliche Notwendigkeit, den völkerrechtlichen Grundsatz des freien Informationsflusses als eine objektive Leitlinie für das deutsche Verfassungsrecht heranzuziehen.

---

195 Ebd.

196 Degenhart, BK, Art. 5 Abs. 1, 2 Rdnr. 279 ff.; ders., Grenzüberschreitender Informationsfluß und grundgesetzliche Rundfunkordnung, EuGRZ 1983, S. 205, 212 f.

197 Degenhart, BK, Art. 5 Abs. 1, 2 Rdnr. 282.

198 Degenhart, BK, Art. 5 Abs. 1, 2 Rdnr. 278; Lerche, Das Fernmeldemonopol - öffentlich-rechtlich gesehen, S. 145; Stern, Neue Medien - neue Aufgaben des Rechts, DVBl. 1982, S. 1109, 1112.

199 Gornig, Äußerungsfreiheit, S. 226.

Darüber hinaus besteht auch keine verfassungsrechtliche Möglichkeit, das Prinzip des "free flow of information" über Art. 25 Satz 1 GG zu einer objektiven Leitlinie des Grundgesetzes zu machen. Eine allgemeine Regel des Völkerrechts im Sinne von Art. 25 Satz 1 GG liegt vor, wenn sie von der überwiegenden Mehrheit der Staaten anerkannt wird[200]. Sie müssen auf einer allgemeinen gefestigten Übung der Staaten beruhen, die in der Rechtsüberzeugung geübt wird, daß dieses Verhalten rechtens sei[201]. Dies ist nur hinsichtlich des universell geltenden Völkergewohnheitsrechts der Fall[202]. Keine "allgemeine Regeln des Völkerrechts" sind die Regeln des regionalen Gewohnheitsrechtes, da sie nur in einer bestimmten geographisch, historisch, ideologisch oder politisch abgegrenzten Gruppe von Staaten gelten[203]. So ist es hinsichtlich des Grundsatzes des "free flow of information". Hierbei handelt es sich um regionales Völkerrecht[204] der "westlichen" Staaten[205]. Selbst wenn man einmal unterstellt, daß die Staaten des früheren Ostblocks den Grundsatz des "free flow of information" nunmehr auch als verbindliches Völkergewohnheitsrecht anerkennen, wird man gleichwohl nicht davon ausgehen können, daß der o.g. Grundsatz dadurch universelles Völkergewohnheitsrecht wurde. Dagegen spricht ganz entscheidend, daß die große Zahl der Entwicklungsländer gegen eine weltweite und freie Informationsverbreitung sind, da sie hierin eine Gefahr für ihre kulturelle Identität sehen[206].

---

200 BVerfGE 15, 25, 34; 16, 27, 33; Jarass, in: Jarass/Pieroth, GG-Komm., Art. 25 Rdnr. 2; Rojahn, in: v. Münch, GG-Komm., Art. 25 Rdnr. 6.

201 BVerfGE 66, 39, 64 f.

202 BVerfGE 15, 25, 32 f.; 16, 27, 33; 23, 288, 317; 31, 145, 177.

203 Rojahn, in: v. Münch, GG-Komm., Art. 25 Rdnr. 6; Jarass, in: Jarass/Pieroth, GG-Komm., Art. 25 Rdnr. 2; die Gegenauffassung von Meyer-Lindenberg, Die Menschenrechte im Völkerrecht, S. 106 f. überschreitet die zulässigen Grenzen des eindeutigen Wortlauts des Art. 25 Satz 1 GG.

204 Bueckling, Grenzüberschreitendes Direktfernsehen durch Satelliten - rechtlich gesehen, NJW 1981, S. 1113, 1115.

205 Verdross/Simma, Universelles Völkerrecht, S. 666.

206 Witzmann, Völkerrechtliche Aspekte der Bemühungen um eine neue Weltinformationsordnung, S. 230 ff.; Viele Stimmen - eine Welt, Bericht der Internationalen Kommission zum Studium der Kommunikationsprobleme unter dem Vorsitz von Sean MacBride, S. 185 ff.; siehe auch "Das schlimmste Jahr für die Medien", FAZ v. 17.3.1994, S. 6.

(2) Freier Informationsfluß und Informationsfreiheit in der Mediendeklaration 1978

Anders als im Grundgesetz ist in der Mediendeklaration 1978 neben der Informationsfreiheit auch der Grundsatz des "free flow of information" ausdrücklich verankert. Es muß allerdings betont werden, daß die Formel "umfassendere und ausgewogenere Verbreitung von Informationen"[207] (englischer Text: "wider and better balanced dissemination of information"[208]; französischer Text: "une diffusion plus large et mieux équilibrée de l'information"[209]), keineswegs ein Mehr im Verhältnis zum Prinzip des "free flow of information" beinhaltet. Vielmehr ist festzustellen, daß die Steigerungsform eines Adjektivs auf der Werteskala der Freiheit ein Weniger im Verhältnis zur adjektiven Grundstufe ist[210]. Das Begriffspaar ausgewogenere und/oder umfassendere Information ist, wie ausgeführt, ein begriffliches Ungeheuer[211]. Mit dem Hinweis auf Ausgewogenheit kann beim grenzüberschreitenden Informationsfluß jede politisch, kulturell und/oder wirtschaftlich unliebsame Information verbannt werden[212]. Indem Art. 1 Satz 1 Mediendeklaration 1978 willkürliche Beschränkungen des freien Informationsflusses zuläßt, ermöglicht er zugleich auch arbiträre Einschränkungen der Informationsfreiheit. Dies folgt aus der Erkenntnis, daß die individuelle Informationsfreiheit und der Grundsatz des "free flow of information" in einem Komplementärverhältnis zueinander stehen. Eine effektive Informationsfreiheit ist nur dann gewährleistet, wenn die Staaten einen umfassenden Zugang zu den vorhandenen Informationsquellen garantieren. Denn eine effektive Betätigung der Informationsfreiheit setzt voraus, daß sich die Bürger umfassend informieren können.

---

207 Zit. nach der deutschen Übersetzung in EA 1979 D 190.

208 Zit. nach Kleinwächter/Raaz, Die Organisation der Vereinten Nationen für Erziehung, Wissenschaft und Kultur, S. 391.

209 Ebd.

210 Bueckling, Satellitenfernsehen, AfP 1982, S. 85, 88; Gornig, Äußerungsfreiheit, S. 363.

211 Ebd.

212 Bueckling, Satellitenfernsehen, AfP 1982, S. 85, 88.

Eine weitere Einschränkungsmöglichkeit der Informationsfreiheit und des freien Informationsflusses ergibt sich aus Art. 11 Mediendeklaration 1978. Danach soll diese Deklaration "unter gebührender Beachtung der Rechts- und Verwaltungsvorschriften und der sonstigen Verpflichtungen der Mitgliedstaaten ... im Einklang mit der Allgemeinen Erklärung der Menschenrechte und den entsprechenden Grundsätzen des 1966 von der Generalversammlung der Vereinten Nationen angenommenen Paktes über bürgerliche und politische Rechte"[213] voll wirksam werden. Nach Art. 19 Abs. 3 Satz 2 lit. b des Internationalen Paktes über bürgerliche und politische Rechte[214] kann die Ausübung der Informationsfreiheit Einschränkungen unterworfen werden, wenn dies für den Schutz der nationalen Sicherheit, der öffentlichen Ordnung (ordre public), der Volksgesundheit oder der nationalen Sittlichkeit erforderlich ist. Soweit der Schrankentatbestand sich auf die passive Informationsfreiheit beziehen soll, ist nicht der Äußernde, sondern der Empfänger Adressat der o.g. Schrankenregelung[215]. Eingriffe in die durch Art. 19 Abs. 2 des Paktes für bürgerliche und politische Rechte garantierte Informationsfreiheit sind nur im Rahmen des Prinzips der Verhältnismäßigkeit zulässig, da sie nach Art. 19 Abs. 3 MRP "erforderlich" sein müssen[216].

Die Interpretation des Begriffs "erforderlich" obliegt in der Praxis der Regierung, dem Gesetzgeber und den Gerichtshöfen der einzelnen Staaten, so daß eine extensive Auslegung nicht ausgeschlossen ist[217] [218]. Die Einschränkungen i.S.v. Art. 19 Abs. 3 MRP dürfen allerdings

213 Zit. nach der deutschen Übersetzung in EA 1979 D 192.

214 Text: Sartorius II, Ordnungsnummer 20.

215 Blumenwitz, Die Meinungs- und Informationsfreiheit nach Art. 19 des Internationalen Pakts über bürgerliche und politische Rechte, S. 76; Gornig, Äußerungsfreiheit, S. 255.

216 Gornig, Äußerungsfreiheit, S. 256; Nowak, UNO-Pakt über bürgerliche und politische Rechte und Fakultativprotokoll, CCPR-Komm., Art. 19 Rdnr. 37.

217 Gornig, Äußerungsfreiheit, S. 256; Münger, Bürgerliche und politische Rechte im Weltpakt der Vereinten Nationen und im schweizerischen Recht, S. 26.

218 Weil ist deshalb der Auffassung, daß die durch Art. 19 Abs. 2 MRP verankerte Informationsfreiheit belanglos sei, dies., Interventions- und haftungsrechtliche Aspekte grenzüberschreitender Rundfunksendungen, S. 82.

die Informationsfreiheit nicht aushöhlen und ihren Wesensgehalt nicht antasten[219].

c) Verbot staatlicher Verfügungen
aa) Art. 5 Abs. 1 Satz 1, 2. Alt. GG

Der Schutzinhalt der grundgesetzlichen Informationsfreiheit besteht auch darin, daß keine staatliche Instanz darüber entscheiden darf, welche bestehenden Informationsquellen allgemein zugänglich sein sollen und welche nicht[220]. Andernfalls bestünde ein staatliches Verfügungsrecht hinsichtlich der Informationsquellen. Der Gesetzgeber oder eine andere staatliche Stelle hätten bei einem Entscheidungsrecht über die Allgemeinzugänglichkeit einer Informationsquelle die Möglichkeit, den Anwendungsbereich des Art. 5 Abs. 1 Satz 1, 2. Alt. GG festzulegen, was nicht dem Willen des Verfassungsgesetzgebers entspricht[221].

bb) Mediendeklaration 1978

Die Mediendeklaration 1978 enthält weder einen ausdrücklichen noch einen konkludenten Hinweis darauf, daß das Fehlen einer staatlichen Dispositionsbefugnis hinsichtlich der Allgemeinzugänglichkeit der Informationsquellen eine wichtige Voraussetzung für eine effektive Informationsfreiheit ist. In diesem Zusammenhang ist von Bedeutung, daß die Staaten des früheren Ostblocks den Grundsatz des freien Informationsflusses ablehnten[222]. Nicht die formale Förderung des freien Informationsflusses habe im Mittelpunkt zu stehen - so die früheren Ostblockstaaten -, sondern entscheidend seien vielmehr die Inhalte der Information und die Ziele ihrer Verbreitung[223].

---

219 Gornig, Äußerungsfreiheit, S. 256.

220 BVerfGE 27, 71, 83; Degenhart, BK, Art. 5 Abs. 1, 2 Rdnr. 251; Herzog, M-D, GG-Komm., Art. 5, I, II Rdnr. 89; Lerche, Informationsfreiheit, Evangelisches Staatslexikon, Sp. 1315.

221 So zu Recht: Herzog, M-D, GG-Komm., Art. 5, I, II Rdnr. 89.

222 Kleinwächter/Raaz, Die Organisation der Vereinten Nationen für Erziehung, Wissenschaft und Kultur, S. 58.

223 Ebd.

Die sozialistischen Staaten gingen von einer Verantwortlichkeit des jeweiligen Staates für den Inhalt grenzüberschreitender Informationen aus[224]. Vor dem Hintergrund dieser Rechtsauffassung der sozialistischen Staatenwelt sind die in der Mediendeklaration 1978 zum Ausdruck gebrachten Ziele als Verantwortlichkeiten und Verpflichtungen zu verstehen, die eine Beschränkung des freien Informationsflusses rechtfertigen können[225]. Aus diesem Grunde ist zu konstatieren, daß die in der Mediendeklaration 1978 genannten Ziele zum Zwecke der Beschränkung des freien Zugangs zu Informationen herangezogen werden können. Dies ist höchst bedenklich, da die Frage, ob eine Information den Zielen der Mediendeklaration 1978 dienlich ist oder nicht, sehr unterschiedlich beurteilt werden kann. Dies gilt um so mehr, als die Mediendeklaration 1978 keine klaren und objektiven Beurteilungskriterien enthält, um entscheiden zu können, wann eine Information den Zielen der Mediendeklaration 1978 zuwiderläuft oder nicht. Das Fehlen solcher objektiven Beurteilungskriterien ist freilich kein überraschender Befund. Solche Kriterien lassen sich positiv kaum aufstellen. Sinnvoll sind vielmehr nur Schrankenregelungen, die sich nicht gegen eine bestimmte Tendenz der Informationen richten dürfen.

d) Informationsfreiheit als Postulat für die Öffnung staatlicher Informationsmonopole

aa) Art. 5 Abs. 1 Satz 1, 2. Alt. GG

Das Grundrecht der Informationsfreiheit verleiht - wie dargestellt - lediglich ein Unterrichtungsrecht hinsichtlich der *vorhandenen* Informationsquellen. Dies beruht auf der Erkenntnis, daß Art. 5 Abs. 1 Satz 1, 2. Alt. GG weder einen Informationsverschaffungsanspruch beinhaltet[226], noch das Recht verleiht, in die Rechtspositionen anderer einzudringen[227]. Lediglich das zur allgemeinen Kenntnisnahme freigegebene Material ist folglich allgemein zugänglich i.S.v. Art. 5

224 Ebd., S. 60.

225 Gornig, Äußerungsfreiheit, S. 363.

226 Schmidt-Jortzig, Meinungs- und Informationsfreiheit, S. 652.

227 Starck/v. Mangoldt, BGG, Art. 5 Abs. 1, 2 Rdnr. 33.

Abs. 1 Satz 1, 2. Alt. GG[228]. Dies bedeutet, daß staatliche Stellen, wie ausgeführt, hinsichtlich ihres Informationsmaterials eine freie Verfügungsgewalt haben, kraft derer sie entscheiden können, ob Informationen allgemein zugänglich sein sollen[229].

Es fragt sich allerdings, ob eine verfügungsberechtigte Behörde die Allgemeinzugänglichkeit auch dann stets verhindern darf, wenn Informationsmaterial durch staatliche Stellen monopolisiert wurde. In diesem Zusammenhang ist zu konstatieren, daß der Bürger nur dann einen Auskunftsanspruch gegenüber dem Staat hat, wenn dieser aufgrund der Vorschriften über die Öffentlichkeit staatlicher Verfahren oder aufgrund des Demokratieprinzips zur Auskunft verpflichtet ist[230].

Anders stellt sich die Situation dar, wenn der Staat das ausschließliche Verfügungsrecht über Informationsmaterial hat, das nicht originär-staatlicher Natur ist. In diesem Fall will zwar Degenhart[231] ein subjektives Recht der Allgemeinzugänglichkeit bejahen. Dem ist jedoch entgegenzuhalten, daß der Staat selbstverständlich auch hinsichtlich nicht originär-staatlicher Informationen ein berechtigtes Interesse daran haben kann, kein Recht der Allgemeinzugänglichkeit zu garantieren. Dies wird insbesondere dann der Fall sein, wenn sich der Staat erwerbswirtschaftlich betätigt. Hier wird die öffentliche Hand schon aus Wettbewerbsgründen nicht jeden Informationswunsch des Bürgers erfüllen können. Bereits aus diesem Grunde kann hier Art. 5 Abs. 1 Satz 1, 2. Alt. GG nicht als subjektives öffentliches Recht Anwendung finden. Sachgerecht ist es vielmehr, die staatlichen Stellen aufgrund des objektiven Wertgehalts von Art. 5 Abs. 1 Satz 1, 2. Alt. GG hinsichtlich der nicht originär-staatlichen Informationsquellen zu einer größtmöglichen Transparenz zu verpflichten.

---

228 Degenhart, BK, Art. 5 Abs. 1, 2 Rdnr. 263.

229 Ebd.; Starck/v. Mangoldt, BGG, Art. 5 Abs. 1, 2 Rdnr. 33.

230 Starck/v. Mangoldt, BGG, Art. 5 Abs. 1, 2, Fn. 113; Herzog, M-D, GG-Komm., Art. 5, I, II Rdnr. 101; Jarass, in: Jarass/Pieroth, GG-Komm., Art. 5 Rdnr. 17.

231 Degenhart, BK, Art. 5 Abs. 1, 2 Rdnr. 264.

bb) Mediendeklaration 1978

Die Mediendeklaration 1978 enthält keine konkrete Aussage zu der Frage, ob die Informationsfreiheit eine Allgemeinzugänglichkeit hinsichtlich der Informationsquellen gebietet, die staatlich monopolisiert sind. Einen Hinweis auf das Postulat der Öffnung staatlicher Informationsmonopole könnte Art. 2 Abs. 2 Satz 1 Mediendeklaration 1978 enthalten. Danach soll die Allgemeinzugänglichkeit zu Informationen durch eine Vielfalt von Informationsquellen und -mittel gewährleistet werden. Viel ist mit dieser Aussage allerdings nicht gewonnen, da eine Vielzahl von Informationsquellen und -mittel nicht ausschließen kann, daß einzelne staatliche Informationsmonopole oder -oligopole bestehen können. Entscheidend ist aber, daß generell eine zumindest objektiv-rechtliche Verpflichtung zur Transparenz im Informationsbereich existieren muß. Nur so kann der Informationsfreiheit wirksam zum Durchbruch verholfen werden. Diese Forderung wird auch nicht durch Art. 1 Satz 1 Mediendeklaration 1978 erfüllt, da die Steigerungsformen von "umfassend" und "ausgewogen", wie ausgeführt, ein Weniger im Verhältnis zur adjektiven Grundstufe sind[232]. Ferner ist zu betonen, daß die Formel "umfassendere und ausgewogenere" Verbreitung von Informationen unter dem Hinweis auf Ausgewogenheit beliebige und willkürliche Beschränkungen hinsichtlich des Zugangs zu Informationen zuläßt[233].

e) Drittwirkung der Informationsfreiheit

aa) Art. 5 Abs. 1 Satz 1, 2. Alt. GG

Eine Beeinträchtigung des Grundrechts der Informationsfreiheit kann auch von privater Seite erfolgen. Zu unterscheiden sind zwei Falltypen[234]. Zum einen kann ein Bürger durch einen Dritten daran gehindert werden, zu einer Informationsquelle zu gelangen[235]. Zum anderen ist es denkbar, daß ein Privater aufgrund seiner Wirtschaftsmacht Informationsquellen erwirbt und bei sich monopoli-

232 Bueckling, Satellitenfernsehen, AfP 1982, S. 85, 88.

233 Ebd.

234 Geiger, Die Grundrechte der Informationsfreiheit, S. 128.

235 Ebd.

siert[236]. Der erste Falltyp kann durch die Rechtsfigur der Drittwirkung der Grundrechte angemessen gelöst werden[237]. Eine Drittwirkung der Grundrechte als Ausdruck der objektiven Wertordnung wird insbesondere dann angenommen, wenn ein Mißbrauch aufgrund einer Monopolstellung, einer extremen Marktmacht, wirtschaftlicher oder persönlicher Abhängigkeitsverhältnisse vorliegt[238]. Der objektive Wertgehalt des Art. 5 Abs. 1 Satz 1, 2. Alt. GG strahlt hinsichtlich der o.g. Mißbrauchssituation über die Generalklauseln und die ausfüllungsbedürftigen Tatbestandsmerkmale in das Privatrecht aus[239].

Beim zweiten Falltyp, wo ein Privater Informationsquellen erwirbt und monopolisiert, kann eine Beeinträchtigung der Informationsfreiheit vorliegen, die Eingriffen der Staatsmacht ähnelt[240]. Gleichwohl enthält das Grundgesetz keine Bestimmung, die die Informationsfreiheit gegen Beeinträchtigungen privater Informationsmonopole sichert[241]. Will der Bundesgesetzgeber Beeinträchtigungen abwehren, die von privaten Informationsmonopolen ausgehen, bedarf es dafür einer Verfassungsergänzung, da Art. 5 Abs. 1 Satz 1, 2. Alt. GG keine Kompetenznorm ist[242].

bb) Mediendeklaration 1978

Das Problem der Drittwirkung der Informationsfreiheit ist in der Mediendeklaration 1978 nicht ausdrücklich geregelt worden. Immerhin bringt der objektive Wertgehalt von Art. 2 Abs. 2 Satz 1 Mediendeklaration 1978 zum Ausdruck, daß jeder Bürger das Recht haben soll, Informationsquellen und -mittel aufsuchen zu können. Weder staatliche Stellen noch Private sollen also dem Bürger den Zugang zu

---

236 Ebd.

237 Ebd.

238 v. Münch, in: v. Münch/Kunig, GG-Komm., Vorb. Art. 1-19 Rdnr. 31; Jarass, in: Jarass/Pieroth, GG-Komm., Art. 1 Rdnr. 27.

239 Jarass, in: Jarass/Pieroth, GG-Komm., Art. 1 Rdnr. 25; v. Münch, in: v. Münch/Kunig, GG-Komm., Vorb. Art. 1-19 Rdnr. 31.

240 Geiger, Die Grundrechte der Informationsfreiheit, S. 129.

241 Ebd., S. 129 f.

242 Ebd., S. 130.

Informationsquellen verwehren dürfen. Allerdings kann dem Art. 2 Abs. 2 Satz 1 Mediendeklaration 1978 nicht die Wertung entnommen werden, daß es Privaten verwehrt sein soll, Informationsquellen zu erwerben und zu monopolisieren. Vielmehr will Art. 2 Abs. 2 Satz 1 Mediendeklaration 1978 lediglich die Allgemeinzugänglichkeit hinsichtlich der "zur Verfügung stehenden"[243] (englischer Text: "avaible"[244], französischer Text: "disposé"[245]), Informationsquellen sichern. Informationsmaterial, welches von Privaten erworben und monopolisiert wird, steht der Allgemeinheit nicht zur Verfügung; es wird folglich auch nicht von Art. 2 Abs. 2 Satz 1 Mediendeklaration 1978 erfaßt.

Eine "internationale Drittwirkung" der Informationsfreiheit zugunsten der Entwicklungsländer enthält Art. 6 Satz 1 Mediendeklaration 1978, der die Forderung enthält, "die Ungleichheiten im Informationsfluß nach und aus den Entwicklungsländern sowie zwischen diesen Ländern zu beseitigen"[246].

f) Negative Informationsfreiheit

aa) Art. 5 Abs. 1 Satz 1, 2. Alt. GG

Es fragt sich, ob Art. 5 Abs. 1 Satz 1, 2. Alt. GG auch die negative Informationsfreiheit - also den Schutz des Bürgers gegen staatlich aufgedrängte Informationen - mitumfaßt. Nach der Auffassung von Hoffmann-Riem[247] müsse der Bürger - insbesondere in der Öffentlichkeit - auf ihn einwirkende Informationen hinnehmen. Ein Schutz gegen aufgedrängte Informationen ergäbe sich aus Art. 2 Abs. 1, Art. 1 Abs. 1 GG; diese Grundrechtsnormen hätten aber - so Hoffmann-Riem[248] - keinen Vorrang gegenüber der Informationsfreiheit.

---

243 Zit. nach der deutschen Übersetzung in EA 1979 D 190.

244 Zit. nach Kleinwächter/Raaz, Die Organisation der Vereinten Nationen für Erziehung, Wissenschaft und Kultur, S. 391.

245 Ebd.

246 Zit. nach der deutschen Übersetzung in EA 1979 D 191.

247 Hoffmann-Riem, AK-GG, (Hrsg.: R. Wassermann), Art. 5 Abs. 1, 2 Rdnr. 95.

248 Ebd.

In Kollisionsfällen müsse deshalb ein Ausgleich im Wege der praktischen Konkordanz hergestellt werden[249].

Nach der h.M.[250] ist demgegenüber auch die negative Informationsfreiheit dem Schutzbereich des Art. 5 Abs. 1 Satz 1, 2. Alt. GG zuzuordnen. Diese Auffassung beruht auf der zutreffenden Erkenntnis, daß der Sinn und Zweck der Informationsfreiheit darin besteht, Informationsquellen frei auswählen zu können[251]. Diese Auswahlfreiheit kann nur dann voll zur Geltung kommen, wenn der Bürger nach Art. 5 Abs. 1 Satz 1, 2. Alt. GG grundsätzlich die Möglichkeit hat, Informationsquellen nicht zur Kenntnis nehmen zu müssen. Das Grundrecht der Informationsfreiheit ist mit anderen Worten dort verletzt, wo ein Zwang ausgeübt wird, bestimmte Informationen aufzunehmen und vorhandene Informationsquellen tatsächlich auszuschöpfen[252]. Hieraus folgt, daß das Grundrecht der negativen Informationsfreiheit verletzt ist, wenn ein unentrinnbares Aufdrängen von Informationen an Orten erfolgt, an denen existentiell notwendige Leistungen des Staates erbracht werden[253]. Eine Verletzung von Art. 5 Abs. 1 Satz 1, 2. Alt. GG ist bei der zuletzt genannten Fallkonstellation nicht gegeben, wenn die aufgedrängte Information in einem sachlichen Zusammenhang mit der vom Staat erbrachten Leistung oder sonstigen hoheitlichen Tätigkeit steht.

bb) Mediendeklaration 1978

Die sehr umfangreiche Mediendeklaration 1978 geht nicht ausdrücklich auf den Gesichtspunkt ein, daß die Informationsfreiheit nur dann voll zur Geltung kommen kann, wenn der Bürger auch das Recht hat, eine Aufdrängung von Informationen abzuwehren. Dieser Befund ist freilich nicht sehr überraschend, da sich die Mediendeklaration 1978 dadurch auszeichnet, daß die Betätigung der Informationsfreiheit der

---

249 Ebd.

250 Degenhart, BK, Art. 5 Abs. 1, 2 Rdnr. 286; Wendt, in: v. Münch/Kunig, GG-Komm., Art. 5 Rdnr. 18; Starck/v. Mangoldt, BGG, Art. 5 Abs. 1, 2 Rdnr. 27.

251 Starck/v. Mangoldt, BGG, Art. 5 Abs. 1, 2 Rdnr. 27.

252 Degenhart, BK, Art. 5 Abs. 1, 2 Rdnr. 286.

253 Ebd.; a.A.: Hoffmann-Riem, AK-GG, (Hrsg.: R. Wassermann), Art. 5 Abs. 1, 2 Rdnr. 95.

Verwirklichung bestimmter Ziele (Stärkung des Friedens und der internationalen Verständigung, Förderung der Menschenrechte, Bekämpfung von Rassismus, Apartheid und Kriegshetze[254]) zu dienen habe. Indem die Mediendeklaration 1978 immer wieder betont, daß die Massenmedien einen wichtigen Beitrag zur Verwirklichung der o.g. Ziele zu leisten hätten, schafft die Deklaration eine Legitimationsgrundlage dafür, daß den Bürgern durch die Massenmedien bestimmte Informationen unentrinnbar aufgedrängt werden. Hierin ist eine Verletzung des objektiven Wertgehaltes der negativen Informationsfreiheit zu sehen, die nicht dadurch geheilt werden kann, daß sie der Verwirklichung von hehren Zielen zu dienen bestimmt ist. Dies gilt um so mehr, wenn man bedenkt, daß der ständige Appell, sich für bestimmte Ziele einzusetzen, langfristig zu Apathie und Verdrossenheit beim Bürger führen kann. Dies könnte sich im Hinblick auf die Verwirklichung der propagierten Ziele kontraproduktiv auswirken.

V. Schranken der Informationsfreiheit

1. Die grundgesetzlichen Schranken der Informationsfreiheit

Die Schrankenregelungen in Art. 5 Abs. 2 GG gelten auch für die Informationsfreiheit des Art. 5 Abs. 1 Satz 1, 2. Alt. GG[255].

a) Die "allgemeinen Gesetze"

Die Anwendbarkeit des Art. 5 Abs. 2, 1. Alt. GG weist im Zusammenhang mit der Informationsfreiheit keine Besonderheiten auf[256]. Unzulässig sind folglich Maßnahmen, die darauf gerichtet sind, ganz bestimmte Informationen zu unterdrücken[257]. Aus der Systematik des

---

254 Siehe Art. 1 Satz 1; Art. 2 Abs. 1, 3; Art. 3; Art. 4; Art. 5; Art. 7 Mediendeklaration 1978.

255 BVerfGE 27, 71, 84.

256 Degenhart, BK, Art. 5 Abs. 1, 2 Rdnr. 287.

257 Ebd.; Hoffmann-Riem, AK-GG (Hrsg.: R. Wassermann), Art. 5 Abs. 1, 2 Rdnr. 103.

Art. 5 GG ergibt sich, daß der Staat die Allgemeinzugänglichkeit i.S.v. Art. 5 Abs. 1 Satz 1, 2. Alt. GG nicht durch Gesetz regeln kann, denn andernfalls wäre die Schranke des Art. 5 Abs. 2, 1. Alt. GG gegenstandslos[258].

b) Gesetzliche Bestimmungen zum Schutze der Jugend

Die gesetzlichen Bestimmungen zum Schutze der Jugend i.S.v. Art. 5 Abs. 2, 2. Alt. GG betreffen im Zusammenhang mit den Kommunikationsfreiheiten vorrangig typischerweise die Informationsfreiheit des Art. 5 Abs. 1 Satz 1, 2. Alt. GG[259]. Jugendschutzbestimmungen erlauben Beschränkungen des Art. 5 Abs. 1 Satz 1, 2. Alt. GG, soweit sie zur Abwehr von drohenden Gefahren gegenüber Jugendlichen erforderlich im Sinne des Verhältnismäßigkeitsprinzips sind[260]. Derartige Gefahren drohen nach allgemeiner Auffassung auf sittlichem Gebiet von allen Druck-, Ton- und Bilderzeugnissen, die Gewalttätigkeiten oder Verbrechen glorifizieren, Rassenhaß provozieren, den Krieg verherrlichen oder sexuelle Vorgänge in grob schamverletzender Weise darstellen und deswegen zu erheblichen, schwer oder gar nicht korrigierbaren Fehlentwicklungen führen können[261]. Jugendschutzbestimmungen i.S.v. Art. 5 Abs. 2, 2. Alt. GG sind ferner Regelungen, die der Abwehr von Fremdenhaß und Rassenhaß zu dienen bestimmt sind[262]. Insofern können auch politische Zeitschriften jugendgefährdend sein[263]. Jugendschutzbestimmungen können vorsehen, daß Jugendlichen der Zugang zu Informationsquellen verwehrt wird, soweit die Quellen Informationen enthalten, die jugendgefähr-

---

258 BVerfGE 27, 71, 84 f.

259 Degenhart, BK, Art. 5 Abs. 1, 2 Rdnr. 289.

260 Ebd.

261 BVerfGE 30, 336, 347; Degenhart, BK, Art. 5 Abs. 1, 2 Rdnr. 131; Jarass, in: Jarass/Pieroth, GG-Komm., Art. 5 Rdnr. 49; Wendt, in: v. Münch/Kunig, GG-Komm., Art. 5 Rdnr. 79; Starck/v. Mangoldt, BGG, Art. 5 Abs. 1, 2 Rdnr. 126; Schmitt Glaeser, Die Meinungsfreiheit in der Rechtsprechung des Bundesverfassungsgerichts, AöR 113 (1988), S. 52, 95 f.

262 Schmitt Glaeser, Die Meinungsfreiheit in der Rechtsprechung des BVerfG, AöR Bd. 113 (1988), S. 52, 96; Starck/v. Mangoldt, BGG, Art. 5 Abs. 1, 2 Rdnr. 126.

263 Starck/v. Mangoldt, BGG, Art. 5 Abs. 1, 2, Fn. 438.

dend sind[264]. Maßnahmen des Jugendschutzes müssen sich darauf beschränken, die Unzugänglichkeit für Jugendliche anzuordnen; gegen Erwachsene wirkende Informationssperren sind nicht mit Art. 5 Abs. 2, 2. Alt. GG vereinbar[265]. In diesem Zusammenhang stellt sich die Frage, ob ein völliges Verbot der Ausstrahlung jugendgefährdender Sendungen durch den Rundfunk gerechtfertigt ist. Gegen eine solche Regelung könnte eine Verletzung des Verhältnismäßigkeitsgrundsatzes[266] sowie das "Verbot eines Erwachsenenschutzes" sprechen[267]. Dem ist entgegenzuhalten, daß ein generelles Ausstrahlungsverbot für jugendgefährdende Sendungen durchaus geboten und auch erforderlich sein kann, wenn man sich vor Augen führt, daß Sendezeitbeschränkungen durch die Videotechnik umgangen werden können[268]. Ferner ist zu berücksichtigen, daß jugendgefährdende Sendungen außerhalb des Territoriums der Bundesrepublik Deutschland über Satellit ausgestrahlt werden und in der Bundesrepublik zu Zeiten empfangen werden können, in denen Jugendliche gewöhnlich fernsehen[269]. Schließlich ist zu bedenken, daß es den Erziehungsberechtigten selbst bei Sendezeitbeschränkungen nicht möglich ist, stets die notwendigen Vorkehrungen zu treffen, die gewährleisten, daß Jugendliche keinen Zugang zu jugendgefährdenden Sendungen haben. Ein generelles Ausstrahlungsverbot jugendgefährdender Sendungen führt keineswegs dazu, daß Erwachsenen völlig der Zugang zu den Informationen versperrt wird, die im Hinblick auf einen jugendgefährdenden Charakter nicht über den Rundfunk verbreitet werden dürfen. Es besteht für die Erwachsenen immerhin die Möglichkeit, jugendgefährdende Informationen über andere Vertriebswege zu erwerben. Unter Berücksichtigung dieser Umstände kann in einem umfassenden Verbot jugendgefährdender Sendungen im Rundfunk kein Verstoß gegen die grundgesetzliche Informations-

---

264 Degenhart, BK, Art. 5 Abs. 1, 2 Rdnr. 289.

265 BVerfGE 30, 336, 348; Degenhart, BK, Art. 5 Abs. 1, 2 Rdnr. 290.

266 So Degenhart, BK, Art. 5 Abs. 1, 2 Rdnr. 290.

267 So v. Münch, in: v. Münch (3. Aufl.) GG-Komm., Art. 5 Rdnr. 56a.

268 Starck, Zur notwendigen Neuordnung des Rundfunks, NJW 1980, S. 1359, 1362; ders., in: Starck/v. Mangoldt, BGG, Art. 5 Abs. 1, 2 Rdnr. 130.

269 Starck/v. Mangoldt, BGG, Art. 5 Abs. 1, 2 Rdnr. 130.

freiheit gesehen werden[270]. Solange durch technische Vorrichtungen (spezielle Kodierungen u.a.) eine Zugangsfilterung real nicht möglich ist, haben Erwachsene aus Gründen des Jugendschutzes Zugangshindernisse hinzunehmen[271]. Die derzeit auf dem Markt erhältlichen "Sicherheitssysteme" sind technisch noch nicht genügend ausgereift, so daß sie keine wirksame Filterfunktion gegenüber Jugendlichen bewirken können[272]. Entscheidend ist mithin, ob jugendgefährdende Sendungen, in welcher Form auch immer, objektiv zugänglich gemacht werden[273].

c) Die Schranke des rechtlichen Schutzes der persönlichen Ehre

Nach Art. 5 Abs. 2, 3. Alt. GG können Schrankengesetze zum Schutze der persönlichen Ehre erlassen werden. Da Art. 5 Abs. 2 GG für alle Kommunikationsfreiheiten des Art. 5 Abs. 1 GG gilt[274], ist eine Beschränkung der grundgesetzlichen Informationsfreiheit aus Gründen des Ehrschutzes nach Art. 5 Abs. 2, 3. Alt. GG zulässig[275]. Im Vergleich zu den Ehrschutzgesetzen, die die Meinungsfreiheit beschränken, ergeben sich hinsichtlich der Schrankengesetze, die die Informationsfreiheit betreffen, keine materiell-rechtlichen Besonderheiten. Allerdings ist zu berücksichtigen, daß eine Beeinträchtigung der Informationsfreiheit aus Gründen des Ehrenschutzes faktisch nur selten vorkommen wird[276].

---

270 So auch Hoffmann-Riem, AK-GG (Hrsg.: R. Wassermann), Art. 5 Abs. 1, 2 Rdnr. 107; Starck, Zur notwendigen Neuordnung des Rundfunks, NJW 1980, S. 1359, 1362; Starck/v. Mangoldt, BGG, Art. 5 Abs. 1, 2, Fn. 447; a.A.: Degenhart, BK, Art. 5 Abs. 1, 2 Rdnr. 290.

271 Hoffmann-Riem, AK-GG (Hrsg.: R. Wassermann), Art. 5 Abs. 1, 2 Rdnr. 107.

272 Der Spiegel Nr. 51/1992, S. 221, 223.

273 Justizministerin attackiert Porno-Pläne, Süddeutsche Zeitung v. 29.3.1993, S. 19.

274 Jarass, in: Jarass/Pieroth, GG-Komm., Art. 5 Rdnr. 51.

275 Schmitt Glaeser, Das Grundrecht auf Informationsfreiheit, Jura 1987, S. 567, 573.

276 Ebd.

2. *Schranken der Informationsfreiheit nach der Mediendeklaration 1978*

a) *Ausdrückliche Schranken*

Eine ausdrückliche - dem Art. 5 Abs. 2 GG entsprechende - Schrankenregelung hinsichtlich der Informationsfreiheit ist in der Mediendeklaration 1978 nicht enthalten.

b) *Immanente Schranken*

Aus der Konzeption der Mediendeklaration 1978 ergeben sich allerdings immanente Schranken gegenüber der Informationsfreiheit.

aa) *Art. 1 Satz 1 Mediendeklaration 1978*

Art. 1 Satz 1 Mediendeklaration 1978 enthält die immanente Schrankenregelung, wonach die Stärkung des Friedens und der internationalen Verständigung, die Förderung der Menschenrechte und die Bekämpfung von Rassismus, Apartheid und Kriegshetze einen "freien Austausch und eine umfassendere und ausgewogenere Verbreitung von Informationen"[277] erforderten[278]. Wie bereits ausgeführt, bedeutet der Gebrauch der Steigerungsform der Adjektive "umfassend" und "ausgewogen" im Verhältnis zur adjektiven Grundstufe auf der Werteskala der Freiheit ein Weniger, da durch den Komparativ an die Stelle objektiver Inhaltskriterien eine subjektive Selbstauslegung tritt[279].

---

277 Zit. nach der deutschen Übersetzung in EA 1979 D 190; in der deutschen Übersetzung bei Kleinwächter/Raaz ist von einem "freien Fluß und eine breitere und ausgewogenere Verbreitung der Information" die Rede, Kleinwächter/Raaz, Die Organisation der Vereinten Nationen für Erziehung, Wissenschaft und Kultur, S. 390.

278 Englischer Text: "a free flow and a wider and better balanced dissemination of information"; französischer Text: "une circulation libre et une diffusion plus large et mieux équilibrée de l'information", zit. nach Kleinwächter/Raaz, Die Organisation der Vereinten Nationen für Erziehung, Wissenschaft und Kultur, S. 391.

279 Gornig, Äußerungsfreiheit, S. 363; Bueckling, Satellitenfernsehen, AfP 1982, S. 85, 86.

bb) Art. 2 Abs. 1 Mediendeklaration 1978

Eine immanente Schranke der Informationsfreiheit enthält auch Art. 2 Abs. 1 Mediendeklaration 1978, der die Ausübung der Informationsfreiheit als einen "Bestandteil der Menschenrechte und Grundfreiheiten"[280] anerkennt. Daraus folgt, daß bei der Betätigung der Informationsfreiheit die persönliche Ehre der Bürger beachtet werden muß, da diese ebenfalls ein Bestandteil der Menschenrechte und Grundfreiheiten ist.

Art. 2 Abs. 1 Mediendeklaration 1978 enthält ferner die Aussage, daß die Ausübung der Informationsfreiheit ein wesentlicher "Faktor bei der Stärkung des Friedens und der internationalen Verständigung"[281] sei. Wie bereits im Zusammenhang mit der Meinungsfreiheit festgestellt wurde, enthält das Postulat der Friedensstärkung und der Förderung der internationalen Verständigung keine Rechtfertigungsgrundlage für eine Beschränkung der Freiheiten der Mediendeklaration 1978, da diese durch Art. 2 Abs. 1 lediglich die Bedeutung der Informationsfreiheit für die Förderung des Friedens und der Verständigung hervorheben möchte. Kritisch ist zu konstatieren, daß der Stellenwert der Informationsfreiheit für den privaten Bereich durch die Mediendeklaration 1978 nicht anerkannt wird.

cc) Art. 6 Mediendeklaration 1978

Eine Einschränkungsmöglichkeit hinsichtlich der Informationsfreiheit könnte sich ferner aus Art. 6 Mediendeklaration 1978 ergeben. Wie bereits dargelegt wurde, wird aus Art. 6 Mediendeklaration 1978 die Verpflichtung zur Schaffung einer neuen internationalen Infor-

---

280 Zit. nach der deutschen Übersetzung in EA 1979 D 190; im authentischen englischen und französischen Text der Mediendeklaration 1978 wird die Ausübung der Informationsfreiheit als ein integrierender Bestandteil ("integral part", "partie intégrante") der Menschenrechte und Grundfreiheiten bezeichnet, Kleinwächter/Raaz, Die Organisation der Vereinten Nationen für Erziehung, Wissenschaft und Kultur, S. 391.

281 Zit. nach der deutschen Übersetzung in EA 1979 D 190.

mationsordnung abgeleitet[282]. Die Kritik der Entwicklungsländer an der bestehenden Kommunikationsordnung bezieht sich darauf, daß die größten Nachrichtenagenturen - Reuters, United Press International, Agence France Press - den internationalen Nachrichtenmarkt weitgehend beherrschten[283]. Daraus ergäbe sich, daß die Berichterstattung in der Dritten Welt die Nachrichten nach westlichen Anschauungen und Interessen verbreiteten[284]. Ein großer Teil der Berichterstattung aus der Dritten Welt beruhe auf geringer Kenntnis, sei voreingenommen und diene dem Sensationsbedürfnis[285]. Ferner sei zu konstatieren, daß eine unkontrollierte und übermächtige Informationsflut aus den westlichen Industriestaaten die kulturelle Identität in den Entwicklungsländern gefährde[286]. Das Verständnis afrikanischer Regierungen hinsichtlich der Berichterstattung unterscheidet sich zudem sehr von dem Journalismusverständnis in liberalen Staaten[287]. Sie entspricht mehr dem obrigkeitshörigen Staatsjournalismus der totalitären Regime des früheren Ostblocks[288]. Die

---

282 Kleinwächter/Raaz, Die Organisation der Vereinten Nationen für Erziehung, Wissenschaft und Kultur, S. 62; zur neuen internationalen Kommunikationsordnung siehe: Delbrück, Weltinformations- und Kommunikationsordnung, S. 1067 ff.; Witzmann, Völkerrechtliche Aspekte der Bemühungen um eine neue Weltinformationsordnung, S. 57 ff.; Breunig, Kommunikationspolitik der UNESCO, S. 114 ff.; Sur, Vers un Nouvel Ordre Mondial de l'Information et de la Communication, Annuaire Français de Droit International 1981, S. 45 ff.; Gornig, Äußerungsfreiheit, S. 227 ff.

283 Gornig, Äußerungsfreiheit, S. 227; Righter, Noch eine "neue Weltordnung"?, EA 1979, S. 211, 212; Witzmann, Völkerrechtliche Aspekte der Bemühungen um eine neue Weltinformationsordnung, S. 63.

284 Righter, Noch eine "neue Weltordnung"?, EA 1979, S. 211, 212; Weyl, Anmerkungen zur Medienpolitik der UNESCO unter besonderer Berücksichtigung ihrer Mediendeklaration und deren Geschichte, S. 411.

285 Gornig, Äußerungsfreiheit, S. 227; Righter, Noch eine "neue Weltordnung"?, EA 1979, S. 211, 212.

286 Witzmann, Völkerrechtliche Aspekte der Bemühungen um eine neue Weltinformationsordnung, S. 68; Viele Stimmen - eine Welt, Bericht der Internationalen Kommission zum Studium der Kommunikationsprobleme unter dem Vorsitz von Sean MacBride, S. 55 f.

287 Gornig, Äußerungsfreiheit, S. 228; Remde, Wenn jede Kritik strafbar ist, FAZ v. 3.7.1984, S. 7; Seidl-Hohenveldern, The Third World and Geo-Stationary Satellites, Law and State, Vol. 31 (1985), S. 117 ff.

288 Ebd.; "Das schlimmste Jahr für die Medien", FAZ v. 17.2.1994, S. 6.

innenpolitische Kontrolle hinsichtlich der Informationsverbreitung in den Entwicklungsstaaten soll durch das Konzept einer neuen Weltkommunikationsordnung einen internationalen Rahmen erhalten, der die internationalen Medien auf mehr "gesellschaftliche Verantwortung" festlegen soll[289]. Dies hat zur Folge, daß die Menschenrechte kollektiviert werden[290]. Die in der Mediendeklaration 1978 verankerte Informationsfreiheit kann nach dem oben Gesagten nicht mehr als Individualrecht in Anspruch genommen werden. Vielmehr muß sie auf der Grundlage der Vergesellschaftungstheorie in Übereinstimmung mit den gesamtgesellschaftlichen Interessen ausgeübt werden. Die Betätigung der Informationsfreiheit zugunsten privater Interessen bleibt bei einer kollektivistischen Interpretation der Menschenrechte auf der Strecke.

Im Zusammenhang mit der Meinungsfreiheit wurde bereits festgestellt, daß die westlichen Staaten Art. 6 Mediendeklaration 1978 als eine Kompromißformel interpretieren, die der Informationsfreiheit in den Entwicklungsländern besser zum Durchbruch verhelfen soll; hierfür leisten die Industriestaaten finanzielle Unterstützung beim Aufbau neuer Informationssysteme[291]. Demgegenüber erlaubt Art. 6 Mediendeklaration 1978 nach der Ansicht der Entwicklungsländer die Beschränkung der Informationsfreiheit zum Schutze der nationalen Identität[292].

---

289 Righter, Noch eine "neue Weltordnung"?, EA 1979, S. 211, 213.

290 Ebd.

291 Gornig, Äußerungsfreiheit, S. 359.

292 Righter, Noch eine "neue Weltordnung"?, EA 1979, S. 211, 216; Witzmann, Völkerrechtliche Aspekte der Bemühungen um eine neue Weltinformationsordnung, S. 68.

VI. Zensurverbot

1. Das grundgesetzliche Zensurverbot

Streitig ist, ob das in Art. 5 Abs. 1 Satz 2 GG verankerte Zensurverbot hinsichtlich der grundgesetzlichen Informationsfreiheit Anwendung finden kann und muß.

Das Bundesverfassungsgericht[293] geht davon aus, daß das Zensurverbot der Natur der Sache nach nur Akte der Meinungsäußerung und möglicherweise auch der Meinungsverbreitung eines Geisteswerkes schütze, mithin den Hersteller und unter Umständen auch den Verbreiter eines Geisteswerkes. Sein Leser oder Bezieher werde dagegen durch eine Zensurmaßnahme nur in seiner Informationsfreiheit betroffen, so daß er sich auf das für ihn nur als Reflex wirkende Zensurverbot nicht berufen könne[294].

Das Schrifttum[295] ist der Rechtsprechung des Bundesverfassungsgerichts ganz überwiegend gefolgt. Dies ergäbe sich aus dem Ineinandergreifen von Äußerungsfreiheit, Zensurverbot und Informationsfreiheit[296]. Das Zensurverbot erfasse die Herstellung und die erstmalige Verbreitung eines Geisteswerkes und schließe diesbezüglich Beschränkungen der Äußerungsfreiheit aus[297]. Art. 5 Abs. 1 Satz 3 GG gewährleiste mit anderen Worten, daß ein Geisteswerk an die Öffentlichkeit gelange[298]. Ist ein Geisteswerk öffentlich zugänglich, habe das grundgesetzliche Zensurverbot seine Schutzfunktion erfüllt, da nunmehr eine allgemein zugängliche Quelle i.S.v. Art. 5 Abs. 1 Satz 1 GG vorliege[299]. Dies habe zur Konsequenz, daß die Äußerung

---

293 BVerfGE 27, 88, 102.

294 BVerfGE 27, 88, 102.

295 Herzog, M-D, GG-Komm., Art. 5, I, II Rdnr. 297; Degenhart, BK, Art. 5 Abs. 1, 2 Rdnr. 749; Jarass, in: Jarass/Pieroth, GG-Komm., Art. 5 Rdnr. 52; Starck/v. Mangoldt, BGG, Art. 5 Abs. 1, 2 Rdnr. 102; Schmitt Glaeser, Das Grundrecht auf Informationsfreiheit, Jura 1987, S. 567, 573.

296 Degenhart, BK, Art. 5 Abs. 1, 2 Rdnr. 749.

297 Ebd.

298 Ebd.

299 Ebd.

nur noch durch die Informationsfreiheit in Art. 5 Abs. 1 Satz 1 GG geschützt sei[300].

Degenhart[301] geht einerseits davon aus, daß das grundgesetzliche Zensurverbot auf die in Art. 5 Abs. 1 Satz 1 GG geschützte Informationsfreiheit aus den o.g. Gründen keine Anwendung finde. Andererseits ist er der Auffassung, daß der Schutzzweck des grundgesetzlichen Zensurverbots im Rahmen der Grundrechtsschranken des Art. 5 Abs. 2 GG auch für die Informationsfreiheit zum Ansatz zu bringen sei[302].

Eine Mindermeinung im Schrifttum[303] will demgegenüber auch die grundgesetzliche Informationsfreiheit dem Zensurverbot in Art. 5 Abs. 1 Satz 3 GG unterstellen. Weder der Wortsinn noch der Zweck des Art. 5 Abs. 1 GG geböten es, die Informationsfreiheit dem Zensurverbot nicht zu unterwerfen[304]. Das Wesen der Zensur liege in der inhaltlichen Kontrolle von Geistesäußerungen und betreffe daher Autor und Rezipienten gleichermaßen[305].

Die zuletzt dargelegte Auffassung verdient Zustimmung. Wie bereits ausgeführt wurde, ist zwischen der aktiven und der passiven Informationsfreiheit zu unterscheiden[306]. Die passive Informationsfreiheit verbürgt das Recht, Informationen zu suchen, zu beschaffen und zu empfangen[307]. Das Recht, anderen Informationen mitzuteilen, ist Gegenstand der aktiven Informationsfreiheit[308]. Im Hinblick auf die aktive Informationsfreiheit geht es nicht an, das grundgesetzliche Zensurverbot hinsichtlich der in Art. 5 Abs. 1 Satz 1 GG verankerten

300 Ebd.

301 Ebd.

302 Ebd., Rdnr. 750.

303 Schmidt-Jortzig, Meinungs- und Informationsfreiheit, S. 660.

304 Ebd.

305 Ebd.

306 Gornig, Äußerungsfreiheit, S. 153 f.; Laeuchli Bosshard, Die Meinungsäußerungsfreiheit gemäß Art. 10 EMRK unter Berücksichtigung der neueren Entscheide und der neuen Medien, S. 29 ff.

307 Gornig, Äußerungsfreiheit, S. 153.

308 Ebd.

Informationsfreiheit nicht zur Anwendung kommen zu lassen. Andernfalls könnte die erstmalige Verbreitung einer Information durch eine Zensur unterbunden werden. Durch das Zensurverbot in Art. 5 Abs. 1 Satz 3 GG soll verhindert werden, daß die Herstellung oder Verbreitung eines Geisteswerkes von einer behördlichen Vorprüfung und Genehmigung seines Inhalts abhängig gemacht werden[309]. Dies muß auch für die Verbreitung von Informationen gelten, da es sich hierbei ebenfalls um ein Geisteswerk handelt. Dies gilt um so mehr, als es oft gar nicht möglich ist, zwischen der Kundgabe von Meinungen einerseits und von Informationen andererseits genau zu unterscheiden.

2. *Die Regelung des Zensurverbots in der Mediendeklaration 1978*

a) *Kein ausdrückliches Zensurverbot*

Da, wie oben ausgeführt, die Informationsfreiheit nur dann ausreichend geschützt ist, wenn sie nicht vom Zensurverbot ausgenommen wird, stellt sich die Frage, ob die Mediendeklaration 1978 wirksame Mechanismen enthält, die eine Beeinträchtigung der Informationsfreiheit durch Zensurmaßnahmen verhindern können. In diesem Zusammenhang ist zunächst zu konstatieren, daß die Mediendeklaration 1978, wie bereits dargelegt, keine Aussage über das Verbot einer Zensur enthält. Da es bei der Ausübung der Meinungsfreiheit und der Informationsfreiheit Berührungspunkte bzw. Überlagerungen gibt, ist ein Zensurverbot für beide Freiheiten von entscheidender Bedeutung.

Schon allein das Fehlen eines ausdrücklichen Zensurverbots hat zur Folge, daß die Informationsfreiheit durch die Mediendeklaration 1978 völlig unzureichend geschützt ist. Es kommt hinzu, daß die Mediendeklaration 1978, wie ausgeführt, sogar als Legitimationsgrundlage für die Einschränkung der Informationsfreiheit herangezogen werden kann, weshalb die Deklaration auch als "Zensur-Deklaration" bezeichnet wird[310]. Diese scharfe Kritik ergibt sich zum einen aus der

---

309 BVerfGE 33, 52, 72.

310 Bueckling, Satellitenfernsehen, AfP 1982, S. 85, 88.

Tatsache, daß die Mediendeklaration 1978 die Betätigung der Informationsfreiheit in den Dienst bestimmter Ziele wie z.B. Frieden oder internationale Verständigung, Bekämpfung von Rassismus, Apartheid und Kriegshetze[311] stellt. Zwar wird kein vernünftig denkender Mensch etwas gegen Informationen einzuwenden haben, die der Verwirklichung der o.g. Ziele zu dienen bestimmt sind. Gleichwohl ist kritisch festzustellen, daß eine umfassende Garantierung der Informationsfreiheit nur gewährleistet ist, wenn diese Informationen aller Art schützt. Diesem Postulat wird die Mediendeklaration 1978 nicht gerecht, da die Informationsfreiheit zugunsten der Ziele der Deklaration erhöht wird. Dadurch besteht zumindest die Gefahr, daß die Verbreitung von Informationen, die nur angeblich nicht den Zielen der Mediendeklaration 1978 entsprechen, unterbleibt bzw. sogar unterbunden wird. Diese Gefahr besteht insbesondere hinsichtlich solcher Informationen, die lediglich in Verfolgung privater Interessen verbreitet werden. Auch diese Informationen sind durchaus schutzwürdig. Gleichwohl geht die Mediendeklaration 1978 nicht darauf ein, daß die Betätigung der Informationsfreiheit zugunsten privater Anliegen nicht behindert werden darf.

b) Art. 6 Mediendeklaration 1978

aa) Forderung nach einer neuen internationalen Informationsordnung

Eine weitere Bedrohung für die Informationsfreiheit geht von Art. 6 Mediendeklaration 1978 aus, der nach der Auffassung der früheren DDR-Medienrechtsexperten Kleinwächter/Raaz[312] expressis verbis die Forderung nach einer neuen internationalen Informationsordnung unterstütze. Die Schaffung einer neuen internationalen Informationsordnung soll nach dem Willen der Entwicklungsländer, wie bereits ausgeführt, die westliche Dominanz in der internationalen Informationsordnung beseitigen[313]. Nach der Auffassung der Länder

---

311 Siehe Art. 1 Mediendeklaration 1978.

312 Kleinwächter/Raaz, Die Organisation der Vereinten Nationen für Erziehung, Wissenschaft und Kultur, S. 62.

313 Gornig, Äußerungsfreiheit, S. 227 f.; Righter, Noch eine "neue Weltordnung"?, EA 1979, S. 211, 212 ff.; Witzmann, Völkerrechtliche Aspekte der Bemühungen um eine neue Weltinformationsordnung, S. 68.

der Dritten Welt soll die angestrebte neue Weltinformationsordnung mit einer Lizenzierung von Journalisten und ihrer Verpflichtung auf einen Verhaltenskodex erreicht werden[314]. Auf diese Weise könne angeblich das in Art. 6 Satz 1 Mediendeklaration 1978 geforderte Gleichgewicht des Informationsflusses zwischen den Industriestaaten und den Entwicklungsländern verwirklicht werden[315]. Ferner soll dadurch die Gesellschaft in den Entwicklungsländern kontrolliert werden[316].

bb) Informationen als "natural resources"

Nach dem Konzept der neuen Weltinformationsordnung sind Nachrichten ein Teil der Entwicklungsstrategie, nach der die Informationsfreiheit nicht als ein Recht des Individuums zu verstehen sei, sondern als ein Recht der Gesellschaft[317]. Länder der Dritten Welt sehen Informationen zumindest aus und über ihr Staatsgebiet als "natural resources" an, über die sie kraft ihrer Souveränitätsrechte verfügen können[318].

Die Industriestaaten interpretieren, wie ausgeführt, Art. 6 Mediendeklaration 1978 in dem Sinne, daß diese beim Aufbau und Ausbau der Informationssysteme in den Entwicklungsländern verstärkt wirtschaftliche Hilfe leisten[319]. Nach dieser Interpretation ist Art. 6 Mediendeklaration 1978 ein Instrument, welches dazu bestimmt ist, der Informationsverbreitung und damit auch der Informationsfreiheit in den Ländern der Dritten Welt eine bessere Geltung zu verschaffen. Indem die Industriestaaten den Entwicklungsländern wirtschaftlich beim Aufbau eines Kommunikationsnetzes unterstützen, haben sie zwar nicht die These akzeptiert, daß Informationen wie "natural resources" zu behandeln sind. Gleichwohl haben die Industriestaaten

---

314 Gornig, Äußerungsfreiheit, S. 228.

315 Ebd.

316 Ebd.

317 Righter, Noch eine "neue Weltordnung"?, EA 1979, S. 211, 213.

318 Witzmann, Völkerrechtliche Aspekte der Bemühungen um eine neue Weltinformationsordnung, S. 205.

319 Righter, Noch eine "neue Weltordnung"?, EA 1979, S. 216; Gornig, Äußerungsfreiheit, S. 359.

anerkannt, daß die Entwicklungsländer Voraussetzungen benötigen, um Informationen aus ihrem Bereich verbreiten zu können.

c) Art. 11 Mediendeklaration 1978

aa) Allgemeines

Die Betätigung der Informationsfreiheit kann schließlich nach Art. 11 Mediendeklaration 1978 massiv beschränkt werden. Danach wird die Informationsfreiheit im Sinne der Deklaration nur im Einklang mit der Allgemeinen Erklärung der Menschenrechte[320] und den entsprechenden Grundsätzen des Paktes der Vereinten Nationen über bürgerliche und politische Rechte[321] geschützt. Der Hinweis auf den Pakt der Vereinten Nationen geht auf Betreiben der sowjetischen Delegation zurück[322]. Dieser Pakt garantiert in Art. 19 Abs. 2 das Recht, ohne Rücksicht auf die Staatsgrenzen, Informationen und Gedankengut jeder Art in Wort, Schrift und Druck, durch Kunstwerke oder andere Mittel eigener Wahl sich zu beschaffen, zu empfangen und weiterzugeben. Art. 19 Abs. 2 MRP schützt mit anderen Worten sowohl die aktive als auch die passive Informationsfreiheit[323]. Der Schutz der aktiven Informationsfreiheit in Art. 19 Abs. 2 MRP folgt aus dem Wort "weiterzugeben"[324].

bb) Art. 19 Abs. 2, 3 MRP

Die Zensur wird durch Art. 19 Abs. 2 MRP nicht ausdrücklich verboten[325]. Die meisten Mitglieder der Menschenrechtskommission der

---

320 Text: Sartorius II, Ordnungsnummer 19.

321 Text: Sartorius II, Ordnungsnummer 20.

322 Righter, Noch eine "neue Weltordnung"?, EA 1979, S. 211, 216.

323 Gornig, Äußerungsfreiheit, S. 253; Nowak, UNO-Pakt über bürgerliche und politische Rechte und Fakultativprotokoll, CCPR-Kommentar, Art. 19 Rdnr. 15.

324 "Impart" (englischer Text); "répandre" (französischer Text); der englische und der französische Text von Art. 19 MRP ist abgedruckt in: Nowak, UNO-Pakt über bürgerliche und politische Rechte und Fakultativprotokoll, S. 355.

325 Blumenwitz, Die Meinungs- und Informationsfreiheit nach Art. 19 des Internationalen Pakts über bürgerliche und politische Rechte, S. 73; Gornig, Äußerungsfreiheit, S. 254.

Vereinten Nationen waren der Ansicht, daß ein Zensurverbot nicht nötig sei[326]. Ein Verbot der Zensur durch Art. 19 Abs. 2 MRP wurde vielmehr stillschweigend angenommen[327]. Gleichwohl ist zu konstatieren, daß nach Art. 19 Abs. 3 MRP die Betätigung der Informationsfreiheit erheblich beschränkt werden kann. Danach kommt eine Einschränkung der Informationsfreiheit in Betracht, wenn dies für die Achtung der Rechte oder des Rufs anderer erforderlich ist[328] bzw. wenn der Schutz der nationalen Sicherheit, der öffentlichen Ordnung (ordre public), der Volksgesundheit oder der öffentlichen Sittlichkeit dies erforderlich macht[329]. In der Praxis werden der Schutz der nationalen Sicherheit und der öffentlichen Ordnung von Zensoren häufig herangezogen, um die meisten Berichte zu verhindern, die einer Regierung nicht genehm sind[330]. Aus diesem Grunde ist es nicht ungerechtfertigt in Art. 19 Abs. 3 MRP eine Regelung für Zensurmaßnahmen zu sehen. Gleichwohl ist festzustellen, daß Art. 19 Abs. 3 MRP der Sache nach eine Schrankenregelung ist[331].

Eine inhaltliche Ausfüllung erfährt der Begriff der öffentlichen Ordnung (ordre public) in Art. 19 Abs. 3 lit. b MRP durch die nationalen Gesetze der Mitgliedstaaten des VN-Menschenrechtspakts[332]. Dadurch besteht die Gefahr, daß der "ordre public" in Art. 19 Abs. 3 lit. b MRP zu einem allgemeinen Gesetzesvorbehalt wird[333].

Um eine völlige Entwertung und Aushöhlung der Rechte des Art. 19 Abs. 2 MRP zu verhindern, ist zu verlangen, daß die Ausfüllung des

---

326 Ebd.

327 Ebd.

328 Art. 19 Abs. 3 lit. a MRP.

329 Art. 19 Abs. 3 lit. b MRP.

330 Righter, Noch eine "neue Weltordnung"?, EA 1979, S. 211, 216.

331 Blumenwitz, Die Meinungs- und Informationsfreiheit nach Art. 19 des Internationalen Pakts über bürgerliche und politische Rechte, S. 77; Gornig, Äußerungsfreiheit, S. 255 ff.; Nowak, UNO-Pakt über bürgerliche und politische Rechte und Fakultativprotokoll, Art. 19 Rdnr. 28 ff.

332 Gornig, Äußerungsfreiheit, S. 257.

333 So zu Recht: Gornig, Äußerungsfreiheit, S. 257; siehe auch Blumenwitz, Die Meinungs- und Informationsfreiheit nach Art. 19 des Internationalen Pakts über bürgerliche und politische Rechte, S. 77.

"ordre public"-Vorbehalts unter Heranziehung der Verfassung des Staats zu erfolgen hat, der sich auf die "ordre public"-Klausel beruft[334]. Verstößt ein die Informationsfreiheit einschränkendes Gesetz gegen die Verfassung des betreffenden Staates, liegt keine "ordre public"-Regelung i.S.v. Art. 19 Abs. 3 lit. b MRP vor[335]. Allerdings kann durch den Prüfungsmaßstab des nationalen Verfassungsrechts bei der Konkretisierung der zulässigen "ordre-public"-Regelungen des Art. 19 Abs. 3 lit. b MRP nicht verhindert werden, daß die durch Art. 19 Abs. 2 MRP garantierte Informationsfreiheit durch freiheitsfeindliche Verfassungen ausgehöhlt wird[336]. Aus diesem Grunde ist die Einschränkungsmöglichkeit des Art. 19 Abs. 3 lit. b, 2. Alt. MRP zu Recht als höchst gefährlich bezeichnet worden[337].

Nowak[338] weist zu Recht darauf hin, daß Eingriffe zum Schutze der öffentlichen Ordnung nur dann als zulässig anzusehen sind, wenn sie sich zum einen als notwendig (verhältnismäßig) erweisen und wenn sie zum anderen den Mindestanforderungen eines gemeinsamen internationalen Standards bei den essentiellen Menschenrechten entsprechen. Für die Aufrechterhaltung der Demokratie sei es notwendig, den internationalen Standard hinsichtlich der Informationsfreiheit nicht zu gering anzusetzen[339] [340].

Diese Auffassung verdient Zustimmung. Sie beruht auf der zutreffenden Erkenntnis, daß die Informationsfreiheit, wie auch das

---

334 Gornig, Äußerungsfreiheit, S. 257; Tscherning, Der Standard der Menschenrechte nach dem Menschenrechtspakt der Vereinten Nationen im Vergleich zur Europäischen Menschenrechtskonvention, S. 30.

335 Gornig, Äußerungsfreiheit, S. 257.

336 Ebd., S. 257 f.

337 Nowak, UNO-Pakt über bürgerliche und politische Rechte und Fakultativprotokoll, CCPR-Komm., Art. 19 Rdnr. 45.

338 Nowak, UNO-Pakt über bürgerliche und politische Rechte und Fakultativprotokoll, CCPR-Komm., Art. 19 Rdnr. 48.

339 Ebd.

340 Der Menschenrechtscharakter der Informationsfreiheit kann nicht bezweifelt werden, s. Blumenwitz, Die Meinungs- und Informationsfreiheit nach Art. 19 des Internationalen Pakts über bürgerliche und politische Rechte, S. 67; Schmitt Glaeser, Das Grundrecht auf Informationsfreiheit, Jura 1987, S. 567, 569.

BVerfG[341] betont, aus zwei Komponenten besteht. Sie ist zum einen von konstituierender Bedeutung für das Demokratieprinzip, da ein demokratischer Staat auf eine möglichst gut informierte öffentliche Meinung angewiesen ist[342]. Daneben hat die Informationsfreiheit als Individualrecht auch einen Menschenwürdegehalt[343]. Dies beruht auf der Einsicht, daß es ein elementares Bedürfnis des Menschen ist, sich aus möglichst vielen Quellen zu unterrichten, das eigene Wissen zu erweitern, um dadurch seine Persönlichkeit entfalten zu können[344].

VII. Träger der Informationsfreiheit

1. Träger der Informationsfreiheit i.S.v. Art. 5 Abs. 1 Satz 1 GG

Hinsichtlich der Trägereigenschaft der grundgesetzlichen Informationsfreiheit ergeben sich im Vergleich zur grundgesetzlichen Meinungsfreiheit keine Besonderheiten. Als Menschenrecht steht die Informationsfreiheit i.S.v. Art. 5 Abs. 1 Satz 1 GG allen natürlichen Personen zu, und zwar unabhängig von der Staatsangehörigkeit[345].

a) Inländische juristische Personen des Privatrechts

Nach Art. 19 Abs. 3 GG können Grundrechte auf inländische juristische Personen des Privatrechts Anwendung finden, soweit sie ihrem Wesen nach auf diese anwendbar sind. Dies ist hinsichtlich der Informationsfreiheit der Fall[346]. Da der freiheitlich-demokratische Staat auch ein Verbändestaat ist, ist es für den Bürger von entscheidender Bedeutung, Informationen durch Verbände im Rahmen der

---

341 BVerfGE 27, 71, 81.

342 Ebd.

343 Ebd.

344 Ebd.

345 Schmitt Glaeser, Das Grundrecht auf Informationsfreiheit, Jura 1987, S. 567, 569.

346 Herzog, M-D, GG-Komm., Art. 5, I, II Rdnr. 17.

Informationsfreiheit verbreiten zu können[347]. Daneben ist es ebenfalls von großer Wichtigkeit, daß juristischen Personen des Privatrechts auch die passive Informationsfreiheit zuerkannt wird, da andernfalls die Meinungsbildungs- und -äußerungsfreiheit nur unzureichend wahrgenommen werden kann.

b) Ausländische juristische Personen des Privatrechts

Im Zusammenhang mit der Meinungsfreiheit wurde bereits festgestellt, daß sich ausländische juristische Personen des Privatrechts im Hinblick auf die Entstehungsgeschichte, den Wortlaut und auf den Sinn und Zweck des Art. 19 Abs. 3 GG nicht auf Art. 5 Abs. 1 GG berufen können[348]. Dies gilt auch für die grundgesetzliche Informationsfreiheit. Dieses Auslegungsergebnis führt keineswegs dazu, daß Informationen, die durch ausländische juristische Personen in das Gebiet der Bundesrepublik Deutschland gelangen, nicht in den Schutzbereich der grundgesetzlichen Informationsfreiheit fallen. Vielmehr sind alle Informationen, die für den Bürger im Gebiet der Bundesrepublik Deutschland faktisch zugänglich sind, auch rechtlich allgemein zugängliche Quellen; sie nehmen damit am Schutz der

---

347 Zu Recht weisen Bleckmann/Helm darauf hin, daß die kollektive Wahrnehmung von Interessen in Form juristischer Personen auch dem Schutz des Individuums dient, Bleckmann/Helm, Die Grundrechtsfähigkeit juristischer Personen, DVBl. 1992, S. 9, 12.

348 BVerfGE 21, 207, 209; Bleckmann, Staatsrecht II, S. 143; Degenhart, BK, Art. 5 Abs. 1, 2 Rdnr. 179; Herzog, M-D, GG-Komm., Art. 5, I, II Rdnr. 17; Jarass, in: Jarass/Pieroth, GG-Komm., Art. 19 Rdnr. 15; Krebs, in: v. Münch/Kunig, GG-Komm., Art. 19 Rdnr. 33; Ladeur, AK-GG, (Hrsg.: R. Wassermann), Art. 19 Abs. 3 Rdnr. 38; Schmidt-Jortzig, Meinungs- und Informationsfreiheit, S. 643; Stern, Staatsrecht III/1, S. 1135 ff.; Starck/v. Mangoldt, BGG, Art. 5 Abs. 1, 2 Rdnr. 112; a.A.: Hendrich, in: v. Münch, GG-Komm., Art. 19 Rdnr. 33; Schmitt Glaeser, Das Grundrecht auf Informationsfreiheit, Jura 1987, S. 567, 569.

grundgesetzlichen Informationsfreiheit teil[349]. Eine Beschränkung dieser Informationsquellen ist nur im Rahmen des Art. 5 Abs. 2 GG möglich[350].

Das BVerfG[351] geht davon aus, daß es für die Anwendbarkeit des Art. 5 Abs. 1 GG ausreiche, daß die Informationsquelle im Ausland allgemein zugänglich sei. Richtig ist, daß - insbesondere im Zeitalter zunehmender internationaler Verflechtungen - die grundgesetzliche Informationsfreiheit erheblich ausgehöhlt wäre, wollte man im Verhältnis zur Bundesrepublik Deutschland die grundgesetzliche Informationsfreiheit nicht zur Anwendung kommen lassen, wenn ein Bürger den Zugang zu einer ausländischen Informationsquelle erlangen möchte. Diese internationale Ausstrahlungswirkung hat allerdings nicht zur Folge, daß ausländische juristische Personen, die im Geltungsbereich des Grundgesetzes tätig werden wollen, an der grundgesetzlichen Informationsfreiheit teilhaben müssen. Natürliche ausländische Personen, die sich im Geltungsbereich der Bundesrepublik Deutschland aufhalten, können eine inländische juristische Person gründen und damit die grundgesetzlichen Garantien der Informationsfreiheit in Form einer juristischen Person voll in Anspruch nehmen, sofern mindestens eines ihrer Mitglieder die Deutscheneigenschaft i.S.v. Art. 116 GG aufweist[352]. Freilich müssen die Voraussetzungen der bundesdeutschen Rechtsordnung für die Gründung einer

---

349 Krafczyk, Ausländische Rundfunksendungen als "allgemein zugängliche Quellen" im Sinne des Art. 5 Abs. 1 Grundgesetz, S. 43 f.; Herzog, M-D, GG-Komm., Art. 5, I, II Rdnr. 92; Löwer, Ausländisches Werbefernsehen und Deutsches Verfassungsrecht, JZ 1981, S. 730, 734; Starck/v. Mangoldt, BGG, Art. 5 Abs. 1, 2 Rdnr. 30; Degenhart, Grenzüberschreitender Informationsfluß und grundgesetzliche Rundfunkordnung, EuGRZ 1983, S. 205, 209 ff.; nach Heintzen kommt die grundgesetzliche Informationsfreiheit ausländischen Presseverlagen und Rundfunkanstalten grundrechtsreflexartig zu, ohne daß sie selbst Inhaber subjektiver Rechte von Verfassungsrang würden, Heintzen, Auswärtige Beziehungen privater Verbände, S. 204.

350 Krafczyk, Ausländische Rundfunksendungen als "allgemein zugängliche Quellen" im Sinne des Art. 5 Abs. 1 Grundgesetz, S. 44; Löwer, Ausländisches Werbefernsehen und deutsches Verfassungsrecht, JZ 1984, S. 730, 734.

351 BVerfGE 27, 71, 84; 33, 52, 65.

352 Bleckmann/Helm, Die Grundrechtsfähigkeit juristischer Personen, DVBl. 1992, S. 9, 13.

juristischen Person beachtet werden. Hierin liegt keine Verletzung des Menschenwürdegehalts der grundgesetzlichen Informationsfreiheit, da ausländische Bürger im Geltungsbereich des Grundgesetzes auf jeden Fall als natürliche Personen die grundgesetzliche Informationsfreiheit in Anspruch nehmen können.

Will eine juristische Person, die ihren Sitz im Ausland hat, Informationen in die Bundesrepublik Deutschland verbringen, ohne daß die Organe der juristischen Person den Herrschaftsbereich der Bundesrepublik Deutschland betreten, kann die betreffende ausländische juristische Person schon deshalb nicht Träger der aktiven grundgesetzlichen Informationsfreiheit sein, da für diese ausschließlich die Rechtsordnung des Sitzstaates maßgeblich ist; keinesfalls kann das Grundgesetz der Bundesrepublik Deutschland zur Anwendung kommen, da dem Ausland die deutsche Verfassungsordnung nicht aufgedrängt werden darf und da der Geltungsbereich des Grundgesetzes auf den Herrschaftsbereich der Bundesrepublik Deutschland beschränkt ist.

Auch aus der Ausstrahlungswirkung der grundgesetzlichen Informationsfreiheit hinsichtlich ausländischer - im Bundesgebiet zu empfangender - Informationsquellen, zu denen die deutsche Staatsgewalt den Zugang nur unter den Voraussetzungen des Art. 5 Abs. 2 GG beschränken darf, folgt nicht, daß ausländische juristische Personen vom Ausland aus unter Berufung auf Art. 5 Abs. 1 GG Informationen nach Deutschland verbringen dürfen. Dies folgt aus der Tatsache, daß der Geltungsbereich des Grundgesetzes grundsätzlich auf das Territorium der Bundesrepublik Deutschland beschränkt ist und daß die bloße Ausstrahlungswirkung der grundgesetzlichen Informationsfreiheit keine aktive Informationsfreiheit im Ausland begründen kann. Nur ausnahmsweise kommt eine extraterritoriale Geltung des Grundgesetzes in Betracht, nämlich dann, wenn sich Erfolg der deutschen Staatsgewalt im Ausland zeitigt.

Die grundgesetzliche Informationsfreiheit wird allerdings durch Art. 2 der Fernsehrichtlinie der EU[353] überlagert, nach der die EU-

353 Text: Höfling/Möwes/Pechstein, Europäisches Medienrecht, S. 71.

Mitgliedstaaten dafür sorgen, daß der freie Empfang und die Weiterverbreitung von europäischen Fernsehsendungen in der ganzen EU nicht behindert werden.

c) *Juristische Personen des öffentlichen Rechts*

Hinsichtlich der Grundrechtsträgereigenschaft der juristischen Personen des öffentlichen Rechts ergeben sich im Vergleich zu der bereits behandelten Meinungsfreiheit keine Besonderheiten. Hervorzuheben ist, daß außer den privatrechtlichen auch die öffentlich-rechtlichen Rundfunkanstalten Träger des Grundrechts auf Rundfunkfreiheit sind[354]. Als solche dienen sie der freien individuellen und öffentlichen Meinungsbildung, und zwar - wie das BVerfG[355] zu Recht betont - in einem umfassenden, nicht auf bloße Berichterstattung oder die Vermittlung politischer Meinungen beschränkenden, sondern jede Information und Meinung umfassenden Sinne. Die öffentlich-rechtlichen Rundfunkanstalten partizipieren mit anderen Worten auch an der grundgesetzlichen Informationsfreiheit. Dies ergibt sich aus der Erkenntnis, daß die Rundfunkfreiheit nur dann voll zur Entfaltung gelangen kann, wenn sie alle Kommunikationsfreiheiten des Art. 5 Abs. 1 GG umfaßt. Dies gilt um so mehr, als es nicht immer möglich ist, die Betätigung der einzelnen Kommunikationsfreiheiten strikt zu trennen. Vielmehr überlagern sich die einzelnen Freiheiten des Art. 5 Abs. 1 GG.

---

354 BVerfGE 31, 314, 322; 39, 302, 314; Degenhart, BK, Art. 5 Abs. 1, 2 Rdnr. 180; Jarass, in: Jarass/Pieroth, GG-Komm., Art. 19 Rdnr. 18; Bleckmann, Staatsrecht II, S. 119; Krebs, in: v. Münch/Kunig, GG-Komm., Art. 19 Rdnr. 44; Ladeur, AK-GG, (Hrsg.: R. Wassermann), Art. 19 Rdnr. 51; Hamann/Lenz, Das Grundgesetz für die Bundesrepublik Deutschland, Art. 19 Anm. B 9.

355 BVerfGE 60, 53, 63 f.; 73, 118, 152.

2. *Träger der Informationsfreiheit nach der Mediendeklaration 1978*

Hinsichtlich der Trägereigenschaft der Informationsfreiheit im Sinne der Mediendeklaration 1978 ergeben sich im Vergleich zur Meinungsfreiheit ebenfalls keine Besonderheiten. Festzuhalten ist, daß sich die Trägereigenschaft der natürlichen Personen hinsichtlich der Informationsfreiheit aus Art. 2 Abs. 1 Mediendeklaration 1978 ergibt. Danach ist die Informationsfreiheit "als Bestandteil der Menschenrechte und Grundfreiheiten anerkannt"[356]. Da natürliche Personen die Informationsfreiheit auch mittels juristischer Personen in Anspruch nehmen können, ist davon auszugehen, daß Art. 2 Abs. 1 Mediendeklaration 1978 auch die Betätigung der Informationsfreiheit durch juristische Personen schützt. Dies gilt insbesondere vor dem Hintergrund, daß die Mediendeklaration die Bedeutung der Massenmedien in besonderer Weise betont[357].

Da diese sowohl öffentlich-rechtlich als auch privatrechtlich organisiert sein können, muß nach der Mediendeklaration 1978 davon ausgegangen werden, daß auch juristische Personen des öffentlichen Rechts als Träger der Informationsfreiheit in Frage kommen. Jedenfalls nimmt die Mediendeklaration 1978 die juristischen Personen des öffentlichen Rechts nicht ausdrücklich von der Trägereigenschaft der Informationsfreiheit aus.

---

356 Zit. nach der deutschen Übersetzung in EA 1979 D 190.

357 Siehe Art. 1 S. 2, Art. 2 Abs. 2 Satz 3, Art. 2 Abs. 3, Art. 2 Abs. 4, Art. 3 Abs. 1, Art. 3 Abs. 2, Art. 4 Satz 1, Art. 6 Satz 2, Art. 7, Art. 8, Art. 9, Art. 10 Abs. 3, Art. 11 Mediendeklaration 1978.

E. Die Mediendeklaration 1978 im Lichte der grundgesetzlichen Rundfunkfreiheit

I. Rundfunkbegriff

1. Der grundgesetzliche Rundfunkbegriff

a) Rundfunk als Oberbegriff

Art. 5 Abs. 1 Satz 2, 2. Alt. GG garantiert die Freiheit der Berichterstattung durch den Rundfunk. Der Begriff "Rundfunk" i.S.v. Art. 5 Abs. 1 Satz 2, 2. Alt. GG ist nach allgemeiner Auffassung ein Oberbegriff für Hörfunk (Hörrundfunk) und Fernsehen (Fernsehrundfunk)[1].

Die Qualifizierung von Hörfunk und Fernsehen als Rundfunk beinhaltet keine präjudizierende juristische Gleichstellung der Hauptteilbereiche des Rundfunks[2]. Zwar sind die tatsächlichen und rechtlichen Probleme des Fernsehens und des Hörfunks oft ähnlich gelagert[3], was für eine rechtliche Gleichbehandlung von Hörfunk und Fernsehen spricht. Gleichwohl ist zu konstatieren, daß die vom Fernsehen ausgehenden Wirkungen z.B. bei Gewaltdarstellungen wesentlich gravierender sein können als Gewaltschilderungen im Hörfunk[4].

Die unterschiedlichen Wirkungen, die von den beiden Hauptteilbereichen des Rundfunks ausgehen, rechtfertigen eine unterschiedliche

---

1 BVerfGE 12, 205, 226; 31, 314, 325; Degenhart, BK, Art. 5 Abs. 1, 2 Rdnr. 508; Gornig, Äußerungsfreiheit, S. 560; Herzog, M-D, GG-Komm., Art. 5 I, II Rdnr. 193; Herrmann, Fernsehen und Hörfunk in der Verfassung der Bundesrepublik Deutschland, S. 49; Bleckmann, Staatsrecht II, S. 703; Hamann/Lenz, Das Grundgesetz für die Bundesrepublik Deutschland, Art. 5 Anm. B 7; Starck/v. Mangoldt, BGG, Art. 5 Abs. 1, 2 Rdnr. 62; Wendt, in: v. Münch/Kunig, GG-Komm., Art. 5 Rdnr. 57; Stender-Vorwachs, "Staatsferne" und "Gruppenferne" in einem außenpluralistisch organisierten privaten Rundfunksystem, S. 42.

2 So zu Recht: Bleckmann, Staatsrecht II, S. 703; Herrmann, Fernsehen und Hörfunk in der Verfassung der Bundesrepublik Deutschland, S. 22; Wendt, in: v. Münch/Kunig, GG-Komm., Art. 5 Rdnr. 57; a.A. Lerche, Rechtsprobleme des Werbefernsehens, S. 1; Peters, Die Zuständigkeit des Bundes im Rundfunkwesen, S. 62.

3 Herrmann, Fernsehen und Hörfunk in der Verfassung der Bundesrepublik Deutschland, S. 22.

4 Wendt, in: v. Münch/Kunig, GG-Komm., Art. 5 Rdnr. 57.

rechtliche Behandlung von Hörfunk einerseits und Fernsehen andererseits. Im Hinblick auf die zunehmenden "Sex and crime"-Darstellungen im Fernsehfunk ist zu konstatieren, daß der Gesetzgeber von Verfassungs wegen sogar gehalten ist, Vorkehrungen zu treffen, die Jugendliche vor verrohenden Darstellungen im Bereich des Fernsehfunks schützen. Dies ergibt sich aus der Tatsache, daß Art. 5 Abs. 2, 2. Alt. GG einen verfassungsrechtlichen Schutzauftrag enthält, der den Gesetzgeber dazu verpflichtet, die notwendigen legislatorischen Maßnahmen zu ergreifen, um dem Jugendschutz Geltung zu verschaffen[5]. Der Gesetzgeber ist nach der Rechtsprechung des Bundesverfassungsgerichtes[6] bei der Ausgestaltung von Schutzvorschriften gehalten, das Untermaßverbot zu beachten. Das Untermaßverbot verpflichtet den Gesetzgeber zur Garantierung des verfassungsgebotenen Mindeststandards an Grundrechtssicherheit[7]. Ziel des Untermaßverbots ist die effektive Erfüllung der staatlichen Schutzpflicht[8]. Der Staat entspricht dem Gebot der Effektivität nicht schon durch Erlaß einer Schutznorm[9]. Er muß auch für ihre praktische Durchsetzung und ihre reale Akzeptanz sorgen[10].

b) Rundfunkähnliche Dienste

Zwar ist der o.g. Rundfunkoberbegriff allgemein anerkannt[11]. Jedoch besteht keine Einigkeit hinsichtlich der Frage, welche Kommunikationsträger, die sich an eine Vielzahl von Personen richten, unter den Rundfunkbegriff des Art. 5 Abs. 1 Satz 2, 2. Alt. GG fallen.

---

5 Jarass, in: Jarass/Pieroth, GG-Komm., Art. 5 Rdnr. 50.

6 BVerfGE 88, 203, 254.

7 Isensee, Das Grundrecht als Abwehrrecht und als staatliche Schutzpflicht, S. 232.

8 Ebd.

9 Ebd., S. 233.

10 Ebd.

11 Degenhart, BK, Art. 5 Abs. 1, 2 Rdnr. 508; Herrmann, Fernsehen und Hörfunk in der Verfassung der Bundesrepublik Deutschland, S. 49; Wendt, in: v. Münch/ Kunig, GG-Komm., Art. 5 Rdnr. 58.

aa) Kabelfernsehen

Im Hinblick auf die zunehmende Bedeutung des Kabelfernsehens stellt sich insbesondere die Frage, welche Übertragungstechnik vorliegen muß, damit der Rundfunkbegriff erfüllt ist. Nach dem allgemeinen Sprachgebrauch versteht man unter Rundfunk die Verbreitung von Darbietungen in Ton oder Bild durch elektromagnetische Wellen, auch über Fernsprech- und Starkstromleitungen (Drahtfunk) für einen unbegrenzten Personenkreis[12]. Da der Drahtfunk bereits im Jahre 1948/49 bekannt war, muß schon aufgrund der subsidiären historischen Auslegungsmethode[13] davon ausgegangen werden, daß der Bundesverfassungsgeber nicht nur den drahtlosen Rundfunk unter den Schutz des Art. 5 Abs. 1 Satz 2, 2. Alt. GG stellen wollte[14]. Nach der historischen Auslegungsmethode ist mit anderen Worten zu konstatieren, daß die grundgesetzliche Rundfunkfreiheit die Übertragung von Ton- und Bildsignalen vom Sender zum Empfänger über durchgehende metallische Leiter mitumfaßt[15]. Wenn schon nach der historischen Auslegungsmethode der Drahtfunk begrifflich als Rundfunk anzusehen ist, muß das technisch parallele Kabelfernsehen ebenfalls als Rundfunk i.S.v. Art. 5 Abs. 1 Satz 2, 2. Alt. GG angesehen werden[16]. Es handelt sich beim Kabelfernsehen bei Lichte betrachtet lediglich um eine technische Fortentwicklung der Übertragung von Ton- und/oder Bildsignalen über durchgehende Leiter.

12 Brockhaus-Enzyklopädie, 18. Bd., Stichwort: Rundfunk, Radio, S. 650.

13 BVerfGE 1, 299, 312; 10, 234, 244; 11, 126, 130 f.; 47, 109, 127; 53, 135, 147; 64, 261, 275.

14 Herrmann, Fernsehen und Hörfunk in der Verfassung der Bundesrepublik Deutschland, S. 51.

15 H.H. Klein, Die Rundfunkfreiheit, S. 23.

16 Ebd.; Herrmann, Fernsehen und Hörfunk in der Verfassung der Bundesrepublik Deutschland, S. 51; Jarass, in: Jarass/Pieroth, GG-Komm., Art. 5 Rdnr. 29; Schuster, Meinungsvielfalt in der dualen Rundfunkordnung, S. 50; Herzog, M-D, GG-Komm., Art. 5 I, II Rdnr. 195; Wendt, in: v. Münch/Kunig, GG-Komm., Art. 5 Rdnr. 58, a.M.: Demme, der der Auffassung ist, daß allein der Drahtfunk unter den Rundfunkbegriff des Art. 5 Abs. 1 Satz 2, 2. Alt. GG falle, das Kabelfernsehen aber unter den Anwendungsbereich von Art. 5 Abs. 1 Satz 1 GG zu bringen sei, ders., Das Kabel-Fernsehen (closed-circuit-television) in rechtlicher Sicht, S. 36, 43.

Degenhart[17] weist zu Recht darauf hin, daß beim Glasfaserkabel eine Übertragung durch elektromagnetische Schwingungen stattfindet, was für das Begriffsmerkmal Rundfunk ausreicht. Auch das Bundesverfassungsgericht[18] weist zutreffend darauf hin, daß die Rundfunkfreiheit in einer sich wandelnden Zukunft ihre normierende Wirkung nicht bewahren kann, wenn nur an eine ältere Übertragungstechnik angeknüpft wird, die zum Zeitpunkt des Inkrafttretens des Grundgesetzes bekannt war. Vielmehr kann die grundgesetzliche Rundfunkfreiheit ihre Wirkung nur dann voll entfalten, wenn die Verbreitung von Darbietungen unter Benutzung elektromagnetischer Schwingungen mit oder ohne Verbindungsleiter unter den Rundfunkbegriff des Art. 5 Abs. 1 Satz 2, 2. Alt. GG fällt[19].

bb) Private Telefongespräche

An dem grundgesetzlichen Rundfunkbegriff nehmen nicht private Telefongespräche teil[20]. Da diese Gespräche nicht das Kriterium der Übertragung von Darbietungen an die Allgemeinheit erfüllen, können sie auf keinen Fall in die grundgesetzliche Rundfunkfreiheit einbezogen werden. Hinsichtlich der leitungsgebundenen- und der drahtlosen Telefone kommt vielmehr ausschließlich Art. 10 Abs. 1 GG zur Anwendung[21].

---

17 Degenhart, BK, Art. 5 Abs. 1, 2 Rdnr. 509.

18 BVerfGE 74, 297, 350.

19 BVerfGE 74, 297, 351.

20 Herrmann, Fernsehen und Rundfunk in der Verfassung der Bundesrepublik Deutschland, S. 51 f.; Herzog, M-D, GG-Komm., Art. 5 I, II Rdnr. 195; Schuster, Meinungsvielfalt in der dualen Rundfunkordnung, S. 48; Starck/v. Mangoldt, BGG, Art. 5 Abs. 1, 2 Rdnr. 62; a.A. hinsichtlich des drahtlosen Telefons: Bettermann, Rundfunkfreiheit und Rundfunkorganisation, DVBl. 1963, S. 41, Fn. 4.

21 Herzog, M-D, GG-Komm., Art. 5 I, II Rdnr. 195; Schuster, Meinungsvielfalt in der dualen Rundfunkordnung, S. 48.

cc) Zugriffs- und Abrufdienste

Demgegenüber erfüllen die sog. Zugriffs- und Abrufdienste[22] den grundgesetzlichen Rundfunkbegriff sehr wohl[23]. Diese Informationsdienste unterscheiden sich insofern vom herkömmlichen Rundfunk, als der Rezipient der Zugriffs- und Abrufdienste nicht auf feste Programmzeiten angewiesen ist[24]. Die Rezipientengemeinde ist bei den o.g. Informationsdiensten nicht zur gleichen Zeit versammelt[25 26]. Gleichwohl kann nicht gesagt werden, daß die Abruf- und Zugriffsdienste nicht für die Allgemeinheit bestimmt sind, was ein wesentliches Kriterium für den Rundfunkbegriff ist[27]. Entscheidend ist vielmehr, daß die Abruf-, und Zugriffsdienste für 'jeden Beliebigen' übermittelt werden[28]. Jedermann hat theoretisch die Möglichkeit, sich der Sendungen der Abruf- und Zugriffsdienste zu bedienen, sofern die technischen Voraussetzungen erfüllt sind. Dies reicht aus, um die Abruf- und Zugriffsdienste als Rundfunkdienste zu qualifizieren, die für die Allgemeinheit bestimmt sind.

Da auch die Telefonansagedienste und die Bildschirmtexte Informationen bereithalten, die von jedermann abgerufen werden können, handelt es sich auch bei diesen Informationsträgern um rund-

---

22 Hierzu: Degenhart, BK, Art. 5 Abs. 1, 2 Rdnr. 521; Stender-Vorwachs, "Staatsferne" und "Gruppenferne" in einem außenpluralistisch organisierten privaten Rundfunksystem, S. 15.

23 BVerfGE 74, 297, 351; Herzog, M-D, GG-Komm., Art. 5 I, II Rdnr. 196; Jarass, in: Jarass/Pieroth, GG-Komm., Art. 5 Rdnr. 29; Paptistella, Medientechnische Neuentwicklungen und Rundfunkbegriff, DÖV 1978, S. 750, 753; Wendt, in: v. Münch/Kunig, GG-Komm., Art. 5 Rdnr. 58; a.A. Degenhart, BK, Art. 5 Abs. 1, 2 Rdnr. 521.

24 So zu Recht: Degenhart, BK, Art. 5 Abs. 1, 2 Rdnr. 521.

25 Ebd.

26 Dies trifft auch für diejenigen Fernsehteilnehmer zu, die Darstellungen durch einen programmierten Video-Rekorder aufzeichnen lassen. Auch in diesem Fall werden die aufgezeichneten Programme zu einem Zeitpunkt genutzt, der nicht identisch ist mit dem Sendetermin. Gleichwohl kann nicht gesagt werden, daß die durch programmierte Video-Rekorder aufgezeichneten Sendungen nicht an der Rundfunkfreiheit teilhaben.

27 BVerfGE 74, 297, 351.

28 Ebd.; Paptistella, Medientechnische Neuentwicklungen und Rundfunkbegriff, DÖV 1978, S. 750, 753.

funkähnliche Dienste, die unter den Begriff der grundgesetzlichen Rundfunkfreiheit fallen[29].

c) *Kulturrechtlicher Rundfunkbegriff*

Nach allgemeiner Auffassung[30] garantiert die Rundfunkfreiheit in Art. 5 Abs. 1 Satz 2 GG den Rundfunk im kulturrechtlichen Sinne. Danach schützt die grundgesetzliche Rundfunkfreiheit die Inhalte, die unter Benutzung des Mediums Rundfunk verbreitet werden[31]. In den Schutzbereich der Rundfunkgarantie des Art. 5 Abs. 1 Satz 2 GG fällt die Übertragung von Darbietungen aller Art mit Hilfe der herkömmlichen oder der modernen Rundfunktechnik[32]. Das Bundesverfassungsgericht[33] hat zu Recht darauf hingewiesen, daß die grundgesetzliche Rundfunkfreiheit nicht nur die Übertragung von Nachrichten umfaßt; vielmehr erstreckt sie sich auch auf Unterhaltungssendungen. Die durch Art. 5 Abs. 1 Satz 2 GG geschützte Rundfunkfreiheit könnte sich nur höchst unvollkommen entfalten, wollte man den kulturrechtlichen Rundfunkbegriff auf politische oder "wichtige" Inhalte beschränken und Unterhaltungsbeiträge nicht als Kultur ansehen. Unzulässig ist auf jeden Fall eine Differenzierung der Kulturbeiträge nach ihrer Qualität. Dies folgt aus der Erkenntnis, daß die Rundfunkgarantie in ihren subjektiv- und objektivrechtlichen Ele-

---

29 Bullinger, Freiheit von Presse, Rundfunk, Film, S. 669; Wendt, in: v. Münch/Kunig, GG-Komm., Art. 5 Rdnr. 58; a.A. Degenhart, BK, Art. 5 Abs. 1, 2 Rdnr. 521 ff.; Schuster hält den Bildschirmtext für ein ambivalentes Medium, da es zum einen nur auf Abruf arbeite und zum anderen auch einen Dialog ermögliche. Folglich sei es "adäquat", den Bildschirmtext als ein "Medium sui generis" zu qualifizieren, ders., Meinungsvielfalt in der dualen Rundfunkordnung, S. 50 f.

30 BVerfGE 12, 205, 229; Lieb, Kabelfernsehen und Rundfunkgesetze, S. 29 f.; Paptistella, Medientechnische Neuentwicklungen und Rundfunkbegriff, DÖV 1978, S. 750, 753; Scholz, Audiovisuelle Medien und bundesstaatliche Gesetzgebungskompetenz, S. 30 f.; Schuster, Meinungsvielfalt in der dualen Rundfunkordnung, S. 44 f.; Stender-Vorwachs, "Staatsferne" und "Gruppenferne" in einem außenpluralistisch organisierten privaten Rundfunksystem, S. 43; Libertus, Grundversorgungsauftrag und Funktionsgarantie, S. 4 f.

31 BVerfGE 12, 205, 260.

32 Schuster, Meinungsvielfalt in der dualen Rundfunkordnung, S. 45.

33 BVerfGE 12, 205, 260; s. auch Schuster, Meinungsvielfalt in der dualen Rundfunkordnung, S. 49; Degenhart, BK, Art. 5 Abs. 1, 2 Rdnr. 512.

menten eine der Meinungsbildung dienende Freiheit ist[34]. Sie bildet, wie das Bundesverfassungsgericht[35] zu Recht hervorhebt, eine notwendige Ergänzung und Verstärkung dieser Freiheit[36].

Der kulturrechtliche Rundfunkbegriff i.S.v. Art. 5 Abs. 1 Satz 2 GG ist im Hinblick auf die o.g. Bedeutung der Rundfunkfreiheit extensiv auszulegen. Er umfaßt die Filmförderung, die Unterhaltung und die Förderung von Orchestern, Chören und Musikfestivals[37].

d) Fernmelderechtlicher Rundfunkbegriff

aa) Verhältnis zwischen Art. 5 Abs. 1 Satz 2, 2. Alt. GG und Art. 73 Nr. 7 GG

Umstritten ist, ob die Rundfunkgarantie in Art. 5 Abs. 1 Satz 2 GG auch den fernmelderechtlichen Rundfunkbegriff mitumfaßt[38]. Gegen die Einordnung des fernmeldetechnischen Rundfunkbegriffs in den Anwendungsbereich der grundgesetzlichen Rundfunkfreiheit in Art. 5 Abs. 1 Satz 2 GG wird eingewandt, daß die fernmelderechtlichen Rundfunkangelegenheiten in Art. 73 Nr. 7 GG - ausschließlich - geregelt seien[39]. Richtig ist, daß Rundfunksender Funkanlagen sind und damit Fernmeldeanlagen; sie gehören folglich zum Telekommunikationswesen i.S.v. Art. 73 Nr. 7 GG[40]. Der sendetechnische Bereich zählt unter Ausschluß der Studiotechnik zum Telekommunikations-

---

34 BVerfGE 57, 295, 320.

35 BVerfGE 57, 295, 320.

36 Hinsichtlich der grundgesetzlichen Meinungsfreiheit hat das Bundesverfassungsgericht ausdrücklich festgestellt, daß eine Differenzierung nach 'wertvollen' und 'wertlosen' Meinungen der Bedeutung des Art. 5 Abs. 1 Satz 1 GG nicht gerecht wird (s. BVerfGE 30, 336, 347; 33, 1, 14 f.; 61, 1, 7; 66, 116, 151.

37 Libertus, Grundversorgungsauftrag und Funktionsgarantie, S. 5.

38 **Dafür:** Degenhart, BK, Art. 5 Abs. 1, 2 Rdnr. 510; Stender-Vorwachs, "Staatsferne" und "Gruppenferne" in einem außenpluralistisch organisierten privaten Rundfunksystem, S. 43 ff.; **dagegen:** Jarass, in: Jarass/Pieroth, GG-Komm., Art. 5 Rdnr. 32; Scholz, Audiovisuelle Medien und bundesstaatliche Gesetzgebungskompetenz, S. 30 f.; Ossenbühl, Rundfunk zwischen Staat und Gesellschaft, S. 32; Merten, Massenmedien, Evangel. Staatslexikon, 1. Bd., Sp. 2095.

39 Merten, Massenmedien, Evangel. Staatslexikon, Sp. 2095.

40 BVerfGE 12, 205, 226.

wesen[41]. Er ist folglich dem fernmelderechtlichen Rundfunkbegriff unterzuordnen. Art. 73 Nr. 7 GG verleiht dem Bund nicht die Befugnis, die Organisation der Veranstaltung und die innere Organisation der Veranstalter von Rundfunksendungen zu regeln oder Vorschriften in bezug auf die Sendungen zu erlassen[42]. Der fernmelderechtliche Rundfunkbegriff i.S.v. Art. 73 Nr. 7 GG umfaßt die Regelung der technischen Voraussetzungen, die für einen geordneten Ablauf des Betriebs der Rundfunksender und des Empfangs ihrer Sendungen unerläßlich sind[43]. Voraussetzung dafür ist, daß den Rundfunkbetreibern bestimmte Wellenbereiche zugeteilt werden, die auf die Frequenzen der anderen Sender abgestimmt sein müssen[44]. Die Festlegung der Standorte und der Sendestärke erfolgt nach funktechnischen Aspekten[45]. Ein funktionierendes Rundfunkwesen setzt voraus, daß für die Einhaltung der o.g. funktechnischen Gesichtspunkte gesorgt werden muß[46]. Dieser sendetechnische Komplex gehört zum Telekommunikationswesen[47]; er umschreibt den fernmelderechtlichen Rundfunkbegriff. Aus der Kompetenzregelung des Bundes zugunsten des fernmelderechtlichen Rundfunks in Art. 73 Nr. 7 GG kann nicht gefolgert werden, daß die sendetechnische Komponente des Rundfunkwesens nicht in den Schutzbereich der Rundfunkgarantie in Art. 5 Abs. 1 Satz 2 GG fällt. Dies ergibt sich aus der systematischen Auslegung des Art. 73 Nr. 7 GG. Diese Vorschrift befindet sich im Abschnitt VII "Die Gesetzgebung des Bundes". Die Bedeutung des Art. 73 Nr. 7 GG liegt folglich ausschließlich darin, dem Bund die Gesetzgebungskompetenz für die Sachmaterie "Post und die Telekommunikation" zu verleihen. Aus dieser rein kompetentiellen Regelung

---

41 BVerfGE 12, 205, 225.

42 BVerfGE 12, 205, 225; so auch schon Herrmann v. Mangoldt, BGG (1. Aufl., 1953), Art. 73, S. 394 f., der zu Recht darauf hinweist, daß organisatorische Fragen, die sich mit dem Rundfunkprogramm beschäftigen in die Länderzuständigkeit fallen. Dies folgt aus der Sachnähe der programmbezogenen Regelungen zum kulturrechtlichen Rundfunkbegriff.

43 BVerfGE 12, 205, 227.

44 BVerfGE 12, 205, 227.

45 BVerfGE 12, 205, 227.

46 BVerfGE 12, 205, 227.

47 BVerfGE 12, 205, 227.

für die Bundesorganisation können sich keine Schlußfolgerungen für die Reichweite der im Abschnitt I "Die Grundrechte" geregelten Rundfunkgarantie in Art. 5 Abs. 1 Satz 2 GG ergeben.

Zu dem gleichen Ergebnis kommt man auf der Grundlage der teleologischen Auslegung. Die Wahrnehmung der Grundrechte dient der Freiheitsverwirklichung des Bürgers bzw. der öffentlich-rechtlichen Körperschaften, die durch das Grundgesetz ausdrücklich zugewiesene Grundrechte wahrnehmen. Demgegenüber ermächtigen Kompetenzvorschriften den Staat zum Erlaß von Normen. Durch diese Tätigkeit nimmt der Staat keine Freiheitsrechte wahr. Vielmehr macht er lediglich von Befugnissen Gebrauch, die die Erfüllung öffentlicher Aufgaben ermöglichen. Die Wahrnehmung der Kompetenzvorschriften durch den Staat kann zum Erlaß von Gesetzen führen, die eine Beschränkung der durch die Grundrechte geschützten Freiheitssphäre der Grundrechtsträger zur Folge haben, soweit sich die die Grundrechte beschränkenden Gesetze im Rahmen der verfassungsmäßigen Ordnung bewegen.

Auf der Basis der zuvor genannten Erwägungen ergibt sich, daß die Betätigung der Rundfunkanbieter auf dem Gebiet des fernmelderechtlichen Rundfunkwesens in den Schutzbereich der grundgesetzlichen Rundfunkfreiheit fällt. Andernfalls würde Art. 5 Abs. 1 Satz 2, 2. Alt. GG leerlaufen, da die Freiheitsgarantie des kulturrechtlichen Rundfunks nur dann zur Entfaltung gelangen kann, wenn unzulässige Eingriffe des Staates im sendetechnischen Bereich abgewehrt werden können. Unter dem Gesichtspunkt der grundgesetzlichen Rundfunkfreiheit ist mit anderen Worten zu konstatieren, daß zwischen den sendetechnischen und den kulturellen Elementen des Rundfunks jeweils ein Zusammenhang besteht[48]. Auf diesen Gesichtspunkt weist das Bundesverfassungsgericht[49] insofern hin, als es zu Recht davon ausgeht, daß die fernmeldetechnischen Einrichtungen eine dienende Funktion für den Rundfunk als Ganzes haben.

---

48 Hermann v. Mangoldt, BGG (1. Aufl., 1953), Art. 73, S. 394; Stender-Vorwachs, "Staatsferne" und "Gruppenferne" in einem außenpluralistisch organisierten privaten Rundfunksystem, S. 44 ff.

49 BVerfGE 12, 205, 227.

bb) Kein Bedürfnis für die Aufsplittung des Rundfunks in sendetechnische und kulturelle Angelegenheiten?

Im Hinblick auf die Konnexität zwischen der kulturellen und der fernmeldetechnischen Seite des Rundfunks wird die Auffassung[50] vertreten, daß kein Bedürfnis und kein verfassungsrechtlicher Grund für die Aufteilung des Rundfunkbegriffs in verschiedene Komponenten bestehe. Ein fernmelderechtlicher Rundfunkbegriff mache nur dann einen Sinn, wenn Art. 73 Nr. 7 GG materiell betrachtet werden dürfe, wofür keinerlei Anhaltspunkte bestünden[51]. Richtig ist, daß - wie oben dargelegt - die materielle Seite der Rundfunkfreiheit ausschließlich in Art. 5 Abs. 1 Satz 2 GG geregelt ist. Es trifft ferner zu, daß das Bundesverfassungsgericht die Begriffe 'fernmelderechtlich' und 'kulturrechtlich' nicht gebraucht[52]. Gleichwohl ist es sachlich gerechtfertigt zwischen einem kulturrechtlichen und einem fernmelderechtlichen Rundfunkbegriff zu unterscheiden. Da der Bund für fernmelderechtliche Angelegenheiten und die Länder für kulturrechtliche Materien zuständig sind, erleichert die Aufteilung des Rundfunkbegriffs in eine kulturrechtliche und in eine sendetechnische Komponente die Feststellung der Bundes- und Landeskompetenzen im Bereich des Rundfunkwesens. Der Präzisierung der Landes- und Bundeszuständigkeiten ist für die Wahrnehmung der durch das Grundgesetz verbürgten Grundrechte insofern von entscheidender Bedeutung, als ein kompetenzwidriges Gesetz gegen die verfassungsmäßige Ordnung i.S.v. Art. 2 Abs. 1 GG verstößt[53]. Eine gesetzliche Regelung im Bereich des Rundfunkwesens, das die grundgesetzliche Kompetenzordnung mißachtet, verletzt mit anderen Worten die durch Art. 2 Abs. 1 GG geschützte allgemeine Handlungsfreiheit. Dieser Verfassungsverstoß kann im Wege der Verfassungsbeschwerde geltend gemacht werden[54].

---

50 Stender-Vorwachs, "Staatsferne" und "Gruppenferne" in einem außenpluralistisch organisierten privaten Rundfunksystem, S. 46.

51 Ebd., S. 45.

52 Ebd.

53 BVerfGE 6, 32, 37 ff.; Kunig, in: v. Münch/Kunig, GG-Komm., Art. 2 Rdnr. 22.

54 BVerfG 6, 32, 41.

Aus alledem folgt, daß eine Unterscheidung zwischen dem kulturrechtlichen und dem fernmelderechtlichen Rundfunkbegriff aus verfassungsrechtlichen Gründen geboten ist.

2. *Der Rundfunkbegriff der Mediendeklaration 1978*

a) *Keine ausdrückliche Erwähnung der Rundfunkfreiheit*

Die Mediendeklaration 1978 erwähnt die Rundfunkfreiheit nicht ausdrücklich. Die Deklaration spricht nur ganz allgemein von den Massenmedien[55] [56]. Nach dem allgemeinen Sprachgebrauch versteht man unter Massenmedien Kommunikationsmittel, die eine große Anzahl von Menschen erreichen[57]. Es kann kein Zweifel daran bestehen, daß der Rundfunk in all seinen Ausprägungen (Hörfunk, Fernsehfunk und rundfunkähnliche Kommunikationsdienste) eine größere Anzahl von Personen erreicht. Alle Erscheinungsformen des Rundfunks sind folglich Massenmedien. Mithin ist zu konstatieren, daß der Begriff "Massenmedien" in der Mediendeklaration 1978 alle Rundfunkdienste umfaßt.

b) *Rundfunkfreiheit als ein Bestandteil der sonstigen Kommunikationsfreiheiten*

Auffallend ist, daß die Mediendeklaration 1978 den Begriff der Massenmedien nicht in einem Zusammenhang mit der Freiheit der Be-

---

55 Art. 1 Satz 2; Art. 2 Abs. 2 Satz 3, Abs. 3, Abs. 4; Art. 3 Abs. 1, Abs. 2; Art. 4 Satz 1; Art. 6 Satz 2; Art. 7; Art. 8; Art. 9; Art. 10 Abs. 3; Art. 11 Mediendeklaration 1978.

56 Im authentischen englischen Text der Mediendeklaration 1978 (abgedr. in: Kleinwächter/Raaz, Die Organisation der Vereinten Nationen für Erziehung, Wissenschaft und Kultur, S. 385 ff.) ist von "mass media" die Rede. Der authentische französische Text der Mediendeklaration 1978 (abgedr. in: Kleinwächter/Raaz, a.a.O.) spricht in der Regel von den "organes d'information" (s. Art. 1 Satz 2; Art. 2 Abs. 2 Satz 3, Abs. 3, Abs. 4; Art. 3 Abs. 1; Art. 4 Satz 1; Art. 6 Satz 2; Art. 7; Art. 10 Abs. 3). Art. 8 der Deklaration spricht von den "moyens de grande information". In Art. 9 ist von "agents d'information" die Rede und Art. 11 der Mediendeklaration 1978 spricht von "moyens d'information".

57 Brockhaus-Enzyklopädie, 14. Bd., S. 287.

richterstattung erwähnt. Der Begriff "Freiheit" wird lediglich im Zusammenhang mit der "Informationsfreiheit"[58][59] und der "Meinungs- und Meinungsäußerungsfreiheit"[60][61] gebraucht. Daraus kann man nicht ableiten, daß die Mediendeklaration 1978 die Rundfunkfreiheit nicht anerkennen möchte. Vielmehr ergibt sich aus der Nichterwähnung der Rundfunkfreiheit lediglich, daß diese nicht als eine eigenständige Freiheit angesehen wird. Ganz offensichtlich geht die Mediendeklaration 1978 davon aus, daß die Rundfunkfreiheit ein Element der Meinungs-, Meinungsäußerungs- und Informationsfreiheit ist. Die zuletzt genannten Freiheitsrechte sind nach der Mediendeklaration 1978 ein Bestandteil der Menschenrechte und der Grundfreiheiten[62][63]. Letztere umfassen auch die Rundfunkfreiheit. Dies ergibt sich bereits aus der Tatsache, daß die Meinungs-, Meinungsäußerungs- und Informationsfreiheit nur höchst unvollkommen geschützt ist, wollte man sie nicht im Bereich des Rundfunks zur Geltung gelangen lassen. Vielmehr kommen die Meinungs- und Informationsfreiheit nur dann optimal zur Entfaltung, wenn sie sich auch auf das Rundfunkwesen beziehen. Diese weite Interpretation des Art. 2 Abs. 1 Mediendeklaration 1978 folgt aus dem Umstand, daß die Deklaration selbst die Meinungs-, Meinungsäußerungs- und Informationsfreiheit als Bestandteil der Menschenrechte und Grundfreiheiten ansieht. Der Internationale Pakt über bürgerliche und politische

---

58 Art. 2 Abs. 1; Art. 5 Mediendeklaration 1978.

59 Englischer Text: "freedom of ... information"; französischer Text: "la liberté de l'information", bzw. "la liberté ... d'information", zit. nach Kleinwächter/Raaz, Die Organisation der Vereinten Nationen für Erziehung, Wissenschaft und Kultur, S. 391, 395.

60 Art. 2 Abs. 1; Art. 5 Mediendeklaration 1978.

61 Englischer Text: "freedom of opinion, expression"; französischer Text: "la liberté d'opinion", ... "la liberté d'expression", zit. nach Kleinwächter/Raaz, Die Organisation der Vereinten Nationen für Erziehung, Wissenschaft und Kultur, S. 391.

62 Art. 2 Abs. 1 Mediendeklaration 1978.

63 Englischer Text: "integral part of human rights and fundamental freedoms"; französischer Text: "partie intégrante des droits de l'homme et des libertés fondamentales", zit. nach Kleinwächter/Raaz, Die Organisation der Vereinten Nationen für Erziehung, Wissenschaft und Kultur, S. 391.

Rechte der Vereinten Nationen[64] (MRP) schützt in Art. 19 die Meinungs- und Informationsfreiheit. Die Rundfunkfreiheit wird dort als eigenständige Kommunikationsfreiheit, wie in Art. 2 Abs. 1 Mediendeklaration 1978, nicht erwähnt. Art. 19 MRP garantiert in seinem ersten Absatz die Meinungsfreiheit und im zweiten Absatz das Recht der Meinungsäußerungsfreiheit. Art. 19 Abs. 2, 2. HS. MRP stellt klar, daß das Recht auf freie Meinungsäußerung die Freiheit einschließt, ohne Rücksicht auf Staatsgrenzen, Informationen und Gedankengut jeder Art in Wort, Schrift oder Druck, durch Kunstwerke oder andere Mittel eigener Wahl sich zu beschaffen, zu empfangen und weiterzugeben. Aus der Generalklausel "andere Mittel eigener Wahl"[65] [66] wird zu Recht gefolgert, daß die Meinungsfreiheit i.S.v. Art. 19 Abs. 2 MRP alle Medien akustischer, visueller, elektronischer und sonstiger Kommunikation schützt[67]. Insbesondere schützt Art. 19 Abs. 2 MRP die Meinungskundgabe durch das Radio und Fernsehen, sonstige Medien und Funk[68]. Diese Auslegung wird durch die travaux préparatoires bestätigt[69] [70]. Wenn nach dem Menschenrechtspakt der Vereinten Nationen davon auszugehen ist, daß die Rundfunkfreiheit ein Bestandteil der Meinungsfreiheit ist, muß dies auch für die Meinungsfreiheit im Sinne der Mediendeklaration 1978 gelten. Dies folgt zum einen aus dem Umstand, daß die UNESCO

---

64 Text: Sartorius II, Ordnungsnummer 20, s. auch Nowak, UNO-Pakt über bürgerliche und politische Rechte und Fakultativprotokoll, CCPR-Komm., wo der Pakt nicht nur in deutscher, sondern auch in englischer und französischer Sprache abgedruckt ist.

65 Zit. nach Sartorius II, Ordnungsnummer 20, S. 8.

66 Englischer Text: "any other media of his choice"; französischer Text: "tout autre moyen de son choix", zit. nach Nowak, UNO-Pakt über bürgerliche und politische Rechte und Fakultativprotokoll, CCPR-Komm., S. 355.

67 Nowak, UNO-Pakt über bürgerliche und politische Rechte und Fakultativprotokoll, CCPR-Komm., Art. 19 Rdnr. 14.

68 Ebd.

69 Ebd.

70 Für die weite Auslegung von Art. 19 Abs. 2 MRP zugunsten der Rundfunkfreiheit sind auch: Blumenwitz, Die Meinungs- und Informationsfreiheit nach Art. 19 des Internationalen Pakts über bürgerliche und politische Rechte, S. 71; Gornig, Äußerungsfreiheit, S. 254.

nach ihrer Satzung[71] gehalten ist, die Ziele der Vereinten Nationen zu unterstützen. Nach Art. 1 Abs. 1 der UNESCO-Satzung ist es das Ziel der UNESCO, auf ihren Sachgebieten die Achtung vor den Menschenrechten und Grundfreiheiten zu fördern. Zum anderen ist darauf hinzuweisen, daß Art. 2 Abs. 1 Mediendeklaration 1978 die Meinungs- und Meinungsäußerungs- und Informationsfreiheit als ein Bestandteil der Menschenrechte ansieht. Aus diesem Grunde muß die Meinungsfreiheit der Mediendeklaration 1978 i.S.v. Art. 19 Abs. 2 MRP ausgelegt werden, da die UNESCO andernfalls gegen ihre satzungsmäßige Verpflichtung[72] verstoßen würde, die Ziele der Vereinten Nationen zu fördern.

II. Kompetenzverteilung des Grundgesetzes im Rahmen der auswärtigen Gewalt hinsichtlich des Rundfunkwesens

Im folgenden Abschnitt soll die Kompetenzverteilung des Grundgesetzes zwischen dem Bund und den Ländern auf dem Gebiet des Rundfunkwesens im Rahmen der UNESCO-Mitarbeit am Beispiel der Mediendeklaration 1978 untersucht werden. Dies bietet sich im Hinblick darauf an, daß die Mediendeklaration 1978 die Rundfunkfreiheit u.a. auch in ihrer kulturellen Ausprägung zum Gegenstand hat. Wie bereits ausgeführt wurde, ist der wichtige Bereich des kulturrechtlichen Rundfunks nach der Ordnung des Grundgesetzes innerstaatlich ausschließlich Ländersache. Es fragt sich daher, ob dies auch bei der Mitarbeit Deutschlands in internationalen Organisationen gilt.

Es ist zu prüfen, ob und inwieweit der Bund im Zusammenhang mit der Mediendeklaration 1978 berechtigt war, Kompetenzen für das Rundfunkwesen wahrzunehmen. Die Verteilung der Kompetenzen im Bereich der auswärtigen Gewalt richtet sich nach Art. 32 GG.

---

71 Text: Sartorius II, Ordnungsnummer 30.

72 Siehe Art. 1 Abs. 1 der UNESCO-Satzung.

1. Art. 32 GG

Art. 32 Abs. 1 GG enthält zunächst eine Vermutung zugunsten des Bundes hinsichtlich der "Pflege der Beziehungen zu auswärtigen Staaten"[73].

a) Pflege auswärtiger Beziehungen

Die Formel "Pflege der Beziehungen" ist weit auszulegen[74]. Sie umfaßt nicht nur den Abschluß völkerrechtlicher Verträge, sondern auch jeden anderen Kontakt zu auswärtigen Staaten[75]. Nach allgemeiner Auffassung[76] fällt insbesondere die Ausübung von Mitgliedschaftsrechten in internationalen Organisationen und sonstiger vertragsakzessorischer Rechte wie die Mitarbeit in internationalen Kommissionen unter Art. 32 Abs. 1 GG. Folglich ist die Wahrnehmung der UNESCO-Mitgliedschaftsrechte durch die Bundesrepublik Deutschland grundsätzlich durch Art. 32 Abs. 1 GG gedeckt. Voraussetzung dafür ist allerdings, daß die Mitarbeit Deutschlands in der UNESCO auch die Materien umfaßt, die nach der innerstaatlichen Kompetenzordnung ausschließlich von den Ländern wahrzunehmen sind. Diese Frage ist insbesondere für die hier in Rede stehende UNESCO-Mediendeklaration 1978 von besonderer Bedeutung, da sie inhaltlich in einem weiten Umfang kulturelle Angelegenheiten zum Gegenstand hat, die innerstaatlich in den Regelungsbereich der Länder fallen.

---

73 Harupa, Das Verhältnis zwischen Bund und Ländern im Bereich der auswärtigen Gewalt, S. 47; Mosler, Die auswärtige Gewalt im Verfassungssystem der Bundesrepublik Deutschland, S. 257; Bernhardt, Der Abschluß völkerrechtlicher Verträge im Bundesstaat, S. 131; Grewe, Auswärtige Gewalt, S. 959.

74 Jarass, in: Jarass/Pieroth, GG-Komm., Art. 32 Rdnr. 2; Stein, Amtshilfe in auswärtigen Angelegenheiten, S. 30 ff.

75 Jarass, in: Jarass/Pieroth, GG-Komm., Art. 32 Rdnr. 2; a.A. Fastenrath, der Art. 32 Abs. 1 GG nur auf völkerrechtsförmliches Handeln anwenden möchte, Fastenrath, Kompetenzverteilung im Bereich der auswärtigen Gewalt, S. 98.

76 Fastenrath, Kompetenzverteilung im Bereich der auswärtigen Gewalt, S. 99; Kölbe, Auslandsbeziehungen der Länder?, DÖV 1965, S. 145; Scheuner, Auswärtige Gewalt, in: Evangelisches Staatslexikon, Bd. 1, Sp. 157; F. Klein, in: Schmidt-Bleibtreu/Klein, Komm. zum GG, Art. 32 Rdnr. 6.

Man könnte sich auf den Standpunkt stellen, daß dem Gesamtstaat im Rahmen von Art. 32 Abs. 1 GG die Kompetenz für Kulturangelegenheit zugefallen ist, da der Bund offiziell die Mitgliedschaftsrechte in der UNESCO ausübt[77]. Damit ist allerdings noch nicht gesagt, ob der Bund von Verfassungs wegen berechtigt ist, über die Mitarbeit in der UNESCO auf die Bereiche einzuwirken, die innerstaatlich der Gestaltungsfreiheit der Länder anvertraut sind. Das gilt insbesondere für das von der UNESCO erzeugte "soft law", das - wie oben ausgeführt - über die Generalklauseln des originären deutschen Rechts in die innerstaatliche Rechtsordnung einwirken kann. Dies ist in der Satzung der UNESCO weder ausdrücklich noch stillschweigend vorgesehen. Mithin kann nicht ohne weiteres davon ausgegangen werden, daß der Bund kraft seiner Mitgliedseigenschaft in der UNESCO berechtigt ist, Einfluß auf die Rechtsordnung der deutschen Bundesländer zu nehmen. Dies gilt im Hinblick auf das internationale "soft law" um so mehr, als zum Zeitpunkt des Beitritts der Bundesrepublik Deutschland in die UNESCO nicht absehbar war, daß Empfehlungen dieser Organisation "soft law"-Charakter annehmen können und auf diese Weise in der Lage sind, das innerstaatliche Recht zu beeinflussen.

Aus dem zuvor Gesagten folgt, daß es einer speziellen Prüfung bedarf, ob die grundgesetzliche Kompetenzordnung durch das internationale "soft law" gewahrt bleibt oder nicht. Dies gilt insbesondere hinsichtlich der Mediendeklaration 1978, da diese Aussagen enthält, die nicht unerheblich in die Kompetenzen der Länder eingreifen. Folglich erhebt sich die Frage, wie die Kompetenzen nach dem Grundgesetz im Bereich der auswärtigen Gewalt verteilt sind.

b) Die Verteilung der auswärtigen Gewalt zwischen Bund und Ländern

Die Frage, wie die auswärtige Gewalt zwischen dem Bund und den Ländern nach der Ordnung des Grundgesetzes aufgeteilt ist, ist nach wie vor umstritten. Sie beurteilt sich in erster Linie nach Art. 32 GG,

---

77 So Hirsch, Kulturhoheit und Auswärtige Gewalt, S. 62.

wo die Pflege der auswärtigen Beziehungen eine ausdrückliche Regelung erfahren hat. Nach allgemeiner Auffassung hat der Bund gemäß Art. 32 Abs. 1 GG die Kompetenz hinsichtlich der Sachbereiche, die innerstaatlich in den Zuständigkeitsbereich des Bundes fallen. Höchst umstritten ist die Frage, ob sich die auswärtige Gewalt des Bundes auch auf ausschließliche Länderkompetenzen erstreckt.

aa) Zentralistische Theorie

(1) Inhalt

Die zentralistische Theorie geht davon aus, daß der Bund eine umfassende Zuständigkeit im Bereich der auswärtigen Gewalt besitzt[78]. Sie stützt sich auf den Wortlaut des Art. 32 Abs. 1 und 3 GG, auf die Entstehungsgeschichte des Artikels und auf teleologische Argumente[79]. Art. 32 Abs. 3 GG begründe durch die Verwendung des Wortes "können" eine konkurrierende Vertragszuständigkeit des Bundes und der Länder[80]. Daraus folge, daß der Bund im Rahmen der auswärtigen Gewalt auch für alle Bereiche zuständig sei, die innerstaatlich an sich ausschließlich von den Ländern zu regeln seien. Hätte der Bundesverfassungsgeber in Art. 32 Abs. 3 GG ein ausschließliches Vertragsrecht der Länder verankern wollen, stünde dort nach

---

78 v. Mangoldt/Klein, BGG, Art. 32 Anm. V 2 b; Stein, Amtshilfe in auswärtigen Angelegenheiten, S. 26 ff.; Dreher, Die Kompetenzverteilung zwischen Bund und Ländern im Rahmen der auswärtigen Gewalt nach dem Bonner Grundgesetz, S. 33 ff.; Kölbe, Auslandsbeziehungen der Länder?, DÖV 1965, S. 145, 147; ders. (Erwiderung auf den Föderalisten Reinhard Beck), DÖV 1966, S. 25 ff.; Jarass, in: Jarass/Pieroth, GG-Komm., Art. 32 Rdnr. 3; Kramer, Die Verteilung der Zuständigkeiten zwischen Bund und Ländern zum Abschluß und zur Durchführung von Kulturabkommen, S. 74 ff.; Starck, Die deutschen Länder und die auswärtige Gewalt, S. 564; Menzel, Die auswärtige Gewalt der Bundesrepublik, VVDStRL 12. Bd. (1954), S. 179, 208 f.; Grewe, Die auswärtige Gewalt der Bundesrepublik, VVDStRL 12. Bd. (1954), S. 129, 165 u. 177 f.; Kalverkamp, Die Organisationsgewalt des Bundes im Kulturbereich, S. 143 ff.; Harupa, Das Verhältnis zwischen Bund und Ländern im Bereich der auswärtigen Gewalt, S. 55 ff.; Fastenrath, Kompetenzverteilung im Bereich der auswärtigen Gewalt, S. 120 ff.; neuerdings auch Bernhardt, Verfassungsrecht und völkerrechtliche Verträge, S. 582.

79 v. Mangoldt/Klein, BGG, Art. 32 Anm. V 2 b.

80 Ebd.

dem Wort "können" das Wort "nur"[81]. Dieses Auslegungsergebnis stelle keine Gefahr für den Föderalismus dar, da die Länder nach Art. 50 GG durch den Bundesrat an der politischen Willensbildung des Bundes mitwirkten, was auch für die Außenpolitik gelte[82].

(2) Art. 59 Abs. 2 Satz 1, 1. Alt. GG

In diesem Zusammenhang ist festzustellen, daß nicht unumstritten ist, ob "politische Verträge" i.S.v. Art. 59 Abs. 2 GG nur im Einvernehmen mit dem Bundesrat geschlossen werden können[83].

Diese Streitfrage braucht an dieser Stelle nicht vertieft zu werden, da Verträge des Bundes auf dem Gebiet ausschließlicher Landesgesetzgebung nicht die "politischen Beziehungen des Bundes" regeln[84], was eine Voraussetzung für eine parlamentarische Mitwirkung nach Art. 59 Abs. 2, Satz 1, 1. Alt. GG ist. Nach der Rechtsprechung des Bundesverfassungsgerichts[85] liegen politische Vereinbarungen vor, wenn sie wesentlich und unmittelbar den Bestand des Staates oder dessen Stellung und Gewicht innerhalb der Staatengemeinschaft

---

81 Ebd.; Harupa, Das Verhältnis zwischen Bund und Ländern im Bereich der auswärtigen Gewalt, S. 55.

82 Harupa, Das Verhältnis zwischen Bund und Ländern im Bereich der auswärtigen Gewalt, S. 53.

83 Vgl. zum Meinungsstand Paal, Bundesrat und Außenpolitik, S. 42 ff.; Kewenig, Bundesrat und auswärtige Gewalt, ZRP 1971, S. 238 ff.; Frowein, Zustimmung des Bundesrates zu politischen Verträgen?, JuS 1972, S. 241 ff.; Oppermann, Bundesrat und auswärtige Gewalt, in: Festschrift-Bundesrat, S. 301 ff.; Blumenwitz, Die Beteiligung des Bundesrates beim Abschluß politischer Verträge, BayVBl. 1972, S. 29 ff.; Rojahn, in: v. Münch, GG-Komm., Art. 59 Rdnr. 30; Reichel, Die auswärtige Gewalt nach dem Grundgesetz für die Bundesrepublik Deutschland, S. 132 f.; Bos, Der Bundesrat als Träger der auswärtigen Gewalt; Ciesalar, Bedürfen "Politische Verträge" der Zustimmung des Bundesrates, S. 98 ff.; Bayer, Die Aufhebung völkerrechtlicher Verträge im deutschen parlamentarischen Regierungssystem, S. 170 f.; Weiß, Auswärtige Gewalt, S. 146 f.; Mosler, Die auswärtige Gewalt im Verfassungssystem der Bundesrepublik Deutschland, S. 298.

84 Blumenwitz, Der Schutz innerstaatlicher Rechtsgemeinschaften beim Abschluß völkerrechtlicher Verträge, S. 82 f., 90 f.; Stein, Amtshilfe in auswärtigen Angelegenheiten, S. 27 f.; Fastenrath, Kompetenzverteilung im Bereich der auswärtigen Gewalt, S. 147 f.

85 BVerfGE 1, 372, 382.

oder die Ordnung der Staatengemeinschaft betreffen. Das Schrifttum[86] hat sich der Rechtsprechung des BVerfG weitgehend angeschlossen. Auf der Grundlage dieser Interpretation des Art. 59 Abs. 2 Satz 1, 1. Alt. GG kommt Fastenrath[87] zu Recht zu dem Ergebnis, daß die in Art. 59 Abs. 2 Satz 1, 1. Alt. GG genannten politischen Verträge von vornherein außerhalb der in Art. 32 Abs. 3 GG eröffneten Kompetenzen der Länder liegen. Demgegenüber halten Bernhardt[88] und Mosler[89] es für denkbar, daß Verträge über Gegenstände der Landesgesetzgebung ein so großes politisches Gewicht erlangen können, daß sie zugleich auch die politischen Beziehungen des Bundes i.S.v. Art. 59 Abs. 2 Satz 1, 1. Alt. GG regelten. Dies sei beispielsweise der Fall, wenn ein Land der Bundesrepublik "mit einem unter einem kommunistischen Regime stehenden Nachbarstaat"[90] einen Vertrag über die Ausgestaltung und gegenseitige Angleichung des Schulunterrichts abschließen würde. Eine solche internationale Vereinbarung könnte die Gesamtinteressen des Bundes gefährden[91]. Richtig ist, daß der o.g. hypothetische Vertrag beträchtliche außenpolitische Auswirkungen haben kann, die die Stellung der Bundesrepublik in der Staatengemeinschaft berühren können[92]. Ein solches "Berühren" reicht allerdings nicht aus[93]. Folglich ist zu konstatieren,

---

86 Cieslar, Bedürfen "Politische Verträge" der Zustimmung des Bundesrates?, S. 6 f.; Fastenrath, Kompetenzverteilung im Bereich der auswärtigen Gewalt, S. 148 f.; Grewe, Auswärtige Gewalt, S. 946; Jarass, in: Jarass/Pieroth, GG-Komm., Art. 59 Rdnr. 7; Rojahn, in: v. Münch, GG-Komm., Art. 59 Rdnr. 23 f.

87 Fastenrath, Kompetenzverteilung im Bereich der auswärtigen Gewalt, S. 147 f.

88 Bernhardt, Der Abschluß völkerrechtlicher Verträge im Bundesstaat, S. 192.

89 Mosler, Kulturabkommen des Bundesstaates, ZaöRVR 1955/56, S. 1, 20.

90 Bernhardt, Der Abschluß völkerrechtlicher Verträge im Bundesstaat, S. 192.

91 Ebd.

92 Fastenrath, Kompetenzverteilung im Bereich der auswärtigen Gewalt, S. 149; Kramer, Die Verteilung der Zuständigkeiten zwischen Bund und Ländern zum Abschluß und zur Durchführung von Kulturabkommen, S. 95 Fn. 3.

93 Fastenrath, Kompetenzverteilung im Bereich der auswärtigen Gewalt, S. 149.

daß die Länder in ihrem ausschließlichen Zuständigkeitsbereich keine internationalen Regelungen treffen können, die die politische Bedeutung i.S.v. Art. 59 Abs. 2 Satz 1, 1. Alt. GG haben[94]. Hieraus folgt, daß auf der Grundlage der zentralistischen Theorie zu Art. 32 Abs. 3 GG der Bund auf dem Gebiet der innerstaatlichen ausschließlichen Länderzuständigkeiten Verträge abschließen kann, die weder in den Anwendungsbereich des Art. 59 Abs. 2 Satz 1, 1. Alt. GG noch unter Art. 59 Abs. 2 Satz 1, 2. Alt. GG fallen. Folglich kann nicht pauschal gesagt werden, daß die zentralistische Theorie keine Gefahr für den Föderalismus darstelle, da die Länder über den Bundesrat an der politischen Willensbildung des Bundes mitwirkten[95].

(3) Art. 59 Abs. 2 Satz 1, 2. Alt. GG

Geht man davon aus, daß der Bund eine umfassende Kompetenz im Bereich der auswärtigen Gewalt hat, können die Länder auf dem Gebiet ihrer ausschließlichen innerstaatlichen Zuständigkeiten ihre Interessen im Bundesrat nur insoweit einbringen, als die Voraussetzungen des Art. 59 Abs. 2 Satz 1, 2. Alt. GG erfüllt sind, d.h. es müssen Gesetzgebungsverträge vorliegen. Soweit es sich um Gesetzgebungsverträge über Gegenstände der Landesgesetzgebung handelt, ist allerdings umstritten, ob es der Zustimmung bzw. Mitwirkung der gesetzgebenden Körperschaften des Bundes bedarf[96]. Gegen eine Anwendung von Art. 59 Abs. 2 Satz 1, 2. Alt. GG wird eingewandt, daß dadurch die Möglichkeit und Notwendigkeit übersehen werde,

94 Nach der Ansicht von Kramer können die Länder politisch besonders bedeutsame Verträge abschließen, indem sie Staaten anerkennen, die von der Bundesrepublik nicht anerkannt sind, Kramer, Die Verteilung der Zuständigkeiten zwischen Bund und Ländern zum Abschluß und zur Durchführung von Kulturabkommen, S. 95. Dieses Beispiel überzeugt nicht, da über die Anerkennung eines Staates allein die Bundesregierung entscheidet, Fastenrath, Kompetenzverteilung im Bereich der auswärtigen Gewalt, S. 149 Fn. 709. Das Zustimmungserfordernis in Art. 32 Abs. 3 GG ist ein wirksames Instrument zur Verhinderung einer eigenmächtigen Anerkennung eines vom Bund nicht anerkannten Staates.

95 So aber Harupa, Das Verhältnis zwischen Bund und Ländern im Bereich der auswärtigen Gewalt, S. 53.

96 Fastenrath, Kompetenzverteilung im Bereich der auswärtigen Gewalt, S. 228.

die Landesparlamente am Vertragsschlußverfahren zu beteiligen[97]. Die Systematik des Grundgesetzes spräche eher dafür, daß Art. 59 GG die Zuständigkeiten der dort genannten Bundesorgane im Kompetenzbereich des Bundes abstecke, wie es sich aus anderen Vorschriften des Grundgesetzes ergäbe[98]. Der Sinn und Zweck des Art. 59 Abs. 2 Satz 1, 2. Alt. GG sei darin zu sehen, eine parlamentarische Kontrolle der auswärtigen Gewalt herbeizuführen[99]. Diese politische Kontrollfunktion erfordere kein Gesetzgebungsverfahren des Bundes[100]. Da es innerstaatlich um Landeszuständigkeiten gehe, reichten die allgemeinen Kontrollrechte des Bundes aus[101] Dies gelte um so mehr, als wegen der notwendigen Beteiligung der Landesparlamente der Vertragsschluß nicht im Verborgenen stattfinden könne[102].

Der o.g. Auffassung wird entgegengehalten, daß Art. 59 Abs. 2 Satz 1, 2. Alt. GG eine Mitwirkung des Bundes an der Willensbildung zu völkerrechtlichen Verträgen enthalte[103]. Es wird zwar eingeräumt, daß in Art. 59 Abs. 2 Satz 1 GG nicht geregelt sei, welche Form der Mitwirkung bei Verträgen über Gegenstände der Landesgesetzgebung einzuhalten sei[104]. Diese Lücke könne jedoch durch ein argumentum a maiore ad minus geschlossen werden. Wenn sogar bei Gegenständen der Bundesgesetzgebung unter Umständen eine Zustimmung des Bundesrates erforderlich sei, dann um so mehr bei Gegenständen der Landesgesetzgebung[105]. Ferner eröffne sich dadurch die Möglichkeit, den Vermittlungsausschuß anzurufen[106]. Es muß allerdings betont werden, daß sich der Vermittlungsantrag nur gegen den gesamten

---

97 Ebd.

98 Ebd., S. 228 f.

99 Ebd., S. 229.

100 Ebd.

101 Ebd.

102 Ebd.

103 Weiß, Auswärtige Gewalt und Gewaltenteilung, S. 146.

104 Ebd.

105 Ebd.; v. Mangoldt/Klein, BGG, Art. 59 Anm. IV 5 a; Maunz, in: M-D, GG-Komm., Art. 59 Rdnr. 19.

106 Weiß, Auswärtige Gewalt und Gewaltenteilung, S. 146 Fn. 148.

Inhalt des Gesetzesbeschlusses richten kann, nicht aber den Vertragsinhalt berührende Änderungs- oder Ergänzungsvorschläge enthalten darf[107].

Geht man davon aus, daß der Bundesrat nach Art. 59 Abs. 2 Satz 1, 2. Alt. GG Einfluß auf den Abschluß völkerrechtlicher Verträge im Bereich der Landesgesetzgebung nehmen kann, stellt sich die Frage, ob dies auch für internationale Deklarationen zu gelten hat, bei deren Zustandekommen der Bund im Rahmen seiner auswärtigen Gewalt mitwirkt. Dies wird man bei einer direkten Anwendung des Art. 59 Abs. 2 Satz 1, 2. Alt. GG nicht sagen können. Internationale Deklarationen mit "soft law"-Charakter sind gerade nicht als Verträge zu qualifizieren. Vielmehr sind sie völkerrechtlich unverbindlich[108]. Gleichwohl ist zu konstatieren, daß internationale Deklarationen - wie z.B. die Mediendeklaration 1978 - äußerlich das Erscheinungsbild eines Vertrages aufweisen können.

Auch inhaltlich ähneln sie mehr oder weniger einem völkerrechtlichen Vertrag. Wengler[109] weist zu Recht darauf hin, daß für die Erfüllung von "soft law"-Absprachen "Zwänge" geschaffen werden können und daß sie somit durchaus eine Relevanz im Bereich des Völkerrechts aufweisen. Dies hat zur Konsequenz, daß auf der Grundlage der zentralistischen Theorie der Föderalismus durch die auswärtige Gewalt des Bundes in einem erheblichen Umfang ausgehöhlt werden kann. Da die Technik des "soft law"-Verfahrens zum Zeitpunkt der Beratungen des Grundgesetzes im Parlamentarischen Rat nicht bekannt war, kann nicht davon ausgegangen werden, daß die im Parlamentarischen Rat vertretenen Zentralisten eine solche Einschränkung der Bundesstaatlichkeit gesehen bzw. gewollt haben.

Von der Mediendeklaration 1978 können keine Gefahren mehr für den Bestand der föderalen Ordnung Deutschlands ausgehen, da die o.g. Deklaration, wie ausgeführt, spätestens seit Ende 1989 als obso-

---

107 Weiß, Auswärtige Gewalt und Gewaltenteilung, S. 146 Fn. 148.

108 Ipsen (Bearb.: Heintschel v. Heinegg), Völkerrecht, S. 221.

109 Wengler, Rechtsvertrag, Konsensus und Absichtserklärung im Völkerrecht, JZ 1976, S. 193, 197.

let angesehen werden muß[110]. Eine innerstaatliche Anwendung der Prinzipien der Mediendeklaration 1978 über die Generalklauseln des originären deutschen Rechts dürfte folglich praktisch nicht mehr in Betracht kommen. Allerdings ist festzustellen, daß die UNESCO auch zukünftig Erklärungen im Bereich der Kommunikation ausarbeiten wird[111]. Mithin ist zu konstatieren, daß die UNESCO auch in Zukunft durch die Erzeugung von "soft law" auf eine Veränderung der internationalen Kommunikationsstrukturen hinarbeiten wird, was Auswirkungen auf die föderale Medienordnung in Deutschland haben könnte.

(4) Systematische Auslegung

Die zentralistische Theorie zu Art. 32 Abs. 3 GG bedient sich nicht nur der grammatikalisch-logischen Auslegung. Auch systematische Gründe sprächen für eine Auslegung, nach der Art. 32 Abs. 3 GG keine ausschließliche Kompetenz der Länder im Bereich der auswärtigen Gewalt begründe, soweit es - innerstaatlich - um ausschließliche Länderkompetenzen gehe. Art. 32 GG müsse vielmehr im Zusammenhang mit Art. 30 GG gesehen werden[112]. Die zuletzt genannte Norm enthalte für den innerstaatlichen Bereich eine grundsätzliche Kompetenzzuweisung an die Länder[113]. Im zweiten Halbsatz des Art. 30 GG werde die grundsätzliche Landeszuständigkeit zugunsten des Bundes eingeschränkt[114]. Demgegenüber enthalte Art. 32 Abs. 1 eine umfassende Kompetenzzuweisung zugunsten des Bundes; eine Einschränkung, wie sie im 2. Halbsatz des Art. 30 GG in umgekehrter Richtung enthalten sei, fehle in Art. 32 Abs. 1 GG[115]. Zweifel am umfassenden Inhalt der Bundeskompetenz nach Art. 32

---

110 Modoux, Neuorientierung der UNESCO in Medienfragen, Süddeutsche Zeitung v. 16.11.1992, S. 11.

111 Vgl. UNESCO Activities in the Matter of Free Flow of Information and Freedom of Expression, Hrsg.: UNESCO Paris, Kommunikationsabteilung.

112 Kölbe, Auslandsbeziehungen der Länder?, DÖV 1965, S. 145, 147.

113 Ebd.

114 Ebd.

115 Ebd.

Abs. 1 GG könnten sich nur aus Art. 32 Abs. 3 GG ergeben[116]. Da diese Norm nach ihrem Wortlaut keine ausschließliche Vertragsabschlußkompetenz der Länder begründe, müsse davon ausgegangen werden, daß Art. 32 Abs. 1 GG im Gegensatz zu Art. 30 GG eine ausschließliche Kompetenzzuweisung des Bundes vornähme[117]. Nach dieser Interpretation liegt die besondere Bedeutung des Art. 32 Abs. 1 GG darin, daß für den Bereich der auswärtigen Gewalt eine von Art. 30 GG völlig abweichende Regelung getroffen werde.

Gegen diese systematische Interpretation ist einzuwenden, daß das Fehlen einer dem 2. Halbsatz in Art. 30 GG vergleichbaren Regelung im ersten Absatz von Art. 32 GG so überraschend nicht ist, da aufgrund der Regelungsfülle des Art. 32 GG mehrere Absätze geboten waren. Aus diesem Grunde enthält Art. 32 Abs. 3 GG eine dem Art. 30, 2. Halbsatz GG vergleichbare Ausnahmeregelung. Folglich kann aus der unterschiedlichen systematischen Stellung der Ausnahmeregelungen in den Artikeln 30 und 32 GG keineswegs eine umfassende Bundeskompetenz im Bereich der auswärtigen Gewalt abgeleitet werden.

(5) Teleologische Auslegung

Weiterhin werden teleologische Gründe gegen eine ausschließliche Landeskompetenz im Bereich der auswärtigen Gewalt von den "Zentralisten" ins Feld geführt. Eine umfassende Bundeskompetenz im Bereich der auswärtigen Gewalt wirke der Tendenz entgegen, daß die Länder außenpolitisch gegeneinander ausgespielt würden[118]. Eine föderalistische Auslegung des Art. 32 Abs. 3 GG in dem Sinne, daß nur die Länder die Kompetenz für die auswärtige Gewalt im Bereich der ausschließlichen innerstaatlichen Länderzuständigkeiten haben, würde zu einer Lähmung oder gar Blockierung bedeutsamer Bereiche der Außenpolitik führen[119]. Die Pflege kultureller

---

116 Ebd.

117 Ebd.

118 Stein, Amtshilfe in auswärtigen Angelegenheiten, S. 26.

119 Dreher, Die Kompetenzverteilung zwischen Bund und Ländern im Rahmen der auswärtigen Gewalt nach dem Bonner Grundgesetz, S. 35.

Beziehungen zu fremden Staaten würde der Gestaltung durch den Bund entzogen[120]. Bei starken politischen Gegensätzen sei die Pflege der kulturellen Beziehungen oft der einzige Ansatz zu außenpolitischer Zusammenarbeit[121]. Deshalb sei es sehr wichtig, daß der Bund die auswärtige Kulturpolitik gestalten könne, ohne sämtliche Länder einschalten zu müssen[122].

Gegen die zuletzt genannten Argumente wird eingewandt, daß die Einbuße an Beweglichkeit im zwischenstaatlichen Verkehr, die die Bundesrepublik Deutschland durch die Notwendigkeit einer Willensintegration von Bund und Gliedern erleide, gering sei[123]. Die Art. 24, 115 l Abs. 3 und 79 Abs. 1 Satz 2 GG gewährleisteten, daß bei den wichtigsten zwischenstaatlich relevanten Entscheidungen der Nation, nämlich der Integration und dem Friedensschluß eine rasche Einigung möglich sei[124]. Durch das Zustimmungserfordernis der Bundesregierung in Art. 32 Abs. 3 GG wird außerdem verhindert, daß das Ausland die deutschen Länder gegeneinander ausspielen kann. Ferner kann die Bundesregierung durch die Verweigerung ihrer Zustimmung verhindern, daß einzelne Länder eine Außenpolitik betreiben, die den Interessen des Gesamtstaates zuwiderläuft. Ob die Bundesregierung eine Zustimmung nach Art. 32 Abs. 3 GG erteilt oder nicht, ist eine Frage des politischen Ermessens, die letztlich auch in die Richtlinienkompetenz des Bundeskanzlers fällt[125]. Eine Verweigerung der Zustimmung ist zu begründen[126]. Sie darf nicht offensichtlich mißbräuchlich sein[127]. Dies dürfte immer dann der Fall sein, wenn die Entscheidung der Bundesregierung unter keinem vernünftigen Gesichtspunkt zu rechtfertigen ist; die Entscheidung also

---

120 Ebd.

121 Ebd.

122 Ebd., S. 35 f.

123 Blumenwitz, Der Schutz innerstaatlicher Rechtsgemeinschaften beim Abschluß völkerrechtlicher Verträge, S. 99.

124 Ebd., S. 99 f.

125 Seidel, Die Zustimmung der Bundesregierung zu Verträgen der Bundesländer mit auswärtigen Staaten gem. Art. 32 III GG, S. 145.

126 Ebd., S. 147.

127 Ebd., S. 146.

auf sachfremden Erwägungen beruht. Davon ist auszugehen, wenn die Bundesregierung einem Ländervertrag mit einem auswärtigen Staat deswegen nicht zustimmt, weil die ersuchende Landesregierung von einer anderen politischen Partei gestellt wird, der nach Möglichkeit Hindernisse in den Weg gelegt werden sollen[128].

(6) Historische Auslegung

Schließlich ist darauf hinzuweisen, daß die zentralistische Theorie zu Art. 32 GG aufgrund der historischen Auslegungsmethode zu dem Schluß gelangt, daß durch Art. 32 GG eine umfassende Bundeskompetenz im Bereich der auswärtigen Gewalt begründet worden sei. Hinsichtlich des Stellenwerts der historischen Auslegung ist zu konstatieren, daß diese nach der Rechtsprechung des BVerfG[129] nur subsidiär herangezogen werden kann; entscheidend ist m.a.W. der objektive Wille des Gesetzgebers, wie er sich aus dem Wortlaut und dem Sinnzusammenhang ergibt. Speziell hinsichtlich der Auslegung von Bundeskompetenzen hat das BVerfG[130] hervorgehoben, daß im Interesse der Länder nicht eine möglichst enge, sondern eine dem Sinn gerecht werdende Auslegung von Bundeskompetenzen geboten sei. Ferner geht das BVerfG[131] davon aus, daß die Systematik des Grundgesetzes im Gegensatz zur Reichsverfassung von 1871 und zur Weimarer Verfassung eine extensive Interpretation der Zuständigkeitsvorschriften zugunsten des Bundes verbiete.

Auch das Schrifttum[132] ist überwiegend der Auffassung, daß die Gesetzesmaterialien nur als Hilfsmittel zur Feststellung des normativen Willensinhalts herangezogen werden könnten. Eine Interpretation der Verfassung, die sich hauptsächlich oder ausschließlich auf die Entstehungsgeschichte stützt, führt zu einer Petrifizierung der

---

128 Ebd.

129 BVerfGE 1, 299, 312; 10, 234, 244; 11, 126, 130 f.; 47, 109, 127; 53, 135, 147; 64, 261, 275.

130 BVerfGE 15, 126, 139.

131 BVerfGE 26, 246, 254.

132 Reichel, Die auswärtige Gewalt nach dem Grundgesetz für die Bundesrepublik Deutschland, S. 200 m.w.N.

Verfassung und beraubt die Grundnormen staatlicher Ordnung mit zunehmender zeitlicher Entfernung ihres adäquaten Verhältnisses zur gesellschaftlichen Wirklichkeit und politischen Notwendigkeit[133].

Es ist freilich nicht zu übersehen, daß die Entstehungsgeschichte zu Art. 32 GG verhältnismäßig stark betont wird[134]. Dies beruht auf dem Umstand, daß das Problem, wie die auswärtige Gewalt zwischen dem Bund und den Ländern aufgeteilt werden soll, beim Parlamentarischen Rat mehrfach Gegenstand von Erörterungen war, die schließlich dazu führten, daß der Wortlaut des Herrenchiemseer Entwurfs geändert wurde[135].

(a) 1. Lesung des Hauptausschusses des Parlamentarischen Rates

Die Beratungen zu Art. 32 GG im Parlamentarischen Rat wurden maßgeblich von dem Abgeordneten sowie Kieler Staats- und Völkerrechtler Hermann v. Mangoldt beeinflußt. Grundlage der Beratungen war Art. 41 des Herrenchiemseer Entwurfs[136]. Danach sollte der Bund Verträge mit auswärtigen Staaten schließen können, soweit er die Zuständigkeit zur Gesetzgebung hat[137]. Die Fassung des Art. 41 Herrenchiemseer Entwurfs wurde in der ersten Lesung des Hauptausschusses des Parlamentarischen Rates ohne Aussprache ange-

---

133 Dreher, Die Kompetenzverteilung zwischen Bund und Ländern im Rahmen der auswärtigen Gewalt nach dem Bonner Grundgesetz, S. 37 m.w.N.

134 Reichel, Die auswärtige Gewalt nach dem Grundgesetz für die Bundesrepublik Deutschland, S. 200.

135 Ebd., S. 200 ff.; v. Mangoldt, BGG (1. Aufl. 1953), Art. 32 Anm. 1; v. Mangoldt/Klein, BGG, Art. 32 Anm. V 2 b; Dreher, Die Kompetenzverteilung zwischen Bund und Ländern im Rahmen der auswärtigen Gewalt nach dem Bonner Grundgesetz, S. 40 ff.; Kramer, Die Verteilung der Zuständigkeiten zwischen Bund und Ländern zum Abschluß und zur Durchführung von Kulturabkommen, S. 78 ff.; Harupa, Das Verhältnis zwischen Bund und Ländern im Bereich der auswärtigen Gewalt, S. 44 f.; Bernhardt, Der Abschluß völkerrechtlicher Verträge im Bundesstaat, S. 141 ff.

136 Text: v. Mangoldt, BGG (1. Aufl. 1953), Art. 32 Anm. 1.

137 Mosler weist darauf hin, daß die Gesetzgebungskompetenz ein sachfremdes Gruppierungsprinzip für die Bestimmung der Vertragsgewalt sei, Mosler, Kulturabkommen des Bundesstaats, ZaöRVR 1955/56, S. 1, 14.

nommen[138] [139]. Im Darstellenden Teil des Chiemseer Entwurfs war ausgeführt worden, daß auf dem Gebiet der "ausschließlichen Gesetzgebung" nur der Bund Verträge schließen könne[140]. Auf dem Gebiete der konkurrierenden Gesetzgebung sei die Zuständigkeit zum Abschluß von Staatsverträgen sowohl für den Bund als auch für die Länder begründet, und zwar mit Vorrang des Bundes[141].

(b) 2. Lesung des Hauptausschusses des Parlamentarischen Rates

In der zweiten Lesung des Hauptausschusses des Parlamentarischen Rats brachte die CDU/CSU einen vom Abgeordneten Hermann v. Mangoldt (CDU) formulierten Änderungsantrag ein, den Art. 41 Abs. 1 Herrenchiemsee Entwurf so zu fassen, daß die Länder Verträge mit auswärtigen Staaten abschließen können, soweit sie für die Gesetzgebung zuständig seien[142]. Der Abgeordnete Höpker-Aschoff (FDP) äußerte dagegen Bedenken, da die o.g. Fassung die Vertragszuständigkeit des Bundes unerwähnt lasse[143]. Der Abgeordnete Hermann v. Mangoldt (CDU) wies darauf hin, daß sich die Bundesvertragsgewalt aus dem Kompetenzkatalog zur ausschließlichen Gesetzgebung ergäbe[144]. Dies überzeugte den Abgeordneten Höpker-Aschoff nicht, da die Zuständigkeit zur Gesetzgebung über die auswärtigen Angelegenheiten (Art. 73 Nr. 1 GG) nicht ohne weiteres die Möglichkeit einschließe, Verträge mit auswärtigen Staaten abzuschließen [145]. Hierauf gab der Abgeordnete v. Mangoldt den weiteren Hinweis, daß in Art. 81 (Endfassung 59) alles sei, was über die Zu-

---

138 Reichel, Die auswärtige Gewalt nach dem Grundgesetz für die Bundesrepublik Deutschland, S. 201.

139 Art. 41 Chiemsee-Entwurf passierte die Beratungen des Zuständigkeitsausschusses ziemlich unverändert, v. Mangoldt, BGG, Art. 32 Anm. 1.

140 v. Doeming/Füsslein/Matz, Entstehungsgeschichte der Artikel des Grundgesetzes, JöR 1951, S. 301.

141 Ebd.

142 Ebd., S. 304; v. Mangoldt, BGG (1. Aufl. 1953), Art. 32 Anm. 1.

143 v. Doeming/Füsslein/Matz, Entstehungsgeschichte der Artikel des Grundgesetzes, JöR 1951, S. 304.

144 Ebd.

145 Ebd.

ständigkeit des Bundes zum Abschluß von Verträgen zu sagen sei[146]. Der Abgeordnete Greve (SPD) erklärte in Art. 81 (59) sei die völkerrechtliche, in Art. 41 (32) sei die staatsrechtliche Zuständigkeit gemeint[147]. Der Hauptausschuß lehnte den CDU/CSU-Antrag ab[148].

(c) 3. Lesung des Hauptausschusses des Parlamentarischen Rates

In der dritten Lesung des Hauptausschusses beantragte der Abgeordnete v. Mangoldt (CDU) Art. 41 Abs. 1 Herrenchiemsee Entwurf durch zwei neue Absätze zu ersetzen:

"(1) Die Beziehungen zu den auswärtigen Staaten zu pflegen ist Sache des Bundes.

(2) Soweit die Länder für die Gesetzgebung zuständig sind, können sie mit auswärtigen Staaten Verträge abschließen"[149].

Der Antrag wurde angenommen[150]. Der Allgemeine Redaktionsausschuß faßte die vier Absätze des Art. 41 (32) zu drei Absätzen zusammen, die im Wortlaut der Endfassung entsprechen[151]. Die Änderung des ursprünglichen Art. 41 Abs. 1 Herrenchiemsee Entwurfs begründete der Abgeordnete v. Mangoldt damit, daß nach der alten Formulierung dem Bund alle Gebiete fehlen würden, in denen er nicht die gesetzliche Zuständigkeit habe[152]. Dies seien sehr wichtige Gebiete wie der "Beitritt zu einem System gegenseitiger kollektiver Sicherheit, Schiedsgerichtsverträge und ähnliches"[153]. Diese Begründung unterscheidet sich geringfügig von der Begründung, die der Abgeordnete v. Mangoldt beim ersten Änderungsantrag abgegeben hatte. Dort wies er darauf hin, daß der Bund nach der ursprünglichen

---

146 Ebd.

147 Ebd.

148 v. Doeming/Füsslein/Matz, Entstehungsgeschichte der Artikel des Grundgesetzes, JöR 1951, S. 305.

149 Ebd.

150 Ebd.

151 Ebd.

152 Ebd.

153 Ebd.

Fassung des Art. 41 Abs. 1 Chiemsee-Entwurf keine Kulturabkommen abschließen könne, was in Ordnung gebracht werden müsse[154].

"Zentralisten" leiten aus der Gegenüberstellung des Wortlauts der alten und der neuen Fassung und aus den Begründungen des Abgeordneten v. Mangoldt ab, daß der Bundesverfassungsgeber eine umfassende Bundeskompetenz für den Bereich der auswärtigen Gewalt habe begründen wollen[155]. Die zentralistische Theorie stellt insbesondere darauf ab, daß der Abgeordnete v. Mangoldt in seinen Änderungsanträgen ausschließliche Landeskompetenzen im Auge gehabt habe, für die der Bund im Rahmen der auswärtigen Gewalt eine Zuständigkeit hätte erlangen sollen[156]. Dreher[157] weist darauf hin, daß der Antrag des Abgeordneten v. Mangoldt "expressis verbis Kulturabkommen der Bundeszuständigkeit unterwerfen wollte". Dem ist allerdings entgegenzuhalten, daß der Abgeordnete v. Mangoldt in der entscheidenden dritten Lesung des Hauptausschusses vom 9. Februar 1949 gerade nicht ausdrücklich darauf aufmerksam gemacht hat, daß der Abschluß von Kulturabkommen von der neuen Formulierung des Art. 41 Abs. 1 Herrenchiemsee-Entwurf erfaßt sei[158]. In der zweiten Lesung des Hauptausschusses am 6. Januar 1949 wies der Abgeordnete v. Mangoldt darauf hin, daß der Bund nach der alten Fassung des Art. 41 Chiemsee-Entwurf keine Kulturabkommen abschließen könne[159]. Wie bereits ausgeführt wurde, lehnte der Hauptausschuß den Änderungsantrag vom 6. Januar 1949 zu Art. 41

---

154 Parlamentarischer Rat, Verhandlungen des Hauptausschusses 1948/49, S. 428.

155 Kramer, Die Verteilung der Zuständigkeiten zwischen Bund und Ländern zum Abschluß und zur Durchführung von Kulturabkommen, S. 80.

156 Ebd., S. 79 f.; Dreher, Die Kompetenzverteilung zwischen Bund und Ländern im Rahmen der auswärtigen Gewalt nach dem Bonner Grundgesetz, S. 43.

157 Dreher, Die Kompetenzverteilung zwischen Bund und Ländern im Rahmen der auswärtigen Gewalt nach dem Bonner Grundgesetz, S. 43.

158 v. Doeming/Füsslein/Matz, Entstehungsgeschichte der Artikel des Grundgesetzes, JöR 1951, S. 305.

159 Parlamentarischer Rat, Verhandlungen des Hauptausschusses 1948/49, S. 428.

Chiemsee-Entwurf mehrheitlich ab[160]. Hiergegen wird eingewandt, daß v. Mangoldt auf den zuletzt genannten Antrag nebst Begründung ausdrücklich Bezug genommen habe, als er in der dritten Lesung des Hauptausschusses einen erneuten Änderungsantrag zu Art. 41 Abs. 1 Chiemsee-Entwurf eingebracht habe[161]. Dagegen ist einzuwenden, daß v. Mangoldt in seiner Grundgesetzkommentierung zu Art. 32 GG selbst einräumt, daß die Begründung bei den Beratungen zu Art. 41 Chiemsee-Entwurf (Art. 32 Endfassung) im Parlamentarischen Rat nicht ganz zutreffend sei[162]. In der Tat wird im Schrifttum[163] von nicht wenigen Autoren betont, daß die Entstehungsgeschichte zu Art. 32 GG nicht alle Unklarheiten aufhellen könne. Reichel[164] weist darauf hin, die von v. Mangoldt in der dritten Lesung verwendete Formulierung "und ähnliches" zeige, daß allgemein und in erster Linie an politische Regelungsverhältnisse gedacht gewesen sei. Jedenfalls seien nicht genügend Anhaltspunkte dafür vorhanden, daß der Verfassungsgeber die Ausrichtung der Vertragsschlußkompetenz an der Gesetzgebungskompetenz, wie sie in Art. 41 Chiemsee-Entwurf eindeutig zum Ausdruck gekommen sei, schlechthin aufgegeben habe[165]. Vielmehr sprächen - so Reichel[166] - die stärkeren Argumente dafür, daß die Neufassung nur der Ausfüllung einer bei strenger Durchführung des Gesetzgebungszuständigkeitsprinzips entstehenden Verfassungslücke habe dienen sollen.

Die Unergiebigkeit der historischen Auslegung zeigt sich schließlich daran, daß auch die föderalistische Theorie die Entstehungsgeschichte für sich in Anspruch nimmt. Es wird eingewandt, daß weder

---

160 v. Doeming/Füsslein/Matz, Entstehungsgeschichte der Artikel des Grundgesetzes, JöR 1951, S. 305.

161 Dreher, Die Kompetenzverteilung zwischen Bund und Ländern im Rahmen der auswärtigen Gewalt nach dem Bonner Grundgesetz, S. 41.

162 Hermann v. Mangoldt, BGG (1. Aufl. 1953), Art. 32 Anm. 1.

163 Hirsch, Kulturhoheit und Auswärtige Gewalt, S. 57; Harupa, Das Verhältnis zwischen Bund und Ländern im Bereich der auswärtigen Gewalt, S. 44; Reichel, Die auswärtige Gewalt nach dem Grundgesetz für die Bundesrepublik Deutschland, S. 202 f.

164 Reichel, Die auswärtige Gewalt nach dem Grundgesetz für die Bundesrepublik Deutschland, S. 202.

165 Ebd.

166 Ebd., S. 202 f.

der Antrag noch seine Begründung oder die anschließenden Beratungen Anhaltspunkte dafür enthielten, daß die alleinigen Länderkompetenzen wie etwa Schulhoheit, der Verfügungsgewalt des Bundes bei zwischenstaatlichen Vereinbarungen unterstellt werden sollten[167].

Aus alledem folgt, daß die historische Auslegungsmethode nicht geeignet ist, eine umfassende Bundeszuständigkeit schlüssig zu begründen.

bb) Föderalistische Theorie

(1) Inhalt

Nach der föderalistischen Theorie haben die Länder gemäß Art. 32 Abs. 3 GG im Bereich der ausschließlichen Ländergesetzgebungszuständigkeiten eine Vertragsabschlußkompetenz, die die Bundeskompetenz nach Art. 32 Abs. 1 GG beschränke[168].

---

167 Bernhardt, Der Abschluß völkerrechtlicher Verträge im Bundesstaat, S. 143.

168 Beer, Staatsverträge und Verwaltungsabkommen im heutigen deutschen Staatsrecht, S. 161 ff.; Busch, Die Lindauer Vereinbarung und die ständige Vertragskommission der Länder, S. 47 ff.; Blumenwitz, Der Schutz innerstaatlicher Rechtsgemeinschaften beim Abschluß völkerrechtlicher Verträge, S. 85 ff.; Bernhardt, Der Abschluß völkerrechtlicher Verträge im Bundesstaat, S. 140 ff., der allerdings neuerdings zu der zentralistischen Theorie übergelaufen zu sein scheint, ders., Verfassungsrecht und völkerrechtliche Verträge, S. 582; Mosler, Die auswärtige Gewalt im Verfassungssystem der Bundesrepublik Deutschland, S. 262 f.; Maunz, in: M-D, GG-Komm., Art. 32 Rdnr. 17 f. u. 29 ff.; Hüchting, Abschluß und Vollzug völkerrechtlicher Verträge des Bundes im Bereich der ausschließlichen Zuständigkeiten der Länder, S. 10 ff.; Beck, Auslandsbeziehungen der Länder, DÖV 1966, S. 20 ff.; Geiger, Grundgesetz und Völkerrecht, S. 125 f.; Weißauer, Völkerrechtliche Verträge - Zusammenwirken von Bund und Ländern, S. 159; Rojahn, in: v. Münch, GG-Komm., Art. 32 Rdnr. 38; Rudolf, Internationale Beziehungen der deutschen Länder, AVR 1966/1967, S. 53, 61; Kraus, Die Zuständigkeit der Länder der Bundesrepublik Deutschland zum Abschluß von Kulturabkommen mit auswärtigen Staaten nach dem Bonner Grundgesetz, AVR 1951/52, S. 414, 420 ff.; Reichel, Die auswärtige Gewalt nach dem Grundgesetz für die Bundesrepublik Deutschland, S. 240; Ponschab, Die völkerrechtliche Vertretung durch zentrale und dezentrale Bundesorgane nach dem Verfassungsrecht der Bundesrepublik Deutschland, S. 58 f.

(2) Grammatikalisch-logische Auslegung

Ausgangspunkt für ein exklusives Vertragsabschlußrecht der Länder im Bereich ausschließlicher Landeskompetenzen ist für die föderalistische Theorie der Wortlaut des Art. 32 Abs. 3 GG. Dieser enthalte keinen Hinweis auf ein "übergreifendes" Vertragsrecht des Bundes im Bereich der ausschließlichen Gesetzgebungszuständigkeit der Länder[169]. Das Modalverb "können" sei schillernd, weshalb es nicht für eine zentralistische Auslegung in Anspruch genommen werden kann[170]. Es umschreibe sowohl die Erlaubnis, als auch die Möglichkeit, wie auch die Fähigkeit[171]. Die Ausdrucksweise "können" in Art. 32 Abs. 3 GG habe durchaus ihre Berechtigung, da sie, der Weimarer Verfassungspraxis folgend, eine Übertragung der Landesvertragskompetenz auf den Bund gestatte[172]. Art. 32 Abs. 3 GG enthalte also mit anderen Worten keine abschließende Kompetenzverteilung[173]. Wollen die Länder ihre Kompetenz nicht im vollen Umfang wahrnehmen, so dehne sich - das Einverständnis der Länder vorausgesetzt - die Grundsatzzuständigkeit des Bundes nach Art. 32 Abs. 1 GG aus[174]. Diese Erweiterungsmöglichkeit der Bundeskompetenz sei zwar nicht ausdrücklich im Grundgesetz erwähnt, sie entspräche aber der deutschen Verfassungstradition[175]. Da ein solcher Verzicht der Länder im Rahmen des verfassungsrechtlich erstrebten einheitlichen Auftretens der Gesamtstaaten läge, sei er zulässig[176]. Es wird allerdings zu Recht darauf hingewiesen, daß die Länder nur insoweit über ihre ausschließlichen Kompetenzen verfügen dürfen, solange sie ihre Zuständigkeiten nicht pauschal abtreten und solange durch die

---

169 Blumenwitz, Der Schutz innerstaatlicher Rechtsgemeinschaften beim Abschluß völkerrechtlicher Verträge, S. 96.

170 Ebd., S. 95.

171 Ebd.

172 Ebd., S. 95 f.

173 Ebd., S. 96.

174 Ebd., S. 190.

175 Ebd.

176 Ebd.; Mosler, Kulturabkommen des Bundesstaates, ZaöRV 1955/56, S. 1, 30.

Abtretung ein gemeinsamer Zweck besser erreicht werden kann[177]. Dies folgt aus der Rechtsprechung des BVerfG[178], wonach ein Bundesgesetz, das Vorschriften des Grundgesetzes verletze, die der Sicherung der Eigenstaatlichkeit der Länder dienten, nicht durch die Zustimmung der Länder gültig werden kann.

(3) Systematische Auslegung

Nach der föderalistischen Auffassung kann nicht davon ausgegangen werden, daß Art. 32 GG ein "qualifiziertes Schweigen"[179] zugunsten einer übergreifenden Bundeskompetenz im Bereich der auswärtigen Gewalt enthalte[180]. Maßgebliches Abgrenzungskriterium im Verhältnis von Art. 32 Abs. 1 und Art. 32 Abs. 3 GG seien die Gesetzgebungszuständigkeiten der Länder und damit die Art. 70 ff. GG[181]. Da das Regel-Ausnahme-Verhältnis erst durch die Art. 70 ff. GG definiert werde, dürfe nicht geschlossen werden, das Regel-Ausnahme-Verhältnis bedinge von vornherein das Ausscheiden eines bestimmten Abgrenzungskriteriums, nämlich der ausschließlichen Befugnis der Länder (Art. 70 Abs. 1 und 2 GG)[182]. Wenn sich aus der Gesetzestechnik der Grundsatz-Ausnahme-Regelung überhaupt etwas für die materielle Abgrenzung ergäbe, so nur dies, daß bei Zweifelsfragen die Ausnahmetatbestände nicht extensiv ausgelegt werden dürften[183]. Ob die Vertragszuständigkeit der Länder ausschließlich sei oder mit der des Bundes konkurriert, sei jedoch keine auslegungsbedürftige Einzelfrage, sondern eine vom Verfassungsgeber entschiedene

---

177 Bernhardt, Der Abschluß völkerrechtlicher Verträge im Bundesstaat, S. 180; Blumenwitz, Der Schutz innerstaatlicher Rechtgsgemeinschaften beim Abschluß völkerrechtlicher Verträge, S. 190.

178 BVerfGE 4, 139.

179 So der Zentralist Menzel, Die auswärtige Gewalt der Bundesrepublik, VVDStRL, Bd. 12 (1954), S. 179, 207.

180 Blumenwitz, Der Schutz innerstaatlicher Rechtsgemeinschaften beim Abschluß völkerrechtlicher Verträge, S. 96 f.

181 Ebd., S. 97.

182 Ebd.

183 Ebd.

Grundsatzfrage[184]. Das Schweigen des Art. 32 GG zu dem von den Zentralisten geforderten, in die ausschließliche Gesetzgebungskompetenz der Länder übergreifenden Vertragsrecht des Bundes sei demnach eher "schlicht" als "qualifiziert" und schließe derartige Ansprüche mit Klarheit aus[185]. Ferner sei festzuhalten, daß in keiner Phase der Verhandlungen über das Grundgesetz eine Abschichtung der neu zu schaffenden Kompetenzverteilung von der alten Verfassungstradition erfolgt sei[186]. Ebensowenig beinhalte die v. Mangoldtsche Forderung nach einer weitgehend erfüllten Erweiterung der Vertragskompetenz des Bundes die nachträglich dem Antrag unterstellte Entscheidung für eine konkurrierende Zuständigkeit des Bundes im Bereich von Art. 32 Abs. 3 GG[187].

(4) Teleologische Auslegung

Auch aus teleologischen Gründen sei es nach der föderalistischen Theorie nicht geboten, Art. 32 Abs. 3 GG im Sinne einer konkurrierenden Zuständigkeit von Bund und Ländern zu interpretieren[188]. Wegen des Zustimmungsvorbehalts in Art. 32 Abs. 3 GG sei die Ausübung des Vertragsrechts durch die Länder für den Bund mit keinerlei Risiko verknüpft[189]. Von der föderalistischen Theorie zu Art. 32 Abs. 3 GG wird allerdings eingeräumt, daß Schwierigkeiten für den Bundesstaat insoweit entstünden, als bei einer ausschließlichen Zuständigkeit der Länder im Bereich des Art. 32 Abs. 3 GG der Bund zwar die Verträge der Länder blockieren, aber nicht selbst Verträge schließen könne[190]. Die wechselseitige föderative Abhängigkeit garantiere die gegenseitige Rücksichtnahme von Bund und Gliedern[191]. Eine Interpretation des Art. 32 Abs. 3 GG im Sinne einer

---

184 Ebd.

185 Ebd.

186 Ebd.

187 Ebd.

188 Ebd., S. 98 ff.

189 Ebd., S. 99.

190 Ebd.

191 Ebd.

übergreifenden Bundesvertragsgewalt könnte zu einer Aushöhlung des Bundesstaates führen[192]. Ein eigenes Vertragsrecht der Länder im Bereich des Art. 32 Abs. 3 GG würde nur zu einer geringen Einbuße an Beweglichkeit des Zentralstaats im zwischenstaatlichen Verkehr führen, da die Art. 24, 115 l Abs. 3 und 79 Abs. 1 Satz 2 GG gewährleisteten, daß bei den wichtigsten zwischenstaatlich relevanten Entscheidungen der Nation eine rasche Einigung möglich sei[193].

(5) Einschränkungen der föderalistischen Theorie

(a) Außenpolitisches ius eminens zugunsten des Bundes?

Unter den Föderalisten besteht keine Einigkeit, ob dem Bund ein außenpolitisches ius eminens einzuräumen sei. Einerseits wird die Ansicht vertreten, daß der Gesamtstaat in Fällen zwingender Notwendigkeit ein ius eminens gegenüber seinen Gliedverbänden haben müsse[194]. Da die Bundesregierung die Politik der Bundesrepublik bestimme und ihr die Initiative in auswärtigen Angelegenheiten zustehe, entscheide sie über die politische Notwendigkeit des Vertragsabschlusses[195]. Andererseits wird darauf hingewiesen, daß eine Unzuständigkeit des Bundes, gewisse Verträge im kulturellen Bereich abzuschließen, nicht eine derart unbestimmte und für die Länder deshalb auch gefährliche Ausweitung der Bundeskompetenz rechtfertigen könne[196]. Die Notwendigkeit einer interföderalen Kooperation zur Erledigung gewisser auswärtiger Belange habe sich im großen und ganzen in der außenpolitischen Praxis bewährt[197].

---

192 Ebd., S. 99 Fn. 76.

193 Ebd., S. 99 f.

194 Mosler, Kulturabkommen des Bundesstaats, ZaöRV, 1955/56, S. 26.

195 Ebd.

196 Blumenwitz, Der Schutz innerstaatlicher Rechtsgemeinschaften beim Abschluß völkerrechtlicher Verträge, S. 100.

197 Ebd., S. 100 f.

(b) Die Auffassung von Rojahn

Nach der Auffassung von Rojahn[198] ergäbe sich eine Beschränkung der Abschlußkompetenz des Bundes aus dem Mangel innerstaatlicher Transformations- und Ausführungsbefugnisse. Dem Bund sei es nicht gestattet, im Bereich ausschließlicher Ländermaterien Verpflichtungen einzugehen und zu erfüllen, die auf Landesebene gesetzgeberische Maßnahmen oder solche der Verwaltung erforderten[199]. Gleichwohl sei der Gesamtstaat nach Art. 32 Abs. 1 GG nicht von vornherein auf die Gegenstände beschränkt, die das Grundgesetz dem Bundesgesetzgeber zuweise, sondern erstrecke sich auch auf Materien der ausschließlichen Ländergesetzgebungszuständigkeit[200]. Im zuletzt genannten Bereich sei lediglich die Regelungsintensität der Bundesvertragsgewalt stark eingeschränkt[201]. Völkerrechtliche Verpflichtungen im Bereich der ausschließlichen Länderkompetenzen dürfe der Bund nur unter der Voraussetzung begründen, daß ihre Erfüllung unter dem Vorbehalt der innerstaatlichen Realisierung gestellt wird[202].

(c) Bundesstaatsklausel / Verträge mit relativer Unverbindlichkeit

Auch andere Vertreter der föderalistischen Theorie gehen, allerdings ohne Angabe einer grundgesetzlichen Norm davon aus, daß der Bund ohne Rücksicht auf die zu regelnde Materie Abkommen mit einer Bundesstaatsklausel abschließen könne, da der Gesamtstaat keine weitergehende Verpflichtungen übernähme, als er innerstaatlich erfüllen könne, weshalb weder Vertrags- noch Gesetzgebungskompetenzen der Gliedstaaten beeinträchtigt würden[203]. Das gleiche habe

---

198 Rojahn, Schulbuchbereinigung durch die Auswärtige Gewalt?, JZ 1976, S. 627, 531.

199 Ebd.

200 Ebd.

201 Ebd.

202 Ebd., S. 632.

203 Blumenwitz, Der Schutz innerstaatlicher Rechtsgemeinschaften beim Abschluß völkerrechtlicher Verträge, S. 89 f.; Bernhardt, Der Abschluß völkerrechtlicher Verträge im Bundesstaat, S. 156.

nach der Auffassung von Blumenwitz[204] für den Abschluß internationaler Verträge zu gelten, die sich durch eine relative Unverbindlichkeit auszeichneten.

Auf der Grundlage der zuvor ausgeführten Argumentation gelangt man zu einer umfassenden Bundeskompetenz im Bereich internationaler Empfehlungen mit "soft law"-Charakter, da diese rechtlich völlig unverbindlich sind.

Bedenken gegen diese "Verwässerung" der föderalistischen Theorie hat v. Stralenheim[205], der darauf hinweist, daß Empfehlungen Erwartungen erweckten, die nicht erfüllt werden könnten. Unverbindliche Empfehlungen führten außerdem leicht zu unerquicklichen Auseinandersetzungen zwischen Bund und Ländern darüber, welche Mittel der Förderung dem Bund ohne Verletzung der Verwaltungshoheit der Länder offenstünden[206]. Diese Bedenken sind insofern ernst zu nehmen, als internationale Empfehlungen in der Lage sind, "Zwänge" zu schaffen, die rechtlichen Bindungen sehr nahe kommen können[207]. Wie bereits ausführlich dargelegt wurde, besteht die Möglichkeit, daß der Inhalt des internationalen "soft law" durch informales Regierungs- und Verwaltungshandeln[208] eine faktische innerstaatliche Geltung erlangt. Außerdem ist zu berücksichtigen, daß der Inhalt internationaler Empfehlungen über die Generalklauseln des originären deutschen Rechts eine innerstaatliche Relevanz erlangen kann. Auf

---

204 Blumenwitz, Der Schutz innerstaatlicher Rechtsgemeinschaften beim Abschluß völkerrechtlicher Verträge, S. 90.

205 v. Stralenheim, Die Zuständigkeiten des Bundes und der Länder zum Abschluß von Kulturabkommen mit auswärtigen Staaten, BayVBl. 1955, S. 6, 8.

206 Ebd.

207 Wengler, Rechtsvertrag, Konsensus und Absichtserklärung im Völkerrecht, JZ 1965, S. 193, 197.

208 Dieckert, Die Bedeutung unverbindlicher Entschließungen internationaler Organisationen für das innerstaatliche Recht der Bundesrepublik Deutschland, S. 124 ff.; Bauer, Informelles Verwaltungshandeln im öffentlichen Wirtschaftsrecht, VerwArch 1987, S. 241 ff.; Becker, Informales Verwaltungshandeln zur Steuerung wirtschaftlicher Prozesse im Zeichen der Deregulierung, DÖV 1985, S. 1003 ff.; Bohne, Informales Verwaltungs- und Regierungshandeln als Instrument des Umweltschutzes, VerwArch 1984, S. 343, 346 ff.

diese Weise können Empfehlungen vollendete Tatsachen schaffen, die im nachhinein in den Ländern bzw. im Bund nicht oder kaum rückgängig gemacht werden können.

Ist man mit der föderalistischen Theorie der Auffassung, daß die Länder nach Art. 32 Abs. 3 GG ein eigenes Vertragsabschlußrecht im Bereich der ausschließlichen Ländermaterien haben, fällt es hinsichtlich der (relativ) unverbindlichen Vereinbarungen schwer, eine umfassende Bundeskompetenz nach Art. 32 Abs. 1 GG für Angelegenheiten zu begründen, die sich auch auf die ausschließlichen Länderangelegenheiten beziehen. Im Ergebnis bedeutet dies, daß die ausschließlichen Länderkompetenzen im Bereich der auswärtigen Gewalt simultan vom Bund nach Art. 32 Abs. 1 und von den Ländern nach Art. 32 Abs. 3 GG wahrgenommen werden könnten, soweit dies in unverbindlicher Form geschieht.

(6) Art. 73 Nr. 1 GG

Sedes materiae für eine umfassende Kompetenz des Bundes zum Abschluß völkerrechtlicher Verträge kann auch nicht Art. 73 Nr. 1 GG sein. Zwar wird die Auffassung vertreten, daß durch Abschluß eines internationalen Vertrages der Vertragsgegenstand zu einer auswärtigen Angelegenheit i.S.v. Art. 73 Nr. 1 GG werde, und zwar auch dann, wenn es sich ursprünglich um eine Materie der ausschließlichen Landeszuständigkeit gehandelt habe[209]. Diese extensive Interpretation des Begriffs "auswärtige Angelegenheit" kann nicht richtig sein. Zunächst ist festzustellen, daß Art. 73 Nr. 1 GG die Verteilung der innerstaatlichen Gesetzgebungszuständigkeiten im Verhältnis von Bund und Ländern betrifft. Für die Pflege der auswärtigen Beziehungen mit dem Ausland und die Vertragsabschlußkompetenz im Rahmen der auswärtigen Gewalt ist Art. 32 GG die zentrale Norm. Eine extensive Auslegung des Begriffs "auswärtige Angelegenheiten" in Art. 73 Nr. 1 GG würde zu einer völligen Aushöhlung der eigenen Vertragskompetenz der Länder im Bereich des Art. 32 Abs. 3 GG führen und ihnen die zugestandenen direkten Beteiligungsrechte im Be-

---

209 So der Zentralist Grewe, Die auswärtige Gewalt der Bundesrepublik, VVDStRL, Bd. 12 (1954), S. 129, 177.

reich der auswärtigen Gewalt nehmen[210]. Geht man davon aus, daß Art. 73 Nr. 1 GG eine unbeschränkte Bundeskompetenz für Sachverhalte mit Auslandsbezügen enthält, so wären die in Art. 73 Nr. 5, Art. 74 Nr. 17, Art. 74 Nr. 21 und Art. 105 GG genannten Bundeskompetenzen gegenstandslos, soweit sie sich auf die dort geregelten zwischenstaatlichen Tatbestände beziehen[211].

Aus den o.g. Gründen ist Art. 73 Nr. 1 GG so auszulegen, daß das im Grundgesetz enthaltene System der Dezentralisation der auswärtigen Belange nicht aus den Angeln gehoben werden kann[212]. Nach der Rechtsprechung des BVerfG[213] sind auswärtige Angelegenheiten i.S.v. Art. 73 Nr. 1 GG die Beziehungen, die sich aus der Stellung Deutschlands als Völkerrechtssubjekt zu anderen Staaten ergeben. Diese Formulierung ist insofern zu eng, als sie nur auf die Beziehungen zu anderen Staaten abstellt[214]. Auswärtige Angelegenheiten i.S.v. Art. 73 Nr. 1 GG ergeben sich auch aus den Beziehungen der Bundesrepublik zu nichtstaatlichen Völkerrechtssubjekten (internationale Organisationen, als Kriegführende anerkannte Aufständische)[215]. Es empfiehlt sich daher den Begriff auswärtige Angelegenheiten so zu definieren, daß er die Materien des auswärtigen Verkehrs umfaßt[216]. Im Hinblick auf die in Art. 32 GG zum Ausdruck kommende Kompetenzaufteilung kann es sich dabei allerdings nur um den auswärtigen Verkehr im engeren Sinne handeln[217]. Die Bun-

---

210 Blumenwitz, Der Schutz innerstaatlicher Rechtsgemeinschaften beim Abschluß völkerrechtlicher Verträge, S. 86 f.; Bernhardt, Der Abschluß völkerrechtlicher Verträge im Bundesstaat, S. 178; Mosler, Die auswärtige Gewalt im Verfassungssystem der Bundesrepublik Deutschland, S. 266; Hirsch, Kulturhoheit und Auswärtige Gewalt, S. 125 f.

211 Blumenwitz, Der Schutz innerstaatlicher Rechtsgemeinschaften beim Abschluß völkerrechtlicher Verträge, S. 87; Bernhardt, Der Abschluß völkerrechtlicher Verträge im Bundesstaat, S. 146 f.

212 Blumenwitz, Der Schutz innerstaatlicher Rechtsgemeinschaften beim Abschluß völkerrechtlicher Verträge, S. 87.

213 BVerfGE 33, 62, 60.

214 So zu Recht v. Münch, in: v. Münch, GG-Komm., Art. 73 Rdnr. 6.

215 Ebd.

216 Blumenwitz, Der Schutz innerstaatlicher Rechtsgemeinschaften beim Abschluß völkerrechtlicher Verträge, S. 87; Mosler, Die auswärtige Gewalt im Verfassungssystem der Bundesrepublik Deutschland, S. 266.

217 v. Münch, in: v. Münch, GG-Komm., Art. 73 Rdnr. 8.

deskompetenz für den auswärtigen Verkehr im engeren Sinne berechtigt zum Abschluß von völkerrechtlichen Vereinbarungen und zum Erlaß von Rechtssätzen über folgende Materien:

- den auswärtigen Dienst in der Zentrale und im Ausland (einschließlich der deutschen Vertretungen bei internationalen Organisationen)
- den Schutz der deutschen Staatsangehörigen und Interessen im Ausland
- die Rechtsstellung der ausländischen Missionen diplomatischer, konsularischer oder handelspolitischer Art sowie der Agenturen internationaler Organisationen im Inland[218].

(7) Art. 59 Abs. 2 Satz 1, 1. Alt. GG

Eine umfassende Bundeskompetenz für "politische Verträge" kann nicht aus Art. 59 Abs. 2 Satz 1, 1. Alt. GG abgeleitet werden[219]. Der Wortlaut und die systematische Stellung des Art. 59 Abs. 2 GG machen deutlich, daß diese Norm lediglich die Zuständigkeit der Bundesorgane untereinander regelt[220]. Für die Aufteilung der Kompetenzen zwischen dem Bund und den Ländern spielt Art. 59 Abs. 2 GG somit keine Rolle[221]. Die Abschlußkompetenz des Bundes wird in Art. 59 Abs. 2 GG mit anderen Worten vorausgesetzt[222]. Die Unzuständigkeit der Länder für "politische Verträge" folgt letztlich aus Art. 32 Abs. 3 GG und aus dem Begriff des politischen Vertrags. Politische Verträge regeln die machtpolitische Stellung Deutschlands in-

---

218 Mosler, Die auswärtige Gewalt im Verfassungssystem der Bundesrepublik Deutschland, S. 266 f.; Hirsch, Kulturhoheit und Auswärtige Gewalt, S. 126.

219 Bernhardt, Der Abschluß völkerrechtlicher Verträge im Bundesstaat, S. 149 f., a.A. wohl Mosler, der davon ausgeht, daß sich hinter Art. 59 Abs. 2 GG eine natürliche Bundeszuständigkeit verberge, Mosler, Die auswärtige Gewalt im Verfassungssystem der Bundesrepublik Deutschland, S. 266.

220 Stein, Amtshilfe in auswärtigen Angelegenheiten, S. 28.

221 Ebd.

222 Ebd.; Bernhardt, Der Abschluß völkerrechtlicher Verträge im Bundesstaat, S. 128, 151 ff. 158 ff., 190 f.; Kölbe, Auslandsbeziehungen der Länder?, DÖV 1965, S. 145, 148; Grewe, Die auswärtige Gewalt der Bundesrepublik, VVDStRL, Bd. 12 (1954),. S. 129, 162.

nerhalb der Staatengemeinschaft[223]. Im Hinblick auf den machtpolitischen Regelungsgehalt handelt es sich um hochpolitische Vereinbarungen[224], die - wie ausgeführt - von vornherein außerhalb des Vertragsabschlußrechts der Länder nach Art. 32 Abs. 3 GG liegen[225].

(8) Folgerungen für die Mediendeklaration 1978

(a) Allgemeines

Es fragt sich, ob und inwieweit der Bund auf der Grundlage der föderalistischen Theorie eine Zuständigkeit für die Mediendeklaration 1978 in Anspruch nehmen konnte. In den Anwendungsbereich von Art. 32 Abs. 1 GG fällt auch die Ausübung von Mitgliedschaftsrechten in internationalen Organisationen und sonstiger vertragsakzessorischer Rechte wie die Mitarbeit in internationalen Organisationen[226]. Gleichwohl ist es verfehlt, eine umfassende verfassungsrechtliche Kompetenz des Bundes für die Mediendeklaration 1978 zu bejahen, indem darauf abgestellt wird, daß der Bund der Träger der UNESCO-Mitgliedschaftsrechte ist. Eine solche Sichtweise ist problematisch, da sie übersieht, daß "soft law" in der UNESCO-Satzung als eigenständiges Instrument nicht enthalten ist. Ferner ist zu berücksichtigen, daß "soft law" unmittelbar in das innerstaatliche Recht einfließen kann und sich damit innerstaatliche Kompetenzprobleme ganz anders stellen als bei der klassischen Mitwirkung in internationalen Organisationen.

(b) Fernmelderechtlicher Rundfunk

Die Mitarbeit der Bundesrepublik am Zustandekommen der Mediendeklaration 1978 ist zumindest insoweit verfassungsrechtlich nicht

---

223 Bernhardt, Der Abschluß völkerrechtlicher Verträge im Bundesstaat, S. 190.

224 Ebd., S. 190 f.

225 Fastenrath, Kompetenzverteilung im Bereich der auswärtigen Gewalt, S. 147 f.; a.A. Bernhardt, Der Abschluß völkerrechtlicher Verträge im Bundesstaat, S. 192.

226 Fastenrath, Kompetenzverteilung im Bereich der auswärtigen Gewalt, S. 99; Scheuner, Auswärtige Gewalt, in: Evangelisches Staatslexikon, Bd. 1, Sp. 157; F. Klein, in: Schmidt-Bleibtreu/Klein, Komm. zum GG, Art. 32 Rdnr. 6.

zu beanstanden, als die Bundesrepublik an Regelungen der Mediendeklaration 1978 mitgewirkt hat, die sich im Bereich des fernmelderechtlichen Rundfunkbegriffs bewegen. Hinsichtlich dieser Sachmaterie ist der Bund, wie ausgeführt, innerstaatlich zum Erlaß von Gesetzen zuständig. Hieraus folgt, daß der Gesamtstaat im fernmelderechtlichen Rundfunkbereich Vereinbarungen im Rahmen der auswärtigen Gewalt nach Art. 32 Abs. 1 GG treffen kann.

(c) Kulturrechtlicher Rundfunk

Wesentlich komplizierter liegen die Dinge, soweit die Mediendeklaration 1978 Regelungen enthält, die den kulturrechtlichen Rundfunkbegriff betreffen.

Die Mediendeklaration 1978 hat sowohl den Inlandsrundfunk als auch den grenzüberschreitenden Rundfunk im kulturrechtlichen Sinne im Auge. Hinsichtlich des kulturrechtlichen Inlandsrundfunks sind nach allgemeiner Auffassung ausschließlich die Länder zuständig. Dies hat auch dann zu gelten, wenn der für das Inland bestimmte Rundfunk in anderen Bundesländern und im Ausland empfangen werden kann, was in der Regel der Fall ist, es sei denn, es handelt sich um kleine Lokalsender.

(aa) Keine Bundeszuständigkeit aufgrund der faktischen Sendereichweite

Die faktische Reichweite eines Rundfunksenders ist nicht in der Lage, eine Zuständigkeit des Bundes für den kulturrechtlichen Rundfunk zu begründen[227]. Die Entwicklung der neuen Medien auf dem Gebiet des grenzüberschreitenden Rundfunks kann nach der Auffassung des BVerfG[228] im rechtlichen Bereich allerdings nicht unbe-

---

227 Jutzi, Nochmal: Bundeskompetenz für direktstrahlende TV-Satelliten?, ZUM 1986, S. 21, 22 ff.; Gabriel-Bräutigam, Rundfunkkompetenz und Rundfunkfreiheit, S. 165; Ricker, Rechtliche Grundlagen und Harmonisierung der Landesmediengesetze, ZRP 1986, S. 224, 225; a.A. Bueckling, Bundeskompetenz für direktstrahlende TV-Satelliten?, ZUM 1985, S. 144, 148 ff.; ders., Schlußwort: Bundeskompetenz für direktstrahlende TV-Satelliten, ZUM 1986, S. 328 ff.; Bullinger, Satellitenrundfunk im Bundesstaat, AfP 1985, S. 1, 4 ff.

228 BVerfGE 73, 118, 196.

rücksichtigt bleiben. Veranstalter oder auch Produzenten überregionaler Programme könnten sich - so das BVerfG -[229] nur schwer nach einem ganzen Bündel unterschiedlicher, landesrechtlicher Normierungen richten. Ein funktionierendes System der Verbreitung hänge vielmehr von einer Koordination der landesgesetzlichen Regelungen und damit von einer Kooperation der Länder ab[230]. Mit dem BVerfG ist davon auszugehen, daß ein kooperativer Föderalismus im Bereich des grenzüberschreitenden Rundfunks sinnvoll und zweckmäßig ist. Kommt es jedoch zwischen den Ländern im Bereich der ausschließlichen Landeskompetenzen nicht zu einer Einigung, kann keinem Land von Verfassungs wegen ein Vorwurf gemacht werden, daß es von einer Kompetenz als erstes Gebrauch macht[231]. Im Hinblick auf die Wahrung der ausschließlichen Länderkompetenzen beim kulturrechtlichen Rundfunk geht es nicht an, aufgrund der Reichweite der Rundfunksender eine Bundeskompetenz kraft Sachnatur[232] bzw. eine Gemeinschaftskompetenz der Länder aus der Natur der Sache[233] zu konstruieren. Starke Landesrundfunksender waren auch schon vor dem Aufkommen der "Neuen Medien" in anderen Bundesländern gut zu empfangen. Dies gilt insbesondere für die Stadtstaaten und die kleineren Bundesländer, wo mehrere ARD-Sender empfangen werden können. Außerdem können Landeshörfunksender im Bereich der Mittel- und Kurzwelle schon seit sehr langer Zeit weit über die Landesgrenzen hinaus empfangen werden. Gleichwohl wurde zu Recht nicht gesagt, die Reichweite der o.g. Sender führe dazu, daß die deutschen Bundesländer nicht mehr in der Lage seien, die kulturrechtlichen Rundfunkangelegenheiten kraft eigenen Rechts eigenverantwortlich zu regeln.

---

229 Ebd.

230 Ebd.

231 So Jutzi unter Hinweis auf die Rechtsprechung in BVerfGE 32, 119, 219 f., Jutzi, Nochmal: Bundeskompetenz für direktstrahlende TV-Satelliten?, ZUM 1986, S. 21, 26.

232 So Bueckling, Bundeskompetenz für direktstrahlende TV-Satelliten?, ZUM 1985, S. 144, 148 ff.; ders., Schlußwort: Bundeskompetenz für direktstrahlende TV-Satelliten, ZUM 1986, S. 328 ff.

233 So Bullinger, Satellitenrundfunk im Bundesstaat, AfP 1985, S. 1, 8.

Dem kann nicht entgegengehalten werden, daß Mittel-, Lang- oder Kurzwellensender nicht sehr publikumswirksam seien, weshalb die Reichweite der o.g. herkömmlichen Sender nicht mit der Satellitentechnik verglichen werden könne[234]. Der Hinweis auf die Einschaltquote eines Senders kann nicht als ein durchschlagendes Argument für oder gegen eine Änderung der Kompetenzordnung angesehen werden. Wesentlich entscheidender ist, daß der interessierte Hörer schon seit langer Zeit die Möglichkeit hat, auf Sender auszuweichen, die nicht im eigenen Bundesland ihren Sitz haben. Die Reichweitenverbesserung der Rundfunksender bringt für die Rundfunkteilnehmer ein größeres Maß an Pluralität mit sich. Diese würde bei einer Bundes- oder Gemeinschaftskompetenz im kulturrechtlichen Rundfunkbereich geschwächt. Aus den o.g. Gründen ist für den Inlandsrundfunk festzustellen, daß ausschließlich die Länder für kulturrechtliche Fragen zuständig sind. Aus Zweckmäßigkeitsfragen empfiehlt sich ein kooperativer Föderalismus, der allerdings nicht zu einer eigenen Ebene der Bundesstaatlichkeit ausufern darf.

(bb) Keine EU-Zuständigkeit für den kulturrechtlichen Rundfunk

An der Zuständigkeit der Bundesländer für den kulturrechtlichen Rundfunk kann die voranschreitende europäische Integration nichts ändern. Das Argument, die deutschen Bundesländer seien aufgrund ihrer geringen räumlichen Ausdehnung nicht in der Lage, den kulturrechtlichen Rundfunk eigenverantwortlich zu regeln, kann auch gegen die kleineren EU-Mitgliedstaaten verwandt werden. Belgien, Dänemark, die Niederlande oder Luxemburg sind flächenmäßig deutlich kleiner als Bundesländer wie Bayern oder Niedersachsen. Insbesondere das Großherzogtum Luxemburg lebt seit langem davon, daß es über starke Mittel- und Langwellensender in anderen EU-Mitgliedstaaten Rundfunkprogramme verbreitet. Wollte man behaupten, daß Fragen des kulturrechtlichen Rundfunks nicht mehr auf nationaler Ebene geregelt werden können, müßte eine entsprechende EU-Kompetenz bestehen. Eine solche kann aus Art. 3 lit. p/Art. 128 EG-Vertrag nicht abgeleitet werden, da diese Norm von

---

234 So Bueckling, Schlußwort: Bundeskompetenz für direktstrahlende TV-Satelliten, ZUM 1986, S. 328.

einem eigenständigen Kulturleben in den EU-Mitgliedstaaten ausgeht. Die EU ist nach Art. 3 lit. p/Art. 128 EG-Vertrag lediglich berechtigt, einen Beitrag zur Entwicklung der mitgliedstaatlichen Kultur zu erbringen. Diese "Beitragskompetenz" würde überschritten, falls sich die EU originäre Kompetenzen im kulturrechtlichen Rundfunkbereich anmaßen würde. Art. 3 lit. p/Art. 128 EG-Vertrag ändert nichts an dem Zustand, daß die EU keine eigene Kulturpolitik betreiben darf[235]. Da sich die Kulturbeitragspflicht der EU lediglich auf die zugewiesenen Kompetenzen der EU bezieht, ist diese nicht zur Harmonisierung des nationalen Kulturrechts berechtigt[236]. Im übrigen ist das allgemeine Subsidiaritätsprinzip in Art. 3 lit. b EG-Vertrag zu beachten[237]. An einer ausschließlichen Länderzuständigkeit für den kulturrechtlichen Inlandsrundfunk ist folglich festzuhalten.

(cc) UNESCO-Mitgliedschaft der deutschen Länder?

Es ist erstaunlich, daß - soweit ersichtlich - alle Vertreter der föderalistischen Theorie davon ausgehen, daß die deutschen Bundesländer nicht das Recht hätten, Mitglied der UNESCO zu werden[238]. Begründet wird dies damit, daß eine internationale Organisation, die durch Erteilung von Empfehlungen oder durch verbindliche Beschlüsse auf die Mitgliedstaaten einwirke, politisch so bedeutsam sei, daß eine Mitgliedschaft der Länder auszuscheiden habe[239]. Dies sei bei den Spezialorganisationen der Vereinten Nationen generell der Fall, da ihnen eine leitende und koordinierende Autorität zu-

235 Geiger, EG-Vertrag, Komm., Art. 128 Rdnr. 10; Schwartz, Subsidiarität und EG-Kompetenzen, AfP 1993, S. 409, 418.

236 Geiger, EG-Vertrag, Komm., Art. 128 Rdnr. 10.

237 Ebd.

238 Bernhardt, Der Abschluß völkerrechtlicher Verträge im Bundesstaat, S. 171 f.; Kraus, Die Zuständigkeit der Länder der Bundesrepublik zum Abschluß von Kulturabkommen mit auswärtigen Staaten nach dem Bonner Grundgesetz, AVR 1951/52, S. 414, 417; Mosler, Kulturabkommen des Bundesstaates, ZaöRV 1955/56, S. 1, 21 Fn. 50; Rojahn, in: v. Münch, GG-Komm., Art. 32 Rdnr. 34; Reichel, Die auswärtige Gewalt nach dem Grundgesetz für die Bundesrepublik Deutschland, S. 249 f.

239 Bernhardt, Der Abschluß völkerrechtlicher Verträge im Bundesstaat, S. 171 f.

komme[240]. Diese Argumentation ist im Hinblick auf die UNESCO schon deshalb zweifelhaft, weil die Weltmacht USA seit dem 1.1.1985 nicht mehr dieser Organisation angehört[241], so daß man nicht sagen kann, daß es sich bei der UNESCO um eine universale Weltorganisation handelt. Verfassungsrechtliche Argumente für die restriktive Auslegung des Art. 32 Abs. 3 GG hinsichtlich einer Mitgliedschaft der Bundesländer im Bereich der internationalen Organisationen hört man kaum. Kraus[242] weist darauf hin, daß die Substanz der UNESCO nicht im Abschluß eines Vertrages über bestimmte kulturelle Angelegenheiten zu sehen sei, sondern in der mitgliedschaftlichen Beteiligung an der Förderung des internationalen Kulturbewußtseins, was nach Art. 32 Abs. 1 GG dem Bunde vorbehalten sei. Gerade die Mediendeklaration 1978 zeigt allerdings, daß nationales und internationales Kulturbewußtsein nicht strikt voneinander getrennt werden können. Die Ziele der o.g. Deklaration wie Stärkung des Friedens, die Förderung der Menschenrechte und die Bekämpfung von Rassismus usw. lassen sich nur dann verwirklichen, wenn sie in den kulturrechtlichen Inlandsbereich Eingang finden. Art. 8 Mediendeklaration 1978 unterstreicht dies in besonderer Weise. Danach sollen Berufsverbände und Personen, die sich an der beruflichen Ausbildung von Journalisten und anderen Vertretern der Massenmedien beteiligen und ihnen verantwortlich bei der Wahrnehmung ihrer Aufgaben helfen, die Grundsätze der Mediendeklaration 1978 besonders berücksichtigen, wenn sie ihre ethischen Standesregeln festlegen und deren Anwendung sicherstellen. Immerhin will Kraus[243] aufgrund der inhaltlichen Verknüpfung von internationalem und nationalem Kulturbewußtsein den Bundesländern als Nichtmitgliedern der UNESCO das Recht konzedieren, mit dieser Organisation Abreden über einzelne in ihren Zuständigkeitsbereich fallende Angelegenheiten zu treffen, z.B. über die Gestaltung der Schulbücher oder

---

240 Reichel, Die auswärtige Gewalt nach dem Grundgesetz für die Bundesrepublik Deutschland, S. 250.

241 Hüfner, UNESCO, S. 917.

242 Kraus, Die Zuständigkeit der Länder der Bundesrepublik Deutschland zum Abschluß von Kulturabkommen mit auswärtigen Staaten nach dem Bonner Grundgesetz, AVR 1951/52, S. 414, 417.

243 Ebd.

über Studenten- und Schüleraustauschprogramme, Unterrichtspläne und dergleichen.

Für die Beitrittsmöglichkeit der Länder zur UNESCO spricht, daß die Gestaltungsmöglichkeiten der UNESCO im Bereich der Kultur in der Regel nicht das Gewicht erlangen können, wie in Art. 59 Abs. 2 Satz 1, 1. Alt. GG verlangt wird. Diese Grundgesetznorm wirkt sich insofern auf Art. 32 GG aus, als der Bund hinsichtlich der politischen Beziehungen im Bereich der auswärtigen Gewalt die Länder mediatisiert[244]. Um politische Beziehungen des Bundes i.S.v. Art. 59 Abs. 2 Satz 1, 1. Alt. GG handelt es sich immer dann, wenn Vereinbarungen vorliegen, die nach Inhalt und Zweck wesentlich und unmittelbar den Bestand des Staates und dessen Stellung und Gewicht innerhalb der Staatengemeinschaft oder die Ordnung der Staatengemeinschaft betreffen[245]. Kulturelle Abkommen fallen grundsätzlich nicht darunter[246]. Verträge, die die Länder innerhalb ihrer Kompetenzen abschließen, werden nicht dadurch zu Vereinbarungen über die politischen Beziehungen des Bundes, wenn von ihnen reflexartig ein gewisses politisches Gewicht nicht allein für das handelnde Land sondern auch für den Bund ausgeht[247].

Mithin ist zu konstatieren, daß die Zuständigkeiten der UNESCO im kulturellen Bereich kein so großes politisches Gewicht haben, daß eine Mitgliedschaft des Bundes in der UNESCO geboten ist. Für die Frage der Mitgliedschaft in einer internationalen Organisation kommt es außerdem nicht auf das politische Gewicht und die Bedeu-

---

244 BVerfGE 2, 347, 379; Blumenwitz, Der Schutz innerstaatlicher Rechtsgemeinschaften beim Abschluß völkerrechtlicher Verträge, S. 82; Rojahn, in: v. Münch, GG-Komm., Art. 32 Rdnr. 33; Zuleeg, AK-GG, (Hrsg.: R. Wassermann), Art. 32 Rdnr. 15; v. Mangoldt/Klein, BGG, Art. 32 Anm. II 1; a.A. Jarass, in: Jarass/Pieroth, GG-Komm., Art. 32 Rdnr. 5; Maunz, M-D, GG-Komm., Art. 32 Rdnr. 26.

245 BVerfGE 1, 372, 380; Grewe, Auswärtige Gewalt, S. 946; Jarass, in: Jarass/Pieroth, GG-Komm., Art. 59 Rdnr. 7; Rojahn in: v. Münch, GG-Komm., Art. 59 Rdnr. 23.

246 Maunz, M-D, GG-Komm., Art. 59 Rdnr. 15.

247 Rojahn, in: v. Münch, GG-Komm., Art. 32 Rdnr. 33; Blumenwitz, Der Schutz innerstaatlicher Rechtsgemeinschaften beim Abschluß völkerrechtlicher Verträge, S. 90 f.

tung einer Organisation an, sondern allein auf deren Aufgaben[248]. Danach sind die Länder für eine Mitgliedschaft in der UNESCO geradezu prädestiniert, da Fragen der Kultur, Wissenschaft und Erziehung im wesentlichen Ländersache sind. Soweit die Länder zulässigerweise einer internationalen Organisation beigetreten sind, dürfen sie auch die Mitgliedschaftsrechte selbst ausüben, ohne dabei von der Zustimmung der Bundesregierung abhängig zu sein[249]. Die Mitgliedschaftsrechte gehören als vertragsakzessorische Rechte zu dem Bereich, der den Ländern nach Art. 32 Abs. 3 GG eröffnet wird[250].

Die föderalistische Theorie, die dem Bund ein Einwirkungsrecht im Bereich des Art. 32 Abs. 3 GG abspricht, müßte folglich konsequenterweise davon ausgehen, daß der Bund nicht kraft eigenen Rechts Mitglied der UNESCO sein darf und auch nicht kraft eigenen Rechtes dort die Mitgliedschaftsrechte ausüben kann, soweit ausschließliche Ländermaterien betroffen sind, was hinsichtlich der UNESCO-Zuständigkeiten weitgehend der Fall ist. Auf der Grundlage der föderalistischen Theorie ist mithin zu konstatieren, daß der Bund von den Ländern zur UNESCO-Mitgliedschaft ermächtigt werden muß und kraft der Ermächtigung zur Mitgliedschaft in der UNESCO dort die vertragsakzessorischen Rechte ausüben darf. Dies hat jedenfalls für den kulturrechtlichen Inlandsrundfunk zu gelten, der, wie ausgeführt, Gegenstand der UNESCO-Mediendeklaration 1978 ist.

(dd) Zuständigkeit der Länder im Bereich der internationalen nichtvertraglichen Zusammenarbeit

Im Zusammenhang mit der Mediendeklaration 1978 stellt sich die Frage, ob die Länder nach Art. 32 Abs. 3 GG berechtigt sind, bei der Ausarbeitung internationaler Empfehlungen mit "soft law"-Charakter im Rahmen internationaler Organisationen mitzuwirken oder ob der Bereich des nichtvertraglichen internationalen Verkehrs von vornherein nicht unter Art. 32 Abs. 3 GG, sondern unter Art. 32

---

248 So zu Recht der Zentralist Fastenrath, Kompetenzverteilung im Bereich der auswärtigen Gewalt, S. 153.

249 Fastenrath, Kompetenzverteilung im Bereich der auswärtigen Gewalt, S. 153.

250 Ebd.

Abs. 1 GG fällt. Der Wortlaut des Art. 32 Abs. 3 GG spricht dafür, daß die Länder lediglich durch Verträge Beziehungen zu auswärtigen Völkerrechtssubjekten aufnehmen dürfen. Gleichwohl wird die Auffassung vertreten, daß die Länder nach Art. 32 Abs. 3 GG auch nichtvertragliche Maßnahmen ergreifen dürften[251]. Für eine solche Auslegung des Art. 32 Abs. 3 GG spricht folgendes: Wenn die Länder nach Art. 32 Abs. 3 GG schon das Recht haben, in ihren eigenen Angelegenheiten Verträge mit auswärtigen Völkerrechtssubjekten abzuschließen, müssen sie erst recht die Befugnis haben, im Rahmen der Länderzuständigkeiten auswärtige Beziehungen durch nichtvertragliche Maßnahmen zu gestalten. Ferner könnte gesagt werden, daß der Verfassungsgeber im Zweifel die Befugnisse geben wollte, die zur Erfüllung der zugewiesenen Aufgaben erforderlich sind[252]. Hiergegen wird eingewandt, daß Art. 32 Abs. 3 GG eine Ausnahmebestimmung sei, die nicht analogiefähig sei[253]. In diesem Zusammenhang wird darauf hingewiesen, daß der Abschluß von völkerrechtlichen Verträgen relativ einfach und auch wirksam zu überwachen sei[254]. Im Unterschied dazu könne eine außervertragliche Betätigung der Länder einer Kontrolle praktisch nicht unterworfen werden[255]. Demgemäß verböte sich ein Analogieschluß[256]. Dem ist entgegenzuhalten, daß ein argumentum a maiore ad minus keineswegs eine Gesetzesanalogie darstellt, sondern lediglich den Inhalt einer Regelung umschreibt. Selbstverständlich sind auch außervertragliche Handlungen der Länder dem Zustimmungsvorbehalt in Art. 32 Abs. 3 GG unterwor-

---

251 Beck, Auslandsbeziehungen der Länder, DÖV 1966, S. 20, 23; Dreher, Die Kompetenzverteilung zwischen Bund und Länder im Rahmen der auswärtigen Gewalt nach dem Bonner Grundgesetz, S. 78 ff.; Jarass, in: Jarass/Pieroth, GG-Komm., Art. 32 Rdnr. 5; Zuleeg, AK-GG, (Hrsg.: R. Wassermann), Art. 32 Rdnr. 23; Fastenrath, Kompetenzverteilung im Bereich der auswärtigen Gewalt, S. 195; Rudolf, Bundesstaat und Völkerrecht, AVR 1989, S. 1, 15, geht von einer Zulässigkeit in Einzelfällen aus.

252 So Dreher, Die Kompetenzverteilung zwischen Bund und Ländern im Rahmen der auswärtigen Gewalt nach dem Bonner Grundgesetz, S. 80.

253 So Reichel, Die auswärtige Gewalt nach dem Grundgesetz für die Bundesrepublik Deutschland, S. 175.

254 Ebd.

255 Ebd.

256 Ebd.

fen. Es ist nicht ersichtlich, warum dem Bund außervertragliches Handeln seiner Länder dauerhaft verborgen bleiben sollte. Es kann mithin keine Rede davon sein, daß der Bund außervertragliches Handeln der Länder nicht "kontrollieren" könne. Nichtvertragliches Handeln eines Bundeslandes, das den außenpolitischen Zielsetzungen der Bundesregierung zuwiderläuft, würde gegen das Prinzip der Bundestreue verstoßen[257] und eine erhebliche Störung der Verfassungsordnung darstellen. Aus den o.g. Gründen sind die Bundesländer bei nichtvertraglichen außenpolitischen Maßnahmen gehalten, eine Zustimmung nach Art. 32 Abs. 3 GG einzuholen, der nach der hier vertretenen Auffassung auch für nichtvertragliche Maßnahmen gilt. Sinn und Zweck der Zustimmung nach Art. 32 Abs. 3 GG ist es, daß die Bundesregierung ihre Kontrollfunktion im Interesse des Bundes effektiv wahrnehmen kann. Dies setzt voraus, daß ein Land für nichtvertragliche außenpolitische Aktivitäten von der Bundesregierung eine Zustimmung zu einem Zeitpunkt einholen muß, wo noch keine vollendeten Tatsachen geschaffen worden sind[258]. Dieser Zeitpunkt ist bei nichtvertraglichen Maßnahmen sehr früh anzusetzen, da politische Akte schon allein durch ihre Vornahme vollendete Tatsache schaffen können.

Gegen eine nichtvertragliche Betätigung der Länder im Bereich von Art. 32 Abs. 3 GG wird weiterhin eingeworfen, daß Art. 32 Abs. 1 GG dem Bund den gesamten Bereich der außenpolitischen Betätigung zuweise[259]. Diese Auffassung kann nicht die Rechtsprechung des BVerfG für sich in Anspruch nehmen. Das BVerfG[260] hat lediglich ausgeführt, daß die Länder außerhalb des Vertragsrechts keinen Anteil an der auswärtigen Gewalt hätten (Art. 32 Abs. 1 bis 3 GG) und demnach in Ausübung der ihnen verbleibenden Vertragsgewalt keine selbständige Außenpolitik betreiben könnten. Damit hat das BVerfG allerdings nicht entschieden, wie die Länder die ihnen in Art. 32

---

257 Fastenrath, Kompetenzverteilung im Bereich der auswärtigen Gewalt, S. 196.

258 Seidel, Die Zustimmung der Bundesregierung zu Verträgen mit auswärtigen Staaten gem. Art. 32 III GG, S. 73.

259 Bernhardt, Der Abschluß völkerrechtlicher Verträge im Bundesstaat, S. 171; Stein, Amtshilfe in auswärtigen Angelegenheiten, S. 31.

260 BVerfGE 2, 347, 379.

Abs. 3 GG eingeräumte Vertragskompetenz wahrnehmen dürfen. Folglich kann nicht gesagt werden, daß die Länder nach der Rechtsprechung das BVerfG im Bereich des Art. 32 Abs. 3 GG keine außervertraglichen Maßnahmen ergreifen dürfen. Daß die Länder durch nichtvertragliche Aktivitäten keine selbständige Außenpolitik betreiben dürfen, versteht sich von selbst. Dies ergibt sich zwangsläufig aus dem Zustimmungsvorbehalt des Art. 32 Abs. 3 GG. Die deutschen Bundesländer dürfen aber sehr wohl eine (unselbständige) Außenpolitik betreiben, die den außenpolitischen Zielen des Bundes nicht zuwiderläuft bzw. sie unterstützt[261].

In einer Zeit, wo das "politische" "soft law" immer mehr an Bedeutung gewinnt, führt eine "übergreifende" Bundeszuständigkeit für außenpolitische Angelegenheiten im Bereich der ausschließlichen Ländermaterien zu einer erheblichen Aushöhlung der bei den Ländern verbliebenen Kompetenzen. Die Ansicht, die nur völkerrechtlich wirksam gewordene Außenpolitik dem Bereich der auswärtigen Gewalt zuordnen will[262], übersieht das politisch-soziologische Faktum, daß die internationalen Beziehungen wesentlich intensiver von den Regeln der Außenpolitik als denen des reinen Völkerrechts bestimmt werden[263]. Aus diesem Grunde bedeutet "Pflege der Beziehungen zu auswärtigen Staaten" in Art. 32 Abs. 1 GG Handeln im Bereich der Völkerrechtsordnung[264]. Hierunter fällt auch die allgemein außenpolitische Tätigkeit[265].

---

261 Beck, Auslandsbeziehungen der Länder, DÖV 1966, S. 20, 23; Dreher, Die Kompetenzverteilung zwischen Bund und Ländern im Rahmen der auswärtigen Gewalt nach dem Bonner Grundgesetz, S. 78 ff.; Fastenrath, Kompetenzverteilung im Bereich der auswärtigen Gewalt, S. 192 ff.

262 So Reichel, Die auswärtige Gewalt nach dem Grundgesetz für die Bundesrepublik Deutschland, S. 24; Harupa, Das Verhältnis zwischen Bund und Ländern im Bereich der auswärtigen Gewalt, S. 4.

263 Dreher, Die Kompetenzverteilung zwischen Bund und Ländern im Rahmen der auswärtigen Gewalt nach dem Bonner Grundgesetz, S. 4; Rojahn, in: v. Münch, GG-Komm., Art. 32 Rdnr. 2; Weiß, Auswärtige Gewalt und Gewaltenteilung, S. 61.

264 v. Mangoldt/Klein, BGG, Art. 32 Anm. III 3 a; Mosler, Die auswärtige Gewalt im Verfassungssystem der Bundesrepublik Deutschland, S. 259; Rojahn, in: v. Münch, GG-Komm., Art. 32 Rdnr. 18.

265 v. Mangoldt/Klein, BGG, Art. 32 Anm. III 3 a.

(d) *Auslandsrundfunk*

(aa) *Kompetenzfragen*

Wie bereits dargelegt wurde, kann der Bund bei der Mitarbeit in der UNESCO Fragen des kulturellen Inlandsrundfunks lediglich kraft Ermächtigung durch die Länder regeln. Anders liegen die Dinge beim Auslandsrundfunk. Hier ist der Bund berechtigt, Rundfunksendungen ins Ausland auszustrahlen, um die Bundesrepublik Deutschland nach außen hin zu repräsentieren und um Verständnis für deutsche Belange zu werben. Im Schrifttum[266] wird im Bereich des Auslandsrundfunks - mit unterschiedlichen Begründungen - eine Bundeskompetenz befürwortet. Eine Bundesrepräsentanz im Ausland durch den Rundfunk könnte auf der Grundlage der föderalistischen Theorie allenfalls durch eine bündische Rundfunkanstalt[267] gewährleistet werden. Hiergegen spricht, daß die Länder keine Zuständigkeit dafür besitzen, den Bund als staatliche Einheit zu repräsentieren. Dies kann weder ein einzelnes Land leisten, noch können die Länder in ihrer Gesamtheit den Bund nach außen hin vertreten. Vielmehr beschränkt sich die Kompetenz der Länder auf die Vertretung des eigenen Landes; nur dieses darf im Grunde durch den Rundfunk nach außen vertreten werden. Denn es liegt in der Natur der Sache, daß ein Gliedstaat nur für sich handeln kann und nicht für die gesamte staatliche Einheit. Weiterhin liegt es in der Natur der Sache, daß sich

---

266 Dittmann, Die Bundesverwaltung, S. 145; Gabriel-Bräutigam, Rundfunkkompetenz und Rundfunkfreiheit, S. 167 f.; Herrmann, Fernsehen und Hörfunk in der Verfassung der Bundesrepublik Deutschland, S. 272; Giese, Die Rundfunkkompetenz in der Bundesrepublik, DÖV 1953, S. 587, 593; Krause, Die Zuständigkeit zur Ordnung des Rundfunkwesens in der Bundesrepublik Deutschland, S. 99 f.; Krause-Ablaß, Die Bedeutung des Fernsehurteils des Bundesverfassungsgerichts für die Verfassung des deutschen Rundfunks, JZ 1962, S. 158; Lerche, Zum Kompetenzbereich des Deutschlandfunks, S. 14 ff.; Pieroth, in: Jarass/Pieroth, GG-Komm., Art. 73 Rdnr. 3; Mallmann, Einige Bemerkungen zum heutigen Stand des Rundfunkrechts, JZ 1963, S. 350, 352; Rojahn, in: v. Münch, GG-Komm., Art. 32 Rdnr. 22 b; Remmele, Die Selbstdarstellung der Bundesrepublik Deutschland im Ausland als Problem des Staats- und Völkerrechts, S. 17 ff.; Tillmanns/Hein, Verfassungsrechtliche Probleme bei der Finanzierung der Bundesrundfunkanstalten, DVBl. 1990, S. 91, 95 f.; Wufka, Die verfassungsrechtlich-dogmatischen Grundlagen der Rundfunkfreiheit, S. 105.

267 Entsprechende Pläne konnten sich nicht durchsetzen, vgl. Giese, Die Rundfunkkompetenz in der Bundesrepublik, DÖV 1953, S. 587.

der Gesamtstaat in kultureller Hinsicht nach außen hin am effektivsten selber darstellen kann. Allerdings ist zu berücksichtigen, daß eine klare Abgrenzung zwischen einer "Landeskultur" und einer "Bundeskultur" im Einzelfall nur schwer oder gar nicht vorgenommen werden kann.

Aus den o.g. Gründen überrascht es nicht, daß im Schrifttum allgemein davon ausgegangen wird, daß der Gesamtstaat das Recht habe, einen Auslandsrundfunk zu betreiben. Das BVerfG hat bisher, soweit ersichtlich ist, nicht ausdrücklich zu der Frage Stellung genommen, ob der Bund von Verfassung wegen einen Auslandsrundfunk betreiben darf. In der Deutschland-Fernsehen-GmbH-Entscheidung ließ das BVerfG[268] offen, ob der Bund unter dem Gesichtspunkt der Verwaltungskompetenzen Rundfunk für das Ausland veranstalten dürfe. Immerhin geht das BVerfG[269] davon aus, daß es sich rechtfertigen lasse, Bundesinstitutionen zur Veranstaltung von Rundfunksendungen zu schaffen, die ausschließlich oder doch ganz überwiegend für das Ausland oder für die Deutschen bestimmt seien, die außerhalb der Bundesrepublik Deutschland wohnten. Zugleich betont das BVerfG[270], daß die Verwaltungskompetenzen des Bundes nicht weiter gehen dürften als seine Gesetzgebungsbefugnisse. Dies bedeutet, daß der Bund nach der Rechtsprechung des BVerfG lediglich im Rahmen der Zuständigkeiten für die auswärtige Gewalt einen Auslandsrundfunk betreiben darf. Nach der föderalistischen Theorie zu Art. 32 Abs. 3 GG ist der Gesamtstaat nicht berechtigt, sich über den Auslandsrundfunk in die Bereiche der Länder einzumischen, die diesen nach Art. 32 Abs. 3 GG garantiert worden sind.

(bb) Inhalte von Bundesauslandsrundfunksendungen

Da das Bundesverfassungsgericht bisher noch nicht ausdrücklich zur verfassungsrechtlichen Zulässigkeit eines Auslandsrundfunks zu judizieren brauchte, werden im Schrifttum höchst unterschiedliche Auffassungen zu Fragen der organisatorischen Ausgestaltung und der

---

268 BVerfGE 12, 205, 250.

269 Ebd.

270 Ebd.

möglichen Sendeinhalte des Auslandsrundfunks vertreten. Teilweise wird angenommen, daß der Bund im Rahmen der auswärtigen Gewalt keine Zuständigkeit für eine Ansehensförderung und Leistungssteigerung der Außenpolitik habe[271]. Begründet wird diese Auffassung damit, daß ein Bundesauslandsrundfunk im Ergebnis auf eine Allzuständigkeit der auswärtigen Gewalt sub specie der auswärtigen Politik hinauslaufen würde[272]. Zulässig sei dagegen eine "Meinungspflege" des Bundes im Rahmen der auswärtigen Gewalt[273]. Die "Meinungspflege" des Bundes beinhalte die Bekanntgabe und propagandistische Verfechtung der amtlichen Meinungen, Pläne und Maßnahmen, die Darstellung und Erläuterung der deutschen Auffassung zu wichtigen Fragen[274]. Dies allein könne Aufgabe eines der auswärtigen Gewalt eingegliederten Senders und Gegenstand einer über Teilaspekte und Einzelfragen hinausgehenden Regelung nach Art. 73 Nr. 1 GG sein[275].

Gegen die oben dargelegte Auffassung spricht, daß der Bund danach gehalten wäre, einen amtlichen "Bulletin-Rundfunk" zu betreiben, der seine Einschaltquoten allenfalls durch propagandistische Mittel steigern könnte. Eine strikte Trennung der "Meinungspflege" von der Repräsentation des Bundes nach außen ist praktisch nicht durchführbar. Vielmehr ist es so, daß die Verlautbarung der Auffassung der Bundesregierung über amtliche Pläne und Maßnahmen sowie die Darstellung der deutschen Auffassung zu wichtigen Fragen zugleich auch eine Repräsentanz des Staates mittels des Rundfunks ist. Aus diesem Grunde sollte auf den Begriff "Meinungspflege" ganz verzichtet werden, da er nicht geeignet ist, einen wertvollen Beitrag zur Lösung von Kompetenzproblemen zu leisten. Ferner ist es nicht zutreffend, daß eine Bundesrundfunkanstalt, die mit der Aufgabe betraut

---

271 Krüger, Der Rundfunk im Verfassungsgefüge und in der Verwaltungsordnung von Bund und Ländern, S. 72; Mallmann, Einige Bemerkungen zum heutigen Stand des Rundfunkrechts, JZ 1963, S. 350, 352.

272 Ebd.

273 Ebd.; Gabriel-Bräutigam, Rundfunkkompetenz und Rundfunkfreiheit, S. 168.

274 Mallmann, Einige Bemerkungen zum heutigen Stand des Rundfunkrechts, JZ 1963, S. 350, 352.

275 Ebd.

ist, Deutschland nach außen zu vertreten, auf eine Allzuständigkeit der auswärtigen Gewalt sub specie der auswärtigen Politik hinausliefe, die die Zuständigkeitsverteilung zwischen Bund und Ländern praktisch aufhöbe[276]. Diese Argumentation verkennt, daß eine klare Kompetenzaufteilung im Bereich der Informationszuständigkeiten mangels konkreter Regelungsmöglichkeit der zu verbreitenden Informationen nur schwer zu erzielen ist[277]. Zu Recht wird darauf hingewiesen, daß Öffentlichkeitsarbeit über die nationalen Grenzen hinaus ein unentbehrliches Mittel der Außenpolitik ist[278]. Es liegt im Wesen des politischen Handelns - insbesondere im außenpolitischen Bereich -, daß keine verbindliche Festlegungen erfolgen. Dies macht bereits innerstaatlich eine kompetenzielle Zuordnung politischer Aussagen sehr schwer bzw. unmöglich[279]. Aber selbst wenn man anderer Auffassung ist und eine kompetenzielle Zuordnung im Bereich der auswärtigen Öffentlichkeitsarbeit für möglich hält, ist folgendes zu berücksichtigen: Auch rein landesspezifische Angelegenheiten werden im Ausland in der Regel als Angelegenheiten des Gesamtstaates angesehen. Dies gilt um so mehr, als im Ausland ganz überwiegend nur der Gesamtstaat berechtigt ist, am internationalen Verkehr teilzunehmen. Das Ausland wird daher in aller Regel landespolitische Ereignisse dem Völkerrechtssubjekt Deutschland zurechnen und nicht nur einem Gliedstaat. Zumindest der zuletzt genannte Gesichtspunkt zeigt, daß ein bundesrechtlich organisierter Auslands-

---

276 So Krüger, Der Rundfunk im Verfassungsgefüge und in der Verwaltungsordnung von Bund und Ländern, S. 72; Mallmann, Einige Bemerkungen zum heutigen Stand des Rundfunkrechts, JZ 1963, S. 350, 352.

277 Lübbe-Wolff, Rechtsprobleme der behördlichen Umweltberatung, NJW 1987, S. 2705, 2708.

278 Dittmann, Die Bundesverwaltung, S. 145.

279 BVerwG, NJW 1991, S. 1770, 1772; Pieroth, in: Jarass/Pieroth, GG-Komm., Art. 30 Rdnr. 3; Kremser, Das Äußerungsrecht der Bundesregierung hinsichtlich der sog. neuen Jugendsekten und neuen Jugendreligionen im Lichte von Art. 4 I und II GG, ZevKR 1994, S. 160, 183; Lerche, M-D, GG-Komm., Art. 83 Rdnr. 105; a.A. Heintzen, der davon ausgeht, daß die Art. 30 ff. GG immer dann einschlägig seien, wenn der Staat planmäßig, unter Einsatz von Geld- und Verwaltungsmitteln und mit Außenwirkung ein bestimmtes Informationsziel verfolge, ders., Hoheitliche Warnungen und Empfehlungen im Bundesstaat, NJW 1990, S. 1448, 1449.

rundfunk unumgänglich ist, um den Informationserwartungen im Ausland gerecht werden zu können.

Das Schrifttum[280] geht überwiegend davon aus, daß der Bund nach Art. 73 Nr. 1 GG eine umfassende Selbstdarstellung durch Rundfunksendungen in das Ausland vornehmen dürfe. Nach dieser Ansicht war die Bundesrepublik Deutschland kraft eigenen Rechts als Gesamtstaat berechtigt, bei kulturellen Fragen des Auslandsrundfunks im Zusammenhang mit der Mediendeklaration 1978 mitzuwirken.

(cc) Art. 5 Abs. 1 Satz 2 GG

Ob und inwieweit die Vorgaben der grundgesetzlichen Rundfunkfreiheit für den reinen Auslandsrundfunk gelten, ist allerdings nicht unumstritten. Gegen die Geltung von Art. 5 Abs. 1 Satz 2 GG zugunsten eines Auslandsrundfunks wird man nicht einwenden können, daß die grundgesetzliche Rundfunkfreiheit an den deutschen Grenzen ende. Nach Art. 1 Abs. 3 GG gilt die Grundrechtsbindung auch gegenüber Auswirkungen der inländischen öffentlichen Gewalt im Ausland bzw. bei Aktivitäten dieser Gewalt im Ausland[281]. Hieraus folgt, daß Art. 5 Abs. 1 Satz 2 GG zumindest für die Deutschen im Ausland Anwendung findet. Da die grundgesetzliche Rundfunkfreiheit kein Deutschen-Grundrecht, sondern ein Jedermann-Grundrecht ist, gilt sie auch für Ausländer, die im Ausland den deutschen Auslandsrundfunk hören bzw. sehen[282].

---

280 Dittmann, Die Bundesverwaltung, S. 145; Herrmann, Fernsehen und Hörfunk in der Verfassung der Bundesrepublik Deutschland, S. 272; Giese, Die Rundfunkkompetenz in der Bundesrepublik DÖV 1953, S. 587, 593; Lerche, Zum Kompetenzbereich des Deutschlandsfunks, S. 14; Krause, Die Zuständigkeit zur Ordnung des Rundfunkwesens in der Bundesrepublik Deutschland, S. 99 f.; Rojahn in: v. Münch, GG-Komm., Art. 32 Rdnr. 22 b; Remmele, Die Selbstdarstellung der Bundesrepublik Deutschland im Ausland durch den Rundfunk als Problem des Staats- und Völkerrechts, S. 15 ff.

281 Jarass, in: Jarass/Pieroth, GG-Komm., Art. 1 Rdnr. 20.

282 Deutsche Welle übernimmt Auslandssendungen, FAZ v. 1.07.1993, S. 6; Deutsches Auslandsfernsehen jederzeit und überall, FAZ v. 12.11.1994. S. 11.

(aaa) Theorie von der Nichtgeltung der grundgesetzlichen Rundfunkfreiheit beim Auslandsrundfunk

Im Schrifttum[283] wird teilweise die Ansicht vertreten, daß das Regime des Art. 5 Abs. 1 Satz 2 GG nur auf den inländischen Rundfunk zugeschnitten sei. Eine Übertragung der Grundsätze des Art. 5 Abs. 1 Satz 2 GG auf den Auslandsrundfunk sei mit seinem spezifischen Programmauftrag nicht vereinbar[284]. Die in Art. 5 Abs. 1 Satz 2 GG geforderte Staatsferne und Pluralität der Rundfunkorganisation gründe sich im wesentlichen auf die besondere Mächtigkeit, die dem Rundfunk als Faktor der öffentlichen und politischen Meinungsbildung zukomme und auf die nur begrenzte Anzahl von Rundfunkveranstaltern[285]. Diese Gesichtspunkte ließen sich nicht auf den Auslandsrundfunk übertragen, da dieser für die innerstaatliche Meinungsbildung keine Rolle spiele und folglich auch kein Integrationsfaktor für die grundgesetzliche Verfassungsordnung sei[286]. Auch wenn die Auslandssendungen in der Bundesrepublik zu empfangen seien, könnten sie keineswegs das öffentliche Leben in Deutschland beeinflussen, da sie nicht auf die Bedürfnisse der inländischen Rundfunkteilnehmer zugeschnitten seien[287]. Der Bundesrepublik stehe es auch nicht zu, eine Rundfunkordnung i.S.v. Art. 5 Abs. 1 Satz 2 GG im Ausland anzustreben; schon gar nicht sei sie dazu rechtlich verpflichtet[288]. Eine Freiheit der Berichterstattung durch Rundfunk i.S.v. Art. 5 Abs. 1 Satz 2 GG sei bei Auslandssendern nicht möglich, da diese aufgrund ihres Sendeauftrags, Deutschland nach außen hin zu repräsentieren, tendenziell vom Staat in die Pflicht genommen

---

283 Dittmann, Die Bundesverwaltung, S. 147 f.; Berendes, Die Staatsaufsicht über den Rundfunk, S. 112 ff.; Ossenbühl, Rundfunkfreiheit und die Finanzautonomie des Deutschlandsfunks, S. 12 f.

284 Dittmann, Die Bundesverwaltung, S. 147.

285 Ebd.

286 Ebd.

287 Remmele, Die Selbstdarstellung der Bundesrepublik Deutschland im Ausland durch den Rundfunk als Problem des Staats- und Völkerrechts, S. 44 f.

288 Dittmann, Die Bundesverwaltung, S. 147.

werden könnten[289]. Auslandsrundfunk sei eine reine Staatsaufgabe und könne deshalb nicht am Schutz des Art. 5 Abs. 1 Satz 2 GG teilnehmen[290]. Die Tätigkeit des Auslandsrundfunks wirke nicht nur auf die Außenpolitik ein, sondern verkörpere selbst ein Stück Außenpolitik[291]. Die Repräsentanz der Bundesrepublik Deutschland nach außen, die Pflege der auswärtigen Beziehungen sowie der Bereich vorbereitender Handlungen für derartige Tätigkeiten sei nach Art. 32, 59, 65, 73 Nr. 1, 87 Abs. 1 Satz 1 GG allein Sache staatlicher Stellen[292]. Handele es sich beim Auslandsrundfunk um eine Tätigkeit, die zum ureigensten Bereich des Staates gehöre, könne Art. 5 Abs. 1 GG nicht zum Tragen kommen, da dieser nur Bereiche schütze, in denen private, staatsfreie Tätigkeiten denkbar seien[293]. Ferner sei zu bedenken, daß Grundrechte Abwehrrechte des Bürgers gegenüber dem Staat seien[294]. Der Staat selbst könne nicht Grundrechtsträger sein[295]. Der objektiv-rechtliche Gehalt des grundgesetzlichen Rundfunks gälte nicht für den Auslandsrundfunk, da dieser gezielt für fremde Staaten arbeite[296]. Solange Auslandssender im Inland praktisch kaum zur Kenntnis genommen würden, nähmen sie folglich nicht an der institutionellen Garantie des Art. 5 Abs. 1 Satz 2 GG teil[297]. Sie unterlägen deshalb nicht den strukturellen Anforderungen, die das Bundesverfassungsgericht für die Inlandssender auf-

---

289 Ebd.; Remmele, Die Selbstdarstellung der Bundesrepublik Deutschland im Ausland durch den Rundfunk als Problem des Staats- und Völkerrechts, S. 19.

290 Remmele, Die Selbstdarstellung der Bundesrepublik Deutschland im Ausland durch den Rundfunk als Problem des Staats- und Völkerrechts, S. 42 ff.

291 Ebd., S. 42; Berendes, Die Staatsaufsicht über den Rundfunk, S. 111 u. 113; Leisner, Öffentlichkeitsarbeit der Regierung im Rechtsstaat, S. 118; Ossenbühl, Rundfunkfreiheit und die Finanzautonomie des Deutschlandfunks, S. 5.

292 Remmele, Die Selbstdarstellung der Bundesrepublik Deutschland im Ausland durch den Rundfunk als Problem des Staats- und Völkerrechts, S. 42.

293 Ebd., S. 43.

294 Ebd.

295 Ebd.

296 Ebd., S. 44.

297 Ebd., S. 45.

gestellt habe[298]. Staatsfreiheit, Repräsentanz aller gesellschaftlich relevanten Gruppen in den Rundfunkorganen und Ausgewogenheit der Programme - all diese Grundsätze seien für den Betrieb von Auslandssendern verfassungsrechtlich folglich nicht vorgeschrieben[299].

(bbb) Lehre von der Einbeziehung des deutschen Auslandsrundfunks in den Schutzbereich von Art. 5 Abs. 1 Satz 2 GG

Eine neue, im Vordringen befindliche Auffassung möchte demgegenüber auch den Auslandsrundfunk in den Schutzbereich von Art. 5 Abs. 1 Satz 2 GG einbeziehen[300]. Der Sendeauftrag des Auslandsrundfunks, die "deutsche Auffassung" im Ausland zu verbreiten, führe nicht dazu, daß eine besondere Staatsnähe verlangt werden müsse[301]. Die "deutsche Auffassung" zu wichtigen Fragen erschöpfe sich nicht in Regierungskommentaren zu Tages- oder Grundsatzfragen oder in sonstigen Verlautbarungen aus Bundesmunde[302]. In einer demokratischen und freien Ordnung könne es "die deutsche Auffassung" nicht geben[303].

(ccc) Stellungnahme

Es gehört zu dem unabdingbaren Grundversorgungsauftrag des Auslandsrundfunks, das Ausland möglichst umfassend über Ereignisse und Entwicklungen in Deutschland zu informieren. Dies gilt

---

298 Ebd.

299 Ebd.

300 Ihlefeld, Verfassungsrechtliche Fragen im Zusammenhang mit dem Deutschlandfunk, ZUM 1987, S. 604, 607; Niepalla, Rundfunkfreiheit für die Deutsche Welle?, ZUM 1993, S. 109, 113 ff.; Tillmanns/Hein, Verfassungsrechtliche Probleme bei der Finanzierung der Bundesrundfunkanstalten, DVBl. 1990, S. 91, 94 f.; Lerche, Zum Kompetenzbereich des Deutschlandfunks, S. 16 f.

301 Niepalla, Rundfunksfreiheit für die Deutsche Welle?, ZUM 1993, S. 109, 113.

302 Ebd.; Lerche, Zum Kompetenzbereich des Deutschlandfunks, S. 16 f.

303 Niepalla, Rundfunkfreiheit für die Deutsche Welle?, ZUM 1993, S. 109, 113.

insbesondere im Hinblick auf die Auslandsdeutschen, die häufig nur über den deutschen Auslandsfunk aktuelle Informationen über Deutschland erhalten. Im Hinblick auf diese Monopolsituation des Auslandsrundfunks ist eine umfassende und ausgewogene Berichterstattung von besonderer Bedeutung. Ein Teil der Auslandsdeutschen ist nach Maßgabe des § 12 Abs. 2 Bundeswahlgesetz wahlberechtigt. Die Ausübung dieses Wahlrechtes setzt voraus, daß die Auslandsdeutschen über die politische Entwicklung in Deutschland umfassend informiert werden. Hierfür ist der Auslandsrundfunk ein wichtiges Medium. Durch seine Beeinflussungsmöglichkeit auf das Wahlverhalten der Auslandsdeutschen ist der deutschsprachige Auslandsrundfunk zweifellos ein Faktor für die innenpolitische Entwicklung in Deutschland. Im übrigen werden die Programme des deutschen Auslandsrundfunks auch im Inland gehört[304]. Durch die Nutzung der Satellitentechnik wurde die Empfangsmöglichkeit der Sendungen des deutschen Auslandsfunks, auch im Inland, erheblich verbessert[305]. Aufgrund der o.g. tatsächlichen Sachlage geht es nicht an, den Auslandsrundfunk nicht dem Regime des Art. 5 Abs. 1 Satz 2 GG zu unterstellen.

Einfach-rechtliche Bestimmungen, die den Programmauftrag ausschließlich für das Ausland vorschreiben[306], sind nicht in der Lage, den Anwendungsbereich der grundgesetzlichen Rundfunkfreiheit von vornherein zu begrenzen. Im übrigen gelten die Grundrechte überall dort, wo sich das Handeln deutscher Stellen auswirkt, also auch im Ausland[307]. Es ist nicht ersichtlich, daß sich eine Grundrechtsgeltung zugunsten des Auslandsrundfunks nicht mit seinem spezifischen Programmauftrag in Einklang bringen läßt. Vielmehr kann die Bundesregierung über das Verlautbarungsrecht ihren außenpolitischen Standpunkt weltweit zur Geltung bringen.

---

304 Niepalla, Rundfunkfreiheit für die Deutsche Welle?, ZUM 1993, S. 109, 115.

305 Ebd.

306 Vgl. § 1 Abs. 1 Bundesrundfunkgesetz. Das für den 1.1.1995 geplante neue Gesetz über den deutschen Auslandsrundfunk (der Gesetzentwurf ist abgedruckt in: BT-Drs. 12/7401 v. 27.4.1994) scheiterte am Widerstand des Bundesrates.

307 Jarass, in: Jarass/Pieroth, GG-Komm., Art. 1 Rdnr. 20.

Art. 5 Abs. 1 Satz 2 GG enthält keine Aussage des Inhalts, daß die Rundfunkfreiheit nur den deutschsprachigen Rundfunk schützt. Hieraus folgt, daß der sachliche Geltungsbereich der grundgesetzlichen Rundfunkfreiheit auch fremdsprachige Programme umfaßt. Da die Grundrechte, wie ausgeführt, auch die Auswirkungen deutscher staatlicher Stellen im Ausland schützen[308], kommen sie auch den Ausländern zugute, die die überwiegend fremdsprachigen Programme des deutschen Auslandsrundfunks im Ausland empfangen. Eine solche exterritoriale Geltung von Art. 5 Abs. 1 Satz 2 GG greift nicht in die Rundfunkordnung auswärtiger Staaten ein. Diese können ihre eigene Rundfunkordnung völlig autonom gestalten. Da nach dem Völkergewohnheitsrecht jeder Staat das Recht hat, Funkwellen über die Staatsgrenzen hinweg auszustrahlen[309], muß es die internationale Staatengemeinschaft hinnehmen, daß die Bundesrepublik Deutschland weltweit Sendungen in den Äther schickt, die den Anforderungen der Rundfunkfreiheitsgarantie in Art. 5 Abs. 1 Satz 2 GG gerecht werden. Würde die Bundesrepublik Deutschland einen Auslandsrundfunk betreiben, der nicht dem Freiheitsgehalt in Art. 5 Abs. 1 Satz 2 GG entspräche, wäre sie im Rahmen der Mitarbeit in internationalen Organisationen nicht legitimiert, für eine weltweite Anerkennung der Rundfunkfreiheit einzutreten.

(dd) Ergebnis

Aus den obigen Ausführungen folgt, daß die Bundesrepublik auch auf der Grundlage der föderalistischen und erst recht der zentralistischen Theorie dafür zuständig war, auf eine freie Rundfunkordnung i.S.v. Art. 5 Abs. 1 GG im Bereich des Auslandsrundfunks hinzuwirken, der die Repräsentanz des Gesamtstaates zum Gegenstand hat.

---

308 Ebd.

309 Verdross/Simma, Universelles Völkerrecht, S. 665; Seidl-Hohenveldern, Völkerrecht, S. 264 f.; Pracht, Die grenzüberschreitende Informations- und Rundfunkfreiheit, S. 26 ff.; a.A. Gishart, Funkrecht im Luftverkehr, S. 129 ff.; Smith, International Telecommunication Control, S. 2 f.

(e) Grenzüberschreitender Rundfunk

Von der Zuständigkeitsfrage hinsichtlich des Auslandsrundfunks ist die Kompetenzfrage für den grenzüberschreitenden Rundfunk zu unterscheiden. Hierbei handelt es sich um Inlandsrundfunk, für den die Länder in kulturrechtlicher Hinsicht zuständig sind. Auch grenzüberschreitender Rundfunk deutscher Sender unter Beteiligung ausländischer Rundfunkanstalten (3 SAT, arte) ist kein Auslandsrundfunk i.S.v. Art. 73 Nr. 1 GG, da sich der Auslandsrundfunk dadurch auszeichnet, daß er sein Publikum jenseits der deutschen Staatsgrenzen sucht[310]. Trotz der inländischen Empfangsmöglichkeit ist der Auslandsrundfunk speziell auf die Bedürfnisse der Hörer des ausländischen Empfangsgebiets zugeschnitten. Demgegenüber sind grenzüberschreitende Kooperationsprogramme keineswegs nur auf eine bestimmte ausländische Zielgruppe ausgerichtet. Gemeinschaftsprogramme wie 3 SAT, arte, Eurovision wenden sich vielmehr stets an das gesamte inländische und an das zugeschaltete ausländische Publikum. Im Hinblick auf den Programmauftrag für das Inland sind nach Art. 30, 70 GG die Länder zum Abschluß von Staatsverträgen über das Betreiben grenzüberschreitender Gemeinschaftsprogramme zuständig[311], soweit es um kulturrechtliche Rundfunkfragen geht.

Aus dem oben Gesagten folgt, daß die Länder nach der föderalistischen Theorie im Rahmen der Mitarbeit in der UNESCO für die Regelung von kulturrechtlichen Fragen zuständig sind, die den grenzüberschreitenden Rundfunk mit Inlandsauftrag betreffen.

---

310 Remmele, Die Selbstdarstellung der Bundesrepublik Deutschland im Ausland durch den Rundfunk als Problem des Staats- und Völkerrechts, S. 1.

311 A.A. Gabriel-Bräutigam, Rundfunkkompetenz und Rundfunkfreiheit, S. 159, die eine Bundeskompetenz annimmt, die auf die Länder übertragen werden könne; nach einer Expertise des Bundesinnenministeriums zur Rechtsproblematik des Fernsehsenders 3 SAT wäre die "rechtlich sauberste Lösung" darin zu sehen, wenn der Bund nach Art. 71 GG dazu ermächtigt würde, den grenzüberschreitenden Rundfunk zu regeln, FUNK-Korrespondenz Nr. 44 v. 31.10.1985, S. D 3.

cc) Lindauer Abkommen

Das Bundesverfassungsgericht hat bisher noch nicht die Gelegenheit gehabt, zu der Frage Stellung zu nehmen, ob Art. 32 Abs. 3 GG eine übergreifende Bundeskompetenz im Bereich der auswärtigen Gewalt ausschließen möchte oder nicht. Die Praxis hat den Theorienstreit zu Art. 32 GG pragmatisch durch das sog. Lindauer Abkommen[312] vom 14. November 1957 gelöst.

(1) Inhalt

Ziffer 1 des Lindauer Abkommens stellt zunächst klar, daß der Bund und die Länder an ihren "bekannten" Rechtsauffassungen zu Art. 32 GG festhalten. Der Bund favorisiert naturgemäß die zentralistische Theorie. Nach seiner Rechtsauffassung hat der Gesamtstaat nicht nur ein übergreifendes Vertragsabschlußrecht im Bereich aller Länderkompetenzen, sondern darüber hinaus auch noch eine umfassende Transformationskompetenz[313]. Hätte der Verfassungsgeber ein Auseinanderfallen von Abschluß- und Transformationskompetenz gewollt, hätte er sie - so das Auswärtige Amt - eingehend regeln müssen[314]. Die Länder Baden-Württemberg, Bayern, Hessen und Nordrhein-Westfalen sind der Ansicht, daß der Bund nur dort eine Abschlußkompetenz habe, wo ihm in den Art. 70 ff. GG Kompetenzen zugewiesen worden seien, wobei Art. 73 Nr. 1 GG eng ausgelegt wird[315]. Rheinland-Pfalz machte sich die o.g. Auffassung mit der Maßgabe zu eigen, daß eine Ausnahme bei Integrationsverträgen nach Art. 24 GG a.F., bei Friedensschlüssen und bei Verträgen, bei denen ein überwiegendes Interesse des Bundes vorliege, landespoliti-

---

312 Text: Hartung, Die Praxis des Lindauer Abkommens, S. 170 f.; Maunz, M-D, GG-Komm., Art. 32 Rdnr. 45; Bernhardt, Verfassungsrecht und völkerrechtliche Verträge, S. 583 f.

313 Fastenrath, Kompetenzverteilung im Bereich der auswärtigen Gewalt, S. 116; siehe auch das Schreiben des Auswärtigen Amtes vom 28.9.1955, abgedr. in: Hirsch, Kulturhoheit und Auswärtige Gewalt, S. 70.

314 Siehe das Schreiben vom Auswärtigen Amt an den Vorsitzenden des Bundesrates vom 28.9.1955, abgedr. in: Hirsch, Kulturhoheit und Auswärtige Gewalt, S. 70.

315 Fastenrath, Kompetenzverteilung im Bereich der auswärtigen Gewalt, S. 116 f.

sche Belange zurückzutreten hätten[316]. Die norddeutschen Länder Bremen, Hamburg, Niedersachsen und Schleswig-Holstein gehen demgegenüber von einem Auseinanderfallen von Abschluß- und Transformationskompetenz aus[317]. Nach dieser "norddeutschen Lösung" hat der Bund ein unbeschränktes Abschlußrecht; hinsichtlich der ausschließlichen Ländermaterien ist die innerstaatliche Umsetzung allein Sache der Länder[318]. Hinsichtlich der neuen Bundesländer bleibt abzuwarten, welche Lösungsmodelle favorisiert werden. Tendenziell neigen die neuen Bundesländer dazu, ihre Eigenstaatlichkeit zu betonen. Berlin (West) vertrat die zentralistische Theorie[319]. Dieser Umstand hängt mit der früheren Rechtslage in Berlin zusammen, wo das deutsche Staatsrecht vom Besatzungsrecht überlagert war[320].

Ziffer 2 des Lindauer Abkommens regelt Abgrenzungsprobleme, wenn die Vertragskompetenz des Bundes typischerweise in Länderzuständigkeiten ausstrahlt[321].

Ziffer 3 des Lindauer Abkommens legt fest, daß beim Abschluß von Staatsverträgen, die nach der Auffassung der Länder deren ausschließliche Kompetenz berühren und die nicht nach Ziff. 2 durch die Bundeskompetenz gedeckt sind, insbesondere also Kulturabkommen, einem Abstimmungsverfahren zu unterziehen sind. Hinsichtlich völkerrechtlicher Verträge, die auf Gebieten der ausschließlichen Zuständigkeiten der Länder eine Verpflichtung des Bundes oder der Länder begründen sollen, soll das Einverständnis der Länder herbeigeführt werden. Dieses Einverständnis soll vorliegen, bevor die Verpflichtung völkerrechtlich verbindlich wird. Falls die Bundesregierung einen solchen Vertrag dem Bundesrat nach Art. 59 Abs. 2 GG zuleitet, wird sie die Länder zum gleichen Zeitpunkt um die Erteilung des Einverständisses bitten.

---

316 Ebd.

317 Ebd.

318 Ebd.

319 Ebd., S. 116; Hartung, Die Praxis des Lindauer Abkommens, S. 66.

320 Hartung, Die Praxis des Lindauer Abkommens, S. 67.

321 Blumenwitz, Der Schutz innerstaatlicher Rechtsgemeinschaften beim Abschluß völkerrechtlicher Verträge, S. 101.

Ziffer 4 des Lindauer Abkommens sieht vor, daß bei Verträgen, welche die Interessen der Länder berühren, gleichgültig, ob sie die ausschließliche Kompetenz der Länder betreffen oder nicht, die Länder möglichst frühzeitig über den beabsichtigten Abschluß derartiger Verträge unterrichtet werden, damit sie rechtzeitig ihre Wünsche geltend machen können. Hierzu wird ein ständiges Gremium aus Vertretern der Länder gebildet, das als Gesprächspartner für das Auswärtige Amt oder den sonst zuständigen Fachressorts des Bundes im Zeitpunkt der Aushandlung internationaler Verträge zur Verfügung steht.

Ziffer 5 des Lindauer Abkommens legt schließlich fest, daß Art. 32 Abs. 2 GG durch Ziffer 4 nicht erfaßt ist.

(2) Rechtliche Bewertung

Hinsichtlich der rechtlichen Bewertung des Lindauer Abkommens ist zunächst zu konstatieren, daß es nach seinem Wortlaut nur für völkerrechtliche Verträge Anwendung findet. Es fehlt eine Regelung für die Fälle, wo die Bundesrepublik Deutschland bei der Ausarbeitung von internationalen Konsenserklärungen beteiligt ist, die oft erst nach langen und zähen Verhandlungen zustande kommen. Wie bereits ausgeführt wurde, handelt es sich bei den o.g. Erklärungen nicht um echte völkerrechtliche Verträge. Gleichwohl können internationale Konsensäußerungen aufgrund von "Zwängen" eine Relevanz erlangen, die verbindlichen völkerrechtlichen Verträgen vergleichbar ist[322]. Da das "soft law" erst in letzter Zeit zunehmend an Bedeutung gewonnen hat, ist es nicht erstaunlich, daß es in dem Lindauer Abkommen aus dem Jahre 1957 keine Regelung erfahren hat. Im Ergebnis läuft das Lindauer Abkommen darauf hinaus, daß der Bund eine umfassende Abschlußkompetenz hat[323].

---

322 Wengler, Rechtsvertrag, Konsensus und Absichtserklärung im Völkerrecht, JZ 1976, S. 193, 197.

323 Seidel, Die Zustimmung der Bundesregierung zu Verträgen der Bundesländer mit auswärtigen Staaten gem. Art. 32 III GG, S. 44; Fastenrath, Kompetenzverteilung im Bereich der auswärtigen Gewalt, S. 119.

(a) Verfassungsmäßigkeit

Gegen das Lindauer Abkommen werden verfassungsrechtliche Bedenken geäußert. Es wird die Ansicht vertreten, daß die Zuständigkeitsordnung des Grundgesetzes erschöpfend festgelegt sei[324]. Bund und Länder könnten über ihre Kompetenzen nicht verfügen[325]. Auch mit Zustimmung der Beteiligten blieben Kompetenzübertragungen unzulässig[326]. Dabei mache es keinen Unterschied, ob Zuständigkeiten in ihrer Substanz oder nur zur Ausübung übertragen würden[327]. In der Praxis sei die Wirkung gleich[328].

Unabhängig davon, welche rechtliche Natur das Lindauer Abkommen habe[329], sei es bedenklich, Zuständigkeiten ohne Beteiligung der gesetzgebenden Organe zu übertragen, da dadurch parlamentarische Kontrollrechte verkürzt würden[330]. Eine ständige Wahrnehmung von Aufgaben eines Hoheitsträgers durch ein Organ eines anderen Hoheitsträgers in fremdem Namen (Organleihe) sei nur in Ausnahmefällen und bei Vorliegen besonderer Gründe zulässig[331].

---

324 Fastenrath, Kompetenzverteilung im Bereich der auswärtigen Gewalt, S. 136.

325 Ebd., S. 136 f.

326 Ebd., S. 137.

327 Ebd.

328 Ebd.; Kalverkamp, Die Organisationsgewalt des Bundes im Kulturbereich, S. 150 f.

329 Die Lindauer Vereinbarung wird als ein Verwaltungsabkommen (Busch, Die Lindauer Vereinbarung und die ständige Vertragskommission der Länder, S. 128; Grawert, Verwaltungsabkommen zwischen Bund und Ländern in der Bundesrepublik Deutschland, S. 185); ein gentlemen's agreement (Friehe, Kleines Problemkompendium zum Thema "Kulturabkommen des Bundes", JA 1983, S. 117; Ponschab, Die völkerrechtliche Vertretung, S. 70) bzw. als eine Duldungsvereinbarung zur Kompetenzausübung durch einen anderen Hoheitsträger (Seidel, Die Zustimmung der Bundesregierung zu Verträgen der Bundesländer mit auswärtigen Staaten gem. Art. 32 III GG, S. 44) angesehen.

330 Fastenrath, Kompetenzverteilung im Bereich der auswärtigen Gewalt, S. 137; Grawert, Verwaltungsabkommen zwischen Bund und Ländern in der Bundesrepublik Deutschland, S. 185 f.

331 Fastenrath, Kompetenzverteilung im Bereich der auswärtigen Gewalt, S. 137.

(aa) Zentralistische Theorie

Verfassungsrechtliche Bedenken gegen das Lindauer Abkommen kann man indes nicht erheben, wenn man von der "norddeutschen Lösung" ausgeht[332]. Nach dieser Theorie werden aufgrund des Lindauer Abkommens keine Kompetenzen von den Ländern auf den Bund übertragen[333]. Die Vereinbarung hält sich im Rahmen des Interpretationsspielraums, für den die Verfassung Raum läßt[334]. Der Bund verzichtet unter Zugrundelegung der "norddeutschen Lösung" nicht auf Kompetenzen zugunsten der Länder[335]. Vielmehr hat er sich lediglich verpflichtet, von seinen Kompetenzen aus Rücksicht auf die Länder einen bestimmten Gebrauch zu machen[336].

Dem wird entgegengehalten, daß auf der Grundlage der zentralistischen Auffassung das Lindauer Abkommen verfassungswidrig sei, da es Mitwirkungsrechte der Länder begründe, die im Grundgesetz nicht enthalten seien[337]. Dieser Auffassung kann nicht gefolgt werden. Auch die Vertreter der zentralistischen Theorie zu Art. 32 GG müssen zugestehen, daß Art. 32 Abs. 3 GG keine eindeutige Kompetenzverteilung im Bereich der auswärtigen Gewalt vornimmt. Mithin hat auch die zentralistische Theorie das Abstimmungsverfahren im Lindauer Abkommen als eine Grundgesetzinterpretation anzusehen, die die zulässigen Grenzen einer Auslegung am Wortlaut des Grundgesetzes nicht überschreitet. Das Lindauer Abkommen stellt eine Angleichung der Rechtsauffassungen des Bundes und der Länder dar[338]. Insofern kann man von einer "action concertée" von Bund und Ländern bei der Wahrnehmung der Kompetenzen der auswärtigen

---

332 Ebd., S. 138.

333 Ebd.

334 Ebd., S. 139.

335 Ebd.

336 Ebd.

337 Kalverkamp, Die Organisationsgewalt des Bundes im Kulturbereich, S. 151; Kramer, Die Verteilung der Zuständigkeiten zwischen Bund und Ländern zum Abschluß und zur Durchführung von Kulturabkommen, S. 131.

338 Schirmer, Die klassischen Kulturabkommen der Bundesrepublik Deutschland mit auswärtigen Staaten, S. 177.

Gewalt nach Art. 32 Abs. 1 und Abs. 3 GG sprechen[339]. Diese "action concertée" ist die Folge der ungeklärten Zuständigkeitsverteilung in Art. 32 GG, deren Klärung durch eine verfassungsgerichtliche Interpretation in Wahrheit von einem Bekenntnis zum Unitarismus oder Föderalismus geleitet wird[340]. Wollte man die Lindauer Vereinbarung unter diesen Umständen für verfassungswidrig halten, widerspräche das sowohl dem Sinn der Verfassung als auch den elementarsten Bedürfnissen der praktischen Politik[341]. Die nicht zu bestreitende weltweite Verflechtung der Bundesrepublik Deutschland und der fortschreitende Ausbau der internationalen Beziehungen hat nicht zur Folge, daß die föderalistische Auffassung zu Art. 32 Abs. 3 GG als antiquiert anzusehen ist[342]. Solange der Verfassungsgeber keine Klarstellung zur Kompetenzverteilung im Rahmen der auswärtigen Gewalt vornimmt, kann die föderalistische Theorie gute Argumente für ein exklusives Vertragsabschlußrecht der Länder in eigenen Angelegenheiten für sich in Anspruch nehmen. Der Ausbau der internationalen Beziehungen ändert an dieser Situation nichts. Vielmehr wird man im Gegenteil konstatieren können, daß die föderalistische Theorie einer Aushöhlung des Föderalismus durch die zunehmenden Aktivitäten der auswärtigen Gewalt des Bundes effektiv entgegenwirken kann. Eine solche Aushöhlung des vom Grundgesetz gewollten Föderalismus träte ein, wenn die Länder über eine auswärtige Zentralgewalt auf dem Gebiet ihrer eigenen Angelegenheiten zunehmend ein bloßes Vollzugsorgan des Bundeswillens wären. Zwar kann die zentralistische Theorie geltend machen, daß ein umfassendes Vertragsabschlußrecht des Bundes den Belangen im internationalen Verkehr eher gerecht wird. Dem steht jedoch der Nachteil gegenüber, daß der Gesamtstaat nach der zentralistischen Theorie völkerrechtliche Verpflichtungen begründen kann, die er innerstaatlich

---

339 Ebd.

340 Ebd.; Herzog, Zwischenbilanz im Streit um die bundesstaatliche Ordnung, JuS 1967, S. 193, 195; Reichel, Die auswärtige Gewalt nach dem Grundgesetz für die Bundesrepublik Deutschland vom 23. Mai 1949, S. 260.

341 Schirmer, Die klassischen Kulturabkommen der Bundesrepublik Deutschland mit auswärtigen Staaten, S. 177; Herzog, JuS 1967, 193, 199.

342 So Kalverkamp, Die Organisationsgewalt des Bundes im Kulturbereich, S. 145.

nicht selbständig umsetzen kann. Die föderalistische Theorie zwingt den Bund dazu, die Belange der Länder und die des Bundes zu einem Ausgleich zu bringen. Der damit verbundene zeitliche und organisatorische Aufwand ist im Interesse der Wahrung der gurndgesetzlich zwingend vorgeschriebenen Bundesstaatlichkeit (s. Art. 79 Abs. 3 GG) hinzunehmen.

Da der Föderalismus einer Machtkonzentration wirksam entgegenwirkt, hat der Verfassungsgeber aus guten Gründen das Bundesstaatsprinzip unter die Ewigkeitsgarantie in Art. 79 Abs. 3 GG gestellt. Die Aktualität des deutschen Föderalismus hat die Wiedervereinigung Deutschlands eindringlich unterstrichen[343].

Zusammenfassend ist zu konstatieren, daß auch auf der Grundlage der zentralistischen Theorie davon auszugehen ist, daß die Lindauer Vereinbarung eine praktische Grundlage für die Gestaltung der internationalen Beziehungen ist. Sie erlaubt dem Bund in ausschließlichen Länderangelegenheiten ein einheitliches Auftreten im internationalen Verkehr. Das im Lindauer Abkommen enthaltene Abstimmungsverfahren ist notwendig, um die Eigenstaatlichkeit der Länder

---

343 Nachdem das SED-Regime die in der damaligen SBZ gegründeten Länder im Jahre 1952 zerschlagen hat, wurde die Schaffung der neuen Bundesländer noch von der nachsozialistischen DDR-Regierung durch das "Verfassungsgesetz zur Bildung von Ländern in der Deutschen Demokratischen Republik - Ländereinführungsgesetz" vom 22. Juli 1990 (GBl. 1990 I, S. 955, abgedr. in: Bundesminister für innerdeutsche Beziehungen, Texte zur Deutschlandpolitik, Reihe III/Band 8a - 1990, S. 435 ff.) vorbereitet. Die neuen Bundesländer stehen nicht in der rechtlichen Kontinuität der früheren SBZ-Länder, da der Verfassungsgeber der nachsozialistischen DDR und die Landesverfassungsgeber im Gebiet der früheren DDR völlig neue Länder gründen wollten, die den demokratischen Neubeginn nach dem Untergang des totalitären SED-Regimes unterstreichen sollen, (Kremser, Der Rechtsstatus der evangelischen Kirchen in der DDR und die neue Einheit der EKD, S. 223) Der Föderalismus hat sich als ein wirksames Instrument der Identitätsstiftung im Gebiet der neuen Bundesländer - auch und gerade - nach über 40-jähriger DDR-Geschichte erwiesen (Hans v. Mangoldt, Bürgerpartizipation neue Landesverfassungen - Das Beispiel Sachsens, S. 197 ff.), die sich spätestens ab 1952 durch eine zentralistische Kommandostruktur auszeichnet.

zu bewahren[344]. Diese ist auch und gerade im Hinblick auf die zunehmende internationale Verflechtung der Bundesrepublik Deutschland von Bedeutung. Die Entstehung der neuen Bundesländer im Zusammenhang mit der Wiedervereinigung hat die Lebendigkeit der deutschen Bundesstaatlichkeit eindringlich unter Beweis gestellt.

(bb) Föderalistische Theorie

Auf der Grundlage der föderalistischen Theorie wird die Ansicht vertreten, daß Ziff. 3 der Lindauer Vereinbarung gegen die Kompetenzordnung des Grundgesetzes verstoße[345]. Da der Bund im eigenen Namen Verträge mit auswärtigen Staaten auch im Bereich ausschließlicher Länderkompetenzen abschließe, verändere das Lindauer Abkommen die von der süddeutschen Lösung angenommene Zuständigkeitsordnung des Grundgesetzes[346]. Dies sei im Hinblick auf die Unabdingbarkeit der Kompetenznormen selbst dann unzulässig, wenn die Übertragung jederzeit widerrufbar sei bzw. nur für den Einzelfall gelte[347].

Wie die kompetenzielle Regelung in Ziff. 3 des Lindauer Abkommens rechtlich zu qualifizieren ist, wird von Vertretern der föderalistischen Theorie allerdings keineswegs einheitlich beurteilt. Zum einen wird die Ansicht vertreten, daß die Lindauer Vereinbarung formelles völ-

---

344 Nach der Ansicht von Schodder ist die Bund/Länder-Kooperation, wie sie im Lindauer Abkommen vorgesehen ist, kein Ersatz für den Verlust oder die praktische Nichtausübung einer Länderkompetenz durch ein einzelnes Land, ders., Föderative Gewaltenteilung in der Bundesrepublik Deutschland, S. 85.

345 Fastenrath, Kompetenzverteilung im Bereich der auswärtigen Gewalt, S. 139 f.; Beer, Staatsverträge und Verwaltungsabkommen im heutigen deutschen Staatsrecht, S. 200 f.; Rudolf, Internationale Beziehungen der deutschen Länder, AVR 1966/67, S. 53, 63; Kalverkamp, Die Organisationsgewalt des Bundes im Kulturbereich, S. 150; Seidel, Die Zustimmung der Bundesregierung zu Verträgen der Bundesländer mit auswärtigen Staaten gemäß Art. 32 III GG, S. 44; Kramer, Die Verteilung der Zuständigkeiten zwischen Bund und Ländern zum Abschluß und zur Durchführung von Kulturabkommen, S. 131 f.

346 Fastenrath, Kompetenzverteilung im Bereich der auswärtigen Gewalt, S. 139.

347 Ebd., S. 139 f.

kerrechtliches Vertragsrecht auf den Bund übertrage[348]. Dies sei als eine Delegation von Hoheitsbefugnissen zu qualifizieren[349]. Durch diese Delegation sei die Kompetenzordnung des Grundgesetzes verändert worden[350]. Zu Recht wird darauf hingewiesen, daß nur die verfassungsändernde Gewalt (pouvoir constitué) berechtigt ist, die Kompetenzordnung des Grundgesetzes zu ändern[351]. Dabei wird man darauf zu achten haben, daß das Bundesstaatsprinzip der Ewigkeitsgarantie in Art. 79 Abs. 3 GG unterliegt. Unter dem Eindruck der Erfahrungen von Weimar hat sich der Verfassungsgeber (pouvoir constituant) dafür ausgesprochen, daß die bundesstaatliche Grundordnung als solche ein Rechtswert ist, der nicht zur Disposition der pouvoir constitué steht[352]. Das durch Art. 79 Abs. 3 GG geschützte Bundesstaatsprinzip wäre verletzt, wenn die Länder nur noch Verwaltungsbezirke oder "hochentwickelte" Selbstverwaltungskörper wären[353]. Dies beruht auf der Erkenntnis, daß ein Bundesland nach der in Art. 30, 70, 83 GG verankerten föderativen Kompetenzordnung nur dann vorliegt, wenn es ein eigenes vom Bund nicht abgeleitetes Eigenwirkungsrecht, insbesondere im Bereich der Gesetzgebung, in Landesangelegenheiten hat[354]. Die Eigenstaatlichkeit der Länder könnte gefährdet werden, wenn der Bund über die auswärtige Gewalt zunehmend Regelungen treffen würde, die sich im Bereich der ausschließlichen Landesmaterien auswirken. Auch wenn der Gesamtstaat seine Gliedstaaten beim Entscheidungsfindungsprozeß im Bereich der auswärtigen Gewalt beteiligt, soweit Landesinteressen berührt werden, ändert dies nichts daran, daß den Ländern zunehmend die Eigeninitiative und damit auch das Eigenwirkungsrecht genommen würde.

---

348 Busch, Die Lindauer Vereinbarung und die ständige Vertragskommission der Länder, S. 151.

349 Ebd.; a.A. Schirmer, Die klassischen Kulturabkommen der Bundesrepublik Deutschland mit auswärtigen Staaten, S. 162 ff.

350 Busch, Die Lindauer Vereinbarung und die ständige Vertragskommission der Länder, S. 151.

351 Ebd.

352 Maunz/Dürig, in: M-D, GG-Komm., Art. 79 Abs. 3 Rdnr. 32.

353 Ebd., Rdnr. 33.

354 Ebd.

Trotz der o.g. Gefahren, die dem deutschen Föderalismus aus dem Bereich der auswärtigen Gewalt drohen, kann nicht festgestellt werden, daß das Verfahren der Lindauer Vereinbarung die zulässigen Grenzen der Verfassungsinterpretation hinsichtlich des Art. 32 GG überschreitet. Ziffer 1 der Lindauer Vereinbarung legt ausdrücklich fest, daß der Bund und die Länder an ihren bekannten Rechtsauffassungen festhalten. Folglich kann keine Rede davon sein, daß die grundgesetzliche Regelung des Vertragsabschließungsrechts durch die Lindauer Vereinbarung eine Einschränkung erfahren hat[355]. Durch die Lindauer Übereinkunft haben sich die Länder nicht verpflichtet, ihre Rechte aus Art. 32 Abs. 3 GG nur aufgrund einer Ermächtigung des Bundes wahrzunehmen[356]. Hierfür spricht das Verhalten der deutschen Bundesländer nach dem Zustandekommen der Lindauer Vereinbarung. Auch nach dem Lindauer Abkommen haben einerseits die Länder Verträge mit auswärtigen Staaten im eigenen Namen abgeschlossen[357]. Andererseits hat sich auch der Bund seit der Lindauer Vereinbarung an internationalen Abkommen im Bereich der ausschließlichen Länderzuständigkeiten beteiligt[358].

Dieser Befund im Bereich der auswärtigen Gewalt auf der Ebene des Bundes und der Länder beweist, daß die Lindauer Vereinbarung keine verbindliche Interpretation des Art. 32 GG zum Gegenstand hat. Vielmehr legt das Lindauer Abkommen lediglich fest, daß die Länder ein übergreifendes Vertragsrecht des Bundes im Bereich der auswärtigen Gewalt respektieren, ohne ihre Rechtsauffassungen zu Art. 32 GG aufzugeben. Der Bund konnte ein Entgegenkommen der Länder nur erreichen, indem er den Ländern nicht unerhebliche Mitwirkungsrechte beim Handeln des Gesamtstaates im Bereich der auswärtigen Gewalt eingeräumt hat (vgl. die Ziff. 3 und 4 der Lindauer Vereinbarung). Die Konzessionen des Bundes gegenüber

---

355 Blumenwitz, Der Schutz innerstaatlicher Rechtsgemeinschaften beim Abschluß völkerrechtlicher Verträge, S. 105.

356 Ebd.

357 Ponschab, Die völkerrechtliche Vertretung durch zentrale und dezentrale Bundesorgane nach dem Verfassungsrecht der Bundesrepublik Deutschland, S. 68 f.; siehe die Auflistung der Staatsverträge bei Rojahn, in: v. Münch, GG-Komm., Art. 32, S. 349 ff.

358 Hirsch, Kulturhoheit und Auswärtige Gewalt, S. 99 f.

den Ländern gehen weit über die Regelung in Art. 32 Abs. 2 GG hinaus. Die zuletzt genannte Norm gewährt den Ländern ein Anhörungsrecht, bevor der Bund einen völkerrechtlichen Vertrag abschließt, der die besonderen Verhältnisse eines Landes berührt. Anhörung i.S.v. Art. 32 Abs. 2 GG bedeutet, daß das Land Gelegenheit haben muß, Anregungen zu geben und Bedenken geltend zu machen[359]. Der Bund ist nach Art. 32 Abs. 2 GG allerdings nicht verpflichtet, die Wünsche des Landes zu berücksichtigen[360]. Das Anhörungsrecht in Art. 32 Abs. 2 GG gewährt also mit anderen Worten den Ländern kein Mitgestaltungsrecht hinsichtlich des Vertragsinhalts[361]. Sinn und Zweck des Anhörungsrechts ist es, den Ländern die Möglichkeit zu geben, den Bund durch überzeugende Sachargumente zu einer anderen Vertragsausgestaltung zu bewegen[362].

Die Beteiligung der Gliedstaaten nach Art. 32 Abs. 2 GG ist ferner insofern sehr schwach, als lediglich denjenigen Ländern ein Anhörungsrecht gewährt wird, deren besondere Verhältnisse durch einen völkerrechtlichen Vertrag der Bundesgewalt berührt werden. Es muß also zunächst geprüft werden, für welche Sachgebiete der Vertrag überhaupt innerstaatlich von Bedeutung sein kann[363]. Außerdem setzt das Anhörungsrecht nach Art. 32 Abs. 2 GG voraus, daß die innerstaatliche Bedeutung eines völkerrechtlichen Vertrags des Bundes nicht im wesentlichen für das ganze Bundesgebiet gleich ist[364]. Besondere Verhältnisse i.S.v. Art. 32 Abs. 2 GG liegen also nur dann vor, wenn ein Land in ungleich stärkerem Maße in positiver oder negativer Hinsicht betroffen wird[365]. Die vertragliche Regelung muß

---

359 Maunz, M-D, GG-Komm., Art. 32 Rdnr. 20; Zuleeg, AK-GG, (Hrsg.: R. Wassermann), Art. 32 Rdnr. 11.

360 Zuleeg, AK-GG, (Hrsg.: R. Wassermann), Art. 32 Rdnr. 11; Jarass, in: Jarass/Pieroth, GG-Komm., Art. 32 Rdnr. 4; Rojahn, in: v. Münch, GG-Komm., Art. 32 Rdnr. 25.

361 Rojahn, in: v. Münch, GG-Komm., Art. 32 Rdnr. 25.

362 Zuleeg, AK-GG, (Hrsg.: R. Wassermann), Art. 32 Rdnr. 11.

363 Bernhardt, Der Abschluß völkerrechtlicher Verträge im Bundesstaat, S. 167.

364 Ebd.

365 Ebd.

mithin zu den regionalen Gegebenheiten in Beziehung stehen[366]. Besondere Verhältnisse i.S.v. Art. 32 Abs. 2 GG können alle Lebensbereiche betreffen[367]. In Betracht kommen insbesondere wirtschaftliche Verhältnisse, aber auch Besonderheiten im Bereich des Verkehrs, der Industrie, der Landwirtschaft sowie der landsmannschaftlichen und kulturellen Eigenheiten[368].

Demgegenüber sieht Ziff. 3 der Lindauer Vereinbarung vor, daß das Einverständnis aller Bundesländer herbeigeführt werden soll, soweit der Bund völkerrechtliche Verträge auf Gebieten der ausschließlichen Zuständigkeiten der Länder abschließen möchte. Ziffer 4 des Lindauer Abkommens regelt, daß bei Verträgen, welche wesentliche Länderinteressen berühren, alle Gliedstaaten möglichst frühzeitig über den beabsichtigten Vertragsabschluß unterrichtet werden, damit sie rechtzeitig ihre Wünsche geltend machen können. Hierzu wird ein Koordinationsgremium eingerichtet (vgl. Ziff. 4 lit. b Lindauer Vereinbarung). Dieses Abstimmungsverfahren zwischen dem Bund und den Ländern gilt unabhängig von der Frage, ob ausschließliche Länderkompetenzen berührt werden oder nicht. Die Kooperations- und Verständigungsabsprachen in Ziff. 3 und 4 des Lindauer Abkommens gehen mithin über die Beteiligungsformen des Art. 32 Abs. 2 GG erheblich hinaus[369]. Gleichwohl kann nicht gesagt werden, daß die Lindauer Vereinbarung eine unzulässige Kompetenzverschiebung per Staatsvertrag darstelle[370]. Dies wäre nur dann der Fall, wenn die Lindauer Vereinbarung rechtlich verbindlich ist. Gerade das wird man allerdings nicht sagen können. Vielmehr handelt es sich bei dem Lindauer Abkommen um eine politische Vereinbarung, die lediglich eine politische Bindungswirkung hat[371].

---

366 Ebd.

367 Ebd., S. 167 f.

368 Ebd.

369 Zuleeg, AK-GG, (Hrsg.: R. Wassermann), Art. 32 Rdnr. 12.

370 So aber Seidel, Die Zustimmung der Bundesregierung zu Verträgen der Bundesländer mit auswärtigen Staaten gem. Art. 32 III GG, S. 44.

371 Oppermann, Kulturverwaltungsrecht, S. 610; Ponschab, Die völkerrechtliche Vertretung durch zentrale und dezentrale Bundesorgane nach dem Verfassungsrecht der Bundesrepublik Deutschland, S. 70.

(cc) Politische Absprache

Eine juristisch verbindliche Regelung kann die Lindauer Vereinbarung nicht darstellen, da sich, wie ausgeführt, die Beteiligten der Lindauer Absprache gerade nicht darüber geeinigt haben, wie Art. 32 GG auszulegen ist (vgl. Ziff. 1 des Lindauer Abkommens). Aus politischen Gründen sind die Länder bereit, nach Maßgabe des Lindauer Abkommens die zentralistische Theorie des Bundes zu Art. 32 GG zu akzeptieren. Im Hinblick auf die bloße politische Bindungswirkung der Lindauer Vereinbarung könnten weder der Bund noch die Länder die Verfahrensregeln des Lindauer Abkommens rechtlich einklagen. Lediglich das Bundesverfassungsgericht könnte verbindlich über die Auslegung von Art. 32 GG entscheiden (vgl. Art. 93 GG). Der Sinn und Zweck der Lindauer Vereinbarung liegt darin, eine Anrufung des Bundesverfassungsgerichts zu verhindern. Hiergegen läßt sich aus verfassungsrechtlicher Sicht nichts einwenden. Vielmehr ist es im Gegenteil zu begrüßen, daß der Bund und die Länder den Auslegungsstreit zu Art. 32 GG politisch haben lösen können. Es sollte eher die Ausnahme sein, daß die für das politische Handeln verantwortlichen Stellen juristische Auslegungsstreitigkeiten durch die Anrufung des Verfassungsgerichts beilegen. Verfassungsrechtlich zu beanstanden sind lediglich solche politischen Absprachen, die die zulässigen Grenzen der Verfassungsauslegung überschreiten. Dies ist hinsichtlich der Lindauer Vereinbarung nicht der Fall, da sie einerseits Elemente der zentralistischen und der föderalistischen Theorie zu Art. 32 GG kombiniert. Andererseits lassen sich die unterschiedlichen Theorien - wie bereits dargestellt wurde - mit dem Wortlaut des Art. 32 GG vereinbaren, da dieser nicht eindeutig zum Ausdruck bringt, ob der Bund ein übergreifendes Vertragsabschlußrecht hat oder nicht. Der besondere Vorteil der Lindauer Vereinbarung liegt darin, daß sie die unterschiedlichen Interessen, die den Auslegungstheorien zu Art. 32 GG zugrunde liegen, zu einem sachgerechten Ausgleich bringt.

(b) Ergebnis

Die Lindauer Vereinbarung ist sowohl aufgrund der zentralistischen Theorie als auch aufgrund der föderalistischen Theorie verfassungsrechtlich nicht zu beanstanden.

(3) Relevanz für die Mediendeklaration 1978

Es ist zu prüfen, welche Bedeutung die Lindauer Vereinbarung für internationale Empfehlungen wie z.B. die Mediendeklaration 1978 hat. Wie bereits ausgeführt wurde, ist die Mediendeklaration 1978 rechtlich nicht bindend. Gleichwohl können internationale Empfehlungen eine innerstaatliche Relevanz erlangen, indem sie auf das nationale Recht einwirken. Insofern ist zu konstatieren, daß die Deklarationen internationaler Organisationen Einfluß auf die innerstaatliche Kompetenzverteilung nehmen können. Aus diesem Grund besteht das Bedürfnis, daß der Bund mit den Ländern sein Verhalten bei der Ausarbeitung internationaler Empfehlungen abstimmt. Hierfür böten sich die Kompromißregelungen der Lindauer Vereinbarung an, da diese, wie dargelegt, die Interessen des Bundes und der Länder zu einem sachgerechten Ausgleich bringen.

Allerdings ist zu berücksichtigen, daß das Lindauer Abkommen nach seinem Wortlaut nur dann zur Anwendung kommen soll, wenn der Bund völkerrechtlich bindende Verträge abschließt. Es fragt sich aber, ob nicht eine entsprechende Anwendung des Lindauer Abkommens für internationale Empfehlungen in Betracht kommt, die Regelungen auf Gebieten der ausschließlichen Zuständigkeiten der Länder enthalten bzw. die wesentliche Interessen der Länder berühren. Eine analoge Anwendung der Lindauer Vereinbarung hinsichtlich internationaler Deklarationen wird man nicht mit dem Hinweis abtun können, daß die Lindauer Vereinbarung lediglich eine politische Bindungswirkung hat und daß Analogien nur bei rechtlich verbindlichen Vereinbarungen in Betracht kommen. Vielmehr ist zu berücksichtigen, daß die Lindauer Vereinbarung klare und detaillierte Verfahrensregelungen enthält, die geeignet sind, einen Interessenausgleich zwischen dem Bund und den Ländern herbeizuführen. Dies reicht für eine Analogiefähigkeit aus. Voraussetzung für eine analoge

Anwendung ist das Bestehen einer gleichwertigen Interessenlage[372]. In diesem Zusammenhang ist von Bedeutung, daß internationale Empfehlungen als sog. "weiches" Völkerrecht zunehmend an Bedeutung gewinnen[373].

Da die Herbeiführung von "Zwängen" dazu führen kann, daß rechtlich unverbindliche internationale Empfehlungen erfüllt werden[374], besteht aus der Sicht der deutschen Bundesländer eine gleichwertige Interessenlage zwischen internationalen Deklarationen und völkerrechtlichen Verträgen. Im Hinblick auf diese Interessenkongruenz ist es sachgerecht, die Verfahrensregeln der Lindauer Vereinbarung auch bei der Ausarbeitung internationaler Deklarationen durch internationale Organisationen entsprechend anzuwenden. Der faktische Einfluß internationaler Empfehlungen auf die Rechtsordnung der deutschen Länder kann sogar intensiver sein als bei völkerrechtlichen Verträgen. Bei völkerrechtlichen Verträgen haben die Länder immerhin noch die Transformationskompetenz. Internationale Empfehlungen können demgegenüber unmittelbar auf die Rechtsordnungen in den Ländern einwirken, indem sie bei der Anwendung des originären Landesrechts berücksichtigt werden. Dadurch kann es zu einer Aushöhlung der Mitwirkungsrechte der Länder kommen. Demgegenüber würde eine entsprechende Anwendung des Lindauer Abkommens bei der Erzeugung von internationalem "soft law" eine Mitwirkung der Länder sicherstellen. Auf diese Weise wäre zugleich auch eine parlamentarische Kontrollmöglichkeit durch die Länderparlamente gewährleistet.

Freilich haben die Länder keine Möglichkeit, eine Mitwirkung beim Zustandekommen internationaler Deklarationen nach dem Lindauer Abkommen juristisch durchzusetzen. Das könnten sie selbst dann nicht, wenn das Lindauer Abkommen ausdrücklich eine Länderbeteiligung bei der Verabschiedung internationaler Empfehlungen vorsehen würde. Dies folgt aus der Tatsache, daß die Lindauer Vereinbarung lediglich eine politische Bindungswirkung hat. Die Länder sind

---

372 Pawlowski, Methodenlehre für Juristen, S. 21.

373 Wengler, Rechtsvertrag, Konsensus und Absichtserklärung im Völkerrecht, JZ 1976, S. 193, 197.

374 Ebd.

mithin darauf angewiesen, auf politischem Wege eine möglichst umfassende Mitwirkungsmöglichkeit im Bereich der auswärtigen Gewalt durch die Verfahrensregelungen des Lindauer Abkommens sicherzustellen.

2. *Ergebnis*

Bei der Erzeugung von "soft law" durch internationale Organisationen besitzt der Bund eine originäre Kompetenz im Bereich des fernmelderechtlichen Rundfunks. Nach der zentralistischen Theorie zu Art. 32 GG erstreckt sich die originäre Bundeskompetenz auch auf den kulturrechtlichen Rundfunk, soweit Bundesorgane im Rahmen der auswärtigen Gewalt tätig werden. Nach der föderalistischen Theorie kann der Bund internationales "soft law" im Bereich des kulturrechtlichen Rundfunks nur kraft Ermächtigung durch die Länder erzeugen.

III. Schutzwirkung der Rundfunkfreiheit

1. *Schutzwirkung der grundgesetzlichen Rundfunkfreiheit*

a) *Übertragung von Meinungsäußerungen*

Es ist umstritten, ob die grundgesetzliche Rundfunkfreiheit die Übertragung von Meinungsäußerungen umfaßt. Ein Teil der Rechtslehre[375] interpretiert den Begriff "Berichterstattung" in Art. 5 Abs. 1 Satz 2, 2. Alt. GG als Gegenbegriff zur Meinungsäußerung. Hieraus folge, daß sich die grundgesetzliche Rundfunkfreiheit lediglich auf die Weitergabe von Tatsachen beziehe.

Will man den Wortlaut des Art. 5 Abs. 1 Satz 2, 2. Alt. GG in dem Sinne interpretieren, daß er lediglich das Recht der freien Nachrichtenverbreitung schütze, hat dies zur Konsequenz, daß sich die Träger

---

375 Böckenförde/Wieland, Die "Rundfunkfreiheit" - ein Grundrecht?, AfP 1985, S. 77, 78; Scheele, Art. 5 Abs. 1 GG und die Unabhängigkeit des Rundfunks, S. 26.

der Rundfunkfreiheit, soweit sie Meinungsäußerungen verbreiten, auf die grundgesetzliche Meinungsfreiheit in Art. 5 Abs. 1 Satz 1, 1. Alt. GG berufen können[376]. Andernfalls wäre die grundgesetzliche Rundfunkfreiheit nur unvollkommen geschützt. Dies gilt umso mehr, als Meinungsäußerungen und Tatsachenäußerungen nicht stets strikt voneinander getrennt werden können.

b) *Informationsübertragung*

Unstreitig ist, daß die grundgesetzliche Rundfunkfreiheit die Wiedergabe von Informationen schützt[377]. Mit dem Wort "Berichterstattung" in Art. 5 Abs. 1 Satz 2, 2. Alt. GG ist das Vermitteln von Informationen über Ereignisse, Vorgänge, von Dritten vertretene Ansichten und Meinungen erfaßt[378]. Der Wortlaut des Art. 5 Abs. 1 Satz 2, 2. Alt. GG nimmt mithin keine Beschränkung der grundgesetzlichen Rundfunkfreiheit auf Informationen und Nachrichten vor[379]. Das durch Art. 5 Abs. 1 Satz 2, 2. Alt. GG geschützte Verhalten zur Übertragung von Informationen wird weit gefaßt. Es umfaßt die Übertragung jeglicher Gedankeninhalte, die Übermittlung von Darbietungen aller Art in Wort, Ton und Bild[380].

---

376 So zu Recht: Gornig, Äußerungsfreiheit und Informationsfreiheit als Menschenrechte, S. 561.

377 Gornig, Äußerungsfreiheit und Informationsfreiheit als Menschenrechte, S. 562; v. Mangoldt/Klein, BGG, Art. 5 Anm. VII 1; Degenhart, BK, Art. 5 Abs. 1, 2 Rdnr. 512; Jarass, in: Jarass/Pieroth, GG-Komm., Art. 5 Rdnr. 30; Herzog, M-D, GG-Komm., Art. 5 I, II Rdnr. 200 f.; Starck/v. Mangoldt, BGG, Art. 5 Abs. 1, 2 Rdnr. 65; Wendt, in: v. Münch/Kunig, GG-Komm., Art. 5 Rdnr. 44.

378 Jarass, Die Freiheit der Massenmedien, S. 156.

379 Allgemeine Auffassung, s. Gornig, Äußerungsfreiheit und Informationsfreiheit als Menschenrechte, S. 562; Jarass, in: Jarass/Pieroth, GG-Komm., Art. 5 Rdnr. 30; Herzog, M-D, GG-Komm., Art. 5 I, II Rdnr. 201; Degenhart, BK, Art. 5 Abs. 1, 2 Rdnr. 512, Starck/v. Mangoldt, BGG, Art. 5 Abs. 1, 2 Rdnr. 65; Wendt, in: v. Münch/Kunig, GG-Komm., Art. 5 Rdnr. 44.

380 Degenhart, BK, Art. 5 Abs. 1, 2 Rdnr. 512.

c) *Unterhaltende und künstlerische Darbietungen*

Aufgrund der weiten Interpretation der grundgesetzlichen Rundfunkfreiheit werden auch künstlerische und unterhaltende Darbietungen vom Grundrecht auf Rundfunkfreiheit erfaßt[381]. Dies folgt aus der Einsicht, daß jede Art von Sendeinhalt jedenfalls potentiell für Teile der Öffentlichkeit einen Informationsgehalt hat[382].

d) *Kommerzielle Rundfunkwerbung*

Umstritten ist, ob und inwieweit kommerzielle Rundfunkwerbung unter den Schutzbereich der grundgesetzlichen Rundfunkfreiheit fällt.

aa) *Aufspaltung der Kommunikation in kommunikative und kommerzielle Ziele?*

Es wird die Auffassung vertreten, daß Äußerungen mit kommerziellen Zielsetzungen nicht von der grundgesetzlichen Rundfunkfreiheit erfaßt seien, sondern von den Grundrechten, die die wirtschaftliche Betätigung als solche schützten[383]. Gegen die Einbeziehung der Rundfunkwerbung in den Schutzbereich der grundgesetzlichen Rundfunkfreiheit wird eingewandt, daß eine Verankerung des Marktprinzips im Rundfunkbereich eine konzentrationsfördernde Wirkung habe[384]. Dies folge aus der Tatsache, daß z.B. pro zusätzlichem Rezipienten keine zusätzlichen Programmkosten und nur unbedeutende zusätzliche Verteilkosten entstünden[385]. Außerdem werde das ökonomische Gut 'Rundfunkprogramm' durch die Ausstrahlung nicht 'konsumiert', sondern es bleibe vielmehr verwertbar[386]. Da die amerikanischen Programmhersteller ohnehin schon Marktvorsprünge

---

381 Ebd. m.w.N.

382 Ebd.

383 Hoffmann-Riem, AK-GG, (Hrsg.: R. Wassermann), Art. 5 Abs. 1, 2 Rdnr. 130.

384 Hoffmann-Riem, Medienfreiheit und der außenplurale Rundfunk, AöR 1984, S. 304, 345.

385 Ebd., S. 345 f.

386 Ebd., S. 346.

hätten, würde eine Verankerung des Marktprinzips im Rundfunkbereich dazu führen, daß die amerikanischen Programmproduzenten ihre starke Marktstellung ausbauen könnten[387].

Obwohl nach der These von der Aufspaltung der Kommunikation in kommunikative und kommerzielle Ziele davon auszugehen sei, daß die kommerziellen Äußerungen nur durch die Wirtschaftsgrundrechte geschützt seien, soll die Erzielung von Gewinn durch die Verbreitung der kommerziellen Kommunikationsinhalte insofern von Art. 5 Abs. 1 Satz 2, 2. Alt. GG geschützt sein, als die werbewirtschaftliche Betätigung der Rundfunkanbieter eine wirtschaftliche Voraussetzung für die Medienbetätigung sei[388].

bb) Kommerzielle Rundfunkwerbung als ein Ausfluß der Rundfunkfreiheit

Nach überwiegender Auffassung ist davon auszugehen, daß die Rundfunkwerbung - zumindest grundsätzlich - an der grundgesetzlichen Rundfunkfreiheit teilnimmt.

(1) Öffentlich-rechtliche Rundfunkanstalten

Teilweise wird angenommen, daß die öffentlich-rechtlichen Rundfunkanstalten keinen grundrechtlichen Anspruch auf Werbefinanzierung hätten[389]. Beispielsweise sei ein Verbot der Werbung etwa für den lokalen öffentlich-rechtlichen Rundfunk im Interesse der Wettbewerbschancen privater Veranstalter gestattet[390]. Auch das Bundesverfassungsgericht[391] betont, daß der Gesetzgeber von Verfassungs wegen nicht verpflichtet sei, den öffentlich-rechtlichen Rundfunkanstalten Werbeeinnahmen zu gestatten. Entscheidend sei allein, daß die Finanzierung der Tätigkeit der öffentlich-rechtlichen

---

387 Ebd.

388 Hoffmann-Riem, AK-GG, (Hrsg.: R. Wassermann), Art. 5 Abs. 1, 2 Rdnr. 130.

389 Degenhart, BK, Art. 5 Abs. 1, 2 Rdnr. 706; Selmer, Bestands- und Entwicklungsgarantien für den öffentlich-rechtlichen Rundfunk, S. 121.

390 Ebd.

391 BVerfGE 87, 181, 200; BVerfG, JZ 1994, S. 515, 516.

Rundfunkanstalten überhaupt hinreichend gesichert sei[392]. Nur darauf hätten sie einen verfassungsrechtlichen Anspruch[393]. Entscheide sich der Gesetzgeber bei der Ausgestaltung der Rundfunkordnung für eine Mischfinanzierung, so stehe es ihm nach dem Bundesverfassungsgericht[394] frei, der Werbung nach Zeit, Dauer und Häufigkeit Grenzen zu setzen.

Die oben dargelegte Argumentation verdient Zustimmung. Die Daseinsberechtigung des öffentlich-rechtlichen Rundfunks folgt in erster Linie aus dem Grundversorgungsauftrag. Zur Erfüllung dieses Auftrags erhalten die öffentlich-rechtlichen Rundfunkanstalten ein nicht unerhebliches Gebührenaufkommen; die ausreichende Finanzierung der verfassungsrechtlich gebotenen Grundversorgung partizipiert an der grundrechtlichen Rundfunkfreiheit[395].

Zum Grundversorgungsauftrag gehört nicht die Ausstrahlung von Werbesendungen. Gestattet der einfache Gesetzgeber den öffentlich-rechtlichen Rundfunkanstalten die Ausstrahlung von Werbesendungen, nehmen diese allerdings sehr wohl an der grundgesetzlichen Rundfunkfreiheit teil. Dies folgt zum einen aus der Erkenntnis, daß eine erlaubte Tätigkeit unter dem Schutz der grundgesetzlichen Ordnung stehen muß. Zum anderen ist zu bedenken, daß auch Werbesendungen Informationen enthalten, die vom Schutzzweck der Rundfunkfreiheit erfaßt sind[396]. Werbeeinnahmen bei öffentlich-rechtlichen Rundfunkanstalten sind von Verfassungs wegen insoweit gestattet, als die Gebührenfinanzierung nicht in den Hintergrund gedrängt wird[397]. Der Gesetzgeber kann die öffentlich-rechtliche Rundfunkordnung allerdings auch so ausgestalten, daß nur werbefreie Programme angeboten werden dürfen[398]. Von Verfassungs wegen ist

---

392 BVerfGE 74, 297, 342; 87, 181, 200.

393 BVerfGE 87, 181, 200.

394 BVerfGE 87, 181, 200.

395 Bethge, Verfassungsrechtliche Aspekte des föderalen Rundfunkfinanzausgleichs, DÖV 1994, S. 445.

396 Degenhart, BK, Art. 5 Abs. 1, 2 Rdnr. 679.

397 BVerfGE 87, 181, 200.

398 Oppermann, Rundfunkgebühr - Rundfunkordnung - Rundfunkideologie, JZ 1994, S. 499, 502 f.; ders., Verpaßte Chance zur Entwöhnung von der Werbedroge, FAZ v. 19.7.1994, S. 6.

dies zumindest dann nicht zu beanstanden, wenn ein ausreichendes Gebührenaufkommen vorhanden ist, das die Erfüllung der grundrechtlich gebotenen Versorgung gestattet.

Teilweise wird die Ansicht vertreten, daß eine Mischfinanzierung des öffentlich-rechtlichen Rundfunks durch Gebühren und Wirtschaftswerbung im Hinblick auf die Staatsfreiheit des Rundfunks eine verfassungsrechtliche Notwendigkeit sei[399]. Auch das Bundesverfassungsgericht[400] sieht in der Mischfinanzierung ein geeignetes Instrument, einseitige Abhängigkeiten zu lockern und die Programmgestaltungsfreiheit der Rundfunkveranstalter zu stärken. In der Tat birgt eine Finanzierung durch Gebühren oder Haushaltsmittel die Gefahr in sich, daß es zu politischen Einflußnahmen auf die Programmgestaltung kommen kann[401]. Demgegenüber kann eine ausschließliche Werbefinanzierung des Rundfunks zu einer Selbstkommerzialisierung führen[402]. Gleichwohl ist zu konstatieren, daß die Wahl der Finanzierungsart hinsichtlich der öffentlich-rechtlichen Rundfunks nach der Rechtsprechung des Bundesverfassungsgericht[403] grundsätzlich eine politische Entscheidung ist. Diese politische Gestaltungsfreiheit wird allerdings durch den besonderen Zweck der öffentlich-rechtlichen Rundfunkanstalten begrenzt, der darin besteht, eine Grundversorgung für die freie individuelle und öffentliche Meinungsbildung zu gewährleisten[404]. Dieser Programmauftrag kann unter den Bedingungen einer dualen Rundfunkordnung von den öffentlich-rechtlichen Rundfunkanstalten nicht erfüllt werden, wenn diese überwiegend auf Werbeeinnahmen verwiesen würden[405]. Dies folgt zum einen aus der Erkenntnis, daß das Werbeaufkommen begrenzt ist. Zum anderen ist zu konstatieren, daß Minderheitenpro-

---

399 Hans-Peter Schneider/Radeck, Verfassungsprobleme der Rundfunkfinanzierung aus Werbeeinnahmen, S. 87 f.

400 BVerfGE 83, 238, 310 f.; BVerfG, JZ 1994, S. 515, 516.

401 BVerfGE 83, 283, 310.

402 Bethge, Verfassungsrechtliche Aspekte des föderalen Rundfunkfinanzausgleichs, DÖV 1994, S. 445, 450; Oppermann, Rundfunkgebühr - Rundfunkordnung - Rundfunkideologie, JZ 1994, S. 499, 502 f.

403 BVerfGE 83, 238, 310.

404 BVerfG, JZ 1994, S. 515 ff.

405 BVerfGE 83, 238, 311.

gramme, die im Rahmen der Grundversorgung anzubieten sind, nicht in jedem Fall die Einschaltquoten erreichen, die notwendig sind, um ausreichend hohe Werbeeinnahmen erzielen zu können. Ob bei rein werbefinanzierten öffentlich-rechtlichen Rundfunksendern eine Finanzierung im Wege einer Mischkalkulation in Betracht kommt, wird die Zukunft zeigen müssen. Aus dem zuvor Gesagten folgt allerdings, daß für den öffentlich-rechtlichen Rundfunk eine Nachrangigkeit der Werbefinanzierung besteht[406]. Der Vorrang gebührt deshalb der Eigenfinanzierung der öffentlich-rechtlichen Rundfunkanstalten[407]. Dem widerspricht eine staatliche Zuweisung von Haushaltsmitteln, soweit es sich dabei um eine Regelfinanzierung handelt[408]. Dies gilt allerdings nicht für den Auslandsrundfunk, der aufgrund seines besonderen Programmauftrags auf eine etatmäßige Zuweisung von Haushaltsmitteln angewiesen ist. Dabei ist freilich darauf zu achten, daß das Rundfunkgesetz für den deutschen Auslandsrundfunk so ausgestaltet sein muß, daß ein Höchstmaß an Staatsunabhängigkeit gewährleistet ist.

(2) Privatrechtlicher Rundfunk

Hinsichtlich des privatrechtlichen Rundfunks ist zu konstatieren, daß die Werbung hier einen ganz anderen Stellenwert hat als bei den öffentlich-rechtlichen Rundfunkanstalten. Privatrechtlich organisierte Rundfunksender sind in finanzieller Hinsicht im wesentlichen auf Werbeeinnahmen angewiesen[409]. Ohne Werbung würden die meisten privaten Rundfunksender nicht existieren können. Im Hinblick auf die existentielle Bedeutung der kommerziellen Rundfunkwerbung für die Betätigung der privaten Rundfunkanbieter muß die private Rund-

---

406 Bethge, Verfassungsrechtliche Aspekte des föderalen Rundfunkfinanzausgleichs, DÖV 1994, S. 445, 450; Oppermann/Kilian, Rechtsgrundsätze der Finanzierung öffentlich-rechtlichen Rundfunks in der dualen Rundfunkverfassung der Bundesrepublik Deutschland, S. 61; Oppermann, JZ 1994, S. 499, 502.

407 Bethge, DÖV 1994, S. 445, 450.

408 BVerfGE 83, 238, 310; Badura, Rundfunkfreiheit und Finanzautonomie, S. 72 f. m.w.N.; Bethge, DÖV 1994, S. 445, 450; Schneider/Radeck, Verfassungsprobleme der Rundfunkfinanzierung aus Werbeeinnahmen, S. 97 f.

409 Spenden und Abonnenten spielen eine untergeordnete Rolle bei der Finanzierung des privaten Rundfunks.

funkfinanzierung durch Werbung an der grundgesetzlichen Rundfunkfreiheit partizipieren[410]. Die Teilnahme der kommerziellen Rundfunkwerbung an der grundgesetzlichen Rundfunkfreiheit schließt indessen nicht aus, daß der Gesetzgeber aus übergeordneten Gründen eine Reglementierung der Werbung im Bereich des privaten Rundfunks vornehmen darf[411]. Erlaubt sind beispielsweise Werberegelungen zum Schutze der Informationsklarheit und zum Schutze vor der Einflußnahme der werbenden Wirtschaft auf das Programm[412]. Um der Gefahr zu begegnen, daß finanzkräftige Meinungsträger an der öffentlichen Meinungsbildung vorherrschend mitwirken, ist ein Gesetz erforderlich, daß die Finanzierung privater Rundfunkanbieter regelt[413]. Dies gilt zumindest solange, bis sich ein stabiles außenplurales Rundfunksystem in Deutschland entwickelt hat[414], was augenblicklich noch nicht der Fall ist.

e) Informationsbeschaffung

Die grundgesetzliche Rundfunkfreiheit erstreckt sich tatbestandsmäßig auch auf die Informationsverschaffung[415].

Umstritten ist, ob die grundgesetzliche Rundfunkfreiheit einen verfassungsunmittelbaren Informationsverschaffungsanspruch verleiht.

Dies wird teilweise im Grundsatz bejaht[416]. Begründet wird dies damit, daß die Massenmedien aufgrund ihrer Kontrollfunktion über Angelegenheiten von originär öffentlichem Interesse zu berichten

---

410 BVerfGE 83, 238, 297; Degenhart, BK, Art. 5 Abs. 1, 2 Rdnr. 433, 707; Jarass, in: Jarass/Pieroth, GG-Komm., Art. 5 Rdnr. 31; Starck/v. Mangoldt, BGG, Art. 5 Abs. 1, 2 Rdnr. 66; zurückhaltend gegenüber ausschließlich werbebezogenen Programmen Herzog, M-D, GG-Komm., Art. 5 I, II Rdnr. 240; Hoffmann-Riem, Medienfreiheit und der außenplurale Rundfunk, AöR 1984, S. 304, 345.

411 Degenhart, BK, Art. 5 Abs. 1, 2 Rdnr. 708 m.w.N.

412 Ebd., Rdnr. 708; Starck/v. Mangoldt, BGG, Art. 5 Abs. 1, 2 Rdnr. 95.

413 Starck/v. Mangoldt, BGG, Art. 5 Abs. 1, 2 Rdnr. 94.

414 Ebd.

415 Degenhart, BK, Art. 5 Abs. 1, 2 Rdnr. 690; Starck/v. Mangoldt, BGG, Art. 5 Abs. 1, 2 Rdnr. 67.

416 Degenhart, BK, Art. 5 Abs. 1, 2 Rdnr. 690, 322; v. Münch, in: v. Münch, GG-Komm., (3. Aufl.), Art. 5 Rdnr. 24.

hätten[417]. Dieser Forderung wird man uneingeschränkt zustimmen können. Gleichwohl folgt daraus noch nicht, daß Art. 5 Abs. 1 Satz 2, 2. Alt. GG einen subjektiv-rechtlichen verfassungsunmittelbaren Informationsverschaffungsanspruch gewährt.

Die h.L.[418] und das Bundesverfassungsgericht[419] lehnen einen subjektiv-rechtlichen verfassungsunmittelbaren Informationsanspruch gegenüber dem Staat ab. Begründet wird diese Ansicht damit, daß ein gegen die öffentliche Hand gerichteter verfassungsunmittelbarer Informationsanspruch an der Unklarheit des Anspruchsobjekts scheitere[420]. Er könne nicht mit derselben Verbindlichkeit gewährleistet werden wie Abwehrrechte[421].

Die h.M. verdient Zustimmung. Ein verfassungsunmittelbarer subjektiv-rechtlicher Informationsanspruch liefe auf ein Informationsrecht für jedermann hinaus, da das Grundgesetz keine Privilegierung der Vertreter von Massenmedien zuläßt[422]. Ein genereller Informationsanspruch gegenüber dem Staat läßt sich nicht mit der grundgesetzlichen Informationsfreiheit vereinbaren, die sich lediglich auf die allgemein *zugänglichen* Informationsquellen bezieht[423]. Von den Mißständen, Schwächen oder Fehlleistungen in Regierung und Verwaltung erfahren die Vertreter der Massenmedien in aller Regel nicht auf dem Wege eines rechtlich abgestützten Auskunftsersuchens, sondern durch eigene Nachforschungen, durch gezielte Indiskretionen kritisch eingestellter, geltungsbedürftiger oder geldbedürftiger Amtsträger, durch Hinweise von Bürgern oder durch das Auswerten von allgemein zugänglichen Informationen und Indizien aller Art[424].

---

417 Degenhart, BK, Art. 5 Abs. 1, 2 Rdnr. 690, 322.

418 Bullinger, Freiheit von Presse, Rundfunk, Film, S. 691 f.; Badura, Staatsrecht, S. 120; Herzog, M-D, GG-Komm., Art. 5 I, II Rdnr. 137; Starck/v. Mangoldt, BGG, Art. 5 Abs. 1, 2 Rdnr. 51; Wendt, in: v. Münch/Kunig, GG-Komm., Art. 5 Rdnr. 35.

419 BVerfGE 20, 162, 175.

420 Starck/v. Mangoldt, BGG, Art. 5 Abs. 1, 2 Rdnr. 51.

421 Ebd.

422 Ebd.

423 Ebd.; Wendt, in: v. Münch/Kunig, GG-Komm., Art. 5 Rdnr. 35.

424 So zu Recht: Bullinger, Freiheit von Presse, Rundfunk, Film, S. 691.

Mit dem objektiven Wertgehalt der grundgesetzlichen Rundfunkfreiheit kann allerdings die Forderung in Einklang gebracht werden, daß der Staat nach Möglichkeit umfassend Auskünfte geben soll. Das gebietet darüber hinaus der Grundsatz des bürgerfreundlichen Verhaltens, der sich aus Art. 1 Abs. 1 GG i.V.m. dem Rechtsstaatsprinzip ergibt. Ferner ist eine umfassende Informationsgebung durch den Staat - wie bereits dargestellt wurde - für die politische Willensbildung des Bürgers im demokratischen Prozeß von entscheidender Bedeutung[425]. Je umfassender der Staat der objektiv-rechtlichen Verpflichtung des Art. 5 Abs. 2 Satz 2, 2. Alt. GG nach Informationsgebung nachkommt, desto mehr Informationen stehen zur Verfügung, die den Vertretern der Massenmedien weitere Recherchen gestatten. Allerdings gibt es durchaus Bereiche, wo der Staat ein Geheimhaltungsinteresse hat. Würde man aus der grundgesetzlichen Rundfunkfreiheit einen subjektiv-rechtlichen Informationsanspruch ableiten, stünden Geheimhaltungsvorschriften nicht mit Art. 5 Abs. 1 Satz 2, 2. Alt. GG im Einklang.

f) Rundfunkempfangsfreiheit

Auch die Rundfunkempfangsfreiheit wird durch die grundgesetzliche Rundfunkfreiheit geschützt[426]. Dies beruht auf der Einsicht, daß die Rundfunkfreiheit als ein zweiseitiger und beidseitig zu schützender Vorgang anzusehen ist[427].

---

425 Hett, Die Öffentlichkeit der Parlamentsverhandlungen, das Grundrecht der Informationsfreiheit und Informationspflichten der Exekutive, S. 216; Bleckmann, Staatsrecht II, S. 684 f.

426 Gornig, Äußerungsfreiheit und Informationsfreiheit als Menschenrechte, S. 562; Herrmann, Fernsehen und Hörfunk in der Verfassung der Bundesrepublik Deutschland, S. 166; a.A. Hesse, der die Rundfunkempfangsfreiheit ausschließlich über die grundgesetzliche Informationsfreiheit schützen will, ders., Rundfunkrecht, S. 236.

427 Herrmann, Fernsehen und Hörfunk in der Verfassung der Bundesrepublik Deutschland, S. 166.

g) *Freiheit der Programmwahl*

Die grundgesetzliche Rundfunkfreiheit umfaßt auch das Recht der freien Programmwahl[428]. Niemand darf gezwungen werden, Rundfunk zu empfangen bzw. nur ein bestimmtes Programm zu sehen oder zu hören[429]. Die Programmwahlfreiheit des Rundfunks erstreckt sich nicht auf den Empfang von Sendungen, die vom Ausstrahlenden nicht für den allgemeinen Empfang bestimmt worden sind[430].

h) *Freiheit der Empfangstechnik*

Die ebenfalls von Art. 5 Abs. 1 Satz 2, 2. Alt. GG erfaßte Freiheit der Empfangstechnik schützt sämtliche Handlungen, die notwendig sind, um die für den Rundfunkempfang notwendigen technischen Einrichtungen zu erwerben, herzustellen, über sie zu verfügen und sie zu benutzen[431]. Beispielsweise wäre die Empfangsfreiheit verletzt, wenn der Staat lediglich die Herstellung leistungsschwacher Rundfunkgeräte erlauben würde[432].

i) *Rundfunkverbreitungsfreiheit*

Die Rundfunkverbreitungsfreiheit umfaßt das Recht der ungehinderten Verbreitung von Sendungen[433]. Die Rundfunkverbreitungsfreiheit beinhaltet das Recht der im Ausland arbeitenden Rundfunkjour-

---

428 Gornig, Äußerungsfreiheit und Informationsfreiheit als Menschenrechte, S. 172; Herrmann, Fernsehen und Hörfunk in der Verfassung der Bundesrepublik Deutschland, S. 169.

429 Ebd.

430 Herrmann, Fernsehen und Hörfunk in der Verfassung der Bundesrepublik Deutschland, S. 169.

431 Gornig, Äußerungsfreiheit und Informationsfreiheit als Menschenrechte, S. 172; Herrmann, Fernsehen und Hörfunk in der Verfassung der Bundesrepublik Deutschland, S. 170 ff.

432 Gornig, Äußerungsfreiheit und Informationsfreiheit als Menschenrechte, S. 172.

433 Ebd., S. 171; Lenz, Rundfunkorganisation und öffentliche Meinungsfreiheit, JZ 1963, S. 338, 340; Scheele, Art. 5 Abs. 1 GG und die Unabhängigkeit des Rundfunks, S. 43.

nalisten, Rundfunkbeiträge in das Herkunftsland zu übermitteln[434]. Die grundgesetzliche Rundfunkfreiheit kann nur dann voll zur Entfaltung kommen, wenn sie in ihrer objektiven und subjektiven Ausprägung das Recht gewährt, Berichte aus dem Ausland in den Geltungsbereich des Grundgesetzes zu verbringen.

j) Empfang von Auslandssendungen

Die Programmauswahl hinsichtlich ausländischer Rundfunksender ist nach verbreiteter Ansicht von der grundgesetzlichen Informationsfreiheit erfaßt[435]. Richtig ist, daß die Informationsfreiheit hinsichtlich der ausländischen Rundfunksender insofern einschlägig ist, als die Sendungen aus dem Ausland eine zugängliche Quelle i.S.v. Art. 5 Abs. 1 2. HS. GG darstellen. Gleichwohl spricht kein sachlicher Grund dagegen, den Empfang ausländischer Rundfunksender nicht als eine Ausprägung der grundgesetzlichen Rundfunkfreiheit in Gestalt der Empfangsfreiheit anzusehen. Dies schließt nicht aus, daß die Einspeisung ausländischer Rundfunkprogramme in inländische Kabelsysteme von der Erfüllung inländischer Programmaufträge abhängig gemacht werden darf[436].

k) Empfangsfreiheit hinsichtlich des deutschen Auslandsrundfunks?

Wie bereits dargelegt wurde, wird die Auffassung vertreten, daß das Regime des Art. 5 Abs. 1 Satz 2 GG nur auf den Inlandsfunk zugeschnitten sei und nicht auch auf den deutschen Auslandsrundfunk[437]. Begründet wird diese Auffassung damit, daß die in Art. 5 Abs. 1 Satz 2 GG geforderte Staatsfreiheit und Pluralität nicht auf

---

434 Gornig, Äußerungsfreiheit und Informationsfreiheit als Menschenrechte, S. 172.

435 BVerfGE 73, 118, 156 f.; Wendt, in: v. Münch/Kunig, GG-Komm., Art. 5 Rdnr. 60; Bullinger, Freiheit von Presse, Rundfunk, Film, S. 720.

436 Wendt, in: v. Münch/Kunig, GG-Komm., Art. 5 Rdnr. 60; Bullinger, Freiheit von Presse, Rundfunk, Film, S. 721 m.w.N.

437 Dittmann, Die Bundesverwaltung, S. 147; Remmele, Die Selbstdarstellung im Ausland durch den Rundfunk als Problem des Staats- und Völkerrechts, S. 39 ff.; Berendes, Die Staatsaufsicht über den Rundfunk, S. 113 f.

den Auslandsrundfunk übertragbar sei, da dieser für die innerstaatliche Meinungsbildung keine Rolle spiele[438].

Demgegenüber will eine im Vordringen befindliche Auffassung den Schutzbereich von Art. 5 Abs. 1 Satz 2, 2. Alt. GG auch auf den deutschen Auslandsrundfunk erstrecken[439]. Schützt Art. 5 Abs. 1 Satz 2 GG die im Ausland lebenden Rundfunkteilnehmer des deutschen Auslandsrundfunks, müssen auch die Inlandsempfänger des deutschen Auslandsrundfunks an der grundgesetzlichen Rundfunkfreiheit teilnehmen. Andernfalls würden die Inlandsempfänger schlechter geschützt als die Auslandsempfänger, was nicht richtig sein kann.

l) Rundfunkgründungsfreiheit

Es fragt sich, ob die grundgesetzliche Rundfunkfreiheit Privaten das Recht einräumt, Rundfunkanstalten gründen zu dürfen. Die Beantwortung dieser Frage hängt entscheidend davon ab, ob das Grundrecht auf Rundfunkfreiheit als eine objektive Einrichtungsgarantie oder als ein Individualgrundrecht zu verstehen ist.

aa) Lehre von der institutionellen Bedeutung der Rundfunkfreiheit

Nach der Lehre von der institutionellen Bedeutung des Art. 5 Abs. 1 Satz 2, 2. Alt. GG wird die Rundfunkfreiheit nicht individuell, sondern lediglich institutionell abgesichert[440]. Begründet wird diese Ansicht damit, daß im Interesse aller Kommunikatoren und Rezipienten die kommunikative Macht der Massenkommunikationsmittel einer

---

438 Dittmann, Die Bundesverwaltung, S. 147; Ossenbühl, Rundfunkfreiheit und Finanzierung des Deutschlandfunks, S. 12 f.

439 Ihlefeld, Verfassungsrechtliche Fragen im Zusammenhang mit dem Deutschlandfunk, ZUM 1987, S. 604, 607; Niepalla, Rundfunkfreiheit für die deutsche Welle?, ZUM 1993, S. 109, 113 ff.; Tilmans/Hein, Verfassungsrechtliche Probleme bei der Finanzierung der Bundesrundfunkanstalten, DVBl. 1990, S. 91, 94 f.; Lerche, Zum Kompetenzbereich des Deutschlandfunks, S. 16 f.

440 Badura, Staatsrecht, S. 122; Hoffmann/Riem, AK-GG, (Hrsg.: R. Wassermann), Art. 5 Abs. 1, 2 Rdnr. 143; Schmitz, Privatwirtschaftliches Fernsehen im lokalen Bereich?, DÖV 1969, S. 698, 700 f.; Krüger, Der Rundfunk im Verfassungsgefüge und in der Verwaltungsordnung von Bund und Ländern, S. 146 ff.

staatlichen Gewährleistungstätigkeit bedürfte[441]. Rundfunk wird im Hinblick auf die unvergleichliche Möglichkeit, Macht auszuüben, dem Machtmonopol des Staates zugeordnet[442]. Zugangsrechte zu Rundfunkveranstaltungen könne es deshalb nur im Rahmen der Ausgestaltungskompetenz nach Art. 5 Abs. 1 Satz 2, 2. Alt. GG geben[443].

bb) Rundfunkfreiheit als Individualrecht

Nach der überwiegenden Auffassung im Schrifttum[444] ist die grundgesetzliche Rundfunkfreiheit als ein Individualgrundrecht zu verstehen.

Zu Recht wird darauf hingewiesen, daß der Wortlaut des Art. 5 Abs. 1 Satz 2, 2. Alt. GG nicht den Schluß erlaubt, daß der Verfassungsgeber die Rundfunkfreiheit nicht als ein Individualrecht verankern

---

441 Hoffmann-Riem, AK-GG, (Hrsg.: R. Wassermann), Art. 5 Abs. 1, 2 Rdnr. 143.

442 Krüger, Der Rundfunk im Verfassungsgefüge und in der Verwaltungsordnung von Bund und Ländern, S. 39 ff., 146 ff.

443 Hoffmann-Riem, AK-GG, (Hrsg.: R. Wassermann), Art. 5 Abs. 1, 2 Rdnr. 143.

444 Gornig, Äußerungsfreiheit und Informationsfreiheit als Menschenrechte, S. 568 ff.; Jarass, in: Jarass/Pieroth, GG-Komm., Art. 5 Rdnr. 33; Degenhart, BK, Art. 5 Abs. 1, 2 Rdnr. 657; H.H. Klein, Die Rundfunkfreiheit, S. 41 ff.; Oppermann, Auf dem Weg zur gemischten Rundfunkverfassung in der Bundesrepublik Deutschland?, JZ 1981, S. 721, 726 f.; Pestalozza, Der Schutz vor der Rundfunkfreiheit in der Bundesrepublik Deutschland, NJW 1981, S. 2158, 2160; Scholz, Das dritte Fernsehurteil des Bundesverfassungsgerichts, JZ, 1981, S. 561, 563; Tettinger, Aktuelle Fragen der Rundfunkordnung, JZ 1986, S. 806, 807; Herzog, M-D, GG-Komm., Art. 5 I, II Rdnr. 236; Hain, Rundfunkfreiheit und Rundfunkordnung, S. 30 ff.; Herrmann, Fernsehen und Hörfunk in der Verfassung der Bundesrepublik Deutschland, S. 9 f.; Wolf, Medienfreiheit und Medienunternehmen, S. 98, 113; Wendt, in: v. Münch/Kunig, GG-Komm., Art. 5 Rdnr. 50; Niepalla, Die Grundversorgung durch die öffentlich-rechtlichen Rundfunkanstalten, S. 30 ff.; Bullinger, Elektronische Medien als Marktplatz der Meinungen, AöR 1983, S. 161, 168; Schmitt Glaeser, Das duale Rundfunksystem, DVBl. 1987, S. 14, 16 f.; Starck, "Grundversorgung" und Rundfunkfreiheit, NJW 1992, S. 3257, 3260 ff.; Starck/v. Mangoldt, BGG, Art. 5 Abs. 1, 2 Rdnr. 89 ff.; Selmer, Bestands- und Entwicklungsgarantien für den öffentlich-rechtlichen Rundfunk in einer dualen Rundfunkordnung, S. 44 ff.

wollte[445]. Die Vertreter der institutionellen Ausprägung der Rundfunkfreiheit können bei einer reinen Wortlautinterpretation des Art. 5 Abs. 1 Satz 2 GG nicht erklären, warum die dort ebenfalls verbürgte Presse- und Filmfreiheit subjektiv-rechtlich gewährleistet ist, während die Rundfunkfreiheit nur als objektives Prinzip geschützt sein soll[446]. Eine Differenzierung zwischen der Presse-, Film- und Rundfunkfreiheit verbietet sich, da alle drei Garantien den Zweck verfolgen, eine umfassende Vermittlung von Informationen und Meinungen vorzunehmen[447]. Daß die Rundfunkfreiheit in Art. 5 Abs. 1 Satz 2, 2. Alt. GG "gewährleistet" ist, heißt nicht, daß sie der Staat konstitutiv gewährt, sondern vielmehr sind alle Staatsorgane gehalten, sie zu achten[448]. Aus dem Individualcharakter der grundgesetzlichen Rundfunkfreiheit folgt, daß der Staat verpflichtet ist, die erforderlichen technischen Einrichtungen zuzulassen, um die individuelle Rundfunkfreiheit voll zur Entfaltung kommen zu lassen[449]. Solange es im Bereich des Privatrundfunks an hinreichender Konkurrenz fehlt, sind die privaten Rundfunkanbieter zur inhaltlichen Ausgewogenheit verpflichtet[450]. Mit zunehmender Konkurrenz privater Rundfunkveranstalter kann bzw. muß sich der Staat mit der Garantie eines Außenpluralismus begnügen[451]. Private Rundfunkanbieter sind nicht nur nach Art. 5 Abs. 1 Satz 2, 2. Alt. GG zuzulassen. Vielmehr begründen auch die Wirtschaftsgrundrechte einen Zulas-

---

445 Gornig, Äußerungsfreiheit und Informationsfreiheit als Menschenrechte, S. 573; Starck, "Grundversorgung" und Rundfunk, NJW 1992, S. 3257, 3261; Wendt, in: v. Münch/Kunig, GG-Komm., Art. 5 Rdnr. 50.

446 So zu Recht: Gornig, Äußerungsfreiheit und Informationsfreiheit als Menschenrechte, S. 573.

447 Wendt, in: v. Münch/Kunig, GG-Komm., Art. 5 Rdnr. 50.

448 Starck, "Grundversorgung" und Rundfunkfreiheit, NJW 1992, S. 3257, 3661.

449 Gornig, Äußerungsfreiheit und Informationsfreiheit als Menschenrechte, S. 577.

450 Starck/v. Mangoldt, BGG, Art. 5 Abs. 1, 2 Rdnr. 89.

451 Ebd., Rdnr. 90; Starck, NJW 1992, S. 3257, 3263; Gornig, Äußerungsfreiheit und Informationsfreiheit als Menschenrechte, S. 580; Schmitt Glaeser, AöR 1987, S. 215, 258 f.

sungsanspruch[452]. Und zwar fällt die Betätigung der privaten Rundfunkveranstalter in den Schutzbereich der Art. 9 Abs. 1, Art. 12 Abs. 1, Art. 14 Abs. 1, 2 GG[453]. Die Freiheit im wirtschaftlichen Verkehr und der Abschluß von Verträgen wird von Art. 2 Abs. 1 GG geschützt[454].

cc) Lehre von der Doppelfunktion des Art. 5 Abs. 1 Satz 2, 2. Alt. GG

Bethge[455] geht einerseits davon aus, daß Art. 5 Abs. 1 Satz 2, 2. Alt. GG eine mittelbare institutionelle Garantie des öffentlich-rechtlichen Rundfunks beinhalte. Zwar genieße die einzelne öffentlich-rechtliche Rundfunkanstalt keinen Existenzschutz[456]. Jedoch habe die Institution des öffentlich-rechtlichen Rundfunks Verfassungsrang[457]. Andererseits vertritt auch Bethge[458] die Ansicht, daß Art. 5 Abs. 1 Satz 2, 2. Alt. GG eine privatautonome Gestaltung privater Rundfunkveranstalter garantiere. Im Gegensatz zu den privaten Rundfunkveranstaltern hätten die öffentlich-rechtlichen Rundfunkanbieter die Grundpflicht zu erfüllen, eine Grundversorgung vorzuhalten[459]. Die Bereithaltung einer Grundversorgung könne von den privaten Rundfunkanbietern nicht verlangt werden. Vielmehr stehe es im Belieben der privaten Veranstalter, ob sie Sendungen anböten, die der Grundversorgung zu dienen bestimmt seien[460]. Insofern ist zu konstatieren, daß nach der Ansicht von Bethge die grundgesetzliche Rundfunkfreiheit einerseits individuell und andererseits öffentlich-rechtlich, insti-

---

452 Gornig, Äußerungsfreiheit und Informationsfreiheit als Menschenrechte, S. 575.

453 Ebd., S. 575, Fn. 234.

454 BVerfGE 12, 341, 347; 70, 115, 123; 73, 261, 270; 74, 129, 152; Dürig, M-D, GG-Komm., Art. 2 Abs. 1 Rdnr. 11; Kunig, in: v. Münch/Kunig, GG-Komm., Art. 2 Rdnr. 16; Jarass, in: Jarass/Pieroth, GG-Komm., Art. 2 Rdnr. 4.

455 Bethge, Stand und Entwicklung des öffentlich-rechtlichen Rundfunks, ZUM 1991, S. 337, 340.

456 Ebd.

457 Ebd.

458 Ebd.

459 Ebd., S. 341.

460 Ebd., S. 340.

tutionell geschützt ist. Diese Interpretation des Art. 5 Abs. 1 Satz 2, 2. Alt. GG unterscheidet sich insofern von der h.L., als diese betont, daß Art. 5 Abs. 1 Satz 2, 2. Alt. GG primär die individuelle Rundfunkfreiheit schütze[461]. Da das BVerfG[462] aus Art. 5 Abs. 1 Satz 2, 2. Alt. GG eine Bestands- und Entwicklungsgarantie des öffentlich-rechtlichen Rundfunks sowie einen öffentlich-rechtlichen Grundversorgungsanspruch ableitet, liegt die von Bethge favorisierte Doppelfunktion der grundgesetzlichen Rundfunkfreiheit auf der Linie der Rechtsprechung des Bundesverfassungsgerichts.

dd) Die Rechtsprechung des Bundesverfassungsgerichts

Das Bundesverfassungsgericht[463] geht in ständiger Rechtsprechung davon aus, daß die grundgesetzliche Rundfunkfreiheit subjektivrechtlich verbürgt ist. Allerdings hat das Bundesverfassungsgericht[464] insofern eine Sondersituation bei der Auslegung des Art. 5 Abs. 1 Satz 2, 2. Alt. GG angenommen, als die Knappheit der Sendefrequenzen eine besondere Ausgestaltung zur Sicherung der Rundfunkfreiheit rechtfertige. Bis Anfang 1980 konnten aufgrund der technischen Voraussetzungen lediglich wenige Rundfunkprogramme angeboten und empfangen werden. Dies machte es in der Tat notwendig, eine Rundfunkordnung zu verlangen, die die Vielzahl der bestehenden Meinungen bestmöglich zum Ausdruck bringen konnte[465]. Das Aufkommen neuer Sendetechniken (Kabel und Satellitentechnik) hat dazu geführt, daß das Argument der knappen Sendekapazitäten für die Nichtzulassung privater Rundfunkveranstalter nicht mehr stichhaltig ist. Folgerichtig hat das Bundesverfassungsgericht[466] Ende der 80er Jahre ausgeführt, daß private Rundfunkveranstalter zur Stärkung und Erweiterung der Meinungsfreiheit zuzulassen sind.

---

461 Gornig, Äußerungsfreiheit und Informationsfreiheit als Menschenrechte, S. 580 f.; Starck, "Grundversorgung" und Rundfunkfreiheit, NJW 1992, S. 3257, 3262; Wendt, in: v. Münch/Kunig, GG-Komm., Art. 5 Rdnr. 50 ff.

462 BVerfGE 83, 238, 297 f.

463 BVerfGE 12, 205, 259 f.; 57, 295, 319 f.; 74, 297, 323; 83, 238, 297.

464 BVerfGE 12, 205, 261 f.; 73, 118, 154.

465 BVerfGE 57, 295, 320.

466 BVerfGE 74, 297, 332.

Das Bundesverfassungsgericht[467] betont zu Recht ausdrücklich, daß der Gesetzgeber die Zulassung privaten Rundfunks nicht von Voraussetzungen abhängig machen darf, die eine Veranstaltung privater Rundfunkprogramme in hohem Maße erschweren, wenn nicht sogar ausschließen würden.

Die Wandlung der höchstrichterlichen Rechtsprechung zu Art. 5 Abs. 1 Satz 2, 2. Alt. GG macht deutlich, daß die Auslegung der Verfassung unter dem Einfluß der Entwicklung der tatsächlichen Verhältnisse steht. Das Aufkommen neuer Übertragungstechniken hat dazu geführt, daß nunmehr keine Sondersituation besteht, die die Aufrechterhaltung eines öffentlich-rechtlichen Sendemonopols rechtfertigen könnte. Vielmehr muß die Pluralität im Rundfunkbereich nunmehr durch eine möglichst große Anzahl von Rundfunkanbietern hergestellt werden. Insofern ist zu konstatieren, daß Rundfunk und Presse gleichzubehandeln sind[468]. Die Funktion und Bedeutung der öffentlich-rechtlichen Rundfunkanstalten besteht nunmehr nach der Rechtsprechung des Bundesverfassungsgerichts[469] darin, daß diese eine Grundversorgung vorzuhalten haben.

m) Der Grundversorgungsauftrag

Wie bereits dargelegt wurde, schützt Art. 5 Abs. 1 Satz 2, 2. Alt. GG nach der Rechtsprechung des Bundesverfassungsgerichts die Grundversorgung durch die öffentlich-rechtlichen Rundfunkanstalten in besonderer Weise. Der Begriff "Grundversorgung" geht auf Herrmann[470] zurück. Er hat bereits im Jahre 1975 in seinem Werk "Fernsehen und Hörfunk in der Verfassung der Bundesrepublik Deutschland" ausgeführt, daß das Demokratie- und Sozialstaatsgebot des Grundgesetzes für den Bereich der Rundfunkkommunikation eine Grundversorgung mit Informationen durch Fernsehen und Hör-

467 BVerfGE 73, 118, 157.

468 Gornig, Äußerungsfreiheit und Informationsfreiheit als Menschenrechte, S. 574 m.w.N.

469 BVerfGE 83, 238, 297 f.

470 Herrmann, Fernsehen und Hörfunk in der Verfassung der Bundesrepublik Deutschland, S. 322, 346, 378.

funk gewährleisten würden, die durch eine Vermehrung der Rundfunkunternehmen nicht erreicht werden könnte[471].

Das Bundesverfassungsgericht[472] hat mehrmals zu dem Begriff der Grundversorgung Stellung genommen, so daß nunmehr eine gewisse Rechtsklarheit hinsichtlich der Grundversorgungsaufgabe besteht. Durch die Grundversorgung der öffentlich-rechtlichen Rundfunkanstalten soll sichergestellt sein, daß Programme für die Gesamtheit der Bevölkerung angeboten werden, die umfassend und in der vollen Breite des klassischen Rundfunkauftrags informieren und daß im Rahmen dieses Programmangebotes Meinungsvielfalt in der verfassungsrechtlich gebotenen Weise hergestellt werde[473]. Außerdem leitet das Bundesverfassungsgericht[474] aus dem Grundversorgungsauftrag eine Bestands- und Entwicklungsgarantie des öffentlich-rechtlichen Rundfunks ab. In der Runfunkgebührenentscheidung hat das Bundesverfassungsgericht[475] festgestellt, daß die Bestands- und Entwicklungsgarantie des öffentlich-rechtlichen Rundfunks zugleich auch eine Finanzierungsgarantie beinhalte.

n) Die Auffassungen im Schrifttum zum Grundversorgungsauftrag

Wie bereits dargelegt wurde, entnimmt das Bundesverfassungsgericht[476] der grundgesetzlichen Rundfunkfreiheit einen Grundversorgungsauftrag. Dieser Grundversorgungsauftrag wird dahin interpretiert, daß die öffentlich-rechtlichen Rundfunkanstalten ein umfassendes und ausgewogenes Programm im Bereich der Information, Unterhaltung, politischen Meinungs- und Willensbildung und Kultur anzubieten haben[477].

---

471 Ebd., S. 322.

472 BVerfGE 73, 118, 157 ff.; 74, 297, 325 ff.; 83, 238, 297 f.

473 BVerfGE 83, 238, 298.

474 BVerfGE 83, 238, 298.

475 BVerfG, JZ 1994, S. 515, 516.

476 BVerfGE 73, 118, 157 ff.; 74, 297, 325 ff.; 83, 238, 297 f.

477 Fink, Wem dient die Rundfunkfreiheit? DÖV 1992, S. 805, 807.

Im Schrifttum[478] hat die Rechtsprechung des Bundesverfassungsgerichts zum Grundversorgungsauftrag aus Art. 5 Abs. 1 Satz 2, 2. Alt. GG nur von wenigen Autoren Zustimmung erfahren. Da der Begriff der "Grundversorgung" an keiner Stelle im Grundgesetz erwähnt ist, liegt es auf der Hand, daß die zustimmenden Autoren sehr viel Energie aufwenden, um aus dem Grundgesetz die Notwendigkeit einer Rundfunkgrundversorgung abzuleiten.

aa) Der öffentlich-rechtliche Rundfunk als Stabilisierungselement

Bethge[479] sieht in der Wahrnehmung des Grundversorgungsauftrags durch die öffentlich-rechtlichen Rundfunkanstalten eine Grundvoraussetzung für die Zulassung des privaten Rundfunks. Der öffentlich-rechtliche Rundfunk sei ein Stabilisierungselement; er lasse den privaten Rundfunk mit seinen Defiziten und Defekten verfassungsrechtlich tolerabel erscheinen[480]. Dabei komme der öffentlich-rechtlichen Säule eine dominierende Rolle zu, weshalb man nicht von einem echten dualen System sprechen könne, sondern nur von einer hinkenden dualen Rundfunkordnung[481]. Eine Privatisierung der Grundversorgung sei ausgeschlossen, da Private nicht zur Erfüllung des Grundversorgungsauftrags verpflichtet werden könnten[482].

bb) Grundversorgungsauftrag aus der dienenden Funktion des Art. 5 Abs. 1 Satz 2, 2. Alt. GG

Aus der dienenden Funktion der Rundfunkfreiheit folge, daß diese im Dienste der öffentlichen Meinungsbildung stehe, woraus sich eben-

---

478 Bethge, Stand und Entwicklung des öffentlich-rechtlichen Rundfunks, ZUM 1991, S. 337, 338 ff.; Libertus, Der Grundversorgungsauftrag als Grundfunktion des öffentlich-rechtlichen Rundfunks und seine dogmatische Grundlegung, Media Perspektiven 1991, S. 452 ff.; Niepalla, Die Grundversorgung durch die öffentlich-rechtlichen Rundfunkanstalten, S. 51 ff.

479 Bethge, Stand und Entwicklung des öffentlich-rechtlichen Rundfunks, ZUM 1991, S. 337, 338.

480 Ebd.; auf die strukturellen Defizite des privaten werbefinanzierten Rundfunks weist auch Niepalla hin, ders., Die Grundversorgung durch die öffentlich-rechtlichen Rundfunkanstalten, S. 53 ff.

481 Bethge, ZUM 1991, S. 337, 338.

482 Ebd., S. 339 f.

falls eine Pflicht zur Grundversorgung durch öffentlich-rechtliche Rundfunkanstalten ergebe[483].

cc) Fortbestehen der Sondersituation?

Da im Bereich der terrestrischen Sendefrequenzen nach wie vor eine Knappheit bestehe und da die neuen Sendetechniken nicht für jedermann verfügbar seien, sei nach Niepalla[484] von einem Fortbestand der Sondersituation im Rundfunkbereich auszugehen. Diese Argumentation ist schlechthin nicht mehr haltbar. Zum einen ist sehr wohl eine Zunahme terrestrischer Frequenzen zu verzeichnen. Diese sind keineswegs so knapp wie es von öffentlich-rechtlichen Rundfunkmonopolisten zum Teil behauptet wird. Zum anderen besteht entweder über Kabelanschluß oder über eine - heute schon recht preiswerte - Satellitenschüssel die Möglichkeit, eine Vielzahl von Rundfunk- und Fernsehsendern zu empfangen. Es spricht alles dafür, daß in Zukunft durch weitere Satelliten immer mehr Programme zu empfangen sein werden, so daß teilweise schon jetzt vor einer Reizüberflutung gewarnt wird.

dd) Rundfunk als Kulturvermittler

Weiterhin wird der öffentlich-rechtliche Grundversorgungsauftrag mit der Funktion des Rundfunks als Kulturvermittler begründet[485]. Die dienende Rundfunkfreiheit sei *auch* kulturell begründet[486]. Aus diesem Grunde umfasse der öffentlich-rechtliche Grundversorgungsauftrag ein kulturell angemessenes Programm[487]. Dieser Kulturauftrag dürfe sich nicht am Mehrheitsgeschmack orientieren[488]. Dem so zu verstehenden Sendeauftrag widerspreche es, die publikumswirksamste Sendezeit am Abend vorwiegend "mit Unterhaltungssendun-

---

483 Ebd., S. 341.

484 Niepalla, Die Grundversorgung durch die öffentlich-rechtlichen Rundfunkanstalten, S. 50.

485 Ebd., S. 74 ff.

486 Ebd, S. 76.

487 Ebd.

488 Ebd., S. 77.

gen wie Spielfilmen, Shows und dergleichen" zu füllen[489]. Unterschwellig wird behauptet, daß die öffentlich-rechtlichen Rundfunkanstalten diesen Anforderungen selbstverständlich genügten, während die privatrechtlichen Rundfunkanbieter niemals in der Lage sein würden, ein Programm anzubieten, daß den Pluralismusanforderungen des Grundgesetzes entspreche. Dem ist entgegenzuhalten, daß auch die öffentlich-rechtlichen Rundfunkanstalten zu Hauptsendezeiten publikumswirksame Sendungen anbieten. Im übrigen ist es äußerst problematisch zur Hauptsendezeit Programme anzubieten, die von der ganz großen Mehrheit nicht gewollt werden. Man wird von Minderheiten verlangen können, daß sie sich mit weniger guten Sendezeiten zufriedengeben. Unter dieser Voraussetzung können auch privatrechtliche Sender Minderheiten bedienen, solange sich das Gesamtprogramm aufgrund einer Mischkalkulation rechnet.

ee) Erfüllung des Grundversorgungsauftrags in den Formen des Privatrechts

Zu Recht weist Bethge[490] darauf hin, daß der Grundversorgungsauftrag durchaus in den Formen des privaten Rechts wahrgenommen werden kann. Dies folgt aus der Erkenntnis, daß es bei der Erfüllung des Grundversorgungsauftrags auf der Grundlage der Rechtsprechung des Bundesverfassungsgerichts um die Wahrnehmung einer Aufgabe der Daseinsvorsorge geht. Bei der Erfüllung dieser Aufgaben kann sich der Staat oder ein sonstige Träger hoheitlicher Gewalt nach allgemeiner Auffassung der Formen des Privatrechtes bedienen. Freilich darf er sich durch die Flucht in das Privatrecht nicht den Bindungen des öffentlichen Rechts entziehen[491]. Es ist erstaunlich, daß bisher noch kaum daran gedacht wurde, zumindest die Handelsform von ARD und ZDF zu privatisieren. Immerhin hat sich für den Bereich des Postwesens und der Deutschen Bundesbahn die Einsicht durchgesetzt, daß ein Handeln in den Formen des Privatrechts effektiver, flexibler, kostengünstiger und auch bürgerfreundlicher ist.

---

489 Ebd., S. 78.

490 Bethge, ZUM 1991, S. 337, 343.

491 So zu Recht: Bethge, ZUM 1991, S. 337, 343.

Diese Vorteile der privatrechtlichen Handlungsform könnten der Zukunftssicherung von ARD und ZDF dienlich sein.

ff) Grundversorgung und Sozialstaatsprinzip

Eine ausführliche dogmatische Verankerung der Grundversorgungspflichten der öffentlich-rechtlichen Rundfunkanstalten nimmt Libertus[492] vor. Der Grundversorgungsauftrag durch den öffentlich-rechtlichen Rundfunk gehöre zum allgemeinen Lebensstandard und sei deshalb ein Ausfluß des Sozialstaatsprinzips[493].

gg) Grundversorgung und Demokratieprinzip

Die öffentlich-rechtliche Grundversorgung stehe - so Libertus[494] - in einem konstitutiven Zusammenhang mit dem Demokratieprinzip, da sie die Möglichkeit der Bürger fördere, Standpunkte zu verdeutlichen und eine Standortbestimmung zu ermöglichen. Es überrascht nicht, daß der Autor dieses Arguments - nach seinen eigenen Angaben - Referent des Verwaltungsdirektors beim Westdeutschen Rundfunk ist. In dieser Eigenschaft fällt es ihm natürlich schwer anzunehmen, daß selbstverständlich auch private Rundfunksender Standpunkte verdeutlichen können. Sie können dies nicht selten sogar besser als die öffentlich-rechtlichen Rundfunkanstalten, die nach wie vor dem Einfluß der politischen Parteien stark ausgesetzt sind.

hh) Grundversorgung und Rundfunkfreiheit

Schließlich verortet Libertus[495] den öffentlich-rechtlichen Grundversorgungsauftrag im Grundrecht der Rundfunkfreiheit selbst. Die Grundversorgung sei unverzichtbar, um die Rundfunkfreiheit als dienende Freiheit aufrechtzuerhalten.

---

492 Libertus, Der Grundversorgungsauftrag als Grundfunktion des öffentlichen Rundfunks und seine dogmatische Grundlegung, Media Perspektiven 1991, S. 452, 454 ff.

493 Ebd., S. 455.

494 Ebd., S. 457.

495 Ebd., S. 457 f.

ii) *Freiheitliche Interpretation der Rundfunkfreiheit*

Eine freiheitliche Interpretation der grundgesetzlichen Rundfunkfreiheit betont, daß sich die dienende Funktion dieser Freiheit nach den Vorstellungen der Verfassung grundsätzlich, ähnlich wie bei der Pressefreiheit, dadurch realisiere, daß man die Träger in einem inhaltlich unreglementierten Wettbewerb zur Entfaltung kommen lasse[496]. Staatliche Einflußnahme sei nur insoweit zulässig, als möglichst viele Interessenten in den Genuß der Ausübung der Rundfunkfreiheit kommen können[497].

jj) *Argument der Verfestigung der öffentlich-rechtlichen Rundfunkanstalten*

Gegen inhaltliche Anforderungen gegenüber der Rundfunkfreiheit in Form eines öffentlich-rechtlich Grundversorgungsauftrags wird eingewandt, daß es sich hierbei um eine einseitig, funktionale Deutung der Rundfunkfreiheit handele, die das bereits ausgebaute System der öffentlich-rechtlich Rundfunkanstalten bevorzuge und dieses System darüber hinaus wegen der ungleichen Konkurrenzsituation der privaten Veranstalter auch noch verfestige[498]. Eine solche Privilegierung des öffentlich-rechtlich Rundfunksystems ist zumindest insofern nicht zu rechtfertigen, als bisher noch nicht bewiesen ist, daß der privatrechtliche Rundfunk nicht in der Lage ist, die Grundbedürfnisse der Bevölkerung im Bereich von Information, Unterhaltung und Kultur zu erfüllen[499]. Diejenigen, die dies dem privatrechtlichen Rundfunk nicht zutrauen, zeichnen sich durch ein dezidiertes Mißtrauen gegenüber privatautonomer Grundrechtsbetätigung und durch ein

---

496 Fink, Wem die Rundfunkfreiheit?, DÖV 1992, S. 805, 812.

497 Ebd.

498 Ebd., S. 809; Degenhart, Öffentlich-rechtlicher und privater Rundfunk im dualen Rundfunksystem, ZUM 1988, S. 47, 50.

499 Von dieser Möglichkeit gehen folgende Autoren aus: Gornig, Äußerungsfreiheit und Informationsfreiheit als Menschenrechte, S. 580; Starck, "Grundversorgung" und Rundfunkfreiheit, NJW 1992, S. 3257, 3263; Degenhart, Öffentlich-rechtlicher Rundfunk und privater Rundfunk im dualen Rundfunksystem, ZUM 1988, 47, 50 f.; Hain, Rundfunkfreiheit und Rundfunkordnung, S. 155.

undifferenziertes Vertrauen in die optimale Aufgabenerfüllung durch öffentlich-rechtliche Institutionen aus[500].

kk) Das Verhältnismäßigkeitsprinzip und die Grundversorgung

Überzeugend ist der Einwand, daß die durch Zwangsbeiträge finanzierte öffentlich-rechtliche Grundversorgung dem rechtsstaatlichen Gebot der Verhältnismäßigkeit entsprechen muß[501]. Auf der Grundlage einer subjektiv-rechtlichen Interpretation der Rundfunkfreiheit muß der öffentlich-rechtliche Grundversorgungsauftrag und das damit einhergehende Gebührenprivileg erforderlich sein[502]. Eine solche Prüfung hat das Bundesverfassungsgericht hinsichtlich des Eingriffscharakters, der von dem Gebührenanspruch ausgeht, nicht vorgenommen[503]. Sieht man den Grundversorgungsauftrag als einen Rechtfertigungsgrund an, entfällt die Erforderlichkeit der öffentlich-rechtlichen Rundfunkanstalten in dem Moment, wo die privaten Rundfunkanbieter ihre Defizite gegenüber dem öffentlich-rechtlichen Rundfunk verlieren[504]. Die öffentlich-rechtlichen Rundfunkanstalten verlören unter den zuvor genannten Prämissen ihre Daseinsberechtigung. Die Rundfunkversorgung müßte dann ausschließlich durch werbefinanzierte, private Rundfunkveranstalter stattfinden.

o) Rundfunkarbeitsfreiheit

Zur Rundfunkfreiheit gehört auch die Rundfunkarbeitsfreiheit[505]. Sie schützt die Rundfunkveranstalter vor sämtlichen staatlichen Eingriffen, die die Funktionsfähigkeit des Rundfunkunternehmens beeinträchtigen können[506]. Beispielsweise wäre die Rundfunkfreiheit ver-

---

500 So zu Recht: Degenhart, Öffentlich-rechtlicher und privater Rundfunk im dualen Rundfunksystem, ZUM 1988, S. 47, 50.

501 Starck, "Grundversorgung" und Rundfunkfreiheit, NJW 1992, S. 3257, 3262; Hain, Rundfunkfreiheit und Rundfunkordnung, S. 155.

502 Starck, NJW 1992, S. 3257, 3262.

503 Ebd.

504 Hain, Rundfunkfreiheit und Rundfunkordnung, S. 155.

505 Gornig, Äußerungsfreiheit und Informationsfreiheit als Menschenrechte, S. 173.

506 Ebd.

letzt, wenn die Post die Programme der Rundfunkanbieter nicht verbreiten würde[507]. Zwar wurde die Deutsche Bundespost privatisiert; gleichwohl ist auch die privatrechtlich arbeitende Post nach den Grundsätzen des Verwaltungsprivatrechts zur Beachtung der Grundrechte - also auch zur Beachtung der grundgesetzlichen Rundfunkfreiheit - verpflichtet.

2. *Die Schutzwirkung der Rundfunkfreiheit nach der UNESCO Mediendeklaration 1978*

a) *Informationsübertragung*

Die freie Übertragung von Informationen durch das Massenkommunikationsmittel Rundfunk hat durch Art. 1 Satz 2 Mediendeklaration 1978 eine Regelung erfahren. Die Sätze 1 und 2 in Art. 1 Mediendeklaration 1978 sind inhaltlich eng miteinander verknüpft. Satz 2 in Art. 1 Mediendeklaration 1978 betont, daß die Massenmedien einen "wichtigen Beitrag"[508] [509] für die Verbreitung der in Art. 1 Satz 1 Mediendeklaration 1978 genannten Ziele zu leisten hätten. Dort wird die Informationsübertragung durch den Rundfunk in einem funktionalen Sinne betrachtet, indem betont wird, daß die Verbreitung von Informationen der Stärkung des Friedens und der internationalen Verständigung, der Förderung der Menschenrechte und der Bekämpfung von Rassismus, Apartheid und Kriegshetze zu dienen habe. Aus diesem Grunde sei eine "umfassendere und ausgewogenere"[510] [511] Verbreitung von Informationen erforderlich. Gegen diese Formulie-

---

507 Ebd., S. 173 f.

508 Zitiert nach der deutschen Übersetzung in: EA 1979, D 190; von einem "wesentlichen Beitrag" ist in der deutschen Übersetzung bei Kleinwächter/Raatz, Die Organisation der Vereinten Nationen für Erziehung, Wissenschaft und Kultur, S. 390 die Rede.

509 Englischer Text: "leading contribution"; französischer Text: "une contribution primordiale", zit. nach Kleinwächter/Raatz, Die Organisation der Vereinten Nationen für Erziehung, Wissenschaft und Kultur, S. 391.

510 Zitiert nach der deutschen Übersetzung in: EA 1979, D 190.

511 Englischer Text: "wider and better balanced"; französischer Text: "plus large et mieux equilibrée", zit. nach Kleinwächter/Raatz, Die Organisation der Vereinten Nationen für Erziehung, Wissenschaft und Kultur, S. 391.

rung wurde bereits eingewandt, daß die Steigerungsformen auf der Werteskala der Freiheit ein Weniger im Verhältnis zur adjektiven Grundstufe bedeuten, da sie unter dem vorgeblichen Interesse der Ausgewogenheit beliebige Beschränkungen der Informationsübertragung legitimieren[512]. Weiterhin ist zu kritisieren, daß in Art. 1 Sätze 1, 2 Mediendeklaration 1978 lediglich betont wird, daß diejenigen Informationen verbreitet werden sollen, die den Zielen in Art. 1 Satz 1 Mediendeklaration 1978 zu dienen bestimmt sind. Durch die Betonung der dort genannten Informationsziele wird zwar nicht gesagt, daß die Rundfunkveranstalter nicht auch Informationen verbreiten dürfen, die nur oder überwiegend dem privaten Interesse zu dienen bestimmt sind; gleichwohl wird ein solcher Eindruck zumindest unterschwellig erweckt. Sollte Art. 1 Sätze 1, 2 Mediendeklaration 1978 tatsächlich dahingehend zu verstehen sein, daß die Rundfunksender lediglich Informationen zu übertragen haben, die dem öffentlichen Interesse zu dienen bestimmt sind, wäre dies mit der grundgesetzlichen Rundfunkfreiheit nicht zu vereinbaren, da dieses Grundrecht die Übertragung aller Informationen gestattet, soweit sie nicht den Schranken des Art. 5 Abs. 2 GG widersprechen.

b) Übertragungsfreiheit für Tatsachen und Meinungen

Im Zusammenhang mit der grundgesetzlichen Rundfunkfreiheit wurde dargelegt, daß umstritten ist, ob Art. 5 Abs. 1 Satz 2, 2. Alt. GG dahin zu interpretieren ist, daß nur die freie Berichterstattung von Nachrichten geschützt sei oder auch die Übertragung von Meinungen. In diesem Kontext ist hervorzuheben, daß die Mediendeklaration 1978 eindeutig zum Ausdruck bringt, daß mit dem Begriff "Informationen" auch "Standpunkte"[513] gemeint sind[514]. Der Begriff "Standpunkte" umfaßt auch Meinungen. Da die Rundfunksendungen nach Art. 5 Satz 1 Mediendeklaration 1978 auch der Verbreitung von Informationen zu dienen bestimmt sind, ist davon auszugehen, daß

---

512 Gornig, Äußerungsfreiheit und Informationsfreiheit als Menschenrechte, S. 363; Bueckling, Satellitenfernsehen, AfP 1982, S. 85, 88.

513 Englischer Text: "all points of view"; französischer Text: "tous les points de vue", zit. nach Kleinwächter/Raatz, Die Organisation der Vereinten Nationen für Erziehung, Wissenschaft und Kultur, S. 395.

514 Siehe Art. 5 Mediendeklaration 1978.

die Mediendeklaration 1978 die Überragung von Tatsachen und Meinungen durch die Rundfunksender erfaßt.

c) *Unterhaltende und künstlerische Darstellungen*

Der Bereich der unterhaltenden und künstlerischen Darstellungen wird in der Mediendeklaration 1978 nicht ausdrücklich genannt. Vielmehr werden die Kommunikationsfreiheiten - und damit auch die unbenannte Rundfunkfreiheit - immer wieder im Zusammenhang mit teilweise recht konkreten politischen Zielen erwähnt (Stärkung des Friedens und der internationalen Verständigung, die Förderung der Menschenrechte, die Bekämpfung von Rassismus, Apartheid und Kriegshetze[515]; die Förderung der Anliegen der unterdrückten Völker[516]; die Bekämpfung von Angriffskriegen[517]; die Schaffung einer neuen Weltwirtschaftsordnung[518]). Sozialpolitische Inhaltszielsetzungen enthält Art. 3 Abs. 2 Mediendeklaration 1978, wo der wichtige Beitrag der Massenmedien über die Lenkung der Aufmerksamkeit auf "die großen Plagen der Menschheit"[519] [520] wie Armut, Unterernährung und Krankheiten hervorgehoben wird.

d) *Kommerzielle Rundfunkwerbung*

Wie bereits ausgeführt wurde, erwähnt die Mediendeklaration 1978 nicht die kommerzielle Werbung. Die Nichterwähnung der kommerziellen Rundfunkwerbung im ausführlichen Regelwerk der Mediendeklaration 1978 überrascht freilich insofern nicht, als zumindest die Staatenvertreter der früheren Ostblockstaaten kein Interesse an einer Garantierung der kommerziellen Rundfunkwerbung haben konnten. Dies hatte mehrere Gründe:

---

515 Art. 1 Abs. 1 Mediendeklaration 1978.

516 Art. 2 Abs. 3 Mediendeklaration 1978.

517 Art. 3 Abs. 2 Mediendeklaration 1978.

518 Art. 7 Mediendeklaration 1978.

519 Zit. nach der deutschen Übersetzung in: EA 1979, D 191.

520 Englischer Text: "the great evils which afflict humanity"; französischer Text: "les grands maux qui affligent l'humanité", zit. nach Kleinwächter/Raatz, Die Organisation der Vereinten Nationen für Erziehung, Wissenschaft und Kultur, S. 395.

- Da die Rundfunksender im früheren Ostblock ausschließlich durch Staatsgelder finanziert wurden, war eine Rundfunkwerbung zur Finanzierung dieser Sender nicht notwendig.
- An der Zulassung privater, werbefinanzierter Rundfunksender waren die Staaten des früheren Ostblocks schon deshalb nicht interessiert, da sie eine staatliche Lenkung der Informationen und Meinungen erschwert hätten.
- An der Existenz ausländischer Rundfunksender, die Rundfunkwerbung ausstrahlen, hatte der frühere Ostblock natürlich kein Interesse, da die Rundfunkwerbung der Bevölkerung im früheren Ostblock zum einen eindrucksvoll die Effizienz der sozialen Marktwirtschaft in den Ländern mit einer freiheitlichen Staatsordnung demonstrierte[521].
- Zum anderen waren die Staatenvertreter des früheren Ostblocks gegen ausländische, werbefinanzierte Programme, da durch die Werbung bei der Bevölkerung des früheren Ostblocks Bedürfnisse geweckt werden konnten, die die eigene Wirtschaftsmacht nicht erfüllen konnte.

Die Staaten des früheren Ostblocks waren folglich gegen eine grenzüberschreitende kommerzielle Rundfunkwerbung, da diese die Mängel der Planwirtschaft deutlich werden ließ[522]. Wie bereits dargelegt wurde, war die Unzufriedenheit in den früheren Ostblockstaaten dort am größten, wo sich die Bevölkerung über Rundfunk und Fernsehsender aus freiheitlichen Staaten ein Bild von Gesellschaften mit einer freien und sozialen Marktwirtschaft machen konnte[523].

Die Nichterwähnung der kommerziellen Rundfunkwerbung in der Mediendeklaration 1978 ist unter dem Gesichtspunkt der freiheitssichernden Wirkung der Werbung bedenklich. Ohne kommerzielle Rundfunkwerbung muß die Finanzierung der Rundfunksender entweder direkt durch den Staat oder durch - in der Regel - staatlich festgesetzte Rundfunkzwangsgebühren erfolgen. Dadurch wird einer Abhängigkeit der Rundfunksender vom Staat Vorschub geleistet, da die Rundfunkanbieter entweder auf unmittelbare Staatszuschüsse

---

521 Bueckling, Satellitenfernsehen, AfP 1982, S. 85, 86.

522 Ebd.

523 Gornig, Satellitenrundfunk und Völkerrecht, ZUM 1992, S. 174, 185.

angewiesen sind bzw. auf die Bewilligung von Zwangsgebühren. Bei den öffentlich-rechtlich Rundfunksendern in der Bundesrepublik Deutschland fällt die Abhängigkeit vom Staat nicht bzw. kaum ins Gewicht, da ihre Finanzierung auf einer Mischfinanzierung beruht; die öffentlich-rechtlich Rundfunksender erhalten sowohl Mittel aus dem Gebührenaufkommen als auch aus dem Werbeaufkommen.

Im Zusammenhang mit der grundgesetzlichen Rundfunkfreiheit wurde dargelegt, daß die kommerzielle Rundfunkwerbung von einigen Autoren nicht als ein Schutzgut des Art. 5 Abs. 1 Satz 2, 2. Alt. GG angsehen wird. Aus diesem Grunde kann nicht gesagt werden, daß die Nichterwähnung der kommerziellen Rundfunkwerbung in der Mediendeklaration 1978 aus der Sicht des Grundgesetzes mit zwingender Notwendigkeit als ein Defizit anzusehen ist.

e) Informationsbeschaffung

Die Informationsbeschaffung hängt eng mit der Zugangsmöglichkeit zu Informationen zusammen. Diese ist in Art. 2 Abs. 2 Satz 1 Mediendeklaration 1978 erwähnt. Dort wird verlangt, daß die Allgemeinheit einen Zugang zu den *zur Verfügung stehenden* Informationsquellen und -mittel haben soll. Zu diesem Zweck, so wird im nächsten Satz betont, müssen die Journalisten aller Massenmedien das Recht zur freien Berichterstattung und einen weitestmöglichen Zugang zu Informationen haben. Aus der Wendung "weitestmöglichen Zugang"[524] [525] geht hervor, daß die Mediendeklaration 1978, vergleichbar der Regelung in Art. 5 Abs. 1 GG, keinen umfassenden Informationsanspruch annimmt. Insbesondere durch die inhaltliche Verknüpfung der beiden Sätze in Art. 2 Abs. 2 Mediendeklaration 1978 wird deutlich, daß lediglich ein Zugang zu den *vorhandenen* Informationen ermöglicht werden soll. Dies liegt auf der Linie des Art. 5

---

524 Zitiert nach der deutschen Übersetzung in: EA 1979, D 190; in der deutschen Übersetzung bei Kleinwächter/Raatz, Die Organisation der Vereinten Nationen für Erziehung, Wissenschaft und Kultur, S. 192 ist von "größtmöglichen Erleichterungen beim Zugang zur Information" die Rede.

525 Englischer Text: "the fullest possible facilities of access to information"; französischer Text: "les plus grandes facilités possibles d'accès", zit. nach Kleinwächter/Raatz, Die Organisation der Vereinten Nationen für Erziehung, Wissenschaft und Kultur, S. 393.

Abs. 1 Satz 1, 1. HS. GG, wo ebenfalls lediglich die Informationsfreiheit hinsichtlich der *zugänglichen* Informationsquellen garantiert wird, woraus abzuleiten ist, daß es keine verfassungsunmittelbaren Informationsansprüche im Rahmen der grundgesetzlichen Rundfunkfreiheit gibt.

f) Rundfunkempfangsfreiheit

Auch die Rundfunkempfangsfreiheit wird in der Mediendeklaration 1978 nicht ausdrücklich erwähnt. Dies überrascht insofern nicht, als in der Mediendeklaration 1978 die Rundfunkfreiheit ebenfalls nicht ausdrücklich erwähnt ist. Vielmehr werden lediglich die Meinungs-, Meinungsäußerungs- und Informationsfreiheit[526] genannt. Da diese Freiheiten im Zusammenhang mit den Massenmedien angeführt werden, ist daraus zu folgern, daß die o.g. Freiheiten auch die Rundfunkfreiheit erfassen. Weiterhin ist davon auszugehen, daß die Mediendeklaration 1978 die Kommunikationsfreiheiten in jeder Betätigungsform schützen will. Folglich umfaßt die Rundfunkfreiheit im Sinne der Mediendeklaration 1978 auch die Rundfunkempfangsfreiheit. Diese ist allerdings den Einschränkungsmöglichkeiten unterworfen, denen auch die Rundfunkfreiheit unterliegt.

g) Freiheit der Programmwahl

Im Zusammenhang mit der grundgesetzlichen Rundfunkfreiheit wurde bereits ausgeführt, daß auch die Freiheit der Programmwahl ein Bestandteil der Rundfunkfreiheit ist[527]. Dieser Aspekt der Rundfunkfreiheit hat zwar durch die Mediendeklaration 1978 keine ausdrückliche Regelung erfahren. Da sie jedoch ein notwendiger Bestandteil der freien Nutzung der Kommunikationsmittel ist, hat die Freiheit der Programmwahl durch die Garantierung der Kommunikationsfreiheiten, auch zugunsten der Medien, in die Mediendeklaration 1978 Eingang gefunden. Die Freiheit der Programmwahl ist

---

526 Art. 2 Abs. 1 Mediendeklaration 1978.

527 Gornig, Äußerungsfreiheit und Informationsfreiheit als Menschenrechte, S. 172; Herrmann, Fernsehen und Hörfunk in der Verfassung der Bundesrepublik Deutschland, S. 169.

verletzt, wenn jemand gezwungen wird, Rundfunk zu empfangen oder ein bestimmtes Programm zu sehen oder zu hören[528]. Beispielsweise wäre die Freiheit der Programmwahl verletzt, wenn eine Gleichschaltung der Rundfunkanbieter stattfinden würde. Ein Prozeß der Gleichschaltung kann dadurch stattfinden, daß die Rundfunksender verpflichtet werden, bestimmte Programme auszustrahlen. Unter diesem Gesichtspunkt ist es bedenklich, daß die Mediendeklaration 1978 die Tätigkeit der Massenmedien in den Dienst bestimmter politischer Ziele stellt. Dadurch kann die Situation eintreten, daß andere Aspekte bei der Programmgestaltung weniger starke Beachtung finden. Aus diesem Grund wäre es der Freiheit der Programmwahl dienlicher gewesen, auf die Verankerung konkreter politischer Ziele in der Mediendeklaration 1978 zu verzichten. Da diese Deklaration die Propagierung bestimmter politischer Ziele nicht verbindlich vorschreibt, wird die Freiheit der Programmwahl durch die Mediendeklaration 1978 allerdings nicht verletzt.

h) Freiheit der Empfangstechnik

Wie bereits dargelegt wurde, umfaßt die Rundfunkfreiheit auch die Freiheit der Empfangstechnik. Das Postulat über die technischen Einrichtungen, die für den Rundfunkempfang notwendig sind, verfügen zu können, ist in der Mediendeklaration 1978 nicht ausdrücklich enthalten. Die gesamten Mediendeklaration 1978 ist darauf angelegt, eine grenzüberschreitende Verbreitung von Informationen und Meinungen über die Massenmedien zu fördern. Dieses Ziel kann nur erreicht werden, wenn die Ausübung der Rundfunkfreiheit auch die Freiheit der Empfangstechnik mitumfaßt. Da die Mediendeklaration 1978 die Kommunikationsfreiheiten als einen Bestandteil der Menschenrechte und Grundfreiheiten ansieht[529], kann nicht gesagt werden, daß die aus den Kommunikationsfreiheiten abzuleitende Freiheit der Empfangstechnik lediglich die Staaten zum Adressaten hat.

---

528 Ebd.

529 Art. 2 Abs. 1 Mediendeklaration 1978.

i) Rundfunkverbreitungsfreiheit

Die Rundfunkverbreitungsfreiheit garantiert die ungehinderte Verbreitung von Sendungen sowie das Recht der im Ausland arbeitenden Rundfunkjournalisten, Rundfunkbeiträge in das Herkunftsland zu übermitteln[530]. Die wichtige Bedeutung des freien Austausches von Informationen durch die Medien[531] und die Betätigung der Rundfunkfreiheit im Sinne einer internationalen Verständigung[532] hebt die Mediendeklaration 1978 ausdrücklich hervor.

j) Empfang von Auslandssendungen

Da die Mediendeklaration 1978, wie bereits dargelegt wurde, auf einen internationalen Austausch von Informationen und auf eine internationale Verständigung ausgelegt ist, gebietet es der Sinn und Zweck der Deklaration, die in ihr enthaltenen Kommunikationsfreiheiten so zu interpretieren, daß sie auch den Empfang von Auslandssendungen als schützenswert ansieht. Die Garantierung der Informationsfreiheit wäre höchst unvollkommen, wollte man die Mediendeklaration 1978 nicht auf den Empfang von Auslandssendungen erstrecken. Die Vergangenheit hat gezeigt, daß insbesondere in totalitären Staaten die ausländischen Rundfunksender wichtige Informationsträger sind. Ausländische Rundfunksender haben eine bedeutsame Rolle bei den Umwälzungen in den Staaten des früheren Ostblocks gespielt. Grenzüberschreitende Rundfunksendungen vermittelten Kenntnisse über die Freiheitsrechte in Rechtsstaaten und den Lebensstandard der Völker in einer Gesellschaftsordnung mit einer sozialen und freien Marktwirtschaft; die westlichen Rundfunksender leisteten somit einen wichtigen Beitrag für die friedlichen Revolutionen im früheren Ostblock[533].

---

530 Gornig, Äußerungsfreiheit und Informationsfreiheit als Menschenrechte, S. 171; Lenz, Rundfunkorganisation und öffentliche Meinungsfreiheit, JZ 1963, S. 338, 340; Scheele, Art. 5 Abs. 1 GG und die Unabhängigkeit des Rundfunks, S. 43.

531 Art. 1 Satz 1, 10 Abs. 2 Mediendeklaration 1978.

532 Art. 2 Abs. 1, Abs. 3, Art. 3, Art. 7 Mediendeklaration 1978.

533 Gornig, Satellitenrundfunk und Völkerrecht, ZUM 1992, S. 174, 185.

k) *Rundfunkarbeitsfreiheit*

Aus den in der Mediendeklaration 1978 verankerten Kommunikationsfreiheiten ist, wie bereits dargelegt wurde, die Rundfunkfreiheit abzuleiten. Die Rundfunkfreiheit umfaßt auch die Rundfunkarbeitsfreiheit[534]. Diese schützt gegen staatliche Eingriffe, die die Funktionsfähigkeit der Rundfunkunternehmen beeinträchtigen können[535]. Es liegt auf der Hand, das die Rundfunkfreiheit praktisch keine Bedeutung erlangen kann, wenn der Staat nach Belieben darüber entscheiden darf, ob er die technischen Voraussetzungen für das Betreiben von Rundfunksendern anbieten möchte oder nicht. Es ist deshalb erstaunlich, daß dieser Aspekt in der Mediendeklaration 1978, die sich ansonsten durch eine große Breite auszeichnet, keine Beachtung gefunden hat.

l) *Rundfunkgründungsfreiheit*

Es fragt sich, ob die Mediendeklaration 1978 auch die Rundfunkgründungsfreiheit schützt. Die Beantwortung dieser Frage hängt entscheidend davon ab, ob die Deklaration nur die in Art. 2 Abs. 1 ausdrücklich genannten Kommunikationsfreiheiten (Meinungs-, Meinungsäußerungs- und Informationsfreiheit) als Menschenrechte und Grundfreiheiten ansieht. Gegen die Qualifizierung der Rundfunkfreiheit als ein Individualrecht durch die Mediendeklaration 1978 könnte sprechen, daß die Rundfunkfreiheit als eigenständige Freiheit in Art. 2 Abs. 1 Mediendeklaration 1978 nicht aufgeführt ist. Vielmehr werden dort ausschließlich die Meinungs-, Meinungsäußerungs- und Informationsfreiheit als Menschenrechte und Grundfreiheiten angesehen. Dieser Gesichtspunkt könnte in der Tat dafür sprechen, daß die Mediendeklaration 1978 die Rundfunkfreiheit lediglich als eine unselbständige und unbenannte Teilfreiheit qualifiziert, die in einem funktionalen Zusammenhang mit Massenmedien steht, was für eine institutionelle Garantie der Rundfunkfreiheit spricht. Gegen eine solche Interpretation des Art. 2 Abs. 1 Mediendeklaration 1978 spricht folgendes: Wenn die Rundfunkfreiheit als

---

534 Gornig, Äußerungsfreiheit und Informationsfreiheit als Menschenrechte, S. 173.

535 Ebd.

unselbständige und unbenannte Teilfreiheit in Art. 2 Abs. 1 Mediendeklaration 1978 enthalten ist, muß ihr ebenso Menschenrechtsqualität zukommen. Dies folgt aus der Tatsache, daß die dort ausdrücklich genannten Kommunikationsfreiheiten nicht voll zur Geltung gelangen könnten, wenn die durch den Rundfunk verbreiteten Informationen und Meinungen nicht Bestandteil der Menschenrechte und Grundfreiheiten wären. Folglich ist zu konstatieren, daß die aus der Mediendeklaration 1978 abzuleitende Rundfunkfreiheit individualrechtlich zu interpretieren ist. Mithin umfaßt sie auch die Rundfunkgründungsfreiheit, die sich in besonderer Weise durch einen individualrechtlichen Charakter auszeichnet[536].

IV. Zensurverbot

1. Das grundgesetzliche Zensurverbot

a) Geltung für die Rundfunkfreiheit

Das grundgesetzliche Zensurverbot gilt auch für die Rundfunkfreiheit in Art. 5 Abs. 1 Satz 1, 2. Alt. GG[537]. Dies folgt zum einen aus der Entstehungsgeschichte der grundgesetzlichen Zensurfreiheit[538]. Zum anderen ergibt sich aus der systematischen Stellung des Art. 5 Abs. 1 Satz 3 GG, daß diese Verfassungsbestimmung auch für die grundgesetzliche Rundfunkfreiheit gilt[539]. Außerdem ist zu berücksichtigen,

536 Da die Rundfunkfreiheit in Art. 2 Abs. 1 Mediendeklaration 1978 nicht ausdrücklich erwähnt ist, kann man die Deklaration allerdings auch dahin interpretieren, daß sie lediglich rein funktional den Betrieb von Massenmedien schützen will. Unter dieser Prämisse ist die Mediendeklaration 1978 so zu verstehen, daß sie die Rundfunkfreiheit lediglich als eine objektive Einrichtungsgarantie ansieht. Es liegt auf der Hand, daß diejenigen Mitgliedstaaten die Mediendeklaration 1978 in diesem Sinne interpretieren, die ausschließlich staatlich betriebene Rundfunksender zulassen.

537 v. Mangoldt/Klein, BGG, Art. 5 Anm. VIII 1; Herrmann, Fernsehen und Hörfunk in der Verfassung der Bundesrepublik Deutschland, S. 75 ff.; Herzog, M-D, GG-Komm., Art. 5 I, II Rdnr. 78.

538 v. Mangoldt/Klein, BGG, Art. 5 Anm. VIII 1; Herrmann, Fernsehen und Hörfunk in der Verfassung der Bundesrepublik Deutschland, S. 75.

539 Ebd.

daß das Zensurverbot traditionsgemäß für den Bereich der publizistischen Massenkommunikation von praktischer Bedeutung ist[540]. Da Rundfunksendungen ebenfalls dem Bereich der Massenkommunikation zuzuordnen sind, ist es sachlich dringend geboten, die Printmedien und die elektronischen Medien hinsichtlich des grundgesetzlichen Zensurverbots gleichzubehandeln.

b) *Begriff des Zensurverbots*

Im Zusammenhang mit der grundgesetzlichen Meinungsfreiheit wurde bereits dargelegt, daß der grundgesetzliche Zensurbegriff umstritten ist[541]. Nach der hier vertretenen Ansicht liegt dem Art. 5 Abs. 1 Satz 3 GG der formelle Zensurbegriff[542] zugrunde. Danach liegt eine Zensur vor, wenn durch Überwachungsmaßnahmen ein Gebrauchmachen von der grundgesetzlichen Meinungsfreiheit von einer behördlichen Überprüfung und Genehmigung abhängig gemacht wird, ohne daß es dabei auf die Motive und Absichten der Behörde ankommt[543]. Adressat des Zensurverbots ist nach der hier vertretenen Auffassung ausschließlich der Staat[544]. In zeitlicher Hinsicht handelt es sich beim grundgesetzlichen Zensurverbot um ein Verbot der Vorzensur[545]. Mit dem Verbot der Vorzensur sind behördliche Anzeige- und/oder Vorlagepflichten zu vereinbaren[546]. Erlaubt sind ferner Selbstkontrolleinrichtungen ohne staatliche Beteiligung[547] bzw. mit einer staatlichen Beteiligung bis maximal 50 %[548].

---

540 Herrmann, Fernsehen und Hörfunk in der Verfassung der Bundesrepublik Deutschland, S. 76.

541 Vgl. 7. Teil, 4. Abschnitt, C. VII. 1. a).

542 Siehe hierzu: 7. Teil, 4. Abschnitt, C. VII. 1. a) bb).

543 Hösl, Die Anordnung einer einstweiligen Verfügung in Pressesachen, S. 52; Löffler, Das Zensurverbot der Verfassung, NJW 1969, S. 2225, 2226.

544 Vgl. 7. Teil, 4. Abschnitt, C. VII. 1. b) cc).

545 Vgl. 7. Teil, 4. Abschnitt, C. VII. 1. c) cc).

546 Vgl. 7. Teil, 4. Abschnitt, C. VII. 1. d) aa).

547 Vgl. 7. Teil, 4. Abschnitt, C. VII. 1. d) bb) (1).

548 Vgl. 7. Teil, 4. Abschnitt, C. VII. 1. d) bb) (2).

c) Bedeutung des Zensurverbots für die Rundfunkfreiheit

Es fragt sich, welche Bedeutung das grundgesetzliche Zensurverbot für die Rundfunkfreiheit hat.

aa) Kontrolle der Wahlwerbung

(1) Kein verfassungsunmittelbares Recht auf Wahlwerbesendezeit

Zwar ist die grundgesetzliche Rundfunkfreiheit eine dienende Freiheit[549]. Jedoch folgt daraus nicht, daß die politischen Parteien unmittelbar aus Art. 5 Abs. 1 Satz 2, 2. Alt. GG ein Recht auf Sendezeit für Wahlwerbung ableiten können[550]. Vielmehr kann der Gesetzgeber aufgrund der politischen Gestaltungsfreiheit darüber entscheiden, welche Rahmenbedingungen er für das Wirken der politischen Parteien setzen möchte. Auch unter Berücksichtigung der verfassungsrechtlichen Stellung und Aufgaben der politischen Parteien, wie sie in Art. 21 Abs. 1 Satz 1 GG zum Ausdruck kommt, ergibt sich nichts anderes. Der Inhalt des Art. 21 Abs. 1 GG ist zwar bei der Anwendung des einfachen Rechts[551] und auch bei der Auslegung anderer Verfassungsbestimmungen[552] zu berücksichtigen. Jedoch führt dies nicht dazu, daß Art. 5 Abs. 1 Satz 2, 2. Alt. GG von einem Abwehrrecht zu einem subjektiv-rechtlichen Zugangsrecht umfunktioniert werden darf. Trotz Art. 21 Abs. 1 GG müssen sich die politischen Parteien insofern wie jeder andere Dritte behandeln lassen[553]. Aufgrund

---

549 BVerfGE 57, 295, 320; 74, 297, 323.

550 BVerfGE 47, 198, 237; BVerwGE 87, 270, 274; Henke, BK, Art. 21 Rdnr. 239; Degenhart, BK, Art. 5 Abs. 1, 2 Rdnr. 685; Herzog, M-D, GG-Komm., Art. 5 I, II Rdnr. 65; Neumann/Wesener, Rundfunkfreiheit, Grundsatz der Chancengleichheit und Wahlwerbung der politischen Parteien, DVBl. 1984, S. 914, 916; a.A. Konow, Verfassungsrechtliche Fragen zum Parteiengesetz, DÖV 1968, S. 73, 74.

551 v. Münch, in: v. Münch, GG-Komm., Art. 21 Rdnr. 1a.

552 Konow, DÖV 1968, S. 73, 74.

553 Neumann/Wesener, DVBl. 1984, S. 914, 916; a.A. Konow, DÖV 1968, S. 73, 74, der aus Art. 21 Abs. 1 Satz 1 GG ein Zugangsrecht der politischen Parteien zu öffentlich-rechtlichen Rundfunkanstalten ableitet. Diese Interpretation beruht allerdings auf einer überholten institutsrechtlichen Interpretation des Art. 5 Abs. 1 Satz 2, 2. Alt. GG. Wie bereits dargelegt wurde, ist die grundgesetzliche Rundfunkfreiheit nach neuerer - und überwiegender - Auffassung individualrechtlich zu interpretieren.

des zuvor Gesagten kommt das Bundesverfassungsgericht[554] zu Recht zu dem Ergebnis, daß ein Zugangsrecht der politischen Parteien zu den Rundfunkanstalten von Verfassungs wegen nicht geboten ist.

(2) Subjektiv-öffentliches Senderecht auf Wahlwerbung kraft einfachen Landesrundfunkrechts

Ein subjektiv-öffentliches Senderecht der politischen Parteien auf Wahlwerbung besteht allerdings gegenüber den öffentlich-rechtlichen Rundfunkanstalten durchweg aufgrund der Rundfunkgesetze der Länder[555]. Teilweise wird ein solches Senderecht durch das Landesrundfunkrecht auch gegenüber den privatrechtlichen Rundfunksendern gewährt[556]. Sind die Rundfunkanstalten kraft Landesrundfunkrechts gehalten, Wahlwerbesendungen der politischen Parteien auszustrahlen, nehmen die politischen Parteien insoweit an der grundgesetzlichen Rundfunkfreiheit teil. Dem könnte man entgegenhalten, daß es nicht richtig sein kann, daß die Reichweite des Art. 5 Abs. 1 Satz 2, 2. Alt. GG durch einfaches Landesrundfunkrecht festgelegt wird. Diese Argumentation verkennt, daß die grundgesetzliche Rundfunkfreiheit bereits durch den Verfassungsgeber von vornherein mit dem Ziel geschaffen wurde, jede erlaubte Tätigkeit des Rundfunks unter den Schutz der grundgesetzlich garantieren Rundfunkfreiheit zu stellen. Dies folgt aus der Einsicht, daß nach dem Willen des Verfassungsgebers jegliche nichtstaatliche Handlung Grundrechtsschutz genießt.

bb) Rundfunkinterne Selbstkontrolle

(1) Öffentlich-rechtliche Rundfunkanstalten

Die öffentlich-rechtlichen Rundfunkanstalten sind gehalten, das gesamte Spektrum der politischen und kulturellen Meinungen und In-

---

554 BVerfGE 47, 198, 237.

555 Degenhart, BK, Art. 5 Abs. 1, 2 Rdnr. 686.

556 Ebd.

teressen zu berücksichtigen[557]. Dieser Programmauftrag muß durch eine programmliche Binnenpluralität sichergestellt werden[558]. Dieses Ziel wird durch Rundfunkgremien, meistens als Rundfunkrat bezeichnet, erreicht[559].

Soweit die Rundfunkgremien Sendungen vor ihrer Ausstrahlung auf Einhaltung der binnenpluralistischen Programmgrundsätze überprüfen, findet keine Vorzensur i.S.v. Art. 5 Abs. 1 Satz 3 GG statt[560]. Dies folgt zum einen aus der Einsicht, daß der Rundfunkrat selbst seine grundrechtlich garantierte Programmfunktion wahrnimmt[561]. Zum anderen kann die Tätigkeit des Rundfunkrats keine Zensur i.S.v. Art. 5 Abs. 1 Satz 3 GG sein, da die Kontrolltätigkeit der Rundfunkgremien keine Außenkontrolle ist[562]. Es handelt sich grundsätzlich auch nicht um eine staatliche Kontrolle, was nach der hier vertretenen Auffassung eine Voraussetzung für die Anwendung des Art. 5 Abs. 1 Satz 3 GG ist. Vielmehr soll der Rundfunkrat die verschiedenen *gesellschaftlichen* Interessen repräsentieren[563]. Dies folgt aus dem Gebot der Staatsfreiheit des Rundfunks. Dieses aus Art. 5 Abs. 1 Satz 2, 2. Alt. GG abzuleitende Organisationsprinzip des Rundfunks ist zumindest dann verletzt, wenn die Kontrollgremien des öffentlich-rechtlichen Rundfunks so zusammengesetzt sind, daß den Vertretern des Staates ein ausschlaggebendes Gewicht zukommt[564]. Ein dominierender staatlicher Einfluß in den Aufsichtsgremien der öffentlich-rechtlichen Rundfunkanstalten ist als eine verdeckte Zensur zu qualifizieren, die gegen Art. 5 Abs. 1 Satz 3 GG

---

557 Wendt, in: v. Münch/Kunig, GG-Komm., Art. 5 Rdnr. 49; Starck/v. Mangoldt, BGG, Art. 5 Abs. 1, 2 Rdnr. 85; Jarass, in: Jarass/Pieroth, GG-Komm., Art. 5 Rdnr. 38.

558 Bullinger, Freiheit von Presse, Rundfunk, Film, S. 699; Wendt, in: v. Münch/Kunig, GG-Komm., Art. 5 Rdnr. 49.

559 Bullinger, Freiheit von Presse, Rundfunk, Film, S. 699; Starck/v. Mangoldt, BGG, Art. 5 Abs. 1, 2 Rdnr. 86.

560 Starck/v. Mangoldt, BGG, Art. 5 Abs. 1, 2 Rdnr. 86; Degenhart, BK, Art. 5 Abs. 1, 2 Rdnr. 747.

561 Degenhart, BK, Art. 5 Abs. 1, 2 Rdnr. 747.

562 Starck/v. Mangoldt, BGG, Art. 5 Abs. 1, 2 Rdnr. 86.

563 Bullinger, Freiheit von Presse, Rundfunk, Film, S. 699 f.

564 Starck/v. Mangoldt, BGG, Art. 5 Abs. 1, 2 Rdnr. 86.

verstößt[565]. Gerade wegen der gesellschaftlichen Binnenstruktur wurde den öffentlich-rechtlichen Rundfunkanstalten, obwohl sie ihre Aufgaben in den Formen des öffentlichen Rechts wahrnehmen, das Grundrecht der Rundfunkfreiheit gegenüber dem Staat zugebilligt[566]. Folglich verletzt eine staatlich dominierte Rundfunkaufsicht auch die grundgesetzliche Rundfunkfreiheit.

(2) Privatrechtlicher Rundfunk

Wie bereits dargelegt wurde, ist auch der privatrechtlich organisierte Rundfunk zur inhaltlichen Ausgewogenheit verpflichtet, solange es im Bereich des Privatrundfunks an hinreichender Konkurrenz fehlt[567]. Folglich besteht im Bereich des binnenpluralistisch organisierten Privatrundfunks die Notwendigkeit, die Einhaltung eines Mindestmaßes an Ausgewogenheit sicherzustellen. Dies kann durch eigene binnenpluralistisch zusammengesetzte, effektiv wirkende Aufsichtsgremien der privaten Rundfunkgesellschaften erreicht werden[568]. Ist diesen Gremien vor der Ausstrahlung eine Sendung zur Kontrolle vorzulegen, handelt es sich dabei nicht um eine Zensurmaßnahme, da keine staatliche Kontrolle vorliegt. Soweit private Rundfunkanbieter aufgrund interner Inhaltskontrollen eine Programmänderung aus Gründen der Programmausgewogenheit vornehmen, machen sie von der durch Art. 5 Abs. 1 Satz 2, 2. Alt. GG garantierten Rundfunkfreiheit Gebrauch. Die grundgesetzliche Rundfunkfreiheit beinhaltet auch eine Programmgestaltungsfreiheit[569]. Für die Ausübung der Programmgestaltungsfreiheit kommt es nicht auf die Motivation des Grundrechtsträgers an. Folglich liegt eine Betätigung der Programmgestaltungsfreiheit unabhängig davon vor, ob von ihr aus autonomen oder aus heteronomen Gründen Gebrauch gemacht wird. Von einer Ausübung der Rundfunkfreiheit kann erst dann keine Rede mehr sein, wenn der Grundrechtsträger gegen sei-

---

565 Ebd.; Berendes, Die Staatsaufsicht über den Rundfunk, S. 75 ff.

566 Bullinger, Freiheit von Presse, Rundfunk, Film, S. 700.

567 Starck/v. Mangoldt, BGG, Art. 5 Abs. 1, 2 Rdnr. 89.

568 Ebd.

569 Gornig, Äußerungsfreiheit und Informationsfreiheit als Menschenrechte, S. 581.

nen Willen zu der Ausstrahlung von Rundfunksendungen gezwungen wird.

cc) Externe Kontrolle

In der Bundesrepublik Deutschland wird die Tätigkeit der privaten Rundfunkveranstalter im Hinblick auf das Gebot der Ausgewogenheit durch die Aufsicht der öffentlich-rechtlichen Landesmedienanstalten sichergestellt[570]. Die Aufsichtsmittel der Landesmedienanstalten[571] können erst nach der Ausstrahlung greifen. Aus diesem Grunde verstoßen sie nicht gegen das grundgesetzliche Zensurverbot, da dieses lediglich ein Verbot der Vorzensur zum Gegenstand hat[572]. Soweit private Rundfunkveranstalter durch das Landesmedienrecht vor Ausstrahlung zu einer Vorlage gegenüber einer externen Aufsichtsanstalt verpflichtet sind, liegt eine Zensurmaßnahme vor[573].

2. Die Regelung des Zensurverbots in der Mediendeklaration 1978

a) Kein ausdrückliches Zensurverbot

Wie bereits ausgeführt wurde, enthält die Mediendeklaration 1978 weder ein Zensurverbot noch einen Hinweis darauf, daß das Fehlen einer staatlichen Lenkung im Bereich des Rundfunkwesens eine wichtige Voraussetzung für ein freies Rundfunkwesen ist. Aus diesem Grunde wird die Mediendeklaration 1978 von amerikanischen Kritikern als eine "Zensur-Deklaration" bezeichnet[574]. Demgegenüber haben die Kommunikationsfreiheiten nach offizieller bundesdeutscher Auffassung einen "gebührenden Platz" in der Mediendeklaration

---

570 Hesse, Rundfunkrecht, S. 175 ff.

571 Hierzu: Hesse, Rundfunkrecht, S. 175 ff.

572 BVerfGE 33, 52, 71; 47, 198, 236; Jarass, in: Jarass/Pieroth, GG-Komm., Art. 5 Rdnr. 52; Wendt, in: v. Münch/Kunig, GG-Komm., Art. 5 Rdnr. 62; Degenhart, BK, Art. 5 Abs. 1, 2 Rdnr. 743; a.A. Hoffmann-Riem, AK-GG (Hrsg.: R. Wassermann), Art. 5 Abs. 1, 2 Rdnr. 78 f.

573 Degenhart, BK, Art. 5 Abs. 1, 2 Rdnr. 747.

574 Bueckling, Satellitenfernsehen, AfP 1982, S. 75, 88.

1978 gefunden[575]. Dies trifft insofern zu, als die Kommunikationsfreiheiten in Art. 2 Abs. 1 Mediendeklaration 1978 als Bestandteil der Menschenrechte anerkannt sind. Wie bereits ausgeführt wurde, umfaßt Art. 2 Abs. 1 Mediendeklaration 1978 nach der hier vertretenen Auffassung auch die Rundfunkfreiheit, obwohl diese dort nicht ausdrücklich genannt ist. Es ist indes zu betonen, daß die bloße Anerkennung der Rundfunkfreiheit als ein Individual- und Menschenrecht unvollkommen ist, solange nicht zugleich ein Verbot der Zensur ausgesprochen wird. Eine ungehinderte Betätigung der Rundfunkfreiheit setzt voraus, daß der Träger dieses Freiheitsrechts keine Furcht vor Repressionsmaßnahmen aufgrund von Vorlagepflichten gegenüber staatlichen Stellen hat.

b) Art. 11 Mediendeklaration 1978

Art. 11 der Mediendeklaration 1978 enthält den Hinweis, daß die Kommunikationsfreiheiten im Einklang mit den Grundsätzen des 1966 von der Generalversammlung der Vereinten Nationen angenommenen Paktes über bürgerliche und politische Rechte geschützt sind. Art. 19 Abs. 2, 1. HS. MRP[576] garantiert das Recht der Äußerungsfreiheit. Dieses Recht ist in Art. 19 Abs. 2, 2. HS. MRP ohne Rücksicht auf Staatsgrenzen für sämtliche Kommunikationsformen geschützt. Es schließt auch die Übertragung von Gedankengut jeder Art mittels Radio, Fernsehen und sonstiger elektronischer Medien ein[577]. Wie bereits dargelegt wurde, geht Art. 19 Abs. 2 MRP von einem stillschweigenden Zensurverbot aus[578]. Mithin enthält die Mediendeklaration 1978 über ihren Art. 11 zumindest mittelbar ein stillschweigendes Zensurverbot. Die Bedeutung dieses Zensurverbots ist allerdings gering, da Art. 19 Abs. 3 MRP eine weitgehende Be-

575 So der Parlamentarische Staatssekretär im Bundesentwicklungsministerium Alwin Brück, Film und Recht 1979, S. 138.

576 Text: Sartorius II, Ordnungsnummer 20.

577 Gornig, Äußerungsfreiheit und Informationsfreiheit als Menschenrechte, S. 254; Nowak, UNO-Pakt über bürgerliche und politische Rechte und Fakultativprotokoll, Art. 19 Rdnr. 14.

578 Gornig, Äußerungsfreiheit und Informationsfreiheit als Menschenrechte, S. 254.

schränkung der Rechte des Art. 19 Abs. 2 MRP zuläßt[579]. Durch die Einschränkungsmöglichkeit der Rechte des Art. 19 Abs. 2 MRP aus Gründen der öffentlichen Ordnung[580] besteht die Gefahr der völligen Aushöhlung der Rundfunkfreiheit[581].

V. Die Schranken der Rundfunkfreiheit

1. Grundgesetzliche Schranken der Rundfunkfreiheit

a) Die "allgemeinen Gesetze" als Schranke der Rundfunkfreiheit

Die allgemeinen Gesetze i.S.v. Art. 5 Abs. 2, 1. Alt. GG beschränken auch die grundgesetzliche Rundfunkfreiheit[582]. Nach der hier vertretenen Ansicht liegt ein allgemeines Gesetz i.S.v. Art. 5 Abs. 2, 1. Alt. GG vor, wenn es dem Schutz eines Gemeinschafts- oder eines Individualrechtsgutes zu dienen bestimmt ist[583]. Dies ist im Rahmen einer umfassenden Güter- und Interessenabwägung festzustellen. Dabei wird man zu beachten haben, daß nach der hier vertretenen Auffassung die grundgesetzliche Rundfunkfreiheit ein Individualrecht ist[584] und als solches natürlich auch einen Menschenwürdegehalt aufweist, der der Ewigkeitsgarantie des Art. 79 Abs. 3 GG unterliegt. Ferner ist bei der Güter- und Interessenabwägung zwischen dem Schutzgut des allgemeinen Gesetzes und der grundgesetzlichen Rundfunkfreiheit zu beachten, daß die Rundfunkfreiheit für die freiheitliche und demokratische Staatsordnung von konstituierender Bedeutung ist. Allerdings folgt hieraus nicht, daß die Rundfunkfreiheit per se höherrangig zu bewerten ist. Vielmehr muß im Rahmen der umfassenden

---

579 Vgl. 7. Teil, 4. Abschnitt, D. VI. 2. c) bb).

580 Art. 19 Abs. 3 Satz 2 lit. b MRP.

581 Gornig, Äußerungsfreiheit und Informationsfreiheit als Menschenrechte, S. 257; Tscherning, Der Standard der Menschenrechte nach dem Menschenrechtspakt der Vereinten Nationen im Vergleich zur Europäischen Menschenrechtskonvention, S. 30.

582 Degenhart, BK, Art. 5 Abs. 1, 2 Rdnr. 567.

583 Vgl. 7. Teil, 4. Abschnitt, C. VIII. 1. a) dd).

584 Vgl. 7. Teil, 4. Abschnitt, E. III. 1. l) bb).

Güter- und Interessenabwägung berücksichtigt werden, daß der einzelne Bürger im Hinblick auf die Breitenwirkung der Rundfunksendungen in besonderer Weise eines Schutzes gegen eine mißbräuchliche Betätigung der Rundfunkfreiheit bedarf.

b) Gesetzliche Bestimmungen zum Schutze der Jugend

Nach Art. 5 Abs. 2, 2. Alt. GG können gesetzliche Bestimmungen zum Schutze der Jugend erlassen werden, die die grundgesetzliche Rundfunkfreiheit beschränken. Der Jugendschutz in Art. 5 Abs. 2, 2. Alt. GG ist eine selbständige Schranke und kein Unterfall des Art. 5 Abs. 2, 1. Alt GG[585]. Gesetzliche Bestimmungen zum Schutze der Jugend können die Rundfunkfreiheit beschränken, wenn sie zur Abwehr drohender Gefahren notwendig sind[586]. Dies ist der Fall, wenn Rundfunksendungen verbreitet werden, die Gewalttätigkeiten oder Verbrechen glorifizieren, Rassenhaß provozieren, den Krieg verherrlichen oder sexuelle Vorgänge in grob schamverletzender Weise darstellen[587]. Die entsprechenden gesetzlichen Bestimmungen fallen in die Zuständigkeit der Länder, da diese für Fragen zuständig sind, die inhaltliche Anforderungen von Rundfunksendungen zum Gegenstand haben[588].

Die elektronischen Medien und die neuen grenzüberschreitenden Übertragungsmöglichkeiten führen zu besonderen Problemen im Bereich des Jugendschutzes. Unabhängig davon, ob Rundfunksendungen über terrestrische Frequenzen, über Satellit oder über Kabel von privaten oder öffentlich-rechtlichen Rundfunkanbietern verbreitet werden, sind Sendezeitbeschränkungen zum Schutze der Jugend zulässig[589]. Unzulässig ist allerdings eine Vorzensur, um die Einhaltung der Bestimmungen zum Schutze der Jugend sicherzustellen[590].

---

585 Gornig, Äußerungsfreiheit und Informationsfreiheit als Menschenrechte, S. 589 m.w.N.

586 BVerfGE 30, 336, 347.

587 BVerfGE 30, 336, 347.

588 Castendyk, Jugendschutz im Fernsehen - zweiter Akt, MDR 1993, S. 192, 194; Weides, Der Jugendschutz im Filmbereich, NJW 1987, S. 224, 231.

589 Starck/v. Mangoldt, BGG, Art. 5 Abs. 1, 2 Rdnr. 130.

590 Ebd.; Wendt, in: v. Münch/Kunig, GG-Komm., Art. 5 Rdnr. 81.

Da eine nachträgliche Indizierung von Rundfunksendungen keinen effektiven Jugendschutz bewirkt, müssen die Rundfunkanbieter zunächst selbst entscheiden, ob eine Sendung mit den Geboten des Jugendschutzes in Einklang zu bringen ist[591]. Verstöße gegen die Bestimmungen des Jugendschutzes können strafrechtlich verfolgt werden und/oder bei privaten Rundfunkveranstaltern zu einem Entzug der Sendeerlaubnis führen[592]. Umstritten ist, ob jugendgefährdende Sendungen im Hinblick auf den Einsatz von Videorekordern völlig einem Verbot der Ausstrahlung unterworfen werden können[593]. Dagegen spricht, daß der Jugendschutz nicht so weit gehen darf, daß auch Erwachsene nicht mehr den Zugang zu jugendgefährdenden Sendungen haben. Hiergegen ist einzuwenden, daß jugendgefährdende Sendungen nicht unbedingt über Sender, Kabel oder Satellit verbreitet werden müssen. Soweit jugendgefährdende Sendungen aus dem Ausland im Gebiet der Bundesrepublik Deutschland zu Zeiten empfangen werden können, in denen Jugendliche in der Regel fernsehen, begegnen Sendestörungen bzw. Nichteinspeisungen in das Kabelnetz keinen verfassungsrechtlichen Bedenken[594].

c) Die Schranke des rechtlichen Schutzes der persönlichen Ehre

Die grundgesetzliche Rundfunkfreiheit wird ferner durch das Recht der persönlichen Ehre in Art. 5 Abs. 2, 3. Alt. GG beschränkt[595]. Wie bereits dargelegt wurde, ist das Recht der persönlichen Ehre in Art. 5 Abs. 2, 3. Alt. GG nach der hier vertretenen Auffassung eine eigenständige Schranke[596]. Dies folgt zum einen aus der Redewendung

---

591 Starck/v. Mangoldt, BGG, Art. 5 Abs. 1, 2 Rdnr. 130.

592 Ebd.; Hesse, Rundfunkrecht, S. 175 ff.

593 **Dafür:** Starck/v. Mangoldt, BGG, Art. 5 Abs. 1, 2 Fn. 447; **dagegen:** Degenhart, BK, Art. 5 Abs. 1, 2 Rdnr. 728; Jarass, in: Jarass/Pieroth, GG-Komm., Art. 5 Rdnr. 49; offengelassen in BVerwG, DVBl. 1990, S. 933, 935, soweit es um die verfassungsrechtliche Beurteilung geht.

594 Starck/v. Mangoldt, BGG, Art. 5 Abs. 1, 2 Rdnr. 130.

595 Degenhart, BK, Art. 5 Abs. 1, 2 Rdnr. 722; Starck/v. Mangoldt, BGG, Art. 5 Abs. 1, 2 Rdnr. 145.

596 Vgl. 7. Teil, 4. Abschnitt, C. VIII. 1. c) aa) (2), (3).

"Recht der persönlichen Ehre"[597]. Schon allein diese Formulierung bringt zum Ausdruck, daß die persönliche Ehre Verfassungsrang hat. Zum anderen ist zu bedenken, daß die persönliche Ehre ein Bestandteil des Persönlichkeitsrechts ist, das in der Menschenwürde verankert ist[598]. Folglich hat eine umfassende Abwägung zwischen der Rundfunkfreiheit einerseits und dem Recht der persönlichen Ehre andererseits stattzufinden. Bei der so vorzunehmenden Schrankenziehung zwischen der individualrechtlichen Rundfunkfreiheit einerseits und dem Ehrenschutz andererseits wird man zu berücksichtigen haben, daß die Breitenwirkung von Rundfunksendungen in besonderer Weise geeignet ist, das Recht der persönlichen Ehre zu verletzen[599]. Das BVerfG[600] hat in einem Beschluß vom 14.7.1994 ausgeführt, daß die stärkere Beeinträchtigung anderer Rechtsgüter, namentlich bei der Rundfunkberichterstattung in gerichtlichen Verfahren, weitergehende Beschränkungen rechtfertige. Dem ist entgegenzuhalten, daß dies für sämtliche Bereiche gilt, über die die Medien berichten. Aus diesem Grunde verdient die Ansicht Zustimmung, die sich gegen eine Bevorzugung der Rundfunkfreiheit im Verhältnis zum Ehrenschutz durch das Bundesverfassungsgericht wendet. Damit soll nicht gesagt werden, daß der Rundfunkfreiheit gegenüber dem Recht der persönlichen Ehre eine geringere Bedeutung zukommt. Vielmehr geht es darum, daß von der Rundfunkfreiheit nicht in einer ehrverletzenden Form Gebrauch gemacht werden darf. Keinesfalls bedeutet dies, einer inhaltlichen Beschränkung der Rundfunkfreiheit das Wort zu reden. Negative Urteile dürfen in sachlicher Form berichtet werden, sofern sie den Tatsachen entsprechen. Dies beruht auf der Einsicht, daß der Ehrschutz nur so weit reicht, wie der Bürger tatsächlich einen guten Ruf genießt. Ein wirksamer Ehrschutz ist nur dann gewährleistet, wenn derjenige, der ne-

597 v. der Decken, Meinungsäußerungsfreiheit und Recht der persönlichen Ehre, NJW 1983, S. 1400, 1402; ders., Meinungsäußerungsfreiheit und Ehrenschutz in der politischen Auseinandersetzung, S. 154; Kriele, Ehrenschutz und Meinungsfreiheit, NJW 1994, S. 1897, 1898; Krüger, Wissenschaftsfreiheit und Ehrenschutz, Wissenschaftsrecht 1986, S. 1, 9 ff.

598 Kriele, NJW 1994, S. 1897, 1898.

599 Degenhart, BK, Art. 5 Abs. 1, 2 Rdnr. 722; Starck/v. Mangoldt, BGG, Art. 5 Abs. 1, 2 Rdnr. 145.

600 BVerfG, NJW 37/1994, S. IV.

gative Tatsachen über andere verbreitet, die Konsequenzen dafür zu tragen hat, wenn sich herausstellt, daß unwahre, ehrverletzende Tatsachen über andere verbreitet wurden.

2. *Schranken der Rundfunkfreiheit in der Mediendeklaration 1978*

a) *Ausdrückliche Schranken*

Für den Bereich der Rundfunkfreiheit enthält die Mediendeklaration 1978 keine ausdrückliche Schrankenregelung. Dies überrascht freilich nicht, da die Rundfunkfreiheit in der o.g. Deklaration nicht ausdrücklich als eine Kommunikationsfreiheit genannt ist.

b) *Immanente Schranken*

Im Zusammenhang mit der Meinungs-[601] und Informationsfreiheit[602] wurde bereits dargelegt, daß die Mediendeklaration 1978 mehrere immanente Schranken enthält. Die dort gemachten Ausführungen treffen auch für die Rundfunkfreiheit zu.

Wie bereits ausführlich dargelegt wurde, enthält die Mediendeklaration 1978 zahlreiche Aussagen über die Ziele, die durch die Betätigung der Rundfunkfreiheit verwirklicht werden sollen. Im Hinblick auf die Breitenwirkung der Rundfunksendungen kommt diesen eine überragende Bedeutung für die politischen Ziele der Mediendeklaration 1978 zu. Folglich ist im Bereich der Rundfunkfreiheit in besonderer Weise zu befürchten, daß dieses Kommunikationsrecht im Sinne der politischen Vorgaben der Mediendeklaration 1978 betätigt wird. Dies hat zur Konsequenz, daß der Gebrauch der Rundfunkfreiheit zu privaten Zwecken, die in der Mediendeklaration 1978 nicht genannt sind, beeinträchtigt werden könnte, was eine Beschränkung der Rundfunkfreiheit zur Folge hätte.

---

601 Vgl. 7. Teil, 4. Abschnitt, C. VIII. 2. b).

602 Vgl. 7. Teil, 4. Abschnitt, D. V. 2. b).

8. TEIL:

ZUSAMMENFASSUNG IN THESEN

1. Zur Förderung des gegenseitigen Verständnisses der Völker kann die UNESCO internationale Übereinkünfte empfehlen, die den freien Austausch von Ideen durch Wort und Bild erleichtern. Keineswegs besitzt die UNESCO die Kompetenz für das Betreiben eines eigenen Sendenetzes bzw. eines eigenen Weltnachrichtenapparates.

2. Die UNESCO ist gehalten, ihre Aufgaben weltanschaulich neutral wahrzunehmen. Die Propagierung von Lehren mit Absolutheitsanspruch durch die UNESCO wäre intolerant und unterdrückerisch. Sie läßt sich nicht mit einem freiheitlichen Menschenrechtsverständnis vereinbaren, dem die UNESCO kraft ihrer Satzung verpflichtet ist.

3. Nach der Ordnung des Grundgesetzes muß staatliches Handeln weltanschaulich neutral sein. Diese verfassungsrechtliche Pflicht ist nach Art. 1 Abs. 3 GG in einem umfassenden Sinne zu verstehen. Sie gilt insbesondere auch für die Mitarbeit Deutschlands in internationalen Organisationen. Art. 1 Abs. 3 GG knüpft keineswegs an die territorialen Grenzen Deutschlands an, sondern vielmehr an den Erfolg staatlichen Handelns deutscher Stellen.

4. Eine Grundrechtsbindung deutscher Stellen, die im internationalen Bereich tätig sind, ist unter dem Gesichtspunkt geboten, daß Akte internationaler Organisationen Rückwirkungen im innerstaatlichen Bereich haben können.

5. Aus der rechtssystematisch engen Verbindung der Art. 1 Abs. 3 GG und Art. 1 Abs. 1 Satz 2 GG folgt, daß sämtliche Betätigungen des Staates lückenlos einer Grundrechtsbindung unterliegen.

6. Nach dem Grundgesetz kann es keine staatliche Betätigung deutscher Stellen geben, die außerhalb der Ordnung des Grundgesetzes liegt. Unabhängig von der Frage, wie die deutsche auswärtige Gewalt in das System des Grundgesetzes einzuordnen

ist, ist nicht erkennbar, daß sich die deutsche auswärtige Gewalt nach dem Willen der Verfassungsgeber in einem grundrechtsfreien Raum bewegen soll.

7. Gegen eine Grundrechtsbindung der deutschen auswärtigen Gewalt spricht nicht, daß die Bundesregierung außerhalb des Territoriums der Bundesrepublik Deutschland keine Regelungsbefugnis habe, wie von einer Mindermeinung behauptet wird. Zum einen ist es möglich, daß fremde Staaten deutschen staatlichen Stellen ein Handeln mit Regelungsbefugnis in ihrem Staatsgebiet gestatten. Zum anderen besitzt die deutsche auswärtige Gewalt z. B. in internationalen Organisationen eine Gestaltungsbefugnis. Überall dort, wo deutsche staatliche Stellen im Ausland eine Regelungs- oder Gestaltungsaufgabe wahrnehmen, sind sie gehalten, die Wertordnung des Grundgesetzes zur Grundlage ihres Handelns zu machen.

8. Die Mediendeklaration 1978 ist nach dem Satzungsrecht der UNESCO als eine Empfehlung i.S.v. Art. 4 Abs. 4 Satz 1 anzusehen. Die Praxis neigt zu der Ansicht, die Mediendeklaration 1978 als ein Dokument zu qualifizieren, das nicht in den Anwendungsbereich des Art. 4 Abs. 4 Satz 1 UNESCO-Satzung fällt.

9. Die Mediendeklaration 1978 wurde am 22. November 1978 von der UNESCO-Generalversammlung ohne Aussprache angenommen. Aufgrund dieser Umstände spricht die Vermutung dafür, daß die Deklaration die Kompetenzen der UNESCO nicht überschreitet.

10. Nach der hier vertretenen Auffassung ist die Mediendeklaration 1978 als internationales "soft law" zu qualifizieren. Das Begriffspaar "soft law" macht deutlich, daß Empfehlungen internationaler Organisationen normative Aussagen sind, die zu verbindlichem Recht erstarken können.

11. "Soft law" kann einen wichtigen Beitrag für die Weiterentwicklung des Völkerrechts leisten, wenn es gelingt, Verhaltensregeln mit "soft law"-Charakter zu Völkergewohnheitsrecht, Vertragsrecht oder zu allgemeinen Rechtsgrundsätzen erstarken zu lassen.

12. Der flexible Charakter des "soft law" ist in besonderer Weise dazu geeignet, unüberbrückbar erscheinende Interessengegensätze zu dissimulieren.

13. Eine rechtliche Relevanz kann das "soft law" als Auslegungshilfe des geltenden Rechts erlangen. Ferner kann "soft law" einen Umsetzungsprozeß im Bereich des innerstaatlichen Rechts bewirken.

14. Einerseits hat die UNESCO erklärt, die in der Mediendeklaration 1978 angesprochene neue Weltinformationsordnung nicht mehr realisieren zu wollen. Andererseits beabsichtigt die UNESCO nach wie vor, auf eine Veränderung der internationalen Kommunikationsstrukturen hinzuarbeiten. Unter diesem Gesichtspunkt bleibt abzuwarten, inwieweit die Aussagen der Mediendeklaration 1978 eine Rolle spielen werden.

15. Nationale Stellen dürfen internationale Empfehlungen von sich aus im nichtgesetzesakzessorischen Bereich heranziehen, soweit in die Rechte des Bürgers nicht eingegriffen wird. Internationale Empfehlungen mit "soft law"-Charakter können innerstaatlich aufgrund des Prinzips des Gesetzesvorrangs nicht zur Anwendung kommen, wenn sie gegen geltendes Recht verstoßen.

16. Das grundgesetzliche Sittengesetz ist grundsätzlich keine Einlaßtür für Empfehlungen internationaler Organisationen. Dies würde der Schutzfunktion des Gesetzes zuwiderlaufen.

17. Die UNESCO ist keine supranationale Organisation. Folglich kann Art. 24 Abs. 1 GG keine Grundlage für das Einwirken von UNESCO-"soft law" auf die deutsche Rechtsordnung sein.

18. Aus Gründen der Rechtssicherheit und der Rechtsklarheit kommt Art. 25 GG lediglich für die Inkorporation von 'hartem' Völkerrecht und nicht von internationalem "soft law" in Betracht.

19. Art. 59 Abs. 2 Satz 1 GG ist nicht direkt auf internationales "soft law" anwendbar, da unverbindliche Entschließungen internationaler Organisationen keine wechselseitigen Willenserklärungen der beteiligten Staaten aufweisen.

20. Konsentierende Äußerungen im Bereich des internationalen "soft law" weisen Ähnlichkeiten zu völkerrechtlichen Verträgen auf. Gleichwohl kommt eine analoge Anwendung des Art. 59 Abs. 2 Satz 1 GG auf internationales "soft law" nicht in Betracht. Eine Zustimmung nach Art. 59 Abs. 2 Satz 1 GG setzt langfristige, grundsätzlich unauflösbare Bindungen völkerrechtlicher Art voraus, woran es beim "soft law" fehlt.

21. Art. 59 Abs. 2 Satz 1 GG ist eine Ausnahmevorschrift und muß als solche eng ausgelegt werden. Eine analoge Anwendung auf nichtvertragliche Akte der Bundesregierung gegenüber fremden Völkerrechtssubjekten würde einen Einbruch in zentrale Gestaltungsbefugnisse der Exekutive darstellen. Akte des auswärtigen Verkehrs sind grundsätzlich der auswärtigen Gewalt zuzuordnen, da diese über die personellen, sachlichen und organisatorischen Möglichkeiten verfügt, auswärtige Angelegenheiten bestmöglich wahrzunehmen. Dies gilt auch für die Mitarbeit in internationalen Organisationen. Die Langwierigkeit einer Zustimmung nach Art. 59 Abs. 2 Satz 1 GG würde eine Mitarbeit deutscher Stellen in internationalen Organisationen erheblich erschweren oder sogar unmöglich machen.

22. Die Bundesregierung hat von Verfassungs wegen nicht die Möglichkeit, von sich aus für eine Zustimmung des Bundestages i.S.v. Art. 59 Abs. 2 Satz 1 GG im Bereich von "soft law"-Regelungen zu werben. Eine solche erweiterte Anwendung des Art. 59 Abs. 2 Satz 1 GG würde der Bundesregierung die Möglichkeit einräumen, sich der Verantwortung in einem wesentlichen Bereich der Politikgestaltung zu entziehen, indem sie ihre Tätigkeit von einer im Grundgesetz nicht vorgesehenen Entscheidung der Legislative abhängig macht.

23. Möchte die Bundesregierung außenpolitische Akte, die nicht in den Anwendungsbereich von Art. 59 Abs. 2 Satz 1 GG fallen, parlamentarisch absichern lassen, muß sie den Weg der Vertrauensfrage i.S.v. Art. 68 Abs. 1 Satz 1 GG wählen.

24. Internationales "soft law" kann über Art. 59 Abs. 2 Satz 2 GG innerstaatliche Geltung erlangen. Zwar können "soft law"-Regelungen nicht als Verwaltungsabkommen qualifiziert werden. Jedoch kann die Bundesrepublik Deutschland kraft autonomer Entscheidung internationales "soft law" über Art. 59 Abs. 2 Satz 2 GG verbindlich werden lassen.

25. Aufgrund seines Probe- und Empfehlungscharakters kann "soft law" nicht Bestandteil eines zwingenden ordre public sein.

26. "Soft law" begründet lediglich moralische Verpflichtungen. Diese können allerdings zuweilen sehr effektiv sein, obwohl sie sich nicht zur zwangsweisen Durchsetzung eignen.

27. Nach der hier vertretenen Ansicht kann internationales "soft law" über die Generalklauseln des einfachen Rechts Eingang in die innerstaatliche Rechtsordnung finden. Das Demokratieprinzip wird dadurch nicht verletzt, da die Öffnungsnormen des einfachen Rechts auf einer hinreichenden demokratischen Legitimation beruhen.

28. Wird "soft law" bei der Ausfüllung von Generalklauseln oder offenen Tatbestandsmerkmalen des einfachen Rechts herangezogen, liegt keine versteckte dynamische Verweisung auf rechtliche Bestimmungen vor. Dies beruht auf der Einsicht, daß "soft law" lediglich als etwas Gesolltes dem Recht vorgelagert ist.

29. Aus Gründen der Rechtssicherheit und Rechtsklarheit können die vagen Formulierungen des internationalen "soft law" nicht Gegenstand einer unmittelbaren Inkorporation sein.

30. Hinsichtlich der Frage, ob internationales "soft law" bei der Konkretisierung des nationalen einfachen Rechts herangezogen werden soll, ist Zurückhaltung geboten, da "soft law" lediglich Wunschvorstellungen zum Ausdruck bringen kann. Diese muß der nationale Rechtsanwender "herausfiltern". Dazu muß notfalls eine Motivforschung betrieben werden. Nach Art. 35 Abs. 1 GG ist das Auswärtige Amt gehalten, Informationen über die Erzeugung von internationalem "soft law" zur Verfügung zu stellen.

31. Aus dem grundgesetzlichen Gebot der Völkerrechtsfreundlichkeit kann nicht abgeleitet werden, daß die Bundesrepublik Deutschland verpflichtet ist, internationale Ordnungsvorstellungen, die völkerrechtlich unverbindlich sind, innerstaatlich durchzusetzen. Dies folgt aus der Einsicht, daß das grundgesetzliche Gebot der Völkerrechtsfreundlichkeit lediglich für den Bereich des verbindlichen Völkerrechts Anwendung findet und nicht für das dem Nicht-Recht zuzuordnende "soft law". Selbst wenn man anderer Auffassung wäre und dem "soft law" eine gewisse Verbindlichkeit zuspräche, kann daraus nicht gefolgert werden, daß die Bundesrepublik Deutschland aufgrund des grundgesetzlichen Gebots der Völkerrechtsfreundlichkeit *verpflichtet* ist, dem Inhalt von internationalem "soft law" innerstaatliche Geltung zu verschaffen. Vielmehr können die deutschen staatlichen Stellen frei darüber befinden, ob sie den Inhalt von internationalem "soft law" über das einfache Recht in den deutschen Rechtsraum einfließen lassen wollen oder nicht.

32. Dem Wertgehalt der Art. 25 GG und 59 Abs. 2 GG kann nicht entnommen werden, daß die Heranziehung von internationalem "soft law" zur Konkretisierung des einfachen innerstaatlichen Rechts verfassungswidrig ist. Bei Heranziehung internationaler Wertvorstellungen des "soft law" zur Ausfüllung des nationalen einfachen Rechts handelt es sich um Tatbestände, die nicht von Art. 25, 59 Abs. 2 GG erfaßt sind.

33. Ein Einfließen internationaler Empfehlungen in den deutschen Rechtsraum über konkretisierungsbedürftige Vorschriften des einfachen Rechts ist aus Gründen der Rechtssicherheit und der Rechtsklarheit zumindest dann abzulehnen, wenn bei ausschließlicher Berücksichtigung von Binnenfaktoren ein anderes Auslegungsergebnis erzielt wird. Aus rechtsstaatlichen Gründen ist es nicht hinnehmbar, daß innerstaatliche Stellen ihre Rechtsfindung ausschließlich auf internationale Empfehlungen stützen, die dem Bürger nicht bekannt sind. Internationale Empfehlungen kommen folglich nur dann als Auslegungshilfe in Betracht, wenn sie eine hinreichende nationale Akzeptanz aufweisen.

34. Die Grundrechte sollen in erster Linie die Freiheitssphären des Bürgers gegen staatliche Eingriffe sichern. Dieser Aufgabe können die Grundrechte nicht gerecht werden, wenn deutsche Stellen im Wege der Mitarbeit bei internationalen Organisationen Wertvorstellungen erzeugen, die von innerstaatlichen Stellen für die Inhaltsbestimmung der Grundrechte herangezogen werden. Eine Abschwächung der Geltungskraft der deutschen Grundrechte läßt sich nicht durch eine Auslandsberührung rechtfertigen. Denkbar ist allerdings, daß deutsche Grundrechte auf der internationalen Ebene nicht oder nur partiell durchsetzbar sind. Dies ändert nichts an ihrer umfassenden Geltung für das Handeln deutscher Stellen.

35. Aus Art. 5 GG erwächst für die deutsche auswärtige Gewalt die objektiv-rechtliche Verpflichtung, im Rahmen der Mitarbeit in internationalen Organisationen darauf hinzuwirken, daß nur solche Entschließungen zustandekommen, die mit dem materialen Gehalt des Art. 5 GG in Einklang zu bringen sind. Die Bundesregierung muß internationalen Empfehlungen entgegentreten, die der Bedeutung des Art. 5 GG nicht gerecht werden. Diesen erklärten Willen der deutschen auswärtigen Gewalt dürfen die innerstaatlichen Rechtsanwender nicht dadurch in das Gegenteil verkehren, indem sie bei der Konkretisierung offener Tatbestände des einfachen Rechts auf internationale Empfehlungen Rekurs nehmen, denen die Bundesrepublik Deutschland nicht zugestimmt hat.

36. Stimmt die Bundesrepublik Deutschland einer internationalen Entschließung lediglich aus taktischen Gründen zu (z. B. um eine schlimmere Entschließung zu verhindern), die nicht mit der Wertordnung des Grundgesetzes im Einklang steht, bleiben die nationalen Rechtsanwender an das geltende Recht voll gebunden.

37. Die Mediendeklaration 1978 zeichnet sich dadurch aus, daß sie Interessengegensätze durch Formellkompromisse kaschiert. Aus diesem Grunde eignet sich ihr Inhalt nur für eine verfassungskonforme Konkretisierung offener Tatbestände des einfachen Rechts.

38. Nach einer Entscheidung des Verwaltungsgerichts Frankfurt a. M. aus dem Jahre 1988, die viel Beachtung gefunden hat, kann internationales "soft law" ergänzend bei der Auslegung nationalen Rechts herangezogen werden. Es bleibt abzuwarten, ob durch diese Rechtsprechung ein neuer Trend eingeleitet wurde.

39. Das rechtsstaatliche Gebot vom Gesetzesvorbehalt beinhaltet keine Abschottung der deutschen Rechtsordnung gegenüber ausländischen und internationalen Interessen.

40. Im Jahre 1972 hatte der BGH im Nigeria-Kulturgutfall eine Empfehlung der UNESCO-Generalkonferenz, die dem Deutschen Bundestag lediglich zugeleitet worden war, über § 138 BGB zur Anwendung kommen lassen. Nach der Ansicht des BGH sind UNESCO-Empfehlungen mittelbar anwendbar, wenn sie ein allgemein zu achtendes Interesse aller Völker zum Ausdruck bringen, und zwar selbst dann, wenn die Bundesrepublik Deutschland den Akten der UNESCO nicht zugestimmt hat.

41. Nach Art. 25 Satz 1 GG kann Völkergewohnheitsrecht keine innerstaatliche Geltung erlangen, wenn es sich um Regeln handelt, denen die Bundesrepublik Deutschland beharrlich widersprochen hat. Dieser Rechtsgedanke des Art. 25 Satz 1 GG ist auch bei der innerstaatlichen Anwendung von Empfehlungen internationaler Organisationen zu beachten.

42. Das BVerfG zieht internationale Empfehlungen mit "soft law"-Charakter zumindest als Auslegungs- und Argumentationshilfe heran.

43. Nach der hier vertretenen Ansicht ist die Heranziehung von internationalem "soft law" durch den nationalen Rechtsanwender zulässig. Nach Art. 1 Abs. 3, 20 Abs. 3 GG ist der innerstaatliche Rechtsanwender bei Heranziehung von "soft law" gehalten, die verfassungsrechtlichen Schranken zu beachten. "Soft law" kann nur grundgesetzkonform zur Anwendung kommen. Eine begrenzende Wirkung hinsichtlich des Einfließens von "soft law" geht ferner von Generalklauseln und offenen Tatbeständen des einfachen Rechts aus.

44. Das grundgesetzliche Gebot der Völkerrechtsfreundlichkeit ist hinsichtlich des internationalen "soft law" entsprechend anzuwenden. Dies hat zur Konsequenz, daß deutsche Stellen gehalten sind, den Inhalt des internationalen "soft law" wohlwollend zur Kenntnis zu nehmen.

45. Bei der Anwendung und Auslegung von Bundesgesetzen kann internationales "soft law" von der Exekutive nur insoweit herangezogen werden, als dies nicht dem erklärten außenpolitischen Gestaltungswillen der Bundesregierung widerspricht. Dies könnte dadurch sichergestellt werden, daß die Verwaltung verfahrensrechtlich dazu angehalten wird, eine verbindliche Stellungnahme beim Auswärtigen Amt einzuholen. Nach der hier vertretenen föderalistischen Theorie zu Art. 32 Abs. 3 GG hat der Bund keine auswärtige Kompetenz für ausschließliche Länderangelegenheiten. Daraus folgt, daß der Bund bei ausschließlichen Ländermaterien lediglich an die Landesverwaltungen appellieren darf, daß diese durch die Heranziehung von internationalem "soft law" keinen außenpolitischen Schaden entstehen lassen.

46. Im Verhältnis zur richterlichen Gewalt würde eine verbindliche Stellungnahme des Auswärtigen Amtes zum Inhalt des internationalen "soft law" in die grundgesetzlich geschützte richterliche Unabhängigkeit eingreifen.

47. Aufgrund der lückenlosen Rechtsschutzgarantie in Art. 19 Abs. 4 GG ist für gerichtsfreie Akte der deutschen auswärtigen Gewalt kein Raum. Allerdings hat der Mangel an autonomer Gestaltungsmöglichkeit der auswärtigen Gewalt zur Folge, daß bei der gerichtlichen Kontrolle die außenpolitische Ausgangslage zu berücksichtigen ist. Ferner darf die verfassungsgerichtliche Überprüfung nicht in die Sphäre der außenpolitischen Ermessenserwägungen eindringen. Dieser Bereich ist den demokratisch legitimierten Organen der Staatsleitung, Regierung und Parlament, vorbehalten.

48. Art. 19 Abs. 4 GG findet hinsichtlich des Abstimmungsverhaltens der Vertreter der Bundesrepublik Deutschland in internationalen Organisationen Anwendung. Verfassungsrechtlich ist das deut-

sche Abstimmungsverhalten nicht zu beanstanden, wenn es einen Zustand herbeiführt, der dem Grundgesetz näher steht als der sonst bestehende ohne deutsche Beteiligung.

49. Internationales "soft law" erlangt zum Teil durch das informale Regierungs- und Verwaltungshandeln eine sehr effektive innerstaatliche Geltung.

50. Informale Absprachen, die Gesetzgebungspflichten zum Gegenstand haben, sind grundgesetzwidrig, da sie einen Formenmißbrauch darstellen.

51. Informale Absprachen im Bereich der Kommunikationspolitik haben sich an Art. 5 Abs. 1, 2 GG zu orientieren.

52. Staatliche Förderungsmaßnahmen im Kommunikationsbereich müssen meinungsneutral sein.

53. Der Gesetzesvorbehalt gestattet keine informalen Absprachen, die belastende Wirkungen gegenüber Dritten entfalten. Erlaubt sind demgegenüber informale Absprachen, die ohne staatlichen Druck zustandekommen, deren Folgen von Grundrechtsträgern überschaut werden können und die hinsichtlich ihrer Wirkungen auf die Partner der informalen Absprache beschränkt bleiben.

54. Die Exekutive muß sich bei informalen Absprachen nach dem Grundsatz der Gewaltenteilung auf den abgesicherten eigenständigen Gestaltungsspielraum der vollziehenden Gewalt beschränken.

55. Normvertretende Absprachen sollten im Hinblick auf die parlamentarische Verantwortlichkeit der Regierung veröffentlicht werden.

56. Internationales "soft law" kann durch innerstaatliche Gesetzgebungsmaßnahmen ("Parallelgesetzgebung") eine innerstaatliche Geltung erlangen.

57. Nationale Gesetzgebung, die sich von internationalem "soft law" inspirieren läßt, beurteilt sich ausschließlich nach Art. 30, 70, 83 GG und nicht nach Art. 32, 59 Abs. 2 GG, da insoweit kein außenpolitisches Handeln vorliegt.

58. Hat sich der deutsche Gesetzgeber für eine Übernahme einer internationalen "soft law"-Regel in autonomes deutsches Recht entschieden, unterliegt der Inhalt des "soft law" ausschließlich dem nationalen Rechtsregime. Folglich sind ausschließlich die im deutschen Rechtsraum geltenden Anwendungs- und Auslegungsregeln von Bedeutung. Aus diesem Grunde besteht keine verfassungsrechtliche Notwendigkeit, die Übernahme einer internationalen "soft law"-Regel im autonomen deutschen Recht kenntlich zu machen.

59. Im Hinblick auf die Tatsache, daß internationales "soft law", wie oben dargelegt wurde, eine innerstaatliche Relevanz erlangen kann, stellt sich die Frage, ob der Inhalt der Mediendeklaration 1978 mit den Vorgaben der grundgesetzlichen Meinungsfreiheit in Einklang steht.

60. Beim grundgesetzlichen Meinungsbegriff kommt es nicht darauf an, ob öffentliche oder private Angelegenheiten kundgetan werden.

61. Zwar negiert die Mediendeklaration 1978 die Bedeutung der Meinungsfreiheit für den privaten Bereich nicht. Es fällt indes auf, daß die Mediendeklaration 1978 die Ausübung der Meinungsfreiheit zugunsten politischer Ziele in besonderer Weise betont.

62. Der Schutzbereich der grundgesetzlichen Meinungsfreiheit umfaßt nach der hier vertretenen Auffassung auch die Behauptung von Tatsachen, da diese für die Meinungsbildung von konstituierender Bedeutung sind. Aus diesem Grunde fallen auch bewußt unwahre Tatsachenbehauptungen in den Schutzbereich des Art. 5 Abs. 1 GG. Sie sind nach Maßgabe der Schrankenregelungen in Art. 5 Abs. 2 GG zu sanktionieren.

63. Die Mediendeklaration 1978 nimmt nicht zu der Frage Stellung, ob die Betätigung der Meinungsfreiheit unter dem Vorbehalt der Wahrheitspflicht steht. Sie kann so interpretiert werden, daß auch bewußt unwahre Behauptungen tatsächlicher oder wertender Art geschützt sein sollen.

64. Das Meinungsäußerungselement kommerzieller Werbung bedarf des Schutzes der grundgesetzlichen Meinungsfreiheit. Der ökonomische Aspekt der Wirtschaftswerbung wird durch die Art. 2 Abs. 1, 12 und 14 GG geschützt. Wirtschaftswerbung ist für die Grundrechtsträger des Art. 5 Abs. 1 GG von entscheidender Bedeutung, da die meisten Kommunikationsanbieter ohne Werbung nicht existieren könnten.

65. Die wichtige Bedeutung der kommerziellen Werbung für die Betätigung der Meinungsfreiheit findet in der Mediendeklaration 1978 keine Erwähnung. Dieser Befund ist nicht überraschend, da im Jahre 1978 sowohl frühere Ostblockstaaten als auch Staaten mit einer freiheitlichen Staatsordnung eine sogenannte grenzüberschreitende Fremdkommerzialisierung verhindern wollten. Die deutsche Bundesregierung erwog, namentlich die Einwirkung des Satellitenstrahls auf bundesdeutsches Gebiet mit einem kommerziellen Fernsehprogramm eines luxemburgischen Privatsenders zu verhindern. Aufgrund der freiheitsdienenden Funktion kommerzieller Werbung wäre eine ausdrückliche Verankerung der Werbefreiheit in der Mediendeklaration 1978 wünschenswert.

66. Art. 5 Abs. 1 GG erwähnt die innere Meinungsfreiheit nicht ausdrücklich. Nach der hier vertretenen Auffassung umfaßt Art. 5 Abs. 1 GG auch die innere Meinungsfreiheit, da die äußere Meinungsfreiheit nur voll zur Geltung kommen kann, wenn ein Recht zur ungestörten Betätigung der inneren Meinungsfreiheit besteht.

67. Im Gegensatz zum Grundgesetz unterscheidet die Mediendeklaration 1978 zwischen der Meinungs- und der Meinungsäußerungsfreiheit. Die Unterscheidung zwischen diesen beiden Freiheitsrechten macht nur dann einen Sinn, wenn man in der Meinungsfreiheit die Freiheit der nicht geäußerten Meinung und in der Meinungsäußerungsfreiheit die Freiheit der Meinungskundgabe sieht. Es kann als ein Verdienst der Mediendeklaration 1978 angesehen werden, daß der Unterschied zwischen der inneren und der äußeren Meinungsfreiheit textlich zum Ausdruck gebracht wird.

68. Ausländische juristische Personen können sich nach der hier vertretenen Auslegung zu Art. 19 Abs. 3 GG nicht auf Art. 5 Abs. 1 GG berufen. Gleichwohl umfaßt die Empfangsfreiheit des Art. 5 Abs. 1 GG Meinungskundgaben durch ausländische juristische Personen, die im räumlichen Geltungsbereich des Grundgesetzes empfangen werden können.

69. Nach dem Grundgesetz hat die Meinungsfreiheit eine wichtige Bedeutung für die Persönlichkeitsentfaltung des Einzelnen.

70. Auch die Mediendeklaration 1978 erkennt die Rolle der Meinungsfreiheit für die Persönlichkeitsbildung und -entfaltung an. Es fällt allerdings auf, daß die Deklaration der individuellen Meinungsfreiheit weniger Aufmerksamkeit schenkt. Relativ breiten Raum nimmt demgegenüber die Betätigung der Meinungsfreiheit zugunsten politischer Ziele ein.

71. Zwischen der grundgesetzlichen Meinungsfreiheit und dem Demokratieprinzip in Art. 20 Abs. 1 GG besteht ein innerer Zusammenhang. Demokratie im Sinne des Grundgesetzes beinhaltet eine Willensbildung vom Volk zu den Staatsorganen. Dies setzt voraus, daß der Bürger frei und ungehindert seine Meinung zum Ausdruck bringen kann.

72. Die Mediendeklaration 1978 trifft zum Verhältnis zwischen der Meinungsfreiheit und dem Demokratieprinzip keine Aussage. Ferner wird nicht erwähnt, daß die Freiheit von staatlicher Lenkung und Behinderung bei der Wahrnehmung der Meinungsfreiheit von entscheidender Bedeutung ist.

73. Nach dem hier vertretenen formellen Zensurbegriff liegt eine Überwachungsmaßnahme i.S.v. Art. 5 Abs. 1 Satz 3 GG immer dann vor, wenn das Gebrauchmachen von der grundgesetzlichen Meinungsfreiheit von einer behördlichen Überprüfung und Genehmigung abhängig gemacht wird. Das grundgesetzliche Zensurverbot wirkt allein gegen Träger hoheitlicher Gewalt und nicht gegen Private. Eine Drittwirkung des grundgesetzlichen Zensurverbots würde eine Beschneidung der grundgesetzlichen Kommunikationsfreiheiten mit sich bringen.

74. Die Mediendeklaration 1978 enthält weder ein dem Art. 5 Abs. 1 Satz 3 GG vergleichbares Zensurverbot noch einen Hinweis darauf, daß das Fehlen einer staatlichen Lenkung und Behinderung eine Grundvoraussetzung für eine optimal gesicherte Meinungsfreiheit ist. Folglich wird die Auffassung vertreten, daß die Mediendeklaration 1978 eine "Zensur-Deklaration" sei.

75. Bei der Bestimmung des Begriffs "allgemeine Gesetze" geht es um die Frage, ob die grundgesetzliche Meinungsfreiheit einen Vorrang gegenüber dem Schutzgut des "allgemeinen Gesetzes" hat oder nicht. Dies ist im Wege einer umfassenden Güter- und Interessenabwägung festzustellen. Dabei ist zum einen zu berücksichtigen, daß die Meinungsfreiheit ein Menschenrecht ist, das hinsichtlich des Menschenwürdegehalts der grundgesetzlichen Ewigkeitsgarantie in Art. 79 Abs. 3 GG unterliegt. Zum anderen muß das der Meinungsfreiheit innewohnende demokratische Prinzip bei der Bestimmung der allgemeinen Gesetze i.S.v. Art. 5 Abs. 2 GG Berücksichtigung finden. Bei der so vorzunehmenden Abwägung geht es nicht an, die durch die Massenmedien wahrzunehmende Meinungsfreiheit per se als höherrangig gegenüber der individuellen Meinungsfreiheit einzustufen.

76. Die besondere Bedeutung der Jugendschutzschranke in Art. 5 Abs. 2, 2. Alt. GG liegt darin, daß zum Schutze der Jugend "besondere" Gesetze erlassen werden können. Entgegen der Auffassung des BVerfG kann der Gesetzgeber bei wissenschaftlich ungeklärten Situationen hinsichtlich einer jugendgefährdenden Wirkung keineswegs frei darüber entscheiden, ob er Maßnahmen ergreift oder nicht. Vielmehr ist der Gesetzgeber nach Art. 5 Abs. 2, 2. Alt. GG gehalten, Jugendschutzmaßnahmen zu ergreifen, wenn von bestimmten Sachverhalten jugendgefährdende Wirkungen ausgehen können.

77. Das Recht der persönlichen Ehre in Art. 5 Abs. 2, 3. Alt. GG ist eine eigenständige Schranke und nicht nur ein Unterfall der Schranke der "allgemeinen Gesetze" i.S.v. Art. 5 Abs. 2, 1. Alt. GG. Nur unter dieser Prämisse kann der Schutz der persönlichen Ehre im Verhältnis zur Meinungsfreiheit das verfassungsrechtlich gebotene Gewicht erlangen. Da die persönliche Ehre ein Be-

standteil der grundgesetzlich geschützten Menschenwürde ist, kommt ihr ein besonders hoher verfassungsrechtlicher Rang zu. Durch die Formulierung "Recht der persönlichen Ehre" in Art. 5 Abs. 2, 3. Alt. GG hat der Verfassungsgeber zum Ausdruck gebracht, daß dem Ehrschutz ein eigenständiger Verfassungsrang zukommt. Die Qualifizierung von Art. 5 Abs. 2, 3. Alt. GG als eine eigenständige verfassungsunmittelbare Schranke hat nicht zur Folge, daß bestimmte Meinungsinhalte unterbunden werden dürfen. Vielmehr geht es lediglich darum, eine Meinungskundgabe in ehrverletzender Form zu sanktionieren.

78. Wenig überzeugend ist die These von der Privilegierung der politischen Ausübung der Meinungsfreiheit. Eine Differenzierung nach der Qualität der Meinungen oder ihrer Wirkung auf andere verkennt die grundlegende Bedeutung der grundgesetzlichen Meinungsfreiheit. Eine einseitige Bevorzugung der politischen Betätigung der Meinungsfreiheit auf Kosten des Verfassungsgutes der persönlichen Ehre widerspricht dem Prinzip der weltanschaulichen Neutralität. Ferner ist zu bedenken, daß auch die Grundrechtsausübung zu privaten Zwekken öffentliches Gewicht haben kann. Wollte man der öffentlichen Grundrechtsbetätigung einen Vorrang einräumen, führt diese Interpretation hinsichtlich der Meinungsfreiheit zu dem grotesken Ergebnis, daß jedem Bürger geraten werden muß, private Anliegen mit möglichst großer Öffentlichkeitswirkung unter ideologischen Gesichtspunkten vorzutragen, um eine optimale Wahrnehmung der grundgesetzlichen Meinungsfreiheit zu erreichen.

79. Die Mediendeklaration 1978 enthält keine ausdrückliche Schrankenregelung zur Meinungsfreiheit. Es ist indes zu konstatieren, daß die Mediendeklaration 1978 nach ihrer Gesamtkonzeption als Legitimationsgrundlage für beliebige Beschränkungen der Meinungsfreiheit herangezogen werden kann. Gleichwohl wurde die Mediendeklaration 1978 von den meisten liberalen Staaten als ein "Sieg" der Meinungsfreiheit gefeiert, da die Forderung nach einer ausdrücklichen Verankerung einer internationalen Kontrolle und Reglementierung der grenzüberschreitenden Meinungsfreiheit abgewendet werden konnte.

80. Art. 6 Mediendeklaration 1978 zielt auf die Schaffung einer neuen Weltkommunikationsordnung ab. Damit war - ursprünglich zumindest - die Absicht der Gründung einer neuen Gesellschaftsordnung verbunden. In ihr sollten die Menschenrechte kollektiviert werden. In einer solchen Gesellschaftsordnung ist die Betätigung der Meinungsfreiheit nur insoweit gestattet, als sie den Interessen der gesamten Gesellschaft und dem Recht der Völker zu dienen bestimmt ist.

81. Die grundgesetzliche Informationsfreiheit hat im Verhältnis zu den sonstigen Kommunikationsfreiheiten eine eigenständige Bedeutung, wenn sich der Bürger Informationen lediglich verschafft und sie nicht weitergibt.

82. Die Mediendeklaration 1978 sieht die Informationsfreiheit als einen Bestandteil der Menschenrechte und Grundfreiheiten an. Hierin ist eine Manifestation des hohen Stellenwerts der Informationsfreiheit zu sehen. Gleichwohl ist kritisch festzustellen, daß die Allgemeinheit nach dem Willen der Mediendeklaration 1978 keinen generellen Zugang zu Informationen haben soll. Es fehlt eine ausdrückliche Aussage darüber, daß das Recht der *ungehinderten* Unterrichtung ein wesentlicher Bestandteil der Informationsfreiheit ist.

83. Nach der grundgesetzlichen Informationsfreiheit ist der Staat verpflichtet, die *technischen Voraussetzungen* für eine bedarfsgerechte Informationsversorgung anzubieten, soweit der Staat auf diesem Gebiet eine Monopolstellung innehat.

84. Die Forderung nach Schaffung einer bedarfsgerechten Informationsordnung kommt in Art. 6 Mediendeklaration 1978 zum Ausdruck. Östliche Medienexperten sahen in diesem Artikel die Aufforderung zur Schaffung einer neuen, staatlich reglementierten Informationsordnung. Erhebliche Beschränkungen der Informationsfreiheit sind auch nach Art. 11 Mediendeklaration 1978 i.V.m. Art. 19 Abs. 3 Satz 2 lit. b MRP möglich. Danach sind umfassende Einschränkungen zum Schutze der nationalen Sicherheit und der öffentlichen Ordnung erlaubt, soweit dies "erforderlich" i.S.v. Art. 19 Abs. 3 MRP ist.

85. Die grundgesetzliche Rundfunkfreiheit schützt sowohl die Inhalte von Rundfunksendungen als auch den Rundfunk in seiner sendetechnischen Ausprägung. Art. 73 Nr. 7 GG, der eine Gesetzgebungskompetenz des Bundes für den fernmelderechtlichen Rundfunk enthält, gestattet keine Schlußfolgerungen für die Reichweite der im Abschnitt I "Die Grundrechte" geregelten Rundfunkgarantie. Die Freiheitsgarantie für den kulturrechtlichen Rundfunk in Art. 5 Abs. 1 Satz 2, 2. Alt. GG kann nur dann voll zur Entfaltung gelangen, wenn mit der grundgesetzlichen Rundfunkgarantie unzulässige Eingriffe des Staates im sendetechnischen Bereich abgewehrt werden können. Zwischen der kulturellen und der sendetechnischen Ausprägung des Rundfunks besteht folglich ein Zusammenhang, der dazu nötigt, beide Ausprägungen des Rundfunks einheitlich unter Art. 5 Abs. 1 Satz 2, 2. Alt. GG zu subsumieren. Eine Unterscheidung zwischen dem kulturrechtlichen und dem fernmelderechtlichen Rundfunkbegriff ist gleichwohl geboten, da nach der Ordnung des Grundgesetzes der Bund lediglich für den fernmelderechtlichen Rundfunk zuständig ist. Demgegenüber sind ausschließlich die Länder für den kulturrechtlichen Rundfunk zuständig.

86. Die Mediendeklaration 1978 erwähnt die Rundfunkfreiheit nicht ausdrücklich. Vielmehr spricht sie lediglich ganz allgemein von den "Massenmedien". Die Mediendeklaration 1978 schützt ausdrücklich die Meinungs-, Meinungsäußerungs- und Informationsfreiheit. Ferner nimmt sie auf Art. 19 Abs. 2 MRP Bezug. Aus alledem ist abzuleiten, daß die Mediendeklaration 1978 auch die Rundfunkfreiheit mitumfaßt.

88. Die Frage, ob der Bund bei der Mitarbeit in internationalen Organisationen eine Kompetenz für den kulturrechtlichen Rundfunk, der innerstaatlich ausschließlich Ländersache ist, besitzt, beurteilt sich nach Art. 32 GG.

89. Nach der zentralistischen Theorie zu Art. 32 GG besitzt der Bund im Bereich der auswärtigen Gewalt eine umfassende Kompetenz, die sich auch auf Sachbereiche erstreckt, die innerstaatlich ausschließlich Länderangelegenheiten sind. Art. 32 Abs. 3 GG begründe durch das Wort "können" lediglich eine konkurrierende

Vertragszuständigkeit des Bundes und der Länder. Ein exklusives Vertragsrecht der Länder hätte durch das Wort "nur" ausdrücklich verankert werden müssen.

90. Nach der föderalistischen Theorie haben die Länder gemäß Art. 32 Abs. 3 GG im Bereich der ausschließlichen Ländergesetzgebungszuständigkeiten eine Vertragsabschlußkompetenz, die die Bundeskompetenz nach Art. 32 Abs. 1 GG beschränkt. Der Wortlaut des Art. 32 Abs. 3 GG enthalte keinen Hinweis auf ein "übergreifendes" Vertragsrecht des Bundes im Bereich ausschließlicher Länderzuständigkeiten.

91. Nach der hier vertretenen Auffassung räumt Art. 32 Abs. 3 GG den Ländern im Bereich der Angelegenheiten, die innerstaatlich ausschließlich Ländersache sind, eine Vertragsabschlußkompetenz ein, in die der Bund nicht eingreifen darf. Das Wort "können" in Art. 32 Abs. 3 GG hat insofern seine Berechtigung, als die Länder zugunsten des Bundes auf die Ausübung von Landeskompetenzen verzichten können, solange sie ihre Zuständigkeiten nicht pauschal abtreten und solange durch die Abtretung ein gemeinsamer Zweck besser erreicht werden kann.

92. Haben die Länder nach Art. 32 Abs. 3 GG das Recht, in ihren eigenen Angelegenheiten Verträge mit auswärtigen Völkerrechtssubjekten abzuschließen, müssen sie erst recht die Befugnis haben, im Rahmen ihrer Zuständigkeiten auswärtige Beziehungen durch nichtvertragliche Maßnahmen zu gestalten.

93. Da Fragen der Kultur, Wissenschaft und Erziehung im wesentlichen Ländersache sind, sind die Bundesländer auf der Grundlage der föderalistischen Theorie für eine Mitgliedschaft in der UNESCO prädestiniert. Art. 59 Abs. 2 Satz 1, 1. Alt. GG wirkt sich im Bereich des Art. 32 GG insofern aus, als der Bund die Länder hinsichtlich der politischen Beziehungen im Rahmen der auswärtigen Gewalt mediatisiert. Die Zuständigkeiten der UNESCO haben indes kein so großes Gewicht, daß sie politische Beziehungen des Bundes i.S.v. Art. 59 Abs. 2 Satz 1, 1. Alt. GG darstellen können. Folglich ist eine UNESCO-Mitgliedschaft des Bundes nicht geboten. Nach der föderalistischen Theorie zu

Art. 32 GG muß der Bund folglich von den Ländern zu einer Mitgliedschaft in der UNESCO ermächtigt werden. Danach kann der deutsche Gesamtstaat nur kraft einer Ermächtigung durch die Länder die vertragsakzessorischen Rechte in der UNESCO ausüben.

94. Für die Praxis hat das Lindauer Abkommen eine Angleichung der Rechtsauffassungen des Bundes und der Länder zu Art. 32 GG vorgenommen. Die Lindauer Vereinbarung ist verfassungsrechtlich nicht zu beanstanden, da sie sich im Rahmen einer zulässigen Verfassungsinterpretation bewegt. Nach seinem Wortlaut kommt das Lindauer Abkommen nur beim Abschluß völkerrechtlicher Verträge zur Anwendung. Es ist allerdings sachlich gerechtfertigt, die Lindauer Vereinbarung entsprechend anzuwenden, wenn der Bund bei der Ausarbeitung internationaler Empfehlungen mitwirkt, die Materien zum Gegenstand haben, die nach der innerstaatlichen Kompetenzverteilung ausschließlich Länderangelegenheiten betreffen, da internationale Empfehlungen auf das innerstaatliche Recht - und damit auch auf das innerstaatliche Kompetenzgefüge - einwirken können.

Literaturverzeichnis

Baade, Hans W.:
Das Verhältnis von Parlament und Regierung im Bereich der auswärtigen Gewalt der Bundesrepublik Deutschland. Studien über den Einfluß der auswärtigen Beziehungen auf die innerstaatliche Verfassungsentwicklung, Hamburg 1962.

Badura, Peter:
Rundfunkfreiheit und Finanzautonomie. Rechtsgutachten erstattet im Auftrag der Arbeitsgemeinschaft der öffentlich-rechtlichen Rundfunkanstalten der Bundesrepublik Deutschland (ARD), Beiträge zum Rundfunkrecht, Heft 35, Frankfurt a. M. 1986.

Badura, Peter:
Staatsrecht. Systematische Erläuterung des Grundgesetzes für die Bundesrepublik Deutschland, München 1986.

Bauer, Fritz:
Grundgesetz und "Schmutz- und Schundgesetz", JZ 1965, S. 41 ff.

Bauer, Hartmut:
Informelles Verwaltungshandeln im öffentlichen Wirtschaftsrecht, VerwArch 1987, S. 241 ff.

Bauer, Horst:
Gerichtsschutz als Verfassungsgarantie. Zur Auslegung des Art. 19 Abs. 4 GG, Schriften zum Öffentlichen Recht, Bd. 214, Berlin (West) 1973.

Bayer, Hermann-Wilfried:
Die Aufhebung völkerrechtlicher Verträge im deutschen parlamentarischen Regierungssystem. Zugleich ein Beitrag zur Lehre vom Abschluß völkerrechtlicher Verträge nach deutschem Recht, Beiträge zum ausländischen öffentlichen Recht und Völkerrecht, 48. Bd., Köln, Berlin (West) 1969.

Beck, Reinhard:
Auslandsbeziehungen der Länder, DÖV 1966, S. 20 ff.

Becker, Jörg:
Free flow of information. Informationen zur Neuen Internationalen Informationsordnung, Frankfurt a. M. 1979.

Becker, Jürgen:
Informales Verwaltungshandeln zur Steuerung wirtschaftlicher Prozesse im Zeichen der Deregulierung, DÖV 1985, S. 1003 ff.

Beer, Manfred:
Staatsverträge und Verwaltungsabkommen im heutigen deutschen Staatsrecht, Diss. iur., München 1960.

Berber, Friedrich:
Völkerrecht. Dokumentensammlung, Bd. I: Friedensrecht, München und Berlin (West) 1967.

Berendes, Konrad:
Die Staatsaufsicht über den Rundfunk, Schriften zum Öffentlichen Recht, Bd. 226, Berlin (West) 1973.

Bernhardt, Rudolf:
Der Abschluß völkerrechtlicher Verträge im Bundesstaat. Eine Untersuchung zum deutschen und ausländischen Bundesstaatsrecht, Beiträge zum ausländischen öffentlichen Recht und Völkerrecht, Heft 32, Hrsg.: Hermann Mosler, Köln, Berlin (West) 1957.

Bernhardt, Rudolf:
Bundesverfassungsgericht und völkerrechtliche Verträge, in: BVerfG und GG, Festgabe aus Anlaß des 25jährigen Bestehens des BVerfG, 2. Band (Verfassungsauslegung), Tübingen 1976, S. 154 ff.

Bernhardt, Rudolf:
Das Problem des grenzüberschreitenden Informationsflusses und des "domaine réservé", in: Berichte der Deutschen Gesellschaft für Völkerrecht, Heft 19 (Diskussion), Heidelberg, Karlsruhe 1979, S. 124.

Bernhardt, Rudolf:
Verfassungsrecht und internationale Lagen, DÖV 1977, S. 457 ff.

Bernhardt, Rudolf:
Verfassungsrecht und völkerrechtliche Verträge, in: Handbuch des Staatsrechts der Bundesrepublik Deutschland, Bd. VII: Normativität und Schutz der Verfassung - Internationale Beziehungen, Hrsg.: Josef Isensee und Paul Kirchhof, Heidelberg 1992, S. 571 ff.

Bethge, Herbert:
Die Grundrechtsgewährleistungen des Art. 5 GG in der Kommentierung von Ingo v. Münch, AfP 1984, S. 22 ff.

Bethge, Herbert:
Grundrechtsträgerschaft juristischer Personen. Zur Rechtsprechung des Bundesverfassungsgerichts, AöR 1979, S. 54; 265 ff.

Bethge, Herbert:
Stand und Entwicklung des öffentlich-rechtlichen Rundfunks, ZUM 1991, S. 337 ff.

Bethge, Herbert:
Verfassungsrechtliche Aspekte des föderalen Rundfunkfinanzausgleichs - Zur Finanzierung des öffentlich-rechtlichen Rundfunks im kooperativen Bundesstaat, DÖV 1994, S. 445 ff.

Bettermann, Karl August:
Die allgemeinen Gesetze als Schranken der Pressefreiheit, JZ 1964, S. 601 ff.

Bettermann, Karl August:
Rundfunkfreiheit und Rundfunkorganisation. Kritische Bemerkungen zum Fernsehurteil des Bundesverfassungsgerichts, DVBl. 1963, S. 41 ff.

Bleckmann, Albert:
Grundgesetz und Völkerrecht, Berlin (West) 1975.

Bleckmann, Albert:
Sittenwidrigkeit wegen Verstoßes gegen den ordre public international. Anmerkung zum Urteil des BGH vom 22.6.1972, ZaöRV, 34. Bd. (1974), S. 112 ff.

Bleckmann, Albert:
Staatsrecht II - Die Grundrechte, 3. Auflage, Köln, Berlin (West), Bonn, München 1989.

Bleckmann, Albert / Helm, Franziska:
Die Grundrechtsfähigkeit juristischer Personen. Die Funktion des Art. 19 III GG, DVBl. 1992, S. 9 ff.

Bleicher, Samuel A.:
The Legal Significance Of Re-Citation Of General Assembly Resolutions, AJIL, Vol. 63 (1969), S. 444 ff.

Blumenwitz, Dieter:
Die Beteiligung des Bundesrates beim Abschluß politischer Verträge, BayVBl. 1972, S. 29 ff.

Blumenwitz, Dieter:
Freedom Of Information In The Light Of International Law, in: Freedom Of Information - A Human Right, Hrsg.: Rainer Gepperth, Hanns-Seidel-Stiftung, München 1978, S. 13 ff.

Blumenwitz, Dieter:
Judicial self-restraint und die verfassungsrechtliche Überprüfung von Akten der Auswärtigen Gewalt, DVBl. 1976, S. 464 ff.

Blumenwitz, Dieter:
Die Meinungs- und Informationsfreiheit nach Art. 19 des Internationalen Pakts über bürgerliche und politische Rechte, in: Fortschritt im Bewußtsein der Grund- und Menschenrechte, Festschrift für Felix Ermacora, Kehl, Straßburg, Arlington 1988, S. 67 ff.

Blumenwitz, Dieter:
Der Schutz innerstaatlicher Rechtsgemeinschaften beim Abschluß völkerrechtlicher Verträge. Ein Beitrag zur Dezentralisierung der auswärtigen Gewalt in den föderalen Staatsordnungen der Gegenwart, Münchener Universitätsschriften, Reihe der Juristischen Fakultät, Bd. 20, Hrsg.: Reinhart Maurach, Hans Spanner und Ernst Steindorff, München 1972.

Blumenwitz, Dieter:
Der Vertrag vom 9.12.1990 über die abschließende Regelung in bezug auf Deutschland, NJW 1990, S. 3041 ff.

Böckenförde, Ernst-Wolfgang:
Grundrechtstheorie und Grundrechtsinterpretation, NJW 1974, S. 1529 ff.

Böckenförde, Ernst-Wolfgang / Wieland, Joachim:
Die "Rundfunkfreiheit" - ein Grundrecht? Überlegungen zu den verfassungsrechtlichen Vorgaben in Art. 5 Abs. 1 GG für die Organisation des Rundfunks, AfP 1982, S. 77 ff.

Bohne, Eberhard:
Der informale Rechtsstaat. Eine empirische und rechtliche Untersuchung zum Gesetzesvollzug unter besonderer Berücksichtigung des Immissionsschutzes, Schriftenreihe zur Rechtssoziologie und Rechtstatsachenforschung, Bd. 49, Hrsg.: Ernst E. Hirsch und Manfred Rehbinder, Berlin (West) 1981.

Bohne, Eberhard:
Informales Verwaltungs- und Regierungshandeln als Instrument des Umweltschutzes. Alternativen zu Rechtsnorm, Vertrag, Verwaltungsakt und anderen rechtlich geregelten Handlungsformen?, VerwArch 1984, S. 343 ff.

Bonner Kommentar:
Bonner Kommentar zum Grundgesetz, Gesamtherausgeber: Rudolf Dolzer, Loseblattsammlung. (Zit.: Bearbeiter, BK, Art.)

Bord, Otto:
Demokratie und Meinungslenkung, Diss. iur., Würzburg 1970.

Bos, Werner:
Der Bundesrat als Träger der auswärtigen Gewalt, Diss. iur., Tübingen 1977.

Brandner, Erich Hans:
Das allgemeine Persönlichkeitsrecht in der Entwicklung durch die Rechtsprechung, JZ 1983, S. 689 ff.

Breunig, Christian:
Kommunikationspolitik der UNESCO. Dokumentation und Analyse der Jahre 1946 bis 1987, Schriften der Deutschen Gesellschaft für COMNET, Bd. 7, Hrsg.: Otto B. Roegele und Walter J. Schütz, Konstanz 1987.

Brockhaus, F. A.:
Brockhaus-Enzyklopädie in 24 Bänden, 14. Bd. (Mag - Mod), 19. Auflage, Mannheim 1992.

Brockhaus, F. A.:
Brockhaus-Enzyklopädie in 24 Bänden, 18. Bd. (Rad - Rüs und dritter Nachtrag), 19. Auflage, Mannheim 1992.

Brohm, Winfried:
Rechtsstaatliche Vorgaben für informelles Verwaltungshandeln, DVBl. 1994, S. 133 ff.

Bryde, Brun-Otto:
Internationale Verhaltensregeln für Private. Völkerrechtliche und verfassungsrechtliche Aspekte, Veröffentlichungen aus dem Institut für Internationale Angelegenheiten der Universität Hamburg, Bd. 10, Frankfurt am Main 1981.

Bueckling, Adrian:
Bundeskompetenz für direktstrahlende TV-Satelliten?, ZUM 1985, S. 144 ff.

Bueckling, Adrian:
Grenzüberschreitendes Direktfernsehen durch Satelliten - rechtlich gesehen, NJW 1981, S. 1113 ff.

Bueckling, Adrian:
Satellitenfernsehen. Die Bedrohung des freien Informationsflusses durch die "freiere und ausgewogenere" Information, AfP 1982, S. 85 ff.

Bueckling, Adrian:
Schlußwort: Bundeskompetenz für direktstrahlende TV-Satelliten, ZUM 1986, S. 328 ff.

Bullinger, Martin:
Elektronische Medien als Marktplatz der Meinungen. Abschied vom Modell harmonisierender Meinungspflege durch gewaltenaufteilende Presse- und Rundfunkunternehmen, AöR 1983, S. 161 ff.

Bullinger, Martin:
Freiheit von Presse, Rundfunk, Film, in: Handbuch des Staatsrechts der Bundesrepublik Deutschland, Bd. VI: Freiheitsrechte, Hrsg.: Josef Isensee und Paul Kirchhof, Heidelberg 1989, S. 667 ff.

Bullinger, Martin:
Satellitenrundfunk im Bundesstaat, AfP 1985, S. 1 ff.

Bundesminister des Innern:
Zur Rechtsproblematik von "3 SAT". Expertise des Bundesinnenministeriums, FUNK-Korrespondenz, Nr. 44/31. Oktober 1985, Beilage: DOKUMENTATION Medienpolitik, S. D 1 ff.

Bundesminister für innerdeutsche Beziehungen:
Texte zur Deutschlandpolitik, Reihe III/Band 8a - 1990, Juli 1991.

Busch, Wolfram:
Die Lindauer Vereinbarung und die ständige Vertragskommission der Länder. Ein Beitrag der Lehre vom Abschluß von Kulturabkommen in der Bundesrepublik Deutschland, Diss. iur., Tübingen 1969.

Butzer, Hermann:
Der Bereich des schlichten Parlamentsbeschlusses. Ein Beitrag insbesondere zur Frage der Substitution des förmlichen Gesetzes durch Parlamentsbeschluß, AöR 1994, S. 61 ff.

Castendyk, Oliver:
Jugendschutz im Fernsehen - zweiter Akt, MDR 1993, S. 192 ff.

Cieslar, Michael:
Bedürfen "Politische Verträge" der Zustimmung des Bundesrates? Ein Beitrag zum Abschluß völkerrechtlicher Verträge im Bundesstaat, Diss. iur., München 1972.

Dahm, Georg:
Die völkerrechtliche Verbindlichkeit von Empfehlungen internationaler Organisationen, DÖV 1959, S. 361 ff.

Decken, Georg von der:
Meinungsäußerungsfreiheit und Ehrenschutz in der politischen Auseinandersetzung, Diss. iur., Göttingen 1980.

Decken, Georg von der:
Meinungsäußerungsfreiheit und Recht der persönlichen Ehre, NJW 1983, S. 1400 ff.

Degenhart, Christoph:
Grenzüberschreitender Informationsfluß und grundgesetzliche Rundfunkordnung. Rechtsfragen grenzüberschreitenden Rundfunks, insbesondere des Satellitenfernsehens, auf europäischer Ebene - grundgesetzliche, völkerrechtliche und europarechtliche Aspekte, EuGRZ 1983, S. 205 ff.

Degenhart, Christoph:
Öffentlich-rechtlicher und privater Rundfunk im dualen Rundfunksystem, ZUM 1988, S. 47 ff.

Delbrück, Jost:
Die "Neue Weltinformations- und Kommunikationsordnung" (NWIKO), in: Handbuch Vereinte Nationen, Hrsg.: Rüdiger Woflrum, 2. Auflage, München 1991, S. 1067 ff.

Delbrück, Jost:
Weltinformations- und Kommunikationsordnung, in: Handbuch Vereinte Nationen, Hrsg.: Rüdiger Wolfrum, 2. Auflage, München 1991, S. 1057 ff.

Delbrück, Jost / Wolfrum, Rüdiger:
Völkerrecht, Begründer: Georg Dahm, Bd. I/1: Die Grundlagen. Die Völkerrechtssubjekte, 2. Auflage, Berlin (West) 1988.

Demme, Helmut:
Das Kabel-Fernsehen (closed-circuit-television) in rechtlicher Sicht, Königstein/Taunus 1969.

Dieckert, Ulrich:
Die Bedeutung unverbindlicher Entschließungen internationaler Organisationen für das innerstaatliche Recht der Bundesrepublik Deutschland, Diss. iur., Hamburg, Fachbereich Rechtswissenschaft I, Berlin, Hamburg 1993.

Dittmann, Armin:
Die Bundesverwaltung. Verfassungsgeschichtliche Grundlagen, grundgesetzliche Vorgaben und Staatspraxis ihrer Organisation, Tübinger Rechtswissenschaftliche Abhandlungen, Bd. 56, Tübingen 1983.

Djonovich, Dusan J.:
United Nations Resolutions, Series I, Resolutions Adopted by the General Assembly, Volume I: 1946 - 1948, New York 1973.

Doemming, Klaus-Berto von / Füsslein, Rudolf Werner / Matz, Werner:
Entstehungsgeschichte der Artikel des Grundgesetzes, JöR, Neue Folge, Bd. 1, S. 1 ff.

Dolde, Klaus-Peter:
Zur Beteiligung von Ausländern am politischen Willensbildungsprozeß, DÖV 1973, S. 370 ff.

Dreher, Jürgen:
Die Kompetenzverteilung zwischen Bund und Ländern im Rahmen der auswärtigen Gewalt nach dem Bonner Grundgesetz, Diss. iur., Bonn 1969.

Düwell, Kurt:
UNESCO: Krise als Dauerzustand? Ablehnung und Vorbehalte in der Geschichte dieser Sonderorganisation und ihrer Vorläuferin, VN 1985, S. 6 ff.

Engel, Christoph:
Völkerrecht als Tatbestandsmerkmal deutscher Normen, Tübinger Schriften zum internationalen und europäischen Recht, Bd. 19, Hrsg.: Thomas Oppermann in Gemeinschaft mit Heinz-Dieter Assmann, Hans v. Mangoldt, Wernhard Möschel, Wolfgang Graf v. Vitzthum, Berlin (West) 1989.

Engelhard, Helmut:
Satellitendirektfernsehen - neue Technologie für einen besseren internationalen Informationsfluß? Die völkerrechtliche Kontroverse zwischen Informationsfreiheit und Staatssouveränität, Frankfurt a. M. 1978.

Erler, Adalbert:
2. Gutachten zum Konkordatsprozeß, in: Der Konkordatsprozeß, 2. Teilband, Hrsg.: Friedrich Giese und Friedrich August Freiherr v. d. Heydte, München 1957, S. 724 ff.

Esser, Josef:
Werte als Grundlage der Rechtsanwendung, in: Josef Esser / Erwin Stein: Werte und Wertewandel in der Gesetzesanwendung, Schriften der Evangelischen Akademie in Hessen und Nassau, Heft 68, Frankfurt am Main 1966, S. 5 ff.

Evans, Luther H.:
The United States and UNESCO. A Summary of the United States Delegation Meetings to the Constituent Conference of the United Nations Educational, Scientific and Cultural Organization, in Washington and London, October - November 1945, New York 1971.

Eyl, Eberhard:
Das ordentliche Haushalts- und Finanzwesen der Organisation der Vereinten Nationen für Erziehung, Wissenschaft und Kultur (UNESCO), Studien aus dem Institut für Internationales Recht an der Universität Kiel, Bd. 7, Hrsg.: Wilhelm A. Kewenig, Berlin 1979. (Zit.: Eyl, Das ordentliche Haushalts- und Finanzwesen der UNESCO, S.)

Fastenrath, Ulrich:
Kompetenzverteilung im Bereich der auswärtigen Gewalt, Münchener Universitätsschriften, Reihe der Juristischen Fakultät, Bd. 66, Hrsg.: Andreas Heldrich, Peter Lerche und Claus Roxin, München 1986.

Fink, Udo:
Wem dient die Rundfunkfreiheit?, DÖV 1992, S. 805 ff.

Friehe, Heinz-Josef:
Kleines Problemkompendium zum Thema "Kulturabkommen des Bundes", JA 1983, S. 117 ff.

Friesenhahn, Ernst:
Parlament und Regierung im modernen Staat, VVDStRL, 16. Bd. (1958), S. 9 ff.

Frowein, Jochen Abr.:
Der Beitrag der internationalen Organisationen zur Entwicklung des Völkerrechts, ZaöRV 1976 (Bd. 36), S. 147 ff.

Frowein, Jochen Abr.:
Das Problem des grenzüberschreitenden Informationsflusses und des "domaine réservé", in: Berichte der Deutschen Gesellschaft für Völkerrecht, Heft 19, Heidelberg, Karlsruhe 1979, S. 1 ff.

Frowein, Jochen Abr.:
Reform durch Meinungsfreiheit, AöR, Bd. 105 (1980), S. 169 ff.

Frowein, Jochen Abr.:
Zustimmung des Bundesrates zu politischen Verträgen?, JuS 1972, S. 241 ff.

Frowein, Jochen Abr. / Peukert, Wolfgang:
Europäische Menschenrechtskonvention, EMRK-Kommentar, Kehl am Rhein, Straßburg, Arlington 1985.

Gabriel-Bräutigam, Karin:
Rundfunkkompetenz und Rundfunkfreiheit. Eine Untersuchung über das Verhältnis der Rundfunkhoheit der Länder zu den Gesetzgebungszuständigkeiten des Bundes, Wirtschaftsrecht der internationalen Telekommunikation, Bd. 12, Baden-Baden 1990.

Gassen, Dagmar:
Auch die Neuen haben noch Lenin im Kopf. Den Rundfunksendern fehlen rechtliche Garantien für ihre Unabhängigkeit, SZ v. 10.5.1993, S. 16.

Gehrhardt, Erwin:
Zum Begriff der Informationsfreiheit, AfP 1974, S. 689 ff.

Geiger, Rudolf:
EG-Vertrag. Kommentar zu dem Vertrag zur Gründung der Europäischen Gemeinschaft, München 1993.

Geiger, Rudolf:
Grundgesetz und Völkerrecht. Die Bezüge des Staatsrechts zum Völkerrecht und Europarecht, 2. Auflage, München 1994.

Geiger, Willi:
Die Grundrechte der Informationsfreiheit, in: Festschrift für Adolf Arndt, Hrsg.: Horst Ehmke, Carlo Schmid, Hans Scharoun, Frankfurt a. M. 1969, S. 119 ff.

Giese, Friedrich:
Die Rundfunkkompetenz in der Bundesrepublik, DÖV 1953, S. 587 ff.

Gillessen, Günther:
Verwilderung des Meinungskampfes. Mehr Ehrschutz gegen Medien-Macht?, FAZ v. 3.5.1994, S. 14.

Gishart, Heinz:
Funkrecht im Luftverkehr, Verkehrsrechtliche Schriften, Hrsg.: Hans Oppikofer, Königsberg 1932.

Golsong, Heribert:
Die Europäische Menschenrechtskonvention vor den nationalen Gerichten, DVBl. 1958, S. 809 ff.

Goose, Ernst Peter:
Der internationale Pakt über bürgerliche und politische Rechte, NJW 1974, S. 1305 ff.

Gornig, Gilbert:
Äußerungsfreiheit und Informationsfreiheit als Menschenrechte. Die Verankerung der Äußerungs-, Informations-, Presse- und Rundfunkfreiheit sowie des Zensurverbots in völkerrechtlichen Übereinkommen und in den Rechtsordnungen der KSZE-Staaten unter besonderer Berücksichtigung rechtsphilosophischer und rechtsgeschichtlicher Hintergründe, Berlin (West) 1988.

Gornig, Gilbert:
Satellitenrundfunk und Völkerrecht, Entwicklung - Stand - Zukunft, ZUM 1992, S. 174 ff.

Gornig, Gilbert:
Die Schrankentrias des Art. 5 II GG, JuS 1988, S. 274 ff.

Gornig, Gilbert:
Der Zwei-plus-vier-Vertrag unter besonderer Berücksichtigung grenzbezogener Regelungen, ROW 1991, S. 97 ff.

Grawert, Rolf:
Verwaltungsabkommen zwischen Bund und Ländern in der Bundesrepublik Deutschland. Eine kritische Untersuchung der gegenwärtigen Staatspraxis mit einer Zusammenstellung der zwischen Bund und Ländern abgeschlossenen Abkommen, Schriften zum Öffentlichen Recht, Bd. 57, Berlin (West) 1967.

Grewe, Wilhelm G.:
Auswärtige Gewalt, in: Handbuch des Staatsrechts der Bundesrepublik Deutschland, Bd. III: Das Handeln des Staates, Hrsg.: Josef Isensee und Paul Kirchhof, Heidelberg 1988, S. 921 ff.

Grewe, Wilhelm G.:
Die auswärtige Gewalt der Bundesrepublik, VVDStRL, 12. Bd. (1954), S. 129 ff.

Grewe, Wilhelm G.:
Entstehung und Wandlungen der Vereinten Nationen, in: Charta der Vereinten Nationen, Kommentar, Hrsg.: Bruno Simma in Gemeinschaft mit Hermann Mosler, Albrecht Randelzhofer, Christian Tomuschat und Rüdiger Wolfrum, München 1991, S. XXIII ff.

Guradze, Heinz:
Die Europäische Menschenrechtskonvention. Konvention zum Schutze der Menschenrechte und Grundfreiheiten nebst Zusatzprotokollen, Kommentar, Berlin (West), Frankfurt am Main 1968.

Guradze, Heinz:
Die Menschenrechtskonventionen der Vereinten Nationen vom 16. Dezember 1966, JIR, 15. Bd. (1971), S. 242 ff.

Häberle, Peter:
Die Wesensgehaltsgarantie des Art. 19 Abs. 2 Grundgesetz. Zugleich ein Beitrag zum institutionellen Verständnis der Grundrechte und zur Lehre vom Gesetzesvorbehalt, 3. Auflage, Heidelberg 1983.

Hacker, Jens:
Die allgemeinen Menschenrechte in den UN-Menschenrechts-Konventionen und in der KSZE-Schlußakte, in: Die KSZE und die Menschenrechte. Politische und rechtliche Überlegungen zur zweiten Etappe, Hrsg.: Göttinger Arbeitskreis, Studien zur Deutschlandfrage, Bd. 2, Berlin (West) 1977, S. 73 ff.

Hailbronner, Kay:
Völkerrechtliche und staatsrechtliche Überlegungen zu Verhaltenskodizes für transnationale Unternehmen, in: Staatsrecht - Völkerrecht - Europarecht, Festschrift für Hans-Jürgen Schlochauer, Hrsg.: Ingo von Münch, Berlin (West), New York 1981, S. 229 ff.

Hain, Karl-Eberhard:
Rundfunkfreiheit und Rundfunkordnung. Studien und Materialien zur Verfassungsgerichtsbarkeit, Bd. 55, Hrsg.: Christian Starck, Baden-Baden 1993.

Hajnal, Peter I.:
Guide to Unesco, London, Rom, New York 1983.

Hamann, Andreas / Lenz, Helmut:
Das Grundgesetz für die Bundesrepublik Deutschland vom 23. Mai 1949. Ein Kommentar für Wissenschaft und Praxis, 3. Auflage, Berlin 1970.

Häntzschel, Kurt:
Das Recht der freien Meinungsäußerung, in: Handbuch des Deutschen Staatsrechts, Bd. 2, Hrsg.: Gerhard Anschütz und Richard Thoma, Tübingen 1932, S. 651 ff.

Hartung, Bernhard:
Die Praxis des Lindauer Abkommens. Reihe Allgemeines Völkerrecht, Institut für Völkerrecht der Universität Göttingen, Bd. 18, Köln, Berlin (West), Bonn, München 1984.

Harupa, Ekkehard:
Das Verhältnis zwischen Bund und Ländern im Bereich der Auswärtigen Gewalt, Diss. iur., Marburg 1960.

Hättich, Manfred:
Die deutsche Mitarbeit in der UNESCO, Europa-Archiv 1955, S. 8381 ff.

Heckel, Martin:
Die Menschenrechte im Spiegel der reformatorischen Theologie, in: Abhandlungen der Heidelberger Akademie der Wissenschaften, Philosophisch-historische Klasse, Heidelberg 1987.

Heidelmeyer, Wolfgang:
Die Menschenrechte. Erklärungen, Verfassungsartikel, Internationale Abkommen, 2. Auflage., Paderborn 1977.

Heinemann, Gustav W.:
Die Rechtsordnung des politischen Kampfes, NJW 1962, S. 889 ff.

Heintze, Hans Joachim / Mohr, Manfred:
Das Grundprinzip des Selbstbestimmungsrechts der Völker. Menschenrechte und Bevölkerung, in: Völkerrecht, Grundriss, 2. Auflage, Ost-Berlin 1988, S. 125 ff.

Heintzen, Markus:
Auswärtige Beziehungen privater Verbände. Eine staatsrechtliche, insbesondere grundrechtskollisionsrechtliche Untersuchung, Schriften zum Öffentlichen Recht, Bd. 542, Berlin (West) 1988.

Heintzen, Markus:
Hoheitliche Warnungen und Empfehlungen im Bundesstaat, NJW 1990, S. 1448 ff.

Heinz, Ursula E.:
Weltwirtschaftsordnung, in: Handbuch Vereinte Nationen, Hrsg.: Rüdiger Wolfrum, 2. Auflage, München 1991, S. 1080 ff.

Hienstorfer, Erik:
Die auswärtige Gewalt des Deutschen Bundestags, Diss. iur., Marburg 1968.

Hellge, Horst Heiner:
Die privatrechtlichen Schranken der Pressefreiheit, Diss. iur., Hamburg 1970.

Henkel, Joachim:
Zur Verbindung von Vertrauensfrage und Gesetzesvorlage, in: Klemens Kremer, Parlamentsauflösung, Praxis - Theorie - Ausblick, Köln, Berlin (West), Bonn, München 1974.

Herkströtter, Dirk:
Rundfunkfreiheit, Kunstfreiheit und Jugendschutz. Zu den Auswirkungen der "Mutzenbacher-Entscheidung" des Bundesverfassungsgerichts vom 27. November 1990 auf die Jugendschutzbestimmungen im Rundfunkrecht, AfP 1992, S. 23 ff.

Herrmann, Günter:
Fernsehen und Hörfunk in der Verfassung der Bundesrepublik Deutschland, zugleich ein Beitrag zu weiteren allgemeinen verfassungsrechtlichen und kommunikationsrechtlichen Fragen, Tübingen 1975.

Herzog, Roman:
Allgemeine Staatslehre, Frankfurt am Main 1971.

Herzog, Roman:
Zwischenbilanz im Streit um die bundesstaatliche Ordnung, JuS 1967, S. 193 ff.

Hesse, Albrecht:
Rundfunkrecht. Die Organisation des Rundfunks in der Bundesrepublik Deutschland, München 1990.

Hesse, Konrad:
Grundzüge des Verfassungsrechts der Bundesrepublik Deutschland, 19. Auflage, Heidelberg 1993.

Hett, Hans-Jürgen:
Die Öffentlichkeit der Parlamentsverhandlungen, das Grundrecht der Informationsfreiheit und Informationspflichten der Exekutive, Frankfurt am Main 1987.

Heusel, Wolfgang:
Resolutionen der Generalversammlung als Auslegungsmaßstab im deutschen Polizeirecht?, NJW 1989, S. 2174 ff.

Heusel, Wolfgang:
"Weiches" Völkerrecht. Eine vergleichende Untersuchung typischer Erscheinungsformen, Völkerrecht und Außenpolitik, Bd. 44, Hrsg.: Ingo von Münch und Walter Rudolf, Baden-Baden 1991.

Hirsch, Christoph:
Kulturhoheit und Auswärtige Gewalt, Schriften zum Öffentlichen Recht, Bd. 70, Berlin (West) 1968.

Höfling, Heribert / Möwes, Bernd / Pechstein, Matthias:
Europäisches Medienrecht, Textausgabe mit Erläuterungen, München 1991.

Hoffmann, Wolfgang:
Beweislast und Rechtfertigung bei ehrverletzenden Behauptungen im politischen Bereich, NJW 1966, S. 1200 ff.

Hoffmann-Riem, Wolfgang:
Medienfreiheit und der außenplurale Rundfunk, AöR 1984 (Bd. 109), S. 304 ff.

Hoffmann-Riem, Wolfgang:
Selbstbindungen der Verwaltung, VVDStRL, Bd. 40, S. 187 ff.

Honecker, Martin:
Das Recht des Menschen. Einführung in die evangelische Sozialethik, Gütersloh 1978.

Hoppe, Bernd:
Die "allgemeinen Gesetze" als Schranke der Meinungsfreiheit, JuS 1991, S. 734 ff.

Hösl, Gerhard:
Die Anordnung einer einstweiligen Verfügung in Pressesachen, Diss. iur., Würzburg 1973.

Huber, Hans:
Das Zusammentreffen der Europäischen Konvention zum Schutze der Menschenrechte und Grundfreiheiten mit den Grundrechten der Verfassungen, in: Gedächtnisschrift Hans Peters, Hrsg.: H. Conrad, H. Jahrreiß, P. Mikat, H. Mosler, H. C. Nipperdey, J. Salzwedel, Berlin (West), Heidelberg, New York 1967, S. 375 ff.

Huber, Wolfgang / Tödt, Heinz Eduard:
Menschenrechte. Perspektiven einer menschlichen Welt, Stuttgart 1977.

Hüchting, Heinrich:
Abschluß und Vollzug völkerrechtlicher Verträge des Bundes im Bereich der ausschließlichen Zuständigkeiten der Länder nach dem Grundgesetz, Diss. iur., Göttingen 1965.

Hüfner, Klaus:
UNESCO - Organisation der Vereinten Nationen für Erziehung, Wissenschaft und Kultur, in: Handbuch Vereinte Nationen, Hrsg.: Rüdiger Wolfrum, 2. Auflage, München 1991, S. 916 ff.

Hummer, Waldemar:
Der internationale Menschenrechtsschutz, in: Österreichisches Handbuch des Völkerrechts, Bd. 1, Textteil, Hrsg.: Hanspeter Neuhold, Waldemar Hummer, Christoph Schreuer, 2. Auflage, Wien 1991, S. 230 ff.

Huxley, Julian:
UNESCO: Its Purpose and Its Philosophy, Washington D.C. 1948.

Ihering, Rudolf von:
Zweck im Recht, 2. Bd., 4. Auflage, Leipzig 1905.

Ihlefeld, Andreas:
Verfassungsrechtliche Fragen im Zusammenhang mit dem Deutschlandfunk, ZUM 1987, S. 604 ff.

Ipsen, Knut:
Völkerrecht. Ein Studienbuch in Zusammenarbeit mit Volker Epping, Horst Fischer, Christian Gloria, Wolff Heintschel von Heinegg, Begründer: Eberhard Menzel, 3. Auflage, München 1990.

Isensee, Josef:
Gemeinwohl und Staatsaufgaben im Verfassungsstaat, in: Handbuch des Staatsrechts der Bundesrepublik Deutschland, Bd. III: Das Handeln des Staates, Hrsg.: Josef Isensee und Paul Kirchhof, Heidelberg 1988, S. 3 ff.

Isensee, Josef:
Das Grundrecht als Abwehrrecht und als staatliche Schutzpflicht, in: Handbuch des Staatsrechts der Bundesrepublik Deutschland, Bd. V: Allgemeine Grundrechtslehren, Hrsg.: Josef Isensee und Paul Kirchhof, Heidelberg, 1992, S. 143 ff.

Isensee, Josef:
Wer definiert die Freiheitsrechte? Selbstverständnis der Grundrechtsträger und Grundrechtsauslegung des Staates, Juristische Studiengesellschaft Karlsruhe, Heft 145, Heidelberg, Karlsruhe 1980.

Jarass, Hans D.:
Die Freiheit der Massenmedien. Zur staatlichen Einwirkung auf Presse, Rundfunk, Film und andere Medien. Materialien zur interdisziplinären Medienforschung, Bd. 8, Hrsg.: Wolfgang Hoffmann-Riem, Baden-Baden 1978.

Jarass, Hans / Pieroth, Bodo:
Grundgesetz für die Bundesrepublik Deutschland, Kommentar, 3. Auflage, München 1993 (z. T. wurde unter Kenntlichmachung die 1. Auflage München 1989 herangezogen).

Jesch, Dietrich:
Gesetz und Verwaltung. Eine Problemstudie zum Wandel des Gesetzmäßigkeitsprinzips, Tübingen 1961.

Jutzi, Siegfried:
Nochmal: Bundeskompetenz für direktstrahlende TV-Satelliten?, ZUM 1986, S. 21 ff.

Kaiser, Joseph H.:
Industrielle Absprachen im öffentlichen Interesse, NJW 1971, S. 585 ff.

Kalverkamp, Inge:
Die Organisationsgewalt des Bundes im Kulturbereich. Dargestellt am Beispiel der Hochschuleinrichtungen, Diss. iur., Bonn 1987.

Kant Imanuel:
Zum ewigen Frieden, in: Sozialwissenschaftliche Schriftenreihe, Nr. 2, Hrsg.: Herbert Holtzhauer und Dieter Roser, Schwenningen/N. 1947.

Kästner, Karl-Hermann:
Das Grundrecht des Schülers auf freie Meinungsäußerung, DÖV 1977, S. 500 ff.

Kewenig, Wilhelm A.:
Bundesrat und auswärtige Gewalt, ZRP 1971, S. 238 ff.

Kipp, Heinrich:
UNESCO, Recht, Sittliche Grundlage, Aufgabe, Veröffentlichungen des Instituts für Staatslehre und Politik Mainz, Band 8, Geschäftsführender Direktor Friedrich Freiherr von der Heydte, Universität Würzburg, München 1957.

Kirchhof, Paul:
Mittel staatlichen Handelns, in: Handbuch des Staatsrechts der Bundesrepublik Deutschland, Bd. III: Das Handeln des Staates, Hrsg.: Josef Isensee und Paul Kirchhof, Heidelberg 1988, S. 121 ff.

Klein, Hans Hugo:
Die Rundfunkfreiheit. Schriftenreihe des Instituts für Rundfunkrecht an der Universität zu Köln, Hrsg.: Hans Brack, Heinz Hübner, Dietrich Oehler, Klaus Stern, Bd. 24, München 1978.

Klein, Hans Hugo:
Zur Auslegung des Grundrechts der Meinungsfreiheit, Der Staat 1971, S. 145 ff.

Kleinwächter, Wolfgang / Raaz, Falko:
Dreißig Jahre UNESCO, Deutsche Außenpolitik, Bd. 21, S. 1821 ff.

Kleinwächter, Wolfgang / Raaz, Falko:
Die Organisation der Vereinten Nationen für Erziehung, Wissenschaft und Kultur. Zusammengestellt unter Mitarbeit von Heinz Jung. Die Vereinten Nationen und ihre Spezialorganisationen, Dokumente, Band 8, Hrsg.: Wolfgang Spröte, Harry Wünsche, Institut für Internationale Beziehungen an der Akademie für Staats- und Rechtswissenschaft der DDR Potsdam - Babelsberg, Ost-Berlin 1984.

Kloepfer, Michael:
Umweltschutz und Wettbewerb. Zu den Wettbewerbswirkungen von umweltrechtlichen Instrumenten, UPR 1981, S. 41 ff.

Klug, Ulrich:
Das Verhältnis zwischen der Europäischen Menschenrechts-Konvention und dem Grundgesetz, in: Gedächtnisschrift Hans Peters, Hrsg.: H. Conrad, H. Jahrreiß, P. Mikat, H. Mosler, H. C. Nipperdey, J. Salzwedel, Berlin (West), Heidelberg, New York 1967, S. 434 ff.

Kokott, Juliane:
Art. 59 Abs. 2 GG und einseitige völkerrechtliche Akte, in: Staat und Völkerrechtsordnung, Festschrift für Karl Doehring, Bd. 98, Hrsg.: Kay Hailbronner, Georg Ress, Torsten Stein, Berlin (West), New York, London, Paris, Tokio, Hong Kong 1989, S. 503 ff.

Kölbe, Josef:
Auslandsbeziehungen der Länder? Zur Auslegung des Art. 32 Abs. 1 und 3 GG, DÖV 1965, S. 145 ff.

Kölbe, Josef:
Auslandsbeziehungen der Länder, DÖV 1966, S. 25 ff.

Konow, Gerhard:
Verfassungsrechtliche Fragen zum Parteiengesetz, DÖV 1968, S. 73 ff.

Krafczyk, Wolfgang:
Ausländische Rundfunksendungen als "allgemein zugängliche Quellen" im Sinne des Art. 5 Abs. 1 Grundgesetz, Schriftenreihe des Instituts für Rundfunkrecht an der Universität zu Köln, Bd. 34, Hrsg.: Hans Brack, Heinz Hübner, Dietrich Oehler, Klaus Stern, München 1983.

Krakau, Knud / Wedel, Henning v. / Göhmann, Andreas:
Resolutionen der Generalversammlung der UNO. Eine Auswahl der wichtigsten Resolutionen aus den Jahren 1949 - 1974 (I. - XXVIII. Sitzungsperiode), Stand: Mai 1974, Hrsg.: Institut für internationale Angelegenheiten der Universität Hamburg, Institut für Internationales Recht an der Universität Kiel, Institut für Völkerrecht der Universität Göttingen, Frankfurt a. M. 1975.

Kramer, Ulrich:
Die Verteilung der Zuständigkeiten zwischen Bund und Ländern zum Abschluß und zur Durchführung von Kulturabkommen, Diss. iur., Kiel 1967.

Kraus, Herbert:
Der deutsche Richter und das Völkerrecht, in: Festschrift für Rudolf Laun, Gegenwartsprobleme des Internationalen Rechts und der Rechtsphilosophie, Hrsg.: D. S. Constantopoulos und Hans Wehberg, Hamburg 1953, S. 223 ff.

Kraus, Herbert:
Über kulturelle Zusammenarbeit der Völker (UNESCO-Europlan), Göttingen 1948.

Kraus, Herbert:
Die Zuständigkeit der Länder der Bundesrepublik Deutschland zum Abschluß von Kulturabkommen mit auswärtigen Staaten nach dem Bonner Grundgesetz, AVR 1951/2, S. 414 ff.

Krause, Günter B.:
Die Zuständigkeit zur Ordnung des Rundfunkwesens in der Bundesrepublik Deutschland, Flensburg 1960.

Krause-Ablaß, Günter:
Die Bedeutung des Fernsehurteils des Bundesverfassungsgerichts für die Verfassung des deutschen Rundfunks, JZ 1962, S. 158 ff.

Kremser, Holger:
Das Äußerungsrecht der Bundesregierung hinsichtlich der sog. neuen Jugendsekten und neuen Jugendreligionen im Lichte von Art. 4 I und II GG, ZevKR 1994, S. 160 ff.

Kremser, Holger:
Der Rechtsstatus der evangelischen Kirchen in der DDR und die neue Einheit der EKD, Jus Ecclesiasticum, Bd. 46, Hrsg.: Axel Freiherr von Campenhausen, Martin Daur, Martin Heckel, Christoph Link, Klaus Schlaich, Gerhard Tröger, Tübingen 1993.

Kriele, Martin:
Ehrenschutz und Meinungsfreiheit, NJW 1994, S. 1897 ff.

Krill, Hans-Heinz:
Die Gründung der UNESCO, Vierteljahreshefte für Zeitgeschichte, Hrsg.: Hans Rothfels und Theodor Eschenburg in Verbindung mit Theodor Schieder, Werner Conze, Karl Dietrich Erdmann, Paul Kluke und Walter Bußmann im Auftrag des Instituts für Zeitgeschichte München, 1968, S. 247 ff.

Krüger, Hartmut:
Wissenschaftsfreiheit und Ehrenschutz, Wissenschaftsrecht 1986, S. 1 ff.

Krüger, Herbert:
Allgemeine Staatslehre, 2. Auflage, Stuttgart, Berlin (West), Köln, Mainz 1966.

Krüger, Herbert:
Der Rundfunk im Verfassungsgefüge und in der Verwaltungsordnung von Bund und Ländern, Hamburger öffentlich-rechtliche Nebenstunden, Bd. 2, Hamburg 1960.

Kunig, Philip:
Deutsches Verwaltungshandeln und Empfehlungen internationaler Organisationen, in: Staat und Völkerrechtsordnung, Festschrift für Karl Doehring, Hrsg.: Kay Hailbronner, Georg Ress, Torsten Stein, Berlin (West), Heidelberg, New York, London, Tokio, Hong Kong 1989, S. 529 ff.

Kunig, Philip:
The Relevance of Resolutions and Declarations of International Organizations for Municipal Law, in: International Law and Municipal Law, Veröffentlichungen des Instituts für Internationales Recht an der Universität Kiel, Bd. 103, Berlin (West) 1988, S. 59 ff.

Kunig, Philip / Rublack, Susanne:
Aushandeln statt Entscheiden? Das Verwaltungsverfahrensrecht vor neuen Herausforderungen, Jura 1990, S. 1 ff.

Laeuchli Bosshard, Irene:
Die Meinungsäußerungsfreiheit gemäß Art. 10 EMRK unter Berücksichtigung der neueren Entscheide und der neuen Medien, Bern 1990.

Lagoni, Rainer:
ECOSOC - Wirtschafts- und Sozialrat, in: Handbuch Vereinte Nationen, Hrsg.: Rüdiger Wolfrum, 2. Auflage, München 1991, S. 90 ff.

Lagoni, Rainer / Núñez-Müller, Marco:
Resolution, Erklärung, Beschluß, in: Handbuch Vereinte Nationen, Hrsg.: Rüdiger Wolfrum, 2. Auflage, München 1991, S. 693 ff.

Laves, Walter H. C. / Thomson, Charles A.:
UNESCO, Purpose, Progress, Prospects, Bloomington 1957.

Leisner, Walter:
La funzione governativa di politica estera e la separazione dei poteri, Rivista Trimestale di diritto pubblico 1960, S. 342 ff.

Leisner, Walter:
Öffentlichkeitsarbeit der Regierung im Rechtsstaat. Dargestellt am Beispiel des Presse-Informationsamtes der Bundesregierung, Berlin (West) 1966.

Leisner, Walter:
Werbefernsehen und Öffentliches Recht. Ein Beitrag zur Problematik der öffentlichen Aufgabe sowie zu Grundlagen und Grenzen fiskalischer Staatstätigkeit, Schriften zum Öffentlichen Recht, 56. Bd., Berlin (West) 1967.

Lenz, Helmut:
Rundfunkorganisation und öffentliche Meinungsbildungsfreiheit, JZ 1963, S. 338 ff.

Lerche, Peter:
Grundrechtsschranken, in: Handbuch des Staatsrechts der Bundesrepublik Deutschland, Bd. V: Allgemeine Grundrechtslehren, Hrsg.: Josef Isensee und Paul Kirchhof, Heidelberg 1992, S. 775 ff.

Lerche, Peter:
Das Fernmeldemonopol - öffentlichrechtlich gesehen, in: Kommunikation ohne Monopole, Wirtschaftsrecht und Wirtschaftspolitik, Bd. 67, Hrsg.: Ernst-Joachim Mestmäcker, Baden-Baden 1980, S. 139 ff.

Lerche, Peter:
Informationsfreiheit, in: Evangelisches Staatslexikon, Hrsg.: Roman Herzog, Hermann Kunst, Klaus Schlaich, Wilhelm Schneemelcher, 3. Auflage, Stuttgart 1987, Sp. 1314 ff.

Lerche, Peter:
Rechtsprobleme des Werbefernsehens, Beiträge zum Rundfunkrecht, Heft 2, Frankfurt am Main, Berlin (West) 1965.

Lerche, Peter:
Zum Kompetenzbereich des Deutschlandfunks, Studien und Gutachten aus dem Institut für Staatslehre, Staats- und Verwaltungsrecht der Freien Universität Berlin, Heft 2, Berlin (West) 1963.

Libertus, Michael:
Der Grundversorgungsauftrag als Grundfunktion des öffentlich-rechtlichen Rundfunks und seine dogmatische Grundlegung, Media Perspektiven 1991, S. 452 ff.

Libertus, Michael:
Grundversorgungsauftrag und Funktionsgarantie, Schriftenreihe des Instituts für Rundfunkrecht an der Universität zu Köln, Hrsg.: Hans Brack, Heinz Hübner, Dietrich Oehler, Klaus Stern, Bd. 56, München 1991.

Lieb, Wolfgang:
Kabelfernsehen und Rundfunkgesetze, Schriften zum Öffentlichen Recht, Bd. 249, Berlin (West) 1974.

Löffler, Martin:
Das Zensurverbot der Verfassung, NJW 1969, S. 2225 ff.

Löwer, Wolfgang:
Ausländisches Werbefernsehen und Deutsches Verfassungsrecht, JZ 1981, S. 730 ff.

Lübbe-Wolf, Gabriele:
Rechtsprobleme der behördlichen Umweltberatung, NJW 1987, S. 2705 ff.

Lücke, Jörg:
Ein internationales "Recht auf Kommunikation"? Zu den Bemühungen der UNESCO um ein individuelles, staatliches, kollektives und institutionelles Recht auf Kommunikation, Recht und Staat in Geschichte und Gegenwart (494/495), Tübingen 1979.

Mackeprang, Rudolf:
Ehrenschutz im Verfassungsstaat. Zugleich ein Beitrag zu den Grenzen der Freiheiten des Art. 5 Abs. 1 GG, Schriften zum Öffentlichen Recht, Bd. 577, Berlin (West) 1990.

Mallmann, Walter:
Einige Anmerkungen zum heutigen Stand des Rundfunkrechts, JZ 1963, S. 350 ff.

Mangoldt, Hans von:
Bürgerpartizipation und neue Landesverfassungen. Das Beispiel Sachsen, in: Lebensweise und gesellschaftlicher Umbruch in Ostdeutschland, Hrsg.: G. Meyer / G. Riege / D. Strützel, Jenaer Reden und Schriften, Neue Folge, Bd. 3, Jena 1992, S. 197 ff.

Mangoldt, Hans von:
Die Schiedsgerichtsbarkeit als Mittel internationaler Streitschlichtung. Zur Beilegung von Rechtsstreitigkeiten auf der Grundlage der Achtung vor dem Rechte. Beiträge zum ausländischen öffentlichen Recht und Völkerrecht, begründet von Viktor Bruns, Hrsg.: Hermann Mosler, Rudolf Bernhardt, Bd. 63, Berlin (West), Heidelberg, New York 1974.

Mangoldt, Hermann von:
Das Bonner Grundgesetz, Berlin (West), Frankfurt a. M. 1953.

Mangoldt, Hermann von / Klein, Friedrich:
Das Bonner Grundgesetz, Bd. 1, 2. Auflage 1957; Bd. 2, Berlin (West), Frankfurt a. M. 1964. (Zit.: v. Mangoldt/Klein, BGG, Art.)

Maunz, Theodor:
Medienfreiheit und Jugendschutz, in: Rechtsstaat, Kirche, Sinnverantwortung, Festschrift für Klaus Obermayer zum 70. Geburtstag, Hrsg.: Richard Bartlsperger, Dirk Ehlers, Werner Hofmann, Dietrich Pirson, München 1986.

Maunz, Theodor / Dürig, Günter / Herzog, Roman / Scholz, Rupert:
Grundgesetz, Kommentar (Loseblattsammlung), München.

Maurer, Hartmut:
Allgemeines Verwaltungsrecht, 9. Auflage, München 1994.

McDougal, Meyres S. / Lasswell, Harold D. / Miller, James C.:
The Interpretation of Agreements and World Public Order, Principles of Content and Procedure, New Haven, London 1967.

Meessen, Matthias:
Internationale Verhaltenskodizes und Sittenwidrigkeitsklauseln, NJW 1981, S. 1131 f.

Meng, Werner:
Wirtschaftliche Zusammenarbeit unter dem UN-System, in: Handbuch Vereinte Nationen, Hrsg.: Rüdiger Wolfrum, 2. Auflage, München 1991, S. 1133 ff.

Menzel, Eberhard:
Die auswärtige Gewalt der Bundesrepublik, VVDStRL, 12. Bd. (1954), S. 179 ff.

Menzel, Eberhard:
UNESCO, Organisation der Vereinten Nationen für Erziehung, Wissenschaft und Kultur (United Nations Educational, Scientific and Cultural Organization), Heft V, Hrsg.: Forschungsstelle für Völkerrecht und ausländisches öffentliches Recht der Universität Hamburg, Frankfurt am Main 1951. (Zit.: Menzel, UNESCO, S.)

Merten, Detlef:
Massenmedien, in: Evangelisches Staatslexikon, 1. Bd., Hrsg.: Roman Herzog, Hermann Kunst, Klaus Schlaich, Wilhelm Schneemelcher, 3. Auflage, Stuttgart 1987, Sp. 2086 ff.

Merten, Detlef:
Zur negativen Meinungsfreiheit, DÖV 1990, S. 761 ff.

Meyer-Lindenberg, Hermann:
Die Menschenrechte im Völkerrecht, in: Berichte der Deutschen Gesellschaft für Völkerrecht, Heft 4 (1961), S. 84 ff.

Miehsler, Herbert:
Zur Autorität von Beschlüssen internationaler Institutionen, in: Christoph Schreuer, Autorität und internationale Ordnung, Berlin (West) 1979, S. 35 ff.

Modoux, Alain:
Neuorientierung der UNESCO in Medienfragen, SZ v. 16.11.1992, S. 11.

Mosler, Hermann:
Die auswärtige Gewalt im Verfassungssystem der Bundesrepublik Deutschland, in: Völkerrechtliche und Staatsrechtliche Abhandlungen, Carl Bilfinger, Beiträge zum ausländischen öffentlichen Recht und Völkerrecht, Heft 29, Köln, Berlin (West) 1954, S. 243 ff.

Mosler, Hermann:
Kulturabkommen des Bundesstaates. Zur Frage der Beschränkung der Bundesgewalt in auswärtigen Angelegenheiten, ZaöRV 1955/56 (Bd. 16), S. 1 ff.

Mosler, Hermann:
Das Problem des grenzüberschreitenden Informationsflusses und des "domaine réservé", in: Berichte der Deutschen Gesellschaft für Völkerrecht, Heft 19, Heidelberg, Karlsruhe 1979, S. 110 f. (Diskussion).

Münch, Ingo von:
Grundgesetz-Kommentar, Bd. 1, 4. Auflage 1992 (teilweise wurde unter Kenntlichmachung die 3. Auflage 1985 benutzt); Bd. 2, 2. Auflage 1983; Bd. 3, 2. Auflage, München 1983.

Münch, Ingo von:
Die Verträge zur Einheit Deutschlands. Textausgabe mit Sachverzeichnis und einer Einführung, München 1990.

Münger, Kurt:
Bürgerliche und politische Rechte im Weltpakt der Vereinten Nationen und im schweizerischen Recht, Züricher Studien zum internationalen Recht, Nr. 51, Zürich 1973.

Neuhold, Hanspeter / Hummer, Waldemar / Schreuer, Christoph:
Österreichisches Handbuch des Völkerrechts, Bd. 2: Materialienteil, 2. Auflage, Wien 1991.

Neumann, Dieter / Wesener, Wolfgang:
Rundfunkfreiheit, Grundsatz der Chancengleichheit und Wahlwerbung der politischen Parteien, DVBl. 1984, S. 914 ff.

Niepalla, Peter:
Die Grundversorgung durch die öffentlich-rechtlichen Rundfunkanstalten, Schriftenreihe des Instituts für Rundfunkrecht an der Universität zu Köln, Hrsg.: Hans Brack, Heinz Hübner, Dietrich Oehler, Klaus Stern, Bd. 55, München 1990.

Niepalla, Peter:
Rundfunkfreiheit für die Deutsche Welle?, ZUM 1993, S. 109 ff.

Niessen, Hermann:
Der Schutz der Grundrechte ausländischer juristischer Personen, NJW 1968, S. 1017 ff.

Noltenius, Johanne:
Die freiwillige Selbstkontrolle der Filmwirtschaft und das Zensurverbot des Grundgesetzes, Göttinger Rechtswissenschaftliche Studien, Hrsg.: Rechts- und Staatswissenschaftliche Fakultät der Universität Göttingen, Bd. 23, Göttingen 1958.

Nowak, Manfred:
UNO-Pakt über bürgerliche und politische Rechte und Fakultativprotokoll, CCPR-Kommentar, Kehl am Rhein, Straßburg, Arlington 1989.

Oebbecke, Janbernd:
Die staatliche Mitwirkung an gesetzesabwendenden Vereinbarungen, DVBl. 1986, S. 793 ff.

Oldiges, Martin:
Staatlich inspirierte Selbstbeschränkungsabkommen in der Privatwirtschaft, WiR 1973, S. 1 ff.

Olshausen, Henning von:
Grundrechte und Anwendung ausländischen Rechts, DVBl. 1974, S. 652 ff.

Oppermann, Thomas:
Auf dem Weg zur gemischten Rundfunkverfassung in der Bundesrepublik Deutschland?, JZ 1981, S. 721 ff.

Oppermann, Thomas:
Bundesrat und auswärtige Gewalt, in: Festschrift - Bundesrat. Der Bundesrat als Verfassungsorgan und politische Kraft. Beiträge zum fünfundzwanzigjährigen Bestehen des Bundesrates der Bundesrepublik Deutschland, Hrsg.: Bundesrat, Bad Honnef, Darmstadt 1974, S. 301 ff.

Oppermann, Thomas:
Kulturverwaltungsrecht, Bildung - Wissenschaft - Kunst, Tübingen 1969.

Oppermann, Thomas:
Rundfunkgebühr - Rundfunkordnung - Rundfunkideologie. Zum Rundfunkgebührenurteil des BVerfG vom 22.2.1994, JZ 1994, S. 499 ff.

Oppermann, Thomas:
Verpaßte Chance zur Entwöhnung von der Werbedroge, FAZ v. 19.7.1994, S. 6.

Oppermann, Thomas / Kilian, Michael:
Rechtsgrundsätze der Finanzierung öffentlich-rechtlichen Rundfunks in der dualen Rundfunkverfassung der Bundesrepublik Deutschland. Rechtsgutachtliche Studie erstattet dem Süddeutschen Rundfunk, Beiträge zum Rundfunkrecht, Heft 41, Frankfurt a. M. 1989.

Ossenbühl, Fritz:
Die Interpretation der Grundrechte in der Rechtsprechung des Bundesverfassungsgerichts, NJW 1976, S. 2100 ff.

Ossenbühl, Fritz:
Die Quellen des Verwaltungsrechts, in: Allgemeines Verwaltungsrecht, Hrsg.: H.-U. Erichsen / W. Martens, 9. Auflage, Berlin 1991, S. 101 ff.

Ossenbühl, Fritz:
Rundfunkfreiheit und die Finanzautonomie des Deutschlandfunks, Schriften des Instituts für Rundfunkrecht an der Universität zu Köln, Bd. 4, Hrsg.: Hans Brack, Heinz Hübner, Dietrich Oehler, Klaus Stern, München 1969.

Ossenbühl, Fritz:
Rundfunk zwischen Staat und Gesellschaft, Schriftenreihe des Instituts für Rundfunkrecht an der Universität zu Köln, Bd. 17, Hrsg.: Hans Brack, Heinz Hübner, Dietrich Oehler, Klaus Stern, München 1975.

Ossenbühl, Fritz:
Vorrang und Vorbehalt des Gesetzes, in: Handbuch des Staatsrecht der Bundesrepublik Deutschland, Bd. III: Das Handeln des Staates, Hrsg.: Josef Isensee und Paul Kirchhof, Heidelberg 1988, S. 315 ff.

Paal, Ursel:
Bundesrat und Außenpolitik. Zur Teilhabe des föderativen Organes an der Ausübung der auswärtigen Gewalt nach dem Grundgesetz, Diss. iur., Würzburg 1983.

Paptistella, Gertrud:
Medientechnische Neuentwicklungen und Rundfunkbegriff, DÖV 1978, S. 750 ff.

Partsch, Karl Josef:
Die Rechte und Freiheiten der europäischen Menschenrechtskonventionen, in: Die Grundrechte, 1. Bd., 1. Halbband, Hrsg.: Karl August Bettermann, Franz L. Neumann, Hans Carl Nipperdey, Berlin (West) 1966, S. 235 ff.

Pawlowski, Hans-Martin:
Methodenlehre für Juristen. Theorie der Norm und des Gesetzes, 2. Auflage, Heidelberg 1991.

Pentzlin, Friederike:
Der universelle ordre public im Wirtschaftsrecht als ein Ordnungsprinzip des innerstaatlichen Rechts, Rechtswissenschaftliche Forschung und Entwicklung, Bd. 58, München 1985.

Pestalozza, Christian:
Der Schutz vor der Rundfunkfreiheit in der Bundesrepublik Deutschland, NJW 1981, S. 2158 ff.

Peters, Hans:
Die Zuständigkeit des Bundes im Rundfunkwesen, Berlin (West), Göttingen, Heidelberg 1954.

Petzsch, Regine:
Die Bundesrepublik Deutschland in der UNESCO. Reaktion und Aktion angesichts der UNESCO-Krise in den achtziger Jahren, Hrsg.: Deutsche UNESCO-Kommission, Bonn 1987.

Pietzcker, Jost:
Die Rechtsfigur des Grundrechtsverzichts, Der Staat 1978, S. 527 ff.

Ponschab, Reiner:
Die völkerrechtliche Vertretung durch zentrale und dezentrale Bundesorgane nach dem Verfassungsrecht der Bundesrepublik Deutschland, Diss. iur., Tübingen 1976.

Pracht, Daniel:
Die grenzüberschreitende Informations- und Rundfunkfreiheit nach allgemeinem Völkerrecht, dem Recht der Europäischen Gemeinschaften und dem Grundgesetz der Bundesrepublik Deutschland, Diss. iur., Osnabrück 1989.

Probst, Martin:
Rundfunkfreiheit für Ausländer? Freiheitsschutz zwischen Grundrechtstheorie und Staatsverständnis, Diss. iur., Heidelberg 1987.

Rasehorn, Theo:
Zum Persönlichkeitsschutz im Zivilrecht bei politischen Auseinandersetzungen, JZ 1977, S. 672 ff.

Rauschning, Dietrich:
Die Wiedervereinigung vor dem Hintergrund der Rechtslage Deutschlands, JuS 1991, S. 977 ff.

Rehbinder, Manfred:
Grenzen der Meinungs- und Pressefreiheit, NJW 1962, S. 2140 ff.

Reichel, Hans Gerhard:
Die auswärtige Gewalt nach dem Grundgesetz für die Bundesrepublik Deutschland vom 23. Mai 1949, Schriften zum Öffentlichen Recht, Bd. 43, Berlin (West) 1967.

Reisnecker, Helmut:
Das Grundrecht der Meinungsfreiheit und die Schranken der allgemeinen Gesetze im Sinne des Art. 5 Abs. II, Diss. iur., München 1960.

Remde, Achim:
Wenn jede Kritik strafbar ist. Afrika und sein Verhältnis zur eigenen und zur westlichen Presse, FAZ v. 3.7.1984, S. 7.

Remmele, Wolf Dieter:
Die Selbstdarstellung der Bundesrepublik Deutschland im Ausland durch den Rundfunk als Problem des Staats- und Völkerrechts, Schriften zum Staats- und Völkerrecht, Bd. 11, Hrsg.: Dieter Blumenwitz, Frankfurt a. M., Bern, Cirencester 1979.

Richter, Robert:
Die internationale geistige Zusammenarbeit im Rahmen des Völkerbundes, Diss. iur., Würzburg 1930.

Ricker, Reinhart:
Die Freiheit des Fernseh-Direktempfangs und die rechtliche Zulässigkeit ihrer Beschränkung, NJW 1991, S. 602 ff.

Ricker, Reinhart:
Rechtliche Grundlagen und Harmonisierung der Landesmediengesetze, ZRP 1986, S. 224 ff.

Ridder, Helmut K. J.:
Meinungsfreiheit, in: Neumann, Franz L. / Nipperdey, Hans Carl / Scheuner Ulrich: Die Grundrechte, Handbuch der Theorie und Praxis der Grundrechte, Bd. 2, Berlin (West) 1954, S. 243 ff.

Rieder, Bernd:
Die Zensurbegriffe des Art. 118 Abs. 2 der Weimarer Reichsverfassung und des Art. 5 Abs. 3 Satz 3 des Bonner Grundgesetzes, Berliner Abhandlungen zum Presserecht, Heft 9, Hrsg.: Karl August Bettermann, Ernst E. Hirsch und Peter Lerche, Berlin (West) 1970.

Righter, Rosemary:
Noch eine "neue Weltordnung"? Zur Mediendeklaration der UNESCO und den Forderungen nach Kontrolle der Presse, EA 1979, S. 211 ff.

Ritter, Ernst-Hasso:
Der Grundrechtsschutz ausländischer juristischer Personen, NJW 1964, S. 279 ff.

Robbers, Gerhard:
Der Grundrechtsverzicht. Zum Grundsatz 'volenti non fit iniuria' im Verfassungsrecht, JuS 1985, S. 925 ff.

Rojahn, Ondolf:
Schulbuchbereinigung durch die Auswärtige Gewalt? Zum Abschluß des deutsch-polnischen Kulturabkommens vom 11. Juni 1976, JZ 1976, S. 627 ff.

Rösgen, Peter:
Rechtsetzungsakte der Vereinten Nationen und ihrer Sonderorganisationen. Bestandsaufnahme und Vollzug in der Bundesrepublik Deutschland, Diss. iur., Bonn 1985.

Roth, Paul:
Das sowjetische Modell einer Neuen Weltinformationsordnung, Publizistik 1984, S. 269 ff.

Rothbarth, Margarete:
Entstehung und Aufgabe der UNESCO, Die Friedens-Warte 1946, S. 304 ff.

Rothbarth, Margarete:
Geistige Zusammenarbeit im Rahmen des Völkerbundes. Deutschtum im Ausland, Studien zum Auslanddeutschtum, Hrsg.: Georg Schreiber, 44. Heft, Schriftenreihe des Deutschen Instituts für Auslandskunde, Münster/Westfalen 1931.

Rothenbücher, Karl:
Das Recht der freien Meinungsäußerung, VVDStRL, Bd. 4 (1928), S. 6 ff.

Rotten, Elisabeth:
Die erste Generalversammlung der UNESCO, Die Friedens-Warte 1947, S. 39 ff.

Rudolf, Walter:
Bundesstaat und Völkerrecht, AVR 1989, S. 1 ff.

Rudolf, Walter:
Internationale Beziehungen der deutschen Länder, AVR 1966/67, S. 53 ff.

Saba, Hanna:
L'Activité Quasi - Législative des Institutions Spécialisées des Nations Unies, Recueil des Cours, Académie de Droit International 1964 I, Tome 111 de la Collection, S. 615 ff.

Sachs, Michael:
"Volenti non fit iniuria." Zur Bedeutung des Willens des Betroffenen im Verwaltungsrecht, VerwArch 1985, S. 398 ff.

Sartorius II:
Sartorius, Band II, Internationale Verträge - Europarecht (Loseblattsammlung).

Scheele, Hans-Eberhard:
Art. 5 Abs. 1 GG und die Unabhängigkeit des Rundfunks, Diss. iur., Münster 1971.

Scheuner, Ulrich:
Auswärtige Gewalt, in: Evangelisches Staatslexikon, Bd. 1, Hrsg.: Roman Herzog, Hermann Kunst, Klaus Schlaich und Wilhelm Schneemelcher, 3. Auflage, Stuttgart 1987, Sp. 157 ff.

Scheuner, Ulrich:
Pressefreiheit, VVDStRL, 22. Bd. (1965), S. 1 ff.

Schirmer, Klaus:
Die klassischen Kulturabkommen der Bundesrepublik Deutschland mit auswärtigen Staaten, Institut für Völkerrecht der Universität Göttingen, Reihe Allgemeines Völkerrecht, Bd. 13, Göttingen 1970.

Schmidt-Aßmann, Eberhard:
Der Rechtsstaat, in: Handbuch des Staatsrechts der Bundesrepublik Deutschland, Bd. I: Grundlagen von Staat und Verfassung, Hrsg.: Josef Isensee und Paul Kirchhof, Heidelberg 1987, S. 987 ff.

Schmidt-Bleibtreu / Klein, Franz:
Kommentar zum Grundgesetz, 7. Auflage, Neuwied, Frankfurt a. M. 1990.

Schmidt-Jortzig, Edzard:
Meinungs- und Informationsfreiheit, in: Handbuch des Staatsrechts der Bundesrepublik Deutschland, Bd. VI: Freiheitsrechte, Hrsg.: Josef Isensee und Paul Kirchhof, Heidelberg 1989, S. 635 ff.

Schmitt Glaeser, Walter:
Das duale Rundfunksystem. Zum "4. Fernseh-Urteil" des Bundesverfassungsgerichts vom 4.11.1986, DVBl. 1987, S. 14 ff.

Schmitt Glaeser, Walter:
Das Grundrecht auf Informationsfreiheit, Jura 1987, S. 567 ff.

Schmitt Glaeser, Walter:
Die Meinungsfreiheit in der Rechtsprechung des Bundesverfassungsgerichts (1. Teil), AöR 1972, S. 60 ff.

Schmitt Glaeser, Walter:
Die Meinungsfreiheit in der Rechtsprechung des Bundesverfassungsgerichts (2. Teil), AöR 1972, S. 276 ff.

Schmitt Glaeser, Walter:
Die Meinungsfreiheit in der Rechtsprechung des Bundesverfassungsgerichts, AöR, Bd. 113 (1988), S. 52 ff.

Schmitt Glaeser, Walter:
Meinungsfreiheit und Ehrenschutz, JZ 1983, S. 95 ff.

Schmitt Glaeser, Walter:
Die Rundfunkfreiheit in der Rechtsprechung des Bundesverfassungsgerichts, AöR, Bd. 112 (1987), S. 215 ff.

Schmitz, Bernhard:
Privatwirtschaftliches Fernsehen im lokalen Bereich?, DÖV 1969, S. 698 ff.

Schneider, Franz:
Presse- und Meinungsfreiheit nach dem Grundgesetz. Beiträge zur Wesensbestimmung dieser Grundrechte, München 1962.

Schneider, Hans:
Gerichtsfreie Hoheitsakte. Ein rechtsvergleichender Bericht über die Grenzen richterlicher Nachprüfbarkeit von Hoheitsakten, Recht und Staat, Heft 160/161, Tübingen 1951.

Schneider, Hans-Peter / Radeck, Bernd:
Verfassungsprobleme der Rundfunkfinanzierung aus Werbeeinnahmen. Zur Vielfalt der Finanzierungsformen des öffentlich-rechtlichen Rundfunks, Beiträge zum Rundfunkrecht, Heft 42, Frankfurt a. M. 1989.

Schodder, Thomas F. W.:
Föderative Gewaltenteilung in der Bundesrepublik Deutschland. Eine Untersuchung ihrer gegenwärtigen Wirkungen und Probleme, Frankfurt am Main 1989.

Scholler, Heinrich / Broß, Siegfried:
Grundrechtsschutz für juristische Personen des öffentlichen Rechts, DÖV 1978, S. 238 ff.

Scholz, Rupert:
Audiovisuelle Medien und bundesstaatliche Gesetzgebungskompetenz. Verfassungsfragen zur rechtlichen Einordnung und gesetzgeberischen Regelung der Bildträger, Berliner Abhandlungen zum Presserecht, Hrsg.: Karl August Bettermann, Ernst E. Hirsch und Peter Lerche, Heft 22, Berlin (West) 1976.

Scholz, Rupert:
Das dritte Fernsehurteil des Bundesverfassungsgerichts, JZ 1981, S. 561 ff.

Schöni, Walter:
UNESCO-Krise der westlichen Hegemonie. Staatliche Kulturkonzeptionen und die politische Rolle der Schweiz, Campus Forschung, Bd. 579, Frankfurt a. M., New York 1988.

Schopenhauer, Arthur:
Aphorismen zur Lebensweisheit, Insel-Ausgabe von 1941, 3. Auflage, Frankfurt a. M. 1980.

Schreuer, Christoph:
Die Behandlung internationaler Organakte durch staatliche Gerichte, Schriften zum Internationalen Recht, Bd. 7, Berlin (West) 1977.

Schreuer, Christoph:
Die Beschlüsse Internationaler Organisationen, in: Österreichisches Handbuch des Völkerrechts, Bd. 1, Textteil, Hrsg.: Hanspeter Neuhold, Waldemar Hummer, Christoph Schreuer, 2. Auflage, Wien 1991, S. 93 ff.

Schreuer, Christoph:
Die innerstaatliche Anwendung von internationalem "soft law" aus rechtsvergleichender Sicht, Österreichische Zeitschrift für öffentliches Recht und Völkerrecht, Bd. 34 (1983), S. 243 ff.

Schreuer, Christoph:
Die Internationalen Organisationen, in: Österreichisches Handbuch des Völkerrechts, Bd. 1, Textteil, Hrsg.: Hanspeter Neuhold, Waldemar Hummer, Christoph Schreuer, 2. Auflage, Wien 1991, S. 157 ff.

Schreuer, Christoph:
New Haven Approach und Völkerrecht, in: Autorität und internationale Ordnung, Aufsätze zum Völkerrecht, Hrsg.: Christoph Schreuer, Berlin (West) 1979, S. 63 ff.

Schröder, Meinhard:
Zur Wirkkraft der Grundrechte bei Sachverhalten mit grenzüberschreitenden Elementen, in: Staatsrecht - Völkerrecht - Europarecht, Festschrift für Hans-Jürgen Schlochauer, Hrsg.: Ingo v. Münch, Berlin (West) 1981, S. 137 ff.

Schulz, Joachim / Hugler, Heinz:
Die Rechtsquellen des Völkerrechts. Völkerrechtlicher Vertrag und Völkergewohnheitsrecht, in: Völkerrecht, Lehrbuch, Teil 1, Hrsg.: Arbeitsgemeinschaft für Völkerrecht beim Institut für Internationale Beziehungen an der Akademie für Staats- und Rechtswissenschaft der DDR, Gesamtredaktion Herbert Kröger, Ost-Berlin 1973, S. 201 ff.

Schulze-Fielitz, Helmut:
Der informale Verfassungsstaat. Aktuelle Beobachtungen des Verfassungslebens der Bundesrepublik Deutschland im Lichte der Verfassungstheorie, Schriften zum Öffentlichen Recht, Bd. 475, Berlin (West) 1984.

Schuppert, Folke:
Die verfassungsgerichtliche Kontrolle der Auswärtigen Gewalt, Studien und Materialien zur Verfassungsgerichtsbarkeit, Bd. 2, Hrsg.: Christian Starck, Baden-Baden 1973.

Schuster, Detlev:
Meinungsvielfalt in der dualen Rundfunkordnung, Veröffentlichungen des Instituts für Internationales Recht an der Universität Kiel, Bd. 109, Berlin (West) 1990.

Schütz, Hans-Joachim:
FAO - Ernährungs- und Landwirtschaftsorganisation der Vereinten Nationen, in: Handbuch Vereinte Nationen, Hrsg.: Rüdiger Wolfrum, 2. Auflage, München 1991, S. 130 ff.

Schütz, Hans-Joachim:
Mitgliedschaft, in: Handbuch Vereinte Nationen, Hrsg.: Rüdiger Wolfrum, 2. Auflage, München 1991, S. 608 ff.

Schwartz, Ivo E.:
Subsidiarität und EG-Kompetenzen. Der neue Titel "Kultur", Medienvielfalt und Binnenmarkt, AfP 1993, S. 409 ff.

Schweitzer, Michael:
Staatsrecht III, Staatsrecht, Völkerrecht, Europarecht, 4. Auflage, Heidelberg 1992.

Schweitzer, Michael / Walter, Rudolf:
Friedensvölkerrecht, 3. Auflage, Baden-Baden 1985.

Seidel, Peter:
Die Zustimmung der Bundesregierung zu Verträgen der Bundesländer mit auswärtigen Staaten gemäß Art. 32 III GG, Schriften zum Öffentlichen Recht, Bd. 268, Berlin (West) 1975.

Seidl-Hohenveldern, Ignaz:
The Third World and Geo-Stationary Satellites, Law and State, Vol. 31 (1985), S. 117 ff.

Seidl-Hohenveldern, Ignaz:
Völkerrecht, 7. Auflage, Köln, Berlin, Bonn, München 1992.

Seidl-Hohenveldern, Ignaz / Loibl, Gerhard:
Das Recht der Internationalen Organisationen einschließlich der Supranationalen Gemeinschaften, 5. Auflage, Köln, Berlin, Bonn, München 1992.

Sellmann, Klaus-Albrecht:
Der schlichte Parlamentsbeschluß. Eine Studie zum Parlamentsakt außerhalb des Gesetzgebungsverfahrens. Dargestellt an Beschlüssen des Bundestages und des Bayerischen Landtages, Schriften zum Öffentlichen Recht, Bd. 29, Berlin (West) 1966.

Selmer, Peter:
Bestands- und Entwicklungsgarantien für den öffentlich-rechtlichen Rundfunk in einer dualen Rundfunkordnung. Eine verfassungsrechtliche Untersuchung ihrer Zulässigkeit und Reichweite, Schriften zu Kommunikationsfragen, Bd. 10, Berlin (West) 1988.

Siebold, Thomas:
Zur Geschichte und Struktur der Weltnachrichtenordnung, in: Medienmacht im Nord-Süd-Konflikt: Die Neue Internationale Informationsordnung, Friedensanalysen 18, Hrsg.: Hessische Stiftung Friedens- und Konfliktforschung in Zusammenarbeit mit der Arbeitsgemeinschaft für Friedens- und Konfliktforschung mit Unterstützung der Berghof-Stiftung für Konfliktforschung, Frankfurt am Main 1984.

Silagi, Michael:
Die allgemeinen Regeln des Völkerrechts als Bezugsgegenstand in Art. 25 GG und Art. 26 EMRK, EuGRZ 1980, S. 632 ff.

Simma, Bruno:
Charta der Vereinten Nationen, Kommentar, Hrsg.: Bruno Simma in Gemeinschaft mit Hermann Mosler, Albrecht Randelzhofer, Christian Tomuschat, Rüdiger Wolfrum unter Mitarbeit v. a., München 1991.

Simma, Bruno:
Grenzüberschreitender Informationsfluß und "domaine réservé" der Staaten, in: Berichte der Deutschen Gesellschaft für Völkerrecht, Heft 19, Heidelberg, Karlsruhe 1979, S. 39 ff.

Smend, Rudolf:
Das Recht der freien Meinungsäußerung, VVDStRL, Bd. 4 (1928), S. 44 ff.

Smith, Delbert, D.:
International Telecommunication Control, International Law and the Ordering of Satellite and Other Forms of International Broadcasting, Leyden 1969.

Starck, Christian:
Das Bonner Grundgesetz. Kommentar, begründet von Hermann v. Mangoldt, fortgeführt von Friedrich Klein, Bd. 1, 3. Auflage, München 1985. (Zit.: Starck/v. Mangoldt, BBG, Art.)

Starck, Christian:
Die deutschen Länder und die auswärtige Gewalt, in: Wege und Verfahren des Verfassungslebens, FS Peter Lerche, Hrsg.: Peter Badura, Rupert Scholz, München 1993, S. 561 ff.

Starck, Christian:
"Grundversorgung" und Rundfunkfreiheit, NJW 1992, S. 3257 ff.

Starck, Christian:
Zur notwendigen Neuordnung des Rundfunks, NJW 1980, S. 1359 ff.

Stein, Torsten:
Amtshilfe in auswärtigen Angelegenheiten, Beiträge zum ausländischen öffentlichen Recht und Völkerrecht, Band 67, Hrsg.: Hermann Mosler und Rudolf Bernhardt, Berlin (West), Heidelberg, New York 1975.

Steinberger, Helmut:
Bemühungen zur Kodifizierung und Weiterbildung des Völkerrechts im Rahmen der Organisation der Vereinten Nationen, ZaöRV, Bd. 28 (1968), S. 617 ff.

Stender-Vorwachs, Jutta:
"Staatsferne" und "Gruppenferne" in einem außenpluralistisch organisierten privaten Rundfunksystem, Schriften zu Kommunikationsfragen, Bd. 9, Berlin (West) 1988.

Stern, Klaus:
Ehrenschutz und "allgemeine Gesetze", in: Festschrift für Heinz Hübner, Hrsg.: Gottfried Baumgärtel, Ernst Klingmüller, Hans-Jürgen Becker, Andreas Wacke, Berlin (West) 1984, S. 815 ff.

Stern, Klaus:
Neue Medien - neue Aufgaben des Rechts? Verfassungsrechtliche Grundlagen, DVBl. 1982, S. 1109 ff.

Stern, Klaus:
Das Staatsrecht der Bundesrepublik Deutschland, Bd. I: Grundbegriffe und Grundlagen des Staatsrechts, 2. Auflage 1984; Bd. II: Staatsorgane, Staatsfunktionen, Finanz- und Haushaltsverfassung, Notstandsverfassung, 1980; Bd. III/1: Allgemeine Lehren der Grundrechte unter Mitwirkung von Michael Sachs, München 1988.

Stralenheim, Henning Freiherr von:
Die Zuständigkeiten des Bundes und der Länder zum Abschluß von Kulturabkommen mit auswärtigen Staaten, BayVBl. 1955, S. 6 ff.

Streinz, Rudolf:
Meinungs- und Informationsfreiheit zwischen Ost und West. Möglichkeiten und Grenzen intersystemarer völkerrechtlicher Garantien in einem systemkonstituierenden Bereich, Münchener Universitätsschriften, Juristische Fakultät, Abhandlungen zur rechtswissenschaftlichen Grundlagenforschung, Bd. 49, Ebelsbach 1981.

Sturm, Gerd:
Probleme eines Verzichts auf Grundrechte, in: Menschenwürde und freiheitliche Rechtsordnung, Festschrift für Willi Geiger, Hrsg.: Gerhard Leibholz, Hans Joachim Faller, Paul Mikat, Hans Reis, Tübingen 1974, S. 173 ff.

Sur, Serge:
Vers un Nouvel Ordre Mondial de l'Information et de la Communication, Annuaire Français de Droit International 1981, S. 45 ff.

Tammes, A. J. P.:
Soft Law, in: Essays on International and Comparative Law, in: Festschrift Erades, Hrsg.: T. M. C. Asser Institut, Den Haag 1983, S. 187 ff.

Tettinger, Peter J.:
Aktuelle Fragen der Rundfunkordnung, JZ 1986, S. 806 ff.

Tettinger, Peter J.:
Neuartige Massenkommunikationsmittel und verfassungsrechtliche Rahmenbedingungen, JZ 1984, S. 400 ff.

Tettinger, Peter J.:
Der Schutz der persönlichen Ehre im freien Meinungskampf, JZ 1983, S. 317 ff.

Teubner, Gunther:
Standards und Direktiven in Generalklauseln. Möglichkeiten und Grenzen der empirischen Sozialforschung bei der Präzisierung der Gute-Sitten-Klauseln, Studien und Texte zur Theorie und Methodologie des Rechts, Bd. 8, Hrsg.: Josef Esser, Frankfurt am Main 1971.

Thieme, Ulrich:
Rundfunksatelliten und internationales Recht. Eine neue Kommunikationstechnik und ihre weltweiten rechtlichen Auswirkungen, Veröffentlichungen des Instituts für Internationales Recht an der Universität Kiel, Band 72, Kiel 1973.

Thieme, Werner:
Über die Wahrheitspflicht der Presse, DÖV 1980, S. 149 ff.

Thürer, Daniel:
"Soft Law" - eine neue Form von Völkerrecht? Zeitschrift für Schweizerisches Recht 1985, S. 429 ff.

Tibi, Bassam:
Entwicklung statt Menschenrechte? FAZ v. 25.6.1993, S. 14.

Tillmanns, Lutz / Hein, Gabriele:
Verfassungsrechtliche Probleme bei der Finanzierung der Bundesrundfunkanstalten, DVBl. 1990, S. 91 ff.

Tomuschat, Christian:
Die Charta der wirtschaftlichen Rechte und Pflichten der Staaten. Zur Geltungskraft von Deklarationen der UN-Generalversammlung, ZaöRV 1976 (Bd. 36), S. 444 ff.

Tomuschat, Christian:
Der Verfassungsstaat im Geflecht der internationalen Beziehungen, VVDStRL, Bd. 36, S. 7 ff.

Treviranus, Hans D.:
Außenpolitik im demokratischen Rechtsstaat, Tübingen 1966.

Treviranus, Hans D.:
Inkraftsetzen völkerrechtlicher Vereinbarungen durch Rechtsverordnungen, NJW 1983, S. 1948 ff.

Tscherning, Dieter:
Der Standard der Menschenrechte nach dem Menschenrechtspakt der Vereinten Nationen im Vergleich zur Europäischen Menschenrechtskonvention, Diss. iur., Mainz 1969.

Tunkin, Gregorij I.:
Völkerrechtstheorie, Völkerrecht und Politik, Bd. 6, Hrsg.: Theodor Schweissfurth, Berlin (West) 1972.

Vaska, Jules:
Le problème de l'éducation base de la paix future, Die Friedens-Warte 1944, S. 324 ff.

Vellas, Pierre:
Droit International Public. Institutions Internationales. Méthodologie, Historique, Sources, Sujets de la Société Internationale, Organisations Internationales, Paris 1967.

Verdross, Alfred / Simma, Bruno:
Universelles Völkerrecht, Theorie und Praxis, 3. Auflage, Berlin (West) 1984.

Wacke, Gerhard:
Werbeaussagen als Meinungsäußerungen, in: Hamburger Festschrift für Friedrich Schack, Hrsg.: Hans Peter Ipsen, Hamburg 1966, S. 197 ff.

Wassermann, Rudolf:
Ist der Rechtsstaat noch zu retten? Zur Krise des Rechtsbewußtseins in unserer Zeit, Grundfragen der Demokratie, Folge 7, Osterholz-Scharmbeck 1985.

Wassermann, Rudolf:
Kommentar zum Grundgesetz für die Bundesrepublik Deutschland, Bd. 1 (Art. 1 - 37 GG), Reihe Alternativkommentare, 2. Auflage, Darmstadt 1989. (Zit.: Bearbeiter, AK-GG, (Hrsg.: R. Wassermann), Art.)

Weber, Albrecht:
Rechtsfragen der Durchführung des Gemeinschaftsrechts in der Bundesrepublik, Osnabrücker Rechtswissenschaftliche Abhandlungen, Bd. 12, Köln, Berlin (West), Bonn, München 1987.

Weber, Hermann:
Völkerbund, in: Handbuch Vereinte Nationen, Hrsg.: Rüdiger Wolfrum, 2. Auflage, München 1991, S. 1015 ff.

Wegener, Wilhelm:
Die neuen deutschen Verfassungen, Essen 1947.

Weides, Peter:
Der Jugendmedienschutz im Filmbereich, NJW 1987, S. 224 ff.

Weil, Christof:
Interventions- und haftungsrechtliche Aspekte grenzüberschreitender Rundfunksendungen, Schriften zum Internationalen Recht, Bd. 25, Berlin (West) 1981.

Weiß, Siegfried:
Auswärtige Gewalt und Gewaltenteilung, Schriften zum Öffentlichen Recht, Bd. 174, Berlin (West) 1971.

Weißauer, Walther:
Völkerrechtliche Verträge - Zusammenwirken von Bund und Ländern, in: Festschrift für Karl Bengl, Hrsg.: August R. Lang, München 1984, S. 149 ff.

Wengler, Wilhelm:
Rechtsvertrag, Konsensus und Absichtserklärung im Völkerrecht, JZ 1976, S. 193 ff.

Weyl, Brigitte:
Anmerkungen zur Medienpolitik der UNESCO unter besonderer Berücksichtigung ihrer Mediendeklaration und deren Geschichte, in: Presserecht und Pressefreiheit, Festschrift für Martin Löffler zum 75. Geburtstag, Hrsg.: Studienkreis für Presserecht und Pressefreiheit, München 1980.

Weyl, Brigitte:
Arbeitsmaterialien zu den Medienbeschlüssen der UNESCO 1946 - 1980, Konstanz 1982 (nicht veröffentlicht).

Windsheimer, Hans:
Die "Information" als Interpretationsgrundlage für die subjektiven öffentlichen Rechte des Art. 5 Abs. 1 GG, Schriften zum Öffentlichen Recht, Bd. 69, Berlin (West) 1968.

Witte, Barthold C.:
Neue Chancen für die UNESCO, Außenpolitik 1988, S. 38 ff.

Witte, Barthold C.:
UNESCO: Dauerkrise oder bessere Zukunft?, Außenpolitik 1986, S. 44 ff.

Witzmann, Bernd:
Völkerrechtliche Aspekte der Bemühungen um eine neue Weltinformationsordnung, Europarecht - Völkerrecht, Studien und Materialien, Hrsg.: Michael Schweitzer, Bruno Simma, Bd. 6, München 1984.

Woesner, Horst:
Die Menschenrechtskonvention in der deutschen Strafrechtspraxis, NJW 1961, S. 1381 ff.

Wohland, Werner:
Informationsfreiheit und politische Filmkontrolle. Ein Beitrag zur Konkretisierung von Art. 5 Grundgesetz, Schriften zum Öffentlichen Recht, 81. Bd., Berlin (West) 1968.

Wolf, Joachim:
Medienfreiheit und Medienunternehmen, Diss. iur., Saarbrücken 1982, Berlin (West) 1985.

Wolfrum, Rüdiger:
Gewohnheitsrecht und Stimmverhalten, VN 1986, S. 93.

Wufka, Eduard:
Die verfassungsrechtlich-dogmatischen Grundlagen der Rundfunkfreiheit. Zugleich ein Beitrag zu Problemen der Rundfunkorganisation und Staatsaufsicht, Beiträge zum Rundfunkrecht, Heft 12, Frankfurt a. M., Berlin (West) 1971.

Würtenberger, Thomas:
Satire und Karikatur in der Rechtsprechung, NJW 1983, S. 1144 ff.

Zeitler, Franz-Christoph:
Die Menschenrechte im geteilten Deutschland, in: Partnerschaft mit dem Osten, Hrsg.: Dieter Blumenwitz u. a., München 1976, S. 191 ff.

Zezschwitz, Friedrich von:
Wirtschaftsrechtliche Lenkungstechniken: Selbstbeschränkungsabkommen, Gentlemen's Agreement Moral Suasion, Zwangskartell, JZ 1978, S 497 ff.

Zieger, Gottfried:
Aussprache auf der Tagung der Vereinigung der Deutschen Staatsrechtslehrer zum Beratungsgegenstand "Der Verfassungsstaat im Geflecht der internationalen Beziehungen, VVDStRL, 36. Bd., Berlin (West) 1978, S. 139 ff.

Zieger, Gottfried:
Die Konvention der UN über die zivilen und politischen Rechte - Inhalt, internationale und innerstaatliche Bindung, in: Die Ausübung staatlicher Gewalt in Ost und West nach Inkrafttreten der UN-Konvention über zivile und politische Rechte, Hrsg.: Deutsche Sektion der Internationalen Juristen-Kommission, Rechtsstaat in der Bewährung, 6. Bd., Heidelberg, Karlsruhe 1978, S. 13 ff.

Zippelius, Reinhold:
Rechtsphilosophie, in: Evangelisches Staatslexikon, 2. Bd., Hrsg.: Roman Herzog, Hermann Kunst, Klaus Schlaich, Wilhelm Schneemelcher, 3. Auflage, Stuttgart 1987, Sp. 2719 ff.

o. V.:
La Coopération Intellectuelle, N° Spécial (Oktober/November 1945).

o. V.:
Deutsche UNESCO-Kommission. Die Bundesrepublik Deutschland und die UNESCO, 25 Jahre Mitarbeit. Eine Dokumentation, Hrsg.: Deutsche UNESCO-Kommission, Köln 1976.

o. V.:
Deutsche UNESCO-Kommission. Menschenrechte, Internationale Dokumente, 6. Auflage, Bonn 1981.

o. V.:

Deutsche UNESCO-Kommission. Satzung, Wahlordnung, Hrsg.: Deutsche UNESCO-Kommission, Ausgabe 1990.

o. V.:

Deutsche UNESCO-Kommission. 40 Jahre Deutsche UNESCO-Kommission für Frieden, Entwicklung und den Schutz der Umwelt, Hrsg.: Deutsche UNESCO-Kommission, Bonn 1991.

o. V.:

Dritter Mittelfristiger Plan der UNESCO (1990 - 1995), UNESCO-Dokument 25/94, Hrsg.: Deutsche UNESCO-Kommission, Österreichische UNESCO-Kommission, Nationale Schweizerische UNESCO-Kommission, Bonn 1991.

o. V.:

Gemeinsam können wir es besser machen. Ein Leitfaden zum dritten Mittelfristigen Plan der UNESCO (1990 - 1995), Deutsche UNESCO-Kommission, Bonn 1991.

o. V.:

New communication order, Bd. 9, Historical background of the mass media declaration, Hrsg.: UNESCO Paris, Dokumentationszentrum.

o. V.:

Parlamentarischer Rat, Verhandlungen des Hauptausschusses 1948/49.

o. V.:

UNESCO Activities in the Matter of Free Flow of Information and Freedom of Expression, Hrsg.: UNESCO Paris, Kommunikationsabteilung 1993.

o. V.:

Viele Stimmen - eine Welt. Kommunikation und Gesellschaft - Heute und morgen, Bericht der Internationalen Kommission zum Studium der Kommunikationsprobleme unter dem Vorsitz von Sean MacBride an die UNESCO, Konstanz 1981.

Hinweis zur Benutzung der Register:

Die Seitenangaben in den Registern sind ab Seite 55 jeweils um 2 Seiten zu subtrahieren.

Personenregister

Sachregister

Schriften zum internationalen und zum öffentlichen Recht

Herausgegeben von Gilbert Gornig

Band 1 Michael Waldstein: Das Asylgrundrecht im europäischen Kontext. Wege einer europäischen Harmonisierung des Asyl- und Flüchtlingsrechts. 1993.

Band 2 Axel Linneweber: Einführung in das US-amerikanische Verwaltungsrecht. Kompetenzen, Funktionen und Strukturen der "Agencies" im US-amerikanischen Verwaltungsrecht. 1994.

Band 3 Tai-Nam Chi: Das Herrschaftssystem Nordkoreas unter besonderer Berücksichtigung der Wiedervereinigungsproblematik. 1994.

Band 4 Jörg Rösing: Beamtenstatut und Europäische Gemeinschaften. Eine Untersuchung zu den gemeinschaftsrechtlichen Anforderungen an die Freizügigkeit der Arbeitnehmer im Bereich des öffentlichen Dienstes. 1994.

Band 5 Wolfgang Wegel: Presse und Rundfunk im Datenschutzrecht. Zur Regelung des journalistischen Umgangs mit personenbezogenen Daten. 1994.

Band 6 Sven Brandt: Eigentumsschutz in europäischen Völkerrechtsvereinbarungen. EMRK, Europäisches Gemeinschaftsrecht, KSZE – unter Berücksichtigung der historischen Entwicklung. 1995.

Band 7 Alejandro Alvarez: Die verfassunggebende Gewalt des Volkes unter besonderer Berücksichtigung des deutschen und chilenischen Grundgesetzes. 1995.

Band 8 Martin Thies: Zur Situation der gemeindlichen Selbstverwaltung im europäischen Einigungsprozeß. Unter besonderer Berücksichtigung der Vorschriften des EG-Vertrages über staatliche Beihilfen und der EG-Umweltpolitik. 1995.

Band 9 Rolf-Oliver Schwemer: Die Bindung des Gemeinschaftsgesetzgebers an die Grundfreiheiten. 1995.

Band 10 Holger Kremser: "Soft Law" der UNESCO und Grundgesetz. Dargestellt am Beispiel der Mediendeklaration. 1996.